新選明文東洋古典大系

改訂增補版
新完譯

禮 記

中

李相玉 譯著

明文堂

禹
克勤于邦 烝民乃粒
歷數在躬 厥中允執
惡酒好言 九功由立
不伐不矜 振古莫及

▲**우왕**(禹王) 하(夏)나라를 세운 왕. 치수(治水)로 유명하다. 대북(臺北) 고궁박물관(故宮博物館) 소장.

湯
順天應人 本乎仁義
以寶繼忠 匪曰求異
盤銘一德 桑林六事
人紀肇修 垂千萬世

▲**탕왕**(湯王) 은(殷)나라를 세운 왕. 성왕(聖王)으로 칭송된다. 대북 고궁박물관 소장.

▲청동제(靑銅製) 종(鐘)
서주(西周) 후기의 종. 종은 조상의 제사 때 사용하는 악기이며, 조상이 자손에게 복 주기를 기원(祈願)하는 글이 쓰여져 있다. 파리 기메미술관 소장.

▼청동제 준(尊:酒器)
춘추시대 것으로 강소성 무진현(武進縣)에서 출토. 복부(腹部)와 상하에 대상(帶狀)으로 반훼문(蟠虺文)이 있다. 반훼는 뱀의 일종으로 무수히 많은 가느다란 반훼가 그물처럼 얽혀 있다.

▼모공정(毛公鼎)
서주 후기인 선왕(宣王) 시대의 것. 높이 53.8cm. 내부에 497자의 명문이 있는데 내용은 선왕이 모공(毛公)에게 명하여 정치를 쇄신하여 쇠퇴해진 주나라를 부흥시키라는 취지의 명령문을 기록한 것이다. 대북 고궁박물관 소장.

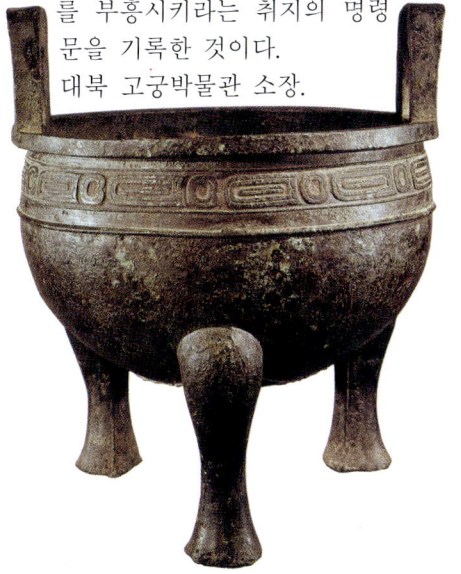

◀가채백화(加彩帛畵)

마왕퇴(馬王堆) 1호 한묘(漢墓)의 내관(內棺)을 덮었던 것으로서, 길이 2.05m. 윗부분에는 인신사미(人身蛇尾)의 신상(神像)을 중심으로 태양·까마귀·초승달·부상(扶桑)·두꺼비·토끼·용(龍) 등, 천상(天上)의 모습이 그려져 있다. 중앙에는 묘주(墓主)와 시자(侍者)들의 군상 및 제사지내는 그림이 그려져 있고 아래에는 하계(下界)의 정경이 그려져 있다. 약 2,100년 전에 매장되었던 것이며 이밖에도 수많은 부장품이 발견되었다.

▼호형준(虎形尊:酒器)

서주 말기, 춘추시대 초기의 것. 은(殷)나라 이래로 호랑이는 청동기의 문양에 사용되었다. 섬서성 보계현(寶鷄縣) 출토. 워싱턴 프리아미술관 소장.

차 례

서문(序文) ··· 5

범 례 ·· 11

예기(禮記) 해설 ··· 12

〈예기(禮記) 상(上)〉

第1 곡 례(曲禮) 상(上) ····················· 37

第2 곡 례(曲禮) 하(下) ····················· 138

第3 단 궁(檀弓) 상(上) ····················· 180

第4 단 궁(檀弓) 하(下) ····················· 286

第5 왕 제(王制) ································· 386

第6 월 령(月令) ································· 451

第7 증자문(曾子問) ···························· 530

第8 문왕세자(文王世子) ······················ 577

〈예기(禮記) 중(中)〉

第9 예 운(禮運) ································· 617

第10 예 기(禮器) ································ 658

第11 교특생(郊特牲) ·························· 693

第12 내 칙(內則) ······························ 743

제13 옥 조(玉藻) ·· 805

제14 명당위(明堂位) ···································· 852

제15 상복소기(喪服小記) ···························· 869

제16 대 전(大傳) ·· 903

제17 소 의(少儀) ·· 916

제18 학 기(學記) ·· 945

제19 악 기(樂記) ·· 965

제20 잡 기(雜記) 상(上) ·························· 1036

제21 잡 기(雜記) 하(下) ·························· 1067

제22 상대기(喪大記) ···································· 1107

제23 제 법(祭法) ·· 1153

제24 제 의(祭義) ·· 1165

〈예기(禮記) 하(下)〉

제25 제 통(祭統) ·· 1217

제26 경 해(經解) ·· 1251

제27 애공문(哀公問) ···································· 1262

제28 중니연거(仲尼燕居) ···························· 1276

제29 중니한거(仲尼閒居) ···························· 1290

제30 방 기(坊記) ·· 1303

제31 중 용(中庸) ·· 1338

제32 표 기(表記) ·· 1339

제33 치 의(緇衣) ·· 1386

제34 분 상(奔喪) ·· 1415

제35 문 상(問喪) ·· 1439

제36 복 문(服問) ·· 1449

제37 간 전(間傳) ·· 1462

제38 삼년문(三年問) ·· 1473

제39 심 의(深衣) ·· 1482

제40 투 호(投壺) ·· 1487

제41 유 행(儒行) ·· 1497

제42 대 학(大學) ·· 1517

제43 관 의(冠義) ·· 1518

제44 혼 의(昏義) ·· 1526

제45 향음주의(鄕飮酒義) ···································· 1539

제46 사 의(射義) ·· 1563

제47 연 의(燕義) ·· 1580

제48 빙 의(聘義) ·· 1587

제49 상복사제(喪服四制) ···································· 1600

예기(禮記) 참고도(參考圖) ·································· 1611

색인(索引) ·· 1617

제9 예 운(禮運)

　　정현(鄭玄)의 《삼례목록(三禮目錄)》에, '예운(禮運)이란 오제삼왕(五帝三王)의 연혁(沿革)과 음양조화(陰陽造化)의 이치를 기술한 것이란 뜻'이라고 되어 있다. 즉 관례(慣例)나 제도 등으로서의 예운이 변천한 발자취, 혹은 그 변천의 법칙에 관한 기록으로 이 편(篇)의 내용은 대략 그러한 취지의 것이므로, 정현의 설명은 타당한 것이라고 하겠다. 이 편의 첫머리에 공자가 해설한 대동지세(大同之世)의 한 대목은 《예기(禮記)》의 전편(全篇) 중에서도 특히 주목할 만한 가치가 있으며, 청조(淸朝) 말기에 이르러 강유위(康有爲)가 이 대목을 기초로 하여 《대동서(大同書)》를 써서 이상세계론(理想世界論)을 주장하게 된다.

　　옛날에 공자가 노(魯)나라 사제(蜡祭)의 빈(賓)이 되었었다. 일을 마치고 밖으로 나와 성문(城門)의 관(觀) 위에서 쉬고 있다가 "아아!"하고 탄식하였다. 공자가 탄식한 것은 아마 노나라의 일을 탄식했을 것이다. 언언(言偃)이 곁에 있다가 말하였다. "군자께서는 무엇을 탄식하십니까?" 공자가 말씀하였다. "옛날 큰 도가 행하여진 일과 3대〔하·은·주〕의 영현(英賢)한 인물들이 때를 만나 도를 행한 일을 내가 비록 눈으로 볼 수는 없었으나 3대의 영현들이 한 일에 대하여는 기록이 있다. 〔기록에 따르면〕 큰 도가 행하여진 세상에는 천하가 모두 만인의 것으로 되어 있다. 사람들은 현자(賢者)와 능자(能者)를 선출하여 관직에 임하게 하고, 온갖 수단을 다하여 상호간의 신뢰친목(信賴親睦)을 두텁게 하였다. 그러므로 사람들은 각자의 부모만을 부모로 여기지 않았고, 각자 자기 자식만을 자식으로 여기지 아니하여, 노인에게는 그의 생애를 편안히 마치게 하였으며 장정에게는 충분한 일을 시켰고, 어린이에게는 마음껏 성장할 수 있게 하였으며, 과부·고아·불구자 등에게는 고생 없는 생활을 시켰고, 성년 남자에게는 직분을 주었으며, 여자에게는 그에 합당한 남편을 갖게 하였다. 재화(財貨)라는 것은 헛되이 낭비되는 것을 미워하였지만 반드시 자기에게만 사사로이 독점 하지 않았으며, 힘이란 것은 사람의 몸에서 나오지 않으면 안되는 것이지만 그 노력을 반드시 자기 자신의 사리(私利)를 위해서만 쓰지는 않았다. 모두가 이러한 마음가짐이었기 때문에 〔사리사욕에 따르는〕 모략이 있을 수 없었고, 절도나 폭력도 없었으며 아무도 문을 잠그는 일이 없었다. 이것을 대동(大同)의 세상이라고 말하는 것이다.

原文　昔者에 仲尼이 與於蜡賓이러시니, 事畢하시고, 出遊於觀之上하사, 喟然而嘆하시니, 仲尼之嘆은, 蓋嘆魯也러시다. 言偃이 在側하여, 曰, 君子는 何嘆이시니꼬. 孔子이 曰, 大道之行也와, 與三代之英을, 丘이 未之逮也나, 而有志焉호라. 大道之行也에, 天下를 爲公하여, 選賢與能하여, 講信脩睦하더니, 故로 人이 不獨親其親하며, 不獨子其子하여, 使老로 有所終하며, 壯有所用하며, 幼有所長하며, 矜寡孤獨廢疾者를, 皆有所養하며, 男有分이오, 女有歸하며, 貨惡其棄於地也나, 不必藏於己하며, 力惡其不出於身也나, 不必爲己니, 是故로 謀閉而不興하며, 盜竊亂賊而不作이라. 故로 外戶而不閉니 是謂大同이니라.

（석자 중니 여어사빈 사필 출유어관
지상 위연이탄 중니지탄 개탄노야 언언
재측 왈 군자 하탄 공자 왈 대도지행야
여삼대지영 구 미지체야 이유지언 대도지행야

천하 위공 선현여능 강신수목 고 인 부
독친기친 부독자기자 사로 유소종 장유소용
유유소장 긍과고독폐질자 개유소양 남유분
여유귀 화오기기어지야 불필장어기 역오기불
출어신야 불필위기 시고 모폐이불흥 도절난적이
부작 고 외호이불폐 시위대동)

註解　ㅇ與於蜡賓(여어사빈)－공자가 노(魯)나라에서 벼슬할 때에 사제(蜡祭)의 조제자로 참여한 것. 사제는 12월에 만신(萬神)을 합하여 행하는 제사, 종묘에서 지낸다. 납향(臘享). ㅇ遊於觀之上(유어관지상)－관(觀) 위에 쉬고 있었다는 말. 관은 문궐(門闕)이므로 두 관이 문의 양편에 있다. 국가의 전장(典章)을 여기에 내걸어 사람들에게 보이는 곳이다. ㅇ言偃(언언)－공자의 제자 자유(子游)의 이름. ㅇ大道之行也(대도지행야)－대도(大道)는 오제(五帝) 때, 선양(禪讓)의 도(道)가 행하던 것을 가리킨 말. ㅇ未之逮也(미지체야) 而有志焉(이유지언)－내 눈으로 보지는 못하였으나 옛 기록이 있다는 말. 지(志)는 기(記)와 같은 뜻. ㅇ天下爲公(천하위공) 選賢與能(선현여능)－태고(太古) 때에는 천하를 만인의 적으로 생각하여 사사로이 세습하는 일이 없이 어질고 유능한 사람을 선택하여 제왕의 지위를 전하였다는 말. ㅇ貨惡其棄於地(화오기기어지)－재화(財貨)가 헛되이 땅에 버려지는 것을 미워한다는 말. ㅇ謀閉而不興(모폐이불흥)－간사한 꾀가 폐색(閉塞)되어 일어나지 않는다는 말. ㅇ外戶而不閉(외호이불폐)－바깥 문을 그대로 열어 둔 채 닫지 않는다는 말. ㅇ是謂大同(시위대동)－공도(公道)를 천하가 모두 함께하는 세상이란 말.

[공자의 말 계속] 지금 세상은 대도(大道)는 이미 없어지고 사람들은 천하를 사사로운 집으로 생각하였다. 그래서 각기 내 부모만을 부모로 생각하고, 내 아들만을 아들로 생각했으며, 재화를 사유(私有)하고 노력(勞力)은 사리(私利)를 위해서만 사용된다. 천자와 제후들은 세습하는 것을 예(禮)로 하며, 성곽과 구지(溝池)를 외적으로부터, 스스로를 지키는 것으로 삼고 있다. 예의를 기강으로 내세워 그것으로

써 임금과 신하의 분수를 바로잡으며, 부자 사이를 돈독하게 하고, 형제를 화목하게 하며, 부부 사이를 화합하게 한다. 제도를 설정하고 전리(田里)를 세우며, 지혜와 용맹을 존중하고 공(功)은 자기를 위한 일에 이용한다. 그런 까닭에 간사한 꾀가 이 때문에 일어나고 전쟁도 이로 인하여 일어난다. 우왕(禹王)·탕왕(湯王)·문왕(文王)·무왕(武王)·성왕(成王)·주공(周公)은 이 예도(禮道)를 써서 뛰어난 업적을 이루었다. 이 여섯 사람의 군자들은 예를 삼가지 않은 사람이 없다. 즉 이들 여섯 왕은 모두 예의를 지킨 사람들이고, 예의로써 각자의 도를 헤아렸으며, 백성의 신망을 모았고, 적의 죄과를 밝혔으며, 인애(仁愛)와 겸양의 도를 강설(講說)하여 백성들에게 보여주었다. 만일 이 법에 따르지 않는 자가 있으면 권세의 지위에 있는 자라 할지라도 백성들로부터 배척당하여 끝내는 멸망할 것이다. 이러한 세상을 소강(小康)의 세상이라고 한다."

原文   今에는 大道旣隱하여, 天下를 爲家하며, 各親其親하며, 各子其子하며, 貨力을 爲己하며, 大人이 世及以爲禮하며, 城郭溝池를 以爲固하며, 禮義를 以爲紀하여, 以正君臣하며, 以篤父子하며, 以睦兄弟하며, 以和夫婦하며, 以設制度하며, 以立田里하며, 以賢勇和하며, 以功爲己니, 故로 謀用이 是作하여, 而兵由此起하나니, 禹·湯·文·武·成王·周公이, 由此其選也이시니, 此六君子者이, 未有不謹於禮者也라. 以著其義하며, 以考其信하며, 著有過하며, 刑仁講讓하여, 示民有常하시니, 如有不由此者면, 在埶者去하여, 衆以爲殃이라하나니, 是謂小康이니라.

(금 대도기은 천하 위가 각친기친
각자기자 화력 위기 대인 세급이위례 성곽
구지 이위고 예의 이위기 이정군신 이독부
자 이목형제 이화부부 이설제도 이립전리

이현용화 이공위기 고 모용 시작 이병유
차기 우·탕·문·무·성왕·주공 유차기선야
차육군자자 미유불근어례자야 이저기의 이고기
신 저유과 형인강양 시민유상 여유불유차
자 재세자거 중이위앙 시위소강)

註解 ○大人世及以爲禮(대인세급이위례) ―천자나 제후들은 나라를 아들·손자의 순으로 세습하는 것을 예(禮)로 한다는 말. 대인(大人)은 제후의 일. 세급(世及)은 세습(世襲)과 같은 뜻. ○由此其選也(유차기선야) ―예의라는 방법을 써서 천하를 잘 다스린다는 말. 차(此)는 예의를 가리킨 말. 선(選)은 선(善)과 같으므로 잘 다스린다는 뜻. ○刑仁(형인) ―인애(仁愛)의 도(道)를 법칙으로 한다는 말. 형(刑)은 법과 같은 뜻. ○在執者去(재세자거) ―권세의 지위에 있는 자라도 물러나게 한다는 말. 세(執)는 세(勢)와 같음. ○衆以爲殃(중이위앙) ―예의를 기본으로 한 상법(常法)에 따라 다스리지 않는 군주를 백성들이 재앙이 되는 존재라고 배척한다는 말. ○小康(소강) ―조금 편안한 세상이란 뜻. 겨우 편안한 세상이란 말.

여기서 자유(子游)가 또 물었다. "그런데 그렇게까지 예의 효과가 큰 것입니까?" 공자는 답하였다. "예라는 것은 선왕(先王)이 이에 의해 하늘의 도(道)를 깨달았고, 이를 사용해서 사람의 정[희·노·애·락]을 다스린 것이다. 예를 알고 있으면 살아갈 수 있지만 예를 잃고는 살아갈 수가 없다. 《시경(詩經)》에 말하기를, '쥐도 오체(五體)를 갖추고 있지만 예를 모른다. 사람이 예를 모르면 오체를 갖추고 있어도 쥐와 같다. 사람으로서 예를 몰라도 되겠는가. 예를 모른다면 일찍이 죽느니만 못할 것이다.'라고 하였다. 그러므로 예란 것은 반드시 하늘에 근본을 두었으며, 땅의 형세에 높고 낮은 위치를 드러냈으며, 귀신의 도에 따라 제사를 지내고 상제(喪祭)와 사어(射御)와 관혼(冠昏)과 조빙(朝聘)에까지 미친다. 그렇기 때문에 성인(聖人)은 무슨 일이든지 스스로 예를 행하여 모범을 보여주었으며, 이에 의해 천하 국가의 정치를 바로잡으려고 하였던 것이다." 그러자 자유가 다시 물었다. "부자께서 지금 예에 대해 깊은 뜻을 말씀하셨는데 좀더 자세히 들려주실 수 있겠습니까?" 공자는 답하였다. "나는 하(夏)나라의 예를 알고 싶었다. 그래서 하나라의 후신인 기(杞)에 갔으나 옛법의 증거가 될 만한 것이 없었다. 다만 하나라의 역서(曆書)를 얻을 수가 있었다. 거기서 다시 은(殷)나라의 예를 알아보고 싶어서 송(宋)나라에 갔으나 역시 증거가 될 만한 것이 없었다. 거기서는 곤건(坤乾)이란 책을 얻었을 뿐이었다. 나는 하나라의 역서와 은나라의 곤건에 의해 이대(二代)의 예를 어느 정도 추정하는 바이다.

原文 言偃이 復問曰, 如此乎禮之急也니이까. 孔子이 曰, 夫禮는, 先王이 以承天之道하시며, 以治人之情이니, 故로 失之者死하고, 得之者生하나니, 詩에 曰, 相鼠有體어늘, 人而無禮아, 人而無禮면, 胡不遄死라하니, 是故로 夫禮는 必本於天하며, 殽於地하며, 列於鬼神하며, 達於喪祭・射御・冠昏・朝聘이니, 故로 聖人이 以禮示之하시니, 故로 天下國家를, 可得而正也니라. 言偃이 復問曰, 夫子之極言禮也를, 可得而聞與니이까. 孔子이 曰, 我欲觀夏道하니라. 是故로 之杞하니, 而不足徵也요, 吾得夏時焉하며, 我欲觀殷道하니라. 是故로 之宋하니, 而不足徵也요, 吾得坤乾焉하니, 坤乾之義와, 夏時之等을, 吾以是觀之하노라.

(언언 부문왈 여차호례지급야 공자 왈 부
례 선왕 이승천지도 이치인지정 고 실지자
사 득지자생 시 왈 상서유체 인이무례
인이무례 호불천사 시고 부례 필본어천 효
어지 열어귀신 달어상제・사어・관혼・조빙 고
성인 이례시지 고 천하국가 가득이정야
언언 부문왈 부자지극언례야 가득이문여 공자
왈 아욕관하도 시고 지기 이부족징야 오득하

시언 아욕관은도 시고 지숭 이부족징야
오득곤건언 곤건지의 하시지등 오이시관지)

註解 ㅇ敲於地(효어지)-예는 땅을 본받는다는 것과 땅의 산과 못과
높고 낮은 지세가 있는 것을 본받아 존비귀천의 분별을 예로써 정했다는
말. 효(敲)는 효(效)와 같으므로 본받는다는 뜻. ㅇ列於鬼神(열어귀신)-
귀신에게 미친다는 뜻. 즉 제례(祭禮)는 예가 귀신에게 미친다는 말. ㅇ杞
(기)-지금의 하동성(河東省) 동북부에 있던 나라로 무왕(武王)이 하왕
(夏王)의 자손을 봉(封)했다고 전한다. 춘추시대(春秋時代)에 초(楚)나라
가 이를 멸망시켰다. ㅇ夏時(하시)-하(夏)나라 때의 사시(四時)에 관한
서적. ㅇ坤乾(곤건)-음양(陰陽)의 서(書)인 귀장역(歸藏易). 귀장역에는
먼저 곤(坤)을 말했고 다음에 건(乾)을 말했다. 그래서 귀장역을 곤건(坤
乾)이라고 한다.

[공자의 말 계속] 그 예라는 것의 시초는 음식에서 비롯되었다. 옛
날 그들은 기장쌀을 소석(燒石) 위에 얹어서 굽고 돼지고기를 찢어서
소석 위에 놓아 익혔으며, 땅을 파서 웅덩이를 만들어 물을 담고 손
으로 떠 마셨다. 그리고 비나자무의 단단한 줄기를 북채로 하여 흙을
쌓아 만든 북을 쳤다. 이렇게 조잡하였지만 이것으로 존경하는 마음
을 귀신에게 바칠 수가 있었다. 또 그들이 죽으면 지붕에 올라가서
혼을 불러 말하기를 '아아! 아무개여 돌아오라.'하고 소리친다. 그렇게
하여도 살아나지 않으면 비로소 죽은 사람에 대한 일을 행하였다. 생
쌀로 반함(飯含)하고 불에 익힌 고기를 싸서 영전에 바치는데 이는
영혼이 하늘로 올라가는 것을 부르는 것이며, 체백(體魄)이 땅으로
되돌아가는 것을 장송(葬送)하는 것이다. 즉 영혼은 위에 있고 체백
은 아래에 있는 것이다. 또 죽은 자는 머리를 북쪽으로 누이고 산 사
람들은 남쪽을 향하여 자리를 잡는다. 이러한 예나 사상은 모두 고대
에 생겨서 전해오는 것이다."

原文 夫禮之初는, 始諸飮食하니, 其燔黍捭豚하며, 汙尊而抔
飮하며, 蕢桴而土鼓하며, 猶若可以致其敬於鬼神이니라. 及其死
也하여, 升屋而號하여 告曰, 皐, 某아 復하니, 然後에라야 飯腥
而苴孰하나니, 故로 天望而地藏也니, 體魄則降하고, 知氣在上이
니, 故로 死者는 北首하고, 生者는 南鄕하나니, 皆從其初니라.
(부례지초 시저음식 기번서벽돈 와준이배
음 괴부이토고 유약가이치기경어귀신 급기사
야 승옥이호 고왈 고 모 복 연후 반성
이저숙 고 천망이지장야 체백즉강 지기재상
고 사자 북수 생자 남향 개종기초)

註解 ○燔黍捭豚(번서벽돈) - 옛날에 기장쌀을 돌 위에 놓고 돌을 불에
달게 하여 익힌 것을 번서(燔黍)라 하고, 돼지 날고기를 찢어서 뜨겁게
단 돌 위에 놓아 익힌 것을 벽돈(捭豚)이라고 한다. ○汙尊而抔飮(와준
이배음) - 와준(汙尊)은 땅에 구덩이를 파서 술이나 물을 담는 것. 배음
(抔飮)은 손으로 움켜 마시는 것. ○蕢桴(괴부) - 비자나무의 단단한 줄기
로 만든 북채. ○土鼓(토고) - 흙을 쌓아서 북처럼 만든 악기. ○皐 某復
(고 모복) - 복(復)은 초혼(招魂)할 때 부르는 소리이므로 혼이 돌아오라
는 말. 모(某)는 죽은 사람의 이름. 고(皐)는 소리를 길게 끄는 것. ○飯
腥(반성) - 생쌀로 죽은 사람의 입을 채우는 것. 반함(飯含)과 같은 말. ○苴
孰(저숙) - 옛날에 고기를 익히는 방법의 하나로 꾸러미에 싸서 불에 익힌
고기. 숙(孰)은 숙(熟)과 같다. ○死者北首(사자북수) 生者南鄕(생자남향) -
죽은 사람의 머리를 북쪽으로 두는 것은 음암(陰暗)한 곳이므로 어둡고
음침한 곳으로 돌아간다는 뜻이고, 남쪽은 양명(陽明)한 곳이므로 산 사
람은 남향한다는 것이다.

옛날 왕들에게도 아직 집이란 것이 없었을 때에는 겨울에는 동굴에
서 살고 여름에는 나뭇가지를 모아서 만든 보금자리 위에 누워서 잤
다. 아직 불을 사용할 줄 몰랐기 때문에 초목의 열매나 새·짐승의

고기를 날로 먹고 새와 짐승의 피를 마셨으며 털까지도 먹어버렸다. 마(麻)나 명주도 없었기 때문에 오로지 새나 짐승의 털과 털가죽으로 몸을 감쌀 따름이었다. 이윽고 그 후에 성왕(聖王)들의 세상이 되고 불의 이용이 시작되었다. 금속 기구가 만들어지고 벽돌이나 도자기가 구워졌으며, 그것들과 재목을 사용해서 가옥이 세워졌다. 또 불을 이용한 음식이 여러 가지로 조리되고, 열을 이용한 여러 종류의 술도 만들어지게 되었으며 마(麻)나 명주실이 만들어져 옷감이 짜여지게 되었다. 그리고 사람들은 이들의 물건을 이용해서 생활하고 죽은 후에 상장(喪葬)의 예가 행하여졌으며, 혹은 상제(上帝)나 귀신의 제사를 지내게 되었는데 그 기본은 고대로부터 전해온 것이다.

原文 昔者에 先生이 未有宮室이라. 冬則居營窟하시고, 夏則居橧巢하시며, 未有火化라. 食草木之實과, 鳥獸之肉하시며, 飮其血하시고, 茹其毛하시며, 未有麻絲라. 衣其羽皮하시더니, 後聖이 有作하사, 然後에 脩火之利하고, 范金合土하여, 以爲臺榭·宮室·牖戶하며, 以炮하며, 以燔하며, 以亨하며, 以炙하며, 以爲醴酪하며, 治其麻絲하며, 以爲布帛하며, 以養生送死하며, 以事鬼神上帝하니, 皆從其朔이니라.

(석자 선생 미유궁실 동즉거영굴 하즉거
증소 미유화화 식초목지실 조수지육 음기
혈 여기모 미유마사 의기우피 후성
유작 연후 수화지리 범금합토 이위대사·궁
실·유호 이포 이번 이팽 이적 이위예
락 치기마사 이위포백 이양생송사 이사귀
신상제 개종기삭)

註解 ㅇ營窟(영굴)－자연적인 암굴이 아니라 인위적으로 만든 토굴. 땅이 높으면 땅속에 굴을 파서 만들고, 땅이 낮으면 땅 위에 흙을 많이

겹쳐 쌓아서 만들었다. 태고 때의 사람들이 겨울에 살던 곳. ㅇ橧巢(증소) —
태고 때 사람들이 나뭇가지를 모아 쌓아서 새집처럼 만들어 여름에 거처
하던 곳. ㅇ未有火化(미유화화) — 아직 불로 음식을 익혀 먹는 법이 없었
다는 말. ㅇ茹其毛(여기모) — 그 털을 먹는다는 말. 아직 불을 쓸 줄 몰랐
으므로 날고기를 먹을 때에 그 털을 완전히 제거할 수 없으므로 털도 함
께 먹어버리는 것. ㅇ范金合土(범금합토) — 범금은 틀을 만들어서 쇠그릇
을 만든다는 말. 합토는 진흙을 혼합하여 도기(陶器)를 만드는 것. ㅇ炮
燔亨炙(포번팽적) — 포(炮)는 꾸러미를 싸서 굽는 것. 번(燔)은 불 위에
굽는 것. 팽(亨)은 팽(烹)과 통함. 팽은 솥・가마에 넣고 끓이는 것. 적
(炙)은 꼬챙이에 꿰서 불에 굽는 것. ㅇ醴酪(예락) — 단술과 타락. 낙(酪)
은 젖을 발효시켜 산미(酸味)를 갖게 한 음료수, 젖술. ㅇ皆從其朔(개종기
삭) — 이상의 여러 가지 일들은 모두 옛날의 것에 따른 것이라는 말. 삭
(朔)은 초(初)와 같은 뜻.

그래서 제례(祭禮)의 경우에도 먼저 현주(玄酒 : 물)가 실내에 진설
되고, 다음에 예(醴)와 잔(酸), 즉 제조법이 가장 오래된 술이 실내의
문 밖에 진설되며, 다음으로 제조법이 다소 새로운 술인 자제(粢醍)
는 실외의 마루에 두고, 그 다음으로 제조법이 새로운 술인 징주(澄
酒)는 마루 아래에 둔다. 그리고 그와 동시에 희생이나 용기(容器) 및
악기 등을 소정의 위치에 늘어놓고, 축하(祝嘏)를 연주하여 천지의
신이나 선조의 영혼을 부르는 것이다. 이리하여 예라는 것은 군신의
도리를 밝히고, 부자의 정을 두텁게 하며, 형제의 사이를 화목하게 하
고, 상하(上下)의 질서를 정제하며, 부부 사이를 구별한다. 이와 같이
해서 평화로운 사회가 실현되는 것을 하늘이 복을 내려주었다고 말한다.

原文 故로 玄酒는 在室하고, 醴酸은 在戶하며, 粢醍는 在堂하
며, 澄酒는 在下하며, 陳其犧牲하며, 備其鼎俎하며, 列其琴瑟管
磬鐘鼓하며, 脩其祝嘏하며, 以降上神與其先祖하여, 以正君臣하

며, **以篤父子**하며, **以睦兄弟**하며, **以齊上下**하며, **夫婦有所**니, **是謂承天之祜**니라.

　(고 현주 재실 예잔 재호 자제 재당
　징주 재하 진기희생 비기정조 열기금슬관
　경종고 수기축하 이강상신여기선조 이정군신
　이독부자 이목형제 이제상하 부부유소 시
　위승천지호)

【註解】 ○玄酒在室(현주재실)―현주(玄酒)는 물을 말하는데, 태고 때에는 술이 없었기 때문에 물로써 제사를 지냈다. 후세의 여러 왕들이 옛것을 존중하여 현주라고 부르고, 제사 때 실내 북쪽 가까운 곳에 진설(陳設)하였다. 다른 술보다 가장 높은 자리에 있다. ○醴醆在戶(예잔재호)― 예잔은 후세에 새로이 만들어진 청주(淸酒). 후세에 만들어졌기 때문에 천하게 여겨 현주보다 아래 위치인 실내의 남쪽 문 밖에 진설하였다. ○粢醍在堂(자제재당)―홍적색(紅赤色)을 띤 술. 예잔(醴醆)보다 늦게 만들어져 실외의 마루에 진설한다는 말. ○澄酒在下(징주재하)―술이 이루어져서 찌꺼기가 침전된 것. 더욱 천하게 여겨 마루 아래에 진설한다. ○祝嘏(축하)―축(祝)은 주인을 대신하여 신에게 고하는 말. 하(嘏)는 시동씨(尸童氏)에 대신하여 주인에게 복을 축하하는 말.

제사를 지내려면 먼저 신령 기타에 대한 축호(祝號)를 정하고, 현주로써 제사지내고, 희생의 피와 털을 바치며, 희생의 고기는 날 것으로 제기(祭器)에 담아 올리고, 뼈가 붙은 고기는 삶아서 바친다. 그리고 부들 자리를 깔고, 거친 베로써 술통을 덮는다. 물들인 명주로 지은 제복(祭服)을 입고, 예주(醴酒)와 잔주(醆酒)를 드리며, 번(燔)한 것과 적(炙)한 것을 올리는데, 주인과 부인이 교대로 헌작(獻酌)하며, 죽은 사람의 혼백을 즐겁게 한다. 이것을 신비의 회합(會合)이라고 한다. 그렇게 하여 제사가 끝난 뒤에 뼈가 붙은 고기는 남겨놓았던 부분과 함께 삶아서 익힌다. 그 익힌 개·돼지·소·양의 고기를 등급에 따라 구분하여 보궤변두(簠簋籩豆)와 형갱(鉶羹) 등의 용기에 채운 뒤에 효(孝)라는 말로써 축복의 말을 한다. 이것을 크게 선(善)한 일이라고 한다. 이것은 상고(上古)·중고(中古)를 거쳐 현대에 이르는 예를 대성한 것이다.

原文 作其祝號하고, 玄酒以祭하며, 薦其血毛하며, 腥其俎하며, 孰其殽하며, 與其越席하며, 疏布以冪하며, 衣其澣帛하며, 醴醆以獻하며, 薦其燔炙이니, 君與夫人이 交獻하며, 以嘉魂魄이니, 是謂合莫이라. 然後에라야 退而合亨하여, 體其犬·豕牛·羊하며, 實其簠簋籩豆·鉶羹하여, 祝以孝告하며, 嘏以慈告하나니, 是謂大祥이니, 此는 禮之大成也니라.

(작기축호 현주이제 천기혈모 성기조
숙기효 여기활석 소포이멱 의기한백 예잔
이헌 천기번적 군여부인 교헌 이가혼백
시위합막 연후 퇴이합팽 체기견·시우·양
실기보궤변두·형갱 축이효고 하이자고
시위대상 차 예지대성야)

註解 ㅇ祝號(축호)-축사(祝詞)에서 귀신에게 고할 때 아름답게 일컫는 칭호. 예컨대 신에게 호천상제(昊天上帝)라든가, 선조(先祖)에게 황조백모(皇祖伯某)라든가, 암소를 일원태무(一元太武)라든가, 기장을 명자(明粢)라든가로 일컫는 따위. ㅇ腥其俎(성기조)-희생을 잡았을 때에 날고기를 제기(祭器)에 담아서 시동씨 앞에 올리는 것. ㅇ薦其血毛(천기혈모)-희생을 잡은 때에 피와 털을 취하여 실내(室內)에 들어가 희생이 완미하다는 것을 신에게 고유하는 일. 이는 상고 시대의 예를 본받는 것. ㅇ孰其殽(숙기효)-숙(孰)은 숙(熟)과 같다. 효(殽)는 희생의 골체(骨體), 숙기효는 뜨거운 물에 데쳐서 익히는 것. ㅇ越席(활석)-부들 자리. ㅇ疏布以冪(소포이멱)-거친 베로 덮개를 만드는 것. ㅇ澣帛(한백)-익혀 바래서 물들인 명주. ㅇ君與夫人交獻(군여부인교헌)-주인과 부인이 교대로 잔을 드리는

것. ○以嘉魂魄(이가혼백)−원문 '숙기효(孰其骰)' 이하 '군여부인교헌(君
與夫人交獻)'까지는 중고(中古)의 예를 본받은 것으로서 죽은 자의 혼백
에게 가선(嘉善)하게 하는 것이란 말. ○合莫(합막)−막연한 어둠의 세계
에서 신과 사람이 회합(會合)하는 신비적인 교통(交通). ○退而合亨(퇴이
합팽)−지금까지 뜨거운 물에 데쳤을 뿐 완전히 익히지 않은 제육(祭肉)
등을 물리고 한데 합쳐 삶아 익혀서 먹을 수 있게 하는 것. ○鉶羹(형갱)−
뜨거운 국물을 담는 제기(祭器). ○大祥(대상)−상(祥)은 선(善)과 같으므
로 크게 좋은 일이란 뜻. ○禮之大成(예지대성)−상고(上古)·중고(中
古)·현대의 제례(祭禮)를 모아서 집대성한 것.

공자가 말씀하였다. "아아 슬프다. 주(周)나라의 도(道)를 보니 유
왕(幽王)·여왕(厲王) 때에 크게 무너졌다. 노(魯)나라는 주공(周公)
의 후예로서 주나라의 도가 아직도 남아 있다. 내가 노나라를 버리고
어디로 가겠는가. 그러나 노나라가 행하는 교사(郊祀)와 체사(締祀)
는 예에 어긋난다. 주공의 가르침을 그 자손이 지키지 않아 쇠했도다.
기(杞)나라에서 교사를 지내는 것은 우왕(禹王)의 후손이 되기 때문
이며, 송나라에서 교사를 지내는 것은 설(契)의 후손이 되기 때문이
다. 그렇기 때문에 천자가 이들[기나라와 송나라]에게 명해서 선세
(先世)에서 행하던 일, 즉 천자의 제례를 지켜서 행하게 했던 것이다.
노나라는 천자의 후손이 아닌데 천자가 지내는 제사를 거행하는 것은
예가 아니다. 이런 까닭으로 천자는 천신지기(天神地祇)를 제사지내
고, 제후는 사직을 제사지내는 것이 옛날부터의 상례(常禮)이다.

原文 孔子이 曰, 嗚呼哀哉라. 我이 觀周道컨대, 幽厲傷之하니,
吾이 舍魯면 何適矣리오. 魯之郊禘이, 非禮也니, 周公은 其衰矣
로다. 杞之郊也는 禹也요, 宋之郊也는, 契也니, 是天子之事守
也라. 故로 天子는 祭天地하고, 諸侯는 祭社稷이니라.
    (공자 왈 오호애재 아 관주도 유려상지

오 사노 하적의 노지교체 비례야 주공 기쇠의
기지교야 우야 송지교야 설야 시천자지사수
야 고 천자 제천지 제후 제사직)

註解 ㅇ周道(주도)ㅡ주(周)나라의 문왕·무왕·주공(周公)이 만들어 놓은
예악제도(禮樂制度)를 말한다. ㅇ幽厲傷之(유려상지)ㅡ주(周)나라의 도(道)
는 유왕(幽王)과 여왕(厲王) 때에 파괴되었다는 말. ㅇ舍魯何適(사노하
적)ㅡ노(魯)나라를 버리고 어디로 가겠는가라고 공자가 탄식하며 한 말.
ㅇ郊締(교체)ㅡ교사(郊祀)와 체사(締祀). 모두 천자만이 지낼 수 있는 제
사로 교사는 천지에 지내는 제사이고, 체사는 천지의 제사에 선조의 신을
배향(配享)하여 지내는 제사.

제사에 있어서 축사(祝辭)나 하사(嘏辭)는 옛날부터 내려오는 불변
의 것으로서 감히 변역하지 못했다. 이와 같이 변역하지 않는다면 비
록 복을 구하지 않더라도 귀신이 기뻐서 흠향하는 복을 내린다고 한
다. 그래서 이것을 대하(大嘏)라고 한다. 축사와 하사는 종묘(宗廟)에
보관하는 것이 예인데 후세에 이르러 종(宗)·축(祝)·무(巫)·사(史)
의 집에 보관해서 상례(常禮)를 변역하였다. 이렇게 하여 사구(詞句)
를 고치는 일이 있으면 예에 합당하지 않으며, 이러한 일이 행하여지
고 있는 나라를 유암(幽暗)의 나라라고 한다. 또 제사지낼 때 제후로
서 잔(醆)이나 가(斝)로 시동씨에게 술을 드리는 것은 예에 어긋난다.
이러한 것을 참군(僭君)이라고 한다. 또 면관(冕冠)이나 피변(皮弁)
은 국군의 예복이며, 병기나 갑옷은 국군의 명에 의해 관리되어야 하
는 것인데도 지금은 이들이 대부(大夫)의 집에 간직되고 있다. 이는
예가 아니며, 군주를 협박하는 행위이다. 대부로서 많은 벼슬아치를
둔다든가, 제기(祭器)를 구비하여 남에게 빌려오지 않는다든가, 음악
이 모두 갖추어져 있는 것은 국군과 대등하려는 참람된 행동으로서
예에 어긋난다. 이런 것을 난국(亂國)이라고 한다.

原文   祝嘏를 莫敢易其常古할새, 是謂大嘏니라. 祝嘏辭説을,
藏於宗祝坐史이, 非禮也니, 是謂幽國이니라. 醆斝를 及尸君이,
非禮也니, 是謂僭君이니라. 冕弁兵革을, 藏於私家이, 非禮也니,
是謂脅君이니라. 大夫이 具官하며, 祭器를 不假하며, 聲樂을 皆
具이, 非禮也니, 是謂亂國이니라.

(축하 막감역기상고 시위대하 축하사설
장어종축좌사 비례야 시위유국 잔가 급시군
비례야 시위참군 면변병혁 장어사가 비례야
시위협군 대부 구관 제기 불가 성악 개
구 비례야 시위난국)

註解   o祝嘏莫敢易(축하막감역)－축하는 옛날부터의 떳떳한 제례로 되
어 있는 것이니, 감히 옛 법을 바꿔서는 안된다는 것. 축(祝)은 제사를
시작할 때에 신에 고하는 것이고, 하(嘏)는 제사가 끝났을 때에 시동씨가
주인을 위해 축하의 말을 하게 하는 것. o常古(상고)－상(常)은 일정불
변이란 뜻. 고(古)는 옛날의 예법. o大嘏(대하)－큰 복이라는 뜻. 즉 해
야 할 상고(常古)의 예에 따라 제사를 지내면 큰 복이라는 말. o祝嘏辭
說(축하사설)－축하(祝嘏)의 예문(禮文)은 소중한 것이란 말. o宗祝巫史
(종축무사)－종(宗)은 종인(宗人). 축(祝)은 축관(祝官). 무(巫)는 조문
(弔問)의 예를 맡아보는 자. 사(史)는 문서의 기록을 맡은 벼슬아치. o醆
斝(잔가)－잔(醆)은 하(夏)나라의 술잔. 가(斝)는 은(殷)나라의 술잔. 이
와 유사한 술잔에 주(周)나라의 작(爵)이 있다. 기(杞)는 하나라의 후예
이므로 잔(醆)을 사용하고, 송(宋)나라는 은(殷)나라의 후예이므로 가(斝)
를 사용하는 것은 주나라의 천자가 승인한 것이고, 또 주나라의 천자는 3
자를 병용해도 좋으나 일반 제후는 주나라의 작을 사용해야 한다. 그런데
도 지금 일반 제후들이 하나라와 은나라의 술잔으로 시동씨에게 헌주(獻
酒)하는 것은 예가 아니란 것이다. o僭君(참군)－참람된 임금이란 말.
o冕弁兵革(면변병혁) 藏於私家(장어사가) 非禮也(비례야)－대부가 조정
의 높은 의복과 국가의 무위(武衛)를 사삿집에 감추어두는 것은 예가 아

니라는 말. ○大夫具官(대부구관)—대부가 가신(家臣)의 관직을 결원이나 겸임없이 전원을 갖추어 임명하는 것. ○祭器不假(제기불가)—대부가 제기를 완전히 갖추어 두고 남에게서 빌어오지 않는 것. ○聲樂皆具(성악개구)—풍악과 악기가 완전히 갖추어 있는 것.

그런 까닭에 제후 밑에서 벼슬하는 자를 신(臣)이라 하고, 대부(大夫)집에서 벼슬하는 자를 복(僕)이라고 한다. 이들이 3년상을 당했을 때와 새로이 혼인했을 때는 국군은 1년 동안 부리지 않는 것이 예이다. 그런데 지금은 대부가 상복(喪服)의 모습으로 조정을 출입하고, 대부의 가복(家僕)이 조정의 신하들과 서열을 같이하고 있어서 구별이 서지 않는다. 이는 예에 어긋나는 것이다. 이러한 상태의 나라를 임금과 신하가 나라를 같이하는 것이라고 한다. 그렇기 때문에 천자는 전지(田地)가 있어서 자손에게 나누어 주고, 제후는 나라가 있어서 이를 자손에게 전하며, 대부는 채읍(采邑)이 있어서 이를 자손에게 전한다. 이것은 세록(世祿)의 제도라는 것이다. 그런 까닭으로 천자가 제후의 나라에 가면 반드시 그 국군의 조묘(祖廟)에 유숙하는 것이 예이지만, 거기에는 반드시 천자가 태사(太史)에게 그 묘의 기록을 읽게 한다. 그리하여 그 나라의 관례(慣例)를 알고 난 후라야 하는 데에도 지금은 그 예가 지켜지지 않고 있다. 이것은 천자 스스로가 법도를 파괴하고 기강을 어지럽히는 것이 된다. 또 제후는 문병을 가는 것도 아니고, 불행을 조문(弔問)하는 것도 아닌데도 신하의 집으로 가는 것은 군신(君臣)간에 서로 희롱한다고 말해야 할 것이다.

原文 故로 仕於公曰臣이오, 仕於家曰僕이니, 三年之喪과, 與新有昏者를, 期不使하나니 以衰裳入朝하며, 與家僕으로 雜居齊齒면, 非禮也니, 是謂君與臣이 同國이니라. 故로 天子이 有田하사, 以處其子孫하시며, 諸侯이 有國하여, 以處其子孫하시며, 大夫이 有采하여, 以處其子孫하니, 是謂制度니라. 故로 天子이 適

諸侯하사, 必舍其祖廟하시나니, 而不以禮籍으로 入하면, 是謂天子이 壞法亂紀니라. 諸侯이 非問疾弔喪이어든, 而入諸臣之家하면, 是謂君臣이, 謂謔이니라.

(고 사어공왈신 사어가왈복 삼년지상 여
신유혼자 기불사 이최상입조 여가복 잡거제
치 비례야 시위군여신 동국 고 천자 유전
이처기자손 제후 유국 이처기자손 대
부 유채 이처기자손 시위제도 고 천자 적
제후 필사기조묘 이불이례적 입 시위천
자 괴법란기 제후 비문질조상 이입제신지가
시위군신 위학)

註解 ㅇ采(채)-채지(采地), 녹(祿)으로서 대부에게 주는 영지(領地). ㅇ舍其祖廟(사기조묘)-조묘(祖廟)가 존엄한 것이기 때문에 천자가 여기에 유숙한다는 말. ㅇ禮籍(예적)-명위존비(名位尊卑)를 적은 간기(簡記)·예서(禮書)를 말한다. 천자가 제후의 나라에 가면 반드시 그 조묘에 유숙한다. 그러나 천자라 할지라도 반드시 태사(太史)가 예서(禮書)를 갖고 들어가서 거기에 지시된 대로 행동하고 실례되는 일이 있어서는 안 되는 것이다.

그러므로 예라는 것은 군주(君主)에게 있어서 치국(治國)의 중요한 수단이 된다. 예는 정(正)과 부정(不正)이 서로 혼돈되지 않도록 구별하고, 예에 의해 모든 일의 미묘한 차이를 분명히 하며 인간을 신에게 접근시키고, 혹은 제도나 규칙이 우러나게 하며 인의 도덕을 세우는 것인데, 이들은 모두 나라를 잘 다스리며 군주의 지위를 안정시키기 쉽게 하는 데 필요한 것이다. 그런 까닭에 정치가 바르지 않으면 임금의 지위가 위태롭고, 임금의 지위가 위태로우면 대신(大臣)은 배반하고 소신은 도둑질한다. 형벌은 엄준하고 풍속이 퇴폐하면 떳떳한 법이 설 수 없다. 바르고 떳떳한 법이 없으면 예에 존비귀천의 차례가 없을 것이며, 예에 차례가 없으면 사(士)는 맡은 바 책임을 완수하지 않을 것이다. 형벌이 엄준하고 풍속이 퇴폐하면 백성들의 마음은 이반(離叛)할 것이다. 이런 것을 병든 나라라고 한다. 그러므로 정치라는 것은 임금이 몸을 편안히 간직하기 위한 것이다. 그런 까닭에 정치는 반드시 하늘의 법칙에 근본을 두고 그것을 본받아서 아래에 명령을 내려야 하는 것이다. 후토(後土)의 제사로 인하여 명령을 내린 것을 땅을 본받은 정치라고 하고, 조묘(祖廟)에 제사할 때에 내린 정령(政令)을 인의(仁義)의 정치라고 하며, 산천의 신을 제사할 때에 내린 정령을 흥작(興作)의 정치라고 하고, 오사(五祀)의 제사 때에 내린 정령을 제도의 정사라고 한다. 이것이 성인이 몸을 편안히 간직할 수 있는 견고한 까닭이다.

原文   是故로 禮者는 君之大柄也니, 所以別嫌明微하며, 儐鬼神하며, 考制度하며, 別仁義하며, 所以治政安君也니라. 故로 政不正하면, 則君位危하고, 君位危하면, 則大臣이 倍하고, 小臣이 竊하며, 刑肅而俗敝하면, 則法無常하고, 法無常하면, 而禮無列하나니, 禮無列하면, 則士不事也요, 刑肅而俗敝하면, 則民弗歸也니, 是謂疵國이니라. 故로 政者는, 君之所以藏身也니, 是故로 夫政은 必本於天하여, 殽以降命하나니, 命降于社이, 之謂殽地요, 降于祖廟이, 之謂仁義요, 降于山川이, 之謂興作이오. 降於五祀이, 之謂制度니, 此는 聖人이 所以藏身之固也니라.

(시고 예자 군지대병야 소이별혐명미 빈귀
신 고제도 별인의 소이치정안군야 고 정
부정 즉군위위 군위위 즉대신 배 소신
절 형숙이속폐 즉법무상 법무상 이예무열
예무열 즉사불사야 형숙이속폐 즉민불귀야
시위자국 고 정자 군지소이장신야 시고

부정 필본어천 효이강명 명강우사 지위효지
강우조묘 지위인의 강우산천 지위홍작 강어
오사 지위제도 차 성인 소이장신지고야)

註解 ㅇ禮者君之大柄(예자군지대병)―예는 임금이 잡고 있는 정치의
자루[손잡이]라는 말. ㅇ別嫌明微(별혐명미)―판단하기 어려운 혐의스러
운 일을 분별하고, 드러나지 않는 미세한 것을 밝히는 것. ㅇ儐鬼神(빈귀
신)―객을 예로써 접대하는 것을 빈(儐)이라고 하므로 귀신을 접대하는
것도 그것과 같은 예로써 대한다는 말. ㅇ考制度(고제도)―제도를 고찰
(考察)하여 바로잡아서 차이가 없게 하는 것. 제도란 예악·의복·도량
(度量)·권형(權衡) 따위를 가리킨 말. ㅇ別仁義(별인의)―인(仁)과 의
(義)를 구별해 써서 반드시 그 마땅한 바를 얻게 한다는 말. 인(仁)은 차
마 하지 못하는 마음이므로 사랑을 주로 하는 것이고, 의(義)는 마땅히
지켜야 할 도리를 일컫는 말. ㅇ大臣倍(대신배)―배(倍)는 배(背)를 말하
므로 대신이 배반하는 것. ㅇ法無常(법무상)―법이란 언제 어디서 누구에
게나 일정한 것이라야 한다는 말. ㅇ禮無列(예무열)―예에는 차례가 없다
는 말. ㅇ藏身(장신)―장(藏)이란 안(安)과 같은 뜻이므로 몸을 편안하게
간직한다는 말. ㅇ降於五祀(강어오사) 之謂制度(지위제도)―오사(五祀)의
제사에서 내린 정령을 제도라고 한다는 말.

그런 까닭에 정치는 원래가 성인(聖人)의 사업이어야 하는데, 성인
이 하늘과 땅의 중간에 서서 여러 신령들과 어깨를 나란히 하고 인류
의 교도에 힘쓰는 것, 그것이 바로 정치이다. 성인이 천지 귀신의 도
를 터득하여 그것을 기초로 예의 체계가 만들어지는 것이며, 성인이
만 백성의 기쁨과 즐거움을 충분히 고찰(考察)한 다음에 행하는 것이
정치인 것이다. 그러므로 하늘은 4계절을 낳고 땅은 물질을 낳았으며,
사람은 그 어버이가 낳고 스승이 가르친다. 하늘과 땅과 어버이와 스
승 등, 이 네 가지에 대한 도리를 임금이 바르게 써야 한다. 그렇게
하기 때문에 임금은 허물이 없는 곳에 설 수 있는 것이다. 그러므로

임금은 남의 모범이 되는 것이지, 남을 본받는 것이 아니다. 임금은 남에게 길러지는 자이지 남을 기르는 자가 아니다. 또한 임금은 남에게 섬겨지는 자이지, 남을 섬기는 자가 아니다. 그러므로 임금이 남을 본받으면 과실이 있게 되고, 남을 기르면 한 사람의 몸으로 억조창생(億兆蒼生)을 기르기에는 부족할 것이며, 임금이 남을 섬기면 지위를 잃을 것이다. 그런 까닭에 백성들은 임금을 본받아 스스로 다스리고, 임금을 봉양함으로써 자신이 편안하며, 임금을 섬김으로써 자신이 드러나게 되는 것이다. 그러므로 예가 통달하게 되면 분수가 정해진다. 그렇게 되면 사람들은 모두 임금을 위하여 죽기를 원하고 불의하게 사는 것을 싫어할 것이다.

原文 故로 聖人이 參於天地하시며, 竝於鬼神하사, 以治政也니, 處其所存은, 禮之序也요, 玩其所樂은, 民之治也니라. 故로 天生時, 而地生財하며, 人其父生, 而師敎之하나니, 四者를 君이 以正用之하시나니, 故로 君者는 立於無過之地也니라. 故로 君者는 所明也요, 非明人者也며, 君者는 所養也요, 非養人者也며, 君者는 所事也요, 非事人者也니라. 故로 君이 明人則有過하고, 養人則不足하고, 事人則失位니라. 故로 百姓은 則君以自治也하며, 養君以自安也하며, 事君以自顯也하나니라. 故로 禮達而分定이니라. 故로 人皆愛其死, 而患其生이니라.

(고 성인 참어천지 병어귀신 이치정야
처기소존 예지서야 완기소락 민지치야 고
천생시 이지생재 인기부생 이사교지 사자 군
이정용지 고 군자 입어무과지지야 고 군자
소명야 비명인자야 군자 소양야 비양인자야
군자 소사야 비사인자야 고 군 명인즉유과
양인즉부족 사인즉실위 고 백성 즉군이자치야

양군이자안야 사군이자현야 고 예달이분정
고 인개애기사 이환기생)

[註解]　ㅇ參於天地(참어천지)―천지의 법칙을 본받는다는 말. ㅇ竝於鬼
神(병어귀신)―귀신과 나란히 선다는 말. ㅇ處其所存(처기소존)―천지의
법칙이 존재하는 바에 처한다는 말. ㅇ禮之序也(예지서야)―예에 차례가
있게 된다는 말. ㅇ玩其所樂(완기소락) 民之治也(민지치야)―천지와 귀신
이 즐겨하는 바를 완미(玩味)하여 그 법칙과 작용을 본받아 정치하니 백
성들이 잘 다스려진다는 말. ㅇ四者君以正用之(사자군이정용지) 故君子
立於無過之地也(고군자입어무과지지야)―4계절을 낳은 하늘, 물자를 낳
은 땅, 사람을 낳은 어버이, 스승 등 4자의 도리를 바르게 운영하여 정치
를 한다면 임금에게는 과실이 없다는 말. ㅇ君者所明也(군자소명야) 非
明者仁也(비명자인야)―임금은 남에게 본보기가 되어야 하고 남을 본받
는 사람이 되어서는 안된다는 말. 명(明)은 칙(則)과 같으므로 본받는다
는 뜻. ㅇ君明人則有過(군명인즉유과)―임금이 남을 본받아야 할 존재가
되면 과실이 있다는 말. ㅇ禮達而分定(예달이분정)―예가 상하에 통달하
면 사람들은 각자의 분수를 지킬 줄 알게 되어 분수가 정해진다는 말.

　그래서 군주된 자는 사람의 지혜를 이용하지만 사략(詐略)은 쓰지
않는다. 사람의 용기를 사용하지만 감정에 빠지는 자는 취하지 않는
다. 사람의 어진 마음을 존중하지만 편애(偏愛)에 빠지는 자는 피한
다. 국가에 재해(災害)가 있어 군주가 사직을 지키다 죽는 것을 의
(義 : 정당한 죽음)라 말하고, 대부가 재해를 당하여 종묘(宗廟)를 지
키다 죽는 것은 바르다라고 한다. 성인(聖人)은 천하를 잘 다스려서
한 집안처럼 하고, 중국 전체를 합쳐 한 몸처럼 하지만 이는 성인이
사리(私利)를 도모하여 특별한 수단을 썼기 때문이 아니라 반드시 만
백성의 마음을 알고 정의를 보였으며, 이(利)를 밝혔기 때문이다. 그
리고 또 만백성의 근심거리가 되는 곳을 알아내어 이를 제거한 결과
비로소 천하가 한 집안처럼, 중국이 한 몸처럼 평화로운 세계가 출현

하는 것이다.

原文 故로 用人之知하고, 去其詐하며, 用人之勇하고, 去其怒
하며, 用人之仁하고, 去其貪이니라. 故로 國有患이어든, 君이 死
社稷을, 謂之義요, 大夫이 死宗廟를, 謂之變이라 하나니라. 故로
聖人이 耐以天下로 爲一家하며, 以中國으로 爲一人者는, 非意
之也라. 必知其情하여, 辟於其義하며, 明於其利하며, 達於其患
하신 然後에 能爲之니라.

  (고 용인지지 거기사 용인지용 거기노
  용인지인 거기탐 고 국유환 군 사
  사직 위지의 대부 사종묘 위지변 고
  성인 내이천하 위일가 이중국 위일인자 비의
  지야 필지기정 벽어기의 명어기리 달어기환
  연후 능위지)

註解 ㅇ大夫死宗廟(대부사종묘) 謂之變(위지변)－변(變)은 변(辯)과
같으므로 정(正)과 같은 뜻이다. 즉 대부가 임금의 종묘를 수호하다 죽는
것을 바르다[正]라고 한다는 말. ㅇ耐以天下爲一家(내이천하위일가)－능
히 천하를 한 집안처럼 만든다는 말. 내(耐)는 능(能)의 뜻. ㅇ非意之也
(비의지야)－자의(恣意)로 억측하여 그렇게 하는 것이 아니라는 말. ㅇ辟
於其義(벽어기의)－사람의 자연스러운 심정을 계발하여 의(義)에 인도한
다는 말. 벽(辟)은 벽(闢)과 같으므로 열라는 말. 즉 계도(啓導)한다는 뜻.

  도대체 사람의 심정이란 어떤 것일까. 그것은 기뻐하고, 성내고, 슬
퍼하고, 두려워하고, 사랑하고, 미워하고, 욕심내고 하는 심정으로서
이들 일곱 가지는 사람들이 태어날 때부터의 능력이다. 다음으로 사
람의 도의란 무엇일까. 그것은 어버이의 자애(慈愛), 자식의 효(孝),
형의 어짊, 아우의 공경, 남편의 의(義)로움, 아내의 순종, 어른의 은
혜, 어린이의 유순, 임금의 인애(仁愛), 신하의 충성 등, 이 열 가지를

사람의 도의라고 한다. 또 서로 신뢰할 수 있도록 힘쓰고 친목을 두 터이 하는 것이 만인의 이익이며, 서로 탈취하고 죽이고 하는 것은 만인의 재해인 것이다. 그렇기 때문에 성인(聖人)은 일곱 가지 정(情) 이 알맞게 표현되고, 열 가지의 도의가 바르게 실천됨으로써 사람들 의 신뢰가 두터워지고 서로 예양(禮讓)을 존중하며 쟁탈이 일어나지 않도록 교도하는 것인데, 그러기 위해서는 예라는 것이 없이는 다스 릴 수가 없을 것이다. 식욕(食欲)과 성욕(性欲), 이 두 가지는 인간의 중대한 욕망이고, 사망과 빈고(貧苦)는 사람이 가장 싫어하는 바이며, 욕망과 염오(厭惡)는 인정의 기본이 되는 것이다. 사람은 모두 그 심 정을 숨기고 있는 일이 많으며 그것을 알아내기는 어려운 일이다. 사 람의 행위의 선악은 모두 그 심정에서 일어나는 것이지만, 즉시 외부 로 나타나지 않으므로 무언가 한 가지 방법에 의해 사람들의 심정을 알아내려고 한다면 예(禮)를 두고 또 무엇이 있겠는가.

原文 何謂人情인고, 喜怒哀懼愛惡欲이니 七者는 弗學而能이 니라. 何謂人義요, 父慈하며, 子孝하며, 兄良하며, 弟弟하며, 夫義 하며, 婦聽하며, 長惠하며, 幼順하며, 君仁하며, 臣忠이니, 十者를 謂之人義요, 講信脩睦을, 謂之人利요, 爭奪相殺을, 謂之人患이 라하나니, 故로 聖人之所以治人七情하며, 脩十義하며, 講信脩睦 하며, 尙辭讓하며, 去爭奪은, 舍禮하고, 何以治之리오. 飮食男女 에, 人之大欲이 存焉하고, 死亡貧苦에, 人之大惡이 存焉하니, 故로 欲惡者는, 心之大端也니라. 人藏其心이라, 不可測度也며, 美惡이 皆在其心이라, 不見其色也니, 欲一以窮之인댄, 舍禮하고 何以哉리오.

(하위인정 희노애구애오욕 칠자 불학이능
하위인의 부자 자효 형량 제제 부의
부청 장혜 유순 군인 신충 십자

위지인의 강신수목 위지인리 쟁탈상살 위지인환

고 성인지소이치인칠정 수십의 강신수목

상사양 거쟁탈 사례 하이치지 음식남녀

인지대욕 존언 사망빈고 인지대오 존언

고 욕오자 심지대단야 인장기심 불가측도야

미악 개재기심 불견기색야 욕일이궁지 사례 하이재)

註解　○弗學而能(불학이능)－배우지 않고도 할 수 있는 것. ○婦聽(부청)－부인은 남편의 말에 순종한다는 뜻. 청(聽)은 종(從)과 같으므로 순종한다는 말. ○男女(남녀)－남녀 사이의 정욕(情欲)을 가리킨 말. 성욕. ○欲惡者(욕오자) 心之大端(심지대단)－욕심과 미워하는 마음은 일곱 가지 심정인 희(喜)·노(怒)·애(哀)·구(懼)·애(愛)·오(惡)·욕(欲) 가운데서도 가장 큰 단서(端緒)가 된다는 말.

그러므로 사람이란 것은 천지 두 덕의 화합(和合)이고, 음양(陰陽)의 변합(變合)이며, 귀신의 모임이고, 오행(五行)의 빼어난 기운이다. 따라서 하늘은 양(陽)을 잡아 해와 별빛을 드리우고, 땅은 음(陰)을 잡아 산과 강에 구멍이 있어서 기(氣)를 통한다. 오행을 사시(四時)에 뿌려서 그 뿌려진 것이 화순하게 된 뒤라야 달이 생긴다. 그런 까닭에 달은 삼오(三五)에 차고 삼오에 이지러진다. 또한 오행의 사시(四時)에 있어서의 운행은 서로 교체하여 끝이 된다. 오행이나 4계절이나 12개월 등의 변화나 진행에 있어서는 서로 처음이 되고, 또 끝이 되면서 운행된다. 오성(五聲)·육률(六律)의 12율관(律管)은 돌아서 서로 궁(宮)이 된다. 오미(五味)·육화(六和)의 12식(食) 등 음식의 맛도 역시 모든 요소가 돌아서 서로 바탕이 된다. 오색(五色)·육장(六章)의 12의(衣)의 의복의 빛에 있어서도 역시 모든 요소가 돌아서 서로 바탕이 된다.

原文　故로 人者는, 其天地之德이오, 陰陽之交며, 鬼神之會며,

五行之秀氣也니라. 故로 天이 秉陽하여, 垂日星하고, 地秉陰하여, 竅於山川이라. 播五行於四時하여, 和而後에야 月生也하나니 是以로 三五而盈하고, 三五而闕하나니라. 五行之動이, 迭相竭也니, 五行·四時·十二月이, 還相爲本也요, 五聲·六律·十二管이, 還相爲宮也요, 五味·六和·十二食이, 還相爲質也요, 五色·六章·十二衣는, 還相爲質也니라.

(고 인자 기천지지덕 음양지교 귀신지회
오행지수기야 고 천 병양 수일성 지병음
규어산천 파오행어사시 화이후 월생야
시이 삼오이영 삼오이궐 오행지동 질상갈야
오행 사시 십이월 선상위본야 오성 육률 십이
관 선상위궁야 오미 육화 십이식 선상위질야 오
색 육장 십이의 선상위질야)

[註解] ㅇ人者(인자) 天地之德(천지지덕)―사람은 천지의 실리(實理)를 천성적으로 타고난 존재라는 말. 덕(德)은 천지의 실리(實理)를 말한 것. ㅇ陰陽之交(음양지교)―사람은 음양의 교합으로 이루어졌다는 말. ㅇ鬼神之會(귀신지회)―형(形)과 신(神)이 응합(凝合)된 것. ㅇ播五行於四時(파오행어사시)―4계절에는 오행 중 계절에 따라 각기 주관하는 것이 있다는 말. 봄은 목(木), 여름은 화(火), 가을은 금(金), 겨울은 수(水)가 주관하고 있다. ㅇ和而後月生(화이후월생)―그 계절에 배속된 오행의 기와 천시의 운행이 화순(和順)하게 된 뒤라야 달이 나온다는 말. 즉 달이 차고 기우는 것은 해의 멀고 가까움에 인유(因由)하는 것이므로, 사서(四序)가 순화(順和)하여 일행(日行)이 궤도를 바로 지킨 뒤라야 달이 나온다는 말. ㅇ三五而盈(삼오이영) 三五而闕(삼오이궐)―달이 초하루에서 보름까지 15일 사이에 차고, 보름에서 그믐까지 15일 사이에 이지러진다는 말. ㅇ五行之動(오행지동) 迭相竭(질상갈)……還相爲本(선상위본)―오행이 4시 사이에 운행되는 것은 서로 끝이 되었다 첫머리가 되었다 하며 고리처럼 영원히 순환한다는 말. ㅇ五聲(오성)―오음(五音)과 같으므로 다섯

가지의 소리, 즉 토성(土聲)의 궁(宮), 금성(金聲)의 상(商), 목성(木聲)의 각(角), 화성(火聲)의 치(徵), 수성(水聲)의 우(羽)이다. ○六律(육률)—12율(律) 중의 양(陽)의 소리에 속하는 여섯 가지의 음(音). ○十二管(십이관) 還商爲宮(선상위궁)—12율(律)이 차례로 한 바퀴를 돌면 다시 궁(宮)에 돌아온다는 말. ○五味(오미)—신맛·쓴맛·매운맛·짠맛·단맛. ○六和(육화)—시고, 쓰고, 맵고, 짠맛에 단맛과 미끄러운 것을 탄 것. ○十二食(십이식) 還相爲質(선상위질)—12식(食)은 12월간의 먹는 음식이므로 1년 열두달 동안 매달 먹는 음식의 맛은 서로 바탕이 된다는 말. ○五色(오색)·六章(육장)—오색은 청(靑)·적(赤)·황(黃)·백(白)·흑(黑)을 말하고, 육장은 오색에 천현(天玄)을 더한 것이다. ○十二衣(십이의) 還相爲質(선상위질)—1년 12개월 간의 옷은 봄에 청의(靑衣), 여름에 주의(朱衣), 가을에 백의(白衣), 겨울에 현의(玄衣)인바, 이 옷의 빛깔은 서로 바탕이 된다는 말.

　그런 까닭으로 인간은 천지가 이룬 세계의 중심이고 오행(五行)이 낳은 만물의 우두머리이며, 인간만이 물건의 맛을 분별하고 소리를 세심하게 들을 수 있으며, 또 색채를 분별하여 이를 의복에 이용할 수가 있는 뛰어난 존재이다. 그래서 성인(聖人)은 여러 종류의 법을 설정할 때 천지의 도리를 기반으로 하고 음양의 이치를 근본으로 했으며, 사시(四時)의 추이(推移), 해와 별과의 운행, 달의 영허(盈虛), 여러 신령(神靈)의 작용, 오행의 기능 등을 근거로 한 것이다. 그리고 제정한 여러 법칙 중에서 특히 예의와 예절을 중요시하여 교육의 수단으로 하고 이것으로 인간의 성격을 개발 도야(陶冶)하려고 한 것이다. 또 4종류의 동물을 사육해서 가축으로 할 것까지 가르쳤던 것이다.

　原文　　故로 人者는 天地之心也며, 五行之端也며, 食味別聲被色而生者也니라. 故로 聖人이 作則하시되, 必以天地로 爲本하시며, 以陰陽으로 爲端하시며, 以四時로 爲柄하시며, 以日로 星爲紀하시며 月을 以爲量하시며, 鬼神을 以爲徒하시며, 五行을 以爲

質하시며, 禮義를 以爲器하시며, 人情을 以爲田하시며, 四靈을
以爲畜하시니,

　(고 인자 천지지심야 오행지단야 식미별성피

　색이생자야 고 성인 작즉 필이천지 위본

　이음양 위단 이사시 위병 이일 성위

　기 월 이위량 귀신 이위도 오행 이위

　질 예의 이위기 인정 이위전 사령 이위휵)

[註解]　○人者天地之心(인자천지지심)—사람은 천지가 이룬 세계의 중심
이라는 말.　○以四時爲柄(이사시위병)……五行以爲質(오행이위질)—사시
(四時)와 오행(五行)의 운행 법칙이나 기묘한 작용 등에 의거하거나 혹
은 참조해서 인간의 생활을 안정시키기 위한 여러 규정을 설정했다는 뜻.
○禮義以爲器(예의이위기)—사시 오행 등을 근거로 하여 제정된 인위적
인 법칙이지만 성인(聖人)은 먼저 이것을 수단으로 해서 인간의 개발과
도야(陶冶)에 사용하도록 하였다는 뜻.　○人情以爲田(인정이위전)—예가
교육의 수단이고 사람의 성격이 교육 작업이 행하여지는 밭[田 : 대상]이
라는 말.

　천지의 도리가 기반이 되어 있기 때문에 어떤 사물에 대해서도 그
의 존재를 들어낼 수가 있다. 음양의 이치를 근본으로 하고 있기 때
문에 어떤 사물이든 그 성질을 추찰(推察)할 수가 있다. 사시(四時)
의 추이(推移)를 기준으로 하고 있기 때문에 생산의 작업을 가르쳐서
장려할 수가 있다. 해와 여러 별들의 운행에 맞추어져 있기 때문에
사업을 순서대로 처리할 수가 있다. 달의 영허(盈虛)에 맞추어 있기
때문에 일에 기한을 붙일 수가 있다. 신령(神靈)의 수호를 믿기 때문
에 반드시 일을 완수할 수가 있다. 오행(五行)의 기능에 따르고 있기
때문에 작업이 끝나도 또 시작되고 막히는 일이 없다. 예의가 수단이
되어 있기 때문에 행위에 곤란이 수반되는 일이 없다. 사람의 성질을
고치고 있기 때문에 사람은 모두 자기의 마음 속을 반성하는 것이다.

네 가지 종류의 동물을 사육하여 가축으로 하고 있기 때문에 식량도 풍족해져가는 것이다. 그럼 네 가지의 동물이란 무엇들인가. 그 네 가지 종류의 대표적인 것은 기린·봉황·거북·용 등의 네 가지 영물인데 이를 사령(四靈)이라고 한다. 그러므로 용을 가축처럼 길들이니, 물고기와 상어 떼들이 놀라 흩어지는 일이 없고, 봉황을 가축처럼 길들이니, 새들이 놀라 날아가는 일이 없다. 기린을 가축처럼 길들이니 짐승들이 놀라 달아나는 일이 없고, 거북을 가축처럼 기르니 신령한 거북점에 의지하여 사람의 바른 심정을 상실하지 않는다.

原文   以天地로 爲本이라, 故로 物可擧也며, 以陰陽으로 爲端이라, 故로 情可睹也며, 以四時로 爲柄이라, 故로 事可勸也며, 以日星으로 爲紀라, 故로 事可列也며, 月을 以爲量이라, 故로, 功有藝也며, 鬼神을 以爲徒라, 故로 事可守也며, 五行을 以爲質이라, 故로 事可復也며, 禮義를 以爲器라, 故로 事行有考也며, 人情을 以爲田이라, 故로, 人以爲奧也며, 四靈을 以爲畜이라. 故로 飮食에 有由也니라. 何謂四靈고, 麟鳳龜龍을, 謂之四靈이라 하나니, 故로 龍을 以爲畜이라, 故로 魚鮪不淰하며, 鳳을 以爲畜이라, 故로 鳥不獝하며, 麟을 以爲畜이라, 故로 獸不狘하며, 龜를 以爲畜이라, 故로 人情不失이니라.

(이천지 위본 고 물가거야 이음양 위단
고 정가도야 이사시 위병 고 사가권야
이일성 위기 고 사가열야 월 이위량 고
공유예야 귀신 이위도 고 사가수야 오행 이위
질 고 사가복야 예의 이위기 고 사행유고야
인정 이위전 고 인이위오야 사령 이위휵
고 음식 유유야 하위사령 인봉귀룡 위지사령
고 용 이위휵 고 어유불심 봉 이위휵
고 조불휼 인 이위휵 고 수불월 귀

이위휵 고 인정불실)

註解 ㅇ以天地爲本(이천지위본) 故物可擧也(고물가거야)-성인(聖人)이 만사, 만물에 대한 전칙(典則)을 제정할 때에 천지의 법칙을 근본으로 한다면 사물의 이치를 모두 들어 쓸 수 있다는 말. ㅇ以陰陽爲端(이음양위단) 故情可睹也(고정가도야)-정(情)의 선한 것은 양(陽)에 속하고, 악한 것은 음에 속한다. 사물의 단서를 음양에서 찾는다면 선악(善惡)의 정을 볼 수 있다는 말. ㅇ以四時爲柄(이사시위병) 故事可勸也(고사가권야)-춘하추동 사시에 마땅히 해야 할 일을 백성에게 권면(勸勉)한다면 성취시킬 수 있다는 말. ㅇ以日星爲紀(이일성위기) 故事可列也(고사가열야)-해와 달의 운행을 표준으로 하기 때문에 1년 12개월 동안의 일들을 천시(天時)의 순서에 따라 자세히 벌려 백성들에게 보여서 작위하게 할 수 있다는 말. ㅇ月以爲量(월이위량) 故功有藝也(고공유예야)-1년을 12로 구분한 달의 분한(分限)이 있기 때문에 그 분한을 넘기지 않고 제때에 하면 하는 일의 사공(事功)이 나무를 심는 것처럼 자장(滋長)할 것이라는 말. 양(量)은 한량(限量)을 말하므로 분한(分限)이란 뜻이다. ㅇ鬼神以爲徒(귀신이위도) 故事可守也(고사가수야)-교사(郊社)·종묘·산천·오사(五祀) 등의 제사를 거행하여 귀신과 한무리처럼 서로 의지하니 모든 일을 잘 지켜갈 수 있다는 말. 도(徒)는 무리짓는다는 말이므로 서로 의지한다는 뜻. ㅇ五行以爲質(오행이위질) 故事可復也(고사가복야)-오행의 이치를 바탕으로 하기 때문에 오행은 한 번 돌면 다시 처음으로 돌아가는 것처럼 일을 회복할 수 있다는 말. ㅇ禮義以爲器(예의이위기) 故事行有考也(고사행유고야)-예의로써 그릇을 삼으니 일은 성취할 수가 있다는 말. 고(考)는 성(成)과 같은 뜻. ㅇ人情以爲田(인정이위전) 故人以爲奧也(고인이위오야)-인정(人情) 다루기를 밭 다스리듯 하여 잡초가 나서 거칠어지거나 하는 일이 없는 것처럼, 사람의 마음이 잘 다스려져서 집의 오실(奧室)이 으뜸인 것처럼 만물의 영장이 될 수 있다는 말. ㅇ四靈以爲畜(사령이위휵) 故飮食有由也(고음식유유야)-네 가지 영물(靈物)을 가축처럼 길들여 기르니 다른 새나 짐승들이 모두 순하게 따라오므로 그것을 음식의 재료로 할 수 있다는 말. ㅇ龜以爲畜(귀이위휵) 故人情不失

(고인정불실)—거북을 가축처럼 기르기 때문에 성인(聖人)은 거북점을 쳐서 사람의 심정의 가부(可否). 선악을 미리 알 수 있어서 그르침이 없다는 말.

그런 까닭으로 선왕은 역점(易占)이나 귀복(龜卜)에 의해 제사의 택일이나 희생을 정하고 제사를 지내어 희생을 묻고 폐백을 바쳤으며 축사를 읽었다. 이러한 제사를 몇 번이고 해 보이고서 제례(祭禮)의 의식을 설정했던 것이다. 선왕(先王)은 만사를 이와 같이 해서 나라의 여러 제도나 관직의 규정이나 직무의 구분이나 예의의 경중 등을 가르쳤다. 선왕은 예의 예절이 만민에게 널리 퍼지지 않을 것을 근심하여 교(郊)에 있어서 상제(上帝)를 제사하고 하늘의 존엄함을 가르쳤으며, 사직(社稷)에서 땅의 신을 제사하여 땅의 은혜에 감사할 것을 가르쳤다. 또 종묘(宗廟)의 제사에 있어서는 조상의 어진 은혜와 자손의 효심을 깨닫게 하고, 산천(山川)의 제사에 있어서는 여러 신령들을 소홀히 해서는 안됨을 가르쳤으며, 오사(五祀)에 있어서는 풍속·습관의 소중함을 가르쳤다. 또한 선왕은 조묘(祖廟)에는 종인(宗人)이나 축인(祝人)을 두고, 조정에는 삼공(三公)을 두었으며 학교에는 삼로(三老)를 두어 이들 관원이 그 직무를 통해서 예의나 기타의 도(道)를 가르치도록 제도를 설정했던 것이다. 또 왕의 곁에는 무(巫)가 앞에 있고 사(史)가 뒤에 있으며 복서(卜筮)의 관원이나 악인(樂人) 및 유인(侑人 : 왕의 신변을 돌보는 직무) 등이 좌우에 있고 왕이 그 중앙에 있음으로써 마음 속에 아무런 불안한 마음이 없이 공정한 재결(裁決)을 내릴 수가 있도록 제도가 정해져 있다. 이상과 같이 교(郊)의 제사가 예의바르게 거행되기 때문에 천제(天帝)는 백신(百神)에게 명하여 그 직분을 다하게 하고, 사직의 제사가 예의바르게 거행되기 때문에 땅의 신은 산물(産物)을 풍부하게 하며, 조묘(祖廟)의 제사가 예의바르게 거행되기 때문에 선조와 자손간에 인자효순(仁慈

孝順)의 덕(德)이 교류하고, 오사(五祀)의 제사가 예의바르게 거행되기 때문에 풍속과 습관이 바르게 유지되고 있는 것이다. 즉 선왕은 교(郊)·사(社)·조(祖)·묘(廟)·산천(山川)·오사(五祀)의 제사를 거행하는 가운데 도덕이나 예의의 모범을 보여주었던 것이다.

原文 故로 先王이 秉蓍龜하시며, 列祭祀하시며, 瘞繒하시며, 宣祝嘏辭說하시며, 設制度하시니, 故로 國有禮하시며, 官有御하시며, 事有職하시며, 禮有序니라. 故로 先王이 患禮之不達於下也라. 故로 祭帝於郊는, 所以定天位也요, 祀社於國은, 所以列地利也요, 祖廟는 所以本仁也요, 山川은 所以儐鬼神也요, 五祀는 所以本事也니, 故로 宗祝이 在廟하며, 三公이 在朝하며, 三老이 在學하며, 王이 前巫而後史하시며, 卜筮瞽侑이 皆在左右어든, 王이 中하사 心無爲也하여, 以守至正이니라. 故로 禮行於郊하여, 而百神이 受職焉하며 禮行於社하여, 而百貨를 可極焉이며, 禮行於祖廟하여, 而孝慈를 服焉이며, 禮行於五祀하여, 而正法則焉이니, 故로 自郊·社·祖·廟·山川·五祀는, 義之脩하여, 而禮之藏也니라.

(고 선왕 병시귀 열제사 예증
선축하사설 설제도 고 국유례 관유어
사유직 예유서 고 선왕 환례지부달어하
야 고 제제어교 소이정천위야 사사어국 소이열
지리야 조묘 소이본인야 산천 소이빈귀신야 오사
소이본사야 고 종축 재묘 삼공 재조 삼
로 재학 왕 전무이후사 복서고유 개재좌우
왕 중 심무위야 이수지정 고 예행어교
이백신 수직언 예행어사 이백화 가극언
예행어조묘 이효자 복언 예행어오사 이정법
칙언 고 자교·사·조·묘·산천·오사 의지수

이례지장야)

註解 ○秉蓍龜(병시귀)-시초(蓍草)와 거북껍질을 잡고 점을 친다는 말. 시초는 서죽(筮竹)을 말한 것이다. 즉 서죽을 뽑아 점괘를 얻어 길흉을 판단하고, 거북은 그 껍질을 태워서 터진 금을 보고 길흉을 판단한다. ○列祭祀(열제사)-교(郊)・사(社)・종묘(宗廟)・산천・오사(五祀) 등의 제사를 거행하는 것. ○瘞繒(예증)-예(瘞)는 희생을 땅에 묻어 지신(地神)에게 제사하는 것이고, 증(繒)은 옥백(玉帛)의 폐백을 묻어서 신에게 고하고 바치는 것. ○事有職(사유직)-일은 각기 분담한 직책이 있다는 말. ○祭帝於郊(제제어교) 所以定天位(소이정천위)-임금이 상제(上帝)에게 교사(郊祀)를 거행하는 것은 하늘의 지위가 높다는 것을 백성들에게 보여준다는 말. ○祀社於國(사사어국) 所以列地利也(소이열지리야)-천자가 후토(后土)에 친히 제사하는 것은 사람의 모든 생활의 자료가 땅에서 나오기 때문이라는 말. ○祖廟(조묘) 所以本仁也(소이본인야)-조묘(祖廟)는 인(仁)의 근본이라는 말. ○巫(무)-무당. 조림(弔臨)의 예를 주관한다. ○史(사)-사관(史官). 임금의 언동의 사실을 기록하는 관원. ○卜筮(복서)-점쟁이. ○瞽(고)-악사(樂師). ○侑(유)-사보(四輔)의 하나. 임금의 곁에서 임금을 돌보는 관원. ○禮行於五祀(예행어오사) 而正法則焉(이정법칙언)-제례(祭禮)에는 귀천의 예제(禮制)가 있어서 감히 참월(僭越)하지 못한다는 것을 보여서 법칙을 바르게 한다는 말. ○禮之藏也(예지장야)-교사(郊祀) 이하의 제례는 예를 저장한 창고와 같다는 말.

그런 까닭에 예는 그 근거를 태일(大一 : 천지의 근원)에 두고 태일이 천지를 갈라놓아 음양이 생기고 사시(四時)를 나타내며 여러 신령이 감추어 있는 것처럼, 예에 상하나 길흉의 구별과 기일 기한 등의 규정이 있으며, 또 천지인(天地人) 여러 신령에 대한 제례가 있다. 그리고 이와 같이 천도(天道)가 인간 사회에서 거행되는 것을 천명(天命)의 유행이라고 말하며, 예의나 도덕 등은 [이 유행의 소산이고] 천도를 모범으로 하는 것이다. 예는 반드시 천도를 기본으로 발전하여 땅의 도(道)를 취하였으며, 백 가지 사물의 성질을 참조하여, 시기에 응해서 의식에 변화를 준다. 또 예를 거행하는 사람의 신분에 따라 의식에 차이를 두고 있으며, 사람들 각자가 그 차이를 지켜야만 의 (義)로운 것으로 되어 있다. 예를 실행함에 있어서 재화와 노력(勞力) 을 아껴서는 안되며, 상호간에 양보하는 마음가짐이 필요하고, 또 신 에게 바치거나 사람들과 향연(饗宴)을 베풀기 위해서 음식의 물품을 소비하지 않으면 안된다. 그리고 거행되는 예의 종목은 관(冠)・혼 (婚)・상(喪)・제(祭)・사(射)・어(御)・조(朝)・빙(聘) 기타이다. 이렇 기 때문에 예의 예절은 인간 생활을 원활하게 하기 위한 요건(要件) 인 것이다. 인간은 예를 행함으로써 서로 신뢰와 친목을 두텁게 할 수가 있고, 단결을 튼튼하게 할 수가 있다. 그것은 마치 개인의 몸에 있어서 피부나 근육이나 뼈 등의 연접(連接)이나 결속(結束)을 더욱 더 견고하게 하여 생명을 계속 강하게 하는 것과 비슷하다. 또한 예 는 살아 있는 부모를 봉양해서 만족케 하고, 죽으면 장사지내어 그 혼령을 편안히 하며, 혹은 여러 신을 제사지내어 복을 빌기 위한 중 요한 수단이 되기도 하며, 사람이 천도(天道)를 존중하고 인정을 중 요시함으로써 인간 생활을 원활히 보내기 위한 중요한 방법이기도 하 다. 그렇기 때문에 성인(聖人)은 예가 없어서는 안되는 것임을 충분 히 알고, 이를 제정한 것이다. 세상에 스스로 나라를 망치고 집안을 파괴하며 내 몸을 잃는 사람이 있는 것은, 반드시 예를 버렸기 때문 인 것이다. 예가 인간의 몸에 중요함은 마치 누룩이 술에 없어서는 안되는 것과 같은 것이다. 군자는 예의 중요함을 알고 열심히 배우지 만, 소인은 예를 경시(輕視)하고 배우지 않는 것이다.

原文 是故로 夫禮는 必本於大一이라, 分而爲天地하며, 轉而 爲陰陽하며, 變而爲四時하며, 列而爲鬼神하며, 其降曰命이니, 其官於天也니라. 夫禮는 必本於天하여, 動而之地하며, 列而之

事하며, 變而從時하며, 協於分藝하니, 其居人也曰養이라. 其行
之에는, 以貨力·辭讓·飮食·冠昏·喪祭·射御·朝聘이라.
故로 禮義也者는, 人之大端也니, 所以講信脩睦하며, 而固人之
肌膚之會와, 筋骸之束也며, 所以養生送死하며, 事鬼神之大端
也며, 所以達天道하며, 順人情之大竇也니, 故로 唯聖人이 爲知
禮之不可以已也하시니, 故로 壞國喪家亡人이, 必先去其禮니라.
故로 禮之於人也에, 猶酒之有糱也니, 君子는 以厚요, 小人은
以薄이니라.

(시고 부례 필본어태일 분이위천지 전이
위음양 변이위사시 열이위귀신 기강왈명
기관어천야 부례 필본어천 동이지지 열이지
사 변이종시 협어분예 기거인야왈양 기행
지 이화력·사양·음식·관혼·상제·사어·조빙
고 예의야자 인지대단야 소이강신수목 이고인지
기부지회 근해지속야 소이양생송사 사귀신지대단
야 소이달천도 순인정지대두야 고 유성인 위지
예지불가이이야 고 괴국상가망인 필선거기례
고 예지어인야 유주지유얼야 군자 이후 소인 이박)

[註解] ○大一(태일)―천지가 아직 나누어지기 전의 혼돈을 가리킨 말.
즉 예(禮)는 천지가 개벽하기 이전의 상태에 근본을 둔다는 말. 태(大)는
지극히 크다는 뜻이고, 일(一)은 아직 나뉘지 않았다는 뜻. ○分而爲天地
(분이위천지)―갈라져서 천지가 되었으니 고비귀천(高卑貴賤)의 등급이
있다는 말. ○轉而爲陰陽(전이위음양)―변전(變轉)하여 음양(陰陽)이 되
었으니 길흉형상(吉凶刑賞)의 일이 있다는 말. ○變而爲四時(변이위사시)―
변전하여 사시(四時)가 되었으니 세월의 가깝고 먼 차이가 있다는 말. ○列
而爲鬼神(열이위귀신)―여러 귀신에게 벌려 제사하니 보본반시(報本反
始)의 정이 있다는 말. ○其居人也曰養(기거인야왈양)―양(養)은 의(義)
의 잘못. 사람에 있어서는 의라고 부른다는 말.

그래서 성왕(聖王)은 도덕과 예의 예절을 중요한 수단으로 하여 사람의 마음을 알맞게 규제한다. 그렇기 때문에 사람의 심정은 성왕의 활동의 터전인 것이다. 성왕은 예를 닦아서 그 터전을 갈며 의를 벌려서 그 터전에 씨를 뿌리고, 학문을 강명(講明)하여 김매며, 인(仁)에 근본하여 모든 선한 것을 모아 거두어들이고, 악(樂)을 뿌려서 편안하게 한다. 그러므로 예라는 것은 의(義)의 열매인 것이다. 의를 제도(制度)로 결실하게 한 것이 바로 예이기 때문이다. 의에 맞추어 보아서 화합하면 그것이 곧 예인 것이다. 비록 선왕(先王)의 예법에 그러한 예가 없을지라도 의에 참작하여 적절한 것이면 새로 일으킬 수 있는 것이다. 그래서 도의는 사람의 신분에 적합한 규범이고, 인애(仁愛)의 절도(節度)를 나타내는 것이므로 도의를 바르게 행위로 나타내고 동시에 인애를 적당히 베풀 수 있는 예의 예절을 터득한 사람은 만인을 다스릴 능력을 갖고 있다고 해도 될 것이다. 또 인자(仁慈)는 도덕의 근본이고 순화(順和)의 토대이며, 인자함을 지닌 사람은 만인의 우두머리가 될 능력을 갖추고 있다고 해도 과언이 아닐 것이다. 그러므로 나라를 다스리는 데 예를 사용하려고 하지 않는 것은 마치 밭을 가는 데 쟁기를 사용하지 않는 것과 같은 것이다. 예를 행하려고 해도 먼저 도의를 알려고 하지 않는다면 그것은 밭을 갈았어도 아무것도 심지 않는 것과 같은 것으로 아무런 효과가 없는 허례(虛禮)에 그치고 만다. 또 예의를 알고 있어도 학문을 널리 배우려고 하지 않으면 그것은 밭에 무엇을 심고도 제초(除草)를 하지 않는 것과 같은 것이다. 또 학문을 배워도 인애(仁愛)가 따르지 않으면 제초는 해도 익은 곡식을 베지 않고 놓아두는 것과 같은 것이고, 인애는 뒤따라도 음악을 사용해서 민심을 화락(和樂)하게 하지 않는다면 베어들인 곡식이 사람의 입으로 들어가지 않는 것과 같은 것이다. 또 음악을 사용해서 민심을 화락하게 했어도 아직 순화(順和)한 지경에 달하지 않았으면 그것은 곡식을 먹었어도 살찌지 않는 것과 같은 것이다.

原文   故로 聖王이 脩義之柄과, 禮之序하사, 以治人情하시나니,
故로 人情者는, 聖王之田也니, 脩禮以耕之하며, 陳義以種之하
며, 講學以耨之하며, 本仁以聚之하며, 播樂以安之니라. 故로 禮
也者는, 義之實也니, 協諸義而協이어든, 則禮雖先王이 未之有
하시나, 可以義起也니라. 義者는, 藝之分이며, 仁之節也니, 協於
藝하며, 講於仁이면, 得之者는 强이니라. 仁者는, 義之本也며, 順
之體也니, 得之者尊이니라. 故로 治國하되 不以禮면, 猶無耜而
耕也요, 爲禮하되 不本於義면, 猶耕而弗種也며, 爲義나, 而不
講之以學이면, 猶種而弗耨也며, 講之以學이나, 而不合之以仁이
면, 猶耨而弗穫也요, 合之以仁이나, 而不安之以樂이면, 猶穫而
弗食也요, 安之以樂이나, 而不達於順이면, 猶食而弗肥也니라.

(고 성왕 수의지병 예지서 이치인정
고 인정자 성왕지전야 수례이경지 진의이종지
강학이누지 본인이취지 파악이안지 고 예
야자 의지실야 협저의이협 즉예수선왕 미지유
가이의기야 의자 예지분 인지절야 협어
예 강어인 득지자 강 인자 의지본야 순
지체야 득지자존 고 치국 불이례 유무뇌이
경야 위례 불무어의 유경이불종야 위의 이불
강지이학 유종이불욕야 강지이학 이불합지이인
유욕이불확야 합지이인 이불안지이락 유확이
불식야 안지이락 이부달어순 유식이불비야)

註解   ㅇ脩義之柄(수의지병)—사람이 조수(操守)해야 할 마땅한 도리를
강명(講明)하는 것. ㅇ人情者(인정자) 聖王之田也(성왕지전야)—사람의
심정이란 것은 성왕(聖王)의 밭과 같은 것이란 말. ㅇ脩禮以耕之(수례이
경지)—사람의 마음의 밭은 먼저 예로써 갈아야 한다는 말. ㅇ講學以耨之
(강학이누지)—사욕(私欲)인 마음의 잡초를 제거하는 방법은 학문을 닦는

길밖에 없다는 말. ○本仁以聚之(본인이취지)─학문의 공(功)은 인(仁)에 근본을 두어야 한다는 말. ○播樂以安之(파악이안지)─풍악을 빌어 덕성을 함양해야 한다는 말. ○禮也者(예야자) 義之實也(의지실야)─의(義)를 실제로 표현한 것이므로 예는 의를 행하기 위해 존재한다는 말. ○可以義起也(가이의기야)─의에 맞는 것이면 비록 옛날 선왕들의 정한 예에 없는 것일지라도 의(義)로써 새로운 예를 창정(創定)할 수 있다는 말. ○義者(의자) 藝之分(예지분) 仁之節也(인지절야)─밖으로 드러나는 사물(事物)은 의로써 그 분한(分限)의 마땅한 바를 정하고, 마음 속에 발생하는 인(仁)에 대하여도 의로써 그 마땅한 정도를 조절한다는 말. ○得之者强(득지자강)─의(義)를 얻은 자는 강하다는 말. 지(之)는 의(義)를 가리킨 말. ○仁者(인자) 義之本也(의지본야)─의(義)라는 것은 사람이 마땅히 지켜야 할 도리이니 마땅히 지켜야 한다는 것은 인(仁)을 표준으로 하여 하는 말이다. 그러므로 인은 의의 근본이라는 뜻. ○順之體也(순지체야)─어진 것은 순화(順和)하다. 그러므로 인은 순화의 본체(本體)라는 말. ○得之者尊(득지자존)─인(仁)은 모든 선(善)의 우두머리이다. 그러므로 인을 얻은 자는 높다는 말. ○安之以樂(안지이악) 而不達於順(이부달어순) 猶食而弗肥也(유식이불비야)─인(仁)의 상태를 풍악으로 안정시킴에 있어서 그 마음이 순화한 경지에 도달하지 않으면 그것은 아직 완전히 인(仁)을 자기의 것으로 소화시키지 못한 것이다. 마치 음식을 먹어도 그것을 완전히 소화시켜 살찌게 만들지 못한 것과 같다는 것.

사체(四體)가 완전하여 근육이 풍부하고 피부에 탄력이 있는 사람은 충실하게 살찐 사람이다. 부자(父子) 사이가 돈독하고 형제가 화목하며 부부가 화합한 것은 한 집안의 살찜이다. 대신은 신하의 도리를 다하고, 소신(小臣)은 청렴하며 관직은 서로 질서가 있고, 임금과 신하가 서로 바른 도리를 지키는 것은 한 나라의 살찜이다. 천자는 덕으로 수레를 삼고 악(樂)으로 어자(御者)를 삼으며, 제후들은 예로써 사귀고, 대부(大夫)는 법으로써 서로 차례를 지키며, 사(士)는 서로 믿음을 이루고, 백성들은 서로 화목을 지키면 그것은 천하의 살찜이다. 이런 것을 대순(大順)의 세상이라고 말한다. 대순의 도(道)는 사람들이 살아 있는 부모를 충분히 봉양하고 죽으면 장송(葬送)하며 여러 신(神)을 섬길 수 있는 기본 조건이다. 이 조건이 구비되어 있으면 사람들은 아무리 많은 일이 눈앞에 나타나더라도 차례차례로 지체 없이 처리한다. 더구나 나누어서 하는 일이 동시에 추진되어도 섞일 염려가 없고, 또 아무리 세심한 일이라도 실수하는 일이 없으며, 아무리 복잡한 일이라도 최후까지 착오가 없고, 아무리 바쁜 때라도 여유가 보유되어 있으며, 아무리 일이 오래 계속되어도 앞뒤가 문란해지는 일이 없고, 아무리 돌아다니며 활동해도 부딪쳐서 싸움을 일으키는 일도 없다. 이와 같이 만백성 각자가 자기의 직무를 완수하고 조그마한 과실도 충돌도 일으키지 않는다. 이것이 화순(和順)의 지극한 세상이다. 이러한 화순(和順)의 경지에 이르는 도(道)를 알고 있어야 비로소 나라를 잘 다스려서 위험에 이르지 않고 지낼 수가 있는 것이다.

原文 四體이 旣正하고, 膚革이 充盈은, 人之肥也요, 父子이 篤하며, 兄弟이 睦하며, 夫婦이 和는, 家之肥也요, 大臣이 法하고, 小臣이 廉하며, 官職에 相序하며, 君臣이 相正은, 國之肥也요, 天子이 以德爲車하시고, 以樂爲御하시며, 諸侯이 以體相與하시며, 大夫이 以法相序하며, 士이 以信相考하며, 百姓이 以睦相守는, 天下之肥也니, 是謂大順이니, 大順者는 所以養生送死하며, 事鬼神之常也니라. 故로 事大積焉而不苑하며, 竝行而不繆하며, 細行而不失하며, 深而通하며, 茂而有閒하며, 連而不相及也하며, 動而不相害也하나니, 此는 順之至也라. 故로 明於順한, 然後에야 能守危也니라.

(사체 기정 부혁 충영 인지비야 부자
독 형제 목 부부 화 가지비야 대신 법

소신 염 관직 상서 군신 상정 국지비야
천자 이덕위거 이악위어 제후 이체상여
대부 이법상서 사 이신상고 백성 이목상
수 천하지비야 시위대순 대순자 소이양생송사
사귀신지상야 고 사대적언이불원 병행이불무
세행이불실 심이통 무이유간 연이불상급
야 동이불상해야 차 순지지야 고 명어순
연후 능수위야)

註解　o四體(사체)－사지(四肢).　o膚革充盈(부혁충영)－살집이 좋고
피부가 탄력이 있는 상태.　o以德爲車(이덕위거)－덕으로 수레를 삼는다
는 것.　o以樂爲御(이악위어)－풍악으로 어자(御者)를 삼는다는 말. 이는
움직여서 화(和)하지 않음이 없다는 뜻이다.　o不苑(불울)－적체(積滯)하
지 않았다는 말.　o竝行(병행)－여기서는 여러 가지 일을 한꺼번에 처리
한다는 말.

　그러므로 귀천의 차이가 있는 경우에 예는 같지 않으며, 검소한 것
에 좇아야 할 경우에 예는 풍부하게 하지 않으며, 융숭하게 해야 할
곳에 예는 강쇄하지 않는다. 이는 인정을 유지하여 교만방종에 흐르
지 않게 하며, 상하를 보합(保合)하여 위란(危亂)에 빠지는 일이 없
게 하기 위한 것이다. 그런 까닭에 착한 임금은 산에서 편안하게 사
는 자로 하여금 하천에 옮겨 살게 하지 않으며, 물가에 살기를 좋아
하는 사람으로 하여금 중원(中原)에 살게 하지 않는다. 그리하여 백
성으로 하여금 곤폐(困弊)하게 만들지 않는다. 물과 불과 쇠나 나무
를 사용하는 것과, 음식하는 것을 반드시 해야 할 때에 한다. 남녀를
결합시키는 일은 반드시 그럴 만한 나이가 되어야 하고, 작위를 나누
어 주는 일은 반드시 그럴 만한 덕이 있는 자에게 한다. 백성을 쓰되
반드시 농한기에 쓴다. 이와 같이 모든 일을 순리대로 하기 때문에
능히 천지의 화기(和氣)를 빌어 얻어서 수해(水害)·한재(旱災)·충

재(蟲災)가 없으며 백성에게 흉년의 기근이나 요얼(天孽)의 질병이 없을 것이다.

그런 까닭에 하늘은 그 도를 인색하게 하지 않고, 땅은 그 보배를 애석해하지 않으며, 사람은 그 정을 아끼지 않는다. 그러기에 하늘은 기름진 이슬을 내리고, 땅은 단술의 샘을 내보내며 산에서는 자연의 산거(山車)를 산출하고, 혹은 황하(黃河)에서 신마(神馬)가 나타나고 봉황이나 기린이 교야(郊野)에 노닐고, 거북이나 용이 왕궁의 못에 뜨며, 그밖에 진수영조(珍獸靈鳥)의 새끼나 알을 여기저기에서 볼 수 있게 될 것이다. 이러한 태평의 세상에 이른다는 것도 다름 아닌 성왕(聖王)이 예를 알고 있어서 이를 제정하여 도덕이 행하여지게 된 것, 또 사람들과 서로 신뢰를 두텁게 하고 서로 신뢰함으로써 화순(和順)의 세상에 이르게 한 것 등 이들 두 가지 사업의 효과인 것이다. 즉 태평의 세상이란 화순의 도(道)가 실현된 세계인 것이다.

原文 故로 禮之不同也와, 不豊也와, 不殺也는, 所而持情而合危也니, 故로 聖王이 所以順은, 山者를 不使居川하시며, 不使渚者로 居中原하사, 而弗敝也하며, 用水火金木하여, 飮食하되 必時하시며, 合男女하며, 頒爵位하되, 必當年德하시며, 用民必順하시나니, 故로 無水旱·昆蟲之災하며, 民無凶饑·妖孽之疾이니라.

(고 예지부동야 불풍야 불쇄야 소이지정이합
위야 고 성왕 소이순 산자 불사거천 불사저
자 거중원 이불폐야 용수화금목 음식 필시
합남녀 반작위 필당연덕 용민필순
고 무수한 곤충지재 민무흉기 요얼지질)

故로 天不愛其道하며, 地不愛其實하며, 人不愛其情하나니, 故로 天降膏露하며, 地出醴泉하며, 山出器車하며, 河出馬圖하며, 鳳皇·麒麟이, 皆在郊椒하며, 龜龍이 在宮沼하며, 其餘鳥獸之

卵胎를, 皆可俯而闚也니, 則是無故라. 先王이 能脩禮以達義하시며, 體信以達順이니, 故로 此는 順之實也니라.

(고 천불애기도 지불애기보 인불애기정 고
천강고로 지출예천 산출기거 하출마도
봉황 기린 개재교수 귀룡 재궁소 기여조수지
난태 개가부이규야 즉시무고 선왕 능수례이달의
체신이달순 고 차 순지실야)

<u>註解</u> ○凶饑(흉기)─흉년이 들어 곡식이 성숙하지 않은 것. ○妖孽之疾(요얼지질)─요괴(妖怪)로 인하여 생기는 병. 요얼(妖孽)이란 요괴란 뜻. ○天不愛其道(천불애기도) 地不愛其寶(지불애기보)─정치가 대순(大順)의 경지에 도달하면 하늘은 그 도를 아낌없이 펴고, 땅은 그가 간직하고 있는 재보를 아낌없이 공급한다는 말. 애(愛)는 아끼다, 인색하다, 애석해한다는 뜻. ○膏露(고로)─기름진 이슬. ○醴泉(예천)─단술처럼 감미로운 샘물. ○山出器車(산출기거)─산에서는 보기(寶器)와 산거(山車)를 산출한다는 말. ○河出馬圖(하출마도)─하수(河水)에서는 용마(龍馬)와 하도(河圖)가 나왔다는 말. 복희씨(伏羲氏) 때에 황하(黃河)에서 용마가 나오고 그 등에 그림이 그려 있었다고 전한다. ○鳳皇麒麟(봉황기린) 皆在郊棷(개재교수)─봉황새나 기린 같은 상서롭고 희귀한 새와 짐승이 모두 심상한 들 숲에까지 있다는 말. 즉 태평성대의 극치를 말한 것이다. 수(棷)는 숲이란 뜻. ○龜龍在宮沼(귀룡재궁소)─거북과 용이 궁내(宮內)의 못에 있다는 말. ○鳥獸之卵胎(조수지난태) 皆可俯而闚也(개가부이규야)─새나 짐승이 사람과 친근하여 낮은 곳에 집을 짓기 때문에 사람은 그 알이나 태(胎)를 아래로 향하여 살펴볼 수 있다는 말.

제10 예 기(禮器)

첫머리에 예기(禮器)라는 말이 있기 때문에 그것이 이 편(篇)의 이름으로 되었다. '예는 기(器)이다'라고 함은, 예가 인간생활에 있어서의 일종의 규범이라는 것을 가리키지만, 대체적으로 전편(全篇)에 걸쳐서 예의 규범인 성질이나 이 규범에 따라 생활하는 데의 효과를 해설한 글이 많다.

예란 규범이므로 완전하게 만들어져 있지 않으면 안된다. 완전하다는 것은, 사람으로 말하면 성인(聖人)의 인격과 같은 것이다. 즉 예는 모든 사악한 것을 제거하고, 착하고 아름다운 것을 증대(增大)하기 위한 [하나의] 수단이다. 그러므로 예는, 한 사람 한 사람의 몸에 맞추어 [개인적으로] 바른 예의범절을 가르칠 수도 있고, 널리 만천하에 법령으로써 퍼뜨려 사람들로 하여금 지키게 할 수도 있다. 예의 범절은 인간에게 있어서 대나무[竹] 가지가 푸르듯이 또는 소나무나 측백나무에 심(心)이 있듯이 필수(必須)의 것이다. 대나무와 소나무와 측백나무는 세상에서 경사스러운 물건의 대표적인 것으로 존중되고 있는데, 그것은 4계절을 통해서 대나무가지는 시들지 않고, 소나무나 측백나무는 항상 푸르기 때문에 [사람이 건강하고 굳은 절개의 상징으로서] 존중되는 것이다. 이러한 관계로 사람 위에 서는 자는 예를 알고 있으면 집이나 친척간에 원망을 사는 일이 없고, 외부 사람들과도 화합(和合)해 갈 수 있다. 이리하여 내외(內外)가 모두 이 군자의 어진 덕에 추종하고, 또 신이나 조상의 혼령은 기꺼이 이 군자의 제사를 받아들이는 것이다.

原文 禮는 器니, 是故로 大備니라. 大備는 盛德也라. 禮는 釋
回하고, 增美質이라. 措則正하고, 施則行하나니, 其在人也에, 如
竹箭之有筠也며, 如松柏之有心也니, 二者이 居天下之大端矣
라. 故로 貫四時而不改柯易葉하나니, 故로 君子이 有禮면, 則外
諧, 而内無怨이라. 故로 物無不懷仁하며, 鬼神이 饗德하나니라.

(예 기 시고 대비 대비 성덕야 예 석
회 증미질 조즉정 시즉행 기재인야 여
죽전지유균야 여송백지유심야 이자 거천하지대단의
고 관사시이불개가역엽 고 군자 유례 즉외
해 이내무원 고 물무불회인 귀신 향덕)

註解 ㅇ器(기)-형(型) 또는 규범. ㅇ禮釋回(예석회) 增美質(증미질)-
예라는 것은, 사람의 마음이 사악한 데로 돌아가려는 것을 해소시키고 아
름다운 바탕을 증진시킨다는 말. ㅇ措則正(조즉정) 施則行(시즉행)-예는
사람이 그 몸에 가지면 몸이 바르게 되고 일을 예로써 행하면 일이 잘 처
리된다는 말. ㅇ竹箭之有筠(죽전지유균)-죽(竹)은 대나무, 전(箭)은 대
나무의 작은 것, 균(筠)은 대나무의 푸른 겉껍질. ㅇ大端(대단)-큰 절개.
ㅇ外諧(외해) 而内無怨(이내무원)-외부로는 소원(疏遠)한 사람들도 모두
해협(諧協)하고, 안으로는 친근한 사람들이 모두 원망하는 일이 없다는 말.

선왕(先王)은 예를 제정함에 있어서, 여기에 근본[실질]과 형식을
같게 하였다. 즉 [예를 행하는 사람의] 성의(誠意)는 예의 근본이고,
예의범절의 규정은 예의 형식이다. 근본없이는 예가 존재하지 못하고,
형식이 없이는 실행이 불가능한 것이다. 예는 군자인 자가 천시(天時)
의 추이(推移)에 응해서 일을 행하고, 땅의 생산력에 의존하여 물자
를 축적하며, 귀신을 공경하고, 사람들과 화합함으로써 만사를 처리하
고, 천하를 다스려가기 위한 [기본적인] 수단이다. 또 사물(事物)은
모두 천시(天時)의 추이(推移)에 응하고, 땅의 차이에 응해서 태어나

성장하는 것이고, 사람의 관직(官職)이나 직업에는 각각 구별된 임무가 있고, 사물에는 모두 이용해야 할 특질이 있다. 그러기 때문에 군자는 천시(天時)에 합치하지 않고, 땅의 차이에 합치하지 않는 물건은, 예를 행하기 위해서는 사용하지 않으며, 그러한 물건은 귀신에게 바쳐도 기뻐하지 않을 것이다.

가령 산에서 사는 사람이 바다나 강의 물건을 예에 사용하거나, 택지(澤地)에 사는 사람이 사슴이나 멧돼지 등을 예에 사용하거나 하는 것은, 군자의 안목으로 보면 예를 분별하지 못하는 처사인 것이다. 그렇기 때문에 예의 형식을 규정하려면, 먼저 그 나라의 건국 기준을 참조하고, 토지의 넓이에 상응하도록 원칙을 설정하는 것이며, 또 매년 풍흉(豊凶)에 따라 예를 행하는 방법을 바꾸는 것이다. 이러한 원칙을 설정해 두면 그 해가 만일 흉년이라 할지라도 사람들은 그다지 놀라지 않을 것이다. 그것은 흉년이 들면 조정이 예를 늦추어 줄 것이 분명하기 때문이다.

原文 先王之立禮也에, 有本有文하니, 忠信은 禮之本也요, 義理는 禮之文也니, 無本이면 不立하고, 無文이면 不行하나니라. 禮也者는, 合於天時하며, 設於地財하며, 順於鬼神하며, 合於人心하여, 理萬物者也라. 是故로 天時有生也며, 地理有宜也며, 人官이 有能也며, 物曲이 有利也니, 故로 天不生하며, 地不養이어든, 君子이 不以爲禮하며, 鬼神이 弗饗也하나니, 居山하되 以魚鼈로 爲禮하며, 居澤하되 以鹿豕로 爲禮를 君子이 謂之不知禮라하나니라. 故로 必擧其定國之數하여, 以爲禮之大經하나니 禮之大倫은, 以地廣狹이오, 禮之薄厚는, 與年之上下니, 是故로 年雖大殺하나, 衆不匡懼는, 則上之制禮也에, 節矣니라.

(선왕지입례야 유본유문 충신 예지본야 의
리 예지문야 무본 불립 무문 불행

예야자 합어천시 설어지재 순어귀신 합어인
심 이만물자야 시고 천시유생야 지리유의야
인관 유능야 물곡 유리야 고 천불생 지불양
군자 불이위례 귀신 불향야 거산 이
어별 위례 거택 이록시 위례 군자 위지부지
례 고 필거기정국지수 이위례지대경
예지대륜 이지광협 예지박후 여년지상하 시고
연수대쇄 중불광구 즉상지제례야 절의)

註解　ㅇ有文(유문)－표현의 형식. ㅇ禮也者(예야자) 合於天時(합어천시)－예라는 것은 천시(天時)에 합치해야 한다는 말. 즉 봄에는 봄의 산물이 있고 여름이나 가을에도 각기 그 때의 산물이 있다. 제사에 바치는 제물은 각각 그 때의 산물을 취해야 한다는 말. ㅇ設於地財(설어지재)－예라는 것은 땅에서 생산되는 재화(財貨)를 재료로 하여 설행(設行)한다는 말. 땅의 생산물은 모두 그 땅에 마땅한 것이 있으므로 제사를 거행할 때 제물을 취하는 것은, 그 땅에서 생산되는 산물을 취해야 한다는 것이다. ㅇ人官有能(인관유능)－사람도 각기 그 사람의 능력에 따라 일을 맡겨야 된다는 말. ㅇ物曲有利(물곡유리)－물건의 위곡(委曲)도 각기 유리하게 쓰이는 곳이 있다는 말. 긴 것이 필요할 경우가 있고, 굽은 것이 필요할 경우도 있다는 뜻이다. ㅇ必擧其定國之數(필거기정국지수) 以爲禮之大經(이위예지대경)－제례(祭禮) 등 예사(禮事)를 거행하는 데는 반드시 이미 법으로 정해진 그 나라의 부과세 수입액을 가지고, 그 범위 안에서 쓰는 것이 예를 행하는 경상(經常)의 대법(大法)이란 말. ㅇ禮之大倫(예지대륜) 以地廣狹(이지광협)－예의 성대하고 간이한 차례는 천자·제후·경·대부 등이 가진 땅의 크기에 좇는다는 말. ㅇ年之上下(연지상하)－흉년과 풍년의 등급. 상년(上年)은 풍년이고, 하년(下年)은 흉년을 뜻한다. ㅇ年雖大殺(연수대쇄) 衆不匡懼(중불광구)－해가 비록 흉년이 들어 곡식의 수확이 크게 감쇄(減殺)할지라도, 나라의 제사 등 예사(禮事)에는 풍흉의 정도에 좇는 것이므로 예사의 비용으로 인해 백성이 굶어죽지 않을 것이므로 백성들이 두려워하지 않는다는 것이다.

예의 형식을 규정하려면, 먼저 때[시세]에 맞도록 충분히 고려하지 않으면 안된다. 때의 다음에 순(順), 그 다음에 체(體), 그 다음에 의 (宜), 그 다음에 칭(稱)이다. 옛날 요(堯)임금은 천하를 순(舜)에게 양 위(讓位)하고, 순은 우(禹)에게 양위했는데, 탕왕(湯王)은 걸(桀)을 추방했고, 무왕(武王)은 주(紂)를 토벌했다. [이와 같이 왕위 계승 방 법인 일종의 예나 관습에도 변화가 있는 것으로] 이는 모두 그 시의 (時宜)에 따른 것이다. 《시경(詩經)》에 이르기를, '자기의 계획을 빨 리 실현시키기 위해서가 아니고, 어버이의 유업(遺業)을 완수하며, 효 도하기 위해서이다'라고 한 것은 시의(時宜)에 따라서 혁명을 실행하 는 것은, 이것도 하나의 효행(孝行)이고 예에도 적응된다는 뜻인 것 이다. 또 하늘이나 땅을 제사지낸다든가 종묘에서 제사지낸다든가 혹 은 부자간의 예라든가 군신간의 예라든가 이러한 제사나 예의에 대해 서는 예를 행하는 사람의 신분이나 분수가 고려되는 것이다. 또 사직 의 제사, 산천의 제사 혹은 신에 대한 제사라든가 이러한 예를 거행 하는 대상에 여러 가지가 있음을 보여주고 있다. 또 상중(喪中)의 여 러 의식이나 장례의 비용, 묘(廟)의 제사나 조정에서 빈객 접대의 예 에 소비되는 비용 등에는 예의 주최자의 지위나 신분에 따른 정도가 있고 적절해야만 한다. 가령 대부나 사(士)의 신분으로는, 작은 양이 나 작은 돼지로 집안 제사를 지내더라도, 후에 사람들에게는 생육(牲 肉)을 충분히 나누어 줄 수가 있지만 국군은 태뢰(大牢)를 사용해도 후에 사람들에게 하사하기에 충분하지 못한 수가 있다. [그렇기 때문 에 주최자 측에서는 그러한 점을 잘 예측해서 주인의 지위에 맞는 준 비를 해야만 하는 것이다] 또 제후는 [귀복(龜卜)에 사용하는] 귀갑 (龜甲)을 보물로 여기고, 규벽(圭璧)을 상서로운 보물로 여긴다. 그러 나 대부의 집에서는 감히 귀갑을 보물로 여기지 못하며, 규벽을 집에 간직하지 못하고, 대문(臺門)을 만들지도 않는다. 이것은 칭당(稱當) 함이 있기 때문이다.

原文　禮는 時爲大하고, 順이 次之하고, 體次之하고, 宜次之하고, 稱次之하니, 堯이 授舜하며, 舜이 授禹하며, 湯이 放桀하며, 武王이 伐紂는 時也니, 詩에 云, 匪革其猶라, 聿追來孝라하니라. 天地之祭와, 宗廟之事와, 父子之道와, 君臣之義는, 倫也니라. 社稷山川之事와, 鬼神之祭는, 體也니라. 喪祭之用과, 賓客之交는, 義也니라. 羔豚而祭에, 百官이 皆足하며, 大牢而祭에, 不必有餘니, 此之謂稱也니라. 諸侯는 以龜爲寶하며, 以圭爲瑞하고, 家不寶龜하고, 不藏圭하며, 不臺門하나니, 言有稱也니라.

(예 시위대 순 차지 체차지 의차지
칭차지 요 수순 순 수우 탕 방걸
무왕 벌주 시야 시 운 비혁기유 율추래효
천지지제 종묘지사 부자지도 군신지의 윤야
사직산천지사 귀신지제 체야 상제지용 빈객지교
의야 고돈이제 백관 개족 태뢰이제 불필
유여 차지위칭야 제후 이귀위보 이규위서
가불보귀 부장규 부대문 언유칭야)

註解　○順(순)−예를 행하는 사람의 분수에 맞는 것. ○體(체)−예를 행하는 대상으로 접합시키는 것. ○宜(의)−예를 행하는 비용의 정도를 적절하게 하는 것. ○稱(칭)−예를 행하는 자의 신분과 예를 행하는 규모가 서로 균형이 취해지는 것. ○諸侯以龜爲寶(제후이귀위보) 以圭爲瑞(이규위서)−제후는 나라가 있으므로 점을 쳐서 길흉을 아는 것이 마땅하다. 그래서 거북점치는 귀갑(龜甲)을 보물로 여기고, 각기 규벽(圭璧)을 가질 수 있다는 말. ○臺門(대문)−문의 양쪽에 흙을 쌓아올리고, 그 위에 집을 짓는 것을 대문(臺門)이라고 한다. 대부는 대문을 세우지 못한다.

예제(禮制)에는 물건의 수가 많을수록 상급의 예로 하는 경우가 있다. 천자는 칠묘(七廟)를 모시고, 제후는 5묘, 대부는 3묘, 사(士)는 1

묘를 모신다. 식례(食禮)에 사용하는 두(豆)의 수가 천자는 26개, 상공(上公)은 16개, 제후는 12개, 상대부(上大夫)는 8개, 하대부는 6개이다. 제후는 7개7뢰(七介七牢)이고, 대부는 5개5뢰이다. 천자의 자리는 5중(五重)이고, 제후의 자리는 3중이며, 대부는 2중이다. 천자가 붕(崩)하면, 일곱 달만에 장사하는데 중(重)이 5, 삽(翣)이 8이며, 제후는 다섯 달만에 장사하는데 중(重)이 3, 삽이 6이며, 대부는 석 달만에 장사하는데 중이 2, 삽이 4이다. 이런 것은 수가 많을수록 상급으로 하는 경우의 예이다.

原文 禮有以多로 爲貴者하니, 天子는 七廟요, 諸侯는 五요, 大夫는 三이오, 士는 一이며, 天子之豆는 二十有六이오, 諸公은 十有六이오, 諸侯는 十有二요, 上大夫는 八이오, 下大夫는 六이며, 諸侯는 七介七牢요, 大夫는 五介五牢며, 天子之席은 五重이오, 諸侯之席은 三重이오, 大夫는 再重이며, 天子이 崩이어시든, 七月而葬하되, 五重八翣이오, 諸侯는 五月而葬하되, 三重六翣이오, 大夫는 三月而葬하되, 再重四翣이니, 此는 以多爲貴也니라.
(예유이다 위귀자 천자 칠묘 제후 오
대부 삼 사 일 천자지두 이십유육 제공
십유육 제후 십유이 상대부 팔 하대부 육
제후 칠개칠뢰 대부 오개오뢰 천자지석 오중
제후지석 삼중 대부 재중 천자 붕
칠월이장 오중팔삽 제후 오월이장 삼중육삽
대부 삼월이장 재중사삽 차 이다위귀야)

註解 ㅇ天子之豆(천자지두)─천자의 삭식(朔食) 때의 찬 접시. ㅇ諸侯七介(제후칠개)─제후의 경우에는 개(介)가 일곱 명이나 된다는 말. 개(介)는 부(副)라는 뜻이므로 정빈(正賓)에게 배식(陪食)하는 사람. ㅇ重(중)─겹이란 뜻. ㅇ再中(재중)─두 겹, 즉 자리를 두 겹으로 까는 것. ㅇ五

重八翣(오중팔삽)‒오중(五重)은 장사지낼 때에 항목(杭木)과 자리[茵]로 각각 다섯 겹을 싸는 것을 말한다. 팔삽(八翣)은 삽이 여덟이라는 말. 삽은 커텐 종류.

　물건의 수가 적은 것을 상급의 예로 하는 경우도 있다. 천자는 제후에게 갈 경우에 개빈(介賓)이 없으며, 하늘을 제사할 때에는 생우(牲牛)는 한 마리뿐이다. 〔그러나 천자는 제후를 향응할 때에는 삼생(三牲)을 사용한다〕 또 천자가 제후에게 가면, 제후는 천자에게 송아지 한 마리를 찬으로 올리며, 제후 상호간의 방문에서는 향례(享禮)를 마친 뒤에 주군(主君)이 울창주(鬱鬯酒)를 잔질하여 빈(賓)에게 주고 변두(籩豆)를 갖추어 대접하는 일은 없다. 대부가 출사(出使)하여 빙례(聘禮)를 행할 때에는, 주국(主國)에서 술을 잔질하여 권하고 또 포해(脯醢)를 대접한다. 천자는 식사할 때 밥은 한 그릇으로 끝내는 관습이지만, 제후는 두 그릇, 대부와 사는 세 그릇의 관습이며, 힘든 일을 하는 사람들은 수에 한정이 없다. 또 천자가 하늘의 제사에 사용하는 말에는 배띠[腹帶]와 가슴걸이의 장식끈이 한 가닥이지만, 다른 말에는 많이 사용한다. 또 제후가 천자를 조현(朝見)할 때에는 천자에게 규석(圭石)을 한 개 올리고, 왕후에게는 장옥(璋玉) 한 개를 올리는데, 천자는 제후에게 호(琥)와 황(璜)을 하사하고 여기에 술잔을 곁들인다. 〔제후 상호간의 방문에 있어서도 같다〕 또 여러 신과 여러 혼령을 제사하는 데에는 자리를 하나로 한다. 제후가 조현(朝見)을 받을 때에는 대부는 단독으로 뵙고 사(士)는 여러 사람이 한꺼번에 뵙는다. 이런 일들은 적은 것을 상급으로 하는 경우의 예이다.

　原文　有以少로 爲貴者하니, 天子는 無介하며, 祭天에 特牲이니라. 天子이 適諸侯어시든, 諸侯이 膳以犢하고, 諸侯이 相朝에, 灌用鬱鬯하되, 無籩豆之薦하며, 大夫이 聘禮에 以脯醢하며, 天

子는 一食이오, 諸侯는, 再요, 大夫·士는 三이오, 食力은 無數하며, 大路는 繁纓이 一就요, 次路는 繁纓이 七就며, 圭璋은 特이오, 琥璜은 爵이며, 鬼神之祭는 單席이며, 諸侯이 視朝하실새, 大夫는 特이오, 士는 旅之니 此는 以少爲貴也니라.

(유이소 위귀자 천자 무개 제천 특생
천자 적제후 제후 선이독 제후 상조
관용울창 무변두지천 대부 빙례 이포해 천
자 일식 제후 재 대부·사 삼 식력 무수
대로 반영 일취 차로 반영 칠취 규장 특
호황 작 귀신지제 단석 제후 시조
대부 특 사 여지 차 이소위귀야)

註解　 o天子無介(천자무개)－천자는 천하(天下)의 주인이므로 빈(賓)이 되는 일이 없으므로 개(介)는 없다는 말. 개는 정빈(正賓)을 돕는 임무, 부사(副使). o祭天特牲(제천특생)－특(特)은 독(獨)과 같은 뜻. 하늘에 제사할 때에는 소 한 마리만을 희생으로 바친다는 말. o灌(관)－술을 상대방에게 권함에 있어 먼저 한 잔을 땅에 부어 신에게 제사하는 것, 고수레. o大路(대로)－은(殷)나라 때 하늘에 제사할 때에 타는 수레이며, 나무로 질박(質朴)하게 만들었을 뿐 별다른 조각이나 꾸밈이 없는 검소한 수레. o繁纓一就(반영일취)－반(繁)은 말의 배띠이고, 영(纓)은 가슴걸이이다. 모두 오색(五色) 실로 짠 담요로서 한 겹 둘러감은 것을 일취(一就)라고 한다. o圭璋特(규장특)－규(圭), 장(璋)은 모두 귀중한 보옥(寶玉)이므로 다른 것은 곁들이지 않는다는 뜻. o琥璜爵(호황작)－호황(琥璜)은 규장(圭璋)보다 뒤떨어지므로 이것을 증여할 때에는 작(爵), 즉 술잔과 함께 준다는 말. 호(琥)는 범의 형상을 한 옥(玉)이고, 황(璜)은 반환(半環)의 형상을 한 옥이다.

물건이 클수록 상급의 예(禮)로 하는 경우도 있다. 궁실(宮室)의 양(量)과 기명(器皿)의 크기의 정도와 관곽(棺槨)의 두께와 봉분(封

墳)의 크기 등은 클수록 귀하게 여긴다. 물건이 작은 것을 상급으로 여기는 경우도 있다. 종묘의 제사에서 존귀한 자는 한 되들이 작(爵)으로 헌작하고, 비천한 자는 다섯 되들이 산(散)으로 헌작한다. 잔을 들어서 마실 때에는 존귀한 자는 석 되들이 치(觶)를 갖고, 비천한 자는 넉 되들이 각(角)을 갖는다. 오헌(五獻)의 술그릇은 문 밖에는 부(缶), 문 안에는 호(壺)이며, 임금의 술그릇은 와무(瓦甒)이므로 이것은 모두 작은 것을 상급으로 여기는 것들이다. 또 물건의 기장이 높을수록 그 예의 존귀함을 나타내는 경우가 있다. 천자의 마루는 높이가 9척(尺)이고, 제후는 7척이며 대부는 5척이고 사(士)는 3척이다. 천자와 제후는 대문(臺門)을 축조(築造)한다. 이런 일들은 높은 것을 귀하게 여기는 것이다. 또 낮을수록 상급의 예로 여기는 경우가 있다. 가장 경의를 다하는 하늘의 제사에는 제단(祭壇)을 만들지 않고 땅을 쓸기만 하고 제사지낸다. 그리고 천자와 제후는 술그릇을 놓기 위해 밑받침인 금(禁)을 사용하지 않고, 대부와 사(士)의 술그릇은 어(棜)와 금(禁)을 사용해서 밑을 받친다. 이것은 낮을수록 귀하게 여기는 것들이다.

原文 有以大로 爲貴者하니, 宮室之量과, 器皿之度와, 棺椁之厚와, 丘封之大는, 此는 以大로 爲貴也니라. 有以小로 爲貴者하니, 宗廟之祭에, 貴者는 獻以爵하고, 賤者는 獻以散하며, 尊者는 擧觶하고, 卑者는 擧角하며 五獻之尊은, 門外엔 缶요, 門内엔 壺며, 君尊은 瓦甒니, 此는 以小로 爲貴也니라. 有以高로 爲貴者하니, 天子之堂은 九尺이오, 諸侯는 七尺이오, 大夫는 五尺이오, 士는 三尺이며, 天子諸侯는 臺門하나니, 此는 以高로 爲貴也니라. 有以下로 爲貴者하니, 至敬은 不壇하고, 埽地而祭하며, 天子와 諸侯之尊은, 廢禁하고, 大夫와 士는 棜禁하나니, 此는 以下로 爲貴也니라.

(유이대 위귀자 궁실지량 기명지도 관곽지
후 구봉지대 차 이대 위귀야 유이소 위귀자
종묘지제 귀자 헌이작 천자 헌이산 존자
거치 비자 거각 오헌지준 문외 부 문내
호 군준 와무 차 이소 위귀야 유이고 위귀
자 천자지당 구척 제후 칠척 대부 오척
사 삼척 천자제후 대문 차 이고 위귀야
유이하 위귀자 지경 부단 소지이제 천
자 제후지준 폐금 대부 사 어금 차 이하 위귀야)

註解   ㅇ量(양)-규모를 뜻한 말. 양과 도(度)는 공통적이다. ㅇ丘封(구봉)-봉분(封墳)을 말한다. ㅇ爵(작)·散(산)·觶(치)·角(각)-모두 술잔의 이름, 작(爵)은 한 되, 산(散)은 닷 되, 치(觶)는 석 되, 각(角)은 넉 되의 술을 담는다. ㅇ五獻之尊(오헌지준)-왕이 신하에게 연향(燕享)할 때와 신하들 상호간에 향례(享禮)를 행할 때에는 각기 그 명(命)에 따라 잔을 드린다. 자남(子男)은 오명(五命)이므로, 오헌지준(五獻之尊)은 자남(子男)의 술그릇인 것이다. ㅇ缶(부)·壺(호)·瓦甒(와무)-부(缶)는 술그릇의 이름이며 술을 담아 문 밖에 둔다. 호(壺)도 술그릇이며 술을 담아 문 안에 둔다. 와무(瓦甒)는 군준(君樽), 즉 자남(子男)의 술그릇이며, 마루에 둔다. 호는 한 섬들이이고 와무는 닷 말들이이며 부는 호보다 더욱 많이 든다. 작은 것부터 차례로 마루와 문 안과 문 밖에 둔다. 작은 것을 귀하게 여긴 것이다. ㅇ天子諸侯之尊(천자제후지준) 廢禁(폐금) 大夫士棜禁(대부사어금)-대부의 술그릇에는 어(棜)를 사용하고 사(士)의 술그릇에는 금(禁)을 사용하지만, 천자와 제후의 술그릇에는 금이나 어를 사용하지 않는다는 말. 금과 어는 모두 술그릇을 받치는 나무로 만든 기물이다. 금은 길이가 4척, 넓이가 2척 4촌이고, 발이 달려 있다. 어는 길이가 4척, 넓이가 2척 4촌, 길이가 5촌이며 발이 없다.

물건에 장식이 많을수록 상급의 예로 여기는 경우가 있다. 천자의 곤의(袞衣)에는 용을 그리고, 제후의 옷에는 백색과 흑색으로 도끼의

수를 놓으며, 대부의 옷에는 흑색과 청색으로 도끼의 무늬를 수놓고,
사(士)는 검은 상의에 붉은 하의를 입는다. 천자의 면(冕)은 주색(朱
色)과 녹색(綠色)의 두 가지 실로 끈을 만든 드림[旒]이 열두 가닥이
있고, 제후는 아홉 가닥, 상대부(上大夫)는 일곱 가닥, 하대부는 다섯
가닥, 사(士)는 세 가닥이 있다. 이것은 장식으로써 귀함을 표시한 것
이다.

간소할수록 상급의 예로 여기는 경우가 있다. 지극히 공경하는 곳
에는 문식(文飾)하지 않는다. 하늘에 제사할 때에 천자는 검은 양가
죽 옷을 입으며, 또 아버지나 아버지의 친척에게는 예용(禮容)을 꾸
미지 않는다. 또 천자가 항상 갖고 있는 대규(大圭)에는 조각하지 않
으며, 중요한 제사에 바치는 태갱(大羹)에는 조미료를 치지 않는다.
또 하늘의 제사 때 사용하는 대로(大路)란 수레에는 장식이 없고 풀
로 만든 자리를 깔 뿐이며, 희준(犧尊)은 거친 베로 덮개를 만들고,
회양목으로 술국자의 자루를 만든다. 이런 것은 모두 간소할수록 귀
하게 여기는 것이다.

공자가 말씀하기를, "예의범절은 확실히 알지 않으면 안된다. 각각
차이가 있어서 고르게 풍요서도 안되고, 또 고르게 검소해서도 안
된다."라고 한 것은 이것을 말한 것일 것이다. 대체로 예는 그때 그
경우에 알맞게 하지 않으면 안된다는 것이다.

原文 禮에 有以文으로 爲貴者하니, 天子는 龍衮이오, 諸侯는
黼요, 大夫는 黻이오, 士는 玄衣纁裳이며, 天子之冕은 朱綠藻며,
十有二旒요, 諸侯는 九요, 上大夫는 七이오, 下大夫는 五요, 士
는 三이니, 此는 以文으로 爲貴也니라.
  (예 유이문 위귀자 천자 용곤 제후
  보 대부 불 사 현의훈상 천자지면 주록조
  십유이류 제후 구 상대부 칠 하대부 오 사

삼 차 이문 위귀야)

有以素로 爲貴者하니, 至敬이 無文하며, 父黨에 無容하며, 大
圭는 不琢하며, 大羹은 不和하며, 大路는 素而越席이며, 犧尊은
疏布鼏하며, 樿杓이니, 此는 以素로 爲貴也니라.

(유이소 위귀자 지경 무문 부당 무용 대

규 불탁 태갱 불화 대로 소이월석 희준

소포멱 전작 차 이소 위귀야)

孔子이 曰, 禮不可不省也니, 禮不同하나, 不豊不殺라하시니,
此之謂也니, 蓋言稱也니라.

(공자 왈 예불가불성야 예부동 불풍불쇄

차지위야 개언칭야)

註解 ○朱綠藻(주록조) 十有二旒(십유이류)-천자의 면관(冕冠)에는
12개의 주록색 실로 노끈을 만든 드림[旒]이 달려 있다는 말. 주록조(朱
綠藻)는 주색(朱色)과 녹색의 색실로 끈을 만든 것이고, 류(旒)는 늘어뜨
린 끈. ○父黨無容(부당무용)-아버지와 아버지의 친척에게 뵐 때에는 용
모를 꾸미지 않는다는 말. ○大圭不琢(대규불탁)-대규(大圭)에는 조각하
지 않는다는 말. 대규는 천자가 띠에 꽂은 구슬이며 길이가 3척이다. ○大
羹不和(태갱불화)-태갱(大羹)은 태고 때의 갱이므로 육즙(肉汁)을 말한
다. 태고 때에는 끓여서 국물을 마셨을 뿐, 조미료를 치지 않았다고 한다.
○犧尊(희준)-희우(犧牛)의 형상으로 만든 술잔. ○疏布鼏(소포멱)-거
친 베로 솥을 덮는 것. ○樿杓(전작)-회양목으로 만든 술국자.

물건이 많고 크고 높고, 장식할수록 상급으로 여기는 예(禮)는 그
것을 제정하는 자가 그 마음을 밖에 쓰기 때문이다. 마음을 밖에 쓴
다고 함은 물(物)을 갖추려고 뜻을 만물에 기울임을 말한 것이다. 뜻
을 만물에 기울이면, 그 천지의 덕이 만물에 고루 발양(發陽)되어 성
대하다는 것과 크게 만물을 다스려서 이루어지는 것이 넓다는 것을
알게 된다. 이와 같이 되면 어찌 많음으로써 귀하지 않다고 할 수 있

겠는가. 이 때문에 예를 제정하는 군자는 마음을 밖에 써서 만물의 발양을 즐겨 많은 물(物)을 갖추려고 하는 것이다. 그런데 물건이 적고 작고 낮고 간소할수록 상급의 예로 여기는 것, 그것은 예를 행하는 자가 그 마음을 안에 쓰기 때문이다. 마음을 안에 쓰면, 뜻이 전일(專一)하게 되고 지성을 보존하게 된다. 지극히 정성스러운 마음만 가진다면 물건을 많이 장만하는 것을 가지고 공경하는 걸로 여기지 않는다. 하늘과 땅이 큰 덕을 가지고 만물을 낳는 이치는 지극히 정미(精微)한 것이며, 천하의 물건을 다해서 천지의 제사를 지낸다 하더라도 그 큰 덕을 찬미하고 보답할 수 없을 것이다. 이런 까닭으로 지극한 정성을 가지고 천지를 공경하는 편이 더 좋은 것이다. 이치가 이와 같으니, 적은 것을 가지고 귀하게 여기지 않을 수 있겠는가. 그렇기 때문에 군자는 마음을 안에 써서 자기 몸을 근신(謹愼)하는 것이다. 자기 몸을 근신하는 것이 지성을 보존할 수 있는 길이기 때문이다.

原文   禮之以多로 爲貴者는, 以其外心者也니, 德이 發揚하여, 詡萬物이라, 大理物博이니, 如此則得不以多로 爲貴乎아. 故로 君子는 樂其發也니라. 禮之以少로 爲貴者는, 以其內心者也니, 德産之致也精微하니, 觀天下之物이, 無可以稱其德者니, 如此 則得不以少로 爲貴乎아, 是故로 君子는 愼其獨也니라.

　(예지이다 위귀자 이기외심자야 덕 발양
　후만물 대리물박 여차즉득불이다 위귀호 고
　군자 낙기발야 예지이소 위귀자 이기내심자야
　덕산지치야정미 관천하지물 무가이칭기덕자 여차
　즉득불이소 위귀호 시고 군자 신기독야)

註解   ㅇ德發陽(덕발양) 詡萬物(후만물)－천지가 생성화육하는 덕을 발양(發揚)하며, 천하 만물에 널리 미친다는 말. ㅇ詡(후)－두루 미친다는

뜻. ㅇ博(박)-넓고 크다는 뜻. ㅇ德産之致也精微(덕산지치야정미)-천지
가 덕으로써 천하 만물을 낳는 이치는 정밀하고 미묘하다는 말.

옛날의 성인은, 마음을 안[內]에 쓰는 성경(誠敬)을 존중하여 물건
의 적은 것을 귀하게 여겼다. 또 마음을 외부에 쓰는 의물(儀物)을
즐거워해서 물건의 많은 것을 아름답게 여겼다. 이런 까닭으로 선왕
이 예를 마련함에 있어서, 적어야 할 데에 많게 할 수 없게 하고, 많
아야 할 데에 적게 할 수 없게 했다. 오직 그 정도에 맞게 했을 뿐이
다. 이런 까닭으로 군자가 태뢰(大牢)를 써서 제사지내는 것을 예라
고 하고, 사(士)가 태뢰로 제사지내는 것을 양(攘)이라고 한다. 관중
(管仲)이 제기(祭器)에 조각의 장식을 하고, 면관(冕冠)의 끈을 붉게
하며 기둥머리에 산을 새기고 들보 위의 작은 기둥에 마름[藻]을 새
기니, 군자가 그를 보고 참람(僭濫)하다고 하였다. 또 안평중(晏平仲)
이 선조를 제사하는 데 돼지의 어깨가 접시를 덮지 못하며 바랜 옷과
세탁한 갓의 차림으로 조현(朝見)하니, 군자가 그를 누(陋)하다고 말
하였다. 그러므로 군자가 예를 행하는 일은 삼가지 않을 수가 없다.
예는 여러 사람의 기강(紀綱)이다. 기강이 무너지면 세상은 혼란해지
는 것이다.

原文 古之聖人은, 內之爲尊하며, 外之爲樂하며, 少之爲貴하
며, 多之爲美니, 是故로 先王之制禮也는, 不可多也며, 不可寡
也니, 唯其稱也니라. 是故로 君子이 大牢而祭를, 謂之禮요, 匹
士이 大牢而祭를, 謂之攘이니라. 管仲이 鏤簋朱紘하며, 山節藻
梲한대, 君子이 以爲濫矣라하고, 晏平仲이 祀其先人하되, 豚肩이
不揜豆하며, 澣衣濯冠으로 以朝한대, 君子이 以爲隘矣라하니라.
是故로 君子之行禮也는, 不可不愼也니, 衆之紀也라. 紀散而衆
亂하나니라.

(고지성인 내지위존 외지위락 소지위귀
다지위미 시고 선왕지제례야 불가다야 불가과
야 유기칭야 시고 군자 태뢰이제 위지례 필
사 태뢰이제 위지양 관중 누궤주굉 산절조
절 군자 이위람의 안평중 사기선인 돈견
불엄두 한의탁관 이조 군자 이위애의
시고 군자지행례야 불가불신야 중지기야 기산이중란)

註解　ㅇ攘(양)－도둑질하는 것. 여기서는 군자의 예법을 훔치는 걸로
해석된다.　ㅇ朱紘(주굉)－굉(紘)은 면관(冕冠)의 갓끈이므로 천자는 붉은
갓끈이란 말. 제후의 갓끈은 푸른빛, 대부와 사(士)는 검은빛으로 하는
것이 예이다.　ㅇ山節(산절)－기둥 윗머리에 산을 조각하는 것. 천자만이
할 수 있다.　ㅇ藻梲(조절)－들보 위의 작은 기둥에 마름[藻]의 무늬를
새기는 것. 천자만이 할 수 있다.　ㅇ晏平仲(안평중)－제(齊)나라 대부의
이름.　ㅇ豚肩不揜豆(돈견불엄두)－돼지의 어깨가 접시를 덮지 못한다는
말. 지극히 작은 것을 말한 것이다.　ㅇ以爲隘矣(이위애의)－애(隘)는 비
루(鄙陋)하다는 말. 예를 모른다는 말.

　공자가 말씀하였다. "고인(古人)의 말에 '나는 싸우면 반드시 이기
고 제사지내면 반드시 복을 받았다.'고 되어 있으나, 아마 그 사람은
전쟁을 하든 제사를 지내든 정도(正道)를 행하였기 때문일 것이다."
　군자가 말하기를 "제사에 있어서 복(福)을 기구(祈求)하지 않으며,
제사를 앞당기는 것을 쾌(快)하게 여기지 않으며, 제기(祭器)가 크다
고 해서 기뻐하지 않으며, 관혼(冠婚) 등의 가례(嘉禮)는 잘하기 위해
따로 제사를 베풀지 않으며, 희생인 소나 양 등은 반드시 비대한 것을
상급으로 생각지 않으며, 제물(祭物)은 반드시 수량이 많은 것을 좋다
고 하지 않는다."라고 했다. 공자가 말씀하였다. "장문중(臧文仲)이
어찌 예를 안다고 말할 수 있겠는가. 하보불기(夏父弗綦)가 노장공
(魯莊公)의 신주를 옮겨다 희공(僖公)의 신주 아래에 놓아, 신하가

임금의 위에 있는 거꾸로 된 제사를 지냈으나, 장문중이 대부로 있으면서 그것을 중지시키지 않았으니 어찌 예를 안다고 하겠는가. 그는 또한 찬신(爨神)의 제사에 번시(燔柴)하였다. 대체로 찬신의 제사란 선취(先炊)의 신인 노부(老婦)를 제사하는 것이다. 얕은 그릇에 밥을 담고, 병에 술을 담아서 제사하는 것이다. [번시(燔柴)는 화신(火神)에게 제사할 때에 섶을 불태우는 행사이고 찬신에게 제사하는 행사는 아니다]"

예라는 것은 사람의 몸과 같은 것이다. 신체가 불구(不具)이면 사람의 몸이 완성하지 않았다고 말한다. 사람이 예를 설행(設行)하는 것이 부당하면 그것은 인체 불구와 같은 것이다. 예에는 큰 것이 있고 작은 것이 있으며, 두드러진 것이 있고 미세(微細)한 것이 있다. 큰 것을 덜어서 작게 해서는 안되며, 작은 것을 보태어 크게 해서도 안된다. 두드러진 것을 덮어도 안되며, 미세한 것을 큰 것으로 만들어도 안된다. 그러므로 경례(經禮) 3백과 곡례(曲禮) 3천이 그 근본은 성경(誠敬) 한 가지일 뿐이다. 방에 들어가는 데 문을 거쳐서 가는 것과 같은 것이다.

原文 孔子이 曰, 我는 戰則克하고, 祭則受福이라하시니, 蓋得 其道矣로다.
　　(공자 왈 아 전즉극 제즉수복 개득기도의)

君子이 曰, 祭祀를 不祈하며, 不麾蚤하며, 不樂葆大하며, 不善 嘉事하며, 牲不及肥大하며, 薦不美多品이니라. 孔子이 曰, 臧文 仲이 安知禮리오. 夏父弗綦逆祀, 而弗止也하니라. 燔柴於奧하니 夫奧者는, 老婦之祭也니, 盛於盆하며, 尊於瓶이니라.
　　(군자 왈 제사 불기 불휘조 불락보대 불선
　　가사 생불급비대 천불미다품 공자 왈 장문
　　중 안지례 하보불기역사 이불지야 번시어욱

부욱자 노부지제야 성어분 준어병)

禮也者는, **猶體也**니, **體不備**면, **君子**는 **謂之不成人**이라하나니, **設之不當**이, **猶不備也**니라. 禮에 **有大有小**하며, **有顯有微**하니, **大者**를 **不可損**이며, **小者**를 **不可益**이며, **顯者**를 **不可揜**이며, **微者**를 **不可大也**니라. 故로 **經禮三百**과, **曲禮三千**이, **其致**는 **一也**니, **未有入室而不由戸者**하니라.

(예야자 유체야 체불비 군자 위지불성인
설지부당 유불비야 예 유대유소 유현유미
대자 불가손 소자 불가익 현자 불가엄 미
자 불가대야 고 경례삼백 곡례삼천 기치 일
야 미유입실이불유호자)

[註解] ○我戰則克(아전즉극) 祭則受福(제즉수복)─싸우면 이기고, 제사를 지내면 복을 받는다는 말. ○祭祀不祈(제사불기)─제사는 떳떳한 예가 있어서 거행하는 것이고, 사사로운 복을 기구하기 위해 거행하는 것은 아니라는 말. ○不麾蚤(불휘조)─제사의 시기를 앞당기는 것을 쾌(快)하게 여기지 않는다는 말. 휘(麾)는 쾌(快)와 같으므로 쾌하게 여긴다는 뜻. ○不樂葆大(불락보대)─보(葆)는 포(褒)와 같으므로, 크게 넓혀서 포대(褒大)하는 것을 즐겨하지 않는다는 말. ○不善嘉事(불선가사)─관혼(冠婚)의 예에는 전고(奠告)하는 일이 모두 정제(定制)가 있으니, 좋은 일이라고 하여 따로 제사를 지내지 않는다는 말. 가사(嘉事)는 관혼을 뜻한 말. ○臧文仲(장문중)─노(魯)나라의 대부 장손진(臧孫辰). ○夏父不蒸(하보불기)─사람 이름. 노(魯)나라 문공(文公) 때의 종백(宗伯). ○逆祀(역사)而不止(이부지)─신하가 임금의 신주 윗자리에 앉게 된 거꾸로 제사하는 것을 중지시키지 않았다는 말. ○燔柴於奥(번시어욱)─욱(奥)은 찬(爨)의 잘못. 번시(燔柴)는 하늘의 화신(火神)에게 제사할 때에 섶을 불태우는 의식이다. 그런데 그것을 잘못 알고 찬신의 제사에 번시한 것이다. ○經禮(경례)─으뜸이 되는 예, 대강(大綱)이 되는 예, 관혼상제(冠婚喪祭)와 조근(朝覲), 회동(會同)의 예 등을 가리킨 것. ○曲禮(곡례)─예의 상세한

절차, 즉 진퇴(進退)·승강(升降)·부앙(俯仰)·읍양(揖讓) 따위를 말한 것.

군자가 예를 행하는 방법에는 여러 가지가 있다. 신에 대해서 혹은 상대방에 대해서 정(情)을 다하고 어디까지나 정중하게 하며, 존경을 바쳐 조금도 거짓이 없는 마음으로 예를 행하는 경우가 있다. 제사나 의식을 아름답고 성대하게 행하여 조금도 거짓이 없는 경우도 있다. 또 마음먹은 대로 굽히지 않고 행하는 수도 있고, 굽혀서 간략하게 행하는 수도 있고, 또 규정대로 변함없이 행하는 수도 있고, 격식이나 순위에 응해서 간단히 하는 경우도 있고, 혹은 위에서 아래로 미치게 하는 방법도 있고, 아래에서 추상(推上)하는 방법도 있고, 옛 법을 모방해서 더욱 장식하는 수도 있고, 옛 법을 모방해서 더욱 간소하게 하는 수도 있으며 또 상부를 모방하는 수도 있다.

요는 하(夏)·은(殷)·주(周) 3대(代)의 예는 근본적으로 한가지이다. 사람들은 공통적인 마음가짐으로써 예를 행하여 왔고 다만 표현상에서 차이가 있을 따름이었다. 흰색을 존중한 세상도 있고, 청(靑)색을 존중한 세상도 있으며, 하나라가 시작한 예를 은나라가 받아들이는 동안 약간 개량한 것도 있다. 예컨대 주나라의 제례(祭禮)에서는 시동씨를 그 위치에 앉히고 일을 고하였고, 음식을 권하기도 했으며, 사람에 따라 그 수도 일정하지 않았다. 이 방법은 은나라에서 모방한 것으로 기본적으로는 동일하다. 하나라의 법에서는 제사 때 시동씨를 세워 두었지만, 은나라의 법에서는 앉게 하였던 것이다. 또 주나라의 묘제(廟祭)에서는 각 묘의 시동씨를 태묘(太廟)로 모아서 모두 함께 헌수(獻酬)하는 관습이었다. 증자(曾子)는 이를 평(評)하여, "이 방법은 거(醵 : 술추렴)와 같다."라고 말했으며, 하나라와 은나라에는 없었던 일이다.

原文 君子之於禮也에, 有所竭情盡愼하여, 致其敬而誠若하며, 有美而文而誠若이니라. 君子之於禮也에, 有直而行也하며, 有曲

而殺也하며, 有經而等也하며, 有順而討也하며, 有撕而播也하며, 有推而進也하며, 有放而文也하며, 有放而不致也하며, 有順而摭也하니라.

(군자지어례야 유소갈정진신 치기경이성약
유미이문이성약 군자지어례야 유직이행야 유곡
이쇄야 유경이등야 유순이토야 유참이파야
유추이진야 유방이문야 유방이불치야 유순이척야)

三代之禮는 一也라, 民共由之하나니, 或素或靑은, 夏造殷因이니라. 周는 坐尸하고, 詔侑武方하더니, 其禮亦然하니, 其道一也니라. 夏는 立尸而卒祭하고, 殷은 坐尸하고, 周는 旅酬六尸하니, 曾子이 曰, 周禮는 其猶醵與인저.

(삼대지례 일야 민공유지 혹소혹청 하조은인
주 좌시 조유무방 기례역연 기도일
야 하 입시이졸제 은 좌시 주 여수육시
증자 왈 주례 기유거여)

註解 ㅇ於禮也(어례야) 有直而行也(유직이행야) -예에는 직정경행(直情經行)하는 것이 있다는 말. 어버이가 죽었을 때에 곡하고 뛰는 것이 절도가 없는 것과 같은 것. ㅇ有曲而殺也(유곡이쇄야) -예에는 굽혀서 강쇄(降殺)하는 것이 있다는 말. ㅇ有經而等也(유경이등야) -귀천(貴賤)에 불구하고 모두 동등으로 행하는 경상(經常)의 예가 있다는 말. ㅇ有順而討也(유순이토야) -그 순서에 따라 쳐서 제거하는 경우가 있다는 말. ㅇ有撕而播也(유참이파야) -위에 있는 물건을 깎아다가 아랫사람들에게 뿌려 주는 것이 있다는 말. ㅇ有推而進也(유추이진야) -비천한 자를 밀어올려서 존귀한 자의 예를 행하게 하는 것이 있다는 말. ㅇ有放而文也(유방이문야) -옛날 예를 모방하여 문식(文飾)하는 것이 있다는 말. ㅇ有放而不致(유방이불치) -모방을 하되 감히 극치(極致)에 이르지 못하는 것이 있다는 말. ㅇ有順而摭也(유순이척야) -존자(尊者)의 예를 따라 주워다가 그것을 행할 수 있는 것이 있다는 말. ㅇ三代之禮一也(삼대지례일야) -3

대의 예가 비록 다른 것이 있으나, 성경(誠敬)을 으뜸으로 하는 것은 동일하다는 말. 3대란 하(夏)·은(殷)·주(周)를 말한다. ○或素或靑(혹소혹청) – 은(殷)나라는 흰빛을 숭상하고, 주(周)나라는 검은빛을 숭상하였는데 여기서는 백흑(白黑)이라 하지 않고 소청(素靑)이라고 말하고 있다. ○詔侑武方(조유무방) – 무방(武方)은 상정(常定)의 정원수(定員數)가 없다는 말. 무방은 무방(無方)과 같다. 조(詔)와 유(侑)는 모두 축관(祝官)의 벼슬. ○亦然(역연) – 역시 은나라의 예와 같다는 말. ○旅酬六尸(여수육시) – 육묘(六廟)는 시동씨만이 여수(旅酬)의 예를 행한다는 말. 여수는 여러 시동씨가 서로 술잔을 수작하는 것. ○醵(거) – 술추렴, 돈을 모아서 그 돈으로 술을 사서 균평하게 마시는 것.

군자가 말하기를, "예로써 인정에 가까운 것은 예의 지극한 것이 아니다. 교사(郊祀)에서는 먼저 피를 진설하고 대향(大饗)에서는 먼저 생육(生肉)을 진설하며 삼헌(三獻)에서는 뜨거운 물에 데친 고기를 함께 올리고 일헌(一獻)에는 익힌 고기만을 올린다."라고 했다. 그런 까닭에 군자는 예에 대하여 자기의 생각으로 지어서 그 정(情)을 극도로 나타내려고 하지 않는다. 이는 예로부터의 유래가 있기 때문이다. 그러므로 두 임금이 서로 만날 때에는 7인의 부빈(副賓)이 있는 것이다. 그렇게 하지 않으면 빈주(賓主)의 예가 지나치게 소박(素朴)하다. 삼사삼양(三辭三讓)의 예를 지킨 뒤에 들어온다. 그렇게 하지 않으면 지나치게 촉박하며 예용(禮容)이 없다. 그런 까닭에 노(魯)나라에서는 장차 천제(天帝)에게 제사하려고 할 때에는 반드시 먼저 반궁(頖宮)에 제사하고, 진(晉)나라에서는 장차 하수(河水 : 黃河)에 제사하려고 할 때에는 먼저 오타(惡池)에 제사하는 규정이었고, 제(齊)나라에서는 장차 태산(泰山)에 제사하려면 반드시 먼저 배림(配林)에 제사지내도록 되어 있다. 생우(牲牛)는 석 달 동안 우리에 매어 두고, 7일 동안 산재(散齊)하며 3일 동안 재숙(齊宿)한다. 경신(敬愼)함이 이 정도로 지극한 것이다. 또 예법으로서 빈객(賓客)에게는 안내자인 빈조(擯詔)가 따라붙어서 행동에 여유를 갖게 하고, 맹인(盲人)의 악공(樂工)에게는 길잡이 안내인이 따라붙게 하여 당황하지 않도록 한다. 이렇게 해야만이 친절이 지극하다고 할 수 있는 것이다.

原文 君子이 曰, 禮之近人情者는, 非其至者也니, 郊엔 血이오, 大饗엔 腥이오, 三獻엔 爓이오, 一獻엔 孰이니라. 是故로 君子之於禮也에, 非作而致其情也라. 此는 有由始也니라. 是故로 七介以相見也니, 不然則已慤이오. 三辭三讓而至하나니, 不然則已蹙이니라. 故로 魯人이 將有事於上帝할새, 必先有事於頖宮하고, 晉人이 將有事於河할새, 必先有事於惡池하고, 齊人이 將有事於泰山할새, 必先有事於配林하니, 三月을 繫하고, 七日을 戒하며, 三日을 宿하나니, 愼之至也니라. 故로 禮有擯詔하며, 樂有相步는, 溫之至也니라.

(군자 왈 예지근인정자 비기지자야 교 혈
대향 성 삼헌 섬 일헌 숙 시고 군
자지어례야 비작이치기정야 차 유유시야 시고
칠개이상견야 불연즉이각 삼사삼양이지 불연즉
이축 고 노인 장유사어상제 필선유사어반궁
진인 장유사어하 필선유사어오타 제인 장유
사어태산 필선유사어배림 삼월 계 칠일 계
삼일 숙 신지지야 고 예유빈조 악유
상보 온지지야)

註解 ○郊血(교혈)−교사(郊祀)에서 하늘을 제사할 때에 먼저 희생의 피를 올리는 것. ○大饗腥(대향성)−대향(大饗)에서는 먼저 성(腥), 즉 생육(生肉)을 올린다는 말. 대향이란 종묘(宗廟)에서 거행하는 협제(祫祭). ○三獻爓(삼헌섬)−삼헌(三獻)에서는 데친 고기를 먼저 올린다는 말. 삼헌이란 사직(社稷)의 제사와 오사(五祀)를 말하고 섬이란 물에 데친 고기를 말한다. ○一獻孰(일헌숙)−일헌(一獻)에서는 익힌 고기만을 올린다는

말. 숙(孰)은 숙(熟)과 같다. 일헌이란 술 한 잔만 올리는 군소(羣小)의 제사. ㅇ非作而致其情也(비작이치기정야)-옛날 예에 따를 뿐이고, 자기가 지어서 그 정을 극도로 다하는 일을 하지 않는다는 말. ㅇ七介相見(칠개상견)-두 나라의 임금이 서로 만나 빈주(賓主)의 예를 행할 때에는, 7인의 부빈(副賓)이 있다는 말. ㅇ已愨(이각)-이(已)는 지나치게 크다는 말. 각(愨)은 소박하여 예문(禮文)이 없다는 뜻. ㅇ三辭三讓(삼사삼양)-세 번 사양하고 세 번 양보한다는 말. ㅇ已蹙(이축)-지나치게 촉박하다는 말. ㅇ必先有事於頖宮(필선유사어반궁)-반드시 먼저 반궁(頖宮)에서 후직(后稷)에게 고유(告由)의 제사를 올린다는 말. 반궁이란 제후의 태학(太學)을 말한다. ㅇ惡池(오타)-오타는 호타(滹沱)이므로 병주(并州)에 있는 작은 하천. ㅇ配林(배림)-제(齊)나라 숲의 이름이며, 태산(泰山)에 종사(從祀)한다. ㅇ禮有擯詔(예유빈조)-빈주(賓州)가 서로 만나볼 때에는 반드시 빈상(擯相)하는 사람이 있어서, 중간에서 말을 전하여 고한다. ㅇ樂有相步(악유상보)-악공(樂工)은 소경이므로 상보(相步)가 있다는 말. 상보는 악공을 도와 붙들고 다니는 자이다. ㅇ溫之至也(온지지야)-친절함이 지극하다는 말.

예란 사람의 본심으로 되돌아가서 고래(古來)의 관례(慣例)를 알고 사물(事物)의 기원(起源)을 잊지 않기 위한 학습·교양이다. 예컨대 상장(喪葬)의 예에서는 사람들이 애곡(哀哭)이나 곡용(哭踊)을 하는데 일일이 안내를 받지 않으며, 또 조정에서 경사스러운 의례(儀禮)가 개최될 때에는 음악을 연주해서 성황을 이루게 한다. 이것은 사람의 본심에 맞게 하기 위함이다. 또 종묘의 제사에 예주(醴酒)를 현주(玄酒)의 아랫자리에 두며 고기를 자르는데 오늘날의 할도(割刀)를 쓰지 않고 고래(古來)의 난도(鸞刀)를 사용하며, 교제(郊祭)에 지금의 앉기 좋은 자리를 깔지 않고 고래의 고갈(槀鞂)을 까는 것은 관례(慣例)를 지키기 때문이다. 이리하여 선왕(先王)께서 예를 제정할 때에는 하나하나의 예법에 깊은 뜻이 있었던 것이며 그것을 풀어 밝히면 많은 것을 알 수 있을 것이다.

군자가 말하였다. "마음에 경험이 없는 일에 대해서는 그 일을 당해도 무엇인지를 모른다. 그와 마찬가지로 미리 예의범절을 배우지 않으면 일을 당했을 때 무엇을 어떻게 처리해야 할지를 모른다. 무슨 일을 하든 혹은 말을 하든 예를 알고 있지 않으면 이쪽의 경의(敬意)가 상대방에게 통하지 않으며 신뢰를 받지 못한다. 즉 예는 사람과 사람간의, 또는 사람과 신을 연결하기 위한 여러 행위의 근본인 것이다."

原文 禮也者는, 反本脩古하여, 不忘其初者也니, 故로 凶事엔 不詔하고, 朝事엔 以樂이니라. 醴酒之用하되, 玄酒之尙하며, 割刀之用하되, 鸞刀之貴하며, 莞簟之安하고, 而槀鞂之設이니라. 是故로 先王之制禮也는, 必有主也니, 故로 可述而多學也니라.

(예야자 반본수고 불망기초자야 고 흉사
부조 조사 이악 예주지용 현주지상 할
도지용 난도지귀 완점지안 이고갈지설 시
고 선왕지제례야 필유주야 고 가술이다학야)

君子이 曰, 無節於内者는, 觀物弗之察矣니, 欲察物而不由禮면, 弗之得矣라. 故로 作事를 不以禮면, 弗之敬矣요, 出言을 不以禮면, 弗之信矣니라. 故로 曰, 禮也者는, 物之致也니라.

(군자 왈 무절어내자 관물불지찰의 욕찰물이불유례
불지득의 고 작사 불이례 불지경의 출언 불
이례 불지신의 고 왈 예야자 물지치야)

註解 ○禮也者(예야자) 反本脩古(반본수고)-예라는 것은 하늘에서 받은 최초의 본심으로 돌아가며, 옛사람이 제정한 법도를 닦아 익히게 하는 일이 중요하다는 말. ○凶事不詔(흉사부조)-흉사(凶事)에는 울부짖고 뛰며 몸부림치는 일은 시키지 않아도 본심의 자연에서 저절로 그렇게 하게 된다는 말. ○朝事以樂(조사이악)-조정에서 거행하는 양로(養老)·존현(尊賢)의 일에는 반드시 풍악을 연주하며 그 마음을 화협하게 한다는 말. ○鸞刀(난도)-종묘(宗廟)에서 쓰는 칼, 칼고리에 방울이 달려 있다. ○莞

簟(완점)-완(莞)은 가는 왕골로 만든 자리. 점(簟)은 대자리. ㅇ稾鞂(고
갈)-곡식을 턴 뒤의 곡초(穀草), 즉 고갈로 교사(郊祀)의 자리를 만든
것. ㅇ先王之制禮也(선왕지제례야) 必有主也(필유주야)-선왕이 예를 제
정할 때에 반본수고(反本脩古)를 주(主)로 하였다는 말. ㅇ無節於內者
(무절어내자)-가슴속에 예절이 통달하지 못한 자. 마음 속에 예절을 알
고 있지 않은 자. ㅇ觀物弗之察(관물불지찰)-사물을 관찰하여도 그것의
득실(得失)을 통찰하지 못한다는 말.

 옛날 선왕(先王)이 예를 제정할 때에는 여러 일에 연유해서 예를
설정하여 그 뜻이나 목적을 정했던 것이다. 그러므로 큰 제사의 일을
거행할 때에는 반드시 천시(天時)에 따랐으며, 일월(日月)의 신을 제
사할 때에는 반드시 해와 달의 뜨고 지는 것에 따라서 거행하였다.
동지(冬至)에 하늘을 제사할 때에는 반드시 구릉(丘陵)에서 지내고,
하지(夏至)에 땅을 제사할 때에도 반드시 천택(川澤)에서 거행한다.
그와 같이 목적에 응해서 계절이나 장소가 바르게 정해졌기 때문에
하늘도 땅도 예의 목적을 인정하고, 인간을 도와서 비를 내리게 하고
천택을 적시어 만물에 은혜를 베풀었다. 군자는 모두 이에 감사하여
더욱더 직무에 힘썼던 것이다.
 그런 까닭으로 선왕은 성현(聖賢)을 존경하고 유능한 사람을 채용
하며, 우수한 자를 끌어올려 높은 자리에 두고, 사람들을 모아 왕업
(王業)의 수행을 맹세하였다. 그런 까닭에 하늘의 높음에 연유하여
하늘을 섬기는 교사(郊祀)의 예를 거행하고, 땅의 낮음에 연유하여
후토(后土)의 신을 섬기는 사사(社祀)의 예를 거행한다. 오악(五嶽)
을 순수(巡狩)할 때에 방악(方岳)에 이르러서는 반드시 유명한 큰 산
에 올라 이 방면 제후의 치공(治功)을 하늘에 고하며, 길토(吉土)에
연유하여서는 교(郊)에서 상제를 제향한다. 제후의 치공이 이루어짐
을 하늘에 고하니, 봉황이 내려오고 거북과 용이 나타난 것이며 또
교(郊)에서 상제(上帝)를 제사하니, 비바람이 정도에 맞게 내리고 한

서(寒暑)가 때를 맞추어 틀리는 일이 없으며, 성왕(聖王)은 남면(南面)해서 서니 천하는 태평하였다.

原文 是故로 昔에 先王之制禮也에, 因其財物하사 而致其義焉爾니, 故로 作大事하되 必順天時하며, 爲朝夕하되 必放於日月하며, 爲高하되 必因丘陵하며, 爲下하되 必因川澤하니, 是故로 天時雨澤에, 君子는 達亹亹焉하나니라.

(시고 석 선왕지제례야 인기재물 이치기의
언이 고 작대사 필순천시 위조석 필방어일
월 위고 필인구릉 위하 필인천택 시고
천시우택 군자 달미미언)

是故로 昔에 先王이 尙有德하시며, 尊有道하시며, 任有能하시며, 擧賢而置之하시고, 聚衆而誓之하시니라. 是故로 因天事天하시며, 因地事地하시며, 因名山하여 升中于天하시며, 因吉土하여 以饗帝于郊하나니, 升中于天하여, 而鳳凰이 降하며, 龜龍이 假하며, 饗帝于郊하여, 而風雨이 節하며, 寒暑이 時하나니, 是故로 聖人이 南面而立이어시든, 而天下大治니라.

(시고 석 선왕 상유덕 존유도 임유능
거현이치지 취중이서지 시고 인천사천
인지사지 인명산 승중우천 인길토
이향제우교 승중우천 이봉황 강 귀룡 격
향제우교 이풍우 절 한서 시 시고 성
인 남면이립 이천하대치)

註解 ㅇ因其財物而致其義(인기재물이치기의)-재물이 없으면 예를 행할 수가 없으므로, 선왕이 예를 제정할 때에 반드시 재물로 인하여 그 용(用)을 이룰 수 있게 하였다는 말. ㅇ爲朝夕必放於日月(위조석필방어일월)-일월(日月)의 신을 제사할 때에는 반드시 일월의 출몰(出沒)하는 곳을 따라서 거행한다. ㅇ天時雨澤(천시우택) 君子達亹亹焉(군자달미미

언)―하늘이 비의 은택(恩澤)을 때맞추어 내리면, 군자(君子)는 그것을 보고 천지가 재물을 생성(生成)하기 위하여 이렇게 근면 노력한다는 것을 깨닫게 된다. ㅇ擧賢而置之(거현이치지)―어진 사람을 등용하여 임금의 좌우에 둔다는 말. ㅇ因天事天(인천사천) 因地事地(인지사지)―하늘의 높음을 연유하여 하늘을 받드는 예를 제정하고, 땅의 낮음을 연유하여 땅을 섬기는 예를 제정했다는 말. ㅇ因名山(인명산) 升中于天(승중우천)―천자가 오악(五嶽)을 순수(巡狩)할 때에 방악(方岳)의 아래에 이르면, 반드시 이 유명한 큰 산에 올라 이 방면의 제후의 치공(治功)을 하늘에 고유(告由)한다는 말. ㅇ鳳凰降(봉황강) 龜龍假(귀룡격)―격(假)이란 이른다는 뜻. 즉 봉황이 내려오고 거북과 용이 이른다는 말.

하늘은 최고의 교훈을 사람에게 가르쳤고, 성인(聖人)은 최고의 덕성을 구비하고 있다. 〔그리고 성인(聖人)은 하늘의 교훈을 기본으로 하여 자신의 덕성(德性)을 발휘하고 예를 제정했으며, 교육이나 정치의 기초로 하고 있다. 예컨대 천자·제후의 궁전 구조를 보면〕종묘(宗廟)의 마루 위에는 뇌준(罍尊)이 동(東)에 있고 희준(犧尊)은 서(西)에 있으며 묘당의 아래에는 현고(懸鼓)가 서(西)에 있고 응고(應鼓)는 동(東)에 있다. 임금은 동계에 있고 부인(夫人)은 방(房)에 있다. 대명(大明)은 동에서 나오고 달은 서에서 나온다. 이것은 음양의 분수이며 부부의 위치이다. 임금은 서에 가서 희준(犧尊)과 상준(象尊)을 잔질하고 부인은 동에 와서 뇌준(罍尊)을 잔질한다. 이렇게 예는 교차(交叉)하여 당상(堂上)에서 움직이고 악(樂)은 이에 호응하여 당하(堂下)에서 일어나니 화합(和合)의 덕이 표현되는 것이다.

사람은 예에 대해서 항상 그 예가 생긴 본래의 뜻을 생각하지 않으면 안되며, 음악에 대해서는 사람들이 노력해서 이룩한 것을 마음 속으로 기뻐하고 즐기는 것이 음악의 근본임을 알아야 한다. 그러기 때문에 선왕(先王)이 예를 제정할 때에는 예의 의의(意義)나 목적에 충분히 적합하도록 기구(器具)나 예절 등을 연구한 것이며, 음악에 대해서는 그에 의해 사람의 마음이 화락(和樂)해지도록 도모한 것이다. 그러므로 그 나라의 예악(禮樂)을 보면 그 나라의 치란(治亂)을 알 수 있다. 옛날 거백옥(蘧伯玉)은 말하였다. "군자된 사람은 그 마음이 밝고 통달(通達)하다. 그런 까닭에 그 기물(器物)을 보고 공장(工匠)의 교졸(巧拙)을 알며, 사람의 발동거조(發動擧措)를 보고 그 사람의 지능을 안다고 하였다. 그러므로 군자는 남과 더불어 하는 바를 삼간다."

原文　天道는 至敎요, 聖人은 至德이시니, 廟堂之上에, 罍尊이 在阼하고, 犧尊이 在西하며, 廟堂之下에, 縣鼓在西하고 應鼓在東하며, 君은 在阼하고, 夫人은 在房하며, 大明은 生於東하고, 月은 生於西하나니 此는 陰陽之分이며, 夫婦之位也라. 君은 西酌犧象하시고, 夫人은 東酌罍尊하니, 禮가 交動乎上하며, 樂이 交應乎下하니, 和之至也니라.

(천도 지교 성인 지덕 묘당지상 뇌준
재조 희준 재서 묘당지하 현고재서 응고재
동 군 재조 부인 재방 대명 생어동 월
생어서 차 음양지분 부부지위야 군 서작
희상 부인 동작뇌준 예 교동호상 악 교
응호하 화지지야)

禮也者는, 反其所自生이오, 樂也者는, 樂其所自成이니, 是故로 先王之制禮也에, 以節事하고, 脩樂에, 以道志니, 故로 觀其禮樂而治亂을 可知也니라. 蘧伯玉이 曰, 君子之人은 達이라, 故로 觀其器而知其工之巧하며, 觀其發而知其人之知하나니, 故로 曰, 君子는 愼其所以與人者니라.

(예야자 반기소자생 악야자 낙기소자성 시고
선왕지제례야 이절사 수악 이도지 고 관기
예악이치란 가지야 거백옥 왈 군자지인 달
고 관기기이지기공지교 관기발이지기인지지 고

왈 군자 신기소이여인자)

註解 ○天道(천도)－음양(陰陽)의 운행되는 법칙. ○聖人至德(성인지덕)－성인(聖人)이 예악(禮樂)을 제정한 것은 지극한 덕(德)이라는 말. ○뇌尊(뇌준)－하후씨(夏后氏)의 술준. ○犧尊(희준)－희생의 형상으로 된 술준. 주(周)나라의 주준(酒尊). ○縣鼓(현고)－매달아 놓고 치는 큰 북. ○應鼓(응고)－작은 북. 소고(小鼓). ○大明(대명)－해(日). 태양. ○月生於西(월생어서)－달이 서쪽에 생긴다는 말. ○和之至也(화지지야)－화(和)의 극치. 화는 화기(和氣). ○禮也者(예야자) 反其所自生(반기소자생)－만물은 하늘에 근본을 두고, 사람은 조상에 근본을 둔다. 예가 보본반시(報本反始)에 주안(主眼)을 두는 것은 그로 말미암아 생긴 바를 잃지 않게 하기 위한 것이다. ○樂也者(악야자) 樂其所自成(낙기소자성)－음악이란 것은 제작할 때에 그가 문덕(文德)으로 천하를 평정했으면 문덕의 이루어짐을 기뻐하고, 무덕(武德)이면 무덕을 기뻐하는 악장(樂章)을 만든다는 것. ○制禮也(제례야) 以節事(이절사)－예를 제정하여 인사(人事)의 의칙(儀則)을 삼는다는 말. ○脩樂(수악) 以道志(이도지)－악(樂)을 수습(修習)하여 그 뜻을 인도한다는 말. ○蘧伯玉(거백옥)－위(衛)나라의 현자(賢者). 공자와 거의 같은 시대 사람. ○觀其發而知其人(관기발이지기인)－사람의 발동거조(發動擧措)를 보면, 그 사람의 지능을 알 수 있다는 말. ○愼其所以與人(신기소이여인)－남과 교제하는 일을 조심한다는 것. 예악이란 남과 교제하는 데 쓰이는 바이므로 예악을 신중히 해야 한다는 말.

종묘(宗廟)의 제사에는 경의를 다하지 않으면 안된다. 임금이 친히 희생을 몰고 들어가면 대부가 찬좌(贊佐)하여 폐백을 들고 뒤따른다. 임금이 친히 희생의 간(肝)을 갈라내어 올리고, 부인(夫人)은 앙제(盎齊)의 술을 올린다. 그리고 때가 되어서 임금이 친히 생체(牲體)를 베어서 제사하면 부인은 술을 올린다. 경대부(卿大夫)들은 임금의 뒤를 좇고 명부(命婦)들은 부인의 뒤를 따른다. 모두 경건하고 충실하고 공손한 마음으로 한결같이 신령이 흠향하기를 기원하는 것이다. 희생을 문 안에 들이면, 뜰에서 폐백을 갖고 신에게 고유(告由)하고, 희생을 잡아 피와 털을 가져다가 실내에서 신에게 고유하며, 육즙(肉汁)과 숙육(熟肉)이 마련되면 먼저 조(俎)에 담아 당(堂)에서 신에게 고유한다. 이 세 가지의 고유하는 위치가 다른 것은 신령의 소재가 분명하지 않고 고유한 말이 들렸는지 어쩐지 모르기 때문일 것이다. 그러므로 마루에서 제사지낼 경우에도 다음날 묘(廟)의 문 밖에서 제사지낼 경우에도 군주는, "신이 저곳에서 흠향하실까, 혹은 이곳에서 흠향하실까."하고 말하는 관습이 있다. 또 군소제사(羣小祭祀)에는 일헌(一獻)뿐으로 간소하다. 그리고 사직(社稷)과 오사(五祀)의 제사에는 삼헌(三獻)하며, 예에 문식(文飾)이 있다. 사방산천(四方山川)의 망제(望祭)에는 오헌(五獻)하며 성대하다. 그리고 끝으로 선조(先祖)의 사당에 올리는 제사에는 칠헌(七獻)한다.

原文 大廟之內는 敬矣라. 君이 親牽牲이어시든, 大夫이 贊幣而從하며, 君이 親制祭이어시든, 夫人이 薦盎하며, 君이 親割牲이어시든 夫人이 薦酒니라. 卿大夫는 從君하고, 命婦는 從夫人하며, 洞洞乎其敬也며, 屬屬乎其忠也며, 勿勿乎其欲 其饗之也니라. 納牲에 詔於庭하고, 血毛는 詔於室하고, 羹定은 詔於堂하며, 三詔이 皆不同位니, 蓋道求未之得也니라. 設祭於堂하고, 爲祊乎外하나니, 故로 曰, 於彼乎아, 於此乎아 하니라. 一獻은 質하고, 三獻은 文하고, 五獻은 察하고, 七獻은 神이니라.

(대묘지내 경의 군 친견생 대부 찬폐
이종 군 친제제 부인 천앙 군 친할생
부인 천주 경대부 종군 명부 종부인
동동호기경야 촉촉호기충야 물물호기욕기향지야
납생 조어정 혈모 조어실 갱정 조어당
삼조 개부동위 개도구미지득야 설제어당 위팽
호외 고 왈 어피호 어차호 일헌 질

삼헌 문 오헌 찰 칠헌 신)

註解　o君親制祭(군친제제)-임금이 친히 희생의 간(肝)을 베어서 신에게 제사한다는 말.　o夫人薦盎(부인천앙)-부인이 앙제(盎齊)를 올린다는 말. 앙제는 술 이름으로 오제(五齊)의 하나이다. 총백색(葱白色)을 띤 술.　o洞洞乎其敬(동동호기경)-공경함이 표리(表裏)가 없는 것.　o屬屬乎其忠(촉촉호기충)-충실하여 거짓이 없는 것.　o勿勿(물물)-힘을 기울여 그침이 없다는 말.　o命婦(명부)-경대부(卿大夫)들의 아내를 일컫는 말.　o納牲詔於庭(납생조어정)-뜰에서 신에게 희생을 잡는다는 것을 고유(告由)한다는 말. 조(詔)는 고(告)와 같다.　o羹定(갱정)-갱(羹)은 고깃국, 즉 육즙(肉汁). 정(定)은 익힌 고기.　o爲祊乎外(위팽호외)-제사 다음날 묘문(廟門) 밖 서쪽에서 거행하는 제사. 이 제사를 팽제(祊祭)라고 한다.

대향(大饗)은 진정 제왕의 일다운 행사이다. 거기에 바쳐지는 삼생(三牲:소・양・돼지)과 물고기 및 짐승의 건육(乾肉) 등은 사해구주(四海九州)에서 모인 진미(珍味)이고, 변두(籩豆)에 담아 올리는 제물(祭物)들은 사시(四時)의 화기(和氣)가 생성(生成)한 것들이다. 제후의 나라에서 바친 황금을 받아들여 진열한 것은 제후의 화순(和順)함을 보인 것이고, 제후가 묘(廟)에 들어가 폐백에 옥을 첨가하는 것은 신령의 덕을 존중하기 때문이다. 또 당하(堂下)에 〔각지의 공물(貢物)을 진설(陳設)함에 있어서〕 귀갑(龜甲)을 전열(前列)에 놓는 것은, 그것이 길흉(吉凶)을 안다고 해서 앞에 진설한 것이고, 다음에 황금을 진설한 것은, 사람들이 모두 황금을 좋아하는 심정을 드러낸 것이다. 단칠(丹漆)・사광(絲纊)・죽전(竹箭) 등을 진설하는 것은, 그 물건들은 제후의 나라에서 바친 공물(貢物)로써 천하 만인의 공공(公共)의 제물인 것을 보이는 것이다. 그밖의 공물들은 일정한 상수(常數)가 없다. 구주(九州) 밖의 만이(蠻夷)의 나라에서 가져온 산물이 있으면 그 또한 진설하여 보인다. 제사를 돕는 내빈인 제후들이 예를 마치고 나갈 때에는, 악공(樂工)으로 하여금 해하(陔夏)의 악장(樂章)을 노래하며 전송하게 한다. 진설과 행사가 이와 같이 성대한 것은 대체로 중대한 제례(祭禮)이기 때문이다. 천자가 상제(上帝)를 교(郊)에서 제사하는 것은 간소하나 오직 공경할 뿐이다. 그것은 공경함의 극치이다. 천자 제후가 종묘에서 제사하는 것은 죽은 조상을 섬기기를 산 조상 섬김과 같이하므로, 이는 어버이를 효로써 섬기는 인(仁)의 실천이다. 그러므로 종묘의 제사는 인(仁)의 극치이다. 상례(喪禮)에는 염하고 입관하는 모든 일을 반드시 성신(誠信)을 다하는 것이니 그것은 충실함의 극치이다. 장례에는 의복과 기구를 완전히 갖추어 부족함이 없게 하는 것이니, 어버이를 사랑하는 성심의 발로이다. 그러니 그것 또한 인(仁)의 극치이다. 빈객이 폐백을 쓰는 것은 사람이 지켜야 할 마땅한 도리이므로 의(義)의 지극함이다. 그러므로 군자가 인의(仁義)의 도(道)를 살리는 데는 예가 근본인 것이다.

[原文] 大饗은 其王事與인저, 三牲魚腊은, 四海九州之美味也요, 籩豆之薦은, 四時之和氣也요, 內金은, 示和也요, 束帛加璧은, 尊德也요, 龜爲前列은, 先知也요, 金次之는, 見情也요, 丹漆·絲纊·竹箭은, 與衆共財也요, 其餘는 無常貨로, 各以其國之所有요, 則致遠物也니라. 其出也에, 肆夏而送之하나니, 蓋重禮也니라. 祀帝于郊는, 敬之至也요, 宗廟之祭는, 仁之至也요, 喪禮는, 忠之至也요, 備服器는, 仁之至也요, 賓客之用幣는, 義之至也니, 故로 君子이 欲觀仁義之道인댄, 禮其本也니라.

(대향 기왕사여 삼생어석 사해구주지미미야
변두지천 사시지화기야 내금 시화야 속백가벽
존덕야 귀위전열 선지야 금차지 견정야 단
칠·사광·죽전 여중공재야 기여 무상화 각이기국
지소유 즉치원물야 기출야 개하이송지 개중

예야 사제우교 경지지야 종묘지제 인지지야
상례 충지지야 비복기 인지지야 빈객지용폐 의
지지야 고 군자 욕관인의지도 예기본야)

註解 ○大饗其王事(대향기왕사)―대향(大饗)은 제왕(帝王)의 일이구나
라고 한 말. 대향은 협제(祫祭)이다. ○三牲漁腊(삼생어석)―삼생(三牲)
은 세 가지 희생. 즉 소·양·돼지. 어(漁)는 물고기. 석(腊)은 짐승고기.
○丹漆絲纊竹箭(단칠사광죽전)―단칠(丹漆)은 붉은 칠(漆). 사광(絲纊)은
실과 솜. 죽전(竹箭)은 대나무 화살. ○與衆共財(여중공재)―천하 만인
(萬人)의 공공(公共) 제물(祭物)이라는 말. ○其餘無常貨(기여무상화)―
만이(蠻夷)의 나라에서 간혹 바치는 공물은 여기에 진설할 뿐 상수(常數)
는 없다는 말. ○其出也(기출야) 肆夏而送之(개하이송지)―제사를 돕던
제후들이 나갈 때에는 악공으로 하여금 해하(陔夏)의 악장(樂章)을 노래
하여 전송하게 한다는 말. 개하(肆夏)는 해하(陔夏)의 잘못, 해는 악곡(樂
曲)의 이름. ○宗廟之祭(종묘지제) 仁之至(인지지)―종묘의 제사는 인
(仁)의 극치라는 말. ○喪禮(상례) 忠之至(충지지)―상례(喪禮)라는 것은
충실한 마음의 극치라는 말. ○備服器(비복기) 仁之至(인지지)―장례(葬
禮)에는 의복과 관곽·기구 등을 완전히 갖추었으니, 이 또한 인(仁)의
극치라는 말. ○賓客之用幣(빈객지용폐) 義之至(의지지)―내빈에게 폐백
을 상용(常用)하는 것은 의(義)의 지극한 표현이라는 말.

군자가 말하기를, "감미(甘味)는 맛의 근본으로 백미(百味)를 조화
시키는 것이고, 흰색은 색의 근본으로 어떤 채색이나 받는다. 충신(忠
信)의 마음은 감미와 백색(白色)이 맛과 색의 근본됨과 흡사하며, 이
것이 있음으로써 예를 배울 수가 있다. 만일 충신의 마음이 없는 사
람이면 모든 일은 허례가 된다. 그러므로 예를 행하는 데는 충신한
사람을 얻는 것이 소중하다."라고 말하였다. 공자가 말씀하였다. "비
록 시(詩) 3백 편을 암송하여 언어의 장기(長技)를 모두 갖추고 있는
사람일지라도 예에 대한 식견이 없다면 그것만으로는 일헌(一獻)의

예도 행할 수가 없다. 또 일헌의 예를 행할 수 있을지라도 대향(大饗)의 예는 행할 수 없을 것이다. 대향의 예를 행할 수 있다손치더라도 대려(大旅)의 예를 행하지는 못할 것이다. 능히 대려의 예를 갖추었을지라도 상제(上帝)를 제사할 수는 없다. 그토록 어려운 일이므로 예를 가볍게 논하지 말아야 한다."

공자의 문인 자로(子路)가 계씨(季氏)의 가신(家臣)이 되었다. 그 집의 제사는 첫 새벽부터 시작했건만, 날이 어둡도록 끝나지 않아 촛불을 켜고 계속했다. 아무리 몸이 강건하고 경건한 마음이 두텁다 하더라도 피로 때문에 권태(倦怠)해져서 집사(執事)하는 사람들이 몸을 한편으로 기울여 서서 제사를 거행하니 그 불경(不敬)함이 컸다. 그래서 다른 날 자로가 이 제사에 참여하게 되자, 진설(陳設) 방법을 고쳐 실내로 들여오는 것은 문 밖에서 받아넘기고, 마루에 올리는 것은 계단에서 받아넘기고 하였더니, 첫 새벽에 시작해서 늦은 아침에야 끝내고 물러나왔다. 공자가 이 말을 듣고 말씀하였다. "유(由)가 예를 모른다고 한 것이 누구였더라."

原文 君子이 曰, 甘受和하며, 白受采하나니, 忠信之人이라야, 可以學禮니라. 苟無忠信之人이면, 則禮不虛道니, 是以로 得其人之爲貴也니라. 孔子이 曰, 誦詩三百하되, 不足以一獻이면, 一獻之禮이, 不足以大饗이며, 大饗之禮이, 不足以大旅며, 大旅具矣이, 不足以饗帝니, 毋輕議禮니라.

(군자 왈 감수화 백수채 충신지인
가이학례 구무충신지인 즉례불허도 시이 득기
인지위귀야 공자 왈 송시삼백 부족이일헌 일
헌지례 부족이대향 대향지례 부족이대려 대려구
의 부족이향제 무경의례)

子路이 爲季氏宰하니, 季氏祭할새, 逮闇而祭하되, 日不足이어

늘, 繼之以燭하니, 雖有나 强力之容과, 肅敬之心이, 皆倦怠矣라. 有司跛倚以臨祭하나, 其爲不敬이 大矣니라. 他日에 祭할새, 子路이 與니, 室事를 交乎戶하며, 堂事를 交乎階하며, 質明而始行事하며, 晏朝而退한대, 孔子이 聞之曰, 誰謂由也而不知禮乎아.

(자로 위계씨재 계씨제 체암이제 일부족
계지이촉 수유 강력지용 숙경지심 개권태의
유사피의이임제 기위불경 대의 타일 제 자
로여 실사 교호호 당사 교호계 질명이시행
사 안조이퇴 공자 문지왈 수위유야이부지례호)

註解 ㅇ苟無忠信之人(구무충신지인) 則禮不虛道(즉예불허도)─진실로 충신(忠信)의 마음이 없는 사람이라면 예는 허위일 뿐이라는 말. 즉 예라는 것은 충신함이 없이 허위로 행할 수는 없다는 말. 도(道)는 행(行)과 같은 뜻. ㅇ誦詩三百(송시삼백) 不足以一獻(부족이일헌)─시(詩) 3백 편을 내리 외울지라도 그것만으로는 일헌(一獻)의 제례(祭禮)도 행할 수 없다는 말. 즉 예는 예에 대한 식견(識見)이 있어야 된다는 말. ㅇ一獻之禮(일헌지례) 不足以大饗(부족이대향)─일헌(一獻)의 제례를 알고 있을지라도 그것만으로는 대향(大饗)의 예를 행할 수 없다는 말. 대향은 협제(祫祭). ㅇ大旅(대려)─오제(五帝)를 제사하는 일. ㅇ逮闇而祭(체암이제)─어두운 첫 새벽부터 제사를 거행한다는 말. ㅇ强力之容(강력지용)─억지로 용의(容儀)를 지키려고 애쓰는 일. ㅇ跛倚(피의)─한쪽 다리에만 몸을 맡겨서 몸이 기울어지게 서는 일. ㅇ室事交乎戶(실사교호호)─실내에서 하는 일을 문에서 서로 주고받는다는 말. ㅇ堂事交乎階(당사교호계)─마루 위에서 하는 일을 섬돌 아래에서 서로 주고받는다는 말. ㅇ質明(질명)─날이 샐 무렵. ㅇ晏朝(안조)─늦은 아침.

제11 교특생(郊特牲)

이 편의 첫머리에 '교특생(郊特牲 : 교제에는 특생을 사용한다)'이란 글귀가 있기 때문에 그것을 편(篇)의 이름으로 하고 있다.

내용은 위의 〈예기편(禮器篇)〉과 마찬가지로 천지종묘(天地宗廟)의 제사 기타 여러 예절에 이르고 있으며, 그 취지라든가 의의가 해설되어 있지만 〈예기편〉과 동일한 예절을 논하면서 그 설명이 일치하지 않는 것이 적지 않다.

이것은 《예기(禮記)》가 원래 일관된 예론(禮論)에 기반을 둔 편저가 아니라는 좋은 증거 중 하나가 될 것이다. 또한 본편의 예의 해석에는 '음양(陰陽)'의 이치에 근거를 두고 있는 것이 적지 않은 점이 하나의 특징이다.

교제(郊祭)에는 특생(特牲) 한 마리를 바치지만, 사직에는 태뢰(大牢 : 소·양·돼지)를 바친다. 천자가 제후에게 가면, 제후는 천자에게 반찬으로 특생, 즉 송아지를 잡아 올리지만, 제후가 천자에게 가면 천자가 이에 주연을 내릴 때에는 태뢰가 사용된다. 〔천자가 하늘을 제사지내고, 제후가 천자를 대접할 때 송아지를 사용하는 것은〕 순진(純眞)을 존중한다는 뜻을 나타내어서이다. 그에 관련해서 천자는 새끼밴 소는 식용으로 하지 않으며, 상제(上帝) 즉 하늘을 제사지낼 때에도 사용하지 않는다.

〔제천(祭天)에 사용하는 제1급 마차인〕 대로(大路)에서는 번영(繁纓 : 말의 배띠와 가슴끈)은 한 가닥이지만, 〔제2급의 마차인〕 선로(先路)에서는 세 가닥, 〔제3급인〕 차로(次路)에서는 다섯 가닥이다.

또 교제(郊祭)에서는 희생의 피를 쓰고, [종묘의 큰 제사인] 대향(大
饗)에는 날고기를 쓰며, [사직의 제사인] 삼헌(三獻)의 예에서는 반
숙의 고기를 쓰고, 그리고 [소제(小祭)와 소례의] 일헌(一獻)에는 완
전히 익은 고기를 쓴다. 이와 같이 [대로의 말의 띠는 한 가닥이라든
가 교제에는 희생의 피를 사용한다든가 하는] 최상의 예에서는, 볼품
이나 맛으로 향사하는 것이 아니라 상쾌하고 향긋한 냄새를 귀중하게
여긴다.

제후가 천자에게 가거나 다른 제후를 방문해서 빈객의 예를 받을
때 주인이 먼저 대접하는 것은, 울창(鬱鬯 : 향내 나는 풀)을 넣은 술
이니 그 향내를 중히 여기는 것이다. 또 천자가 제후에게 주연을 베
풀 때에는 먼저 무엇보다 건육(乾肉)을 대접하는 것이다.

原文 郊特牲하고, 而社稷엔 大牢하며, 天子이 適諸侯이어시든,
諸侯는 膳用犢하고, 諸侯이 適天子이어든, 天子이 賜之禮大牢
니, 貴誠之義也니라. 故로 天子는 牲孕을 弗食也하시며, 祭帝에
弗用也하시니라.
  (교특생 이사직 태뢰 천자 적제후
  제후 선용독 제후 적천자 천자 사지예태뢰
  귀성지의야 고 천자 생잉 불식야 제제 불용야)

大路는 繁纓이 一就요, 先路는 三就요, 次路는 五就며, 郊에
는 血이오, 大饗에는 腥이오, 三獻에는 爓이오, 一獻에는 孰이니,
至敬은 不饗味하고, 而貴氣臭也니라.
  (대로 번영 일취 선로 삼취 차로 오취 교
  혈 대향 성 삼헌 점 일헌 숙
  지경 불향미 이귀기취야)

諸侯이 爲賓이어든, 灌用鬱鬯은, 灌用臭也니, 大饗에는 尙腶
脩而已矣니라.

(제후위빈 관용울창 관용취야 대향 상단
수이이의)

[註解] ㅇ郊(교)─천자가 거행하는 예이며, 동짓날[冬至日] 남교(南郊)에서 하늘을 제사지내는 것을 말한다. 또한 하짓날[夏至日]에 북교에서 땅을 제사지내는 것도 교(郊)이지만, 본문의 끝에 '제제불용(祭帝弗用)'이라고 되어 있는 것으로 추정컨대 제천(祭天)의 경우만을 가리킨 것으로 생각된다. 단 하지의 북교의 제사에도 특생을 바친다. ㅇ特牲(특생)─송아지를 뜻한 말. 특(特)이란 아직 암소를 갖지 않은 수소를 말한 것으로, 인간에 비유하면 총각을 말하므로 요는 송아지이다. 그런데 전편의 〈예기(禮器)〉 중에 제천특생(祭天特牲)이란 구절이 있어, 그곳에서는 어구해석으로서 '특이란 단 하나뿐, 한 마리뿐'이라 말하고 있다. 〈예기편〉에서는 '사용하는 물건의 수가 적은 것을 상급의 예(禮)로 하는 경우'의 예(例)로서 '특생'을 든 것이므로 그곳에서는 '소 한 마리뿐'이라 해석하는 것이 타당할 것이다. 그러나 본 편에서는 '귀성(貴誠 : 순진한 것을 귀중하게 여기는 것)'의 예(例)로 든 특생이며, 더구나 다음 구절에 같은 취지로서 독(犢)을 예로 들고 있으므로 본 편에서는, '독신 소년, 즉 총각'이라 해석하는 것이 타당하다. ㅇ貴誠之義也(귀성지의야)─하늘을 제사지내는 교제(郊祭)와 제후가 천자를 대접하는 데 특생을 사용하는 것은, 송아지는 아직 암수의 정이 없기 때문에 그 순진함을 귀하게 여긴다는 뜻이다. ㅇ灌用鬱鬯(관용울창)─울창을 넣은 술을 땅에 부음. 울창주는 향기가 좋은 술이므로 냄새를 소중히 여기는 것이다. ㅇ大饗(대향)─크게 먹인다는 뜻으로 대향에는 두 가지가 있다. 종묘의 협제(祫祭)를 대향이라 하고, 또 하나는 왕이 제후에게 음식을 대접하는 것이다. ㅇ膴脩(단수)─건육(乾肉), 즉 말린 고기. 포에 생강을 곁들인 것.

제후가 방문해 온 다른 제후를 대접하는 대향(大饗)에 있어서는 주객이 모두 자리를 2중으로 깔아 응대한다. 그러나 제후가 다른 제후로부터의 사자를 접대하여 삼헌(三獻)의 예를 베풀 때는 자기도 자리를 1매만 깔고 응대한다. 이것은 주인의 높음을 낮추어 비자(卑者)의 낮음을 좇는 것으로 이것도 예의 하나이다.

봄에 국군(國君)이 고자(孤子)를 향응할 때 혹은 종묘의 제사 때에
는 음악의 연주가 있는데도, 가을에 국군이 노인을 위로할 때 혹은 종
묘의 제사 때에는 음악을 쓰지 않는다. 이는 음양의 이치에 따른 구별
이다. 즉 술을 마시는 것은 양기(陽氣)를 기르기 위한 것이고, 고기나
밥을 먹는 것은 음기(陰氣)를 기르기 위한 것이다. 그러므로 〔양기가
왕성한〕 봄의 계절의 제례(祭禮)에는 술을 마시고 또 음악을 사용하
여 사람들의 양기를 기르는 것을 촉진하는 것이고, 또 〔음기가 왕성
한〕 가을의 제례에는 술을 먹지 않으며 음악을 연주하지 않고, 음기
를 기르게끔 촉진하는 것이다.

제례에 바치는 정(鼎)과 조(俎)의 총수는 홀수로 하고, 변(籩)과 두
(豆)는 짝수로 하지만 이것도 음양의 이치에 따르고 있다. 변과 두에
담은 내용은 물 또는 흙에서 생기고, 따라서 음성(陰性)의 것이므로
짝수로 하는 것이며, 또한 그들에게 인공의 맛을 가미하여 〔자연의 소
박한 맛을〕 해치는 것은 삼가는 대신 가급적 물건 수를 많이 한다는
취지에 따라 짝수로 하는 것이다. 〔홀수는 적음을 나타내고 짝수는 많
음을 나타낸다〕 또한 정과 조란 주로 육류를 담되 조리도 가해져 있어
서 양성의 것이므로 그 수를 홀수로 하고 또한 소수(少數)란 뜻도 나
타내고 있다. 이와 같이 음과 양의 이치에 따라 사물의 구별을 분명하
게 하는 것이야말로 사람이 신의 마음으로 통하는 길인 것이다.

原文　大饗에는, 君이 三重席而酢焉하시고, 三獻之介에는, 君이
專席而酢焉하시나니, 此는 降尊以就卑也니라.
　　（대향 군 삼중석이초언 삼헌지개 군
　　전석이초언 차 강존이취비야）
　　饗禘에는 有樂하고, 而食嘗에는 無樂하니, 陰陽之義也라. 凡
飲은, 養陽氣也요, 凡食은, 養陰氣也니, 故로 春禘而秋嘗하며,

春饗孤子하며, 秋食耆老는, 其義一也라. 而食嘗에 無樂하니라. 飲은 養陽氣也라. 故로 有樂하고, 食는, 養陰氣也라. 故로 無聲하니, 凡聲은, 陽也니라.

(향약 유악 이식상 무악 음양지의야 범
음 양양기야 범식 양음기야 고 춘체이추상
춘향고자 추식시로 기의일야 이사상 무악
음 양양기야 고 유악 사 양음기야 고 무성
범성 양야)

鼎俎奇, 而籩豆偶는, 陰陽之義也라. 籩豆之實은, 水土之品也니, 不敢用褻味而貴多品은, 所以交於神明之義也니라.

(정조기 이변두우 음양지의야 변두지실 수토지품
야 불감용설미이귀다품 소이교어신명지의야)

註解　○大饗(대향)―성대한 향응(주연을 베풀어 대접하는 것). ○酢(작)―여기서는 수작(酬酢)을 약한 것으로, 서로 술을 따라 상대방에게 권하는 것. ○三獻之介(삼헌지개)―삼헌(三獻)에는 두 가지의 뜻이 있으나 여기서는 내빙한 제후의 경(卿)을 대접하는 예를 말한다. 개(介)는 부빈(副賓)을 말하며, 경의 부빈은 대부이다. 또 하나는 사직의 제사를 삼헌이라고 한다. ○專席(전석)―신분이 대부이면 자리를 2매 까는 것이 예이지만, 만일 경(卿)의 개(介)로 있을 경우라면 임시로 자리 1매를 깐다. 그러나 상대 나라의 군주는 이 개에 대해 겸손해하며 자기도 자리를 전(專 : 1매)으로 한다는 것. ○饗禴(향약)―향체(饗禘)로 적고 있는 책도 있으나 향약의 잘못이라고 한다. 향(饗)은 봄에 나랏일로 죽은 사람의 자손에게 베푸는 향례(饗禮). 약(禴)은 봄에 종묘에 지내는 제사. ○食嘗(사상)―사(食)는 가을에 나라의 기로(耆老)들에게 밥을 주로 한 음식을 대접하는 것이고, 상(嘗)은 가을의 종묘제사. ○鼎俎奇而籩豆偶(정조기이변두우)―정(鼎)은 1정(一鼎)에서 9정(九鼎)에 이르기까지 모두 기수(奇數)이다. 10정(十鼎)은 배정(陪鼎)이 셋이고 정정(正鼎)이 일곱이며, 12정은 배정이 셋이고 정정이 아홉이니 역시 모두 기수이다. 조(俎)는 정

하나 조 하나씩이므로 조도 또한 기수이다. 조는 도마이고, 변(籩)은 대
나무로 만든 제기(祭器)이고, 두(豆)는 나무로 만든 제기이므로 모두 과
일·채소 등을 담는다. 그런데 그 변두의 수는 우수로 한다고 한다. 그것
은 정조에 담는 것은 하늘이 낳은 사물을 주로 하고, 변두에 담는 것은
땅에서 나는 것을 주로 한다. 하늘은 양(陽)이므로 양은 기수이고, 땅은
음(陰)이므로 음은 우수이다. ○不敢(불감)－특히 인공의 맛을 가하지 않
고 자연의 맛을 신 앞에 바친다는 뜻. ○褻味(설미)－인공으로 요리하는
것은 자연의 맛을 그르쳐서, 자연의 맛을 손상시키는 것이 된다는 뜻. ○神
明(신명)－원본에는 단명(旦明)으로 되어 있는데 신명(神明)의 잘못이라
고 하여 신명으로 고쳤다.

제후가 천자의 주연에 초대되었을 때에는, 먼저 객〔제후〕이 묘당
(廟堂)의 문을 들어서면 사하(肆夏)의 곡이 연주된다. 이 곡은 이 주
연의 예가 화기(和氣)에 넘친 엄숙한 기분이 포함되어 있음을 표현하
고 있으며 객이 뜰로 올라와 천자로부터 술잔을 받아 마시고 반배를
하는 것으로 끝난다. 공자는 이 의식이 정말 잘 만들어졌다고 감탄하
고 있다. 그런데 천자는 다시 객에게 술을 권하고 객이 이것을 받아
일정한 자리에 놓으면 악인(樂人)이 당상으로 올라가 노래를 부르는
데 〔그 내용은〕 객의 공덕을 발양하는 취지의 것이다. 그리고 이후
당상에는 노래하는 사람들이 있고 당하에는 피리를 부는 사람들이 있
어서 향연(饗宴)에 반주하는데, 이는 사람의 목소리를 귀중하게 여기
기 때문이다. 일반적으로 음악은 양(陽)에서 생긴 것이고, 예의는 음
에서 생긴 것으로 〔예와 악이 동반되는 것은〕 음양이 화합해서 만물
이 모두 편안함을 뜻하고 있다.

제후가 천자에게 가서 뜰에 공물(貢物)을 진열하는 것은, 각기 그
나라에 적합한 산물을 헌상하면 되는 것으로 특정된 지방의 산물에
한정된 것은 아니다. 각 풍토에 따라 산물의 종류가 다르고 주(周)나
라 서울과 원근에 따라서도 공물은 자연히 다른 것이다. 그리고 이외

진열에 있어 귀갑(龜甲)이 항상 앞줄에 놓이는 것은 그의 영험함을 존중하는 까닭이며, 금종(金鐘)을 두 번째 줄에 놓는 것은 조화(調和)의 덕을 중히 여기기 때문이다. 또 호랑이나 표범의 가죽을 진열하는 것은 맹위(猛威)를 중히 여기기 때문이다. 명주를 묶은 폐백에다 구슬〔璧〕을 첨가하는 것은 덕이 있는 군자에게 가서 올리는 것임을 의미하는 것이다.

原文 賓入大門而奏肆夏는, 示易以敬也라. 卒爵而樂闋하나니, 孔子이 屢歎之하시다. 奠酬而工升歌는, 發德也라. 歌者이 在上하고, 匏竹이 在下는, 貴人聲也라. 樂由陽來者也요, 禮由陰作者也니, 陰陽이 和而萬物이 得이니라.

   (빈입대문이주사하 시이이경야 졸작이악결
   공자누탄지 전수이공승가 발덕야 가자 재상
   포죽 재하 귀인성야 악유양래자야 예유음작
   자야 음양 화이만물 득)

   旅幣無方은, 所以別土地之宜하며 而節遠邇之期也요, 龜爲前列은, 先知也요, 以鐘次之는, 以和居參之也요, 虎豹之皮는, 示服猛也요, 束帛加璧은, 往德也니라.

   (여폐무방 소이별토지지의 이절원이지기야 귀위전
   열 선지야 이종차지 이화거참지야 호표지피 시
   복맹야 속백가벽 왕덕야)

註解 ○肆夏(사하)-객을 송영(送迎)하는 데 사용하는 악곡(樂曲). ○示易以敬也(시이이경야)-화순하고 안이(安易)한 가운데 엄경(嚴敬)의 예절이 있음을 보이는 것. ○奠酬(전수)-객이 주인으로부터 받은 술잔을 예법상의 정위치〔좌석 위의 동쪽〕에 일단 놓았다가 다시 들어서 마시는데, 그 일단 놓았을 때 악인(樂人)이 노래하기 시작한다. ○工升歌(공승가) 發德也(발덕야)-악인이 마루 위에 올라와 노래하는 것은, 주인과 객의 덕을 발양(發揚)하는 뜻이다. ○匏竹(포죽)-피리. ○旅幣無方(여폐무

방)-수많은 선물이나 공물(貢物)은 한 지방에 한정된 것이 아니라는 말. 여(旅)는 진(陳)과 같으므로 진열한다는 뜻. ㅇ以鐘次之(이종차지)-물품을 진열하는 순서에 있어서 제일 먼저 귀갑(龜甲)을 진열하고, 그 다음에 종을 진열한다는 말. ㅇ以和居參之也(이화거참지야)-쇠가 뜰 가득히 진열된 공물 사이에 참여해 있으므로써 조화를 이루고 있다는 말. ㅇ虎豹之皮(호표지피) 示服猛也(시복맹야)-법과 표범의 가죽을 진열한 것은 사나운 것이 복종한다는 것을 보인 것이란 뜻. ㅇ束帛加璧(속백가벽) 往德也(왕덕야)-군자(君子)의 덕은 옥(玉)에 비유된다. 제후가 천자에게 속백(束帛)의 폐백을 올릴 때에는 규벽(圭璧)을 곁들인다. 그것은 폐백을 갖고 유덕(有德)한 사람에게 가서 바친다는 뜻이다.

밤에 궁중으로 사람을 맞이할 때에는 뜰에 백 개의 횃불을 사용하는 것이 원래 천자의 예이지만 지금은 제후도 사용한다. 이는 제(齊)나라의 환공(桓公)에서부터 시작되었다. 또 객을 송영(送迎)할 때 사하(肆夏)의 악곡을 연주하는 것은 제후의 예이지만, 지금은 대부도 그것을 연주한다. 이는 진(晉)나라의 조문자(趙文子)로부터 시작되었다. 제후가 조근(朝覲)할 때 수행한 대부(大夫)가, 사사로이 자기의 예물을 갖고 그 나라의 군주를 뵙는 것은 예가 아니다. 그러나 대부가 자기 나라 국군(國君)의 명규(命圭)를 갖고 전사(專使)로 갔을 때에는, 사사로이 폐백을 갖고 그 나라의 주군을 만나볼 수 있다. 그것은 자기의 성신(誠信)함을 거듭 보이기 위한 것이다. 감히 사사로 뵙지 않는 것은 자기 나라 임금을 공경하기 때문이다. 그러므로 폐백을 바치고 사사로이 뵙는 일을 어찌 남의 나라인 제후의 뜰에서 할 수 있겠는가? 남의 신하된 자에게 외교하는 일이 없는 것은, 감히 다른 나라 임금에게 두 가지 마음을 가질 수 없기 때문에 그렇다. [그러므로 국군을 수행한 제후가 다른 나라 군주에게 접근하는 행동은 삼가고 피해야 하는 것이다.]

대부로서 국군에게 향연(饗宴)을 베푸는 것은, 신하가 임금을 부르는 것이 되므로 예가 아니다. 대부가 강성하면 국군이 죽이는 것은, 대의(大義)로써 처단하는 것이다. 이러한 일은 노(魯)나라의 삼환(三桓)으로부터 시작되었다. 천자를 빈객으로 대우하는 예가 없는 것은 천자는 지존(至尊)이므로 감히 그에게 주인될 사람이 없기 때문이다. 임금이 신하에게 갔을 때 주인이 승강(升降)하는 동계(東階)로 올라가는 것은, 주인인 신하가 감히 자신의 실(室)을 사유(私有)로 하여 주인 노릇을 할 수 없기 때문이다. 조근(朝覲)의 예에는 천자가 마루에서 내려가 제후를 보는 것은 천자의 실례(失禮)이다. 이러한 실례는 이왕(夷王)으로부터 시작된 일이다.

原文 庭燎之百은, 由齊桓公으로 始也니라. 大夫之奏肆夏也는, 由趙文子로 始也니라. 朝覲에, 大夫之私覿이, 非禮也니, 大夫이 執圭而使는, 所以申信也요, 不敢私覿은, 所以致敬也니, 而庭實私覿을, 何爲乎諸侯之庭이리오. 爲人臣者이 無外交는, 不敢貳君也니라.

(정료지백 유제환공 시야 대부지주사하야
유조문자 시야 조근 대부지사적 비례야 대
부 집규이사 소이신신야 불감사적 소이치경야
이정실사적 하위호제후지정 위인신자 무외교
불감이군야)

大夫而饗君이, 非禮也요, 大夫이 強이어든 而君이 殺之는, 義也니, 由三桓으로 始也니라. 天子를 無客禮는, 莫敢爲主焉이며, 君適其臣하사, 升自阼階는, 不敢有其室也라. 覲禮에 天子이 不下堂而見諸侯하나니라. 下堂而見諸侯는, 天子之失禮也니, 由夷王으로 以下니라.

(대부이향군 비례야 대부 강 이군 살지 의
야 유삼환 시야 천자 무객례 막감위주언

군적기신 승자조계 불감유기실야 근례 천자 불
하당이견제후 하당이견제후 천자지실례야 유이왕 이하)

註解 ○庭燎之百(정료지백) 由齊桓公始也(유제환공시야) – 요(燎)는 횃
불로 천자는 백 개, 상공(上公)은 50개, 후백자남(侯伯子男)은 각각 30개
이다. 그런데 지금은 제후의 나라에서도 모두 백 개를 켜고 있는데 이는
제(齊)나라의 환공(桓公)에서부터 시작된 것이라는 말. ○大夫之奏肆夏
也(대부지주사하야) – 대사례(大射禮)에는 공(公)이 올라와 자리에 나아가
면 사하(肆夏)의 악장(樂章)을 연주하고, 연례(燕禮)에는 내빈(來賓)이
뜰에 들어오면 사하의 악곡을 연주한다. 이는 제후의 예이다. 그런데 지
금은 대부들도 그러한 일을 하고 있는데 이는 진(晉)나라의 조무(趙武)에
게서부터 시작된 것이다. ○朝覲(조근) 大夫之私覿(대부지사적) 非禮也
(비례야) – 제후의 조근(朝覲)에 수행한 대부는 사사로이 자기의 예물을
갖고 주군(主君)에게 뵈옵는 것은 예가 아니란 말. 대부는 오직 자기 나
라 국군에게 수행하는 것이 임무일 뿐이니, 감히 다른 나라 임금에게 자
신을 내세워 사사로 만나볼 수 없다는 것이다. ○大夫執圭而使(대부집규
이사) 所以申信也(소이신신야) – 집규(執圭)는, 대부가 자기 나라 국군의
명규(命圭)를 갖고 사신으로 갔을 경우에는 자기의 예물을 갖고 주군(主
君)을 사사로이 찾아뵐 수 있다. 그것은 자기의 성신(誠信)함을 거듭 보
이기 위한 것이다. ○不敢貳君也(불감이군야) – 감히 다른 나라 임금에게
두 가지 마음을 갖지 못한다는 말. ○大夫强而君殺之(대부강이군살지)
義也(의야) 由三桓始也(유삼환시야) – 대부가 강성하면 횡포참역(橫暴僭
逆)하여 반드시 나라를 어지럽게 만들 것이므로 임금이 그를 죽이는 것
은 대의(大義)로운 일이며, 이러한 사례는 삼환(三桓)으로부터 시작된 것
이라는 말. 삼환은 노(魯)나라의 삼가(三家)로 모두 환공(桓公)의 후예이
다. ○不敢有其室(불감유기실) – 천자가 제후의 나라에 갔을 때에 제후는
감히 거실(居室)을 자기의 소유라고 하며 천자를 객으로 대우하지 못한
다는 말. 그러므로 천자가 제후의 나라에 가면 주인이 오르내리는 조계
(阼階)로 오르내린다. ○天子不下堂見諸侯(천자불하당견제후) – 근례(覲
禮)에는 천자가 남면(南面)하고 있으면 제후가 옥(玉)을 갖고 들어와 뵙

는다. 그때 천자는 마루 아래에 내려가지 않는다는 말. ○夷王(이왕)－주(周)나라 제9대 천자. ○三桓(삼환)－노(魯)나라 환공(桓公)의 세 아들들의 자손이며, 중손(仲孫 : 孟)씨, 숙손(叔孫)씨, 계손(季孫)씨라 칭한다. 3대 호족이 되어 공실(公室)을 욕되게 하였다.

제후가 제례(祭禮)에 묘당(廟堂)의 사면에 악기를 매달고 백모(白牡)를 희생으로 바치며, 옥경(玉磬)을 치고 붉은 칠에 금 장식을 한 방패를 가지며, 면복(冕服)을 입고, 대무(大武)의 춤을 추며 대로(大路)를 타는 것은 제후의 참례(僭禮)이다. 또 집에 대문(臺門)을 만들고 문전의 길에 나무를 심어 울타리를 만들며, 중의(中衣) 깃에 검은 빛으로 도끼무늬를 수놓고 중의 끝에 붉은 선을 두르는 것은 대부의 참례(僭禮)이다. 그러므로 천자가 쇠미(衰微)하면 제후가 참람(僭濫)하게 되고, 대부가 강성하면 제후는 위협을 받는다. 그렇게 되면 여기에서 서로 등렬(等列)을 존귀하게 높이고 재화(財貨)를 갖고 서로 뵙고 뇌물로써 서로의 사리(私利)를 꾀하게 된다. 그리하여 천하의 예(禮)가 문란하게 된다.

제후는 감히 선조인 천자를 종묘에 제사지내지 못하며, 대부는 감히 선조인 국군을 가묘(家廟)에 제사하지 못하는 풍습이다. 즉 대부가 선조인 군공(君公)의 묘를 집에 설치하는 것은 예가 아니다. 그러한 비례의 일은 삼환(三桓)으로부터 시작되었다.

[原文] 諸侯之宮縣에, 而祭以白牡하며, 擊玉磬하며, 朱干設錫하며, 冕而舞大武하며, 乘大路는, 諸侯之僭禮也니라. 臺門而旅樹하고 反坫하며, 繡黼丹朱中衣는, 大夫之僭禮也니라. 故로 天子이 微하여 諸侯이 僭하고 大夫이 强하여 諸侯이 脅하나니, 於此에 相貴以等하며, 相覿以貨하며, 相賂以利하여, 而天下之禮亂矣니라.

(제후지궁현 이제이백모 격옥경 주간설양

면이무대무 승대로 제후지참례야 대문이여수
반점 수보단주중의 대부지참례야 고 천자
미 제후 참 대부 강 제후 협 어차 상
귀이등 상적이화 상뢰이리 이천하지례란의)

諸侯이 **不敢祖天子**하며, **大夫**이 **不敢祖諸侯**하나니, **而公廟之**
設於私家이, **非禮也**니, **由三桓**으로 **始也**니라.

(제후 불감조천자 대부 불감조제후 이공묘지
설어사가 비례야 유삼환 시야)

註解 ㅇ宮縣(궁현)－당(堂)의 사면에 악기를 매다는 것으로 천자의 주
악. 제후는 헌현(軒懸)으로 3면에만 현가(懸架)를 벌려놓고 한쪽 면은 비
워 놓는다. ㅇ祭以白牡(제이백모)－제사의 생(牲)에는 흰빛 황소를 사용
한다는 말. 이는 은조(殷朝)의 예이며 주조(周朝)로 전해졌다. ㅇ擊玉磬
(격옥경)－옥경은 천자의 악기. 제후는 석경(石磬)을 사용해야 하는 것이
다. ㅇ設錫(설양)－금속제의 장식을 붙이는 것. ㅇ大武(대무)－주(周)나라
의 무왕(武王)이 제정했다고 전해지는 무악(舞樂)의 곡명(曲名). ㅇ大路
(대로)－큰 수레이며 은나라 때 천자가 하늘에 제사할 때에 타는 수레.
ㅇ旅樹(여수)－많은 나무를 심어서 만든 눈가림 울타리. ㅇ反坫(반점)－
제후의 주연(酒宴)에 사용되는 기구 이름. 헌수(獻酬)를 끝내고, 술잔을
되돌려 놓는 대(臺). ㅇ繡黼(수보)－검고 흰빛으로 도끼 무늬를 수놓은
것. 제후의 예. ㅇ丹朱中衣(단주중의)－중의(中衣)를 붉게 수놓은 것. 중
의는 조복(朝服)과 제복(祭服)의 속옷으로 이는 제후의 예(禮)이다. ㅇ相
貴以等(상귀이등)－서로 천자의 허가 없이 신분의 등급을 높여 복장이나
조도품(調度品) 등에 관한 규정을 무시하는 것. ㅇ不敢祖天子(불감조천
자)－천자의 자손인 제후도 그 선조가 되는 천자를 제사하는 것은 삼간
다. 천자를 제사지내는 것은 직계의 자손인 천자만이 한다. ㅇ由三桓始也
(유삼환시야)－노(魯)나라의 삼가(三家)로부터 시작했다는 말. 즉 노나라
의 삼가가 환공(桓公)의 사당을 세운 것을 말한다.

천자가 전왕 2대 왕조의 후예를 제후로 하여 혈통을 보존하는 것

은, 상고의 어진 왕의 혈통을 존중하기 때문이다. 이것은 2대에 한한 일이다.

제후는 나라를 잃고 타국에 와서 우거(寓居)하고 있는 다른 나라의 제후를 신하로 대우하지 않는다. 〔그러나 그가 죽은 뒤에는 그 자손은 신하로 한다〕 그러므로 나라를 잃고 남의 나라에 우거하는 제후는 〔그 임금이란 신분으로〕 대를 잇지 않는다.

임금이 남향(南向)하는 것은 하늘에 보답하는 것이고, 신하가 북면하는 것은 임금께 보답하는 것이다. 대부의 가신(家臣)은 대부에게 머리를 조아리지 않는다. 그것은 가신을 높이는 것이 아니고, 임금에게 대해 행하는 계수(稽首)의 예를 대부에게 하는 것을 피하기 때문이다.

대부가 임금에게 바칠 것이 있을 때는 친히 바치지 않으며, 임금이 하사하는 것이 있어도 대부가 친히 임금 앞에 나가 절하지 않는다. 임금이 자기에게 번거로운 답례를 해야 하기 때문이다.

향인(鄕人)이 귀신을 쫓아내는 푸닥거리를 하고 있을 때 공자(孔子)는 조복 차림으로 조계(阼階)에 서 있었다. 그것은 묘(廟) 안의 신(神)이 놀랄 것을 두려워하여 신이 자신에게 의지하여 편안하게 하기 위함이었다.

原文 天子이 存二代之後는, 猶尊賢也니, 尊賢이 不過二代하니라.
(천자 존이대지후 유존현야 존현 불과이대)

諸侯는 不臣寓公하나니, 故로 古者에 寓公이 不繼世하나니라.
(제후 불신우공 고 고자 우공 불계세)

君之南鄕은, 答陽之義也요, 臣之北面은 答君也니라.
(군지남향 답양지의야 신지북면 답군야)

大夫之臣에 不稽首는, 非尊家臣이라, 以辟君也니라.
(대부지신 불계수 비존가신 이피군야)

大夫이 有獻이어든, 弗親하며, 君이 有賜어시든, 不面拜는, 爲君之答己也니라.

(대부 유헌 불친 군 유사 불면배 위

군지답기야)

鄕人이 禓이어든, 孔子이 朝服하사 立于阼는, 存室神也니라.

(향인 양 공자 조복 입우조 존실신야)

註解 ○尊賢(존현)-2대(二代)의 왕조에는 각각 몇 사람인가의 현왕(賢王)이 있었으므로, 그것을 존경하여 자손을 우대하는 것이란 뜻. ○寓公(우공)-나라를 잃고 다른 제후에게 몸을 의탁하고 있는 사람. 망국(亡國)의 임금. ○不繼世(불계세)-아들은 기우(寄寓)하고 있는 나라에서 신하가 되므로, 아버지의 뒤를 계승하지 못한다는 말. ○君之南鄕(군지남향) 答陽之義也(답양지의야)-임금이 남향하는 것은 천도(天道)가 남방에 내리는 것이므로, 남향하여 하늘에 보답하는 것이란 뜻. 양(陽)은 하늘. ○稽首(계수)-머리를 깊이 숙여 조아리는 것. ○禓(양)-귀신을 쫓아내는 푸닥거리. ○存室神(존실신)-묘(廟) 안의 신이 자신에게 의존하게 한다는 말. 푸닥거리에 묘 안의 신이 놀랄 것을 두려워하여 조복 차림으로 조계(阼階), 즉 동계(東階)에 서있음으로써 신을 편안하게 하는 것이다.

공자가 말씀하였다. "활을 쏘면서 음악을 들으면 음악의 음절을 바로 들을 수 있으며, 또 어떻게 실수 없이 활을 쏠 수 있겠는가."〔참 어려운 일이로구나〕

공자가 말씀하였다. "사(士)에게 활을 쏘라고 한 때에 사가 활을 쏠 줄 모르면〔활을 쏠 줄 모른다고 말하며 사양하지 말고〕병들어서 쏘지 못한다고 사피(辭避)한다.〔그것은 사내아이를 처음 낳았을 때에 문 왼편에〕나무활을 걸어주는 것과 같은 뜻이다."〔갓난애가 활을 쏠 줄 모르나 오히려 활을 걸어두는 것처럼 비록 쏠 줄 모르더라도 모른다고 하지 말고 병을 핑계한다는 뜻이다〕

공자가 말씀하였다. "제사 전에 3일간 재계하고 다음 하루에 성의를 다하여 제사를 지내지만 그것으로도 공경하는 마음이 부족하지 않을까 두려웠다. 그런데도 근래에는 3일의 재계 중 2일은 북을 치는 자 조차 있다. 어찌 그럴 수가 있겠는가".

공자가 말씀하였다. "[당상(堂上)에 시동씨를 영접하는 일은 묘문(廟門) 밖 서쪽 마루에서 해야 할 것인데] 지금은 고문(庫門) 안에서 하고, 팽제(祊祭)는 [묘문 밖 서실(西室)에서 거행해야 할 것인데] 요즘에는 묘문 밖 동쪽에서 거행하며, 아침 시장은 [시내의 동쪽 가까운 곳에서 개설해야 할 것인데] 지금은 시내의 서쪽에서 개설한다. 근래의 이러한 방법은 모두 잘못된 일이다."

原文　孔子이 曰, 射之以樂也는, 何以聽이며, 何以射오.
（공자 왈 사지이악야 하이청 하이사）

孔子이 曰, 士使之射할새, 不能이어든 則辭以疾하나니, 縣弧之義也니라.
（공자 왈 사사지사 불능 즉사이질 현호지의야）

孔子이 曰, 三日齊하여, 一日用之라도, 猶恐不敬이니, 二日伐鼓는, 何居오.
（공자 왈 삼일제 일일용지 유공불경 이일벌고 하거）

孔子이 曰, 繹之於庫門內하며, 祊之於東方하며, 朝市之於西方하니, 失之矣니라.
（공자 왈 역지어고문내 팽지어동방 조시지어서
방 실지의）

註解　o射之(사지)－단순한 활쏘기만을 겨루는 것이 아니라 동작에 예의가 정해진 당시의 궁술 시합을 말한다. 일종의 스포츠이지만 의식이기도 하였다. o辭以疾(사이질) 縣弧之義也(현호지의야)－사(士)에게 활을 쏘라고 했을 때 사가 활을 쏠 줄 모르더라도, 쏠 줄 모른다고 말하지 않고 병들었다고 핑계한다. 그것은 사로서 모른다고 할 수 없기 때문이다. 그것은 사내아이가 처음 출생하면 문 왼편에 나무활을 걸어 두는 것과 같다. 갓난아이가 비록 활을 쏠 줄 모르나 소질은 있다고 하는 일과 사가 활을 쏠 줄 모른다고 하지 않는 것과 같은 뜻이라는 말. ㅇ二日伐鼓(이일 벌고)—《공자가어(孔子家語)》에 따르면, 이 공자의 말은 계환자(季桓子) 가 재계중에 북을 친 일에 관련된 것으로서 사실인지는 분명치 않으며, 다만 당시의 재계가 형식에 흐르고 있는 데 대한 식자의 비판일 것이다. ㅇ何居(하거)—무슨 까닭인가, 또는 어찌 하려는 것인가란 뜻. 거(居)는 어조사(語助辭)로 뜻이 없다. ㅇ繹(역)—제사한 다음날 또 제사하는 것. 즉 역은 시동씨(尸童氏)를 묘문(廟門) 밖 서쪽 마루 위에 영접(迎接)하 는 것. ㅇ祊(팽)—실내에서 신을 찾는 제사. 신(神)이 여기 있는가 저기 있는가 하여 신의 흠향(歆饗)을 바라는 행사.

사(社)는 국토의 신을 제사하고 따라서 음기(陰氣)를 제사지내는 것이 된다. 그래서 임금이 사의 제사에 있어서 사전(社殿)의 북쪽 벽 아래에 남쪽을 향해 서는 것은 음기에 대한 예법이다. 그리고 사의 제사에 갑(甲)의 날을 사용하는 것은 〔십간(十干)의〕 최초의 날을 취 한 것이다. 천자의 대사(大社)는 사전에 지붕을 덮지 않고, 서리·이 슬·바람·비가 직접 맞게 하는 것은 하늘과 땅의 기운이 서로 통달 하게 하기 위한 것이다. 그런 까닭에 망국(亡國)의 사(社)에는 지붕을 만들어 하늘의 양기(陽氣)를 직접 받지 않도록 하고 있다. 〔주(周)나 라 서울 지역에 옛날 있던 나라인〕 박(薄:亳)의 사는 신전(神殿)의 북쪽에 창문을 만들어 음기를 강하게 받아들이도록 되어 있었다.

사의 제사는 땅을 신성한 것으로서 공경하는 방법이다. 땅은 만물 을 싣고, 하늘은 해와 별을 매달며, 사람은 땅에서 자재를 취하고 하늘에서 법칙을 배운다. 그런 까닭에 사람은 하늘을 존경하고 땅에 친애하며, 성왕(聖王)은 백성을 가르쳐 아름다운 예의로써 천지의 은 혜에 보답케 하는 것이다. 집의 중심은 중류(中霤)이고 나라의 중심은 사(社)이지만, 그것은 존재의 근본을 존중해야 한다는 것을 가르치고 있다. 그런 까닭에 사의 제사에는 한 마을 사람이 모두 나와 제사를 돕고, 사를 위한 사냥에는 온 나라 사람들이 모두 나가서 돕는다. 오직 사의 제사를 위해서만 구승(丘乘)에서 자성(粢盛)을 공급한다. 그것은 보본반시(報本反始)를 위한 것이다.

原文 社는 祭土而主陰氣也니, 君이 南鄉於北墉下는, 答陰之義也요, 日用甲은, 用日之始也니라. 天子大社에, 必受霜露風雨는, 以達天地之氣也니, 是故로 喪國之社를 屋之는, 不受天陽也요, 薄社를 北墉는, 使陰明也니라.

(사 제토이주음기야 군 남향어북용하 답음지
의야 일용갑 용일지시야 천자대사 필수상로풍우
이달천지지기야 시고 상국지사 옥지 불수천양야
박사 북유 사음명야)

社는 所以神地之道也니, 地載萬物하고, 天垂象이어든, 取財於地하고, 取法於天하나니, 是以로 尊天而親地也니라. 故로 敎民美報焉이니, 家主中霤하고, 而國主社니, 示本也니라. 唯爲社事하여, 單出里하며, 唯爲社田하여, 國人이 畢作하며, 唯社에 丘乘이 供粢盛하나니, 所以報本反始也니라.

(사 소이신지지도야 지재만물 천수상 취재
어지 취법어천 시이 존천이친지야 고 교
민미보언 가주중류 이국주사 시본야 유위사
사 단출리 유위사전 국인 필작 유사 구
승 공자성 소이보본반시야)

註解 ㅇ社祭土而主陰氣也(사제토이주음기야)—사(社)라는 것은 토지의 신을 제사하고 음기(陰氣)를 주관하는 것이라는 말. ㅇ日用甲(일용갑) 用日之始也(용일지시야)—사(社)의 제삿날을 갑일(甲日)로 하는 것은 갑

(甲)은 10간(干)의 첫째로서 일진(日辰)의 시초이기 때문이란 말. ○大社 (대사) ─ 왕사(王社)를 말한 것으로, 즉 천자 나라의 사(社)이다. ○喪國之 社(상국지사) ─ 망국(亡國)의 사(社). ○薄社(박사) ─ 박(薄)은 박(毫)과 같 은 음. 주(周)나라의 국도 부근에 있던 고대의 나라로 그 사(社)는 주나 라의 천자가 제사지냈다. ○垂象(수상) ─ 상(象)은 천상(天象)으로 일월성 신(日月星辰)을 말한다. ○唯爲社事(유위사사) 單出里(단출리) ─ 사(社)의 제사를 위하여 한 마을의 사람들이 한 집에 한 사람씩 모두 나온다는 말. 사사(社事)는 사(社)의 제사. 단(單)은 진(盡)과 같으므로 모두란 뜻. 1리 (里)는 25가(家)를 말한다. ○丘乘供粢盛(구승공자성) ─ 구승(丘乘)으로 하여금 사(社)의 제사에 쓸 자성(粢盛)을 공급하게 한다는 말. 토지제도 인 정전법(井田法)에 따르면, 9부(夫)가 1정(井)이 되고, 4정이 1읍(邑) 이 되고, 4읍이 1구(丘)가 되고, 4구가 1승(乘)이 된다. 자성(粢盛)은 직 (稷)을 명자(明粢)라 하고, 그릇에 담는 것을 성(盛)이라고 한다.

계춘(季春 : 3월)에는 들을 불태우는데 이는 잡초를 태워서 사냥을 하고 군대의 연습(演習)을 하기 위함이다. 즉 들을 불태운 후 병거(兵 車)나 무기의 검사를 하고 부대 성원(成員)의 수를 확인한다. 그리고 임금이 친히 사(社 : 국토의 신)에 선서하고 나라의 복리를 빌며 전투 훈련을 행한다. 즉 대열을 좌로 향하고, 우로 향하고 대원을 앉히고, 또 세우며 여러모로 움직여보아서 상황의 변화에 응하는 방법을 가르 치고 그 상태를 시찰하는 것이다. 또 이 연습장[수렵장]에서 짐승의 수렵을 겨루게 하여 군의 명령이나 규율이 지켜지고 있는 상태를 시 찰한다. 이것은 수렵에 의해 사병의 마음을 잘 가다듬으려는 것으로, 사냥에 목적이 있는 것이 아니다. 이리하여 연습이 잘 되면 이윽고 싸워 이기고 신에게 제사지내면 복리를 얻게 되는 것이다.

原文 季春에 出火는, 爲焚也니, 然後에 簡其車賦, 而歷其卒 伍하고, 而君이 親誓社하여, 以習軍旅하되, 左之右之하며, 坐之

起之하여, 以觀其習變也하고, 而流示之禽하여, 而鹽諸利하여, 以觀其不犯命也니, 求服其志하여, 不貪其得이라. 故로 以戰則 克이오, 以祭則受福이니라.

(계춘 출화 위분야 연후 간기거부 이역기졸
오 이군 친서사 이습군려 좌지우지 좌지
기지 이관기습변야 이유시지금 이염저리
이관기불범명야 구복기지 불탐기득 고 이전즉
극 이제즉수복)

[註解] ㅇ季春出火(계춘출화)－계춘(季春)은 음력 3월이니, 건진(建辰)의 달이다. 이 달에는 대화심성(大火心星)이 황혼의 남방(南方)에 보인다. 그러므로 이 달에 불을 질러 잡초를 태워버리는 것이다. ㅇ簡其車賦(간기거부)－간(簡)은 검열(檢閱)하는 것. 거(車)는 병거(兵車), 부(賦)는 병기(兵器)이므로, 즉 병거와 병기를 검열하는 것. ㅇ歷其卒伍(역기졸오)－5명을 오(伍), 백명을 졸(卒)이라고 한다. 요는 부대 또는 그 성원(成員)을 가리킨다. 역(歷)은 헤아린다는 말. ㅇ軍旅(군려)－5백명을 여(旅), 1만 2천5백명을 군(軍)으로 한다. 요는 군대 혹은 전쟁을 가리킨다. ㅇ流示之禽(유시지금) 而鹽諸利(이염저리)－사냥에서 짐승을 몰아 쫓아갈 때에는 어지럽게 유동(流動)하는 금수(禽獸)를 보여주어 이(利)를 얻고자 선망(羨望)하게 한다는 말.

천자가 순수(巡狩)하여 사방(四方)에 가면 먼저 땔나무를 태워 하늘에 제사지낸다.

교제(郊祭)는 긴 날이 이르는 것을 맞이하는 제사로 하늘의 은혜에 깊이 감사하고, 해〔태양〕를 존중하는 마음을 나타낸다. 이 교제에서 제단(祭壇)을 남교(南郊)에 설치하는 것은 양(陽)의 방위(方位)를 취한 것이다. 자리를 깔지 않고 그곳을 쓸기만 하고 그곳에서 제사지내는 것은 검소함을 존중하기 때문이다. 제기(祭器)로 질그릇과 바가지를 사용하는 것은 천지의 본성인 질박함을 상징한 것이다. 또한 교제

(郊祭)라 칭하는 것은 서울의 근교, 즉 들에서 제사하기 때문이고, 그 희생에 붉은 소를 사용하는 것은 빨강을 숭상하기 때문이며, 송아지를 사용하는 것은 순수함을 소중히 여기기 때문이다. 제삿날에 신일(辛日)을 사용하는 것은, 주(周)나라의 왕실에서 처음으로 교제(郊祭)를 거행한 것이 동짓날이었기 때문으로, 그로 인하여 이후부터는 신(辛)의 날에 제사지내게 되었다.

교제의 날짜를 점칠 때는 반드시 종묘에 고하고 아버지의 묘에서 귀복(龜卜)하는데, 이것은 조상과 아버지의 영혼을 기쁘게 하고 또한 친밀한 마음을 나타내는 것이다. 또 이 점을 치는 날에 왕이 택궁(澤宮 : 대학)에 서서 친히 점쟁이의 말을 듣는 것은 〔점쟁이를 통해서 신령의〕 교훈이나 조언을 받으려는 것이다.

原文 天子이 適四方하사, 先柴하시나니라.
　　(천자 적사방 선시)

郊之祭也는, 迎長日之至也니라. 大報天而主日也요, 兆於南郊는, 就陽位也요, 掃地而祭는, 於其質也요, 器用陶匏는, 以象天地之性也니라. 於郊라. 故로 謂之郊니, 牲用騂은, 尚赤也요, 用犢은, 貴誠也니, 郊之用辛也는, 周之始郊에, 日以至니라.
　　(교지제야 영장일지지야 대보천이주일야 조어남
　　교 취양위야 소지이제 어기질야 기용도포 이상
　　천지지성야 어교 고 위지교 생용성 상적야
　　용독 귀성야 교지용신야 주지시교 일이지)

卜郊하되, 受命于祖廟하며, 作龜禰於宮은, 尊祖親考之義也니라. 卜之日에, 王이 立于澤하사, 親聽誓命은, 受敎諫之義也니라.
　　(복교 수명우조묘 작귀녜어궁 존조친고지의야
　　복지일 왕 입우택 친청서명 수교간지의야)

註解 ○天子適四方(천자적사방)－천자가 천하의 동서남북 사방의 모든

제후의 나라를 순수(巡狩)한다는 말. 적(適)은 간다는 말. 사방은 동악(東嶽)·서악·남악·북악 등을 일컫는 말. ㅇ先柴(선시)─천자가 사방 동서 남북에 이르면 먼저 시제(柴祭)를 거행한다. 시제는 땔나무를 불태워 하늘에 고(告)하는 제사이다. 나무를 쌓고 그 위에 희생을 올려 놓은 뒤에 나무에 불을 지른다고 한다. ㅇ郊之祭也(교지제야) 迎長日之至也(영장일지지야)─교제(郊祭)는 긴 날이 이른 것을 맞이하는 제사란 말. ㅇ兆於南郊(조어남교) 就陽位也(취양위야)─남쪽 들에 제단(祭壇)을 마련하는 것은, 양(陽)의 위치에 나아가는 것이란 말. 조(兆)는 교제의 제단. 남은 양에 속하는 방위(方位). 하늘은 양이므로 양의 위치에 제단을 마련하여 제사하는 것이다. ㅇ器用陶匏(기용도포) 以象天地之性(이상천지지성)─질그릇과 바가지를 쓰는 것은, 천지의 본성을 상징한 것이란 말. ㅇ用犢(용독) 貴誠也(귀성야)─교제(郊祭)의 희생으로 송아지를 쓰는 것은 송아지에게는 아직 암·수의 정이 없기 때문에 그 순수함을 귀하에 여기기 때문이다. ㅇ郊之用辛也(교지용신야) 周之始郊(주지시교) 日以至(일이지)─교제(郊祭)를 신일(辛日)에 거행하는 것은 주(周)나라가 처음 교사를 거행한 것이 동짓날이고 그날이 신일이었으므로 그 뒤부터는 동지 다음의 신일에 교제를 거행하게 된 것이란 말. ㅇ卜郊(복교)─교제(郊祭)에 대한 일을 점치는 것. ㅇ受命于祖廟(수명우조묘)─조묘(祖廟)에 고유(告由)하고 제사를 거행하니, 그것은 종묘에서 명령을 받는 것과 같다는 말. ㅇ王立于澤(왕립우택) 親聽誓命(친청서명)─왕이 택궁(澤宮)에 서 있으면 유사(有司)가 제사에 대하여 여러 조제자(助祭者)들에게 서계명령(誓戒命令)을 한다. 그리하면 왕도 친히 그 서명(誓命)을 듣는다는 말.

점치는 의식이 끝나면 왕이 백관(百官)을 계칙(戒飭)할 명령 사항을 유사(有司)가 고문(庫門) 안에서 왕에게 올린다. 왕은 그것으로써 백관을 고문 안에 모아 놓고 계칙한다. 또 태묘(大廟) 안에서는 그 족성(族姓)의 여러 신하들을 계칙한다. 그리고 교제(郊祭) 당일에는 왕이 피변(皮弁) 차림으로 제사 준비에 대한 보고를 듣는다. 이것은 백성에 대하여 왕 스스로가 상제(上帝)나 조상을 존엄하게 여기고 섬겨야 한다는 것을 보이는 것이다. 복상중(服喪中)인 사람은 교제의 날에 곡하지 않으며 외출에는 상복을 입지 못한다. 왕이 통행하는 길을 깨끗이 청소하고 또는 묵은 흙을 파서 새 흙으로 뒤집어 놓는다. 교촌(郊村)의 밭마다 등불을 밝히는 등 특히 명령이 없어도 백성은 왕의 마음에 따라 있는 힘을 다하는 것이다.

제사 당일에 왕이 일월성신(日月星辰)의 무늬가 있는 곤복(袞服)을 입는 것은 천상(天象)을 상징함이고, 옥으로 장식한 드림이 열두 개 있는 면류관을 쓰는 것은 12지(十二支)의 천수(天數)를 본받은 것이다. 소거(素車)를 타는 것은 그 질박(質朴)함을 귀하게 여김이요, 기(旂)에 열두 개의 깃발이 있고, 용의 무늬와 일월을 그린 것은 하늘을 상징한 것이다. 하늘이 성상(成象)을 드리우면 성인(聖人)이 그것을 본받는 것이다. 교제(郊祭)는 하늘의 도(道)를 밝히는 것이기 때문이다. 상제(上帝)에게 희생으로 올릴 소가 불길함이 있으면 배향(配享)인 후직(后稷)의 제사에 희생으로 바칠 소로 대신한다. 상제에 바치는 소는 3개월 동안 척(滌)에 있어야 하고, 후직에게 바치는 소는 오직 형체와 빛깔이 갖추어진 것이면 된다. 그것은 천신(天神)과 인귀(人鬼)를 섬기는 일이 차별이 있기 때문이다. 만물은 하늘에 근본이 있고, 사람은 조상에 근본이 있다. 그러므로 조상의 신(神)으로써 상제(上帝)에 배향(配享)하는 것이다. 교제라는 것은 크게 보본반시(報本反始)하는 것이다.

原文 獻命庫門之内는, 戒百官也요, 大廟之命은, 戒百姓也라. 祭之日에, 王이 皮弁하여 以聽祭報하나니, 示民嚴上也니라. 喪者는 不哭하고, 不敢凶服하며, 氾埽反道하여, 鄕爲田燭하며, 弗命而民이 聽上이니라.

(헌명고문지내 계백관야 태묘지명 계백성야
제지일 왕 피변 이청제보 시민엄상야 상

자 불곡 불감홍복 범소반도 향위전촉 불
명이민 청상)

祭之日에, 王이 被袞以象天하나니, 戴冕璪十有二旒는, 則天
數也요, 乘素車는, 貴其質也요, 旂十有二旒하며, 龍章而設日月
은, 以象天也니, 天이 垂象을, 聖人이 則之하나니, 郊는 所以明
天道也라. 帝牛이 不吉이어든, 以爲稷牛하시나니, 帝牛는 必在滌
三月이오, 稷牛는 唯具니, 所以別事天神與人鬼也라. 萬物이 本
乎天하고, 人이 本乎祖니, 此는 所以配上帝也라. 郊之祭也는,
大報本反始也니라.

(제지일 왕 피곤이상천 대면조십유이류 즉천
수야 승소거 귀기질야 기십유이류 용장이설일월
이상천야 천 수상 성인 즉지 교 소이명
천도야 제우 불길 이위직우 제우 필재척
삼월 직우 유구 소이별사천신여인귀야 만물 본
호천 인 본호조 차 소이배상제야 교지제야
대보본반시야)

註解 ㅇ庫門(고문)—왕궁(王宮) 오문(五門)의 밖으로부터 세 번째 문.
ㅇ皮弁(피변)—백록피(白鹿皮)로 만든 갓. 사(士)의 신분을 나타내는 관.
ㅇ王皮弁以聽祭報(왕피변이청제보)—임금이 피변(皮弁) 차림으로 제보
(祭報)를 듣는다는 말. 제보는 예사(禮事)와 제사할 시간과 희생의 일 등
을 보고하는 것. ㅇ氾埽(범소)—구석구석 모두 소제하는 것. ㅇ反道(반도)—
도로를 갈아 엎어서 흙을 바꾸는 것. ㅇ鄕爲田燭(향위전촉)—교내육향(郊
內六鄕)의 백성들이 각기 자기의 밭머리에 촛불을 켜놓아 길을 밝히는
것. ㅇ被袞以象天(피곤이상천)—왕의 곤복(袞服)에는 일월성신(日月星辰)
의 무늬가 그려져 있는데, 이 곤복을 입어 하늘을 상징한다는 말. ㅇ戴冕
璪十有二旒(대면조십유이류) 則天數也(즉천수야)—면류관에 옥으로 꾸민
열두 개의 드림이 있는 것을 쓰는데 이는 하늘 수, 즉 12지(支) 1년 열두
달의 수를 본받은 것이라는 말. ㅇ帝牛不吉(제우불길)—상제(上帝)에게

희생을 바치기 위하여 기른 소가 사상(死傷) 등 불길한 일이 생긴 것을 뜻한 말. ○以爲稷牛(이위직우)―교제(郊祭) 때 상제(上帝)에 바칠 희생과 후직(后稷)에게 바칠 희생을 기르는데, 상제에게 바칠 소를 제우(帝牛)라 하고, 후직에게 바칠 소를 직우(稷牛)라고 한다. 그 사육한 제우가 만일 사상(死傷) 등의 불길한 일이 있으면 그 직우로써 대용한다는 말. ○帝牛必在滌三月 稷牛唯具(제우필재척삼월 직우유구)―제우(帝牛)는 반드시 석 달 동안 척(滌)에 있던 것이라야 된다. 직우(稷牛)도 평소에 석 달 동안 척에서 길리어진다. 그러나 제우에 사고가 생기면 직우를 대신 쓰고, 직우에는 임시로 그 빛깔과 형체만이 제례(祭禮)에 맞는 것이면 쓴다는 것이다. 척은 희생을 사육하는 우리 중에서 특별히 깨끗하게 청소하여 놓은 곳.

천자의 사제(蜡祭)에 있어서는 팔신(八神)을 제사한다. 처음으로 사제를 지낸 것은 이기(伊耆)씨인데, 사(蜡)란 색(索 : 찾는다는 뜻)이란 뜻으로 즉 매년 12월에 만물의 혼령을 불러모아서 향응(饗應)하는 것이다. 이 제사에서는 농업의 조신(祖神)을 비롯하여 고래(古來)의 농업 지도자들을 제사하고, 또 백곡의 정령(精靈)을 제사하여 농경에서 받는 은혜에 보답한다. 또한 그밖에도 여러 농업의 신이나 밭 가운데에 있는 오두막집의 신이나 밭길의 신[농경에 관계가 깊은] 짐승에 이르기까지 많은 신과 정령을 향응한다. 이것은 군주가 인의(仁義)를 다하며 신을 받들고 사람이나 만물의 공에 보답하는 길인 것이다. 옛날의 천자는 일을 시키면 반드시 보답을 하였던 것이다. 이 제사에 고양이의 신을 부르는 것은 고양이가 밭의 쥐를 잡기 때문이고, 호랑이의 신을 부르는 것은 호랑이가 밭을 망치는 멧돼지를 잡기 때문이다. 또 제방이나 도랑의 신을 제사하는 것도 각각 농사에 공이 있기 때문이다.

사제 때 기원하는 말에 이렇게 말한다. "흙은 원래의 땅으로 돌아가라. 물은 본래의 계곡으로 돌아가라. 해충은 생기지 마라. 초목은 본래의 택지(澤地)로 돌아가라."

그런데 사제(蜡祭)에 천자는 흰 가죽 모자에 흰 비단 옷차림으로 제사를 지내지만, 흰 옷은 〔상복이기도 하고〕 종말을 마치게 된 물(物)들을 보내는 예이며, 칡띠와 개암나무 상장(喪杖) 차림을 하는 것은 상례(喪禮)를 가벼이 한 형태이다. 이와 같이 사제는 어짊이 지극함이고, 의(義)의 극진한 것이다. 또한 이 제례(祭禮)를 황의(黃衣), 황관(黃冠)으로 거행하는 것은 휴가중의 농부들이다. 모든 농민은 황의 황관 차림을 하는 풍습으로 이것은 원래 풀로 만든 의관(衣冠)이다.

原文 天子이 大蜡八이니, 伊耆氏始이 爲蜡하시니라. 蜡也者는, 索也니, 歲十二月에, 合聚萬物而索饗之也니라. 蜡之祭也는, 主先嗇而祭司嗇也이니, 祭百種은, 以報嗇也니라. 饗農及郵表畷禽獸는, 仁之至며, 義之盡也니라. 古之君子이, 使之인댄 必報之하나니, 迎貓는, 爲其食田鼠也요, 迎虎는, 爲其食田豕也니, 迎而祭之也하나니라. 祭坊與水庸은, 事也라.
  (천자 대사팔 이기씨시 위사 사야자
  색야 세십이월 합취만물이색향지야 사지제야 주
  선색이제사색야 제백종 이보색야 향농급우표철
  금수 인지지 의지진야 고지군자 사지 필보지
  영묘 위기식전서야 영호 위기식전시야 영
  이제지야 제방여수용 사야)

曰, 土反其宅하며, 水歸其壑하며, 昆蟲은, 毋作하며, 草木은 歸其澤이라 하나니라.
  (왈 토반기택 수귀기학 곤충 무작 초목 귀기택)

皮弁素服而祭하나니, 素服은 以送終也요, 葛帶榛杖은, 喪殺也니, 蜡之祭는, 仁之至며, 義之盡也니라. 黃衣黃冠而祭는, 息田夫也니, 野夫는 黃冠하나니, 黃冠은 草服也니라.
  (피변소복이제 소복 이송종야 갈대진장 상쇄

야 사지제 인지지 의지진야 황의황관이제 식
전부야 야부 황관 황관 초복야)

註解　○大蜡八(대사팔)－천자가 베푸는 사제(蜡祭)를 대사(大蜡)라 말
하고, 제사지내는 대상이 여덟 종류이다. 그 여덟 종류는, 선색(先嗇)·
사색(司嗇)·백종(百種)·농(農)·우표철(郵表畷)·금수(禽獸)·묘호(貓
虎)·방수용(坊水庸).　○伊耆氏(이기씨)－전설에 나오는 신농씨(神農氏).
○蜡祭(사제)－사(蜡)는 색(索)과 같으므로 찾는다는 뜻. 매년 12월에 만
물을 합해 모으고 찾아서 제사하는 것. 즉 사제는 1년의 농사에 공을 끼
친 바의 신을 찾아서 제사하는 제사이다.　○索饗(색향)－찾아 모아서 대
접한다는 뜻.　○郵表畷(우표철)－우(郵)는 우정(郵亭)의 집이므로 밭고랑
이 서로 이어진 곳을 표시하여 우사(郵舍)를 짓고 전준(田畯)이 거처하
던 곳. 전준이 그곳에 기거하면서 농경을 독려하였다.　○迎貓迎虎(영묘영
호)－고양이의 신(神)과 범의 신을 맞아서 제사한다는 말.　○祭坊與水庸
(제방여수용) 事也(사야)－제방(堤防)이나 구거(溝渠)는 모두 농사를 짓
는 데 공이 큰 것이기 때문에 그것을 맡은 신에게 제사하는 것이다. 방
(坊)은 제방, 수용(水庸)은 구거, 사야(事也)는 농사에 대한 사공(事功)이
다.　○土反其宅(토반기택)－흙은 그 안정(安定)으로 돌아가라는 말. 택
(宅)은 안(安)과 같으므로 안정한다는 뜻.　○昆蟲毋作(곤충무작)－곤충은
해충을 가리킨 말이므로, 곤충의 재해는 일어나지 말라는 뜻. 여기서의
곤충이란 주로 메뚜기 종류의 해충을 가리킨 말.　○草木歸其澤(초목귀기
택)－풀과 나무는 수택(藪澤), 즉 늪으로 돌아가고 경작하는 땅에 나지
말라는 뜻.　○素服以送終也(소복이송종야)－세공(歲功)을 도와 이루게 된
물(物)들이 이제 늙어서 종말을 고하게 되었으므로 그 공에 보답하기 위
하여 상복(喪服) 차림으로 보낸다는 말.　○喪殺(상쇄)－상례(喪禮)를 강
쇄(降殺)한 상례.

대라씨(大羅氏)는 조수(鳥獸)의 일을 맡아보는 천자의 관원(官員)
이다. 해마다 연말에 제후로부터 공물(貢物)로 조수가 들어오는데 그
것들은 사자(使者)들이 초립(草笠)을 쓰고 지참하거니와, 이는 초야

(草野)에서 사용하는 의복을 존중하기 때문이다. 사자에 대하여 대라씨는 사슴과 부인(婦人)을 주제로 한 연극을 보인 다음, 제후의 사자에게 일러주어 그 군주에게 전하여 말하기를, "수렵이나 여색(女色)을 좋아하여 여기에 마음을 빼앗기는 자는 반드시 그 나라가 망할 것이다."라고 한다. 또 천자의 궁원(宮園)에는 과화(瓜華)를 심을 뿐이므로 이들은 그 열매를 저장하여 이익을 취할 수 없는 것이다. 〔만일 거두어 오래 저장할 수 있는 물건이라면, 임금이 백성과 더불어 이(利)를 다투는 것이 되므로 하지 않는 것이다〕

천자는 여덟 종의 신(神)이나 정령(精靈)을 불러 사제를 거행함에 있어서 천하 각지의 풍흉(豊凶)을 기록하여 수확이 순조롭지 못한 지방에는 사제를 올리지 못하게 한다. 이것은 백성이 재물을 함부로 쓰지 못하게 근신시키는 것이다. 수확이 순조로운 지방에는 사제를 지내게 하여 백성의 기분을 발산시켜서 청산하게 한다. 이미 사제가 끝나면 백성은 휴식에 들어갈 따름이다. 그러므로 이후에 군주는 토목 공사를 일으키지 아니한다.

[原文] 大羅氏는 天子之掌鳥獸者也니, 諸侯貢屬焉하니, 草笠而至는, 尊野服也니라. 羅氏致이 鹿與女하고 而詔客告也니, 以戒諸侯曰, 好田好女者는 亡其國이라 하나니라. 天子이 樹瓜華는, 不斂藏之種也라하나니라.
 (대라씨 천자지장조수자야 제후공속언 초립
  이지 존야복야 나씨치 녹여여 이조객고야 이
  계제후왈 호전호녀자 망기국 천자 수과화
  불렴장지종야)

八蜡以記四方하나니, 四方이 年不順成이어든, 八蜡不通은, 以謹民財也요, 順成之方에는, 其蜡乃通은, 以移民也라. 旣蜡而收어든, 民息已니, 故로 旣蜡하고, 君子이 不興功하나니라.

(팔사이기사방 사방 연불순성 팔사불통 이
근민재야 순성지방 기사내통 이이민야 기사이수
민식이 고 기사 군자 불흥공)

註解　ㅇ大羅氏(대라씨)－나씨(羅氏)는《주례(周禮)》에도 나오는 관직
으로, 나(羅)란 조수(鳥獸)를 잡는 그물을 말한 것. ㅇ天子樹瓜華(천자수
과화)－천자는 참외 등 풀 열매 따위를 심는다. 그것은 거두어 간직하는
물건이 아니고, 한때의 소용이 될 뿐이므로 백성들과 이(利)를 다투는 일
이 되지 않는다는 것이다. ㅇ八蜡以記四方(팔사이기사방)－팔사(八蜡)의
제사는 사방의 풍흉(豊凶)을 기록 조사한다는 말. 즉 어느 방면이 풍년이
고 어느 방면이 흉년인가를 조사한다. 그리하여 흉년인 나라에는 사제의
거행을 금지하는 것이다. ㅇ順成之方(순성지방)－순조롭게 이루어진 지방
이란 말. ㅇ其蜡乃通(기사내통)－그곳에는 사제(蜡祭)를 허락한다는 말.
ㅇ以移民也(이이민야)－백성들이 재물을 조금 소비하는 것을 너그럽게
보아준다는 뜻. ㅇ旣蜡(기사) 君子不興功(군자불흥공)－이미 사제를 거행
한 뒤에는 임금은 공사를 일으키지 않는다는 말. 여기서 군자는 명군현주
(明君賢主)를 가리킨 말.

제후가 매일 제사에 올리는 항두(恆豆)의 침채(浸菜)는 수초(水草)
로서 화기(和氣)있는 것이고, 그 젓[醢]은 육지에서 생산된 물품이며,
가두(加豆)는 육지의 산물이고 그 젓은 수산물을 사용한다. 천자의
교제(郊祭)에서 변두(籩豆)에 담아 올리는 제물은 수중(水中) 또는
육지에서 생산되는 동식물이다. 감히 평상시의 설미(蓺味)를 사용하
지 않으며, 종류가 많음을 좋은 것으로 여기는 것은 신명(神明)과 사
귀는 도리인 때문이고, 맛좋은 것을 먹기 위한 것이 아니다. 선왕이
제물로 바치는 식품은 먹을 수는 있으나 즐겨 먹을 만한 것은 아니다.
곤룡포(袞龍袍)와 면류관과 노거(路車)는 벌려놓을 수는 있으나 [제
례(祭禮)를 풍요하게 하기 위해 사용될 뿐이고] 사람의 눈을 즐겁게
하기 위한 것이 아니다. 또 대무(大武)의 춤은 장용(壯勇)하고 아름답

지만 이것도 사람들의 오락으로 연주되는 것은 아니다. 제물 등을 바쳐 아름답게 장식하는 것은 모두 종묘에 위엄이 있게 하기 위함이지 사람들 쪽을 즐겁게 하기 위함이 아니다. 종묘에 사용하는 기구는 모두 실용적으로 적합한 것이지만 사람이 사용해서는 안된다. 모든 사람이 신에게 성의를 다 바쳐 사귀기 위해서는 그 제례(祭禮)나 예법에 대해서 인간의 안락(安樂)을 연결시키려고 해서는 안되는 것이다.

原文 恆豆之菹는, 水草之和氣也요, 其醢는, 陸産之物也요, 加豆는, 陸産也요, 其醢는, 水物也니라. 籩豆之薦은, 水土之品也니, 不敢用常褻味而貴多品은, 所以交於神明之義也요, 非食味之道也니라. 先王之薦은, 可食也요, 而不可嗜也며, 卷冕路車는, 可陳也요, 而不可好也며, 武는, 壯而不可樂也며, 宗廟之威는, 而不可安也며, 宗廟之器는, 可用也요, 而不可便其利也니, 所以交於神明者는, 不可同於所安樂之義也니라.

(항두지저 수초지화기야 기해 육산지물야
가두 육산야 기해 수물야 변두지천 수토지품
야 불감용상설미이귀다품 소이교어신명지의야 비식
미지도야 선왕지천 가식야 이불가기야 권면노거
가진야 이불가호야 무 장이불가락야 종묘지위
이불가안야 종묘지기 가용야 이불가편기이야
소이교어신명자 불가동어소안락지의야)

註解 ㅇ恆豆(항두)－매일 상례(常例)로 올리는 두기(豆器)에 담은 식물(食物)이란 뜻. 아침 식사 전에 먼저 올리는 구식(口食). ㅇ菹(저)－초에 담근 침채(浸菜). 즉 창포의 뿌리나 순채 따위의 수초로 담근 것. ㅇ水草之和氣(수초지화기)－유화성(柔和性)의 수초(水草)란 뜻. 즉 수산물(水産物)이란 말. ㅇ醢(해)－소금에 절인 고기. 젓갈. ㅇ加豆(가두)－이미 먹은 뒤에 더 올리는 두기(豆器). 시동씨(尸童氏)가 이미 밥을 먹은 뒤에 아헌(亞獻)이 더 올리는 두기에 담은 식물(食物). ㅇ籩豆之薦(변두지천)－죽

기(竹器)와 목기(木器)에 담아 올리는 제물(祭物). 변(籩)은 대나무 제기, 두(豆)는 나무로 만든 제기. ㅇ不敢用常褻味(불감용상설미)—제사에 쓰는 수토지품(水土之品)인 제물에는 평상시에 쓰는 기름기가 많은 아름다운 조미료를 쓰지 못한다는 말. 설미(褻味)는 기름기가 많은 아름다운 맛이란 뜻. ㅇ所以交於神明之義(소이교어신명지의)—사람이 신에게 제사를 올리고 신의 마음과 통하기 위한 도(道). ㅇ卷冕路車(권면노거)—곤룡포(袞龍袍)와 면류관과 큰 수레. 권(卷)은 곤(袞)의 잘못. ㅇ武(무) 壯而不可樂也(장이불가락야)—대무(大武)의 춤은 그 위용(威容)이 장용(壯勇)하지만 그것을 일상의 오락으로 삼아서는 안된다는 말. ㅇ宗廟之威(종묘지위) 而不可安也(이불가안야)—종묘라는 곳은 위엄이 있는 곳이므로 그곳을 침소(寢所)로 하여 스스로 편안하게 거처할 곳은 아니라는 말. ㅇ不可同於所安樂之義也(불가동어소어안락지의야)—신을 제사하여 이와 통하는 길. 즉 제례 의식이나 예법에 대하여 그들을 인간의 오락이나 유희에 연결시켜 혼동해서는 안된다는 뜻. 제전(祭典)이 결과적으로 부산물에 있어서 인간의 오락이 된다고 할지라도 최초부터 그것을 목적으로 해서는 안된다는 말.

술에는 단술 같은 아름다운 맛을 지닌 것도 있으나, 신에게 바치려면 현주(玄酒)라든가 명수(明水)라고 칭하는 물을 바치는데 이것을 최상으로 치는 것은, 물이야말로 모든 맛의 근원으로 귀중하게 여기기 때문이다. 직물(織物)에는 무늬나 배색(配色)의 아름다운 것이 많음에도 신에게는 거칠은 삼베가 사용되는 것은, 여공(女功)의 시초를 생각하고 고대의 것을 존귀하게 여기기 때문이다. 또 완점(莞簟)이 편안하건만 부들자리와 고갈(藁鞂)을 최상으로 여기는 것은, 그 쪽이 신의 마음에 맞는다고 생각되기 때문이다. 또 제물인 대갱(大羹)에 조미료를 쓰지 않고, 대규(大圭)의 옥(玉)을 갈고 쪼지 않는 것은 모두 그 질소함을 중히 여기기 때문이다. 그리고 기물(器物)을 장식하는 데는 채색이나 조각 등이 있는데도 제례에 소거(素車 : 아무런 장식이 없는 수레)를 사용하는 것은 소박함을 소중하게 여기기 때문이다. 그러니 이 모든 것은 질소(質素)함을 귀중히 여길 뿐이다. 그것은 신명(神明)과 사귀는 일이 지나치게 편안하고 조심성이 없는 일과는 같을 수 없기 때문이다. 이렇게 해야만 예에 마땅할 것이다.

原文 酒醴之美에, 玄酒明水之尚은, 貴五味之本也요, 黼黻文繡之美에, 疏布之尚은, 反女功之始也요, 莞簟之安에, 而蒲越稾鞂之尚은, 明之也요, 大羹을 不和는, 貴其質也요, 大圭를 不琢은, 美其質也요, 丹漆雕幾之美에, 素車之乘은, 尊其樸也니, 貴其質而已矣라. 所以交於神明者는, 不可同於所安褻之甚也니, 如是而后라야 宜이니라.

(주예지미 현주명수지상 귀오미지본야 보불문
수지미 소포지상 반여공지시야 완점지안 이포활고
갈지상 명지야 대갱 불화 귀기질야 대규 불탁
미기질야 단칠조기지미 소거지승 존기박야 귀
기질이이의 소이교어신명자 불가동어소안설지심야
여시이후 의)

註解 ㅇ玄酒明水之尚(현주명수지상)−현주(玄酒)와 명수(明水)는 모두 물이다. 상고(上古)시대에 술이 없어서 제사 때에는 물로써 헌작(獻酌)하였다. 후세에 와서는 아름다운 술이 있었으나 고례(古禮)를 존중하여 현주라 일컬어 술이나 단술의 윗자리에 두었다. ㅇ黼黻文繡(보불문수)−임금의 옷에 꾸며 놓은 수(繡). 보(黼)는 흑백색으로 도끼 모양을 수놓은 것이고, 불(黻)은 검정과 파랑으로 아(亞)자 모양을 수놓은 것. ㅇ莞簟(완점)−고운 왕골자리와 대자리. ㅇ蒲越稾鞂(포활고갈)−부들자리와 볏짚과 곡초(穀草). ㅇ安褻(안설)−편안하고 무례하다는 뜻. 편안하고 조심성이 없는 것.

또 종묘에 사용하는 정(鼎)과 조(俎)는 기수로 하고, 변(籩)과 두(豆)는 우수로 하는데, 이것은 음양의 이치에 따른 것이다. 황목(黃目)은 향기로운 울창주(鬱鬯酒)를 넣는 최상의 술준으로, 황(黃)이란 중앙의 빛이고, 목(目)은 기(氣)의 맑고 밝은 것이다. 그러므로 황목준(黃目樽)은 가운데서 잔질하여 밖으로 청명하게 하는 것을 말한 것이다.

하늘을 제사지냄에 있어 먼저 땅을 쓸고 제사지내나니, 그것은 질소(質素)한 곳을 가릴 따름이다. 혜해(醯醢)의 맛이 아름답건만 구운 소금을 높이 여기는 것은, 천산(天産)을 높이 여기기 때문이다. 할도(割刀)가 쓰기에 예리하건만, 난도(鸞刀)를 귀중히 여기는 것은 의의(意義)를 중히 여기기 때문이니 [난도에는 방울이 달려 있어서], 그 소리가 화협(和協)한 뒤에라야 고기를 끊는다.

[原文] 鼎俎奇, 而籩豆偶는, 陰陽之義也라. 黃目은, 鬱氣之上尊也니, 黃者는, 中也요, 目者는, 氣之淸明者也니, 言酌於中而淸明於外也니라.
(정조기 이변두우 음양지의야 황목 울기지상
준야 황자 중야 목자 기지청명자야 언작어중이
청명어외야)

祭天하되 掃地而祭焉하나니, 於其質而已矣요, 醯醢之美에, 而煎鹽之尙은, 貴天産也요, 割刀之用에, 而鸞刀之貴는, 貴其義也니, 聲和而後에 斷也니라.
(제천 소지이제언 어기질이이의 혜해지미
이전염지상 귀천산야 할도지용 이난도지귀 귀기
의야 성화이후 단야)

[註解] ㅇ陰陽之義也(음양지의야)-정조(鼎俎)는 양(陽)의 그릇으로서 기수의 숫자로 사용하고, 변두(籩豆)는 음의 그릇으로서 우수의 숫자로 사용한다. ㅇ黃目(황목)-황이(黃彝)이므로, 제례에 쓰는 술잔의 하나. 황금으로 겉을 누각(鏤刻)하여 눈을 만들었기 때문에 황목(黃目)이라고 한다. ㅇ鬱氣之上尊(울기지상준)-속에 울창주(鬱鬯酒)를 담아서 그 향기가 솟아오르는 상등의 술준. ㅇ黃者(황자) 中也(중야) 目者(목자) 氣之淸明

者也(기지청명자야) - 황목(黃目)의 빛이 누런 것은 중앙토색(中央土色)을 상징한 것이고, 눈을 만든 것은 눈이 기(氣)의 청명(淸明)한 것이기 때문이다.

관례(冠禮)에서 [본인이] 먼저 쓰는 것은 치포관(緇布冠 : 검은 베의 관)이다. 고대에는 항상 흰 관을 쓰고 재계하면 검은 관을 썼으며, 지금의 치포관은 거기에서 비롯된 것이다. 끈을 아래로 드리우는 것은 공자가 말씀하기를, "나는 그렇게 하는 예(禮)를 들은 일이 없다. 관례 때 잠깐 쓰고 관례를 마친 뒤에는 폐하는 것이 좋겠다."라고 하였다. 적자(嫡子)의 관례 때 본인이 당(堂)의 조계(阼階)에서 관례하는 것은, 언젠가는 아버지의 대를 이어 주인이 된다는 것을 표시하는 것이다. 또 본인을 당상(堂上)의 객좌(客座)에 앉히고 초례(醮禮)를 행하는 것은, 본인이 관례를 행함으로써 성인(成人)의 신분이 되었음을 가르치는 것이다. 관례에는 관을 세 번 바꾸는데 바꿀 때마다 상급의 관이 되는 것은, 본인에게 앞으로 점차 뜻을 높혀가라는 교훈을 가르치는 것이다. 또 관례를 하면 본인의 자(字)를 정하는데 이는 본명을 존중하기 때문이다. 관례에 있어서 최초에 쓰는 치포관은 [성인의 평복 차림의 관으로] 주(周)나라에서는 위모(委貌)라 부르고, 은(殷)나라에서는 장보(章甫)라고 했으며, 하후씨(夏后氏)의 세대에서는 무퇴(毋追)라 하였다. 두 번째로 쓰는 피변(皮弁)은 [예복의 관으로] 주나라에서는 변(弁)이라 부르고, 은나라에서는 후(冔)라 불렀으며, 하(夏)나라에서는 수(收)라고 불렀다. [변·후·수의 삼관(三冠)은] 삼왕이 모두 사슴 가죽으로 만들고 그 의상은 흰 옷감으로 만든다.

대부에게는 관례가 따로 없고 다만 혼례(昏禮 : 婚禮)가 있을 따름이다. 옛날에 대부는 50세가 되어서야 관작(官爵)을 받고 비로소 대부가 되었던 것이므로, 따로 대부의 관례라는 것이 없었던 것이다. 제후도 거의 같았으나 하후씨(夏后氏) 세대의 말엽에 제후의 관례라는 것이 생겼다.

原文 冠義에, 始冠之하여, 緇布之冠也니, 大古에 冠布러니, 齊則緇之하니라. 其綏也는, 孔子이 曰, 吾이 未之聞也니, 冠而敝之可也라하시다. 適子이 冠於阼는, 以著代也요, 醮於客位는, 如有成也요, 三加彌尊은, 喩其志也요, 冠而字之는, 敬其名也라. 委貌는, 周道也요, 章甫는, 殷道也요, 毋追는, 夏后氏之道也니라. 周는 弁이요, 殷은 冔요, 夏는 收며, 三王이 共皮弁素積이니라.

(관의 시관지 치포지관야 태고 관포 제
즉치지 기유야 공자 왈 오 미지문야 관이폐지
가야 적자 관어조 이저대야 초어객위 여유
성야 삼가미존 유기지야 관이자지 경기명야 위
모 주도야 장보 은도야 무퇴 하후씨지도야
주 변 은 후 하 수 삼왕 공피변소적)

無大夫冠禮, 而有其昏禮니, 古者에 五十而后에 爵하나니, 何大夫冠禮之有리오. 諸侯之有冠禮는, 夏之末造也니라.

(무대부관례 이유기혼례 고자 오십이후 작 하
대부관례지유 제후지유관례 하지말조야)

註解 ○始冠之(시관지) 緇布(치포)─제일 시초에 씌우는 것은 치포관(緇布冠)이란 말. 관례(冠禮)를 행할 때에는 세 번 갓을 바꿔 씌우는 절차가 있는데 이를 삼가지례(三加之禮)라고 하였다. ○其綏也(기유야)─고대의 치포관은 단순하고 검소해서 끈이 달린 것을 쓰지 않았다는 말. ○敝之可也(폐지가야)─치포관(緇布冠)은 다만 의례적으로 최초에 한 번 쓰고 뒤에 재차 쓰는 일이 없으므로 벗으면 버려도 좋다는 말. ○適子冠於阼(적자관어조) 以著代也(이저대야)─적자(適子)는 적자(嫡子), 즉 적장자(嫡長子)이다. 적자는 주인이 오르내리는 계단인 조계(阼階)에서 관례를 거행하는데, 그것은 성인(成人)이 되어 언젠가는 아버지의 대를 이어 주인이 된다는 뜻을 밝힌 말. ○醮於客位(초어객위)─당상(堂上)에서 객

의 정위치에 본인을 앉히고 가관자(加冠者), 즉 관을 씌우는 자가 관을 씌우고 술을 따라 먹인다는 말. ㅇ加有成(가유성)－가관(加冠), 즉 관을 씌움으로서 성인의 신분을 얻었다는 것을 표시한다는 뜻. 그러나 이 구절이 여러 가지로 해석되고 있어 일정치 못하다. ㅇ三加彌尊(삼가미존)－갓을 세 번 쓰는 순서에 따라 높아지는 것. 삼가(三加)는 관례에서 세 번 갓을 씌우는 절차로 첫 번째는 치포관(緇布冠), 두 번째는 피변(皮弁), 세 번째는 작변(爵弁)이다. ㅇ喩其志也(유기지야)－관례에서 갓을 쓰는 절차에 따라 점점 높이는 것은, 관례한 뒤에는 뜻을 마땅히 높게 가져야 한다는 것을 깨우치기 위한 것이란 말. ㅇ委貌(위모)·章甫(장보)·毋追(무퇴)－세 가지가 모두 치포관(緇布冠)의 이름. 시대에 따라 이름과 형상이 다르나 관례의 첫 번째에 씌우는 갓임에는 틀림없다. ㅇ周弁(주변)·殷冔(은후)·夏收(하수)－모두 세 번째 갓으로 쓰는 작변(爵弁). ㅇ皮弁素積(피변소적)－관례의 두 번째 관을 쓸 때에 착용하는 갓과 옷. 피변(皮弁)은 흰 사슴 가죽으로 만든 갓. 소적(素積)은 흰 천으로 만들고 허리에 주름을 잡은 치마. 이 피변소적은 하(夏)·은(殷)·주(周) 3대가 공통이었다. ㅇ無大夫冠禮(무대부관례)－옛날에는 50세 이전에 대부가 되는 사람이 없었기 때문에, 대부의 자제라 할지라도 20세경에 있어서는 관례는 사(士)의 신분으로 행하였다고 한다. 제후도 마찬가지였으나 후세에 예(禮)가 문란해져 어린 제후가 출현했기 때문에 따로 제후의 관이 생겼다. 대부에게도 젊은 사람이 생기게 되었으나 따로 대부의 관례라는 것은 없었던 것 같다.

천자의 적자(嫡子)도 최초에는 사(士)이다. 천하에 태어나면 이미 귀인(貴人)이란 자는 없다. 〔천자에 의해 지위와 관직을 임명받고 비로소 귀인이 되는 것이다〕 또 제후의 자제가 부형의 뒤를 이어받아서 제후가 되는 것은 그 자제가 선군(先君)의 현덕(賢德)을 배워 수양했음을 천자의 인정을 받았기 때문이다. 그리고 군주가 관작을 주어 신하에게 〔귀족의〕 지위를 주려면 그 인격이나 능력에 따라 차등을 두는 것이다. 또한 죽은 후에 시호(諡號)를 내리는 것이 보통의 사(士)

에게까지 미치게 된 것은 근래의 일이다. 옛날에는 생전에 〔대부와 같은〕 높은 지위를 얻은 사람이 아니면 사후에 시호를 내리는 일이 없었다. 예가 존귀한 것은 그것이 지니고 있는 의(義)가 존귀하기 때문이며, 이미 그 의의(意義)를 잃은 채 그 수만을 벌려 놓은 것은 축(祝)이나 사(史)가 직무로서 행하는 일이다. 즉 예의 형식은 행하기 쉬우나 그 의의는 알기 어려운 것이다. 그것을 안 다음에 예를 지키는 것이 천자가 천하를 다스리는 도(道)의 근본이다.

原文 天子之元子도, 士也니, 天下에 無生而貴者也니라. 繼世以立諸侯는, 象賢也요, 以官爵人은, 德之殺也라. 死而諡는, 今也니, 古者엔 生無爵이어든, 死無諡하더니라. 禮之所尊은, 尊其義也니, 失其義하고, 陳其數는, 祝史之事也라. 故로 其數는 可陳也거니와, 其義는 難知也니, 知其義而敬守之는, 天子之所以治天下也니라.

　(천자지원자 사야 천하 무생이귀자야 계세
　이립제후 상현야 이관작인 덕지쇄야 사이시 금
　야 고자 생무작 사무시 예지소존 존기
　의야 실기의 진기수 축사지사야 고 기수 가
　진야 기의 난지야 지기의이경수지 천자지소이
　치천하야)

註解 ○天子之元子(천자지원자) 士也(사야)―원자(元子)는 태자를 말하므로, 천자의 원자도 사(士)의 예(禮)에 따라 관례(冠禮)를 행한다는 말. ○象賢(상현)―능히 전인(前人)의 어진 행실을 본받는다는 말. ○以官爵人(이관작인) 德之殺也(덕지쇄야)―사람에게 관작(官爵)을 주는 것은 그 덕행의 크고 작은 순서에 따라 차례로 강쇄(降殺)하는 것. 즉 덕이 큰 사람에 비해 덕이 작은 사람은 관작을 낮게 준다는 말. ○古者生無爵(고자생무작) 死無諡(사무시)―옛날에는 생전에 무슨 공로가 있어서 관작을 받아야 사후에 시호를 받았다는 말. ○失其義(실기의) 陳其數(진기수)―

예(禮)의 본의(本意)는 모른 채, 예의 형식적인 옥백(玉帛)·조두(俎豆) 등 각각 정해져 있는 수만을 기계적으로 벌려놓는다는 말. ○祝史之事也(축사지사야)─축관(祝官)이나 사관(史官)이 그 일의 본의(本義)는 모를지라도 그 정해진 형식에 따른 제물·제기(祭器) 등의 수만은 진설하는 것과 같다는 뜻. 즉 예는 그 본의를 아는 것이 소중하다는 말. ○知其義而敬守之(지기의이경수지)─예라는 것은 그 본의를 알고 그 본의에 입각해서 지켜야 한다는 말. 본의를 아는 것도 소중하지만 그것을 지켜 실천해야 한다는 것.

하늘과 땅이 화합(和合)한 뒤라야 만물이 흥기(興起)한다. 그와 마찬가지로 남녀 양자가 결혼하여 자손이 태어나고 번영해서 만세에까지 이어진다. 그리고 결혼에는 반드시 이성(異姓)을 맞아들이게 되어 있는 것은, 결혼에 의해 소원한 사람과 서로 가까워지고 또한 남녀의 유별을 분명히 하려고 하기 때문이다. 그런데 혼례에 최초로 여자의 집에 보내는 폐백은 성의를 다하고 말을 정중히 하지 않는 것이 없음은 아내된 자는 정직하고 성신(誠信)해야 한다는 것을 고계(告誡)하고자 하는 것이다. 성신하면 능히 사람을 섬길 수 있으며, 성신하다는 것은 부덕(婦德)을 말하는 것이다. 부인은 일단 혼례를 올려 남편과 결합하면 한평생 마음이 변하지 않고 남편이 죽어도 다시 시집가지 않는 것이다. 혼례에 남자가 친히 아내를 맞이할 때 남자가 앞서는 것은 강유(剛柔)의 이치에 따른 것이다. 하늘이 땅보다 앞서고 임금이 신하보다 앞서는 것도 마찬가지로 강유의 이치에 따른다. 또 친히 아내를 맞이할 때 남자가 선물을 가지고 여자와 상견(相見)하는 것은, 서로 상대방을 공경하면서 부부유별을 밝히는 것이다. 이리하여 남녀가 유별한 뒤라야 부자유친(父子有親)하게 되고, 부자가 유친한 뒤라야 부부·친자(親子)의 화합에 의해 도의가 성립되고, 도의에 의해 만사가 안정된다. 만일 남녀 유별이 분명치 않고 부자 및 부부의 도의가 성립되지 않으면, 그것은 금수(禽獸)의 도(道)인 것이다. 또 남편이 아내를 맞이할 때, 아내의 수레의 어자(御者)가 되어 말고삐를 잡아주는 것은 친화(親和)의 도(道)이다. 친화한다는 것은 그로 하여금 자기를 친하게 만드는 것이다. 서로 공경하면서 친화하는 것은, 고대에 현왕(賢王)이 민심을 얻어 천하를 다스릴 수 있었던 그 근본이었다.

原文 天地合而后에야 萬物이 興焉하나니, 夫昏禮는, 萬世之始也며, 取於異姓은, 所以附遠厚別也라. 幣必誠하며, 辭無不腆은, 告之以直信이니, 信은, 事人也며, 信은, 婦德也라. 壹與之齊면, 終身不改하나니, 故로 夫이 死하여도 不嫁하나니라. 男子이 親迎하되, 男先於女는, 剛柔之義也니, 天先乎地하며, 君先乎臣이, 其義一也니라. 執摯以相見은, 敬章別也니, 男女이 有別한, 然後라야 父子이 親하며, 父子이 親한 然後라야 義生하며, 義生한 然後라야 禮作하며, 禮作한 然後라야 萬物이 安하나니, 無別無義는, 禽獸之道也니라. 壻親御授綏는, 親之也니, 親之也者는, 親之也라. 敬而親之는, 先王之所以得天下也라.

　(천지합이후 만물 흥언 부혼례 만세지
　시야 취어이성 소이부원후별야 폐필성 사무부전
　고지이직신 신 사인야 신 부덕야 일여지제
　종신불개 고 부 사 불가 남자
　친영 남선어녀 강유지의야 천선호지 군선호신
　기의일야 집지이상견 경장별야 남녀 유별
　연후 부자 친 부자 친 연후 의생 의생
　연후 예작 예작 연후 만물 안 무별
　무의 금수지도야 서친어수수 친지야 친지야자
　친지야 경이친지 선왕지소이득천하야)

註解 ○昏禮(혼례)—혼(昏)은 곧 혼(婚)을 말하므로 혼례(婚禮)란 뜻.

○附遠(부원)―이성(異性)과 결혼함으로써 종래는 소원(疎遠)했던 다른 집안과 인척이 되어 자기 편이 증대한다는 것. ○厚別(후별)―남녀유별의 취지를 더한층 명확하게 한 것. ○與之齊(여지제)―혼례에 부부가 노육(牢肉 : 소·양·돼지 중 2종 이상 사용하는 것을 노육이라 한다)을 하나의 용기(容器)에서 나누어 먹는다는 구절이 있다. 즉 제(齊)란 제육(齊肉)이란 뜻. ○親迎(친영)―남편이 친히 아내를 맞이하러 가는 것. 중국 혼례의 고래(古來)의 관습. ○執摯而相見(집지이상견) 敬章別也(경장별야)―폐백을 갖고 서로 보는 것은, 공경하며 부부유별하다는 것을 드러내 밝히는 것이란 말. 집지이상견(執摯而相見)이라고 한 것은, 전안(奠鴈)의 예(禮)를 말한 것이라고 한다. ○男女有別(남녀유별) 然後父子親(연후부자친)―남녀유별이 확립되어 부부싸움 없이 화합(和合)하면 그것이 기본이 되어, 부자·친자의 사이도 친화(親和)한다는 말. ○授綏(수수)―수(綏)는 마차의 차 속에서 밖으로 늘어뜨려 마차에 탈 때 잡고 타는 줄. ○親之也者(친지야자) 親之也(친지야)―신랑이 신부를 친애하는 것은 신부로 하여금 신랑을 친애하게 만드는 것이란 말.

친영(親迎)할 때 대문에 나와서 남편이 앞 수레에 타고 앞서서 아내를 인솔하면 아내는 남편을 따라간다. 부부의 도리가 여기서부터 시작된다. 즉 부인은 남에게 따르는 자이다. 어려서는 부형을 따르고 시집가면 남편을 따르며 남편이 죽으면 아들을 따른다. 부(夫)라고 하는 것은 장부(丈夫)이다. 장부라는 것은 재지(才智)로써 남을 거느리는 자이다. 또 남자가 친영(親迎)에 나가기 위해 현면(玄冕)의 예복으로 재계하는 것은 귀신음양(鬼神陰陽)의 힘에 경의를 표하기 때문이다. 〔만일 그 사람이 제후의 세자라면〕 장차 사직의 주인이 되고 혹은 한 집안의 후계자가 되므로, 더 더욱 혼례에 임해서 선조의 영혼에 경의를 충분히 기울이지 않으면 안된다. 또 노육(牢肉)을 함께 먹는 것은 〔결혼하면〕 아내의 신분은 남편과 동일함을 나타낸다. 즉 부인에게는 작위(爵位)를 내리는 일이 없고, 남편의 작위에 따르는 것이고, 회합 때의 석차(席次)에 있어서도 남편의 연령에 상응하는 자리에 앉는 것이다. 또 혼례에서 음주하는데 질그릇이나 바가지를 사용하는 것은 옛 풍습에 따른 것이고, 하(夏)·은(殷)·주(周)에서 노육을 함께하는 의식에 사용되고, 역시 음주에는 질그릇이나 바가지가 사용되었던 것이다. 혼례 다음날 신부는 깨끗하게 단장하고 아침 식사를 시부모에게 올리며, 시부모는 식사를 끝내고 먹고 남은 것을 신부에게 주지만 이것은 며느리에 대한 자혜(慈惠)의 표시이다. 그리고 또 다음날 시부모는 당상(堂上)에서 신부를 향응(饗應)하고 끝나면 두 사람은 서계(西階)로 내려오고, 며느리는 동계(東階)로 내려오게 하는데 이것은 신부에게 집안일을 맡긴다는 표시이다. 또한 혼례에는 음악을 사용하지 않는데 이것은 혼례를 음(陰)의 예로 알기 때문이다. 이에 대하여 음악은 양기(陽氣)에 속하는 것이므로 혼례에는 사용하지 않는다. 그리고 혼례를 축하하지 않는 것은 이 예가 세대의 신구(新舊) 교체를 표시하기 때문이다.

原文 出乎大門而先하며, 男帥女어든, 女從男하나니, 夫婦之義이 由此로 始也니라. 婦人은 從人者也니, 幼從父兄하고, 嫁從夫하고, 夫死從子하나니, 夫也者는 夫也니, 夫也者는 以知帥人者也니라. 玄冕齊戒는, 鬼神陰陽也라. 將以爲社稷主며, 爲先祖後니, 而可以不致敬乎아. 共牢而食은, 同尊卑也니, 故로 婦人은 無爵이라, 從夫之爵하며 坐以夫之齒하나니라. 器用陶匏는, 尚禮然也니, 三王作牢하시되 用陶匏하시니라. 厥明에, 婦盥饋하나니, 舅姑卒食이어든, 婦餕餘는, 私之也라. 舅姑降自西階어든, 婦降自阼階는, 授之室也라. 昏禮에 不用樂은, 幽陰之義也니, 樂은 陽氣也니라. 昏禮에 不賀는, 人之序也니라.

(출호대문이선 남솔녀 여종남 부부지의
유차 시야 부인 종인자야 유종부형 가종부

부사종자 부야자 부야 부야자 이지솔인자
야 현면재계 귀신음양야 장이위사직주 위선조후
이가이불치경호 공뢰이식 동존비야 고 부인
무작 종부지작 좌이부지치 기용도포 상례
연야 삼왕작뢰 용도포 궐명 부관궤
구고졸식 부준여 사지야 구고강자서계 부강
자조계 수지실야 혼례 불용악 음음지의야 악
양기야 혼례 불하 인지서야)

註解 ㅇ出乎大門而先(출호대문이선)-남자는 여자 집의 대문을 나와
여자의 수레를 타고 여자에게 손잡이 줄을 내려주고 다소 수레를 몬 다음
여자 수레의 어자(御者)에게 고삐를 넘겨주고, 자기는 집에서 타고 온 수
레에 바꿔타고 앞장서서 가고 여자의 수레는 그 뒤를 따른다는 것. 이와
같은 예법은 다음의 〈혼의(昏義)〉편에서 나온다. ㅇ玄冕(현면)-면관(冕
冠)과 현단(玄端)을 착용한 차림새. 현단은 검은 베옷. ㅇ玄冕齊戒(현면
재계) 鬼神陰陽也(귀신음양야)-현면복(玄冕服) 차림으로 재계하는 것은
귀신·음양을 섬기는 도리라는 말. 귀(鬼)는 음의 혼령이고, 신(神)은 양
의 혼령이다. 그래서 귀신음양이라고 말한 것이다. ㅇ夫也者(부야자)
以知帥人者也(이지솔인자야)-장부(丈夫)라는 것은 재지(才智)로써 남을
거느리는 자란 말. ㅇ共牢而食(공뢰이식) 同尊卑也(동존비야)-옛날 예법
에 도마에 고기를 담아 신혼부부로 하여금 한 도마에서 함께 먹게 하는
의식이 있었다. 그것은 부부의 신분의 존비(尊卑)가 같다는 것을 보이는
것이라고 한 말. ㅇ坐以夫之齒(좌이부지치)-부인은 나이 차례로 좌석의
차례를 정할 때에는 남편의 나이 차례에 따른다는 말. 치(齒)는 연치이므
로 나이를 가리킨 말이다. ㅇ厥明(궐명)-그 이튿날, 즉 혼례 다음날. ㅇ陶
匏(도포)-도(陶)는 질그릇을 말하나, 지금의 질그릇이 아니고 옛날의 기
왓장 같은 질그릇을 말한다. 포(匏)는 바가지. ㅇ尙禮(상례)-고례(古禮)
란 뜻. 상(尙)은 상(上) 또는 고(古)란 뜻. ㅇ盥饋舅姑(관궤구고)-관(盥)
은 세수하는 것이고, 궤(饋)는 음식을 대접하는 것. 즉 새며느리가 깨끗이
세수하고 밥상을 차려서 시부모에게 음식을 대접한다는 말. ㅇ昏禮不賀

(혼례불하) 人之序也(인지서야) - 남의 집 혼례에 축하하지 않는 것은 혼인이란 사람의 세대(世代) 차례가 바뀌는 것으로 서글픈 일이기 때문이란 말.

옛날 유우씨(有虞氏 : 帝舜)의 제례(祭禮)에서는 제물로 생기(生氣)가 강한 것을 좋은 것으로 여겼다. 즉 희생의 피, 날고기 혹은 약간 데친 고기 등 생기가 강한 것을 존귀하게 여겼다. 은(殷)나라 사람은 음악을 사용하는 것을 좋은 것으로 여겼다. 그러므로 아직 희생물을 죽이기 전에 음악을 연주해서 사방에 올리게 하여 삼곡(三曲)이 끝난 다음 주인이 묘문(廟門)을 나와 희생이 바쳐지는 것을 맞이한다. 먼저 음악을 울리게 하는 것은, 천지(天地)의 어딘가에 있는 〔제사지내려는〕 신령(神靈)을 불러들이기 위한 것이다. 또 주나라 사람은 방향(芳香)을 좇는 것으로 여겼다. 그래서 또 희생을 죽이기 전에 울창주(鬱鬯酒)를 땅에 부어 그 향내에 의해 신령을 부르는 것이다. 울창주에는 다시 울금초(鬱金草)라는 향초(香草)의 액(液)을 섞어 그 강한 향내를 대지 깊숙이까지 이르게 하려고 하였다. 그리고 땅에 부으려면 규옥(圭玉)을 자루로 한 국자를 사용하는데 이것은 옥기(玉氣)를 첨가해서 술의 향내를 더욱 강하게 한 것이다. 이리하여 땅에 붓는 의식이 끝나고 나서 희생이 바쳐지는 것을 맞는데 이는 〔대지의〕 음기(陰氣) 속에서 신령을 불러올리는 의식이다. 다음에 쑥과 서직(黍稷)을 섞은 것을 볶아 태워서 냄새가 높이 올라가게 하여 지붕을 빠져나가 하늘에 있는 신령을 불러내린다. 즉 〔주나라 사람의 제례에서는〕 이미 제물을 바치고 향주(香酒)를 땅에 부은 후 다시 쑥과 서직을 섞어 볶아서 태우는 의식을 행하는 것이다. 대개의 제례에는 신중하게 이 두 가지의 의식이 행하여지는 것이다.

原文 有虞氏之祭也는 尙用氣하더니, 血腥爓祭는, 用氣也니라. 殷人은 尙聲하여, 臭味未成이어든, 滌蕩其聲하며, 樂三闋하고,

然後에야 出迎牲하나니, 聲音之號를, 所以詔告於天地之間也니라. 周人은 尚臭하여, 灌用鬯臭하니, 鬱合鬯하여, 臭陰達於淵泉하고, 灌以圭璋은, 用玉氣也니, 旣灌然後에 迎牲은, 致陰氣也니라. 蕭合黍稷하여, 臭陽達於牆屋하나니, 故로 旣奠, 然後에 焫蕭合羶薌이니, 凡祭에 愼諸此니라.

(유우씨지제야 상용기 혈성섬제 용기야
은인 상성 취미미성 척탕기성 악삼결
연후 출영생 성음지호 소이조고어천지지간야
주인 상취 관용창취 울합창 취음달어연천
관이규장 용옥기야 기관연후 영생 치음기야
소합서직 취양달어장옥 고 기전 연후 설
소합전향 범제 신저차)

註解 ○血腥爛祭(혈성섬제) 用氣也(용기야)－처음에 희생의 피를 올리고 실(室)에서 신에게 고유하고, 다음에 성육(腥肉), 즉 생육(生肉)을 올려 마루에서 제사하며, 그 다음에는 끓는 물에 데친 고기를 올려 마루에서 제사지낸다. 어느 것이나 모두 익힌 것이 아니므로 그 기(氣)를 상용(尙用)하는 것이란 말. ○滌蕩其聲(척탕기성) 樂三闋(악삼결) 然後出迎牲(연후출영생)－음악 소리가 천지에 퍼져나가게 하여 그 음악이 삼곡(三曲)이 끝난 후 비로소 묘문(廟門) 밖에 나가 희생을 맞아들인다는 말. ○灌用鬯臭(관용창취)－울창주(鬱鬯酒)를 땅에 부어 그 냄새로 신의 강림을 바란다는 말. ○灌以圭璋(관이규장) 用玉氣也(용옥기야)－규장(圭璋)으로 찬(瓚)의 자루를 하는 것은, 옥(玉)의 기운을 써서 신의 강림을 바란다는 뜻. 규장은 강신(降神)하는 데에 쓰는 술잔의 자루이다. ○致陰氣(치음기)－술을 땅에 부어 냄새가 땅 밑에 스며들게 하는 것은, 음기(陰氣)를 초치(招致)하는 것이란 뜻. 땅은 음에 속한다. ○故旣奠(고기전) 然後(연후)－이 원문(原文)은 의미상 위의 글귀와 중복되어 옳지 못한 표현으로 되어 있으나 줄거리는 통한다. ○焫蕭合羶薌(설소합전향)－쑥과 서직(黍稷)을 섞어 태워 그 냄새가 위로 올라가 흩어지게 한다는

뜻. 전(羶)은 향(馨)의 오자(誤字).

[사람이 죽으면] 혼(魂)은 하늘로 돌아가고, 형백(形魄)은 땅으로 들어간다. 따라서 [사람의 영혼을] 제사지낸다는 것은 음과 양[땅과 하늘]을 향해서 신령을 찾는 것이 된다. 그리고 은(殷)나라 사람은 [제사에 있어서] 최초에는 양(陽)을 향해서 신령을 찾고, 주(周)나라 사람은 최초에 음에서 찾는다.

[신령을 찾으려면] 혹은 실내에서 축인(祝人)이 축사(祝辭)를 신에게 고하고, 혹은 당상(堂上)에서 제주(祭主)가 시동씨에게 음식을 권하고 희생물을 뜰에서 도살하여 그 목을 실내로 가져다 신에게 바쳤다. 그리고 직제(直祭)에서는 직접 신령에게 축사를 올리고 색제(索祭)에서는 묘문(廟門)에서 축사를 올린다. 이와 같이 신령은 어디에 머물고 있는지 모르기 때문에, 저기냐 여기냐 혹은 사람에게서 멀리 떨어진 곳이냐 [천지 사방에 대해서] 널리 찾고 부르는 것이다. 즉 묘문에서 제사지낼 때 기원하며 말하기를, "신께서는 지금 먼 곳에 계신지요."라고 한다.

原文　魂氣는 歸于天하고, 形魄은 歸于地하나니, 故로 祭는 求諸陰陽之義也니라. 殷人은 先求諸陽하고, 周人은 先求諸陰하니,
　　(혼기 귀우천 형백 귀우지 고 제 구
　　저음양지의야 은인 선구저양 주인 선구저음)

詔祝於室하며, 坐尸於堂하며, 用牲於庭하며, 升首於室하며, 直祭에 祝于主하고, 索祭에 祝于祊은, 不知神之所在하여, 於彼乎아, 於此乎아, 或諸遠人乎니, 祭于祊은, 尚曰求諸遠者與인저.
　　(조축어실 좌시어당 용생어정 승수어실
　　직제 축우주 색제 축우팽 부지신지소재 어피
　　호 어차호 혹저원인호 제우팽 상왈구저원자여)

註解 ㅇ魂氣(혼기)-정신 기능의 본질(本質). ㅇ形魄(형백)-육체 기능의 본질. ㅇ直祭祝于主(직제축우주)-신주(神主)에 대해서 직접 제물을 바치는 것. 시동씨(尸童氏)를 향응해서 간접적으로 신령을 제사하는 것이 아니므로 직제(直祭)라고 한다.

묘문(廟門)에서 신을 부르는 의식을 팽(祊)이라고 하는데, 이 말의 진의는 양(倞), 즉 멀다는 뜻이다. 희생의 내장을 올려 놓는 대(臺)를 기(肵)라고 하는데 이 말의 진의는 경(敬)이다. 기원하는 말에 부(富)라고 되어 있는 것은 복(福)을 뜻한다. 희생의 머리를 바치는 것은 머리는 정(正), 즉 장(長)이기 때문이다. 또 시동씨(尸童氏)를 돕는 구실을 상(相)이라고 하는데 이는 서로 마주보며 대접한다는 뜻이다. 제례에서 군주가 읽는 축복의 글을 하사(嘏辭)라고 하는데, 하(嘏)란 장(長) 또는 대(大)를 뜻한다. 또 시동씨의 진의는 진(陳)이다. 모혈(毛血)을 바치는 것은, 희생의 몸체가 안팎으로 완전하다는 것을 나타내고 그것은 신이 순수함을 기뻐하기 때문이다. 또 희생의 피를 바치는 것은 생기가 왕성함을 존귀하게 여길 경우이다. 폐·간·심장 등을 바치는 것은 생기의 근원이 되는 부분을 존귀하게 여기기 때문이다. 또 서직(黍稷)을 바칠 때에 희생의 폐를 곁들이고, 제주(齊酒 : 혼합주)를 바칠 때에 명수(明水 : 물)를 곁들이는 것은, 음(陰)에 속하는 형백(形魄)을 제사지내기 위함이며, 희생의 창자의 지방을 떼어서 불에 쬐고 머리를 신에게 바치는 것은, 양에 속하는 혼기(魂氣)를 제사지내기 위함이다.

原文 祊之爲言은 倞也요, 肵之爲言은 敬也요, 富也者는, 福也요, 首也者는, 直也요, 相은, 饗之也요, 嘏는, 長也며, 大也요, 尸는, 陳也요, 毛血은, 告幽全之物也니, 告幽全之物者는, 貴純之道也니라. 血祭는, 盛氣也요, 祭肺肝心은, 貴氣主也요, 祭黍稷에

加肺하며, 祭齊에 加明水는, 報陰也요, 取膟菅하여 燔燎하며, 升
首는, 報陽也니라.

(팽지위언 양야 근지위언 경야 부야자 복야

수야자 직야 상 향지야 하 장야 대야 시

진야 모혈 고유전지물야 고유전지물자 귀순지

도야 혈제 성기야 제폐간심 귀기주야 제서직

가폐 제제 가명수 보음야 취율료 번료 승

수 보양야)

註解　ㅇ嘏(하) 長也(장야) 大也(대야) ― 하(嘏)는 장(長) 혹은 대(大)란 뜻이며 따라서 하사(嘏辭)란 사람이나 사물(事物)의 존재를 장대해지도록 축복하는 말이란 뜻. ㅇ尸(시) 陳也(진야) ― 이 시(尸)는 제례(祭禮)에서 신령의 대리 구실을 하는 사람을 말하는데, 그 의미에서 본 시(尸)의 진의는 '진열(陳列), 임석(臨席)'이라고 해석된다. ㅇ毛血(모혈) 告幽全之物也(고유전지물야) ― 모혈(毛血)이 그윽하고 온전하다는 것을 신에 고유(告由)한다는 말. 피는 몸속에 있는 것이므로 그윽한 것이고 털은 밖에 있는 것이므로 온전한 것을 알 수 있다. ㅇ祭齊加明水(제제가명수) ― 시동씨(尸童氏)에 대한 정제(正祭) 때에 다섯 가지 종류의 술인 오제(五齊)의 술 준을 벌려놓고 또 명수(明水)의 준을 더한다는 말. 오제란 첫째 범제(泛齊), 둘째 예제(醴齊), 셋째 앙제(盎齊), 넷째 제제(緹齊), 다섯째 침제(沈齊) 등을 말한다. 범제가 가장 탁하고 점차로 맑아진다. ㅇ取膟菅燔燎(취율료번료) ― 율료(膟菅)는 희생의 창자 속의 지방(脂肪)이고, 번료(燔燎)는 불태우는 것이므로, 희생의 지방을 불태우고 익힌 고기를 바칠 때에 이르러서는 쑥과 서직(黍稷)을 섞어서 태운다. 그 냄새로 양령(陽靈)을 보답하는 것이라고 한다. ㅇ報陰(보음)……報陽(보양) ― 음령(陰靈)에 보답하고 양령(陽靈)에 보답한다는 말. 서직(黍稷)에 희생의 폐를 곁들여 제사하며, 오제(五齊)와 명수(明水)를 더하는 것을 음령에 보답하는 것이라고 한다. 그리고 사람이 죽으면 형백(形魄)은 땅으로 돌아간다. 땅은 음에 속한다. 폐(肺)는 오행(五行)의 금(金)에 속하는데 금과 수(水)는

음이나 폐와 명수를 곁들임으로써 음에 보답한다는 것이다. 율료(膟膋)를 불태우고 희생의 머리를 당상(堂上)에 올려 제사하는 것은, 양령(陽靈)에 보답하는 것이라고 한다.

명수(明水)와 세제(涗齊 : 혼합주)는 청신한 것이 좋다. 무릇 세(涗) 한다는 것은 술을 걸러서 청신하게 하는 것이고, 또 거기에 첨가하는 물을 명수라고 하는 것은 제주(祭主)가 이 물을 청결하게 보유하기 때문이다. 그런데 임금이 신 앞에서 두 번 절하고 머리를 조아리며 육단(肉袒)하여 친히 희생을 할단(割斷)하는 것은, 신령에 대해 경의 (敬意)를 표하고 공경하기 때문이다. 절하는 것은 복순(服順)하는 것 이므로 머리를 조아리는 것은 매우 복순함이고, 육단하는 것은 복순 함이 극진한 것이다.

제례(祭禮)에서 제주(祭主)가 효손(孝孫)이라든가 효자(孝子)라든 가 하고 칭하는 것은, 조부나 아버지의 신령에 대해서〔손자나 아들 인〕제주로서 효를 행할 도의가 있기 때문이다. 증손 아무개라 칭하 는 것은〔증조부의 신령에 대해서〕, 증손인 자가 능히 국가를 계승했 음을 가리키는 것이다.

시동씨를 돌보는 상(相)이 시동씨에게 음식을 권함에 있어 제주는 친히 미리 경의를 다하여 선미(善美)한 것으로 준비해야 하며 또한 시동씨는 동석한 사람들에 대해서 간여하는 일이 없음은 당연한 일이 다. 또 신 앞에 고기를 바치는데 크게 벤 날고기나 혹은 잘게 자른 고 기나 혹은 물에 데친 것이나 혹은 완전히 익힌 것을 사용하지만 그 이유는 그 중의 어느 한 가지가 신의 마음에 들른지 모르기 때문이며, 주인이 친히 경의를 다하여 제물을 준비하는 것이다.

原文 明水涗齊는, 貴新也니, 凡涗는, 新之也라. 其謂之明水 也는, 由主人之潔著此水也니라. 君이 再拜稽首하고, 肉袒親割

은, 敬之至也라. 敬之至也는, 服也니, 拜는, 服也요, 稽首는, 服 之甚也요, 肉袒은, 服之盡也니라.

(명수세제 귀신야 범세 신지야 기위지명수
야 유주인지결저차수야 군 재배계수 육단친할
경지지야 경지지야 복야 배 복야 계수 복
지심야 육단 복지진야)

祭稱孝孫孝子는, 以其義로 稱也요, 稱曾孫某는, 謂國家也니라.
(제칭효손효자 이기의 칭야 칭증손모 위국가야)

祭祀之相은, 主人이 自致其敬하며, 盡其嘉니, 而無與讓也니 라. 腥肆爛腍을 祭는, 豈知神之所饗也리오. 主人이 自盡其敬而 已矣니라.

(제사지상 주인 자치기경 진기가 이무여양야
성척섬임 제 기지신지소향야 주인 자진기경이이의)

註解 ○明水(명수)−달 속에서 길어온 깨끗한 물. ○涗齊(세제)−세 (涗)는 청(淸)과 같은 뜻이므로 오제(五齊)를 걸러서 맑게 한 것. ○潔著 (결저)−깨끗하고 청명(淸明)하게 하는 것. 저(著)는 밝게 드러나게 한다 는 뜻. 즉 명수(明水)라는 것은 달 속의 물을 길어다가 깨끗하고 청명하게 가라앉힌 것이라는 말. ○肉袒(육단)−웃옷을 벗고 상체를 드러내는 것. ○祭稱孝孫孝子(제칭효손효자) 以其義稱也(이기의칭야)−제사에는 효(孝) 가 주(主)이다. 사(士)의 제례(祭禮)에 효손이니 효자니 하며 고축(告祝) 하는 것은 자손으로서의 마땅한 도의를 가지고 말한 것이란 뜻. ○稱曾孫 某(칭증손모) 謂國家也(위국가야)−제사에서 증손모(曾孫某)라고 일컬어 고축(告祝)하는 것은 나라와 집을 일컫는 것이란 말. ○祭祀之相(제사지 상)−제사를 도와 시동씨에게 조유(詔侑)하는 자란 말. ○無與讓也(무여 양야)−더불어 간여할 일이 없다는 말. 양(讓)은 간여한다는 말. ○腥肆 (성척)−척(肆)은 척(剔)의 뜻. 성척(腥剔)은 희생의 성체(腥體)를 할단 (割斷)한 것. ○爛(섬)−끓는 물에 데친 고기. ○腍(임)−익힌 고기.

제례(祭禮)에서 시동씨가 자리에 앉아 가각(斝角)의 술잔을 들면 〔축인은 제주에게 고하여〕 시동씨에게 절하고, 시동씨를 편안히 앉게 한다. 옛날에는 시동씨는 음식(飮食)할 일이 없으면 서있고, 음식할 일이 있으면 앉았던 것이다. 시동씨는 신의 상징이고 축관(祝官)은 장명(將命)하는 자를 말한다. 옛날에 신주(神酒)에는 띠풀로 거른 명주(明酒)를 사용했다. 또 잔주(醆酒)는 청주(淸酒)에 섞어 맑게 해서 신주로 사용했다. 즙사(汁莎)의 술은 잔주에 섞어 맑게 해서 사용했다. 이들의 방법은 오늘날의 명작(明酌), 청주(淸酒) 및 잔주(醆酒)를 역주(醳酒)에 섞어 맑게 해서 사용하는 방법에 속한다.

제사에는 복을 기구(祈求)하는 것이 있고, 복을 믿고 그것에 보답하기 위한 것이 있으며, 재화(災禍)·질병 등을 그치게 하기 위한 것 등 3종이 있다.

재계할 때에 현관(玄冠)과 현의(玄衣)를 사용하는 것은 음유(陰幽), 즉 암흑(暗黑) 속에 마음을 잠기게 하기 위한 것이다. 그러므로 군자는 3일간 재계하면 반드시 제사지내려는 상대를 볼 수가 있다.

原文 擧斝角하고, 詔妥尸하나니, 古者에 尸無事則立하고, 有事而后라야 坐也하나니, 尸는, 神象也요, 祝은, 將命也니라. 縮酌用茅는 明酌也니라. 醆酒를 涗于淸하고, 汁莎는 涗于醆酒하나니, 猶明淸與醆酒于舊澤之酒也니라.

(거가각 조타시 고자 시무사즉립 유
사이후 좌야 시 신상야 축 장명야 축작
용모 명작야 잔주 세우청 즙사 세우잔주
유명청여잔주우구역지주야)

祭有祈焉하고, 有報焉하며, 有由辟焉하나니라.

(제유기언 유보언 유유피언)

齊之玄也는, 以陰幽思也니, 故로 君子三日齊하여, 必見其所

祭者니라.
(재지현야 이음유사야 고 군자삼일재 필견기소제자)

註解 ○斝(가)−옥(玉) 술잔. ○角(각)−각제(角製), 즉 뿔로 만든 술잔. ○詔安尸(조타시)−타(安)는 편안하게 한다는 뜻이다. 즉 시동씨가 처음 자리에 나아가 술잔을 들 때에 축(祝)이 주인에게 고하여 시동씨에게 절하고 편안히 앉게 하라고 한다. 즉 시동씨를 편안하게 하라고 고한다는 말. ○無事(무사)−일이 없다는 말. 즉 그 일이란 시동씨는 선조의 신주로서 제물의 주식(酒食)을 먹는 것이 임무이니, 일이라 한 것은 음식을 먹는 일을 말한다. ○祝將命也(축장명야)−축관(祝官)은 손과 주인 사이에서 그 말을 전한다는 말. 축은 먼저 주인의 말로써 신(神)에게 고하고 뒤에는 신의 말로써 주인을 축복한다. ○縮酌用茅(축작용모)−축(縮)은 거른다, 맑게 한다는 뜻. 즉 술을 거르는 데 띠풀을 사용한다는 말. 띠풀을 그릇 위에 쌓아 놓고 그 위에 탁하고 찌꺼기 있는 술을 부어서 거르는 것이다. ○明酒(명주)−띠풀을 깔고 거른 맑은 술을 말한다. ○醆酒(잔주)−청주(淸酒)를 타서 맑게 한 술. 앙제(盎齊)라고도 하며 오제(五齊)의 하나. ○汁莎(즙사)−울창주(鬱鬯酒)의 별명. 거창(秬鬯)과 울금(鬱金)을 주물러 짠 즙(汁)에 잔주를 부어 맑게 한 것. ○舊澤之酒(구역지주)−역(澤)은 역(醳)의 잘못. 오래된 역주(醳酒). 즉 오래 묵은 맛이 텁텁한 술. ○有由辟焉(유유미언)−미(辟)는 미(弭)로 읽는다. 미(弭)는 그친다는 뜻. 즉 제사에는 재난이나 질병을 그치게 하기 위한 제사가 있다는 말. ○齊之玄(재지현)−재계(齊戒)할 때에 현관(玄冠)과 현의(玄衣) 차림을 하는 것.

제12 내 칙(內則)

　　내칙(內則)은 가정 안에 있어서의 예의범절이란 뜻이다. 이 편에는 가정에 있어서 남녀간에 알아두어야 할 일이나, 부모·시부모에 대한 예의 등을 해설한 곳이 많다. 또 아들의 탄생에 관한 의식이나 자녀의 양육방법 등의 기록 혹은 귀인(貴人)의 상식(常食) 등에 대하여 수록하고 있다.

　고대의 현왕(賢王)이 재상(宰相)에게 명하여 억조창생에게 예의 도덕을 가르치게 하였다. 〔그 중에 다음과 같은 사항이 있다〕

　아들이 부모를 섬길 때에는 첫닭이 울면 모두 일어나 세수하고 양치질하며, 머리 빗고 검은 비단으로 머리털을 싸매며, 비녀 꽂고 비단으로 묶어서 상투짜며, 다발머리 위의 먼지를 털어 버리며, 갓 쓰고 갓끈을 드리우며, 현단복(玄端服)을 입고 무릎덮개를 착용하며, 큰 띠를 띠고 홀(笏)을 꽂는다. 〔그리고 다시 좌우에 여러 가지 일종의 소도구를 찬다〕 즉 왼편에는 물건을 닦는 수건과 손수건과 작은 칼과 숫돌과 작은 뿔송곳과 금수(金燧)를 차고, 오른편에는 활깍지와 팔찌와 필통과 칼집과 큰 뿔송곳과 목수(木燧)를 찬다. 그리고 행전을 치고 신을 신고 신끈을 맨다.

　　原文　后王이 命冢宰하사, 降德于衆兆民하시나니라.
　　　(후왕 명총재 강덕우중조민)

　　子이 事父母하되, 雞初鳴이어든, 咸盥漱하며, 櫛縰, 笄總하며, 拂髦, 冠, 緌纓하며, 端, 韠紳하며, 搢笏하며, 左右佩用하며, 左에 佩紛, 帨, 刀, 礪, 小觿, 金燧하고, 右에 佩玦, 捍, 管, 遰, 大

韜, 木燧하며, **偪, 屨, 著綦**니라.

(자 사부모 계초명 함관수 즐사 계총
불모 관 유영 단 필신 진홀 좌우패용 좌
패분 세 도 여 소휴 금수 우 패결 한 관 제 대
휴 목수 핍 구 착기)

註解 ○后王(후왕)−천자(天子). 후(后)는 후(侯)로 제후(諸侯)를 가리킨 말이므로 제후의 왕, 즉 천자를 말한 것이다. ○冢宰(총재)−천자의 재상. 주(周)나라 때 육관(六官)의 우두머리. 천자를 보좌하고 백관을 통어하여 온 천하를 균평하게 다스리는 일을 맡는다. ○盥漱(관수)−관(盥)은 세수하는 것. 수(漱)는 양치질하는 것. ○櫛(즐)−빗질하는 것. 머리를 빗는다는 말. ○縰(사)−검은 비단으로 머리털을 싸매는 것. ○笄(계)−비녀를 지르는 것. ○總(총)−비단으로 머리털을 묶어 상투 짜는 것. ○拂髦(불모)−모(髦)는 어릴 때 머리를 깎으면서 이마에 조금 남겨두어 다발머리를 한 것. 장성해서도 부모가 생존하면 그 사람은 그대로 다발머리를 가지고 있는 풍습이다. 그러므로 불모는 머리의 먼지를 털어버리는 것. ○冠(관) 緌纓(유영)−갓 쓰고, 갓끈을 매고 남는 끈을 늘어뜨린다는 말. 관(冠)은 갓을 쓴다는 뜻. 영(纓)은 갓끈, 유(緌)는 늘어뜨리는 것. ○端(단)−현단복(玄端服)을 입는다는 말. 현단복은 사(士) 이상의 신분인 사람의 정장(正裝)이므로, 상의(上衣)는 흑색이고, 치마의 빛깔에 따라 다르다. ○韠(필)−무릎덮개를 착용한다는 말. ○紳(신)−큰 띠를 매는 것. ○搢笏(진홀)−홀(笏)을 꽂는 것. 사(士)의 홀은 대나무로 만든다. 홀은 큰 띠 사이에 꽂으며 필요한 것을 적는다고 한다. 또한 신사의 상징이란 말도 있다. ○左右佩用(좌우패용)−몸의 좌우에 여러 가지 필요한 소도구(小道具)를 차는 것. 어른이 시키는 일이나 명령이 있을 때에 사용하기 위한 것이라고 한다. ○紛(분)−그릇 닦는 수건. ○帨(세)−손을 닦는 수건. 손수건. ○礪(여)−숫돌. ○小觿(소휴)−작은 뿔송곳. ○金燧(금수)−불을 일으키는 금속으로 만든 기구. 부싯돌. ○玦(결)−활깍지. 오른손 엄지손가락에 끼우고 활시위를 당기는 것. ○捍(한)−팔찌. 왼팔에 끼워서 옷소매를 걷어 활쏘기에 편리하도록 하는 것. ○管(관)−여기서는 필통

(筆筒)을 말한 것. 필낭이라고도 한다. ○遰(제)−칼집. ○大觿(대휴)−큰 뿔송곳. ○木燧(목수)−나무를 마찰하여 불을 일으키는 기구. ○偪(핍)− 행전을 치는 것. ○屨著綦(구착기)−구(屨)는 신을 신는다는 말. 착기(著綦)는 끈을 매는 것. 즉 신을 신고 끈을 매는 것.

며느리가 시부모를 섬기려면 친가에서 부모를 섬기는 것과 같이 한다. 즉 며느리들은 첫닭이 울면 모두 일어나 세수하고 양치질하고 머리 빗고, 검은 비단으로 머리를 싸매며 비녀 꽂고, 비단으로 묶어 상투 짜며, 옷 입고 큰 띠를 띠고 왼쪽에는 그릇을 닦는 수건과 손수건과 작은 칼과 숫돌과 작은 뿔송곳과 금수(金燧)를 찬다. 오른쪽에는 바늘 넣는 통과 실과 솜을 차되 반(繁)·질(袠) 속에 넣으며, 큰 뿔송곳과 목수(木燧)를 찬다. 향낭(香囊)을 차고 신을 신고 신끈을 맨다. 이리하여 부모 혹은 시부모에게로 가는데, 가면 마음을 가라앉히고 목소리를 부드럽게, 입은 옷의 춥고 더움 또는 아프고 가려운 점 등을 물어 공손하게 긁기도 하고 문질러 드리기도 한다. 부모가 출입하실 때에는 앞서거니 뒤서거니 하여 공손히 붙들어 모신다. 세숫물을 올릴 때에는 어린이는 대야를 받들고 나이 많은 자는 물을 부어 세수하기를 청한다. 세수를 마치면 수건을 올린다. 음식은 무엇을 자시고 싶으신가를 물어 그 원하는 것을 공손히 올리되, 얼굴빛을 부드럽게 하여 뜻을 받들어 거행한다. 된죽과 묽은 죽, 술·단술과 나물을 섞어 끓인 고깃국과 콩·보리·대마(大麻) 열매·벼·메기장과 기장·차조 등 그 어느 것이나 먹고 싶어하는 것을 올린다. 그 맛을 내려면 대추·엿·꿀 등으로 달게 하고 씀바귀나 부추는 햇것과 묵은 것을 섞어 쌀뜨물로 매끄럽게 하거나 혹은 유지(油脂)를 사용해서 입에 맞도록 한다. 그리고 권해 올린 것은 반드시 시부모가 입에 대는 것을 본 후에 물러가도록 한다.

原文 婦이 事舅姑하되, 如事父母하여, 雞初鳴이어든, 咸盥漱하며, 櫛縰, 笄總하며, 衣紳하며, 左佩紛帨, 刀礪, 小觿, 金燧하고,

右佩箴管線纊하되 施繋衰하며, 大觿요, 木燧하며, 衿纓, 綦屨니라. 以適父母舅姑之所하되, 及所하여, 下氣怡聲하여, 問衣燠寒하며, 疾痛苛癢, 而敬抑搔之하며, 出入則或先或後하여, 而敬扶持之니라. 進盥할새, 少者는 奉槃하고, 長者는 奉水하여, 請沃盥하고, 盥卒授巾이니라. 問所欲, 而敬進之하되, 柔色以溫之하여, 饘酏, 酒醴, 芼羹, 菽麥, 蕡稻, 黍粱, 秫을, 唯所欲이니라. 棗栗飴蜜以甘之하며, 菫荁枌楡를 免薧하고, 滫瀡以滑之하며, 脂膏以膏之하여, 父母舅姑이 必嘗之而後에 退니라.

(부 사구고 여사부모 계초명 함관수
즐사 계총 의신 좌패분세 도여 소휴 금수
우패잠관선광 시반질 대휴 목수 금영 기이
이적부모구고지소 급소 하기이성 문의욱한
질통가양 이경억소지 출입즉혹선혹후 이경부
지지 진관 소자 봉반 장자 봉수 청옥관
관졸수건 문소욕 이경진지 유색이온지
전이 주예 모갱 숙맥 분도 서량 출 유소욕 조율
이밀이감지 근환분유 문고 수수이활지 지고
이고지 부모구고 필상지이후 퇴)

註解　ㅇ箴管(잠관)-바늘 넣는 통. ㅇ線纊(선광)-실과 솜. ㅇ施繋衰(시반질)-주머니에 넣어 간직한다는 말. 시(施)는 넣어 둔다는 뜻이고, 반(繋)과 질(衰)은 모두 주머니를 뜻한 말. ㅇ衿纓(금영)-향주머니를 찬다는 말. 영(纓)은 향을 넣는 주머니를 말한 것이고 금(衿)은 맺는다는 뜻. ㅇ適父母之所(적부모지소)-부모께서 거처하시는 곳에 아침 문안을 드리러 간다는 말. 적(適)은 간다는 말. ㅇ及所(급소)-부모가 거처하는 곳에 도착한다는 말. ㅇ下氣怡聲(하기이성)-하기(下氣)는 호흡을 나직히 가라앉히는 것. 이성(怡聲)은 말소리를 부드럽게 하는 것. ㅇ苛癢(가양)-가려움. ㅇ抑(억)-누르는 것, 짚는 것. ㅇ繋(반)-작은 주머니. ㅇ沃盥(옥관)-

물을 부어서 세수하는 것. ○問所欲(문소욕)—먹고자 하는 것을 묻는 것.
○溫之(온지)—뜻을 받드는 것. 명령대로 하는 것. ○饘酏(전이)—된 죽과
묽은 죽. ○芼羹(모갱)—나물을 섞어 넣고 끓인 고깃국. ○堇(근)—오랑캐
꽃 나물. ○萱(환)—오랑캐꽃의 일종. ○免(문)—신선한 것. ○薧(고)—말
려서 묵힌 것. ○滫(수)—오래된 쌀뜨물. ○瀡(수)—쌀뜨물 중에서 미끄러
운 것. ○脂(지)—엉기어 있는 지방분. ○膏(고)—풀어진 기름기. ○甘之
(감지)·滑之(활지)·膏之(고지)—음식맛을 조미(調味)하는 세 가지 방법.
즉 달게 하고, 미끄럽게 하고, 기름지게 하는 것.

　남녀가 모두 아직 갓을 쓰지 않았거나 비녀를 지르기 전에는〔성인
이 되기 전에는〕첫닭이 울거든 모두 세수하고 머리 빗고, 검은 비단
으로 머리털을 싸매고 다발머리의 먼지를 턴 다음 머리를 묶어서 뿔
처럼 하며, 향주머니를 차고 날이 샐 무렵에 부모에게 문안을 드린다.
"무엇을 잡수시겠습니까?"하고 물어서 만약 이미 잡수셨다면 물러나
오고 잡수시지 않았다면 연장자를 도와서 부모의 식사를 보살핀다.
　모든 집 안팎 사람들은 누구를 막론하고 첫닭이 울면 모두 일어나
세수하고 양치질을 하고, 옷을 입은 다음 베개와 잠자리를 걷어치운
다. 방과 마루와 뜰을 소제하고 물로 닦고 자리를 펴 놓은 뒤에 각자
자기의 맡은 일을 한다. 어린아이는 일찍 자고 늦게 일어나며 먹고
싶은 것을 마음대로 때없이 먹게 한다.
　명사(命士) 이상의 신분인 자는, 아버지와 아이들이 거처하는 방
을 모두 달리한다. 그러므로 자식들은 날이 샐 무렵에 아침 문안을
드리며 맛이 좋고 감미로운 음식을 권하며 효심을 표시한다. 그리고
해가 뜬 뒤 물러나와 각자 자기의 일에 종사하다가 해가 진 뒤에는
또 다시 부모에게 저녁 문안을 드리고 맛있는 것을 권하여 효심을
나타낸다.

　原文　男女未冠笄者이, 雞初鳴이어든, 咸盥漱하며, 櫛縰하며,

拂髦하며, 總角하며, 衿纓하여, 皆佩容臭하고, 昧爽而朝하여, 問
何食飲矣오하여, 若已食, 則退하고, 若未食, 則佐長者視具니라.

(남녀미관계자 계초명 함관수 즐사

불모 총각 금영 개패용취 매상이조 문

하식음의 약이식 즉퇴 약미식 즉좌장자시구)

凡內外이, 雞初鳴이어든, 咸盥漱하며 衣服하고, 斂枕簟하며,
灑埽室堂及庭하여, 布席하고, 各從其事니라. 孺子는 蚤寢晏起하
며, 唯所欲하며, 食無時니라.

(범내외 계초명 함관수 의복 염침점

쇄소실당급정 포석 각종기사 유자 조침안기

유소욕 식무시)

由命士以上은, 父子이 皆異宮이니, 昧爽而朝하며, 慈以旨甘하
고, 日出而退하여, 各從其事하나니, 日入而夕하여, 慈以旨甘이니라.

(유명사이상 부자 개이궁 매상이조 자이지감

일출이퇴 각종기사 일입이석 자이지감)

[註解]　ㅇ未冠笄者(미관계자)―남자는 20세에 관례를 행하고, 여자는 15
세에 비녀를 지르며 성인이 된다. 그런데 갓을 아직 안쓰고 비녀를 지르
지 않은 자를 말하므로 미성년자를 말한다. 즉 남자 20세 미만, 여자 15
세 미만인 자. ㅇ總角(총각)―아직 갓쓰기 전 사내아이의 머리털을 묶은
모양. 머리털을 양쪽으로 나누어 묶어서 뿔난 것처럼 하는 것. ㅇ衿纓(금
영)―전문에서 성인 여성의 금영(衿纓)에 대해서 나오는데, 여기서는 동
남동녀의 금영을 말하므로, 전문의 경우와는 다르다. 영(纓)은 허리에 차
는 장식 끈으로 거기에 용취를 매어단다는 것이다. ㅇ容臭(용취)―향주머
니. 용(容)은 넣는 것. 취(臭)는 방향(芳香), 또는 향료. ㅇ昧爽(매상)―날
이 샐 무렵. ㅇ朝(조)―뵙는 것. 아침 문안을 드리는 것. ㅇ視具(시구)―음
식 준비하는 것을 살펴본다는 말. 시(視)는 보살핀다는 뜻. 구(具)는 음식
을 장만하는 것. ㅇ內外(내외)―집의 안과 밖. 여기서는 집안의 모든 남녀
라는 말. ㅇ斂(염)―걷어치운다는 말. ㅇ枕簟(침점)―베개와 삿자리. ㅇ孺

子(유자)―유자(幼子)와 같으므로 어린아이를 가리킨 말. ㅇ命士(명사)―
왕명으로 작위(爵位)와 관복(冠服)이 하사된 사(士). 사(士)는 대부의 아
래 지위인 벼슬아치. ㅇ父子異宮(부자이궁)―아버지와 아들이 거처하는
방을 따로 갖는다는 말. ㅇ慈(자)―여기서는 아들의 부모에 대한 자애(慈
愛)이므로 효양(孝養)하는 마음이란 뜻. ㅇ慈以甘旨(자이감지)―감미롭고
맛좋은 것을 올려 사랑을 바친다는 말. ㅇ日入而夕(일입이석)―해가 진
때에 저녁 문안을 드리는 것.

　부모나 시부모가 자리에 앉으려고 하면 아들이나 며느리는 방석을
들고 "어느 쪽으로 앉으실까요?"하고 묻는다. 또 잠자리에 누우려고
할 땐 아들이나 며느리 중 연장자가 이부자리를 가지고 와서 "어느
쪽을 발치로 하실까요?"하고 묻는다. 〔부모나 시부모가 잠자리에서
일어나시면〕 자식들 중 연하의 자는 이부자리 치우기를 돕고 시자(侍
者)는 안석을 갖다 바치며 〔잠잘 때 사용한〕 돗자리와 삿자리를 걷으
며 잠옷은 걸고 베개는 상자에 넣는다. 그리고 삿자리를 걷어 싸서
치운다.
　부모나 시부모의 옷과 이불과 삿자리와 돗자리와 베개와 안석은 일
정한 곳에 두고 옮기지 않으며, 지팡이와 신은 이를 소중히 간수하고
함부로 손대지 않도록 한다. 또 부모나 시부모의 대(敦)와 무(牟)와
치(巵)와 이(匜) 등의 식기류는 부모가 먹다 남은 음식을 받을 때가
아니면 이를 사용하지 않도록 한다. 또한 상용하는 음식물이라 할지
라도 먹고 남은 것이 아니면 〔자녀는〕 함부로 먹거나 마시거나 하지
않는다.
　부모가 계시는 동안 아침 저녁의 상식(常食)은 아들이나 며느리들
이 시중들어 많이 자시게 하고, 식사가 끝난 후에 남은 음식을 아들
과 며느리가 모두 먹는다. 아버지가 돌아가시고 어머니만 계시면 맏
아들이 모시고 먹으며, 여러 아들과 며느리들이 시중들다가 어머니나
시어머니가 남긴 음식을 먹는 것은 먼저와 같이 한다. 남은 음식 중

맛이 좋고, 달고, 부드럽고, 미끄러운 음식은 유아(幼兒)가 먹는다.

原文 父母舅姑이 將坐어시든, 奉席請何鄉하며, 將衽이어시든, 長者는 奉席請何趾하고, 少者는 執牀與坐하며, 御者는 擧几하고, 斂席與簟하며, 縣衾, 篋枕하고, 斂簟而襡之니라.
　　(부모구고 장좌 봉석청하향 장임
　　장자 봉석청하지 소자 집상여좌 어자 거궤
　　염석여점 현금 협침 염점이촉지)

父母舅姑之衣衾簟席枕几를, 不傳하며, 杖屨를, 祗敬之하여 勿敢近하며, 敦牟卮匜를, 非餕이어든 莫敢用하며, 與恆食飲을, 非餕이어든 莫之敢飲食이니라.
　　(부모구고지의금점석침궤 부전 장구 지경지
　　물감근 대무치이 비준 막감용 여항식음
　　비준 막지감음식)

父母이 在어시든, 朝夕恆食에, 子婦이 佐餕하며, 旣食恆餕하고, 父이 沒母이 存이어시든, 冢子이 御食이오, 羣子婦이 佐餕如初하며, 旨甘柔滑은, 孺子이 餕이니라.
　　(부모 재 조석항식 자부 좌준 기식항준
　　부 몰모 존 총자 어식 군자부 좌준여
　　초 지감유활 유자 준)

註解 ㅇ將衽(장임)―자리에 누우려고 하는 것. ㅇ請何趾(청하지)―발을 어느 쪽으로 둘 것인가를 묻는 것. 지(趾)는 발을 뜻한 말. ㅇ與坐(여좌)―부모가 다시 일어나실 것을 생각해서 가지 않고 옆에 모시고 앉는다는 뜻. 여(與)는 옆에서 모신다는 뜻. ㅇ御者(어자)―모시는 자. ㅇ斂席與簟(염석여점)―일어난 뒤에는 돗자리와 삿자리를 걷는다는 말. 석(席)은 돗자리. 점(簟)은 삿자리를 말한다. ㅇ几(궤)―안석. ㅇ縣衾(현금) 篋枕(협침)―잠옷은 걸고, 베개는 상자에 넣는다는 말. 현(縣)은 현(懸)과 같은 뜻. ㅇ不傳(부전)―일정한 곳에 둔다는 말. ㅇ敦牟(대무)―대(敦)와 무

(牟)는 모두 서직(黍稷)을 담는 그릇. ○巵(치)-술잔. ○匜(이)-수장(水漿)을 담는 그릇. ○餕(준)-먹다 남은 것. 대궁. ○恆食飮(항식음)-상시로 먹는 음식. ○子婦左餕(자부좌준)-아들과 며느리가 부모의 음식 먹는 것을 도와서 많이 먹도록 권해 드리고, 그 남은 것을 먹는다는 말. ○旣食恆餕(기식항준)-상시(常時) 부모가 먹다 남긴 음식을 먹는다는 말. ○冢子(총자)-맏아들. 아버지의 후계자가 될 아들.

부모나 시부모가 계신 곳에 있을 때에는 부모가 어떤 명령이 있으면 즉시 "예."하고 나서 공손히 응대한다. 그리고 몸을 움직여서 앞으로 나아가고 뒤로 물러나며, 돌거나 돌아서는 때에는 삼가 동작에 조심해야 하며, 계단을 오르고 내리거나 방에 들어가고 나갈 때에는 몸을 굽히고 펴는 것을 법도에 맞게 해야 한다. 감히 트림이나 재채기, 헛기침, 하품 및 기지개를 켜지 않으며, 한쪽 다리에만 의지하여 몸을 기울게 서거나, 비스듬히 곁눈질로 보거나 하지 않으며, 코풀거나 가래침을 뱉지 아니한다. 또 추워도 너무 옷을 껴입지 않고, 가려워도 보기 상스럽게 긁지 아니한다. 또 웃어른을 위해 무언가 할 경우가 아니면 웃옷을 벗지 않으며, 물을 건너는 경우가 아니면 옷을 걷어올리지 아니하고, 평소의 의복이나 잠옷의 안을 드러내 보이게 하지 아니한다.

부모가 가래침을 뱉거나 코를 풀 때에는 자녀가 즉시 뒤처리를 해서 사람의 눈에 띄지 않게 한다. 그리고 부모의 갓과 띠에 때가 묻었으면 잿물을 타서 씻기를 청하고, 의복에 때가 끼었으면 잿물로 빨기를 청하며, 옷이 터지거나 찢어졌으면 바늘에 실을 꿰어 꿰매기를 청한다. 또 5일마다 물을 끓여서 목욕을 청하고 3일마다 머리 감기를 청하며, 그 사이에도 얼굴이 더러워지면 쌀뜨물을 데워서 세수를 청하고, 발에 때가 끼었으면 물을 끓여서 발씻기를 청한다. 나이 적은 모든 사람이 연장자를 섬기거나 천한 자가 귀한 자를 섬길 때에도 모두 이 예절에 따라야 한다.

原文 在父母舅姑之所하여, 有命之어시든, 應唯敬對하며, 進退
周旋에 愼齊하며, 升降出入에 揖遊하며, 不敢噦噫, 嚏咳, 欠伸,
跛倚, 睇視하며, 不敢唾洟니라. 寒不敢襲하며, 癢不敢搔하며, 不
有敬事어든, 不敢袒裼하며, 不涉不撅하며, 褻衣衾을 不見裏니라.

(재부모구고지소 유명지 응유경대 진퇴
주선 신제 승강출입 읍유 불감일희 체해 흠신
피의 제시 불감타체 한불감습 양불감소 불
유경사 불감단석 불섭불궤 설의금 불현리)

父母唾洟를 不見하며, 冠帶垢어든, 和灰請漱하며, 衣裳垢어든,
和灰請澣하며, 衣裳綻裂이어든, 紉箴請補綴이니라. 五日이어든
則燂湯하여, 請浴하고, 三日이어든 具沐하되, 其閒에 面垢어든,
燂潘請靧하고, 足垢어든, 燂湯請洗하나니, 少事長하며, 賤事貴에,
共帥時니라.

(부모타체 불현 관대구 화회청수 의상구
화회청한 의상탄렬 인잠청보철 오일
즉섬탕 청욕 삼일 구목 기간 면구
섬번청회 족구 섬탕청세 소사장 천사귀 공솔시)

註解 ㅇ應唯(응유)-'예'하고 즉시 응답하는 것. ㅇ敬對(경대)-일의 내
용을 공손히 대답하는 것. ㅇ愼齊(신제)-삼가 조심하는 것. ㅇ揖(읍)-앞
으로 나아갈 때에 몸을 앞으로 약간 굽히는 것. ㅇ遊(유)-드는 것. 즉 여
기서는 물러나서 몸을 약간 펴서 드는 것. ㅇ噦(얼)-헛구역질. ㅇ噫(희)-
트림하는 것. ㅇ嚏(체)-재채기하는 것. ㅇ咳(해)-기침하는 것. ㅇ欠(흠)-
하품하는 것. ㅇ跛倚(피의)-한쪽 다리에만 의지하여 몸을 기울이고 서는
것. ㅇ睇視(제시)-비스듬히 곁눈질로 보는 것. ㅇ唾洟(타체)-침뱉고 코
푸는 것. ㅇ襲(습)-옷을 꺼입는 것. ㅇ敬事(경사)-윗사람을 위해 봉사하
는 것. ㅇ袒裼(단석)-윗옷을 벗고 팔을 드러내는 것. ㅇ不涉不撅(불섭불

궤)-물을 건널 경우가 아니면 옷을 걷어올리지 않는다는 말. ㅇ褻衣(설의)-속옷. 설(褻)은 더럽다는 뜻이지만 설의라고 하면 속옷이란 뜻. ㅇ漱(수)-손으로 씻는 것. ㅇ澣(한)-빨래하는 것. ㅇ綻裂(탄렬)-터져서 찢어지는 것. ㅇ紉(인)-실을 바늘에 꿰는 것. ㅇ箴(잠)-바늘. ㅇ補綴(보철)-깁고 얽어매는 것. ㅇ燂(섬)-데우는 것, 끓이는 것. ㅇ具(구)-갖춘다는 뜻. ㅇ請浴(청욕)-목욕하기를 청한다는 말. ㅇ沐(목)-머리 감는 것. ㅇ燂潘請靧(섬번청회)-쌀뜨물을 끓여서 낯을 씻기를 청한다는 말. 번(潘)은 쌀뜨물. 회는 낯을 씻는 것. ㅇ帥時(솔시)-이에 따른다는 말. 솔(帥)은 따른다는 뜻이고, 시(時)는 시(是)와 같으니 이것에 따른다. 즉 이 예절에 따라서 해야 한다는 말.

남자는 집안의 일을 말하지 않으며, 여자는 밖의 〔집이나 국가 정치〕 일을 말하지 않는다. 또 제사 때나 초상 때가 아니면 남녀는 서로 그릇을 주고받지 아니한다. 제사나 초상 때에 서로 주고받는 경우에도 여자가 광주리에 받는다. 광주리가 없으면 남녀가 모두 꿇어 앉아 남자가 물건을 땅에 놓은 뒤에 여자가 가져간다. 또 남녀는 우물의 물을 함께 푸지 않으며, 욕실(浴室)도 함께 쓰지 않으며, 잘 때에 자리를 함께 쓰지 않으며, 물건을 빌리지도 않고 의상(衣裳)도 함께 쓰지 않는다. 또 집안의 말이 밖에 나가게 하지 않으며, 밖의 말이 안으로 들어오게 하지 않는다. 그리고 남자는 안에 들어가면 휘파람을 불지 않으며, 손가락질도 하지 않으며, 밤에 집안에 들어갈 때에는 반드시 등불을 사용하고 그것이 없으면 가지 않는다. 또 여자는 집 밖에 나갈 때는 반드시 얼굴을 가린다. 그리고 밤에 밖으로 나갈 때에는 등불을 사용하고 그것이 없으면 나가지 않는다. 도로에서 남자는 우측을 통행하고 여자는 좌측을 통행한다.

原文 男不言内하고, 女不言外하며 非祭非喪이어든, 不相授器니, 其相授일진댄 則女受以篚하고, 其無篚어든 則皆坐하여, 奠之

而后에 取之니라. 外内不共井하며, 不共湢浴하며, 不通寢席하며, 不通乞假하며, 男女이 不通衣裳하며, 内言을 不出하며, 外言을 不入하며, 男子이 入内에 不嘯不指하며, 夜行以燭이니, 無燭則止하고, 女子이 出門에, 必擁蔽其面하며, 夜行以燭이니, 無燭則止니라. 道路에, 男子는 由右하고, 女子는 由左니라.

(남불언내 여불언외 비제비상 불상수기
기상수 즉여수이비 기무비 즉개좌 전지
이후 취지 외내불공정 불공벽욕 불통침석
불통걸가 남녀 불통의상 내언 불출 외언
불입 남자 입내 불소부지 야행이촉 무촉즉
지 여자 출문 필옹폐기면 야행이촉 무촉즉
지 도로 남자 유우 여자 유좌)

註解 ㅇ不言(불언)—말하지 않는 것. ㅇ内(내)—내사(内事), 즉 가정 내의 일을 말한 것. ㅇ外(외)—외사(外事), 즉 가정 밖의 일을 말한 것. ㅇ授(수)—준다는 말. ㅇ篚(비)—대바구니. ㅇ坐(좌) 奠之而后取之(전지이후취지)—좌(坐)란 여기서는 꿇어 앉는다는 뜻. 즉 남녀가 그릇을 서로 주고받을 때에는 광주리를 사용하여 주고받지만, 광주리가 없을 때에는 남녀가 모두 꿇어 앉아 남자가 그릇을 땅에 놓으면 여자가 가져간다는 말. ㅇ不共湢浴(불공벽욕)—남녀가 욕실을 함께 쓰지 않는다는 말. 벽(湢)은 욕실(浴室)을 말한 것. ㅇ不通寢席(불통침석)—잠을 잘 때에는 자리를 터놓지 않는다는 말. 즉 따로 격리한다는 말. ㅇ不通乞假(불통걸가)—남녀 사이에는 서로 물건을 빌리고 빌려주고 하는 일을 하지 않는다는 말. 걸(乞)은 빌려온다는 뜻이고, 가(假)는 빌려준다는 뜻. ㅇ不通衣裳(불통의상)—남녀가 의상을 함께 쓰지 않는다는 말. ㅇ不嘯不指(불소부지)—남자가 집안에 들어가서 휘파람을 불거나 손가락질을 해서는 안된다는 말. ㅇ擁蔽(옹폐)—보이지 않도록 가리는 것.

아들이나 며느리가 부모나 시부모를 공경하고 효도하는 자는 명령을 거역하지도 않고 게으름 피우지도 않는다. 만일 부모가 음식을 주며 먹으라고 하면, 가령 먹고 싶지 않더라도 조금은 입에 대고 다음 명령을 기다린다. 만일 의복을 주시면 가령 그것이 마음에 들지 않더라도 그것을 입고 다음 명령을 기다린다. 만일 어떤 일을 시키고 다시 다른 사람에게 그 일을 대신 시키면 자신은 비록 그렇게 하고 싶지 않더라도 잠시 그에게 주어서 얼마 동안 시켜본다. 그런 다음에 그가 잘하지 못하면 다시 자신이 맡아서 한다.

부모나 시부모로서는 아들이나 며느리에게 수고스러운 일이 있어서 그 노고를 이기지 못하는 것을 매우 가엾게 여길지라도 잠시 동안 그대로 두어서 일을 계속하게 하고, 차라리 자주 휴식시키면서 일이 끝날 때까지 시키는 것이 좋다. 아들이나 며느리가 아직 공경이나 효도하는 마음이 부족하더라도 부모나 시부모는 그것을 미워하거나 원망하지 않고 우선 가르친다. 그리고 만일 가르쳐도 안될 때에는 꾸짖는다. 꾸짖어도 안되면 아들이면 내쫓고 며느리면 내보낸다. 그러나 그 아들이나 며느리의 잘못된 죄과를 외부에 공표(公表)해서는 안된다.

부모에게 과실이 있으면 아들은 애써 마음을 진정하고 안색을 부드럽게 하며 목소리를 낮추어서 간(諫)한다. 간해도 들어주지 않으면 더한층 정중하게 부모를 받들고 부모의 기분이 좋아지면 다시 간한다. 가령 부모의 기분을 상하게 할지라도 〔부모가〕 죄를 범하고 향당(鄕黨)으로부터 비난을 받는 것보다는 되풀이해서 간하여 부모를 성나게 하는 편이 낫다. 부모가 성을 내어 지팡이나 회초리로 때려 맞아서 피가 흘러도 참고 견디며 미워하거나 원망하지 않고 더한층 공손히 받드는 것이다.

原文 子婦孝者敬者는, 父母舅姑之命을, 勿逆勿怠니라. 若飮食之어시든, 雖不耆나, 必嘗而待하며, 加之衣服이어시든, 雖不欲이나, 必服以待니라. 加之事요, 人으로 代之어시든, 己雖弗欲이

나, **姑與之**하여, **而姑使之**라가, **而后**에 **復之**니라.

　　(자부효자경자 부모구고지명 물역물태 약음
　　사지 수불기 필상이대 가지의복 수불욕
　　필복이대 가지사 인 대지 기수불욕
　　고여지 이고사지 이후 부지)

子婦이 **有勤勞之事**어든, **雖甚愛之**나, **姑縱之**하고, **而寧數休**
之니라. **子婦**이 **未孝未敬**이어든, **勿庸疾怨**이오. **姑敎之**하되, **若**
不可敎어든, **而后**에야 **怒之**니, **不可怒**어든, **子放婦出**하되, **而不**
表禮焉이니라.

　　(자부 유근로지사 수심애지 고종지 이영삭휴
　　지 자부 미효미경 물용질원 고교지 약
　　불가교 이후 노지 불가노 자방부출 이불표예언)

父母이 **有過**어시든, **下氣怡色**하며, **柔聲以諫**이니, **諫若不入**이
어든, **起敬起孝**하여, **説則復諫**이니라. **不説**이셔도 **與其得罪於鄕**
黨州閭론, **寧孰諫**이니, **父母**이 **怒不説, 而撻之流血**이라도, **不敢**
疾怨이오, **起敬起孝**니라.

　　(부모 유과 하기이색 유성이간 간약불입
　　기경기효 열즉부간 불열 여기득죄어향
　　당주려 영숙간 부모 노불열 이달지유혈 불감
　　질원 기경기효)

註解　o勿逆(물역)－거슬리지 말라는 말. o勿怠(물태)－게을리하지 말
라는 뜻. o若(약)－만약. o雖(수)－비록 ……일지라도. o雖不耆(수불기)
必嘗而待(필상이대)－부모나 시부모가 자기에게 음식을 주면, 비록 그 음
식을 좋아하지 않더라도 반드시 맛보고 다음 명령을 기다려야 한다는 말.
불기(不耆)는 즐기지 않는다는 뜻. 상(嘗)은 맛보는 것. o姑(고)－아직.
o使之(사지)－이로 하여금 일을 하게 하는 것. o復之(부지)－또다시 자
기가 찾아서 하는 것. o雖甚愛之(수심애지)－비록 매우 가엾게 여길지라

도란 말. 애지(愛之)는 가엾게 여긴다는 말. ○縱(종) 일을 하는 데 있어 그 몸을 쉬게 하는 것. ○寧數休之(영삭휴지)-차라리 자주 휴식을 시킬 지언정 중도에서 포기하게 하지 않는다는 말. ○勿庸疾怨(물용질원)-미 워하거나 원망하지 말라는 것. ○不可敎(불가교)-가르침에 따르지 않아 아무리해도 가르칠 수 없다는 뜻. ○子放婦出(자방부출) 而不表禮焉(이 불표례언)-아들이면 집에서 내쫓고 며느리면 집에서 내보내나 그들의 실례한 죄과를 외부에 드러내 밝히지 않는다는 말. ○過(과)-허물. ○怡 色(이색)-얼굴빛을 부드럽게 하는 것. ○諫(간)-윗사람에게 바른 말을 하는 것. ○說(열)-열(悅)과 같은 뜻. ○鄕黨(향당)-한 고향 사람들. ○州 閭(주려)-마을. 향당. ○寧(영)-차라리. ○孰諫(숙간)-은근하게 간(諫) 하는 것. ○撻(달)-종아리를 때리는 것.

부모에게 비자(婢子), 또는 서자(庶子)나 서손(庶孫)으로서 매우 사랑받는 자가 있을 때에는, 부모가 돌아가셨다 할지라도 종신토록 이들을 공경하고 잊지 말아야 한다. 아들에게 두 사람의 첩이 있는데 부모가 그 중의 한 사람을 사랑하면, 의복·음식에 있어서나 시키는 일에 있어서나 감히 부모의 사랑하는 자와 비등하게 하지 못한다. 비 록 부모가 죽은 뒤라도 잊지 말아야 한다. 아들이 그의 아내를 좋게 여기더라도 부모가 그를 싫어하면 내보내야 하고, 아들이 그의 아내 를 싫어할지라도 부모가 말하기를 "이 며느리가 나를 잘 섬긴다."라 고 하면 아들은 그녀와 부모의 도리를 지켜서 몸이 마칠 때까지 변하 지 말아야 한다.

부모께서 비록 돌아가셨다 할지라도 장차 착한 일을 하려고 할 때 에는, 부모에게 어진 이름이 돌아갈 것을 생각하여 반드시 실행하며, 장차 착하지 못한 일을 하려고 할 때에는 부모에게 부끄러움과 욕됨 이 돌아갈 것을 생각하여 하지 말아야 한다.

原文 父母이 有婢子와, 若庶子庶孫을, 甚愛之어시든, 雖父母

沒이라도, **沒身敬之不衰**니라. **子有二妾**에, **父母**는 **愛一人焉**하고, **子**는 **愛一人焉**이어든, **由衣服飮食**과, **由執事**를, **毌敢視父母所愛**하여, **雖父母沒**이라도 **不衰**니라. **子**이 **甚宜其妻**라도, **父母**이 **不說**이어시든, **出**하고, **子**이 **不宜其妻**라도, **父母**이 **曰是**이 **善事我**라커시든, **子行夫婦之禮焉**하여, **沒身不衰**니라.

(부모 유비자 약서자서손 심애지 수부모
몰 몰신경지불쇠 자유이첩 부모 애일인언
자 애일인언 유의복음식 유집사 무감시부모소
애 수부모몰 불쇠 자 심의기처 부모
불열 출 자 불의기처 부모 왈시 선사
아 자행부부지례언 몰신불쇠)

父母이 **雖沒**이나, **將爲善**에, **思貽父母令名**하여, **必果**하며, **將爲不善**에, **思貽父母羞辱**하여, **必不果**니라.

(부모 수몰 장위선 사이부모영명 필과 장
위불선 사이부모수욕 필불과)

註解   ○婢子(비자)-천첩(賤妾). ○庶子庶孫(서자서손)-첩(妾)의 소생을 서(庶)라고 한다. ○沒身(몰신)-종신(終身). 목숨이 다할 때까지라는 말. ○由(유)-이르기까지. ○由執事(유집사)-용기(用器)에서부터 기타의 것에 이르기까지. ○視(시)-비교하는 것. ○毌(무)-하지 말라는 뜻. ○宜(의)-좋아하는 것. ○父母不說(부모불열) 出(출)-부모가 좋아하지 않으면 내보낸다는 말. 즉 부모가 며느리를 좋아하지 않으면 내보낸다는 것. 열(說)은 열(悅)과 같다. ○行夫婦之禮(행부부지례)-부부로서 지켜야 할 도리를 실행하는 것. ○爲善(위선)-착한 일을 하는 것. ○貽(이)-남긴다는 뜻. ○令名(영명)-좋은 이름. ○羞辱(수욕)-부끄럽고 욕된 일.

시아버지가 죽으면 시어머니는 은거(隱居)한다. 맏며느리는 제사지내고 손님을 대접하는 일에 이르기까지 매사에 반드시 시어머니에게

물어서 지시를 받아야 하며, 작은며느리는 맏며느리에게 물어서 그 지
시를 받아야 한다. 시부모가 맏며느리에게 일을 시키면, 맏며느리는 게
을리하지 말며 작은며느리에게 무례하게 심술을 부리거나 해서는 아니
된다. 시부모가 작은며느리에게 일을 시키면, 작은며느리는 감히 맏며
느리에게 대항하거나 대등하게 행동하지 못한다. 감히 어깨를 가지런
히 하고 나란히 다니지 못하며 감히 나란히 서서 어른의 명령을 받을
수 없으며 감히 나란히 앉아서도 안된다. 모든 며느리들은 그들의 방
으로 물러가라는 시부모의 명령이 있기 전에는 감히 물러나지 못하며,
며느리에게 사사로운 일이 있으면 큰 일이거나 작은 일이거나 반드시
시부모에게 아뢰어 지시를 받아야 한다. 아들과 며느리는 사사로이 가
지는 재물이 없으며 사사로이 저축하는 것이 없으며 사사로이 가지는
기물이 없는 법이므로 감히 마음대로 남에게 빌려줄 수도 없고 임의로
남에게 줄 수도 없다. 며느리된 자가 친정 부모나 형제한테서 음식·
의복·패세(佩帨)·포백(布帛)·채란(茝蘭)을 받았을 때에는 이를 받
아서 시부모에게 바친다. 시부모가 그것을 받으면 기뻐하기를 새로 주
시는 것을 받는 것처럼 하고, 만약 되돌려주시거든 사양하다가 끝내 들
어주시지 않거든, 새로 주시는 것을 받는 것처럼 하여 받아 두었다가 후
에 시부모께서 필요하실 때 다시 이를 바친다. 며느리에게 만약 친정 부
모, 형제가 있어서 그것을 주고자 하면, 반드시 그 전에 간직해 두었던
것을 다시 시부모께 청하여 허락이 있은 뒤라야 부모, 형제에게 준다.

[原文] 舅沒則姑老니, 冢婦이 所祭祀賓客에, 每事를 必請於姑
하고, 介婦는 請於冢婦니라. 舅姑이 使冢婦어시든, 毋怠하며, 不
友無禮於介婦니라. 舅姑이 若使介婦어시든, 毋敢敵耦於冢婦니,
不敢竝行하며, 不敢竝命하며, 不敢竝坐니 凡婦이 不命適私室이
어시든, 不敢退하며, 婦將有事에, 大小를 必請於舅姑니라. 子婦
는 無私貨하며, 無私畜하며, 無私器니, 不敢私假하며, 不敢私與

니라. 婦이 或賜之飮食衣服布帛佩帨茝蘭이어든, 則受而獻諸舅
姑니, 舅姑이 受之, 則喜하여 如新受賜하고, 若反賜之어든, 則
辭하되, 不得命이어든, 如更受賜하여, 藏以待乏이니라. 婦이 若
有私親兄弟하여, 將與之어든, 則必復請其故하여, 賜而后에야 與
之니라.

(구몰즉고로 총부 소제사빈객 매사 필청어고
개부 청어총부 구고 사총부 무태 불
우무례어개부 구고 약사개부 무감적우어총부
불감병행 불감병명 불감병좌 범부 불명적사실
불감퇴 부장유사 대소 필청어구고 자부
무사화 무사축 무사기 불감사가 불감사여
부 혹사지음식의복포백패세채란 즉수이헌저구
고 구고 수지 즉희 여신수사 약반사지 즉
사 부득명 여갱수사 장이대핍 부 약
유사친형제 장여지 즉필부청기고 사이후 여지)

註解 ○老(노)—은거(隱居)하고 가사(家事)를 장부(長婦)에게 전해주
는 것. 즉 살림을 큰며느리에게 물려주는 것. ○冢婦(총부)—장부(長婦).
큰며느리. ○介婦(개부)—큰며느리 이외의 며느리들. ○使(사)—부린다는
뜻. ○不友(불우)—사랑하지 않는 것. ○敵耦(적우)—적수, 즉 동등한 지
위란 뜻. ○毋敢敵耦於冢婦(무감적우어총부)—감히 맏며느리와 맞서거나
대등하게 행동하지 못한다는 말. ○竝行(병행)—길을 다닐 때 어깨를 나
란히 하는 것. ○不敢竝命(불감병명)—감히 어른 앞에 나란히 나가서 명
을 받지 않는다는 말. ○適私室(적사실)—며느리가 자기 방으로 간다는
말. 적(適)은 간다는 뜻이고, 사실(私室)은 사사로이 쓰는 자기 방. ○私
貨(사화)—사사로이 가진 재화(財貨). ○私假(사가)—부모 모르게 사사로
이 남에게 빌려주는 일. ○佩帨(패세)—허리에 차는 수건. ○布帛(포백)—
베와 비단. ○茝蘭(채란)—향기나는 풀. ○如新受賜(여신수사)—부모께서
새로 주시는 물건을 받을 때처럼 기뻐한다는 말. ○不得命(부득명)—그래

도 허락되지 않으면이라는 뜻. ○藏之待乏(장지대핍) – 간직해 두고 시부
모에게 그것이 필요하게 될 때를 기다린다는 말. ○私親兄弟(사친형제) –
친정의 친족이나 형제. ○復請其故(부청기고) – 그 간직해 둔, 그전의 물
건을 다시 청한다는 뜻. 즉 시부모가 도로 주어서 자신이 간직하고 있다
할지라도 그것을 사용해도 좋으냐고 다시 시부모에게 문의한다.

적자(適子)와 서자(庶子)는 종자(宗子)와 종부(宗婦), 즉 가장부처
(家長夫妻)에게 존경하는 마음으로 섬겨야 한다. 비록 자신이 부귀
할지라도 감히 그 부귀한 기세를 자랑하는 태도로 종자의 집에 들어
가지 못한다. 비록 거느린 수레와 구종(驅從)의 무리가 많더라도 집
밖에 남겨두고 간소한 상태로 들어가야 한다. 적자·서자의 자제로서
공덕이 뚜렷한 자가 있어 존상(尊上)으로부터 하사된 기물·의복·
구금(裘衾)·거마(車馬) 등을 증여받았을 때에는, 그 중에서 상품은
종자(宗子)에게 올리고 난 후에 다음가는 것을 자신이 사용한다. 만
일 [종자의 신분에 맞지 않아서] 그에게 올릴 만한 것이 아니면 감
히 자신이 그것을 복용(服用)하고 종자의 집 문을 들어가지 못한다.
감히 귀하고 부(富)한 것으로써 부형이나 종족(宗族)에게 높은 체하
지 못한다. 적서자(適庶子)로서 조상의 제사가 있을 때 만약 자기가
부유할 경우는 이생(二牲)을 마련하여 그 중 좋은 것을 종자(宗子)
에게 보내고, 부부가 함께 재계하고 가서 제사를 돕고 공손히 이를
섬긴 다음 제사를 끝내고 돌아와서 비로소 사사로이 제사지낸다.

原文 適子庶子이, 祗事宗子宗婦하여, 雖貴富나, 不敢以貴富
로 入宗子之家하며, 雖衆車徒라도, 舍於外하고, 以寡約으로 入이
니라. 子弟猶歸器와, 衣服과, 裘衾과, 車馬어든, 則必獻其上하고,
而后에 敢服用其次也니라. 若非所獻이어든, 則不敢以入於宗子
之門하며, 不敢以貴富로 加於父兄宗族이니라. 若富어든, 則具二

牲하여, 獻其賢者於宗子하고, 夫婦이 皆齊而宗敬焉하여, 終事
而后에 敢私祭니라.

　(적자서자 지사종자종부 수귀부 불감이귀부

　입종자지가 수중거도 사어외 이과약 입

　자제유귀기 의복 구금 거마 즉필헌기상

　이후 감복용기차야 약비소헌 즉불감이입어종자

　지문 불감이귀부 가어부형종족 약부 즉구이

　생 헌기현자어종자 부부 개재이종경언 종사

　이후 감사제)

註解　○適子(적자)-적자(嫡子)와 같으므로 적장자(嫡長子)를 가리킨
말. 여기서는 아버지와 조부의 직계를 가리킨 말로 이를 소종(小宗)이라
고 한다. ○庶子(서자)-후세에 말하는 첩 소생의 아들이란 뜻뿐만 아니
라 적장자(嫡長子 : 후계자) 이외는 모두 서자라고 부르는 경우도 많으며
여기서도 그러한 뜻을 나타내고 있다. ○宗子(종자)-큰 종가(宗家)의 적
장자(嫡長子). 대종(大宗)이라고도 한다. ○宗婦(종부)-대종부(大宗婦),
즉 큰 종가의 맏며느리. ○祇(지)-공경한다는 뜻. ○車徒(거도)-수레와
이에 따르는 종자(從者). ○舍於外(사어외)-집 밖에 남겨두는 것. 사(舍)
는 둔다는 말. ○寡約(과약)-적고 간략한 것. 즉 종가(宗家)에 데리고
들어가는 거마와 수행인은 적고 간략하게 한다는 말. ○猶歸器(유귀기)
衣服(의복) 裘衾(구금) 車馬(거마)-만약 기물(器物)과 의복과 갖옷 및
이불 또는 거마를 증여받은 때란 말. ○非所獻(비소헌)-종자의 작위(爵
位)가 낮아서 바쳐야 할 물건[물건이 귀할 경우]이 아닐 때는이란 뜻.
○加(가)-고(高)와 같은 뜻. 고만(高慢). ○牲(생)-제사에 쓰는 희생으
로서 소·양·돼지를 가리킨 말. ○賢(현)-선(善)과 같은 뜻. 좋은 것.
○齊(재)-목욕 재계(齊戒). 신을 제사지낼 때 몸과 마음을 깨끗이 하고
음식을 가려 먹어 부정을 금기(禁忌)하는 것. ○私祭(사제)-종가(宗家)
의 제사 이외의 지차집의 조(祖)·예묘(禰廟)의 제사.

[가정의 식사에 있어서] 주식(主食)에는 기장[黍]·메기장[稷]·

벼[稻]·조[粱]·흰 기장[白黍]·누런 메조[黃粱]가 있으며, 성숙하기 전에 거두어들인 것과 성숙한 뒤에 거두어들인 것 등, 두 가지 종류가 있다. 부식(副食)으로는 쇠고깃국[膷], 양고깃국[臐], 돼지고깃국[膮]과 구운 쇠고기가 있다. [이 네 가지는 모두 첫줄에 벌려 놓는다] 젓[醢]과 쇠고기 산적[胾]과 육장(肉醬)과 쇠고기 육회, [이 네 가지는 둘째 줄에 벌려 놓는다] 구운 양고기[羊炙]와 양고기 산적[羊胾]과 젓과 돼지불고기, [이 네 가지는 셋째 줄에 벌려 놓는다] 젓과 돼지고기 산적과 겨자장[芥醬]과 물고기회[魚膾], [이 네 가지는 넷째 줄에 벌려 놓는다. 이상 모두 16두(豆)는 하대부(下大夫)의 예(禮)이다] 꿩고기와 토끼고기와 메추라기[鶉]고기와 종달새[鷃]고기, [이 네 가지는 다섯째 줄에 벌려 놓는다. 이상 모두 21두(豆)는 상대부(上大夫)의 예이다] 음료는 중례(重醴)로 하여 쓴다. 도례(稻醴)에 청(淸)과 조(糟)가 있고, 서례(黍醴)에 청과 조가 있으며, 양례(粱醴)에 청과 조가 있다. 혹은 죽으로 단술을 빚는 일이 있고 기장죽으로 서이(黍酏)를 빚는 일이 있다. 장수(漿水)와 의(醷)와 남(濫)이 있다. 술에는 청주(淸酒)와 백주(白酒)가 있다. 대나무 제기[籩]에 담는 제수(祭羞)로는 구이(糗餌)와 분자(粉餈)가 있다.

原文　飯은, 黍와, 稷과, 稻와, 粱과, 白黍와, 黃粱이니, 稰와, 穛이니라. 膳은, 膷과, 臐과, 膮와, 醢와, 牛炙이니라. 醢는, 牛胾와, 醢와, 牛膾요, 羊炙과, 羊胾와, 醢와, 豕炙이오. 醢와, 豕胾와, 芥醬과, 魚膾며, 雉와, 兔와 鶉과, 鷃이니라. 飮은, 重醴니, 稻醴淸糟와, 黍醴淸糟와, 粱醴淸糟니라. 或以酏爲醴하며, 黍酏와, 漿水와, 醷와, 濫이니라. 酒는, 淸과 白이니라. 羞는, 糗餌와, 粉酏니라.

（반 서 직 도 양 백서 황량 서 착
선 향 훈 효 해 우적 해 우자
해 우회 양적 양자 해 시적 해 시자 개

장 어회 치 토 순 안 음 중례 도례청
조 서례청조 양례청조 혹이이위례 서이 장수
의 남 주 청 백 수 구이 분이)

註解 ㅇ黍(서)-기장. ㅇ稷(직)-메기장. ㅇ粱(양)-조. ㅇ黃粱(황량)-
누런 메조. ㅇ稰(서)-완전히 영근 뒤에 수확한 곡식. 고사쌀. ㅇ穛(착)-덜
성숙한 것을 거두어들인 곡식. ㅇ膷(향)-쇠고깃국. ㅇ臐(훈)-양고깃국.
ㅇ膮(효)-돼지고깃국. ㅇ醢(해)-젓, 젓갈. 육장(肉醬). ㅇ牛炙(우적)-쇠
고기 구이. ㅇ牛胾(우자)-쇠고기 산적. ㅇ牛膾(우회)-쇠고기회. 육회. ㅇ羊
炙(양적)-양고기 구이. ㅇ羊胾(양자)-양고기 산적. ㅇ豕炙(시적)-돼지
고기 구이. ㅇ豕胾(시자)-돼지고기 산적. ㅇ芥醬(개장)-겨자장. ㅇ鶉(순)-
메추라기. 메추리. ㅇ魚膾(어회)-생선회. ㅇ雉(치)-꿩고기. ㅇ兔(토)-토
끼고기. ㅇ鷃(안)-종달새. ㅇ重醴(중례)-중(重)은 배(陪)란 뜻으로 맑은
예, 즉 청례(淸醴)와 맑지 못한 예. 즉 조례(糟醴)를 배합하여 쓴다는 말.
예(醴)는 단술. ㅇ稻醴(도례)-쌀로 만든 단술. ㅇ淸糟(청조)-걸러서 맑
게 만든 것을 청례(淸醴)라 하고, 아직 거르지 않아서 찌꺼기가 있는 것을
조례(糟醴)라고 한다. ㅇ黍醴(서례)-기장으로 만든 단술. ㅇ粱醴(양례)-
양(粱), 즉 조로 만든 단술. ㅇ以酏爲醴(이이위례)-죽을 발효시켜서 만든
단술. 이(酏)는 미음, 또는 죽. ㅇ黍酏(서이)-기장죽을 발효시켜서 만든
단술. ㅇ漿水(장수)-초장. 장에 초와 물을 탄 것. ㅇ醷(의)-초의 일종.
매장(梅醬). 매실을 소금에 절여 만든 초. ㅇ濫(남)-음료의 일종. 건도(乾
桃)와 건매(乾梅) 등을 물에 탄 것. ㅇ酒淸白(주청백)-청주(淸酒)와 백주
(白酒). 백주는 다시 사주(事酒)와 석주(昔酒)로 분류된다. 모두 빛이 희
기 때문에 백주라고 불린다. 일이 있어 마시는 것을 사주(事酒)라 하며,
일없이 마시는 것을 석주(昔酒)라고 한다. ㅇ羞(수)-대나무 제기(祭器),
즉 변두(籩豆)에 담은 음식이나 반찬. ㅇ糗餌(구이)-쌀이나 보리를 볶아
서 가루로 만든 떡. ㅇ粉酏(분이)-분자(粉餈)의 잘못이다. 분자란 쌀을
빻아서 만든 떡에 콩가루를 묻힌 것. 즉 인절미.

음식물에는 그 종목이 매우 많다. 소라로 젓국을 담고, 고미(苽米)

로 밥을 짓고 꿩고기로서 국을 끓으며, 보리밥에는 포와 닭고기의 국을 곁들인다. 찹쌀밥에는 개고기와 토끼고기의 국을 곁들이며, 이런 국들에는 모두 다섯 가지 맛으로 조리하여 국을 끓이고 그 속에 쌀가루를 넣고 휘젓는데 여기에는 여뀌를 가하지 않는다. 다음 돼지를 삶는 데는 이것을 여뀌로 싸고 그 배 속에 여뀌를 채우며, 닭을 삶는 데는 젓국을 쓰며 여뀌를 배 속에 채운다. 또 물고기를 삶는 데는 난장(卵醬)을 쓰는 데 여뀌를 그 배 속에 채우며, 자라를 삶는 데는 전국을 쓰되 여뀌를 그 배 속에 채운다. 이것은 모두 그 냄새를 제거하고 맛을 아름답게 하기 위해서이다. 다음에 단수(腶脩)를 먹을 때에는 지해(蚳醢)로써 이에 곁들이고, 포갱을 먹을 때에는 포해로써 곁들이며, 고라니 고기의 껍질을 먹을 때에는 어해(魚醢), 즉 생선젓국으로써 이에 곁들이고, 생선회를 먹을 때에는 겨자장으로써 이에 곁들이며, 고라니의 날고기를 먹을 때에는 젓국으로써 이에 곁들이고, 복숭아나 매실로 담근 것을 먹을 때에는 소금을 찍어 먹는다. 이렇게 하면 맛이 조화를 이룬다.

原文　食는, 蝸醢而苽食엔 雉羹이오, 麥食에는, 脯羹과 雞羹이오, 折稌에는, 犬羹과 兔羹이니, 和糝하고 不蓼니라. 濡豚하되 包苦實蓼하고, 濡雞하되 醢醬實蓼하고, 濡魚하되 卵醬實蓼하고, 濡鼈하되 醢醬實蓼니라. 腶脩엔 蚳醢요, 脯羹엔 兔醢요, 麋膚엔 魚醢요, 魚膾엔 芥醬이오, 麋腥엔 醢醬이오, 桃諸와 梅諸엔 卵鹽이니라.

　　(사 와해이고사 치갱 맥식 포갱 계갱
　　절도 견갱 토갱 화삼 불료 유돈 포
　　고실료 유계 해장실료 유어 난장실료 유
　　별 해장실료 단수 지해 포갱 토해 미부
　　어해 어회 개장 미성 해장 도저 매저 난염)

註解 ○蝸醢(와해)-와해(蝸醢)는 나해(螺醢)의 잘못이다. 소라로 담근 젓갈. ○苽食(고사)-고(苽)는 줄인데, 그 풀 열매를 고미(苽米)라고도 한다. 그 고미로 지은 밥. ○雉羹(치갱)-꿩고기로 끓인 국. ○脯羹(포갱)-포(脯)란 말린 고기인데, 포갱이란 그 말린 고기로 끓인 국. ○折稌(절도)-도(稌)는 찹쌀인데, 그 찹쌀을 빻아서 지은 밥. ○和糝不蓼(화삼불료)-삼(糝)은 쌀가루. 요(蓼)는 여뀌풀이므로, 쌀가루를 타서 국죽을 만들고 채소인 여뀌나물은 넣지 않는다는 말. ○濡豚(유돈)-유(濡)는 이(胹)의 잘못이며, 이(胹)는 삶는다는 말이므로 이돈은 돼지를 삶는 것. ○包苦(포고)-고채(苦菜), 즉 여뀌로 돼지고기를 싼 것. ○實蓼(실료)-여뀌를 돼지 배 속에 채운다는 뜻. ○醢醬(해장)-젓국. ○卵醬(난장)-어란(魚卵)으로 장을 만든 것. ○腶脩(단수)-찧어서 생강·계피 따위를 섞어 만든 육포(肉脯). ○蚳醢(지해)-왕개미 알로 담근 것. ○麋膚(미부)-미(麋)는 사슴의 큰 것. 고라니〔순록〕. 미부는 고라니 피부의 바로 아래 고기. ○麋腥(미성)-고라니의 날고기. ○桃諸梅諸(도저매저)-저(諸)는 저(菹)의 잘못. 도저(桃諸)는 복숭아로 담근 것. 매저(梅諸)는 매실로 담근 것. ○卵鹽(난염)-소금. 소금 알갱이가 큰 것은 그 형상이 새 알 같기 때문에 난염(卵鹽)이라 불린다고 한다. 즉 복숭아나 매실로 담근 침채(沈菜)는 먹을 때 소금을 타서 먹는다는 말.

대체로 음식의 용도는 봄처럼 따뜻하게 해야 하고, 갱(羹), 즉 국은 여름처럼 더워야 하며, 장(醬)은 가을처럼 서늘해야 하고, 마실 것은 겨울처럼 차야 한다. 무릇 조미료(調味料)는 봄에는 신맛이 많아야 하고, 여름에는 쓴맛이 많아야 하며, 가을에는 매운맛이 많아야 하고, 겨울에는 짠맛이 많아야 한다. 그리고 부드럽고 단것으로 조리해야 한다. 쇠고깃국에는 쌀밥이 좋고, 양고깃국에는 메기장밥이 좋고, 돼지고깃국에는 직반(稷飯)이 좋고, 개고깃국에는 찰기장밥이 좋고, 기러기 고깃국에는 보리밥이 좋고, 물고깃국에는 고미(苽米)밥이 좋다. 봄에는 어린 염소와 돼지고기가 좋으므로 쇠기름을 사용해서 요리한다. 여름에는 말린 꿩고기와 말린 물고기가 좋으므로 개기름을 사용해서 요리한다. 가을에는 송아지 고기와 새끼사슴 고기가 좋으므로 닭기름을 사용해서 요리한다. 겨울에는 생선과 기러기 고기가 좋으므로 양기름을 사용해서 요리한다.

말린 고기에는 쇠고기 포(脯)가 있고 사슴의 포가 있고 전시(田豕)의 포가 있고 노루의 포가 있는데, 고라니와 사슴과 전시와 노루는 포로 만들 뿐만 아니라 또 날고기로도 먹는다. 날고기로 먹을 때에는 큼직하게 저민 살점을 올려놓는다. 또 꿩고기와 토끼고기의 탕이 있는데 이 두 가지 탕에는 나물을 넣어 조화시킨다. 그리고 참새고기가 있고 세가락메추라기 고기가 있으며, 매미와 벌의 애벌레가 있고, 버섯이 있고, 목이(木耳)가 있고, 마름이 있고, 팥배가 있고, 대추가 있고, 밤이 있고, 개암이 있고, 감이 있고, 참외가 있고, 복숭아가 있고, 오얏이 있고, 매실(梅實)이 있고, 살구가 있고, 산사자가 있고, 배가 있고, 생강이 있고, 계피가 있다.

대부(大夫)의 상식(常食), 즉 아침저녁에는 회(膾)가 있으면 포(脯)가 오르지 않고, 포가 있으면 회가 오르지 않는다. 회나 포는 귀한 음식이므로 대부에 이르러서는 이것을 겸할 수 없다. 사(士)의 조석 식사에는 탕과 자(菹), 즉 산자를 겹쳐 사용하지 않는다. 그리고 서인이라 할지라도 60세 이상의 노인은 고기가 떨어지지 않는다.

原文 凡食齊는, 視春時하고, 羹齊는, 視夏時하고, 醬齊는, 視秋時하고, 飲齊는, 視冬時니라. 凡和는, 春多酸이오. 夏多苦요, 秋多辛이오. 冬多鹹이니, 調以滑甘이니라. 牛宜稌하고, 羊宜黍하고, 豕宜稷하고, 犬宜粱하고, 鴈宜麥하고, 魚宜苽니라. 春宜羔豚이니, 膳膏는 薌이오. 夏宜腒鱐니, 膳膏는 臊요, 秋宜犢麑니, 膳膏는 腥이오. 冬宜鮮羽니, 膳膏는 羶이니라.

(범식제 시춘시 갱제 시하시 장제 시
추시 음제 시동시 범화 춘다산 하고

추다신 동다함 조이활감 우의도 양의서
시의직 견의량 안의맥 어의고 춘의고돈
선고 향 하의거숙 선고 조 추의독미 선
고 성 동의선우 선고 전)

牛脩와 鹿脯와, 田豕脯와, 麋脯와 麝脯니, 麝鹿田豕麝은 皆
有軒이오. 雉兔는 皆有芼니라. 爵과 鷃과 蜩와 范과 芝와 栭와
菱과 棋와 棗와 栗과 榛과 柿와 瓜와 桃와 李와 梅와 杏과 楂와
梨와 薑과 桂니라.

(우수 녹포 전시포 미포 균포 균록전시균 개
유헌 치토 개유모 작 안 조 범 지 이
능 구 조 율 진 시 과 도 이 매 행 사 이 강 계)

大夫燕食에는, 有膾無脯하며, 有脯無膾니, 士는 不貳羹胾하
고, 庶人耆老는 不徒食이니라.

(대부연식 유회무포 유포무회 사 불이갱자
서인기로 부도식)

註解 ㅇ食齊(식제)―식물(食物), 식제(食劑)란 뜻이므로 밥을 말한 것.
서직도량(黍稷稻粱)으로 짓는 밥 등속이다. ㅇ羹齊(갱제)―국, 치토계견
(雉兔雞犬)의 고깃국 등속. ㅇ飮齊(음제)―음료. 마시는 것. 즉 수장예량
(水醬醴涼) 등속을 말한 것. ㅇ食齊視春時(식제시춘시)―시(視)는 비(比)
와 같은 뜻이므로 비등하다는 말. ㅇ鹹(함)―짠 것. ㅇ宜(의)―마땅하다는
뜻. 알맞다는 뜻. ㅇ鴈(안)―기러기. ㅇ羔(고)―새끼양. ㅇ膳(선)―조리하는
것. ㅇ膏薌(고향)―쇠기름. ㅇ腒(거)―꿩고기 말린 것. ㅇ鱐(수)―물고기 말
린 것. 膏臊(고조)―개기름. ㅇ犢(독)―송아지. ㅇ麛(미)―새끼사슴. ㅇ膏
腥(고성)―닭기름. ㅇ鮮(선)―생선. ㅇ羽(우)―날짐승. 여기서는 기러기를
가리킨 말. ㅇ膏羶(고전)―양기름. ㅇ牛脩鹿脯(우수녹포)―쇠고기와 사슴
고기의 건포(乾脯). ㅇ麝(균)―노루. ㅇ軒(헌)―콩잎만큼씩 크게 저민 고깃
점. ㅇ稚兔(치토)―여기서는 꿩고기와 토끼고기의 국. ㅇ芼(모)―나물. 여
기서는 꿩과 토끼고기의 국에는 모두 나물을 섞어서 요리한다는 말. ㅇ爵

(작)-작(雀)의 잘못. 참새. ㅇ蜩(조)-매미. ㅇ范(범)-벌. ㅇ芝(지)-버섯의 이름. ㅇ栭(이)-목이(木耳). ㅇ蔆(능)-마름. ㅇ椇(구)-팥배나무 열매. ㅇ榛(진)-개암. ㅇ杏(행)-살구. ㅇ樝(사)-산사자(山査子). 아가위나무 열매. ㅇ燕食(연식)-상식(常食). 평상시의 음식. ㅇ貳(이)-겹친다는 뜻. 겹쳐 마련하는 것. ㅇ耆老(기로)-예순 살을 기(耆)라 하고, 70세를 노(老)라고 한다. 기로라고 하면 연로(年老)한 사람이란 뜻이다. ㅇ不徒食(부도식)-반찬없이 먹지 않는다는 말.

봄에는 회(膾)를 파로 조리하고, 가을엔 겨자로 조리한다. 또 돼지 고기는 봄에 부추를 사용하고 가을에는 여뀌를 사용한다. 지방(脂肪)이 많은 것에는 파를 쓰고 기름기가 있는 것에는 염교를 쓰며, 삼생(三牲)에는 수유(茱萸)를 사용하고 맛을 조화시키는 데는 초를 사용하며 짐승의 고기에는 매실을 사용하여 조미한다. 메추라깃국과 닭고깃국과 세가락메추라기찜은 여뀌나물을 사용해서 조리한다. 방어와 연어의 찜과 새끼새의 구이와 꿩고기의 찜은 모두 향료로 조미하고 여뀌는 쓰지 않는다.

새끼자라는 먹지 않고, 이리를 먹을 때에는 창자를 버리고, 개를 먹을 때에는 그 콩팥을 버린다. 또 너구리를 먹을 때에는 정척(正脊)을 버리고, 토끼를 먹을 때에는 꽁무니를 버리고, 여우를 먹을 때에는 머리를 버린다. 돼지를 먹을 때에는 뇌(腦)를 버리고, 물고기를 먹을 때에는 을(乙)자 모양의 뼈, 즉 아가미를 버리고, 자라를 먹을 때에는 추(醜)를 버린다.〔모두 사람의 몸에 좋지 않기 때문이다〕

고기를 벗기고 자르는 것을 '탈(脫)한다'라고 말하고, 물고기를 베고 자르는 것을 '작(作)한다'라고 말하며, 대추는 '신(新)하게 한다'라고 말하고, 밤은 '선(撰)한다'라고 말하며, 복숭아는 '담(膽)한다'라고 말하고, 사리(柤梨)는 '찬(攢)한다'라고 말한다.

原文 膾에, 春用葱하고, 秋用芥하며, 豚에는, 春用韭하고, 秋用

蓼요, 脂엔 用葱하고, 膏엔 用薤하고, 三牲엔 用藙하되, 和用醯하고, 獸用梅니라. 鶉羹과, 雞羹과, 駕는, 釀之蓼하고, 魴과 鱮는 烝하며 雛는 燒하며, 雉는, 薌하고 無蓼니라.

(회 춘용총 추용개 돈 춘용비 추용
료 지 용총 고 용해 삼생 용의 화용혜
수용매 순갱 계갱 여 양지료 방 서
증 추 소 치 향 무료)

不食雛鼈하며, 狼去腸하고, 狗去腎하고, 狸去正脊하고, 兔去尻하고, 狐去首하고, 豚去腦하고, 魚去乙하고, 鼈去醜니라.

(불식추별 낭거장 구거신 이거정척 토거
구 호거수 돈거뇌 어거을 별거추)

肉曰脫之요, 魚曰作之요, 棗曰新之요, 栗曰撰之요, 桃曰膽之요, 柤梨曰攢之니라.

(육왈탈지 어왈작지 조왈신지 율왈선지 도왈담지
사리왈찬지)

註解 ㅇ葱(총)-파. ㅇ芥(개)-겨자. ㅇ韮(구)-부추. ㅇ脂(지)-군어진 기름. ㅇ膏(고)-녹인 기름. ㅇ薤(해)-염교. ㅇ三牲(삼생)-소·양·돼지. ㅇ藙(의)-수유. ㅇ醯(혜)-식초. ㅇ獸(수)-여기서는 삼생(三牲) 이외의 짐승들을 말한다. ㅇ和(화)-식초 따위로 조화시키는 것을 말한 것. ㅇ梅(매)-여기서는 매실로 만든 식초. ㅇ駕釀(여양)-여(駕)는 세가락메추라기를 말하고 양이란 세가락메추라기찜이란 뜻. ㅇ魴(방)-방어. ㅇ鱮(서)-연어. ㅇ烝(증)-증(蒸)과 같은 뜻. 즉 김을 쬐어 익히는 것. ㅇ雛(추)-새끼새. ㅇ薌(향)-일종의 향초(香草). 여기서는 이 풀로 조리한다는 뜻. ㅇ雛鼈(추별)-낳은 지 얼마 안되는 새끼자라. ㅇ狼(낭)-이리. ㅇ狗(구)-개. ㅇ腎(신)-콩팥. 신장(腎臟). ㅇ狸(이)-너구리. ㅇ正脊(정척)-한가운데의 등허리 뼈. ㅇ尻(구)-꽁무니. ㅇ醜(추)-자라의 항문. 일설에는 자라의 목 밑에 있는 뼈를 일컫는 것이라고 하는데, 그 뼈는 사람에게 독을 끼친다고 한다. ㅇ脫之(탈지)-수육(獸肉)을 벗기고 끊고 하는 것을 요리

용어로 '벗긴다, 즉 탈지(脫之)'라고 한다. ○作之(작지)—물고기를 베고 잘라서 요리하는 것. ○新之(신지)—새롭게 한다. 즉 대추를 씻고 다듬어서 깨끗하게 하는 것. ○撰之(선지)—밤의 벌레먹고 썩은 것을 버리고 선택하는 것. ○膽之(담지)—담(膽)과 같이 다듬는다는 뜻. 즉 복숭아는 털이 많으므로 그것을 잘 닦아서 추리고 미끄럽기가 담(膽)과 같이 하는 것. ○攢之(찬지)—뚫는다는 뜻. 즉 사리(柤梨)의 벌레먹은 곳을 뚫어서 다스리는 것. ○柤梨(사리)—사(柤)는 풀명자나무 열매를 말하는데 배를 닮았기 때문에 사리(柤梨)라고 한 것이다.

소가 밤에 울면 그 고기는 썩은 나무의 냄새가 나고, 양의 터럭이 성글고 차가우며 털끝이 오므라든 것은, 그 고기가 누린내가 나므로 먹어서는 안된다. 개의 사타구니 뒤쪽에 터럭이 없고 거동이 방정맞은 것은 그 고기가 누린내가 나므로 먹어서는 안된다. 새의 색깔이 변색되고 윤택이 없으며 울부짖듯이 우는 것은, 그 고기에서 썩은 냄새가 나므로 먹어서는 안된다. 돼지의 눈이 사팔뜨기이고 속눈썹의 털이 엇갈린 것은 비린내가 나므로 먹어서는 안된다. 말의 등허리 빛깔이 검고 앞의 정강이 털이 얼룩배기인 것은, 그 고기가 땅강아지처럼 누린내가 나므로 먹어서는 안된다.

새끼새의 꼬리가 한 주먹도 안되는 것은 먹지 않고, 거위의 꼬리고기와 고니 및 올빼미의 안심과, 집오리의 꼬리고기와 기러기의 콩팥과 닭의 간과 너새(느시)의 비장과 사슴의 위장은 모두 먹지 않는다.

날고기와 가느다란 것은 회로 만들며, 큰 것은 헌(軒), 즉 큰 살점으로 건포를 만든다. 어떤 사람이 말하기를, 고라니·사슴·물고기의 고기는 저(菹 : 초나 소금으로 젓을 담그는 것)하고, 노루고기는 백계(辟鷄)하며, 멧돼지의 고기는 헌(軒)하고, 토끼고기는 완비(宛脾)한다고 했다. 이런 음식을 만들게 되면 파나 또는 염교를 잘라 고기를 함께 식초에 담가 이로써 부드럽게 한 다음 먹는다.

국과 밥은 음식의 주요(主要)한 것이다. 그러므로 제후 이하 서인

(庶人)에 이르기까지 차등(差等)이 없다. 대부는 상선(常膳)이 없다. 70세가 되어야 비로소 각(閣)을 마련할 수가 있는 것이고, 각의 수효도 그 신분의 높고 낮음에 따라 구별이 있는 것이다. 즉 천자의 각은 좌측 협실에 5개, 우측 협실에 5개가 있고, 공·후·백작의 각은 다섯 개인데 방안에 마련한다. 대부는 3개인데 역시 방안에 마련하며, 사(士)는 흙으로 만든 점(坫)으로 이것을 대용하는데 그 수효는 하나로써 역시 방 안에 마련해야 하는 것이다.

原文 牛이 夜鳴이면, 則廇하고, 羊이 泠毛而毳면 羶하고, 狗이 赤股而躁면 臊하고, 鳥이 皫色而沙鳴이면 鬱하고, 豕이 望視而交睫이면 腥하고, 馬이 黑脊而般臂면 漏니라.

(우야명 즉유 양 영모이취 전 구
적고이조 조 조 표색이사명 울 시 망시이
교첩 성 마 흑척이반비 누)

雛尾이 不盈握이어든, 弗食하며, 舒鴈翠와, 鵠鴞胖과, 舒鳧翠와, 雞肝과, 鴈腎과, 鴇奥와, 鹿胃이니라.

(추미 불영악 불식 서안취 곡효반 서부취
계간 안신 보오 녹위)

肉腥은, 細者는 爲膾요, 大者는 爲軒이니, 或이 曰, 麋鹿魚를 爲菹요, 麕이 爲辟雞요, 野豕는 爲軒이오. 兔는 爲宛脾니, 切葱若薤하며, 實諸醯하여, 以柔之니라.

(육성 세자 위회 대자 위헌 혹 왈 미록어
위저 균 위벽계 야시 위헌 토 위완비 절총
약해 실저혜 이유지)

羹食는, 自諸侯以下至於庶人이 無等이며, 大夫는 無秩膳하고, 大夫는 七十而有閣이니라. 天子之閣은, 左達五요, 右達五며, 公侯伯은 於房中에 五요, 大夫는 於閣에 三이오, 士는 於坫에

一이니라.

(갱사 자제후이하지어서인 무등 대부 무질선
대부 칠십이유각 천자지각 좌달오 우달오
공후백 어방중 오 대부 어각 삼 사 어점 일)

［註解］　○庮(유)－썩은 나무 냄새, 즉 악취를 말한 것. ○冷毛(냉모)－터럭이 성글고 차가운 것. ○毳(취)－털끝이 오그라드는 것. ○羴(전)－누린내가 난다는 뜻. ○赤股(적고)－사타구니 뒤쪽에 털이 없는 것. ○躁(조)－거동이 방정맞은 것. ○臊(조)－누린내가 난다는 뜻. ○麤色(표색)－윤택감이 없고 색이 변한 것. ○沙鳴(사명)－울부짖듯이 운다는 뜻. 사(沙)는 시(嘶)와 같다. ○鬱(울)－썩은 냄새라는 뜻. ○望視(망시)－사팔뜨기처럼 바라보는 것. ○交睫(교첩)－속눈썹이 엇갈린 것. ○腥(성)－비린내 나는 것. ○般臂(반비)－앞 정강이의 털이 얼룩진 것. ○漏(누)－누(漏)는 누(螻)의 잘못. 누고(螻蛄：땅강아지)와 같은 냄새를 말한 것. ○不盈(불영)－차지 않다는 뜻. ○握(악)－한 주먹이란 뜻. ○舒鴈(서안)－거위. ○翠(취)－꼬리고기를 말한 것. ○鵠(곡)－고니. ○鴞(효)－올빼미. ○胖(반)－안심. ○舒鳧(서부)－올빼미. ○鴇(보)－너새(느시). ○奧(오)－비장과 밥주머니를 말한 것. ○鹿胃(녹위)－사슴의 위장. ○秩膳(질선)－질(秩)은 상(常)이고 선(膳)은 미식(美食)을 말한다. 즉 항상 미식을 좌우에 두고 먹는다는 뜻. ○閣(각)－널판지로 만든 음식물을 두는 선반. ○達(달)－협실(夾室)을 말한다. 이는 왕실의 제도인데, 중앙을 정실(正室)이라 하고 정실의 좌우를 방(房)이라고 한다. 방 밖에는 서(序)가 있고, 서 밖에 협실이 있다. 천자는 극히 존귀하므로 포주(庖廚)를 멀리 두는 것이다. 그러기 때문에 협실을 마련한다. ○大夫於閣三(대부어각삼)－대부지각어방중삼(大夫之閣於房中三)을 생략한 것. 대부의 각은 방 가운데 셋이 있다는 말. ○士於坫一(사어점일)－사(士)는 신분이 낮기 때문에 각(閣)을 마련할 수 없어 점(坫)으로 이를 대용하며 방 안에 마련한다. 점은 흙으로 만들며, 술잔을 두는 데 쓰는 용구(用具)이다.

무릇 양로(養老)의 예를 행하는 데 있어서, 유우씨(有虞氏)는 연례

(燕禮)로써 하고, 하후씨(夏后氏)는 향례(饗禮)로써 하고 은(殷)나라 사람은 사례(食禮)로써 하고, 주(周)나라 사람은 이제까지의 방법을 모두 배워서 그 장점을 겸용하고 있다.

대체로 50세 된 자는 향학(鄕學)에서 양로의 예(禮)를 행하고, 60세 된 사람은 나라 안의 소학(小學)에서 양로의 예를 행하며, 70세 된 사람은 태학(大學)에서 양로의 예를 행한다. 이러한 양로의 예절은 제후에게도 통용된다.

80세의 늙은이가 임금의 명령을 받을 때에는 한 번 꿇어앉아 머리를 두 번 땅에 닿게 절한다. 소경의 경우에도 또한 이와 같다. 90세 된 늙은이는 임금의 명령이 있으면 사람을 시켜서 받는다.

50세가 되면 양식에 좋은 곡식을 사용하고, 60세가 되면 고기를 빼놓지 않는다. 70세가 되면 가외 반찬이 있어야 하고, 80세가 되면 항상 진미가 있어야 하며, 90세가 되면 음식도 침실에서 취하고 외출시에는 사람이 음식을 가지고 따라다닌다.

60세가 되면 제작에 1년 걸리는 것[관 종류]을 준비하고 70세가 되면 제작에 3개월 정도 걸리는 것[장례 용품]을 준비한다. 80세가 되면 1개월 정도 걸리는 것[의복]을 만든다. 90세가 되면 이미 준비된 물건들을 매일 점검 수리한다. 다만 유체(遺體)에 사용하는 만들기 쉬운 의복만은 그 때가 되어서 준비해도 된다.

原文 凡養老를, 有虞氏는 以燕禮하고, 夏后氏는 以饗禮하고, 殷人은 以食禮하고, 周人은 脩而兼用之하니라.
    (범양로 유우씨 이연례 하후씨 이향례
    은인 이사례 주인 수이겸용지)

    凡五十엔 養於鄕하고, 六十엔 養於國하고, 七十엔 養於學하나니, 達於諸侯니라.
    (범오십 양어향 육십 양어국 칠십 양어학

달어제후)

八十엔 拜君命하되, 一坐再至니, 瞽亦如之하며, 九十者는 使
人受니라.

(팔십 배군명 일좌재지 고역여지 구십자 사인수)

五十이어든 異糧하고, 六十이어든 宿肉하고, 七十이어든 貳膳하
고, 八十이어든 常珍하고, 九十이어든 飮食을, 不違寢하며, 膳飮
을, 從於遊이 可也니라.

(오십 이장 육십 숙육 칠십 이선

팔십 상진 구십 음식 불위침 선음

종어유 가야)

六十엔 歲制하고, 七十엔 時制하고, 八十엔 月制하고, 九十엔
日脩니, 唯絞紟衾冒는, 死而后에 制니라.

(육십 세제 칠십 시제 팔십 월제 구십

일수 유교금금모 사이후 제)

참고 이 글의 '범양로(凡養老)……'에서부터 다음다음 항의 '……현의
이양로(玄衣而養老)'까지는 제5〈왕제(王制)〉편에 이미 나왔기 때문에 주해
는 생략하기로 한다.

50세가 되면 몸이 노쇠(老衰)해지기 시작하고, 60세가 되면 고기
반찬 없이는 먹지 않으며, 70세가 되면 명주옷이 아니면 따뜻하지 않
다. 80세가 되면 타인의 체온을 빌리지 않으면 따뜻하지 않으며, 90
세가 되면 비록 타인의 체온을 얻을지라도 따뜻해지지 않는다.

50세가 되면 집안에서 지팡이를 짚고, 60세가 되면 마을에서 지팡
이를 짚으며, 70세가 되면 나라 안에서 지팡이를 짚고, 80세가 되면
조정에서 지팡이를 짚는다. 90세가 된 자에게 천자가 문의할 일이 있
으면 그의 집에 가서 물으며, 갈 때에는 진미(珍味)의 음식물을 가지
고 간다.

70세로서 조정에 나가고 있는 사람은 조정의 퇴청 시각을 기다릴 것 없이 퇴청해도 된다. 80세가 되면 임금이 매월 사자를 보내어 음식을 보내고 안부를 물으며, 90세가 되면 천자가 날마다 사람을 시켜 상선(常膳)을 내린다.

50세가 되면 노력을 제공하는 부역에 나가지 않으며, 60세가 되면 병역에 복무하지 않는다. 70세가 되면 빈객(賓客)을 접대하는 일에 참여하지 않으며, 80세가 되면 재상(齊喪)의 일에 관여하지 않는다.

50세가 되면 작(爵)을 받아 대부(大夫)가 될 수 있고, 60세가 되면 이후부터 스승이 되지 않으며, 70세가 되면 관직에서 사퇴한다. 무릇 70세 이상인 사람은 불행에 처하여 상복(喪服)을 입을 뿐으로 예도(禮道)에 따르지 않아도 된다.

原文 五十엔 始衰하고, 六十엔 非肉不飽하고, 七十엔 非帛不煖하고, 八十엔 非人不煖하고, 九十엔 雖得人이나 不煖矣니라.
(오십 시쇠 육십 비육불포 칠십 비백불
난 팔십 비인불난 구십 수득인 불난의)

五十엔 杖於家하고, 六十엔 杖於鄕하고, 七十엔 杖於國하고, 八十엔 杖於朝니, 九十者는, 天子이 欲有問焉이어시든, 則就其室하되, 以珍從하나니라.
(오십 장어가 육십 장어향 칠십 장어국
팔십 장어조 구십자 천자 욕유문언 즉취기
실 이진종)

七十엔 不俟朝하고, 八十엔 月告存하고, 九十엔 日有秩이니라.
(칠십 불사조 팔십 월고존 구십 일유질)

五十엔 不從力政하고, 六十엔 不與服戎하고, 七十엔 不與賓客之事하고, 八十엔 齊喪之事에 弗及也니라.
(오십 부종역정 육십 불여복융 칠십 불여빈

객지사 팔십 재상지사 불급야)

五十而爵하고, **六十**엔 **不親學**하고, **七十**엔 **致政**이니, **凡自七十以上**은, **唯衰麻爲喪**이니라.

(오십이작 육십 불친학 칠십 치정 범자칠
십이상 유최마위상)

무릇 하(夏)·은(殷)·주(周) 3왕이, 양로의 예를 행함에 있어서는 모든 노인들의 연령을 확인하는 것이다. 집에 80세가 되는 노인이 있으면 아들 한 사람에게 국가의 부역이 면제되고, 90세가 된 노인이 있으면 그 집은 모두 부역이 면제된다. 가장(家長)이 소경인 경우에도 그와 같다. 무릇 부모가 생존하는 동안은 아들이 늙었어도 부모 곁에서는 편안하게 앉지 않는다. 〔즉시 일어설 수 있도록 하고 있는다〕

유우씨(有虞氏)의 세대에는 나라의 중요한 장로(長老)에 대한 양로의 예를 상상(上庠 : 상급학교)에서 행하고, 일반 노인에 대한 예는 하상(下庠)에서 행한다. 하후씨(夏后氏)의 세대에는 중요한 장로에 대한 양로의 예를 동서(東序 : 왕궁의 동쪽에 있는 학교, 즉 태학)에서 행하고, 일반 노인에 대한 예는 서서(西序)에서 행하였다. 은(殷)나라 사람은 중요한 장로의 예를 우학(右學)에서 행하고, 일반 노인에 대한 예를 좌학(左學)에서 행하였다. 주(周)나라 사람은 중요한 장로에 대한 예를 동교(東膠 : 태학)에서 행하고, 일반 노인에 대한 예는 우상(虞庠 : 소학교)에서 행한다. 우상은 국도(國都)의 서교(西郊)에 있다. 또 유우씨의 임금 순(舜)은 제례(祭禮)에는 황관(皇冠)을 쓰고, 양로의 예에는 심의(深衣)를 입었다. 하후씨의 임금은 제례에는 수관(收冠)을 쓰고, 양로에는 연의(燕衣)를 입었다. 은(殷)나라의 임금은 제례에는 후관(冔冠)을 쓰고, 양로에는 호의(縞衣)를 입었다. 주(周)나라의 임금은 제례에는 면관(冕冠)을 쓰고, 양로에는 현의(玄衣)

를 입었다.

原文　凡三王이 養老하시되, 皆引年이시니라. 八十者는 一子이
不從政하고, 九十者는 其家이 不從政이니, 瞽亦如之니라.
　(범삼왕이 양로 개인년 팔십자 일자
　부종정 구십자 기가 부종정 고역여지)

凡父母이 在어시든, 子이 雖老나 不坐니라.
　(범부모재 자수로 부좌)

有虞氏는 養國老於上庠하고, 養庶老於下庠하며, 夏后氏는 養
國老於東序하고, 養庶老於西序하며, 殷人은 養國老於右學하고,
養庶老於左學하며, 周人은 養國老於東膠하고, 養庶老於虞庠하
니, 虞庠은 在國之西郊하니라. 有虞氏는 皇而祭하고, 深衣而養
老하며, 夏后氏는 收而祭하고, 燕衣而養老하며, 殷人은 冔而祭
하고, 縞衣而養老하며, 周人은 冕而祭하고, 玄衣而養老하니라.
　(유우씨 양국로어상상 양서로어하상 하후씨 양
　국로어동서 양서로어서서 은인 양국로어우학
　양서로어좌학 주인 양국로어동교 양서로어우상
　우상 재국지서교 유우씨 황이제 심의이양
　로 하후씨 수이제 연의이양로 은인 후이제
　호의이양로 주인 면이제 현의이양로)

증자(曾子)께서 말하기를, "효자가 노부모를 봉양하는 데는 그 마
음을 즐겁게 해주고 그 뜻에 어긋나지 않도록 하고 그 눈과 귀를 즐
겁게 해주며, 그 잠자리를 편안하게 해주고 그 음식에 있어서는 충
성스런 마음을 다하여 봉양하되, 효자의 몸이 끝날 때까지 해야 한
다. 효자의 몸이 끝날 때까지라는 것은, 부모의 명이 다할 때까지 효
도를 다한다는 것이 아니며, 그 효자 자신의 목숨이 다할 때까지 효
도를 다함을 말하는 것이다. 그러므로 부모가 사랑하는 바는 효자

역시 이를 사랑하고 부모가 공경하는 바는 효자도 역시 공경한다. 개와 말에 이르기까지도 모두 그렇거늘 하물며 사람의 일에 있어서랴."라고 하였다.

무릇 노인을 봉양하는 예에 있어서, 오제(五帝) 시대에는 몸을 봉양하고 다만 그 덕행(德行)에 따를 뿐이었는데, 삼왕(三王) 시대에 이르러서는 그들의 덕행을 따를 뿐만 아니라, 그 이상으로 무언가 유익한 말을 들려주기를 청하였다. 즉 오제의 시대는 노인이 덕행을 따름을 주로 하였으므로 그 기력(氣力), 신체(身體)를 봉양할 뿐으로 유익한 말을 청하지 않았는데, 노인이 만일 스스로 유익한 말을 하는 일이 있을 때에는 즉시 이를 적어 돈사(惇史)로 삼아 만민으로 하여금 본받게 하였다. 삼왕의 시대도 또한 노인의 덕행에 따르는 것을 주로 하지만 노인을 봉양하고 그런 연후에 유익한 말을 청하였다. 그러나 유익한 말을 청함에 있어 약간 그 예를 간략하게 하였다. 그렇지만 모두 그 유익한 말을 적어 돈사로 삼은 점에 있어서는 오제의 경우와 같았다.

原文 曾子이 曰, 孝子之養老也는, 樂其心하며, 不違其志하며, 樂其耳目하며, 安其寢處하며, 以其飮食으로 忠養之하되, 孝子之身이 終이니, 終身也者는, 非終父母之身이라. 終其身也니라. 是故로 父母之所愛를 亦愛之하며, 父母之所敬을 亦敬之니, 至於犬馬하여도 盡然이온, 而況於人乎아.

(증자 왈 효자지양로야 낙기심 불위기지
낙기이목 안기침처 이기음식 충양지 효자지
신 종 종신야자 비종부모지신 종기신야 시
고 부모지소애 역애지 부모지소경 역경지 지어
견마 진연 이황어인호)

凡養老는, 五帝는 憲하시고, 三王은 有乞言하시니라. 五帝는,

憲하여, 養氣體而不乞言하시고, 有善則記之爲惇史하더시니, 三王이 亦憲하여, 旣養老而后에 乞言하되, 亦微其禮하고, 皆有惇史하더시다.

(범양로 오제 헌 삼왕 유걸언 오제
헌 양기체이불걸언 유선즉기지위돈사 삼
왕 역헌 기양로이후 걸언 역미기례 개유돈사)

註解　○曾子(증자)-공자의 제자인 증삼(曾參)을 높이어 일컫는 말　○養(양)-봉양한다는 뜻이지만, 양로(養老)는 노인을 위로하여 안락하게 지내도록 하는 것.　○樂其心(낙기심)-부모에게 도(道)를 고(告)하여 그 마음을 기쁘게 한다는 말.　○不違其志(불위기지)-부모의 뜻을 받들고 거역하지 않는다는 말.　○忠養(충양)-충성스러운 마음으로 봉양하는 것.　○終身(종신)-한평생 죽을 때까지.　○盡(진)-온갖 힘을 다한다는 뜻.　○五帝(오제)-고대 중국의 다섯 성군(聖君)을 말한다. 즉 소호(少昊)·전욱(顓頊)·제곡(帝嚳)·요(堯)·순(舜).　○憲(헌)-법으로 한다는 뜻. 즉 노인의 덕행을 본뜬다는 말.　○三王(삼왕)-중국 고대의 세 임금으로서, 하(夏)나라의 우왕(禹王)과 은(殷)나라의 탕왕(湯王)과 주(周)나라의 문왕(文王) 또는 무왕(武王)을 일컫는 말.　○三王有乞言(삼왕유걸언)-유(有)는 우(友)로 해석한다. 삼왕(三王)시대에는 또 유익한 말을 해주기를 빌었다는 말.　○惇史(돈사)-돈후(惇厚)한 덕을 기록하는 사서(史書).　○微(미)-약간 생략한다는 뜻.

순오(淳熬)란 음식은 먼저 젓국을 달여서 육도(陸稻)의 밥 위에 얹고 그 위에 기름을 부은 것을 말한다. 순모(淳母)란 젓갈을 달여서 기장으로 지은 밥 위에 얹고 그 위에 기름을 부은 것을 말한다. 포돈(炮豚) 또는 포장(炮牂)이란 요리는, 돼지 또는 양의 암컷을 잡아서 배를 가르고 그 내장을 빼어버린 뒤에, 그 배 속에 대추를 채우고 환초(萑草)로 싸며 찰흙으로 겉을 발라서 굽는다. 흙이 완전히 마른 뒤에 흙을 떼어버리고는 손을 씻고 만져서 그 속꺼풀을 제거한다. 그리고는 쌀가루를 반죽하여 죽을 쑤어서 돼지고기의 겉에 입힌 뒤에 기름에 넣어 달인다. 〔양(羊)인 경우에는 그 고기를 찢어서 쌀가루 죽에 타서 기름에 달인다〕 기름은 반드시 고기가 완전히 잠길 정도로 넉넉하게 부어야 한다. 큰 가마솥에 물을 끓이고 따로 작은 솥에 그 고기를 향료와 함께 담아서 솥채로 큰 가마솥의 끓는 물에 담근다. 다만 끓는 물에 작은 솥이 빠져 들어가는 일이 없도록 해야 한다. 그리고는 삼일삼야(三日三夜)를 꺼지지 않을 정도로 불을 미약하게 하여 끓인다. 그렇게 한 뒤에 식초와 젓을 타서 조미(調味)한다.

[原文] 淳熬는, 煎醢加于陸稻上하고, 沃之以膏하나니, 曰淳熬니라. 淳母는, 煎醢加于黍食上하고, 沃之以膏하나니, 曰淳母니라. 炮는, 取豚若牂하여, 刲之刳之하여, 實棗於其腹中하고, 編萑以苴之하고, 塗之以謹塗하여, 炮之하나니, 塗皆乾이어든, 擘之하고, 濯手以摩之하여, 去其皽하고, 爲稻粉하여, 糔溲之以爲酏하여, 以付豚하여, 煎諸膏하되, 膏必滅之니, 鉅鑊湯하고, 以小鼎으로 薌脯於其中하되, 使其湯으로 毋滅鼎하고, 三日三夜를 毋絶火니, 而后에는 調之以醯醢니라.

(순오 전해가우육도상 옥지이고 왈순오
순모 전해가우서식상 옥지이고 왈순모
포 취돈약장 규지고지 실조어기복중 편추이
저지 도지이근도 포지 도개건 벽지
탁수이마지 거기전 위도분 수수지이위이
이부돈 전저고 고필멸지 거확탕 이소정
향포어기중 사기탕 무멸정 삼일삼야 무절화
이후 조지이혜해)

[註解] ㅇ淳熬(순오)-젓갈을 달여서 육도(陸稻)의 쌀로 지은 밥 위에 덮고 기름을 부어서 먹는 것. 이른바 팔진미(八珍味)의 첫째. 순(淳)은

옥(沃), 즉 붓는다는 뜻이고, 오(熬)는 전(煎), 즉 달인다는 뜻이다. ○陸
稻(육도)−밭에서 나는 벼. ○沃之(옥지)−적신다는 말. ○淳母(순모)−젓
갈을 달여서, 기장으로 지은 밥 위에 덮고 기름에 적셔서 먹는 것. 팔진
미(八珍味)의 둘째. ○炮(포)−포(炮)는 굽는다는 뜻. 여기서는 포돈(炮
豚 : 돼지구이, 팔진미의 셋째)과 포장(炮牂 : 양고기 구이, 팔진미의 넷째)
을 말한다. ○豚若牂(돈약장)−돼지나 암컷 양이란 말. ○刲之刳之(규지
고지)−규(刲)는 도살하여 각을 뜨는 것. 고(刳)는 내부를 도려내어 창자
를 꺼내는 것. ○萑(환)−환초(萑草), 즉 물억새. ○苴(저)−꾸러미로 싼
다는 뜻. ○塗(도)−바른다는 뜻. ○謹塗(근도)−찰흙을 바르는 것. 근(謹)
은 근(墐)의 잘못. ○擘(벽)−손으로 마른 흙을 떼내는 것. ○濯手(탁수)−
손을 씻는 것. 흙을 떼어 손이 더러워지고 고기가 익어서 뜨겁기 때문
에 손을 씻는 것. ○摩(마)−비벼댄다는 뜻. ○皽(전)−고기의 엷은 껍질.
○糔溲(수수)−수(糔)는 반죽한다는 뜻이고, 수(溲)도 그 반죽하는 것을
말한 것. 여기서는 쌀뜨물에 반죽하는 것. ○酏(이)−죽. ○滅(멸)−몰(沒)
과 같으므로 잠긴다는 뜻. ○鉅鑊(거확)−커다란 솥. 확(鑊)은 발이 없는
정(鼎)을 말한다. ○薌脯(향포)−향긋한 포(脯)란 뜻. ○醓醢(혜해)−식초
나 젓국.

도진(擣珍)이란 음식은 먼저 소·양·순록·사슴·고라니 등 수종
의 고기를 준비한 다음 반드시 등심살을 사용하는데 그 분량은 모두
쇠고기와 균일하게 한다. 그것을 뒤섞어가지고 짓찧어 힘줄과 질긴
것을 제거하고 익힌 뒤에 그 속꺼풀을 벗겨버리고, 초와 젓갈을 써서
부드럽게 만든다. 다음으로 지(漬)라는 음식은 쇠고기를 사용하는데
반드시 새로 잡은 것이라야 한다. 먼저 엷게 썰되, 힘줄을 제거하고
좋은 술에 담갔다가 1주야가 지난 뒤에 젓갈과 초와 매장(梅漿)으로
먹는다. 다음으로 오(熬)를 만드는 법은 쇠고기를 짓찧어서 그 속꺼
풀을 제거한 뒤에 엮어 놓은 환초(萑草) 위에 펴 놓고, 계피(桂皮)·
생강 가루를 그 위에 뿌리고 또 소금을 뿌린다. 그리하여 말린 뒤에
먹는다. 양고기로 만들 때도 또한 같다. 순록이나 고라니고기로 만들

때도 모두 쇠고기나 양고기의 경우와 같이 한다. 그리고 오(熬)를 먹을 때에는 젖은 고기를 원하면 이를 물에 담갔다가 젓국에 끓여서 먹으며, 마른 고기를 원할 때에는 이를 짓찧어 부드럽게 해서 먹는다.

삼(糝)이란 것은, 소·양·돼지고기를 분량이 모두 균일하게 준비하여 잘게 썰어서 쌀 2에 고기 1의 비율로 배합하여 끓인 것이다. 간료(肝膋)는 개의 간(肝) 하나를 준비하여 그 요(膋 : 창자 사이의 기름)로 이것을 덮어 씌우고 흠뻑 담근다. 그런 다음 이를 남김없이 고루 굽는데, 요를 조리할 때에는 여뀌를 쓰지 않는다. 이식(酏食)이란 것은 쌀가루를 준비하여 반죽을 하고, 이리의 가슴속의 비계를 잘게 썰어서 쌀가루와 함께 넣어서 국죽을 만든다.

原文　擣珍은, 取牛羊麋鹿麕之肉하되, 必脄하여, 每物을 與牛若一하여, 捶反側之하여, 去其餌하고, 孰出之하여, 去其皽하고, 柔其肉이니라. 漬는, 取牛肉하되, 必新殺者하여, 薄切之하되, 必絶其理하여, 湛諸美酒하여, 期朝而食之하나니, 以醢若醯醷니라. 爲熬하되, 捶之하여 去其皽하고, 編萑하여 布牛肉焉하고, 屑桂與薑하여 以灑諸上而鹽之하여, 乾而食之하나니, 施羊에 亦如之하며, 施麋施鹿施麕에, 皆如牛羊이니, 欲濡肉인댄, 則釋而煎之以醢하고, 欲乾肉인댄, 則捶而食之니라.

(도진 취우양미록균지육 필매 매물 여우
약일 추반측지 거기이 숙출지 거기전
유기육 지 취우육 필신살자 박절지 필
절기리 침저미주 기조이식지 이해약혜의
위오 추지 거기전 편추 포우육언 설계여
강 이쇄저상이염지 건이식지 시양 역여지
시미시록시균 개여우양 욕유육 즉석이전지이
해 욕건육 즉추이식지)

糁은, 取牛羊豕之肉하되, 三如一하여, 小切之하여, 與稻米니, 稻米二요, 肉一이어든, 合以爲餌하여, 煎之니라. 肝膋는, 取狗肝一하여, 幪之以其膋하여, 濡炙之하여, 擧燋어든, 其膋를 不蓼니라. 取稻米하여, 擧糔溲之하고, 小切狼臅膏하여, 以與稻米爲酏니라.

(삼 취우양시지육 삼여일 소절지 여도미
도미이 육일 합이위이 전지 간료 취구간
일 몽지이기료 유적지 거초 기료 불료
취도미 거수수지 소절낭촉고 이여도미위이)

註解 ○擣珍(도진)－팔진미(八珍味)의 다섯째. 도(擣)는 짓찧는다는 뜻이므로, 두들겨서 만드는 진미(珍味)라는 뜻. ○脄(매)－등심살이란 뜻. ○每物與牛若一(매물여우약일)－물(物)은 쇠고기 이외의 고기를 가리킨 말. 여우약일(與牛若一)이란 쇠고기로써 표준을 삼되, 다른 고기들은 그 분량을 모두 쇠고기와 동일하게 한다는 말. ○捶反側之(추반측지)－이리저리 뒤집으며 두들겨 짓찧는 것. ○餌(이)－근(筋), 즉 힘줄을 말한다. ○孰(숙)－숙(熟)과 같음. 즉 잘 삶는 것. ○柔其肉(유기육)－그 고기를 식초나 젓국으로 조리하여 연하게 하는 것. ○漬(지)－팔진미(八珍味)의 여섯째. 새로 잡은 쇠고기를 가져다가 얇게 썰되, 반드시 살결을 가로 썰어서 좋은 술에 담갔다가 1주야만에 초와 젓갈로 먹는 것. ○理(이)－근육의 살결. ○湛(침)－지(漬)와 같은 뜻. 담근다는 말. ○期朝(기조)－오늘 아침부터 내일 아침까지, 즉 1주야란 뜻. ○醷(의)－매장(梅漿)을 말한 것. ○熬(오)－팔진미(八珍味)의 일곱째. 굽는다는 뜻. 고기를 불에 구워 말린 다음에 먹기 때문에 이런 이름이 생겼다. ○布(포)－깐다는 뜻. ○屑(설)－가루로 만드는 것. ○灑(쇄)－뿌린다는 뜻. ○濡肉(유육)－물에 적시어 푼다는 뜻. ○糁(삼)－쌀가루를 섞어서 끓인 국. 팔진미(八珍味)는 아니다. ○與(여)－가(加)와 같으며, 더한다는 말. ○肝膋(간료)－팔진미(八珍味)의 여덟번째. 개의 간(肝)에 개고기의 지방을 발라 구워서 먹는 것. ○幪(몽)－덮어씌운다는 뜻. 여기서는 감추어지듯 담근다는 뜻. ○濡炙之

(유적지)-적셔 가지고 굽는 것. ○擧燋(거초)-남김없이 모두 구워서 그
을리는 것. ○膉膏(촉고)-가슴속의 기름이란 뜻.

예(禮)는 부부 사이의 도리를 삼가는 데에서부터 시작된다. 그러므
로 집을 지을 때에는 안과 밖의 구분이 있게 한다. 남자는 밖에 거처
하고 여자는 안에 거처한다. 안채는 깊숙하게 하고 안과 밖의 사이에
는 문을 두어 혼시(閽寺)가 사람의 출입을 감시하게 한다. 남자는 안
에 들어가지 않으며 여자는 밖에 나오지 않는다.

남녀는 옷을 거는 횃대를 같이 쓰지 않는다. 아내의 옷을 감히 남
편의 옷걸이에 걸지 못하며, 감히 욕실(浴室)을 같이 쓰지 못한다. 남
편이 있지 아니하면 베개를 상자에 거두어 넣고 삿자리와 돗자리는
싸서 소중히 간직한다. 나이 적은 사람이 어른을 섬기는 것과 천한
자가 귀한 사람을 섬기는 것도 모두 이와 같게 한다.

부부 사이의 예의는, 오직 70세가 된 뒤에는 부부가 한 곳에 거처
하고 안팎을 구별하지 않는다. 그러므로 첩은 비록 늙었더라도 나이
가 50세 미만이면 반드시 5일의 시어(侍御)에 참여한다. 장차 그 시
어에 참여하려고 할 때에는 재계하고 양치질하고 손발과 얼굴을 씻
고 공손히 의복을 입은 후, 머리를 빗고 사(縰)로써 싸고 비녀를 꽂
고 총(總)을 달고 앞머리의 먼지를 털어서 쪽진 데에 가(加)하고 향
낭을 차고 신을 신고 신끈을 매고 문안드린다. 비록 비첩(婢妾)일지
라도 의복·음식 등의 일에 예절을 지켜 반드시 어른보다 뒤에 한다.
아내가 부재한 때에는 감히 첩이 아내의 시어할 발을 대신 시어하지
못한다.

原文 禮는 始於謹夫婦니, 爲宮室하되, 辨外內하여, 男子는 居
外하고, 女子는 居內하여, 深宮固門하여, 閽寺守之하여, 男不入
하고, 女不出이니라.

(예 시어근부부 위궁실 변외내 남자 거

외 여자 거내 심궁고문 혼시수지 남불입 여불출)

男女이 不同椸枷하여, 不敢縣於夫之楎椸하며, 不敢藏於夫之
篋笥하며, 不敢共湢浴하며, 夫이 不在어든, 斂枕篋하며, 簟席襡
하며, 器而藏之니, 少事長하며, 賤事貴에, 咸如之니라.

(남녀 부동이가 불감현어부지휘이 불감장어부지

협사 불감공벽욕 부 부재 염침협 점석독

기이장지 소사장 천사귀 함여지)

夫婦之禮는, 唯及七十하여야 同藏無間이니, 故로 妾雖老나,
年未滿五十인댄, 必與五日之御니라. 將御者는, 齊하며, 漱澣하
며, 愼衣服하며, 櫛縰하며, 笄總하며, 角拂髦하며, 衿纓하며, 綦屨
니, 雖婢妾이라도, 衣服飮食을, 必後長者하며, 妻이 不在어든, 妾
御이 莫敢當夕이니라.

(부부지례 유급칠십 동장무간 고 첩수로

연미만오십 필여오일지어 장어자 재 수한

신의복 즐사 계총 각불모 금영 기구

수비첩 의복음식 필후장자 처 부재 첩

어 막감당석)

註解 ○禮始於謹夫婦(예시어근부부)－모든 예절은 부부 사이의 도리를
삼가는 데에서부터 시작된다는 말. 즉 부부라는 것은, 인류 사회의 모든
윤리의 출발점이기 때문에 부부의 도리를 조심하여 바르게 지키는 것이,
모든 예절의 시작이 된다는 것. ○宮室(궁실)－가옥(家屋). ○辨外內(변
외내)－변(辨)은 구별한다는 뜻. 여기서는 가옥의 구조를 안과 밖의 구분
이 있게 한다는 말. ○外內(외내)－남자가 있는 정침(正寢)은 밖에 있기
때문에 외(外)라 하고, 여자가 있는 연침(燕寢)은 안에 있기 때문에 내
(內)라고 한다. ○閽寺(혼시)－혼(閽)은 문지기를 뜻하며, 중문(中門)에서
출입의 금지를 맡는 자이고, 시(寺)는 내인(內人)에 대한 금령(禁令)을
맡은 사람으로 모두 환자(宦者)이다. ○椸枷(이가)－횃대・시렁・옷걸이.

ㅇ湢(벽)－목욕실을 뜻하며, 벽욕(湢浴)은 목욕하는 것. ㅇ箧笥(협사)－상자·행담. ㅇ不敢共湢浴(불감공벽욕)－아내가 감히 남편의 욕실을 같이 쓰지 못한다는 말. ㅇ斂枕箧(염침협)－베개를 거두어 상자에 넣는 것. ㅇ簟席襡(점석독)－삿자리와 돗자리를 걷어서 치운다는 말. ㅇ器而藏之(기이장지)－소중히 간직한다는 말. ㅇ同藏無間(동장무간)－같은 곳에 함께 거처하고 안팎을 구별하지 않는다는 말. ㅇ五日之御(오일지어)－5일만에 한 번씩 돌아오는 시침(侍寢)의 차례. 이것은 제후의 예(禮)이다. 제후는 한꺼번에 9명의 여자와 결혼한다. 즉 부인(夫人)과 두 사람의 잉첩(媵妾)과 잉첩이 각기 세 사람씩 거느리는 질제(姪娣)가 있다. 이 질제 6명이 세 밤의 시침(侍寢)을 당번한다. 다음 두 사람의 잉첩이 하룻밤을 시침한다. 그 다음에는 부인이 혼자서 하룻밤을 시침한다. 그리하여 5일만에 한 번씩 차례가 온다. 천자를 시침하는 경우는, 처(妻) 81명이 9일 밤을 당번하고, 세부(世婦) 27명이 3일 밤을 담당하고, 구빈(九嬪) 9명이 하룻밤을 당번하며, 삼부인(三夫人)이 하룻밤을 당번하고, 후(后)가 혼자서 하룻밤을 차지한다. 그래서 무릇 15일만에 한 번씩 시침의 차례가 오는 것이다. ㅇ將御者(장어자) 齊(재) 漱澣(수한)－장차 시침할 자는 재계하고 양치질하고 옷을 세탁한다는 뜻. ㅇ櫛縰(즐사)－즐(櫛)은 머리 빗는 것. 사(縰)는 검은 비단으로 머리털을 싸매는 것. ㅇ笄總(계총)－계(笄)는 비녀를 지르는 것. 총(總)은 머리털을 비단으로 묶어 상투 짜는 것. ㅇ角(각)－가윗 글자가 잘못 들어간 것. ㅇ拂髦(불모)－다발머리 위의 먼지를 떨어버리는 것. 모(髦)는 어려서 머리를 깎을 때 이마에 조금 남겨두어 다발머리를 한 것. 장성한 후에도 부모가 생존하면 이를 그대로 가지고 있다고 한다. ㅇ衿纓(금영)－향낭, 즉 향주머니를 찬다는 말. ㅇ綦屨(기구)－신을 신고 신에 끈을 잡아맨다는 말. ㅇ雖婢妾(수비첩) …… 必後長者(필후장자)－계집종이나 첩은 천한 사람이지만, 그들끼리의 사이에 있어서도 반드시 어른과 어린이의 예절을 지키게 한다는 것. ㅇ妾御莫敢當夕(첩어막감당석)－아내가 부재한 때일지라도, 첩이 감히 아내의 시침 차례인 밤에 대신 시침하지 못한다는 말.

아내가 바야흐로 아기를 낳으려고 할 때에는 그 해산달의 초하루에 이르러 연침(燕寢)의 곁방에 거처하게 한다. 남편은 사람을 시켜 매일 두 차례씩 경과를 묻는다. 걱정이 되면 남편이 친히 가본다. 그러나 아내는 감히 남편을 뵙지 않고, 여사(女師)로 하여금 의복을 갖추게 하고서 대면케 한다. 아기가 태어나게 되면, 남편은 다시 사람을 시켜 날마다 두 번씩 안부를 묻는다. 남편이 재계하는 중이면 측실(側室)의 문을 들어가지 않는다.

아기가 태어나서 아들이면 문 왼쪽에 활을 걸어 놓으며, 딸인 경우에는 문 오른쪽에 수건을 걸어 놓는다. 사흘이 되면 비로소 아들을 안는다. 이때에 아들이면 활을 쏘는 의식을 행하고, 딸이면 행하지 않는다. 국군(國君)의 세자가 출생하여 임금에게 보고하면, 임금은 태뢰(大牢)의 예(禮)로써 아들을 접견한다. 재부(宰夫)가 예를 베푸는 음식 준비를 맡는다. 3일이 되면 길(吉)한 사(士)를 점쳐서 선택하여 아들을 안게 한다. 그 길자(吉者)로 선택된 자는 숙재(宿齊)하고 조복(朝服) 차림으로 침문(寢門) 밖에서 아이를 받아 안는다. 그리하면 활쏘는 사람이 뽕나무 활과 쑥대 화살로 하늘과 땅과 사방을 여섯 번 쏜다. 그러한 뒤에 보모(保母)가 아기를 받아서 안는다. 재부가 앞서 아들을 안았던 길사(吉士)에게 예주(醴酒)를 마시게 하고 속백(束帛)을 하사한다. 사(士)의 아내와 대부의 첩 중에서 길한 자를 점쳐서 선택하여 아들을 젖먹여 기르게 한다.

原文 妻이 將生子할새, 及月辰하여, 居側室이어든, 夫이 使人으로 日再問之하고, 作而自問之어든, 妻不敢見하고, 使姆로 衣服而對하며, 至于子生하여, 夫이 復使人으로 日再問之니, 夫이 齊어든, 則不入側室之門이니라.
(처 장생자 급월신 거측실 부 사인
일재문지 작이자문지 처불감현 사무 의
복이대 지우자생 부 부사인 일재문지 부

재 즉불입측실지문)

子生이어든, **男子**는 **設弧於門左**하고, **女子**는 **設帨於門右**하며, **三日**에 **始負子**니, **男射**하고, **女否**니라. **國君**에 **世子生**하여, **告于君**이어든, **接以大牢**하되, **宰掌具**하나니라. **三日**에, **卜士**하여 **負之**하되, **吉者**이 **宿齊**하여, **朝服**으로, **寢門外**하여 **詩負之**니라. **射人**이 **以桑弧**와, **蓬矢六**으로, **射天地四方**하여든, **保受**하여 **乃負之**니라. **宰**이 **醴負子**하고, **賜之束帛**하며, **卜士之妻**와, **大夫之妾**하여, **使食子**니라.

(자생 남자 설호어문좌 여자 설세어문우
삼일 시부자 남사 여부 국군 세자생 고우
군 접이태뢰 재장구 삼일 복사 부지
길자 숙재 조복 침문외 시부지 사인
이상호 봉시육 사천지사방 보수 내부지
재 예부자 사지속백 복사지처 대부지첩 사식자)

註解 ○月辰(월신)—자식을 낳는 달의 초하룻날. ○側室(측실)—연침(燕寢), 즉 아내의 거실 곁방. ○作而自問之(작이자문지)—남편이 스스로 아내의 상태를 묻는 것. ○妻不敢見(처불감현)—남편이 친히 와서 상태를 물을 때, 아내는 몸이 편하지 않아서 옷맵시 등 예절을 갖출 수 없으므로 감히 남편을 뵙지 못한다는 말. ○姆(무)—여사(女師). 여자 스승, 50세에 이르러 자식 없이 시집에서 나와 다시 재혼하지 않은 부인으로서 부도(婦道)로 남을 가르치는 자를 말한 것. ○設(설)—건다는 뜻. ○弧(호)—나무로 만든 활. 이것으로 남자의 상징을 삼는다. ○門左(문좌)—좌(左)는 양(陽)이다. 남자는 양이므로 좌를 선택하는 것이다. ○設帨於門右(설세어문우)—우(右)는 음(陰)이다. 여자는 음이므로 여자를 낳으면 문 오른쪽에 수건을 걸어둔다. ○三日始負(삼일시부)—아기가 태어나고 3일이 되면 처음 안는다는 말. 부(負)는 안는다는 뜻. ○男射女否(남사여부)—아이를 처음 안을 때에 사내아이면 어른이 아이를 대신해서 활을 쏘는 의식이 있지만, 계집아이인 경우는 하지 않는다는 말. ○接以大牢(접이태

뢰)-태뢰(大牢)의 예를 베풀고 아들을 접견함. ㅇ宰(재)-재부(宰夫), 벼
슬아치의 이름. 요리를 맡은 관리란 말. ㅇ具(구)-태뢰(大牢)의 선구
(膳具)를 말한 것. ㅇ卜士(복사)-사(士)를 점쳐서 그 길한 자를 가려내
는 것. ㅇ負(부)-업는다는 뜻. ㅇ宿齊(숙재)-숙(宿)은 하룻밤이고, 재
(齊)는 재계. 즉 하룻밤을 재계(齊戒)한다는 뜻. ㅇ射天地四方(사천지사
방)-어린애가 나서 3일만에 처음 부군(父君)을 뵙고, 길사(吉士)가 안으
면 사인(射人)이 뽕나무 활과 쑥대 화살로 하늘·땅·동·서·남·북의
방향으로 여섯 번을 쏜다. 그것은 어린아이가 커서 장차 원대(遠大)한 일
이 있기를 기대하는 뜻이라고 한다. ㅇ射人(사인)-활쏘기를 맡은 사람.
ㅇ桑弧(상호)-뽕나무로 만든 활. ㅇ蓬矢(봉시)-쑥대로 만든 화살. ㅇ宰
醴負子(재예부자)-재부(宰夫)가 앞서 아기를 안았던 길사(吉士)에게 단
술을 마시게 한다는 말. ㅇ束帛(속백)-비단 열 필. ㅇ食子(식자)-식(食)
은 젖을 먹여 봉양하는 것.

무릇 아들을 접견하는 예는 점을 쳐서 날을 가린다. 총자(冢子)이
면 태뢰(大牢)를 쓴다. 서인(庶人)은 특돈(特豚), 사(士)는 특시(特
豕), 대부(大夫)는 소뢰(小牢), 국군(國君)의 세자에게는 태뢰를 쓴다.
만일 총자(冢子)가 아니면 모두 한 등씩 낮추어서 거행한다.

궁중에 따로 어린아이의 거실을 마련하고, 여러 첩 중에서나 다른
좋다고 생각되는 자 중에서 선택하여 반드시 그 마음이 너그럽고 여
유가 있으며, 자애스럽고 은혜스러우며, 온화하고 어질며 공손하고 조
심성이 있으며, 말을 삼가고 적은 자를 찾아서 아이의 스승이 되게
한다. 그 다음에는 자모(慈母)가 있고 그 다음에는 보모(保母)가 있
다. 모두 아들의 거실에 거처한다. 다른 사람은 일이 없으면 가지 않
는다.

아기가 출생한 지 3개월의 월말에 날을 가려서 머리털을 깎아 타발
(鬌髮)을 만든다. 남자아이는 뿔처럼 두 개의 상투를 만들고, 여자아
이는 3개의 상투를 만든다. 혹은 남자는 왼쪽에 묶고 여자는 오른쪽

에 묶는다. 그리고 이날 아내는 아들을 데리고 아버지를 뵙게 한다. 귀인(貴人)은 의복을 만든다. 명사(命士)로부터 이하는 모두 옷을 세탁해서 입는다. 남녀가 일찍 일어나서 목욕하고 의복을 갈아입는다. 음식 준비는 삭식(朔食)과 비등(比等)하게 한다. 남편이 측실(側室)의 문 안에 들어가서 조계(阼階)로부터 올라가 동쪽에 서향하고 선다. 아내가 아들을 안고 방에서 나오고 중방 있는 곳에서 동쪽을 향하여 선다.

原文 凡接子하되, 擇日이니, 冢子則大牢요, 庶人은 特豚이오, 士는 特豕요, 大夫는 少牢요, 國君世子는 大牢니, 其非冢子인댄, 則皆降一等이니라.
(범접자 택일 총자즉태뢰 서인 특돈
사 특시 대부 소뢰 국군세자 태뢰 기비총자
즉개강일등)

異爲孺子室於宮中하고, 擇於諸母와 與可者하되, 必求其寬裕慈惠溫良恭敬하고, 愼而寡言者하여, 使爲子師하니, 其次는 爲慈母하고, 其次는 爲保母하여, 皆居子室하고, 他人이 無事어든 不往이니라.
(이위유자실어궁중 택어제모 여가자 필구기관유
자혜온량공경 신이과언자 사위자사 기차 위
자모 기차 위보모 개거자실 타인 무사 불왕)

三月之末에, 擇日하여 翦髮爲鬌하되, 男角하고 女羈니, 否則男左女右니라. 是日也에, 妻以子로 見於父어든, 貴人則爲衣服하고, 由命士以下는, 皆漱澣하며, 男女이 夙興하여, 沐浴衣服하고, 具視朔食하며, 夫이 入門하여, 升自阼階하여, 立于阼하되, 西鄕이어든, 妻이 抱子하여 出自房하여, 當楣立하되, 東面이니라.
(삼월지말 택일 전발위추 남각 여기 부즉

남좌여우 시일야 처이자 현어부 귀인즉위의복
유명사이하 개수한 남녀 숙흥 목욕의복
구시삭식 부 입문 승자조계 입우조 서
향처 포자 출자방 당미립 동면)

註解　○凡接子(범접자) 擇日(택일)－무릇 아들을 처음 접견하는 날은 반드시 3일 안에 길한 날을 선택하여 길한 사람으로 집사(執事)하게 한 다는 말. ○特豚(특돈)－특(特)은 수컷이란 뜻이고, 돈(豚)은 작은 돼지. ○特豕(특시)－시(豕)는 보통 크기의 돼지. ○小牢(소뢰)－나라 제사에 양을 통째로 제물로 바치는 일. 처음에는 양과 돼지를 한꺼번에 바치는 것을 소뢰라고 했으나, 뒤에는 양만을 바치게 되었다. ○異(이)－특별히 한다는 뜻. ○孺子(유자)－유자(幼子)와 같으므로 어린아이란 뜻. ○諸母 (제모)－중첩(衆妾)을 말한 것. ○可者(가자)－여기서는 아들의 스승이 될 자격이 있는 자란 뜻. ○寡言(과언)－말이 적은 사람. ○慈母(자모)－ 아들이 나쁜 일을 하고자 하는 것을 살펴서 바로 지도하는 자. ○保母(보 모)－아기의 잠자리를 편안하게 잘 돌봐주는 자. ○翦髮(전발)－머리털을 깎는 것. ○鬌(타)－머리를 깎고 난 다음 남긴 머리. 황새머리. ○男角女 羈(남각여기)－각(角)은 뿔처럼 머리의 양쪽에 남은 머리털로 두 개의 상 투를 짜는 것. 기(羈)는 정상에 머리털을 가로 세로 각 한 가닥씩 남겨 두어 서로 교차(交叉)하여 묶는 것. ○男左女右(남좌여우)－만일 각(角) 이나 기(羈)를 만들지 않으면, 남자는 머리의 왼쪽에 북상투를 짜고 여자 는 오른쪽에 북상투를 짠다는 말. ○是日也(시일야) 妻以子見於父(처이 자현어부)－이날, 즉 아이가 출생한 후 2개월 된 달의 월말에 좋은 날을 택일하여 아내가 아들을 아버지에게 뵙게 하는 것. ○男女夙興(남녀숙흥)－ 남녀는 일족중(一族中)의 남녀들을 말한 것. 그들이 이날 모두 일찍 일어 난다는 말. ○漱澣(수한)－여기에서는 옷을 세탁한다는 말. ○具視朔食 (구시삭식)－음식을 마련하는 예절은 삭식(朔食)과 비등(比等)하게 한다 는 것. 삭식은 매월 초하루에 올리는 어선(御膳)이다.

[상문(上文)에 계속] 여사(女師)가 먼저 아내를 대신하여 말하기를,

"어미 아무개가 삼가 오늘을 택하여 아기를 아버지께 뵙게 합니다."
라고 한다. 남편이 대답하기를, "삼가 잘 가르쳐서 착한 길을 좇게 하
라."라고 한다. 그리고 아버지는 아기의 오른손을 잡고 미소지으며 웃
는 목소리로 이름을 지어 준다. 아내가 대답하기를, "분부를 기억하여
가르쳐서 덕을 이룩하게 하겠습니다."라고 한다. 그리고는 마침내 왼
편으로 돌아서서 자사(子師)에게 아기를 준다. 자사가 제부(諸婦)와
제모(諸母)에게 고루 아이의 이름을 고한다. 이것이 끝나면 아내는
아이를 받아 안고 남편의 연침(燕寢)으로 가는 것이다. 다음에 남편
은 가재(家宰), 즉 가신(家臣)의 우두머리에게 아들의 이름을 알려주
며, 가재는 참석한 모든 남자에게 그 이름을 두루 알리고 이것을 간
책(簡策)에 '모년 모월 모일에 아무개가 출생했'고 쓴 다음, 집의
서부(書府)에 간직하는데 이것이 끝나면 여사(閭史)에게 알린다. 여
사는 그 호적 등록의 문서를 두 장 만들어 그 하나는 이를 여(閭 : 마
을)의 서부(書府)에 간직하고, 그 하나는 이를 주사(州史)에게 바친
다. 주사는 이를 다시 주백(州伯)에게 바친다. 주백은 이것을 주(州)
의 서부에 보관하도록 명한다. 이리하여 식이 모두 끝나면 남편 역시
연침에 들어가 아내와 함께 식사하는데 이때부터는 평상시 부부 공양
(供養)의 상례(常禮)에 따르는 것이다.

原文 姆이 先相曰, 母某는 敢用時日하여, 祇見孺子라. 夫이
對曰, 欽有帥이라하고, 父이 執子之右手하여, 咳而名之하여든,
妻이 對曰, 記有成이라하며, 遂左還하여 授師어든, 子師이 辯告
諸婦諸母名하고, 妻이 遂適寢이니라. 夫이 告宰名하여든, 宰이
辯告諸男名하고, 書曰, 某年某月某日에 某生이라하여, 而藏之하
고, 宰이 告閭史하여든, 閭史이 書爲二하여, 其一은 藏諸閭府하
고, 其一은 獻諸州史하며, 州史이 獻諸州伯하여든, 州伯이 命藏
諸州府하나니, 夫이 入食하되, 如養禮니라.

(무 선상왈 모모 감용시일 지현유자 부
대왈 흠유솔 부 집자지우수 해이명지
처 대왈 기유성 수좌선 수사 자사 편고
제부제모명 처 수적침 부 고재명 재
편고제남명 서왈 모년모월모일 모생 이장지
재 고여사 여사 서위이 기일 장저여부
기일 헌저주사 주사 헌저주백 주백 명장
저주부 부 입식 여양례)

註解 ○姆(무)-여사(女師). 여자 스승. ○帥(솔)-순(循)과 같은 뜻. 즉 착한 일을 좇는다는 뜻. ○咳而名之(해이명지)-해(咳)는 어린아이가 방글방글 웃는다는 뜻인데, 아버지가 웃는 얼굴에 웃는 소리로 자애를 나타내면서 아이의 이름을 짓는 것. ○祇(지)-공손히 한다는 뜻. ○欽有帥(흠유솔)-흠(欽)은 공경한다는 뜻으로, 공경하여 가르쳐서 착한 길을 좇게 한다는 말. ○記有成(기유성)-남편의 말씀을 기억하여 아이에게 가르쳐, 덕을 이룩하게 한다는 뜻. ○還(선)-선(旋)과 같음. 돈다는 뜻. ○徧告諸婦諸母名(편고제부제모명)-제부(諸婦)와 제모(諸母)에게 골고루 어린아이의 이름을 일러준다는 말. 편(徧)은 편(徧)과 같으므로 고루라는 뜻. 제부는 동족(同族) 중의 항렬이 낮은 자들. 제모는 동족 중 항렬이 높은 자들. ○妻遂適寢(처수적침)-적(適)은 간다는 뜻. 침(寢)은 남편의 연침(燕寢), 즉 아이를 낳은 지 3개월만에 아들을 자사(子師)에게 넘기고 비로소 남편의 연침으로 되돌아간다는 말. ○夫告宰名(부고재명)-재(宰)는 속리(屬吏). 남편의 속리에게 아이의 이름을 일러준다는 뜻. ○徧告諸男名(편고제남명)-제남(諸男)들에게 골고루 아이의 이름을 알린다는 말. 제남은 동종(同宗)의 항렬이 낮은 남자들. ○閭史(여사)-여(閭)의 속리(屬吏). 25가(家)가 1려(閭)이다. ○藏諸閭府(장저여부)-아이의 이름을 적은 문서를 여(閭)의 서고(書庫)에 간직한다는 말. 부(府)는 창고 또는 서고(書庫)란 뜻. ○州史(주사)-2천5백 집이 주(州)를 구성한다. 주사(州史)는 주의 속리(屬吏). ○州伯(주백)-주(州)의 장관. ○州府(주부)-주의 서고(書庫). ○夫入食(부입식) 如養禮(여양례)-남편이 들어가서 아내

와 함께 음식을 먹는 예는, 마치 아내가 처음 시집와서 시부모에게 궤향(饋饗)하는 예와 같게 한다는 것.

제후에게 세자가 태어나면 군주는 목욕하고 조복(朝服) 차림을 한다. 부인도 또한 그와 같이 하고, 두 사람이 모두 집의 동계(東階) 위에서 서향(西向)하고 선다. 그러면 여관(女官)이 아들을 안고 서계(西階)로부터 올라온다. 임금은 이에 접견하고, 아이의 이름을 명명(命名)한 다음 곧 내려간다. 세자 이외의 적자(適子)나 서자(庶子)들은 모두 임금의 거실에서 접견하는데, 임금은 그 머리를 쓰다듬으며 어린애의 웃음소리 같은 기쁜 말소리로 아이의 이름을 명한다. 그 예절은 세자에게 명명(命名)할 때와 같으나 다만 적장자(適長子)에 대해 말하던 계고(戒告)는 하지 않는다.

무릇 아들에게 이름을 지으려면 일월(日月) 〔의 간지(干支)〕을 사용하지 않고, 나라의 이름을 사용하지 않으며, 은질(隱疾)로 이름을 짓지 않는다. 또 대부나 사(士)의 아들은 임금의 세자와 같은 이름으로 하지 않는다. 첩이 아들을 낳을 때쯤 되면 그 달의 삭일(朔日)부터 남편은 하루에 한 번 사람을 시켜서 문안을 한다. 아들이 태어나고 석달이 되면 그 월말에 의복을 세탁해 입고 일찍 일어나 재계하고 아들을 데리고 내침(內寢)에 가서 아버지를 뵙는다. 예절은 처음 시집왔을 때와 같이한다. 임금이 음식 먹는 일을 마친 뒤에 〔아들을 낳은 첩에게〕 특준(特餕)을 내려주게 한다. 〔그리고 이날 밤부터〕 첩은 마침내 시침(侍寢)하게 되는 것이다.

原文 世子이 生커든, 則君이 沐浴朝服하시고, 夫人도 亦如之하며, 皆立于阼階하되 西鄕커든, 世婦이 抱子하여, 升自西階하나니, 君이 名之하여시든 乃降이니라. 適子와 庶子, 見於外寢이어든, 撫其首하고, 咳而名之하되, 禮帥初요, 無辭니라.

(세자생 즉군 목욕조복 부인 역여지
개입우조계 서향 세부 포자 승자서계
군 명지 내강 적자 서자 현어외침
무기수 해이명지 예솔초 무사)

凡名子를, 不以日月하며, 不以國하며, 不以隱疾이오, 大夫士
之子는, 不敢與世子로 同名이니라.

(범명자 불이일월 불이국 불이은질 대부사
지자 불감여세자 동명)

妾이 將生子할새, 及月辰하여, 夫使人으로 日一問之하고, 子
生三月之末에, 漱澣夙齊하여, 見於內寢이어든, 禮之如始入室하
며, 君이 已食하시고 徹焉하사, 使之特餕하고, 遂入御하나니라.

(첩 장생자 급월신 부사인 일일문지 자
생삼월지말 수한숙재 현어내침 예지여시입실
군 이식 철언 사지특준 수입어)

註解   ○世婦(세부)−고대 후궁(后宮)의 여관(女官). ○適子(적자)−세
자의 아우. ○庶子(서자)−첩의 아들. ○外寢(외침)−임금의 연침(燕寢).
○咳而名之(해이명지)−어린애 웃음소리와 같은 기쁜 목소리로 아들에게
명명(命名)한다는 말. 해(咳)는 어린애의 웃음소리란 뜻. ○禮帥初(예솔
초)−예절은 먼젓것을 좇는다는 말. 즉 세자를 접견하고 이름을 지어 주
는 때의 절차와 같다는 뜻. ○無辭(무사)−아무 말도 없다는 뜻. 즉 세자
가 접견할 때 하던 말을 하지 않는다는 말. ○漱澣(수한)−의복을 세탁
한다는 말. ○內寢(내침)−아내 또는 부인의 침실. ○禮之如始入室(예지
여시입실)−예가 처음 시집온 때와 같다는 말. ○君已食(군이식) 徹焉(철
언)−임금이 음식을 다 먹은 뒤란 말. ○特餕(특준)−임금이 먹은 대궁을
아들을 낳은 첩에게 단독으로 내려준다는 말, 즉 여러 다른 첩들과 다르
게 특별히 우대한다는 것. 특(特)은 독(獨)과 같으므로 단독이란 뜻이고,
준(餕)이란 대궁이란 뜻. ○遂入御(수입어)−아들을 낳은 지 이미 3개월
이 지났으므로 이때부터 다시 임금의 침소에 시침(侍寢)한다는 말.

공(公)의 서자(庶子)가 태어날 때에는 측실(側室)에서 이를 낳게 한다. 출생한 지 3개월 말쯤 해서 그 어머니는 목욕조복(沐浴朝服)하고 임금에게 보인다. 이때 빈자(擯者)가 그 아기를 안고서 보이는데, 이 첩을 임금이 특별히 총애하여 은사(恩賜)를 내리는 경우라면 임금이 친히 아기의 이름을 지어준다. 그러나 중첩(衆妾)의 아들로서 은총이 가벼운 자는 유사(有司)로 하여금 이를 이름짓게 한다. 서인으로서 측실(側室)이 없는 자는 해산달의 초하룻날에 이르러 남편은 군실(羣室)에 나가서 거처한다. 그 처를 문안하는 예나 아들을 아버지에게 뵙게 하는 예절은 대부나 사(士)와 다를 바가 없다.

무릇 아버지가 있는데 손자가 태어나 처음으로 할아버지에게 보일 때에는 할아버지도 역시 아이의 이름을 짓는다. 그 예법은 아들이 태어나 처음으로 아버지에게 보일 때와 같으나, 다만 훈계하는 말이 없음이 다를 뿐이다.

임금의 아들의 유모는, 3년이 지나면 임금의 집에서 나와 자기 집으로 돌아간다. 그때 공궁(公宮)에 나가 고별할 때에는 임금이 반드시 은사(恩賜)를 내리면서 그 힘들이고 수고했음을 위로한다. 그리고 대부의 아들에는 유모가 있지만, 사(士)의 아내는 스스로 자기 자식을 키우는 게 예법이다. 명사(命士) 이상 및 대부의 아들은 3개월을 기다리지 않고 열흘만에 아버지에게 보이는 예가 있다. 또 장자(長子)는 임금과 부인이 예식(禮食)하기 전에 뵙는다. 그때 임금은 반드시 그 아들의 오른손을 잡는다. 적자(適子)나 서자(庶子)는, 임금과 부인 또는 첩과 예식한 연후에 뵙는데 그때 임금은 반드시 그 아들의 머리를 어루만진다.

原文 公庶子이 生에, 就側室이니, 三月之末에, 其母이 沐浴朝服하여 見於君이어든, 擯者이 以其子로 見하여든, 君이 所有賜는, 君名之하시고, 衆子는 則使有司로 名之하시나니라. 庶人이

無側室者는, 及月辰하여, 夫이 出居羣室하나니, 其問之也와, 與
子見父之禮는, 無以異也니라.

　(공서자 생 취측실 삼월지말 기모 목욕조
　복 현어군 빈자 이기자 현 군 소유사
　군명지 중자 즉사유사 명지 서인
　무측실자 급월신 부 출거군실 기문지야 여
　자현부지례 무이이야)

凡父이 在하여, 孫見於祖어든, 祖亦名之하시나니, 禮는 如子見
父요, 無辭니라.

　(범부 재 손현어조 조역명지 예 여자현부 무사)

食子者는, 三年而出하나니, 見於公宮이어든 則劬니라. 大夫之
子는, 有食母하고, 士之妻는, 自養其子니라. 由命士以上及大夫
之子는, 旬而見이니라. 冢子이 未食而見이어든, 必執其右手하고,
適子庶子已食而見이어든, 必循其首니라.

　(식자자 삼년이출 현어공궁 즉구 대부지
　자 유식모 사지처 자양기자 유명사이상급대부
　지자 순이현 총자 미식이현 필집기우수
　적자서자이식이현 필순기수)

註解　○儐者(빈자)—부(傅)·무(姆)의 일종으로, 도와서 인도하는 자.
○所有賜者(소유사자)—첩을 임금이 특히 총애하여 특별히 은사(恩賜)한
일이 있는 자. ○衆子(중자)—중첩(衆妾)의 아들로서 그 어머니가 특별한
총애를 받지 못한 자. ○有司(유사)—어떤 관청의 사무를 맡아보는 벼슬
아치. ○羣室(군실)—곁방 따위를 이른 말. 일정한 방이 없고 협실(夾室)
등 여러 방 중의 어느 한 방을 이르는 말. ○問之也(문지야)—아내의 안
부를 문안하는 것. ○無以異(무이이)—대부나 사(士)와 다를 바 없다는
말. ○凡父在(범부재) 孫見於祖(손현어조)—여기서 부(父)라고 한 것은
어린애의 조부를 가리킨 말. 즉 조부가 있으면 손자는 조부를 뵙고 조부

가 이름도 명명(命名)한다는 것. ○역(亦)−역시라는 뜻. ○食子(식자)−
자(子)는 유양(乳養)하는 자, 즉 유모. ○三年而出(삼년이출)−어린애는
태어나서 3년이면 품안을 떠나게 되므로 이때가 되면 유모는 임금의 집
을 나와 자기 집으로 돌아간다는 말. ○劬(구)−구로(劬勞), 즉 힘들이고
수고하는 것. 여기서는 구로에 대해 위로한다는 뜻. ○食母(식모)−여기
서는 유모란 뜻. ○見於公宮則劬(현어공궁즉구)−양육의 책임을 마치고
물러가는 자가 공궁(公宮)에 나가 임금께 뵈면, 임금이 그들의 노고를
치하하는 것. ○旬(순)−10일. ○未食(미식)−여기서 식(食)이란 예식(禮
式)을 말한 것. 예식이란 3개월째의 마지막쯤 되어 남편과 처첩(妻妾)이
함께 식사하는 예(禮). ○適子庶子已食而見(적자서자이식이현)−총자(冢
子)가 아닌 적자(適子)와 서자(庶子)에 대해서는 아버지는 아들을 낳은
아내와 예식(禮食)을 마친 다음 만나본다는 말. 이는 적자와 서자는 총자
보다 가볍게 여기기 때문이다. ○循(순)−무(撫)와 같은 뜻. 즉 어루만진
다는 말.

아이가 성장하여 능히 스스로 음식을 먹을 수 있게 되었을 때에는
오른손으로 먹도록 가르치고, 능히 스스로 말할 수 있게 되었을 때에
는 남자에게는 유(唯)라 하고 여자에게 유(兪)라고 대답하도록 가르
치며, 남자에게는 털을 벗긴 가죽의 작은 주머니를 차게 하고, 여자에
게는 작은 비단 주머니를 차도록 한다. 자식이 성장하여 여섯 살이
되면 수(數)의 이름과 방향의 이름을 가르친다. 일곱 살이 되면 남녀
가 자리를 같이하여 앉지 않으며, 음식을 함께 먹지 않는다. 여덟 살
이 되면 남녀 모두 문호(門戶)를 출입하고 자리에 앉아 음식을 드는
데 있어 반드시 어른보다 나중에 들어야 하도록 하는 등 겸양(謙讓)
하는 예법을 가르친다. 아홉 살이 되면 남녀 모두에게 삭일(朔日)과
15일과 육갑(六甲)의 날을 가르쳐 준다. 남자가 10세가 되면 집을 나
가서 스승에게 취학(就學)하고, 밖에 거숙(居宿)하면서 육서(六書)와
계수(計數)를 배운다. 옷은 비단을 쓰지 않으며, 행하는 예절은 모두

처음에 가르쳐진 대로 하며, 아침저녁으로 유자(幼者)의 예를 배우고 또 스승에게 청하여 서편(書篇)의 수(數)와 언어의 신실(信實)을 배운다. 〔11세, 12세의 경우도 모두 이와 같다〕

|原文| 子이 能食食어든, 敎以右手하며, 能言이어든, 男唯女兪하며, 男鞶革이오, 女鞶絲니라. 六年이어든, 敎之數與方名이니라. 七年이어든, 男女이 不同席하며, 不共食이니라. 八年이어든, 出入門戶와, 及卽席飮食에, 必後長者하여, 始敎之讓이니라. 九年이어든, 敎之數日이니라. 十年이어든, 出就外傅하되, 居宿於外하며, 學書計하며, 衣不帛襦袴하며, 禮帥初하며, 朝夕에 學幼儀하되, 請肄簡諒이니라.

(자 능식사 교이우수 능언 남유여유
남반혁 여반사 육년 교지수여방명
칠년 남녀 부동석 불공식 팔년 출입
문호 급즉석음식 필후장자 시교지양 구년
교지수일 십년 출취외부 거숙어외
학서계 의불백유고 예솔초 조석 학유의
청이간량)

|註解| ○食食(식사)—밥을 먹는다는 말. ○男唯女兪(남유여유)—모두 남녀가 '예'하고 대답하는 소리. 남녀에 따라 이를 나눈 까닭은, 유(唯)는 발음이 곧고, 유(兪)는 발음이 완곡하기 때문이다. ○鞶(반)—작은 주머니. ○革(혁)—털을 벗긴 가죽. ○絲(사)—비단으로 만든 것. ○方(방)—방향. ○數(수)—셈하는 것, 셈 수. ○方名(방명)—방위(方位)의 명칭. 즉 동·서·남·북. ○日(일)—삭일(朔日), 즉 초하루와 15일과 육갑(六甲)의 날을 말한 것. ○外傅(외부)—밖에 있는 사부(師傅), 즉 스승. ○書計(서계)—서(書)는 육서(六書)를 말하며, 계(計)는 계수(計數)의 학문을 말한다. 육서란 상형(象形)·상사(象事)·상의(象意)·상성(象聲)·전주(轉注)·가차(假借) 등이다. ○衣不帛襦袴(의불백유고)—유(襦)는 저고리이

고, 고(袴)는 바지이다. 여기서 유와 고에만 비단을 쓰지 않는다는 뜻이
아니라, 의복 전부에 사용하지 않음을 말한다. 따라서 유고(襦袴)는 의복
전체의 대명사로 보아야 하며 원래 유자(幼者)는 비단이 필요없기 때문
이다. ㅇ禮帥初(예솔초)-모든 예절은 처음에 가르친대로 따르게 한다는
말. 솔(帥)은 따른다는 말. ㅇ幼儀(유의)-어린이의 예의. ㅇ請肄簡諒(청
이간량)-아직 어리기 때문에 어린이의 예의를 배우기는 하나 간단하고
쉬우며, 신실(信實)한 것을 청하여 익히게 한다는 말. 이(肄)는 익힌다는
뜻이고, 간(簡)은 간이(簡易)하다는 뜻이다.

남자로서 13세가 되면, 음악을 배우고 시가(詩歌)를 읊으며 작무
(勺舞)를 배운다. 15세 이상이 되면, 상무(象舞)를 배우고 활쏘기 및
말다루는 법을 배운다. 남자로서 20세에 이르면 곧 관(冠)을 쓰고 성
인(成人)이 된다. 이때에 이르러 비로소 예를 배우며 또한 갖옷과 비
단옷을 입을 수 있다. 대하(大夏)의 무악(舞樂)을 배우며 효제의 길
을 돈독하게 행하고, 스스로 널리 배워 지덕(智德)을 높이고자 애써
야 하지만, 아직 남을 가르치지는 않으며 겸양하는 마음을 항상 지녀
뽐내지 말아야 한다. 남자는 30세가 되면 아내를 맞이하고 비로소 남
자로서의 일을 다스린다. 널리 배우지만 정해진 스승이 없고, 붕우(朋
友)를 좇아 그 뜻하는 바를 보고 그것을 자기 수양의 밑거름으로 삼
는다. 남자는 40세에 이르러 비로소 출사(出仕)한다. 모든 사물에 대
해서 계책(計策)을 안출(案出)하고 생각하는 바를 발표하여 임금에게
올리는데, 임금이 들어줄 때에는 곧 그 일에 복종하여 그 임금에 따
르고, 임금이 들어주지 않을 때에는 곧 치사(致仕), 즉 벼슬을 내놓고
조정을 떠난다. 남자가 50세가 되면, 명을 받아 대부(大夫)가 되어 관
부(官府)의 정사를 담당한다. 70세가 되면 관직을 내놓고 물러나 노
후(老後)를 정양한다.

무릇 남자는 절할 때에는 왼손을 위로 한다. 〔여자는 오른손을 위
로 한다〕

[原文]　十有三年이어든, 學樂하며, 誦詩하며, 舞勺하고, 成童이어든, 舞象하며, 學射御니라. 二十而冠하여, 始學禮하며, 可以衣裘帛하며, 舞大夏하며, 惇行孝弟하며, 博學不敎하며, 內而不出이니라. 三十而有室하며, 始理男事하며, 博學無方하며, 孫友視志니라. 四十에 始仕하여, 方物出謀發慮하여, 道合則服從하고, 不可則去니라. 五十에 命爲大夫하여, 服官政하고, 七十에 致事니라.

(십유삼년 학악 송시 무작 성동
무상 학사어 이십이관 시학례 가이의구
백 무대하 돈행효제 박학불교 내이불출
삼십이유실 시리남사 박학무방 손우시지
사십 시사 방물출모발려 도합즉복종 불가
즉거 오십 명위대부 복관정 칠십 치사)

凡男은 拜하되, 尚左手니라.
(범남 배 상좌수)

[註解]　○詩(시)－주악(奏樂)에 쓰는 시가(詩歌). ○勺(작)－주공(周公)이 만들었다는 무악(舞樂)의 이름. ○成童(성동)－15세 이상을 말한 것. ○無象(무상)－상(象)은 주송(周頌)의 무(武)라는 시를 말한 것. 즉 무편(武篇)의 시를 가락을 붙여 노래하며 춤추는 것. 춤에는 창과 방패 등 무기를 갖고 추는 무무(武舞)와 무기를 전연 갖지 않고 추는 문무(文舞)가 있는데, 무상(舞象)은 무무를 말한다. 10세 미만은 어리기 때문에 문무를 추게 하였고, 15세 이상이 되면 무무를 추게 하였다. ○射御(사어)－활쏘고 말타는 일. ○冠(관)－갓을 쓴다는 말. 20세가 되면 갓을 쓰게 되는데, 갓을 쓰는 의식을 관례(冠禮)라고 한다. ○始學禮(시학례)－20세가 되면 비로소 성인(成人)으로서 오례(五禮)를 배운다는 것. 오례는 흉례(凶禮)·길례(吉禮)·빈례(賓禮)·군례(軍禮)·가례(嘉禮)를 말한다. ○裘帛(구백)－가죽옷과 명주옷. ○舞大夏(무대하)－하(夏)나라의 우왕(禹王)의 무악으로서 문무(文舞)가 겸비된 악이다. 성인이 되었으므로 문무가 겸비한 하나라의 무악을 추는 것이다. ○惇(돈)－두터이 한다는 말. 후(厚)와

같은 뜻. ㅇ博學不敎(박학불교)—널리 배우지만 아직 남을 가르치지는 않는 것. 아직 남의 스승이 되기에는 부족하기 때문이다. ㅇ內而不出(내이불출)—지식과 덕을 속에 쌓은 채 겉으로 나타내어 뽐내지 않는 것. ㅇ有室(유실)—아내를 갖는 것. 즉 아내를 맞이하는 것. ㅇ始理男事(시리남사)—비로소 한 사람의 남자로서의 일을 처리한다는 말. ㅇ孫友視志(손우시지)—벗과 화순하게 사귀지만 그 사람의 뜻을 살펴보아 선한 자를 택하는 것. 손(孫)은 손(遜)을 말하므로 화순(和順)하다는 뜻. ㅇ方物(방물)—방(方)은 대(對)와 같고 물(物)은 사(事)와 같으므로, 어떤 일에 대하여라는 말. ㅇ道合(도합)—자신이 옳다고 생각하는 신념(信念)과 나라의 정치의 도가 합치하는 것. ㅇ服官政(복관정)—복(服)은 맡는다는 뜻. 관정(官政)은 나라의 큰 일. 즉 40세에 처음 벼슬하여 관청의 작은 일을 처리하지만, 50세가 되면 국가의 중대한 정사를 담당한다는 말. ㅇ致事(치사)—치사(致仕)와 같은 뜻. 즉 벼슬을 임금께 돌려준다는 말. ㅇ男拜(남배) 尙左手(상좌수)—절을 할 때에, 남자는 왼손을 위로 하고 여자는 오른손을 위로 한다는 말. 좌(左)는 양(陽)을 의미하고 우(右)는 음(陰)을 의미하기 때문이다.

여자아이는 열살이 되면 규문(閨門) 밖에 나가지 아니하며, 여교사가 유순한 말씨와 태도와 그리고 어른의 말을 잘 듣고 이에 순종하는 법을 가르치며, 삼베 길쌈을 하고 누에를 길러 실을 뽑으며 비단과 명주를 직조하게 한다. 이렇듯 여자의 일을 배워 이로써 의복을 공급하게 한다. 또 제사에 참관하여 술과 초(醋)와 대나무 제기(祭器)와 나무 제기 및 침채(浸菜)와 젓갈을 올려서 제례(祭禮)의 거행을 돕게 한다. 여자 나이가 열다섯살이 되면 곧 비녀를 꽂고, 스무살이 되면 출가한다. 만일 사정이 있어 출가할 수 없을 때에는 23세에 이르러 출가한다. 그러나 출가라 할지라도 예로써 맞아들여지는 자는 처(妻)라 칭하고 그렇지 않은 자는 첩(妾)이라 칭하는 것이다.

무릇 여자로서 절할 때에는 오른손을 위로 한다.

原文 女子이 十年이어든 不出하며, 姆이 敎婉娩聽從하며, 執

麻枲하며, 治絲繭하며, 織紝組紃하여, 學女事하여 以共衣服하며, 觀於祭祀하여, 納酒漿籩豆菹醢하여, 禮相助奠이니라. 十有五年而笄하고, 二十而嫁니, 有故어든 二十三年而嫁니라. 聘則爲妻요, 奔則爲妾이니라.

(여자 십년 불출 무 교완만청종 집
마시 치사견 직임조순 학여사 이공의복
관어제사 납주장변두저해 예상조전 십유오년
이계 이십이가 유고 이십삼년이가 빙즉위처
분즉위첩)

凡女는 拜하되, 尙右手니라.

(범녀 배 상우수)

[註解] ○姆敎(무교)-여교사의 가르침. ○婉娩(완만)-완(婉)은 말이 상냥한 것. 만(娩)은 용모가 유순한 것. ○聽從(청종)-듣고서 순종하는 것. ○執麻枲(집마시)-마(麻)는 삼이고, 시(枲)는 모시인데 이 마시(麻枲)로 베를 만드는 것. 즉 방적. ○治絲繭(치사견)-누에고치를 만들고 생사를 뽑는 것. 즉 양잠과 제사(製絲)를 말한 것. ○織紝組紃(직임조순)-비단과 명주를 짜고 실띠를 땋는 것. 즉 방직과 재봉의 일. 임(紝)은 명주를 말하고, 순(紃)은 실띠를 뜻한 말. ○共(공)-공(供)과 같으므로 공급한다는 뜻. ○觀於祭祀(관어제사)-제사에 참관한다는 말. 여자가 직접 제사를 거행하지는 않으나 옆에서 참관하고 돕는다는 말. ○酒漿(주장)-술과 미음. ○籩豆(변두)-제사나 향연 때 쓰는 그릇 이름. 변(籩)은 과일이나 건육을 담는 대나무 그릇. 두(豆)는 김치·젓갈을 담는 나무 그릇. ○菹醢(저해)-초나 소금으로 젓을 담가 채소를 가늘게 썰어서 소금에 절인 고기. ○禮相(예상)-예를 행할 때 윗사람을 돕는다는 뜻. ○奠(전)-제찬(祭饌)을 놓는 것. ○有故(유고)-사고가 있다는 말. 여기서는 부모의 상(喪)을 말한 것. ○聘(빙)-남자편에서 구혼(求婚)하여 친영(親迎)의 예를 갖추어 시집가는 것. ○奔(분)-여자편에서 남자편으로 달려가는 것. 출분(出奔).

제13 옥 조(玉藻)

　　이 편에는 주로 예복이나 예장(禮裝)의 규정 및 이에 관
련된 예의범절이 수록되어 있다. 이 편의 첫머리에 옥조(玉
藻)라는 말이 있기 때문에 그것이 편명(篇名)이 되었다.

　천자는 머리에 옥조(玉藻) 열두 가닥이 있어, 각각 앞뒤로 늘어뜨
려 꼭대기가 깊숙하게 한 면류관을 쓰고 또 몸에는 곤룡포(袞龍袍)를
입고서 종묘에서 제사지낸다. 천자는 현면(玄冕)하고 춘분(春分)의
예를 동문 밖에서 행하고, 월삭(月朔)의 일을 남문 밖에서 듣는다. 윤
달에는 문당(門堂)의 왼쪽 문짝을 닫고 오른쪽의 중앙에 서서 월삭의
일을 듣는다. 피변(皮弁)하고 날마다 조정의 정사를 본 후 그 일이
끝나면 아침 식사를 한다. 한낮에는 아침 식사의 나머지를 먹는데 모
두 주악을 울리는 가운데 먹는다. 보통날에는 소뢰(小牢)를 쓰고 삭
일(朔日)에는 태뢰(大牢)를 쓰는데, 오음(五飮) 가운데 물을 가장 위
로 삼고 다음으로 간장·술·단술·식혜의 차례로 마신다. 이리하여
식사를 끝내면 현면(玄冕)의 옷차림으로 쉰다. 쉬고 있더라도 움직이
면 좌사(左史)가 이를 기록하고, 말을 하면 우사(右史)가 이를 기록
한다.
　어고(御瞽)는 음악 소리의 높고 낮음을 살펴 의견을 천자께 고한
다. 그 해 곡물의 결실이 순조롭지 못할 때는, 천자는 흰 옷에 장식이
없는 마차를 타며 식사 때 음악을 연주하지 않는다.

　原文　天子는 玉藻이, 十有二旒하여, 前後邃延하여, 龍卷으로
以祭하시니라.　玄冕으로　而朝日於東門之外하시고,　聽朔於南門

之外하시니라. 閏月이란, 則闔門左扉하고, 立于其中하시니라. 皮弁으로 以日視朝하시고, 遂以食하시며, 日中而餕하되, 奏而食하시며, 日엔 少牢하시고, 朔月엔 大牢하시고, 五飮은 上水하며, 漿酒醴酏니라. 卒食하시고, 玄端而居하시나니, 動則左史이 書之하고, 言則右史이 書之하며,

(천자 옥조 십유이류 전후수연 용곤
이제 현면 이조일어동문지외 청삭어남문
지외 윤월 즉합문좌비 입우기중 피
변 이일시조 수이식 일중이준 주이식
일 소뢰 삭월 태뢰 오음 상수 장
주례이 졸식 현단이거 동즉좌사 서지
언즉우사 서지)

御瞽幾聲之上下하나니, 年不順成이면, 則天子이 素服하시고, 乘素車하시며, 食無樂하시니라.

(어고기성지상하 연불순성 즉천자 소복
승소거 식무악)

註解 ㅇ玉藻(옥조)—옥(玉)은 면류관(冕旒冠)의 앞뒤의 유(旒)에 늘어뜨린 옥을 말하고, 조(藻)는 색실을 꼬아서 옥을 꿰는 데 쓴 끈을 말한다. 옥으로 조를 장식하므로 옥조라고 한다. ㅇ十有二旒(십유이류)—유(旒)는 색실을 꼰 끈인 조(藻)에 구슬을 꿰고 면류관 꼭대기의 앞뒤로 늘어뜨린 것. 천자의 면류관에는 앞뒤로 각각 12류(旒)가 있고, 1류마다 빨강·흰빛·파랑·노랑·검정빛 등 다섯 옥을 위에서 차례로 꿴다. 그 간격은 각각 한 치이고 따라서 유의 길이는 한 자 두 치이고 옥이 12개 있다. 길게 늘어뜨려서 어깨에 이르는데, 공(公)의 면류관은 9옥(玉)에 아홉 치, 후백(侯伯)의 것은 7옥에 일곱 치, 자남(子男)의 것은 5옥에 다섯 치로 되어 있다. ㅇ鏠延(수연)—연(延)은 면(冕)의 이마. 넓이 일곱 치, 길이 한 자 두 치이다. 목판(木版)을 심(心)으로 하고, 30승(升)의 검은 베로 거죽을 싸고 연분홍색 비단으로 안을 댄다. 그리고 그 앞뒤 두 끝으로부터 유(旒)

를 드리운다. 수(鐩)는 연(延)이 면(冕) 위에 있고 그 앞뒤에 한 자 두 치의 유(旒)가 드리워져 있기 때문에 이렇게 말한 것이다. ○龍卷(용곤)－곤(卷)은 곤(袞)과 같다. 즉 용을 그린 옷으로 천자의 예복이다. ○玄冕(현면)－오면(五冕) 중에서 가장 큰 것으로서 작은 제사 때의 관복(冠服)이다. 즉 그 면류관은 전후 각 3류(旒)로서 72옥(玉)이나 된다. 저고리는 검은빛인데 무늬가 없으며 다만 바지에 자수가 있다. ○朝日(조일)－춘분(春分)날 국도(國都)의 동문 밖에 나가 해를 공경하는 의식이다. 해는 동쪽에서 뜨기 때문에 동교(東郊)에서 이를 실시한다. 즉 이것이 춘분의 예이다. ○聽朔(청삭)－초하룻날 그 달에 행할 일을 남문 밖에서 듣는 것. 일월(日月)은 삭(朔)과 합치(合致)되고, 음양(陰陽)은 남에서 교차된다. 남은 또 명(明)이기 때문에 초하룻날 밝은 쪽을 향해 정사(政事)를 듣는 것이다. 또 조일청삭(朝日聽朔)에 모두 현면(玄冕)을 착용하는 것은 공(功)을 하늘에 돌리고 감히 스스로 전유(專有)하지 않는다는 뜻이기도 하다. ○皮弁(피변)－피변복(皮弁服)의 약칭으로 천자가 날마다 조회 때 입는 옷이다. ○日中而餕(일중이준)－해가 한낮이 되어 먹는 것은, 아침밥의 남은 것을 먹는다는 말. ○五飮上水(오음상수)－오음(五飮) 중에서 물을 제일 위로 친다는 말. ○卒食(졸식)－한낮에 식사가 끝나면 피변(皮弁)을 현면(玄冕)으로 바꾸어 입고 편안히 있다는 것. ○御瞽(어고)－어(御)는 시(侍)이고, 고(瞽)는 악인(樂人)이다. 천자를 모시고 있는 악인(樂人)이 음악의 높고 낮음을 살펴서 정사(政事)의 득실(得失)을 분명히 한다는 것이다.

제후는 현면(玄冕)으로 종묘를 제사지내고 비면(裨冕)하여 천자에게 입조(入朝)하고, 피변(皮弁)하여 월삭(月朔)의 정사를 태묘(大廟)에서 들으며, 조복(朝服)하고서 매일 친히 정사를 내조(內朝)에서 본다. 제후의 군신(羣臣)은 새벽에 먼저 응문(應門)으로 들어가서 임금의 출어(出御)를 기다린다. 임금은 해돋이 할 때 조복하고서 내조로 나와 군신으로부터 인사받고 정사를 보살핀 다음 노침(路寢)으로 물러가 있는다. 그 동안 경대부(卿大夫)는 내조의 좌우 방에 남아 있으면서 정무를 보는데, 만일 임금의 재가(裁可)를 받을 일이 있으면 노침에 올라가 임금에게 아뢰인다. 임금은 곧 그 가부(可否)를 결정하고 사람을 시켜 대부가 물러갔는지 여부를 보게 하는데, 만일 대부가 퇴조(退朝)한 후라면 소침으로 가서 조복을 벗는다. 이윽고 다시 조복을 입고 아침 식사를 든다. 이때에 특생삼조(特牲三俎)가 오르는데 먼저 희생의 폐(肺)로써 음식을 창제(創製)한 옛날의 신(神)을 제사 지낸다. 저녁 식사에는 심의(深衣)하고서 먹되 식선(食膳)은 아침 식사와 같으며, 단지 제사를 지내는 데 있어 뇌육(牢肉)을 쓰는 것만이 다르다. 또 초하룻날을 평일보다 중시하는데 이 때문에 소뢰(小牢)로 하고 오조사궤(五俎四簋)를 쓴다. 또한 자묘(子卯)의 기일(忌日)에는 메기장밥과 나물국뿐으로 생(牲)이 없다. 제후 부인의 식사(食事)는 임금과 함께 준비한다.

> 原文 諸侯는 玄冕以祭하고, 禕冕으로 以朝하며, 皮弁으로 以聽朔於大廟하며, 朝服으로 以日視朝於內朝하나니라. 朝에, 辨色始入이니 君이 日出而視之하시고, 退適路寢하여 聽政하며, 使人視大夫하되, 大夫이 退한, 然後라야 適小寢하여 釋服하나니라. 又 朝服으로 以食하며, 特牲三俎하되 祭肺하며, 夕엔 深衣하고, 祭牢肉하며, 朔月엔 少牢하되, 五俎四簋하며, 子卯엔 稷食菜羹하나니, 夫人은 與君同庖하나니라.
>
> (제후 현면이제 비면 이조 피변 이
> 청삭어태묘 조복 이일시조어내조 조 변색
> 시입 군 일출이시지 퇴적노침 청정 사인
> 시대부 대부 퇴 연후 적소침 석복 우
> 조복 이식 특생삼조 제폐 석 심의 제
> 뇌육 삭월 소뢰 오조사궤 자묘 직사채갱
> 부인 여군동포)

註解 ○禕冕(비면) — 이는 공(公)의 곤면(袞冕), 후백(侯伯)의 별면(鷩

冕), 자남(子男)의 취면(毳冕)의 총칭. 제후의 조복으로서 비(紳)는 익(益)을 의미한다. 즉 천자를 비익(紳益)한다는 뜻이다. 그리고 비면은 존귀하고 현면(玄冕)은 천한 것인데, 천자를 뵙는 일이 스스로 종묘를 제사지내는 것보다 중한 일이기 때문에 비면으로써 입조(入朝)하는 것이다. ○路寢(노침)−천자나 제후가 청정(聽政)하는 정전(正殿)을 말한다. 노(路)는 대(大)란 뜻이고, 침(寢)이란 실(室)이란 뜻이다. ○使人視大夫(사인시대부)−대부(大夫)가 이미 물러갔는지 아닌지를 보게 하는 것. ○小寢(소침)−평안히 쉬는 곳. 즉 연침(燕寢)을 말한다. ○特牲三俎(특생삼조)−돼지고기·생선·포(脯)의 세 그릇. ○祭肺(제폐)−아침 식사 때, 새로 잡은 짐승의 폐(肺)로 음식을 만들어 신에게 바치는 것. 주(周)나라사람들은 폐를 소중히 여기기 때문에 아침에 이렇게 한다는 것이다. ○深衣(심의) 祭牢肉(제뇌육)−심의(深衣)는 제후가 평상시에 입는 옷. 뇌육(牢肉)은 잘게 썰은 고기. ○五俎三簋(오조삼궤)−오조(五俎)란 삼조(三俎)에 양고기와 양의 내장을 보탠 것. 궤(簋)는 기장밥을 담는 그릇. 초하루에는 네 그릇, 평일에는 두 그릇이다. ○子卯稷食(자묘직사)−갑자(甲子)는 은(殷)나라 주왕(紂王)이 멸망한 날이고, 을묘(乙卯)는 하(夏)나라의 걸왕(桀王)이 멸망한 날이다. 주(周)나라 이후로 이 두 날을 꺼려서 이날에는 길례(吉禮)의 행사를 하지 않고, 또 음식도 감해 먹어서 두려움을 경계하는 의미로 삼았다. ○同庖(동포)−따로이 생(牲)을 죽이지 않고 우반(右胖)으로써 임금의 조(俎)로 삼고, 좌반(左胖)으로써 부인(夫人)의 조를 삼는 것. 희생의 몸은 우(右)를 귀하게 여기기 때문이다.

　제후는 〔제례나 의식 등〕 특별한 일이 없으면 소를 잡지 않는다. 대부는 특별한 일이 없으면 양을 잡지 않는다. 사(士)는 특별한 일이 없이는 개나 돼지를 잡지 않는다. 군자는 요리장을 멀리하고, 또 모든 피가 순환하는, 살아 있는 것을 자기 스스로 죽이는 일이 없다.
　한해(旱害)가 계속되어 8개월에 이를 때는, 임금은 식사 때 고기를 먹지 않는다. 1년 농사가 흉작이면 임금은 베옷을 입고 사(士)가 착용하는 홀(笏)을 쥐는데, 관문이나 진량(津梁)에서는 세금을 받지 않을 뿐 아니라, 산이나 늪에는 백성이 금지된 때에 들어가 물건들을 상하게 하는 일을 염려하여 이를 가로막고 부역 따위를 시키지 않는다. 또 토목공사를 일으켜 백성의 힘을 소모시키지 않고, 대부는 새로이 거마(車馬)를 만들지 않는다.

귀복(龜卜)을 맡은 관원은 거북을 골라서 정하고, 사관(史官)은 먹을 골라 정하고, 임금은 그 몸가짐을 결정한다.

原文　君이 無故어든 不殺牛하며, 大夫이 無故어든 不殺羊하며, 士이 無故어든 不殺犬豕니, 君子이 遠庖廚하며, 凡有血氣之類를, 弗身踐也하나니라.

(군 무고 불살우 대부 무고 불살양
사 무고 불살견시 군자 원포주 범유혈기지류
불신천야)

至于八月不雨어든, 君이 不擧니라. 年不順成이어든, 君이 衣布搢本하며, 關梁을 不租하며, 山澤을 列而不賦하며, 土功을 不興하며 大夫이 不得造車馬니라.

(지우팔월불우 군 불거 연불순성 군 의
포진본 관량 부조 산택 열이불부 토공 불
흥 대부 부득조거마)

卜人이 定龜하고, 史이 定墨하고, 君이 定體니라.

(복인 정귀 사 정묵 군 정체)

註解　ㅇ君無故(군무고)―군(君)은 제후를 말하고, 고(故)는 제사나 삭월(朔月) 같은 예를 행할 때를 말한다. ㅇ君子遠庖廚(군자원포주)―《맹자(孟子)》에도 나와 있는 글귀로, '군자는 될 수 있는 한 짐승을 죽이는 곳과 요리하는 곳, 즉 포주(庖廚)로부터 멀리 떨어진 곳에 거실을 설치한다'라고 한 말. ㅇ有血氣(유혈기)―혈액과 생기가 있는 것. 즉 생명이 있는 것. ㅇ踐(천)―전(翦)의 잘못. 즉 죽인다는 뜻. ㅇ不擧(불거)―짐승을 잡아서 음식으로 먹지 않는다는 말. ㅇ至于八月(지우팔월)―하력(夏曆)에

의하면 11월에서 6월까지이고, 주력(周曆)으로는 정월부터 8월까지란 말이지만, 여기서는 '8개월이란 긴 기간에 걸쳐서'란 말이 합당하다. ㅇ搢本(진본)－본(本)은 사(士)가 쓰는 대나무 홀(笏)이다. 상아(象牙)로 만든 임금의 홀을 쓰지 않고 선비의 나무홀을 쓴다는 말. ㅇ關梁不租(관량부조)－관(關)은 관문, 양(梁)은 진량(津梁), 부조(不租)란 세금을 받지 않는다는 말. ㅇ列(열)－열(迾)과 같다. 즉 가로막는다는 말. ㅇ不賦(불부)－부역(賦役)을 시키지 않는다는 뜻. ㅇ土功(토공)－토목공사. ㅇ卜人(복인)－여기서는 거북점을 맡은 벼슬아치. ㅇ定龜(정귀)－거북을 선정한다는 말. 거북에는 종류가 매우 많기 때문에 복인이 장차 점치려고 할 때에는 먼저 거북의 빛깔과 형체를 선택한다. ㅇ史(사)－나라의 육전(六典)을 관장하는 벼슬아치. 태사(太史)를 이른 말. ㅇ定墨(정묵)－점칠 때 먹으로 먼저 구(求)하는 것을 거북의 배에 그린다는 말. 그리하여 쑥으로써 이를 태운다. 먹에 따라 갈라지면 길(吉)이고 먹으로 그린 것처럼 갈라지지 않으면 흉(凶)으로 판단한다. 길한 것을 조광(兆廣)이라 하고, 흉한 것을 문탁(釁坼)이라고 한다. ㅇ定體(정체)－금이 갈라지면 길흉을 조상(兆象)하는 형체(形體)가 나타나게 마련인데 임금 스스로 그 체(體)를 정하고 길흉을 결정하는 것.

천자와 제후의 제거(齊車)에는 새끼양 가죽의 식(軾) 덮개와 범가죽의 가장자리 장식을 한다. 대부의 제거와 조거(朝車)와 사(士)의 제거에는 사슴가죽의 식 덮개와 표범가죽의 가장자리 장식을 한다.

군자 된 자가 집에 있을 때에는 항상 방의 동북 귀퉁이에 앉아 남향하여 문을 대한다. 누울 때에는 반드시 베개를 동쪽으로 두는데, 만일 모진 바람이나 천둥·벼락·폭우 등의 변이 있으면 그 얼굴빛을 바꾸어 하늘의 노여움을 공경한다. 즉 밤중이라 할지라도 반드시 일어나 의관(衣冠)을 갖추고 단정히 앉는다.

군자는 매일 다섯 번 손을 씻는다. 메기장을 씻은 물로 머리를 감고 조를 씻은 물로 얼굴을 씻는다. 젖은 머리는 회양목 빗으로 빗질하고 마른 머리는 상아 빗으로 빗질한다. 기(禨)를 마시고 음식을 올릴 때, 악공(樂工)은 당(堂)에 올라와 금슬(琴瑟), 즉 거문고와 비파를 타며 노래한다. 군자가 목욕하는 데는 치격(絺綌)의 두 가지 수건을 사용한다. 즉 신체의 상부에는 치(絺)를 쓰고, 하부에는 격(綌)을 쓰는 것이다. 욕조에서 나와 괴석(蒯席)을 밟고 욕탕(浴湯)에서 발의 때를 씻는다. 그런 연후 부들자리에 서서 포의(布衣)를 입고 그 몸을 말려 깨끗이 한다. 몸이 마른 후 신을 신고서 당(堂)에 올라가 기주(穄酒)를 마신다.

[原文] 君은 羔幦虎犆하고, 大夫齊車는 鹿幦豹犆이요, 朝車와, 士齊車는, 鹿幦豹犆이니라.
(군 고멱호직 대부제거 녹멱표직 조거
사제거 녹멱표직)

君子之居는, 恆當戶요, 寢은 恆東首니라. 若有疾風迅雷甚雨어든, 則必變이니라. 雖夜必興하여, 衣服冠而坐니라.
(군자지거 항당호 침 항동수 약유질풍신뇌심우
즉필변 수야필흥 의복관이좌)

日五盥하여, 沐稷而靧粱하며, 櫛用樿櫛하고, 髮晞어든 用象櫛하며, 進禨進羞면, 工乃升歌하나니라. 浴用二巾하되, 上絺下綌하고, 出杅하여 履蒯席하여, 連用湯하고, 履蒲席하여, 衣布晞身하고, 乃屨하여, 進飲이니라.
(일오관 목직이회량 즐용전즐 발희 용상즐
진기진수 공내승가 욕용이건 상치하격
출우 이괴석 연용탕 이포석 의포희신
내구 진음)

[註解] ○君(군)-여기서는 천자와 제후를 가리킨 말. ○羔幦(고멱)-고(羔)는 새끼양이고, 멱(幦)은 거식(車軾 : 수레 앞의 가로지른 막대)을 덮는 가죽. ○虎犆(호직)-직(犆)은 멱(幦)의 주위에 붙이는 가죽. 호랑이

가죽은 그 위엄을 취하며, 새끼양 가죽은 그 깨끗함을 취한다. ㅇ齊車(제
거)−〈증자문편(曾子問篇)〉 참고. ㅇ朝車(조거)−임금에게 입조(入朝)할
때의 수레. 이것은 대부(大夫)의 조거이다. 대부는 제거나 조거에 모두
같은 장식을 한다. ㅇ君子(군자)−경대부(卿大夫) 이하를 호칭하는 말.
또 무릇 예를 아는 모든 사람을 말한다. ㅇ恆當戶(항당호)−항(恆)은 항
상이란 뜻. 당호(當戶)는 남쪽으로 향한다는 뜻. 원래 문은 방의 남쪽에
있으므로 방의 동북 귀퉁이에 앉아 남향(南向)하는 것을 말한다. ㅇ東首
(동수)−머리를 동쪽으로 하고 누워 생기(生氣)에 순응한다는 뜻. 동쪽은
원래 생기가 왕성하기 때문이다. ㅇ必變(필변)−천위(天威)를 공경하여
얼굴빛이 달라지는 것. ㅇ沐稷(목직)−메기장을 씻은 물로 머리를 감는
것. ㅇ靧粱(회량)−조를 씻은 물로 세수하는 것. ㅇ櫛櫛(전즐)−회양목으
로 만든 빗. ㅇ晞(희)−머리카락 따위가 마르는 것. ㅇ禨(기)−술 이름.
ㅇ絺綌(치격)−가는 갈포(葛布)를 치(絺)라 하고, 성근 갈포를 격(綌)이
라 한다. ㅇ杆(우)−나무로 만든 욕조(浴槽). ㅇ蒯席(괴석)−괴(蒯)는 기
름사초로서 그것으로 짠 자리. 발을 씻는 데 편리하다. ㅇ連(연)−씻는다
는 뜻. ㅇ蒲席(포석)−부들자리. ㅇ屨(구)−미투리를 말하지만 여기서는
신을 신는다는 뜻.

대부(大夫)가 장차 공소(公所)로 가고자 할 때에는 하루 전에 재계
하고 외침에 있으면서 목욕한다. 사(史)가 홀(笏)을 올리면, 임금에게
고할 말, 대답할 말, 명령했던 말들을 기록한다. 그리고 조복(朝服)을
입은 후 임금 앞에서 행하는 용모나 예의범절 및 패옥(佩玉)을 울리
는 소리 따위를 연습한 후 사조(私朝)에 나간다. 대부가 자기 집의
사조에서 그 가신에게 읍(揖)할 때에는 용모나 태도가 성대하다. 이
예식이 끝나면 비로소 수레에 올라 임금의 조정에 가는데, 그 용의(容
儀)에 또한 광휘(光輝)가 있는 것이다.

천자는 정(珽)을 꽂는다. 이는 천하를 방정(方正)케 하기 위해서이
다. 다음으로 제후는 서(荼)를 꽂는다. 그 모양은 앞이 둥글고 뒤는
방정(方正)하다. 이는 천자에게 겸양하기 때문이다. 대부의 홀(笏)은

상하를 모두 깎아서 둥글게 만든다. 이는 대부가 누구에게나 겸양하려는 마음을 나타내고 있는 것이다.

原文 將適公所할새, 宿齊戒하여, 居外寢하며, 沐浴하고, 史이 進象笏이어든, 書思對命이니, 旣服하고, 習容觀玉聲하여, 乃出하며, 揖私朝하되 煇如也하며, 登車則有光矣이니라.

　　(장적공소 숙재계 거외침 목욕 사
　　진상홀 서사대명 기복 습용관옥성 내출
　　읍사조 휘여야 등거즉유광의)

天子이 搢珽은, 方正於天下也니라. 諸侯이 荼는, 前詘後直이니, 讓於天子也니라. 大夫이 前詘後詘이니, 無所不讓也니라.

　　(천자 진정 방정어천하야 제후 서 전굴후직
　　양어천자야 대부 전굴후굴 무소불양야)

註解 　o宿(숙)—전날 저녁을 이르는 말. 미리라는 뜻. o外寢(외침)—집의 바깥 부분의 거실. 정침(正寢)을 이르는 말. o史(사)—대부의 가신(家臣). 문서를 맡은 사람. 조정의 사관(史官)이 아니다. o思對命(사대명)—사(思)는 스스로 생각한 것. 즉 내일 입조하여 임금에게 올릴 말이고, 대(對)는 만일 임금께서 묻는 바가 있으면 이에 대답하기 위한 말. 명(命)은 군명(君命)으로서 마땅히 봉행(奉行)해야 할 사항. 즉 이미 명을 받고 아직 수행하지 않은 사항을 말한다. o容觀玉聲(용관옥성)—용모나 예의범절 및 패옥(佩玉)을 울리는 소리. o私朝(사조)—대부가 자기 집에서 자기 가신의 아침 문안을 받는 것. 또는 그 방을 말한다. o煇如(휘여)—빛나는 듯하다는 뜻으로, 그 용모나 태도가 당당함을 형용한 말. o有光(유광)—휘여와 같은 형용. o珽(정)—일명 대규(大圭)라고도 한다. 천자가 갖는 옥홀(玉笏)의 이름. o荼(서)—제후가 꽂는 홀의 이름.

신하가 임금 옆에 시좌(侍坐)할 때에는, 만일 곁에 물러갈 만한 별석(別席)이 있으면 반드시 물러가 별석에 앉는다. 그러나 만일 별석이 없고 또 임금이 물러가라고 명하지 않는다면 반드시 자문하고 모의하는 일이 있을 것이므로 임금에게서 멀리 떨어지지 않고, 임금의 친당(親堂)의 자리 아래에 가서 시좌한다. 자리에 오를 때 앞으로 가면 타인의 좌석을 밟게 되므로 뒤로 올라가야 한다. 도좌(徒坐)할 때에는 자리의 앞을 한 자쯤 남겨두어야 한다. 글을 읽을 때에는 앞에 간책(簡策)이 있고, 먹을 때에는 앞에 찬구(饌具)가 있으므로 모두 자리에서 사이를 한 자쯤 떼어 놓아야 한다.

신하는 임금에 대해서 객이 아니다. 그렇지만 만일 임금이 신하에게 식사를 내리고 객례(客禮)로써 대우할 때에는, 임금이 이를 제(祭)하라고 명한다. 신하는 그런 연후에 제하는 것이다. 그리고 임금에 앞서 모든 요리를 맛보고 음료를 마셔본 다음 이상이 없으면 임금이 먹기 시작하는 것이다. 또는 요리를 맛보는 사람이 별도로 있으면 신하는 임금이 먹기 시작한 후에 먹고, 술을 마시고 〔임금이 다음 음식을 먹기 시작하기를〕 기다린다. 또 임금이 신하에게 맛을 보라는 명령이 있으면 가까이에 있는 요리를 맛보아야 하며, 모두 맛보라는 명이 있으면 자기 마음대로 맛보아도 좋으나, 멀리 있는 것에 앞서 가까이에 있는 것을 먼저 맛본다. 임금이 아직 포식(飽食)하지 않아 손(飧)을 입에 가져가지 않는다면 신하는 감히 손을 먹지 않는다. 임금이 식사를 끝내면 신하가 또한 손을 먹는데, 손을 먹기를 세 번 한다. 임금이 찬(饌)을 물린 다음에 신하는 임금이 내린 밥과 장(醬)을 가지고 나가서 종자(從者)에게 주는 것이다.

原文 侍坐則必退席이니, 不退어든 則必引而去君之黨이니라. 登席하되 不由前은, 爲躐席이오. 徒坐엔 不盡席이 尺이니라. 讀書食엔 則齊니, 豆去席이 尺이니라.
(시좌즉필퇴석 불퇴 즉필인이거군지당
등석 불유전 위랍석 도좌 부진석 척 독

서식 즉제 두거석 척)

若賜之食하고, 而君이 客之어든, 則命之祭한, 然後라야 祭하며, 先飯하여, 辯嘗羞하고, 飲而俟니라. 若有嘗羞者어든, 則俟君之食한, 然後라야 食하고, 飯飲而俟하며, 君이 命之羞어든, 羞近者하고, 命之品嘗之한, 然後에 唯所欲이니라. 凡嘗遠食하되, 必順近食이니라. 君未覆手어든, 不敢飱하고, 君旣食이어든, 又飯飱이니, 飯飱者는, 三飯也니, 君이 旣徹이어든, 執飯與醬하여, 乃出授從者니라.

(약사지식 이군 객지 즉명지제 연후 제
선반 변상수 음이사 약유상수자 즉사군지
식 연후 식 반음이사 군 명지수 수근자
명지품상지 연후 유소욕 범상원식 필순
근식 군미복수 불감손 군기식 우반손
반손자 삼반야 군 기철 집반여장 내출수종자)

註解   ㅇ君之黨(군지당)—당(黨)은 옆이란 뜻이며, 임금의 친당(親黨)에 비유한 것이다. 친당이란 항상 가까이에서 모시는 신하를 말한다. ㅇ侍坐(시좌)—임금을 모시고 있는 때의 예법을 말한다. ㅇ必退席(필퇴석)—곁에 자리가 있으면 물러가서 그 자리에 앉는다. 그러나 곁에 자리가 없거나 임금이 물러가라는 명령이 없으면 마땅히 임금의 친당(親黨) 밑에 앉으라는 말. ㅇ徒坐(도좌)—도(徒)는 공(空)과 같다. 공좌(空坐)란 음식이나 강문(講問)의 자리가 아닌 자리. ㅇ不盡席尺(부진석척)—자리 앞에 한 자쯤 남겨두는 것. 겸양의 예이다. ㅇ君客之(군객지)—임금이 객례(客禮)로써 대접한다는 말. ㅇ命之祭(명지제)—손님이 되어서 식사를 할 때에는 주인보다 앞서 음식의 신(神)에게 제사를 지내는 법이다. 그러나 임금의 명령이 있은 뒤에 제사를 지내는 것은 객의 예이다. ㅇ覆手(복수)—식사를 끝내려고 손으로 입 양쪽을 만지는 것. ㅇ飱(손)—예식(禮食)이 끝난 후에 물을 밥에 부어 먹는 것. ㅇ授從者(수종자)—임금의 사식(賜食)을 소중히 여겨서 자기의 종자(從者)에게 주는 것.

무릇 사람을 접대하여 거기에 음식을 권유하며 먹을 때에는, 자기는 남김없이 먹어치우는 일이 없도록 한다. 또 다른 사람의 음식 대접을 받고 먹을 때에는 싫도록 포식(飽食)하지 않는다. 그러나 그 경우에도 물이나 수장(水漿)은 제사지내지 않는다. 이를 제사하는 것은 주인에게 너무 아첨하는 것이 되어 비굴하다.

만일 임금이 술잔을 주면 자리를 넘어서 두 번 절하고 머리를 조아려 받고서 자리로 돌아와, 그 약간을 제사하고 모두 마셔버린 다음 임금도 마시기를 기다려서 자기의 빈 잔을 급사에게 돌려준다. 군자가 임금 앞에서 술을 마실 때에는 한 잔을 받으면 태도를 밝고 엄숙하게 하고, 두 잔을 받으면 태도를 기쁘게 하고, 석 잔째는 예의상 그만두며 삼가 자리로 물러간다. 물러갈 때에는 문 앞에서 무릎꿇고 신을 집어 사람들이 보지 않게 신는다. 먼저 좌측부터 무릎을 꿇고 오른쪽 신을 신고, 다음으로 오른쪽 무릎을 꿇고 왼쪽 신을 신는다.

무릇 임금이 신하를 연석에서 향응하는 술단지는 반드시 현주(玄酒 : 물)를 최상의 자리에 놓고 이 술단지 정면에는 반드시 임금이 앉도록 한다. 또 야인(野人)에게 음식 대접을 할 때에는 술만을 사용하고 현주는 쓰지 않는다. 대부에게 음식을 내릴 때에는 주객 사이에 술단지를 놓고 그 측준(側尊)을 사용하지 않으나, 대부가 객을 대접할 때는 어(梌)를 쓰고, 사(士)가 대접할 때는 금(禁)을 사용한다.

原文 凡侑食에, 不盡食하며, 食於人에 不飽요, 唯水漿은 不祭하나니, 若祭하면, 爲已僷卑니라.
  (범유식 부진식 식어인 불포 유수장 부제
  약제 위이엽비)
  君이 若賜之爵이어든, 則越席하여 再拜稽首受하여, 登席祭之하고, 飮卒爵하여, 而俟君卒爵한, 然後라야 授虛爵이니, 君子之飮酒也는, 受一爵, 而色酒如也하고, 二爵而言言斯하며, 禮已三

爵하고, 而油油以退니, 退則坐取屨하되, 隱辟而后에 屨하나니, 坐左어든 納右하고, 坐右어든 納左니라.

> (군 약사지작 즉월석 재배계수수 등석제지
> 음졸작 이사군졸작 연후 수허작 군자지
> 음주야 수일작 이색선여야 이작이언언사 예이삼
> 작 이유유이퇴 퇴즉좌취구 은벽이후 구
> 좌좌 납우 좌우 납좌)

凡尊은 必上玄酒니, 唯君이 面尊하며, 唯饗野人에 皆酒니, 大夫는 側尊用梌하고, 士는 側尊用禁이니라.

> (범준 필상현주 유군 면준 유향야인 개주 대
> 부 측준용어 사 측준용금)

註解 ○侑食(유식)─식사를 권하는 것. 높은 자를 모시고 먹을 때에는 높은 자에게 식사를 권하고 자기는 다 먹지 않는다. ○水漿不祭(수장부제)─수장(水漿)은 몹시 천한 음식이므로 이것으로 제사를 지내면 너무 비굴하다는 말. ○爵(작)─술잔. ○越席(월석)─자리를 넘어서란 뜻. ○稽首(계수)─머리를 조아리는 것. ○卒爵(졸작)─졸(卒)은 다한다는 뜻. 즉 졸작은 술잔의 술을 마셔버려서 한 방울도 남기지 않는다는 말. ○虛爵(허작)─빈 술잔. ○君子(군자)─여기서는 신하로서 예를 아는 자. ○洒如(선여)─예의 태도가 엄숙하고도 밝은 것. 선(洒)은 엄숙함을 말한 것. ○言言(언언)─의기가 서로 화합하여 기뻐하는 모양. ○油油(유유)─공손하고도 절도를 잃지 않는 모양. ○坐(좌)─여기서는 무릎을 꿇는 것. ○隱辟(은벽)─숨어서 신을 신는 것. ○尊(준)─준(樽)과 같은 말. 술단지를 말한 것. ○尙(상)─숭상한다는 뜻. ○玄酒(현주)─물을 말한 것. 물은 음료 중에서 자연적인 것으로 태고에는 이것을 술 대신 사용했다. 그러므로 예로서 술을 마시기 전에 물을 마셔 옛날을 잊지 않음을 나타내는 것이다. ○面尊(면준)─술단지를 향하여 앉는 것. ○饗野人(향야인)─야인(野人)을 대접한다는 것은, 제사 같은 때 음식을 주는 것을 말한다. ○側尊(측준)─손님과 주인 사이에 놓아두는 술그릇. ○梌(어)─작은 탁자. 술단지

를 놓는 받침으로 발이 없는 것. ㅇ禁(금)-상 비슷한 것. 어(椸)와 비슷한 것으로 발이 있는 것.

관례(冠禮)의 최초에는 치포관(緇布冠)을 쓴다. 이것은 제후에서부터 서인(庶人)에 이르기까지 모두 같으며, 이 관은 관례를 하고 나면 버려도 된다. 현관(玄冠)에 주조(朱組)의 갓끈은 천자의 것이고, 치포관에 여러 가지 비단으로 끈을 드리운 것은 제후의 관이다. 현관에 단조(丹組)의 갓끈을 단 것은 제후의 제관(齊冠)이며, 현관에 쑥색 끈을 단 것은 사(士)의 제관(齊冠)이다. 흰 관에 길복(吉服)을 입은 것은 손자를 낳았을 때의 관이고, 흰 관에 소비(素紕)를 단 것은 대상(大祥) 때 쓰는 관이다. 여기에 끈을 다섯 치를 드리운 것은 생업을 잃고 노는 선비의 관이고, 현관에 흰 테를 두르는 것은 국외로 쫓겨난 사람의 복장이다. 거관(居冠)은 무(武)에 속하는 것이므로 천자로부터 아래에 달한다. 어떤 의식이 있어야만 수실을 늘인다.

나이 50세에는 산마(散麻)로 송장(送葬)하지 않고, 부모가 죽으면 어린 때의 머리장식을 하지 않는다.

대백(大帛)의 흰 관에는 수실을 늘이지 않는 것이다. 현관에 자줏빛 수실을 늘이는 것은, 노(魯)나라의 환공(桓公) 때부터 시작되었다.

[原文] 始冠엔 緇布冠이오. 自諸侯로 下達하니, 冠而敝之可也니라. 玄冠朱組纓은, 天子之冠也요, 緇布冠繢緌는, 諸侯之冠也요, 玄冠丹組纓은, 諸侯之齊冠也요, 玄冠慕組纓은, 士之齊冠也라. 縞冠玄武는, 子姓之冠也요, 縞冠素紕는, 旣祥之冠也라. 垂緌五寸은, 惰游之士也요, 玄冠縞武는, 不齒之服也라. 居冠屬武는, 自天子로 下達하니, 有事然後에야 緌니라.
　(시관 치포관 자제후 하달 관이폐지가야
　현관주조영 천자지관야 치포관회유 제후지관야

현관단조영 제후지제관야 현관기조영 사지제관야
호관현무 자성지관야 호관소비 기상지관야 수
유오촌 타유지사야 현관호무 불치지복야 거관속무
자천자 하달 유사연후 유)

五十이어든 不散送하며, 親沒이어든 不髦니라.

(오십 불산송 친몰 불모)

大帛은 不緌하나니, 玄冠紫緌는, 自魯桓公으로 始也니라.

(대백 불유 현관자유 자노환공 시야)

註解   ○緇布冠(치포관)－치(緇)는 검붉은빛. 치포관이란 베를 검붉게 물들여서 만든 관을 말한다. 이 관은 모든 남자가 쓰는데, 사(士) 이상에게는 각각 그에 합당한 관이 있다. ○冠而敝之(관이폐지)－치포관은 시왕(時王)의 제도가 아니기 때문에 관례가 끝나면 버려도 된다는 말. ○繢緌(회유)－여러 가지 빛의 비단으로 만든 끈. ○齊冠(제관)－재계(齊戒)할 때 쓰는 관. ○綦(기)－쑥색. ○縞冠玄武(호관현무)－호(縞)는 흰빛. 무(武)는 관 밑에 두르는 것. 호관(縞冠)은 흉복(凶服)이고 현무(玄武)는 길복(吉服)이다. 아버지가 상중에 있기 때문에 자식이 길흉 상반(相半)된 관을 쓰는 것이다. ○子姓(자성)－성(姓)은 생(生)과 같다. 손자는 자식이 낳는 것이기 때문에 자성(子姓)이라고 했다. ○素紕(소비)－흰 비단으로 관의 테를 두르는 것. ○旣祥(기상)－대상(大祥) 뒤에 지내는 담제(禫祭). ○惰游之士(타유지사)－생업을 잃고 노는 선비. ○不齒(불치)－정교(政敎)에 복종하지 않아서 국외로 추방당한 사람. ○居冠(거관)－평소에 쓰는 관. ○有事(유사)－무슨 의식(儀式)이 있어야 한다는 뜻. ○散送(산송)－초상례(初喪禮)는 요질(腰絰)을 늘이는데, 이를 산마(散麻)라고 한다. 50세가 되면 기력이 이미 쇠약해졌기 때문에 이 요질을 늘이고 송장(送葬)하지 않는다는 것이다. ○大帛(대백)－흰 베로 만든 관(冠). 이것은 흉복(凶服)이기 때문에 장식을 하지 않는다.

대부나 사(士)는 아침에는 현단(玄端)을 입고 저녁에는 심의(深衣)를 입는다. 심의의 허리둘레는 소매의 3배이고, 심의 자락의 폭은 허리둘레의 2배이다. 또 깃은 길게 몸의 좌우에 닿으며 〔왼쪽 깃이 오른쪽이 덮이도록 입는다〕 늘어진 소맷자락이 크므로 속에서 팔이 자유롭게 움직인다. 장의(長衣)와 중의(中衣)는 소매 끝에 다른 천을 이어 내어 한 자 정도 길게 한다. 또 장의와 중의와의 겁(袷 : 목의 뒷부분)은 두 치, 소매는 한 자 두 치, 전체 테두리의 폭은 한 치 반이다.

비단을 아래에 입고 갈포(葛布) 상의를 입는 것은 예가 아니다.

사(士)는 색소(色素)로 짠 의복은 사용하지 않으며, 임금께 벼슬하지 않은 사람은 의상과 관의 색을 두 가지로 하지 않는다.

의(衣)에는 청색·빨강·노랑·흰색·검정 등 정색(正色)을 쓰지만, 상(裳)에는 초록이나 보라색 등 간색(間色)을 사용해도 된다. 의상(衣裳)이 모두 같은 색이 아니면 공무(公門)에 들어가지 않으며, 홑옷에 치격(絺綌)으로는 공문에 들어가지 않으며, 갖옷을 겉에 입고서는 공문에 들어가지 않으며, 고구(羔裘) 위에 석의(裼衣)를 껴입고서는 공문에 들어가지 않는다.

새 솜은 견(繭)이라 하고 헌 솜은 포(袍)라고 한다. 홑옷은 경(絅)이라 하고, 안팎을 비단으로 한 것을 첩(褶)이라고 한다.

조복(朝服)을 흰빛으로 하는 것은 계강자(季康子)로부터 시작되었다.

공자가 말씀했다. "조복(朝服)을 입고 조회를 본다. 그러나 고삭(告朔)의 예를 행한 뒤에라야 이것을 입는다."

공자는 또 말씀했다. "국가가 아직 선왕(先王)의 도를 행하지 못하면 그 예복을 입지 않는다."

오직 임금만이 보구(黼裘)를 입고 군려(軍旅)에 맹세하고 농사짓는 것을 살피는 것이므로, 대구(大裘)를 입는 것은 옛 제도가 아니다.

───

[原文] 朝엔 玄端이오, 夕엔 深衣니라. 深衣는 三袪요, 縫齊倍要니, 衽當旁이오, 袂可以回肘니라. 長中은 繼揜尺이오, 袷이 二寸이오, 袪이 尺二寸이오, 緣廣이 寸半이니라.

(조 현단 석 심의 심의 삼거 봉제배
요 임당방 메가이회주 장중 계엄척 겁 이
촌 거 척이촌 연광 촌반)

以帛裏布는, **非禮也**라.

(이백리포 비례야)

士는 **不衣織**하고, **無君者**는 **不貳采**니라.

(사 불의직 무군자 불이채)

衣는 **正色**이오, **裳**은 **間色**이니, **非列采**어든 **不入公門**하며 **振
絺綌**으로 **不入公門**하며, **表裘**로 **不入公門**하며, **襲裘**로 **不入公
門**이니라.

(의 정색 상 간색 비열채 불입공문 진
치격 불입공문 표구 불입공문 습구 불입공문)

纊爲繭이오, **縕爲袍**요, **禪爲絅**이오, **帛爲褶**이니라.

(광위견 온위포 단위경 백위습)

朝服之以縞也는, **自季康子**로 **始也**니라.

(조복지이호야 자계강자 시야)

孔子이 **曰**, **朝服而朝**니, **卒朔然後**에 **服之**니라. **曰**, **國家未道**
어든, **則不充其服焉**이니라.

(공자 왈 조복이조 졸삭연후 복지 왈 국가미도
즉불충기복언)

唯君이 **有黼裘**하사, **以誓省**하나니, **大裘**는 **非古也**니라.

(유군 유보구 이서성 대구 비고야)

註解 ㅇ玄端(현단)－검은 베옷으로 예복(禮服)의 일종. ㅇ深衣(심의)－
고대 귀인의 상복(常服)으로 〈왕제편(王制篇)〉에 이미 나왔고 뒤의 〈심
의편(深衣篇)〉에도 나온다. ㅇ三祛(삼거)－허리둘레를 소매 넓이의 3배로
한다는 말. ㅇ袷(겁)－곡령(曲領). ㅇ長中(장중)－장의(長衣)와 중의(中
衣). ㅇ衣織(의직)－실을 먼저 물들여 가지고 짠 옷감. 인공(人工)이 많이

들기 때문에 이것을 피하는 것이다. ㅇ無君者(무군자)—지위를 잃은 신하. ㅇ不貳采(불이채)—관(冠)과 의상의 빛깔을 같게 하는 것. 두 가지 색깔로 하지 않는다는 말. ㅇ正色(정색)—청·빨강·노랑·백·검정 등 색깔의 기본이 되는 빛깔. ㅇ閒色(간색)—초록·보라 등 정색(正色)을 배합해서 이루어진 색깔. ㅇ振(진)—진(袗)과 같으므로 홑옷이란 뜻. ㅇ纊(광)—새 솜. ㅇ縕(온)—헌 솜. ㅇ絅(경)—베로 만든 홑옷. ㅇ卒朔(졸삭) 然後服之(연후복지)—고삭(告朔)의 예가 끝나야 피변(皮弁)을 벗고 조복(朝服)을 입는다. ㅇ國家未道(국가미도)—국가의 예악형정(禮樂刑政)이 아직 선왕(先王)의 도에 맞지 않으면 예복을 입지 않고 검소한 모습을 보인다는 말. ㅇ黼裘(보구)—검은 양가죽에 흰 여우 가죽을 섞어서 무늬를 놓은 것. ㅇ誓省(서성)—서(誓)는 군려(軍旅)에 맹세하는 것. 성(省)은 경렴(耕斂)을 살펴보는 것. ㅇ大裘(대구)—순 흑색의 고구(羔裘). 천자가 하늘에 제사지낼 때 입는 옷.

천자가 호백구(狐白裘)를 입을 때에는 비단옷으로서 석의(裼衣)를 삼는다. 천자 및 제후의 위사의 우대(右隊)는 호랑이 가죽의 갓옷, 그 좌대(左隊)는 이리 가죽의 갓옷을 입는다. 사(士)는 호백구를 입지 못한다. 군자는 여우의 푸른 털가죽 갓옷에 표범 가죽의 소매를 단다. 이 갓옷을 입을 때에는 검은 명주옷으로 석의, 즉 등거리를 삼는다. 새끼사슴 가죽의 갓옷에는 청안(靑犴)의 소매를 단다. 이 갓옷을 입을 때에는 교의(絞衣)로써 등거리를 삼는다. 새끼양 가죽의 갓옷에는 표범 가죽의 소매를 단다. 이 갓옷을 입을 때에는 치의(緇衣)를 등거리로 삼는다. 여우 가죽의 갓옷에는 황의로써 등거리를 삼는다. 호백구에 비단 등거리를 입는 것은 제후의 복장이다. 개나 양가죽의 갓옷에는 등거리를 입지 않고, 서민의 옷에는 문식(文飾)이 없다. 그러므로 등거리를 입지 않는다. 갓옷 위에 입는 석의(裼衣)는 그 위에 다른 옷을 입더라도 그것을 드러나게 하여 석의의 미(美)를 나타내 보이는 것이다. 조상(弔喪)할 때에는 애(哀)를 위주로 하고, 미를 보이

는 것이 위주가 아니다. 그러기 때문에 습(襲)하고 식(飾)을 보이지
않는 것이다. 신하가 임금 앞에 있을 때에는 문식(文飾)을 주로 한다.
그러므로 석의(裼衣)하며 식(飾)을 다하는 것이다. 의복을 습(襲)한다
는 것은 미(美)를 덮는 것이다. 그러므로 시(尸) 앞에서는 습하고, 옥
(玉)과 귀(龜)를 잡을 때에는 습한다. 옥귀(玉龜)를 잡는 예를 마치고
일이 없을 때에는 석의(裼衣)하여 굳이 미(美)를 가리지 않는 것이다.

原文 君이 衣狐白裘하시고, 錦衣以裼之어든, 君之右는 虎裘
요, 厥左는 狼裘며, 士는 不衣狐白이니라. 君子는 狐靑裘豹褒요,
玄綃衣以裼之하며, 麛裘靑豻褒요, 絞衣以裼之하며, 羔裘豹飾이
오, 緇衣以裼之하며, 狐裘란, 黃衣以裼之하나니, 錦衣狐裘는, 諸
侯之服也니라. 犬羊之裘를 不裼이니라. 不文飾也는, 不裼이오,
裘之裼也는, 見美也니, 弔則襲하고, 不盡飾也요, 君在則裼하고,
盡飾也니라. 服之襲也는, 充美也라. 是故로 尸襲하고, 執玉龜에
襲하나니, 無事則裼하고, 弗敢充也니라.
(군 의호백구 금의이석지 군지우 호구
궐좌 낭구 사 불의호백 군자 호청구표수
현초의이석지 미구청안수 교의이석지 고구표식
치의이석지 호구 황의이석지 금의호구 제
후지복야 견양지구 불석 불문식야 불석
구지석야 현미야 조즉습 부진식야 군재즉석
진식야 복지습야 충미야 시고 시습 집옥귀
습 무사즉석 불감충야)

註解 ㅇ狐白裘(호백구)-여우의 흰 털가죽으로 만든 갖옷. 천자의 조
복(朝服) 가운데 호백금의(狐白錦衣)가 있는데, 제후도 천자에게 입조(入
朝)할 때나 또는 나라에 돌아가서 고삭(告朔)할 때 이를 입는다. ㅇ狐裘
(호구)……狼裘(낭구)-범가죽 옷을 입은 자는 우위(右衛)가 되고, 이리

가죽의 갖옷을 입은 자는 좌위(左衛)가 되는데 이는 모두 그 위맹(威猛)을 나타내기 위해서이다. ○厥(궐)-기(其)와 같으므로, '그'라는 뜻. ○君子(군자)-대부나 사(士)를 이른 말. ○豹褎(표수)-표범 가죽으로 만든 갖옷의 소매. 수(褎)는 소매란 뜻. ○玄綃衣(현초의)-검은 무늬의 비단. 초(綃)란 무늬란 뜻. ○麑(미)-새끼사슴. ○豻(안)-오랑캐 땅의 들개. ○絞(교)-창황색(蒼黃色). ○䄂(식)-여기서는 소매. ○黃衣(황의)-연말에 조상을 제사지낼 때 입는 옷. ○錦衣狐裘(금의호구)-제후의 복장. 호백구(狐白裘)에 비단옷을 입는 것. ○犬羊之裘(견양지구)-개나 양의 모피(毛皮)로 만든 갖옷. 서인의 갖옷이다. ○不文䄂(불문식)-장식을 다하지 않는 것은 공경하는 태도를 표하는 것이란 말. ○尸襲(시습)-시(尸:시체)는 공경할 곳이 없기 때문에 습한다는 뜻. ○無事則裼(무사즉석)-옥과 거북을 잡는 예식이 이미 끝났다는 것을 말한 것.

홀(笏)은, 천자에게 있어서는 아름다운 옥(玉)을 사용하고, 제후는 상아를 사용하며, 대부는 상아의 수염으로 장식한 대나무를 사용하고, 사(士)는 대나무를 근본으로 하지만 간혹 상아로 하는 수도 있다. 제후가 천자를 뵐 때와 대부의 빙례(聘禮)와 대사(大射)나 향사(鄕射) 의경우에는 홀을 몸에서 놓지 않는다. 태묘(大廟)에 들어가서 홀을 놓는 것은 예로부터의 예(禮)가 아니다. 상례(喪禮)에서 소공(小功)에는 홀을 놓지 않으나 염습의 일을 당하여 문(免)을 할 때에는 비로소 홀을 놓는다. 〔조정에 있어서〕 일을 하고자 하여 홀을 띠에 끼우려 할 때에는 반드시 손을 씻는다. 그러나 그후 조정에서 일을 보는 경우에는 이미 손을 씻었으므로 다시 씻지 않아도 된다. 무릇 임금 앞에서 어떤 일을 말하고 지시할 때에는 홀을 사용한다. 임금 앞에 이르러 명(命)을 받을 때에는 혹시 잊을 경우를 두려워하여 반드시 홀에 쓴다. 그렇기 때문에 홀은 모든 일에 사용해야만 되는 것이다. 그래서홀은 대나무로 만들며 잊는 일이 없도록 대비하는 것이다. 후대(後代)의 왕이 존비(尊卑)의 구별을 세워, 옥이나 상아로 홀을 만들고 또 다른 물건으로 이를 장식하게 되었던 것이다. 홀의 길이는 2자 6치이고 중앙의 폭은 3치이다. 그리고 천자와 제후의 홀은 중앙에서 위쪽으로 가면서 작아져 상단(上端)은 3치의 6분의 1을 줄인 2치 5푼의 폭이다. 또 사대부(士大夫)의 홀은 중앙에서 아래쪽으로 가면서 작아져 3치의 6분의 1을 줄인 2치 5푼의 폭이다.

原文 笏은, 天子는 以球玉이오, 諸侯는 以象이오, 大夫는 以魚須文竹이오. 士는 竹本이나, 象도 可也니라. 見於天子與射에는 無說笏이니, 入大廟하여 說笏이, 非古也라. 小功에는 不說笏이오. 當事免則說之하며, 旣搢하여, 必盥이오. 雖有執於朝나, 弗有盥矣니라. 凡有指畫於君前이어든, 用笏하고, 造受命於君前하여는, 則書於笏이니 笏은, 畢用也요, 因飾焉이니라. 笏度는 二尺有六寸이니, 其中博이 三寸이오. 其殺이 六分而去一이니라.

(홀 천자 이구옥 제후 이상 대부 이
어수문죽 사 죽본 상 가야 현어천자여사
무탈홀 입태묘 탈홀 비고야 소공 불탈홀
당사문즉탈지 기진 필관 수유집어조 불
유관의 범유지획어군전 용홀 조수명어군전
즉서어홀 홀 필용야 인식언 홀도 이척
유육촌 기중박 삼촌 기쇄 육분이거일)

註解 ○球玉(구옥)―구(球)는 아름다운 옥. ○魚須(어수)―교어(鮫魚), 즉 상어의 턱 밑에 나오는 수염. ○射(사)―육예(六藝)의 하나로 활쏘는 것. 사(射)에는 대사(大射)와 향사(鄕射)가 있다. ○無說笏(무탈홀)―탈(說)은 탈(脫)의 잘못. 홀(笏)을 손에 잡거나 또는 띠에 끼우는 것. 신하가 임금에게 뵐 때에는 경(敬)을 위주로 하는 것이다. 또 사(射)는 덕을 나타내는 것이고 태묘에 들어가서는 신(神)을 공경한다. 그리고 소공(小功)의 상(喪)은 가벼운 것이므로 슬픔이 적고 예가 앞선다. 따라서 이 네

가지 경우는 모두 경례(敬禮)를 위주로 한다. 그러므로 홀을 잡고 있어 놓지 않는 것이다. ㅇ小功不說笏(소공불탈홀)—소공은 슬퍼하는 마음이 적고 예를 지키는 일이 소중하기 때문에 홀을 잡는다는 뜻. 소공은 오복(五服)의 하나로 소공친(小功親)의 상(喪)에 다섯 달 동안 입는 복제. ㅇ當事免(당사문)—문(免)은 문(絻)의 잘못. 상(喪)이 났을 때 관(冠)을 벗고 머리를 붙들어 매는 것. 염습하는 일을 당해서는 관(冠)을 벗고 머리를 붙들어 매지만, 이때는 일이 예보다 앞서는 것이다. 따라서 홀을 놓는다. ㅇ其搢(기진)—조정에서 장차 일을 보려고 홀을 쥔다는 뜻. ㅇ笏必用(홀필용)—홀은 어느 일에나 쓰는 것이다. 그래서 후세에 이르러 여기에 문식(文飾)을 해서 상하의 등급을 매긴 것이다. ㅇ中博(중박)—중앙의 넓이. ㅇ其殺(기쇄)—중앙에서부터 위로 가면서 넓이가 점점 줄어드는 것.

천자는 비단의 흰 띠에 빨간 안을 대고 끝에 단을 두른다. 그리고 제후는 소대종비(素帶終辟)하지만 같은 소(素)로서 안을 댄다. 대부의 소대(素帶)는 다만 그 두 귀퉁이와 늘어뜨려진 띠에만 테두리를 두르고 허리 뒷부분은 테두리를 하지 않는다. 사(士)는 연(練)의 단대(單帶)를 두르는데 그 양쪽 가장자리를 꿰매고 다만 그 늘어뜨려진 띠에만 테두리를 한다. 거사(居士)는 금띠〔錦帶〕를 띠고서 문(文)을 나타내고 제자는 호대(縞帶)를 띠고서 질(質)을 나타낸다. 천자에서 제자에 이르기까지 그 띠를 매는 데는 조(組)를 사용하는데 그 넓이는 세 치이다. 조(組)의 늘어뜨리는 길이는 신(紳), 즉 띠의 길이와 같다. 신(紳)의 길이의 제도는 사(士)가 3자이고, 유사(有司)는 2자 5치이다. 자유(子游)가 말하기를, "사람의 키는 8자이고 허리에서 아래가 4자 5치이다. 그 띠 아래의 4자 5치를 셋으로 나눈 것의 둘, 그 3자가 신의 길이이다."라고 하였다. 그러므로 신과 필(韠)과 결(結)의 셋은, 즉 길이가 모두 같다. 대부 이상의 정복의 띠 길이는 모두 4치이다. 천자나 제후의 잡대(雜帶)의 테두리를 두르는 데는 주(朱)를 위

로 하고, 녹(綠)을 아래로 한다. 대부의 잡대의 테두리는 현(玄)을 밖
으로 하고, 화(華)를 안으로 한다. 사(士)에게는 대대(大帶)와 잡대의
구별이 없고 그 테두리 색깔에도 안팎의 차이가 없는데 모두 치색(緇
色), 즉 검은빛으로서 넓이가 2치이다. 두 번 허리를 두르게 하면 4치
가 된다. 이것이 대부 이상의 띠와 다른 점이다. 무릇 천자 이하의 띠
는 안팎을 바느질함에 있어 지극히 세미(細微)하게 하기 때문에 그
자국이 보이지 않는다.

　이속(肆束) 및 띠는 일하는 자가 일이 있으면 이것을 거두어 손에
들고, 만일 일이 급해서 달릴 때에는 이를 품안에 간직해 넣는다.

　原文　天子는 素帶朱裏終辟하고, 而素帶終辟하고, 大夫는 素
帶辟垂하고, 士는 練帶率下辟하고, 居士는 錦帶하고, 弟子는 縞
帶니라. 幷히 紐約에 用組三寸하나니, 長齊于帶니라. 紳長制는,
士는 三尺이오, 有司는 二尺有五寸이니 子游이 曰, 參分帶下하
여는, 紳이 居二焉이라하니, 紳과 韠과 結과 三齊니라. 大夫는 大
帶四寸이오. 雜帶는 君은 朱綠이오, 大夫는 玄華요, 士는 緇辟
二寸이고, 再繚면 四寸이니라. 凡帶는, 有率에 無箴功이니라.
　(천자 소대주리종비 이소대종비 대부 소
　대비수 사 연대율하비 거사 금대 제자 호
　대 병 유약 용조삼촌 장제우대 신장제
　사 삼척 유사 이척유오촌 자유 왈 삼분대하
　신 거이언 신 필 결 삼제 대부 대
　대사촌 잡대 군 주록 대부 현화 사 치비
　이촌 재료 사촌 범대 유율 무침공)
　肆束及帶를, 勤者有事則收之하고, 走則擁之니라.
　(이속급대 근자유사즉수지 주즉옹지)

　註解　ㅇ素帶(소대)－비단으로 만든 큰 띠. 소(素)는 자연이고, 연(練)은

사람의 노력으로 된다. 따라서 그 용도가 다르다. ㅇ終辟(종비)-종(終)은 경(竟)과 같으므로 다한다는 뜻. 비(辟)는 비(紕)인데 테두리를 뜻한다. 즉 띠의 끝에서 끝까지 남김없이 테두리를 두른다는 말. ㅇ率(율)-율(繂)과 같으므로 꿰매는 것. ㅇ居士(거사)-도(道)와 예(藝)에 통달한 처사(處士). ㅇ錦帶(금대)·縞帶(호대)-이는 모두 홀띠로서 꿰매지도 않고 테두리를 두르지도 않는다. ㅇ并(병)-같다는 뜻. ㅇ紐約(유약)-맨다는 뜻. ㅇ組(조)-실을 땋는 것. ㅇ有司(유사)-부리(府吏) 따위. 항상 뛰어다니기를 일삼는 자이기 때문에 그 띠의 길이가 5치 짧다. ㅇ子游(자유)-공자의 제자. 원 이름은 언언(言偃). ㅇ韠(필)-가죽으로 된 슬갑(膝甲). ㅇ結(결)-띠를 유약(紐約)하는 조(組). ㅇ大帶(대대)-정복의 띠. 전장(前章)에서는 그냥 대(帶)라 하고 여기서는 대대라 한 것은, 다음 글에 잡대(雜帶)가 나오기 때문이다. ㅇ雜帶(잡대)-잡복(雜服)의 띠. 즉 연거(燕居)할 때 의복에 사용하는 것. ㅇ朱綠(주록)-잡대(雜帶)의 가장자리에는 잡색(雜色)을 쓰는데, 이 잡대 위는 주(朱)를 쓰고 아래는 녹(綠)을 쓰는 것. ㅇ玄華(현화)-현(玄)은 흑색·화(華)는 황색. ㅇ箴功(침공)-침(箴)은 바늘, 바느질이 촘촘한 것. ㅇ肆束(이속)-이(肆)는 이(肄)와 같으므로 나머지란 뜻. 띠를 매고 남은 조(組)를 말한 것. ㅇ帶(대)-여기서는 신(紳)을 말한 것.

필(韠)의 색에 있어서 임금은 붉은빛이고 대부는 흰빛이며 사(士)는 검붉은빛이다. 또 그의 형상에 있어서는 원(圜)·쇄(殺)·직(直)이 있다. 천자는 사각이고 제후는 앞뒤가 모두 방형(方形)이며, 대부는 앞은 방형 뒤는 원형이고, 또 사(士)는 앞뒤가 모두 방형이다. 그리고 일반적으로 하부의 넓이가 2자이고 상부의 넓이는 1자이며 길이가 3자이다. 중앙의 목의 넓이가 5치이고 상부의 양어깨 및 혁대의 폭이 각각 2치이다. 일명(一命), 즉 사(士)가 사용하는 것은 적황색(赤黃色)의 불(韍)과 검정색의 패옥(佩玉)이고, 재명(再命), 즉 대부가 사용하는 것은 빨간 불(韍)과 푸른 패옥을 사용하며, 삼명(三命), 즉 경(卿)이 사용하는 것은 빨간 불과 엷은 초록의 패옥이다.

原文 韠은, 君은 朱요, 大夫는 素이고, 士는 爵韋니라. 圓殺直
이니, 天子는 直이오. 公侯는 前後이 方이고, 大夫는 前이 方이고
後는 挫角이며, 士는 前後正이니라. 韠은 下廣이 二尺이오, 上廣
이 一尺이며, 長이 三尺이고, 其頸이 五寸이며, 肩과 革帶博이
二寸이니라. 一命은 縕韍幽衡이고, 再命은 赤韍幽衡이오, 三命은
赤韍葱衡이니라.

> (필 군 주 대부 소 사 작위 원쇄직
> 천자 직 공후 전후 방 대부 전 방
> 후 좌각 사 전후정 필 하광 이척 상광
> 일척 장 삼척 기경 오촌 견 혁대박
> 이촌 일명 온불유형 재명 적불유형 삼명
> 적불총형)

註解 ㅇ韠(필)-무릎덮개. ㅇ爵(작)-색(色)의 이름으로 빨강에 검은
빛이 도는 것. ㅇ天子直(천자직)……士前後正(사전후정)-모두 방형(方
形)과 구형(矩形)이란 뜻. 사(士)는 천저와 같은 형이지만 품질이나 장식
면이 다른 것이다. ㅇ一命(일명)……再命(재명)……三命(삼명)-주대(周
代)의 관등(官等)은 일명(一命)에서 구명(九命)까지 있는데, 일명은 대략
제후의 상사(上士)를 말하고, 재명은 대개 대부를 말하며, 삼명은 대개
경(卿)을 말한다. ㅇ韍(불)-필(韠)과 같은 종류. 무릎덮개.

왕후의 예장(禮裝)은 휘의(褘衣)이고 제후의 부인은 요적(揄狄)이
며, 여군(女君 : 자작 및 남작의 부인)은 왕후의 명에 의해 굴적(屈狄)
을 입을 수가 있다. 또 재명(再命)인 신하의 아내는 국의(鞠衣)이고,
일명(一命)인 신하의 아내는 전의(襢衣)이며, 사(士)의 아내는 단의
(褖衣)이다. 또 세부(世婦)는 누에고치를 바치는 의식이 있을 때 명
에 의해 국의나 전의 등을 입을 수가 있다. 기타의 부인은 남편이나
아들들의 신분에 맞는 복장을 한다.

대체로 임금을 모시고 있을 때에는 〔몸을 굽히고 상체가 앞으로 기울어져 있으므로〕 신(紳)은 몸에서 늘어지고, 발은 옷자락을 밟은 것 같은 형태가 되고, 턱은 집의 추녀끝처럼 보이며, 손을 좌우로 공수(拱手)하여 늘어뜨리고 시선은 아래로 향하지만, 귀만은 위쪽의 임금의 명령을 기다린다. 따라서 눈은 임금의 띠에서 위, 깃 언저리를 보고, 귀는 임금 쪽을 향하여 특히 좌측 귀를 기울이는 것이다.

대체로 임금이 신하를 부를 때에는 삼절(三節)을 쓰는 것이다. 이절(二節)로써 부를 때에는 큰걸음으로 가고 일절(一節)로써 부를 때에는 종종걸음으로 간다. 조정 치사(治事)의 자리에 있으면서 부름을 받았을 때에는 신발을 신을 사이도 없이 달려가며, 밖에 있으면서 부름을 받았을 때에는 수레를 기다리지 않고 달려가는 것이 예이다.

原文 王后는 褘衣요, 夫人은 揄狄이오, 君命은 屈狄이오. 再命은 褕衣요, 一命은 襢衣요, 士는 褖衣니라. 唯世婦는, 命於奠繭하고, 其他則皆從男子니라.
(왕후 휘의 부인 요적 군명 굴적 재
명 휘의 일명 전의 사 단의 유세부 명어전
견 기타즉개종남자)

凡侍於君에, 紳垂하며, 足如履齊하며, 頤霤하며, 垂拱하며, 視下而聽上하며, 視帶以及袷하며, 聽鄕任左니라.
(범시어군 신수 족여리제 이류 수공 시
하이청상 시대이급겁 청향임좌)

凡君이 召以三節이어든, 二節이란 以走요, 一節이란 以趨하며, 在官하여는 不俟屨하고, 在外하여는 不俟車니라.
(범군 소이삼절 이절 이주 일절 이추
재관 불사구 재외 불사거)

註解 ○褘衣(휘의)……揄狄(요적)－휘(褘)는 휘(翬)와 같고, 요적(揄

狄)은 요적(搖翟)이라고도 한다. 휘(翬)와 적(翟)은 모두 꿩을 뜻한다. 그래서 휘의와 요적은 모두 비단으로 꿩의 모양을 만들고 오채(五采)를 그리되 이를 의복 위에 달아 장식으로 삼은 옷. 육복(六服) 가운데 가장 존귀한 것으로 친다. ㅇ屈狄(굴적)—비단으로 꿩 모양을 만들어 오채(五采)로써 그리지 않고 옷 위에 달은 의복인데, 오채로 그리지 않았으므로 궐적(闕狄)이라고도 한다. ㅇ鞠衣(국의)—황의(黃衣)이다. 뽕잎이 처음으로 물드는 색깔을 본뜬 것이다. 공후백(公侯伯)의 대부 및 자남(子男)의 경(卿)의 처는 이것을 입고서 상사(桑事)를 고한다. ㅇ襢衣(전의)—백의(白衣)이다. 공후백(公侯伯)의 사(士) 및 자남(子男)의 대부 아내는 이를 입고서 왕이나 빈객(賓客)을 대한다. ㅇ褖衣(단의)—흑의(黑衣)이다. 자남(子男)의 사(士)로서 아직 임명되지 않은 자의 아내는 이를 입고서 연거(燕居)하기도 하고 또 왕이 계신 곳에서 시중을 든다. ㅇ世婦(세부)—후궁의 여관(女官). 천자에게는 27명의 세부가 있다. ㅇ奠繭(전견)—누에고치를 바치는 것. ㅇ頤(이)—턱. ㅇ霤(유)—추녀. ㅇ垂拱(수공)—팔짱을 끼고서 손을 아래로 드리우는 것. ㅇ袷(겁)—옷깃. ㅇ三節(삼절)—절(節)은 옥으로 만든 할부(割符). 이것은 군명(君命)을 명백히 하는 것이다. 급한 일에는 이절(二節)로써 부르고 급하지 않은 것은 일절(一節)로써 부르는데 도합하여 삼절이라고 한다. ㅇ俟(사)—기다린다는 뜻.

대부가 만일 손님이 되어 사(士)의 집에 이르렀을 때에는 주인 된 사(士)가 손님의 답배(答拜)를 두려워하여 감히 이를 배례하여 맞지 않지만, 손님이 돌아갈 때에는 주인에게 답례하지 않는 것이 제도이기 때문이다. 또 만일 사(士)가 손님이 되어 대부의 집에 이르렀을 때에는 먼저 문 밖에서 배례한 다음 나아가서 대부의 얼굴을 본다. 만일 대부가 나와서 그 배례에 답할 때에는 달아나 피한다. 이는 존비(尊卑)가 엄연하여 감히 대부의 배례를 받을 수 없기 때문이다.

사(士)가 군소(君所)에서 말할 때 대부가 이미 사망했다면 시호 또는 자(字)를 칭하며 사는 사망 후라도 그 이름을 칭한다. 만일 대부라고 말할 때라면 살아 있는 사에게는 이름을 칭하고, 대부에게는 자를 칭한다. 만일 사망했다면 그 호칭이 군소(君所)에 있어서와 같은 것이다.

사(士)는 군공(君公)의 부조(父祖)의 이름은 휘(諱)하지만, 내 부조의 이름은 휘하지 않는다. 그리고 제(祭)와 묘중(廟中)의 교학(敎學)과 임문(臨文)의 사자(四者)는 비록 공휘일지라도 기휘(忌諱)하지 않는다.

原文 **士於大夫**에, **不敢拜迎**하고, **而拜送**하며, **士於尊者**에, **先拜進面**하고, **答之拜則走**니라.
(사어대부 불감배영 이배송 사어존자 선
배진면 답지배즉주)

士於君所에 **言**하되, **大夫**이 **歿矣**어든, **則稱諡若字**하고, **名士**하며, **與大夫言**하되, **名士**하고, **字大夫**니라.
(사어군소 언 대부 몰의 즉칭시약자 명사
여대부언 명사 자대부)

於大夫所에, **有公諱**하고, **無私諱**하며, **凡祭**에 **不諱**하며, **廟中**에 **不諱**하며, **敎學臨文**엔 **不諱**니라.
(어대부소 유공휘 무사휘 범제 불휘 묘중
불휘 교학임문 불휘)

註解 ○歿(몰)─죽는 것. ○諡若字(시약자)─대부는 50세에 작명(爵名)을 받고 죽으면 시호(諡號)를 받는다. 만약 그 시호가 있으면 시호를 말하고, 없으면 그 자(字)를 말한다는 말. ○有公諱(유공휘)─군공(君公)의 이름을 부르지 않는다는 뜻. ○無私諱(무사휘)─자기 부조(父祖)의 이름은 부를 수 있다. 즉 휘(諱)하지 않는다는 뜻. ○祭(제)─여기서는 뭇 신들의 제사를 말한 것. ○敎學臨文(교학임문)─〈곡례편(曲禮篇)〉 참조.

옛날에 임금은 반드시 옥(玉)을 찼다. 〔옥은 동작에 따라 소리를 내므로 그 소리에 따라서 동작의 완급(緩急)을 짐작하고 알맞게 조절하는 것이다] 허리의 우측에 차는 옥의 소리는 치(徵)와 각(角)의 노래에 해당하고, 좌측에 찬 옥의 소리는 궁(宮)과 우(羽)의 음에 해당한다. 그래서 급하게 갈 때에는 [좌우의 옥소리를 들으면서] 채제(采齊)의 시(詩)를 노래하며 걸음을 늦추고, 또 천천히 걸을 때에는 사하(肆夏)의 곡(曲)을 노래하며 걸음을 다소 빠르게 하는 것이다. 군자(君子)는 옥을 차고 있음으로써 몸을 되돌릴 때는 둥근 원을 그리는 것 같고 좌우로 구부러질 때에는 직각(直角)을 그리는 것 같다. 또 전진할 때는 [옥패가 흔들려서 소리가 나기 쉬우므로] 손으로 누르고, 후퇴할 때에는 [옥패의 소리가 잘 나지 않으므로] 가볍게 움직임으로써 옥이 아름다운 음향을 낸다. 그러므로 군자는 수레 위에 있으면 난화(鸞和 : 방울) 소리를 듣고 걸어갈 때에는 패옥(佩玉) 소리를 들으며 항상 침착하게 평화로운 기분으로 있기 때문에 사악한 마음이 들어오지 못한다.

原文 古之君子는 必佩玉이니, 右徵角하고, 左宮羽니, 趨以采齊요, 行以肆夏하며, 周還中規요, 折還中矩하며, 進則揖之하고, 退則揚之하나니, 然後에 玉이 鏘鳴也니라. 故로 君子는 在車하여 則聞鸞和之聲하고, 行則鳴佩玉이라. 是以로 非辟之心이, 無自入也니라.

(고지군자 필패옥 우치각 좌궁우 추이채
제 행이사하 주선중규 절선중구 진즉읍지
퇴즉양지 연후 옥 장명야 고 군자 재거
즉문난화지성 행즉명패옥 시이 비벽지심 무자입야)

註解 ㅇ徵角(치각)……宮羽(궁우)─모두 음(音)의 이름. 옥에서 나는 소리. ㅇ趨行(추행)─노침(路寢) 문밖에서 응문(應門)에 이르는 것을 추(趨)라고 한다. 이 사이의 길이 약간 넓기 때문에 빨리 간다. 노침 문 안에서 당(堂)에 이르는 것을 행(行)이라고 한다. 이 사이의 길이 좁기 때

문에 느럿하게 간다. ㅇ采齊(채제)……肆夏(사하)－채제(采齊)는 노문(路門) 밖의 악절(樂節)이고, 사하(肆夏)는 당(堂)에 오를 때의 악절이다. ㅇ規(규)－그림쇠. ㅇ矩(구)－곡척(曲尺). ㅇ鏘鳴(장명)－옥소리가 울리는 것. ㅇ鸞和(난화)－둘 다 방울소리. ㅇ非辟之心(비벽지심)－못되고 사악한 마음.

세자는 임금의 곁에 있을 때 옥을 차지 않는다. 좌측 허리에 옥을 차고는 있으나 꼭지를 짧게 잡아매어 소리가 나지 않도록 되어 있다. 우측에는 송곳과 부싯돌을 찬다. 항상 좌우에 옥을 차지만 임금 앞에 나갈 때에는 서로 묶어놓는 것이다.

재계할 때에는 패옥(佩玉)의 끈을 서로 묶어 소리가 나지 않도록 하고 또 슬갑(膝甲)은 빨강으로 검은빛이 도는 것을 사용한다.

대체로 대대(大帶)에는 반드시 옥을 찬다. 다만 상중(喪中)에 있는 동안에는 옥을 차지 않는다. 패옥에는 충아(衝牙)라는 부분이 있는데 여기에서 소리가 발생한다. 군자는 사고가 없는 한 옥이 몸에서 떠나지 않는다. 군자는 덕을 존중하는데 패옥과 같은 유상(有象)의 옥으로서 무상(無象)의 덕에 비교한다. 대저 유덕(有德)의 옥을 갖고서 그 옥과 같은 덕을 조성(助成)하려는 것이다. 그러므로 사고가 없는 한 패옥은 몸에서 떼어 놓지 않는 것이다.

천자의 패옥의 옥은 백색이고 수(綬)는 현색(玄色)의 끈이다. 공후(公侯)의 것은 산현색(山玄色)으로서 주색의 끈이다. 대부의 것은 수창색(水蒼色)으로서 치색(緇色)의 끈이다. 세자의 것은 미옥(美玉)으로서 뒤섞인 문채의 끈이다. 사(士)의 것은 연민으로서 온색(縕色)의 끈이다. 공자는〔집에 있을 때〕상아(象牙)의 고리의〔주위가〕5치 되는 것을 차고 색이 섞인 끈을 달았다.

原文 君在어시든 不佩玉이니, 左結佩하고, 右設佩하나니, 居則設佩하고, 朝則結佩니라.

(군재 불패옥 좌결패 우설패 거즉
설패 조즉결패)

齊則綪結佩하고, 而爵韠이니라.

(제즉천결패 이작필)

凡帶는, 必有佩玉이니, 唯喪에 否니라. 佩玉이 有衝牙하며, 君子이 無故어든, 玉不去身이니, 君子이 於玉에 比德焉이니라.

(범대 필유패옥 유상 부 패옥 유충아 군
자 무고 옥불거신 군자 어옥 비덕언)

天子는 佩白玉하시고, 而玄組綬하시며, 公侯는 佩山玄玉하고, 而朱組綬하며, 大夫는 佩水蒼玉하고, 而純組綬하며, 世子는 佩瑜玉하고, 而綦組綬하며, 士는 佩瓀玟하고, 而縕組綬니라. 孔子는 佩象環五寸하시고, 而綦組綬하시니라.

(천자 패백옥 이현조수 공후 패산현옥
이주조수 대부 패수창옥 이치조수 세자 패
유옥 이기조수 사 패연민 이온조수 공자
패상환오촌 이기조수)

註解   ○君在不佩玉(군재불패옥)―세자(世子)가 임금 앞에서는 옥을 차지 않는다는 말. ○左結佩(좌결패)―왼쪽의 끈을 매어 옥소리가 나지 않게 하는 것. ○凡帶(범대) 必有佩玉(필유패옥)―천자로부터 선비에 이르기까지 대대(大帶)에는 반드시 옥을 찬다는 말. ○衝牙(충아)―옥의 모양이 3각으로 되어 마치 어금니와 같다고 해서 충아라고 한다. ○於玉比德焉(어옥비덕언)―그 옥과 같은 덕을 조성(助成)하려고 한다는 말. ○綬(수)―패옥(佩玉)을 꿰는 끈. ○山玄玉(산현옥)―산의 검은빛과 같은 옥. ○水蒼玉(수창옥)―물의 푸른 빛과 같은 옥. ○純組綬(치조수)―치(純)는 치(緇)의 잘못이다. ○瑜玉(유옥)―아름다운 옥. ○瓀玟(연민)―옥 다음가는 돌.

아직 관례(冠禮)를 올리지 않은 동자의 복장이나 예의에 대해서 풀이해 본다. 동자의 예절로서는 그 의복의 복제에 있어서 치포(緇布)의 옷에 비단의 옷단을 달고 신(紳)과 끈도 비단을 사용하며, 붉은 비단으로써 총(總)을 만들어 머리를 동여매는 것이다. 동자는 원기가 왕성하다. 여기에 따뜻한 옷을 입힌다면 그 원기를 해칠 염려가 있기 때문에 구백(裘帛)을 입히지 않으며, 동자는 아직 행동이 익숙하지 못하므로 신머리에 장식을 하지 않는 것이다. 〔아버지가 계실 때는〕 시복(緦服) 〔3개월〕의 상(喪)을 입지 않으며, 상(喪)을 당한 집에 가서 그곳에서 여러 일을 돌봐 줄 때에는 상복을 입지 않는다. 또 돌봐 줄 일이 없으면 주인의 북쪽에 서서 남면(南面)한다. 또 선생을 뵐 때에는 어른을 따라서 그 방에 들어간다.

선생과 겸상으로 식사할 때에는 자기보다 윗사람이 제사하고 나서 자신도 제사하며 그런 후에 자신이 먼저 먹는다.

식사 때 객이 먼저 음식을 제사하려고 하면 주인은 이를 사퇴하며, "제사를 지낼 정도의 것이 못됩니다."하고 말한다. 또 객이 식사를 하면서 미식(美食)이라고 하면 주인은 겸손하여 소식(疏食)이라고 한다. 주인이 객을 공경하여 스스로 그 장(醬)을 놓으면 객 역시 주인을 공경하여 스스로 이를 거두어서 치운다. 빈객이라면 각기 그 찬기(饌器)를 치우지만, 한 방에 동거하여 식사를 같이하는 자, 또는 일을 함께 하고 모여서 식사하는 자는 그 중에서 나이 적은 사람 하나로 하여금 찬기를 치우게 하는 것이다. 무릇 연식(燕食)할 때에는 부인이 찬을 치우지 않는다.

原文 童子之節也는, 緇布衣錦緣하고, 錦紳幷紐하고, 錦束髮하나니, 皆朱錦也라. 童子는 不裘하며 不帛하며, 不屨絇하며, 無緦服하고, 聽事不麻니, 無事則立主人之北하여, 南面하며, 見先生하되, 從人而入이니라.

(동자지절야 치포의금연 금신병뉴 금속발

개주금야 동자 불구 불백 불구구 무
시복 청사불마 무사즉립주인지북 남면 견선
생 종인이입)

侍食於先生하되, **異爵者**에는, **後祭先飯**이니,

(시식어선생 이작자 후제선반)

客이 **祭**어든, **主人**이 **辭曰, 不足祭也**라하며 **客**이 **飱**이어든, **主人**이 **辭以疏**하고, **主人**이 **自置其醬**이어든, 則**客**이 **自徹**之니라. **一室之人**이, **非賓客**이면, **一人**이 **徹**하고, **壹食之人**은, **一人**이 **徹**하나니, **凡燕食**에, **婦人**은 **不徹**이니라.

(객 제 주인 사왈 부족제야 객 손 주
인 사이소 주인 자치기장 즉객 자철지
일실지인 비빈객 일인 철 일식지인 일인
철 범연식 부인 불철)

註解 ㅇ童子(동자)—아직 관(冠)을 쓰지 않은 자. ㅇ緇布衣錦緣(치포의금연)—동자의 옷은 심의(深衣)의 복제와 비슷하다. 치포(緇布)로써 옷을 만들고 비단으로 옷단을 다는 점에서 성인과 다르다. ㅇ不裘不帛(불구불백)—백(帛)은 솜옷. 즉 동자는 겨울에도 갖옷이나 솜옷 같은 방한복을 사용치 않는다는 뜻. ㅇ屨絇(구구)—신의 머리장식 끈. ㅇ緦服(시복)—석 달 동안 입는 상복(喪服). ㅇ不麻(불마)—베옷을 입지 않는 것. ㅇ立主人之北(입주인지북) 南面(남면)—주인의 위치는 동쪽 층계 아래에서 서면(西面)하지만, 동자는 그 주인의 북쪽에 서서 남면(南面)하고 주인의 명을 기다리는 것이다. ㅇ先生(선생)—자기보다 나이가 위인 자. ㅇ異爵(이작)—자기보다 작위(爵位)가 높은 자. ㅇ後祭(후제)—이작(異爵)인 자보다 늦게 제(祭)하는 것. ㅇ先飯(선반)—이작(異爵)인 자보다 앞서 식사하는 것. ㅇ疏(소)—소박하게 차린 음식을 말한 것. ㅇ徹(철)—거두어 치운다는 뜻. ㅇ一室之人(일실지인)—동거하여 식사를 같이하는 자. ㅇ壹食之人(일식지인)—일(壹)은 합친다는 뜻. 일식(壹食)이란 일을 함께 하고 같이 식사하는 것.

대추나 복숭아나 오얏을 먹을 때에는 씨를 버리지 않는다. 오이는 꼭지 부분을 제사지내고서 중간 부분을 먹고 손으로 쥐었던 부분은 버린다. 대체로 과실을 먹을 때에는 손윗사람보다 뒤에 먹고, 익힌 음식은 자기가 먼저 맛본다.

경대부(卿大夫)의 집에 어떤 경사스러운 일이 있을지라도 임금이 하사한 것이 아니면 하례(賀禮)하지 않는다.

무언가 근심거리가 있는 사람은(이하 脫文).

공자가 계씨(季氏)에게 가서 식사를 하는데 사양하지 않고 먹었지만 고기는 먹지 않고 식사를 했다.

임금이 거마나 의복을 하사했을 때에는 문 앞에 나와서 배례하고 이를 받으며, 다음날 다시 승복(乘服 : 수레라면 타고 옷이면 입는 것)하고 임금께 나아가 그 하사를 배사(拜謝)하는 것이다.

〔제후의 경대부가 천자로부터 승복의 하사가 있으면 그것을 임금에게 고하고〕 임금으로부터 어떤 분부가 있기 전에는 그 승복을 사용하지 않는다. 임금의 하사가 있으면 신하는 절을 하고 머리를 조아리며 왼손이 오른손 위에 가게 하고 손바닥을 땅에 붙인다. 임금으로부터 주육(酒肉)의 하사가 있을 때에는 집에서 절하고 받으며 이중으로 조정에 나가서 배사(拜謝)하지 않는다.

무릇 임금은 신분이 중한 자에게 물건을 하사하는 것과 신분이 가벼운 자에게 하사하는 것을 같은 날에 하지 않는다.

原文 食棗桃李하되, 弗致于核하며, 瓜는 祭上環하고, 食中하되, 棄所操니라. 凡食果實者는, 後君子하고, 火孰者는, 先君子니라.
(식조도리 불치우핵 과 제상환 식중
기소조 범식과실자 후군자 화숙자 선군자)

有慶이어든, 非君賜면 不賀니라.
(유경 비군사 불하)

有憂者라.〔此下絶亡. 非其句也.〕

(유우자)〔차하절무 비기구야〕

孔子이 食於季氏에, 不辭하시며, 不食肉而飱하시다.

(공자 식어계씨 불사 불식육이손)

君이 賜車馬어시든, 乘以拜賜하고, 衣服이어시든, 服以拜賜니라. 君이 未有命이어시든, 弗敢卽乘服也니라. 君이 賜어시든 稽首하고, 據掌하되 致諸地니라. 酒肉之賜는 弗再拜니라.

(군 사거마 승이배사 의복 복이배사

군 미유명 불감즉승복야 군 사 계

수 거장 치저지 주육지사 불재배)

凡賜君子與小人을, 不同日이니라.

(범사군자여소인 부동일)

註解 ㅇ弗致于核(불치우핵)-씨는 주머니에 넣고 땅에 버리지 않는다는 말. ㅇ祭上環(제상환)-꼭지 부분을 둥글게 오려서 먼저 제사지낸다. ㅇ後君子(후군자)-과실은 자연의 산물이므로 독이 있나 없나를 맛볼 필요가 없기 때문에 어른이 먼저 먹게 하고 자기는 나중에 먹는 것. ㅇ先君子(선군자)-불에 익힌 음식은 독이 있나 없나를 먼저 맛볼 필요가 있기 때문에 어른에 앞서 이를 맛본다는 말. ㅇ有慶(유경) 非君賜不賀(비군사불하)-경대부(卿大夫)의 집에 경사가 있더라도 임금이 하사한 물건이 없으면 하례(賀禮)하지 않는다는 말. 하사한 물건이란 벼슬이나 토지 및 승복(乘服) 등을 말한다. ㅇ君未有命(군미유명)…… -경대부가 사자가 되어 천자께서 하사한 물건을 받아 가지고 돌아와서 이것을 자기 임금에게 고했을 때를 말한다. ㅇ據掌(거장)-거(據)는 누른다는 뜻이고, 장(掌)은 손바닥인데 왼손으로 오른손의 위를 덮고 누르는 것. ㅇ致諸地(치저지)-치(致)는 이른다는 뜻. 머리와 손이 함께 땅에 이르는 것. ㅇ弗再拜(불재배)-집에서 절하고 다음날 또 가서 절하는 것을 여기서는 재배(再拜)라고 하였다. ㅇ賜君子與小人(사군자여소인)-지위에 따라 구분하는 것. 군자(君子)에게는 사(賜)한다고 하며, 소인(小人)에게는 여(與)한다고 한다.

대체로 신하가 임금에게 물건을 바칠 때에는 그 예가 신분에 따라
다르다. 대부는 가재(家宰)를 사자(使者)로 하고, 사(士)는 몸소 가지
고 가는데 모두 두 번 절하고 머리를 조아린 다음 보낸다. 미식(美食)
을 바칠 때에는 반드시 사기(邪氣)를 예방할 만한 물건을 사용하는
것이 예이다. 그러므로 천자나 제후의 신하가 익힌 음식을 그 임금에
게 바칠 때에는 반드시 훈(葷)·도(桃)·열(茢) 등의 삼품(三品)으로
이를 덮는다. 대부의 신하가 대부에게 바칠 때에는 열을 제외한 훈과
도를 사용하고, 사(士)의 신하가 사에게 바칠 때에는 훈을 제외한 도
와 열을 사용한다. 그런데 신하가 예물을 바칠 때에는 모두 그 임금
의 음식을 주관하는 사람에게 도달하게 하고 감히 직접 바치지는 않
는다. 대부가 친히 가지 않는 것은 임금이 자기에게 답배(答拜)하지
않게 하기 위해서이다. 또 대부와 사(士)에게 임금의 하사(下賜)가 있
을 때, 다음날 대부는 공궁(公宮)에 나가 배사(拜謝)하고 돌아온다.
사(士)는 예사(禮辭)를 말하며 집사(執事)로부터 그 예사가 분명히
임금께 들어가 임금의 좋다는 회답을 받고서 물러나는데 그때 거듭
절을 한다. 임금은 사(士)에 대해서는 답배(答拜)하지 않는다. 대부
자신이 사에게 물건을 주었을 때는, 사는 이를 절하고 받으며 뒤에
대부의 집으로 가서 또 배사(拜謝)한다. 그 물건이 의복일지라도 그
것을 입고 절하지 않는다. 신분이 서로 비슷한 사람 사이에서는 선물
을 받은 쪽이 사례를 하러 가며, 상대방이 부재이면 그 집사람에게
절하고 돌아온다. 또 신분이 높은 사람에게 물건을 바칠 때에는 직접
그 사람에게 바치는 형상이 되지 않도록 조심한다.

사(士)와 대부와의 사이에 있어서는 대부가 친히 사의 집에 와서
축하하는 것은 받지 않는다. 하대부(下大夫)와 상대부와의 사이에 있
어서는 상대부는 하대부가 와서 축하하는 것을 받는다.

부모가 계시는 동안은 사람에게 예를 행할 때에 아버지의 이름으로
말하고 사람에게서 물건을 받았을 때에는 아버지의 이름으로 받는다.

原文   凡獻於君에, 大夫는 使宰하고, 士는 親이니, 皆再拜稽首하여 送之니라. 膳, 於君엔 有葷桃苃하고, 於大夫에는 去苃이오, 於士엔 去葷이니, 皆造於膳宰니라. 大夫이 不親拜도, 爲君之答己也니라. 大夫는 拜賜而退하고, 士는 待諾而退니, 又拜어든, 弗答拜니라. 大夫이 親賜士어든, 士이 拜受하고, 又拜於其室하되, 衣服을 弗服以拜하고, 敵者이 不在어든, 拜於其室이니라. 凡於尊者에 有獻이오. 而弗敢以聞이니라.

（범헌어군 대부 사재 사 친 개재배계수
송지 선 어군 유훈도열 어대부 거열 어
사 거훈 개조어선재 대부 불친배 위군지답기야
대부 배사이퇴 사 대락이퇴 우배 불답배
대부 친사사 사 배수 우배어기실 의복 불
복이배 적자 부재 배어기실 범어존자 유헌
이불감이문)

士於大夫엔 不承賀하고, 下大夫於上大夫엔 承賀니라.
（사어대부 불승하 하대부어상대부 승하)

親在어든, 行禮於人에 稱父하고, 人或賜之어든, 則稱父拜之니라.
（친재 행례어인 칭부 인혹사지 즉칭부배지)

註解   ○宰(재)―가재(家宰), 가신(家臣)의 우두머리. ○膳(선)―미식(美食)을 말한 것. ○葷桃苃(훈도열)―훈(葷)은 신채(辛采)류로 마늘·부추·파·생강 등을 말한 것. 도(桃)는 복숭아. 열(苃)은 물억새로 만든 부정을 푸는 비. 이 세 가지는 모두 상서롭지 못한 부정을 막는 데 쓰인다. ○膳宰(선재)―임금의 음식을 담당한 관원. ○不親拜(불친배)―물건을 바칠 때 친히 가지 않는다는 말. ○待諾而退(대락이퇴)―사(士)는 임금의 낙보(諾報)가 전해 오기를 기다려서 물러간다는 말. ○又拜(우배) 弗答拜(불답배)―임금의 낙보(諾報)가 전해지면 또 절하고서 물러간다. 그러나 임금은 이에 답배(答拜)하지 않는다는 말. ○衣服弗服以拜(의복불복이배)―

대부에게는 임금에게 하는 것보다 가볍기 때문이다. ㅇ敵者(적자)－여기서는 주인을 말한 것. ㅇ弗敢以聞(불감이문)－감히 높은 자에게 올린다고 말하지 않고 집사(執事)에게 시켜서 바치게 한다는 말이다. ㅇ士於大夫不承賀(사어대부불승하)－선비와 대부와는 존비(尊卑)의 거리가 멀기 때문에 대부가 직접 와서 하례(賀禮)하는 것을 받지 않는다는 말.

의례(儀禮)가 성대한 경우가 아니면 의복 위에 예복을 걸치지 않는다. 그러므로 교례(郊禮)와 같은 대례(大禮)이면 〔제주(祭主)인 천자는〕 피의(皮衣) 위에 석의(裼衣)를 입지 않으며, 〔제천(祭天) 때 사용하는〕 노거(路車) 위에서는 식(軾)의 예를 행하지 않는다.

아버지가 사람을 시켜 자식을 부를 때에는 자식은 유(唯)할 뿐 낙(諾)을 해서는 안된다. 만일 손에 일을 잡고 있을 때에는 일을 내던지고, 식사중일 때에는 음식을 뱉고 간다. 그때 급히 달려가야 하며 종종걸음으로 가서는 안된다. 또 어버이가 늙으면 외출한 후 목적지를 바꾸지 않고, 돌아오는 시간이 늦지 않도록 한다. 또 어버이가 병으로 앓고 있는 동안은 자식은 얼굴에 우수(憂愁)의 빛이 떠나지를 않는다. 이상은 효자가 항상 마음 속에 지니고 있어야 할 사항의 줄거리이다.

아버지가 돌아가신 후 아버지의 책을 차마 읽지 못함은 그 책에 아버지가 써넣은 주석의 글이나 혹은 손때가 묻었기 때문이다. 어머니가 돌아가신 후 어머니가 남긴 잔이나 그릇으로는 차마 마실 수 없는 것은 어머니가 입을 댔던 여운이 아직도 남아 그리움을 참을 길이 없기 때문이다.

빈객인 임금이 〔방문한 곳의 공궁(公宮)〕 문에 들어갈 때에는, 문지방의 서쪽 문설주와 문지방의 중앙 지점에 선다. 빈객의 상부(上副)인 경(卿)은 그 뒤에 위치하되 약간 동쪽으로 가서 그 옷이 문지방을 스칠 정도의 곳에 선다. 중부(中副)인 대부는 문설주와 문지방 사이에 들어가 서고, 말부(末副)인 사(士)는 서쪽에 위치하되 그 옷이 문설주를 스칠 정도의 곳에 서서 함께 그 [빈객측의 임금] 뒤를 따른다. 이때 주인측인 임금이 나와서 문지방의 동쪽에 서고 그 상빈(上擯: 빈은 객을 맞는 자)인 경(卿), 중빈인 대부, 말빈인 사(士)도 각각 이와 같이 하는데 다만 문지방의 동쪽에 위치하는 것이다. 이웃 나라에서 내빙(來聘)한 사신이 문에 들어가자면 임금과 동일한 위치에 설 수 없는 것이다. 그러므로 감히 문으로 들어가지 않고 약간 동쪽으로 가서 문지방에 다가선다. 또 역(閾), 즉 문지방을 밟지 않는다. 그리고 군명(君命)을 받들어 빙례(聘禮)하는 공사(公事)이면 문지방의 서쪽으로 들어가고 사사로운 일일 경우에는 문지방의 동쪽으로 들어가 신례(臣禮)를 올린다.

[原文] 禮不盛이어든, 服不充이니, 故로 大裘는 不裼하며, 乘路車에 不式이니라.

(예불성 복불충 고 대구 불석 승로거 불식)

父이 命呼어시든, 唯而不諾하여, 手執業則投之하며, 食在口則吐之하고, 走而不趨니라. 親老어시든, 出不易方하며, 復不過時하며, 親癠어시든, 色容을 不盛이니, 此는 孝子之疏節也니라.

(부 명호 유이불락 수집업즉투지 식재구즉
토지 주이불추 친로 출불역방 복불과시
친제 색용 불성 차 효자지소절야)

父이 沒而不能讀父之書는, 手澤이 存焉爾며, 母이 沒而杯圈을 不能飲焉은, 口澤之氣存焉爾니라.

(부 몰이불능독부지서 수택 존언이 모 몰이배권
불능음언 구택지기존언이)

君이 入門이어시든, 介拂闑하고, 大夫는 中棖與闑之閒하고, 士介는 拂棖이니라. 賓이 入不中門하며 不履閾하며, 公事란 自闑西하고, 私事엔 自闑東이니라.

(군 입문 개불얼 대부 중정여얼지간 사
개 불정 빈 입부중문 불리역 공사 자얼
서 사사 자얼동)

註解 ○不充(불충)─충(充)은 피복(被覆). ○大裘(대구)……路車(노거)─
이는 모두 하늘에 제사지낼 때 쓰는 것. ○唯而不諾(유이불락)─유(唯)와
낙(諾)은 모두 대답하는 말. 유(唯)는 빠르게 대답하고 공손한 것을 말하
고, 낙(諾)은 느리고도 등한한 대답을 말한다. ○出不易方(출불역방)─가
는 방향을 바꾸지 않는다는 말. ○瘠(제)─병(病). ○疏節(소절)─예절을
간략하게 하는 것. 소절(小節)이란 뜻. ○手澤(수택)─책이나 그릇에 자
주 손댐으로써 생기는 손때. ○杯圈(배권)─나무를 휘어 만든 잔. ○口澤
之氣(구택지기)─입을 댔던 여운(餘韻) 같은 것. ○介(개)─부(副)와 같
은 뜻. ○拂闑(불얼)─불(拂)은 턴다는 뜻이고, 얼(闑)은 문지방을 말한
것. ○棖(정)─문설주. ○賓(빈)─여기서는 이웃 나라의 경대부가 임금을
대신하여 온 사신. ○閾(역)─문지방.

임금이 시(尸)와 함께 갈 때에는 좌우의 발자국을 가지런히 해가며
천천히 걷고, 대부(大夫)는 발자국이 앞뒤로 닿도록 다소 빨리 걷고,
사(士)는 좌우의 발자국이 앞뒤로 떨어지도록 한층 빠르게 걷는다.
전체적으로 빠르게 걷거나 느리게 걷거나 [천자와 제후 및 시(尸)와
대부와 사(士) 사이에 있어서는] 항상 이상과 같은 차등을 지키는 것
이다. 또 평소에 걸음을 걸을 때 빨리 가려면 신끝을 들고 급히 가려
고 하는데 손발을 움직이는 방법은 예에 벗어나지 않도록 한다. 또
천천히 갈 때에는 발을 들지 않고 땅에 댄 채 질질 끌듯이 걸어 옷자
락이 땅을 흐르는 것처럼 전진한다. [실내나 당상(堂上)의] 좌석 위
에 있어서도 똑같이 한다. 또 현단(玄端) 차림으로 걸을 때에는 머리
를 다소 숙이고 턱은 집의 추녀끝 같은 형상으로 하고 발을 옮기며
화살처럼 전진한다. 또 피변복(皮弁服) 차림으로 걸을 때에는 먼저
신끝을 가지런히하며, 귀(龜)나 옥(玉)을 가졌을 때는 한쪽 발을 들며

뒤꿈치를 당겨서 될 수 있는 한 보폭(步幅)을 넓게 벌리지 않도록 하고 걷는다.

대체로 밖에서 보행하는 모습은 여유있는 모습이어야 한다. 묘(廟) 안에서 걸을 때는 공손하고 정중해야 하며, 조정(朝廷)에서 보행하는 모습은 엄숙해야 한다.

군자의 평소의 모습은 한아(閑雅)해야 하고, 자기가 존경하는 사람을 만났을 때에는 언행을 삼가고 방종하지 말아야 한다. 또 군자의 걸음은 무게가 있어야 하고 손놀림은 공손해야 하며, 눈의 모양은 단정하고 입의 모양은 조용해야 하며 소리 모양은 고요하고 머리 모양은 곧고 기상(氣像)의 모양은 엄숙해야 하며, 서 있는 모양은 덕(德)이 있는 기상이어야 한다. 얼굴빛 모양은 장엄하고 앉아 있을 때는 시(尸)와 같고 한가히 있을 때와 말을 할 때에는 용모를 온화하게 가진다.

─────

原文　君이 與尸行에는 接武하시고, 大夫는 繼武하고, 士는 中武하나니, 徐趨를 皆用是니라. 疾趨則欲發이니, 而手足을 毋移니라. 圈豚行하여, 不擧足하면, 齊如流하나니, 席上에 亦然이니라. 端行에는, 頤霤如矢하고, 弁行에는, 剡剡起屨니라. 執龜玉하여는, 擧前曳踵하여, 踽踽如也니라.
　　(군 여시행 접무 대부 계무 사 중
　　무 서추 개용시 질추즉욕발 이수족 무이
　　권돈행 불거족 자여류 석상 역연
　　단행 이류여시 변행 염염기구 집귀옥
　　거전예종 축축여야)

凡行容은, 惕惕이니라. 廟中에 齊齊하고, 朝廷에 濟濟翔翔이니라.
　　(범행용 척척 묘중 제제 조정 제제상상)

君子之容은 舒遲니, 見所尊者하고 齊遬이니라. 足容重하며,

手容恭하며, 目容端하며, 口容止하며, 聲容靜하며, 頭容直하며, 氣容肅하며, 立容德하며, 色容莊하며, 坐如尸하며, 燕居와 告에는 溫溫이니라.

(군자지용 서지 견소존자 제속 족용중
수용공 목용단 구용지 성용정 두용직
기용숙 입용덕 색용장 좌여시 연거 고 온온)

註解 ○接武(접무)-무(武)는 발자국. 접무란 두 발이 나아가는 데 있어 뒷발이 앞발을 앞서지 않아 대변 그 발을 밟는 것을 말한다. 이런 걸음이 가장 좁고 느리다. ○繼武(계무)-이는 두 발자국이 서로 접촉함을 말한다. 즉 앞발 뒤에 뒷발을 대면서 나가는 것. 대부는 지위가 다소 낮기 때문에 약간 넓고 약간 빠른 걸음걸이를 취한다. ○中武(중무)-두 발 사이에 한 발을 넣을 만큼 간격을 두는 것을 말한다. 사(士)는 지위가 매우 낮으므로 넓고도 빠른 걸음으로 걸어야 한다. ○圈豚(권돈)-발을 땅에 끌면서 걷는 것. ○齊(자)-옷자락. ○席上(석상)-자리에 가서 아직 앉기 전을 말한 것. ○端行(단행)-몸을 꼿꼿이 바르게 하고 가는 것. ○弁行(변행)-급히 가는 것. 즉 뛰어가는 것. ○剡剡(염염)-몸을 일으켜 세우는 것. ○踖踖(축축)-발의 앞을 들고 뒤꿈치를 끄는 것. ○惕惕(척척)-몸을 바르게 하고 빨리 걷는 것. ○齊齊(제제)-공경하고 엄정한 모양. ○濟濟(제제)-엄숙하고 씩씩한 것. 위의(威儀)가 바른 것. ○翔翔(상상)-몸을 바르고 편안하게 하는 모양. ○舒遲(서지)-한가하고 단아한 모양. ○齊遬(제속)-언행을 삼가고 방종하지 않는 것. ○立容德(입용덕)-덕이란 엄연하고 유덕(有德)하다는 말. ○坐如尸(좌여시)-〈곡례편(曲禮篇)〉 참조. ○溫溫(온온)-용모가 온화한 것.

대체로 제사지낼 때에는 얼굴 표정이나 태도를 마치 제사지내는 신령을 눈앞에 보는 듯이 공경한다.

거상(居喪)중의 용모는 피곤하여 실의(失意)에 찬 듯하고 그 안색은 수심이 있어 마음이 편치 않은 것 같고, 그 사물을 보는 모양은 놀라고 당황하여 모두가 어렴풋하게 보이고, 그 말소리는 나직하여 들릴 듯 말 듯하다.

군려(軍旅), 즉 군대의 모양은 용감하고 판단성이 있으며, 그 호령은 엄정하고 그 안색은 엄숙하며, 그 보는 것은 맑고 밝다.

군자의 선 모양은 스스로 낮추는 것을 귀하게 여긴다 할지라도 너무나 그 모양을 기울게 하여 지나치게 겸손해서는 안된다. 머리나 목의 모양은 반듯해야 한다. 또 선 모습은 마치 산이 의연하게 서 있는 것 같아야 하며, 마땅히 가야 할 때에는 가야 한다. 성덕(盛德)의 기(氣)가 안에 꽉 차 있으므로 그 기가 밖에 나타나 양기(陽氣)가 만물을 따뜻하게 품어 무궁무진한 것과 같이 해야 한다. 또 얼굴빛은 옥(玉)의 빛이 변함이 없는 것처럼 되어야 한다.

[原文] 凡祭란, 容貌顔色을 如見所祭者니라.
(범제 용모안색 여견소제자)

喪容은 纍纍하며, 色容은 顚顚하며, 視容은 瞿瞿梅梅하며, 言容은 繭繭이니라.
(상용 누루 색용 전전 시용 구구매매 언용 견견)

戎容은 暨暨하며, 言容은 詻詻하며, 色容은 厲肅하며, 視容은 淸明이니라.
(융용 기기 언용 액액 색용 여숙 시용 청명)

立容을 辨卑하며, 毋謟하며, 頭頸은 必中하며, 山立하며, 時行하며, 盛氣이 顚實하여 揚休하며, 玉色이니라.
(입용 폄비 무염 두경 필중 산립 시행
성기 전실 양후 옥색)

[註解] ㅇ所祭者(소제자)―제사를 받는 자. 즉 신(神)을 말한 것. ㅇ纍纍(누루)―피곤하고 실의에 찬 모양. ㅇ顚顚(전전)―근심하여 마음이 편치 않은 모양. ㅇ瞿瞿(구구)―놀라서 당황하는 모양. ㅇ梅梅(매매)―매매(昧

眛)와 같으며, 보는 것이 어렴풋한 모양. ㅇ繭繭(견견)－면면(綿綿)과 같으며 목소리가 낮아 들릴 듯 말 듯한 것. ㅇ戎(융)－군려(軍旅)를 말한 것. 즉 군대. ㅇ暨暨(기기)－용감하고 과단성이 있는 모양. ㅇ詻詻(액액)－호령이 지엄한 모양. ㅇ厲肅(여숙)－엄숙한 것. ㅇ辨卑(폄비)－교만하여 뽐내지 않는 것. ㅇ諂(염)－지나치게 겸손하다는 뜻. ㅇ山立(산립)－산처럼 우뚝 서서 요동하지 않는 것. ㅇ時行(시행)－마땅히 가야 할 때 가는 것. ㅇ顚實(전실)－충실하다는 뜻. ㅇ揚休(양후)－양(揚)은 양(陽)과 같고 후(休)는 후(煦)와 같음. 즉 양기가 만물을 따뜻하게 품는 것. ㅇ玉色(옥색)－옥(玉)은 빛이 변하지 않기 때문에 안색이 변동되지 않는 것에 비유한 말.

　대체로 사람의 자칭(自稱)은 다음과 같은 것이다. 천자는 나 한 사람이라고 한다. 〔제후의 통솔자인〕백(伯)은 천자의 역신(力臣)이라고 한다. 제후는 천자에 대해서 아무 곳의 수신(守臣) 아무개라 말하고, 〔구주(九州) 밖의〕변두리 지대의 제후는 아무 곳의 병신(屛臣) 아무개라고 말한다. 또 〔제후는〕필적할 만한 상대 또는 손아래에 대해서 과인(寡人)이라 말하고, 소국(小國)의 임금은 고(孤)라고 말하며, 제후의 대리로서 임금의 말을 전하는 빈자(擯者), 즉 사신도 〔제후의 자칭을 하여〕고(孤)라고 말한다. 다음으로 상대부(上大夫)는 다른 제후에게 대해서 하신(下臣)이라 말하고, 그 빈자(擯者)는 과군(寡君)의 노(老)라고 말한다. 하대부(下大夫)는 자기 이름을 말하고, 그 빈자는 과대부(寡大夫)라고 말한다. 또 제후의 세자는 자기 이름을 말하고, 그 빈자는 과군(寡君)의 적(適)이라고 말한다. 또 〔세자 이외의〕공자(公子)는 신얼(臣孼)이라고 말한다. 일반적으로 사(士)는, 임금에게는 전달(傳達)의 신(臣)이라 말하고, 〔받들고 있는 대부에게는 사인(私人)이라 말하며〕외국의 대부에게는 외사(外私)라고 말한다. 또한 대부가 사사로운 일로 사신(私臣)을 타국에 사자(使者)로 보냈을 때는 〔그 사신은 대부의 일을〕이름을 칭하여 말한다. 대부가 타국에 사신으로 나갔을 때 공(公)의 사(士)가 그 빈(擯)이 되었을 때 그 빈은 〔대부의 일을〕 과대부(寡大夫)라 칭하고 혹은 〔상대부이면〕 과군(寡君)의 노(老)라 칭한다. 그리고 대부가 공용(公用)으로 어딘가에 나갈 때에는 반드시 공(公)의 사(士)를 빈(擯 : 보좌)으로 하는 것이다.

[原文] 凡自稱에, 天子曰予一人이오. 伯曰天子之力臣이오. 諸侯之於天子하여는, 曰某土之守臣某요, 其在邊邑하여는, 曰某屛之臣某요, 其於敵以下에는, 曰寡人이오. 小國之君은 曰孤요, 擯者이 亦曰孤니라. 上大夫이 曰下臣이라하며, 擯者이 曰寡君之老라하고, 下大夫이 自名커든, 擯者이 曰寡大夫라하고, 世子이 自名커든, 擯者이 曰寡君之適이라. 公子이 曰臣孼이라하고, 士이 曰傳遽之臣이오. 於大夫 曰外私라하나니라. 大夫이 私事로 使하여 私人을 擯이어든, 則稱名하고, 公士이 擯이어든, 則曰寡大夫라하며, 寡君之老라하나니라. 大夫이 有所往이면, 必與公士를 爲賓也니라.

(범자칭 천자왈여일인 백왈천자지역신 제
후지어천자 왈모토지수신모 기재변읍 왈모병
지신모 기어적이하 왈과인 소국지군 왈고 빈
자 역왈고 상대부 왈하신 빈자 왈과군지로
하대부 자명 빈자 왈과대부 세자 자
명 빈자 왈과군지적 공자 왈신얼 사
왈전거지신 어대부 왈외사 대부 사사 사
사인 빈 즉칭명 공사 빈 즉왈과대부
과군지로 대부 유소왕 필여공사 위빈야)

[註解] ○伯曰天子之力臣(백왈천자지역신)─천자의 삼공(三公) 중에서 한 사람은 재상으로 안에 있고, 백(伯)은 기외(畿外)의 제후를 주관한다.

즉 천자의 고굉(股肱)의 신하로서의 힘을 사방에 펴는 자이다. 그래서 이를 역신(力臣)이라고 한다. ○某屛之臣某(모병지신모)―구주(九州) 밖인 변경(邊境) 지방은 천자의 번병(藩屛)으로서 안을 가리고 밖을 막는다. 그래서 병(屛)이라고 하였다. ○敵(적)―동배(同輩). 즉 신분이 같은 자를 말한 것. ○擯者(빈자)―여기서는 소국의 임금에 대한 대구(對句)로서 그 나라에 사신으로 간 자. ○適(적)―적자(適子)란 뜻. ○公子(공자)―임금의 아들로서 세자가 아닌 다른 아들의 호칭. ○傳遽之臣(전거지신)―전거(傳遽)란 거마(車馬)로서 역에서 역으로 전달하는 천한 관리를 말한 것. 수레로 전달하는 것을 전(傳)이라 말하고, 말[馬]로 전하는 것을 거(遽)라고 한다. 사(士)는 천하기 때문에 거마의 역사(役使) 같은 소임을 맡는다. 그래서 스스로 겸손하여 이렇게 낮추어 말하는 것이다. ○外私(외사)―사(士)는 그가 섬기는 대부에 대해서 사인(私人)이라고 칭한다. 그렇지만 타국의 대부에 대해서는 외사(外私)라고 자칭한다. ○大夫(대부) 私事使(사사사)―대부가 임금의 사사로운 일을 가지고 이웃 나라에 갔을 때의 일을 말한다. ○私人擯(사인빈)―대부가 빈관(賓館)에 있어 주국(主國)의 예를 행할 때에는 자기가 주인이고 그 사인(私人)은 빈(擯)이 된다. ○大夫有所往(대부유소왕)…… ―대부가 정빙(正聘)을 행하기 위해서 이웃 나라에 갔을 때에는 반드시 공(公)의 사(士)를 빈(擯)으로 한다. 빈(擯)은 곧 개(介)이며, 공사위빈(公士爲賓)의 빈(賓)은 즉 빈(擯)이다.

제14 명당위(明堂位)

이 편(篇)의 첫머리에 있는 글은 주공단(周公旦)이 성왕 (成王)을 보좌하여 명당(明堂)에 있어서 제후를 조회할 때 의 사람들의 순위를 쓴 것이고, 종결의 구절에 '이상은 주 공이 규정한 명당에 있어서의 각인의 순위를 가리킨 것으 로 명당이란 제후의 서열(序列)을 밝히는 당(堂)이란 뜻이 다'라는 취지를 말하고 있다.

명당이란《맹자(孟子)》〈양혜왕(梁惠王) 하편〉에 '명당 은 왕자의 당(堂)이니라'라고 되어 있고, '고대(古代)의 현 왕(賢王)이 제후를 모아놓고 정령(正令)을 발표하고 교훈 을 내린 전당(殿堂)으로 존중해야 할 기념 건축물이다'라 는 취지를 알 수 있다. 또한 명당에 관해서 고주소(古注疏) 에는 위서(緯書)에 의한 제설(諸說)이 소개되어 있는데 사 실상(史實上)의 일은 알 수 없다. '제후의 서열을 밝히는 전당'이란 것은 후세의 해석으로 기원(起源)으로서는 아마 '명왕(明王)'의 '당(堂)'이고, '고대 현왕'에 관한 기념적인 전당(殿堂) 〔또는 묘당(廟堂)〕이라고 할 만한 것이었을 것 이다.

또 제6 월령편(月令篇)에는 계절의 추이(推移)에 따라 천자가 명당내(明堂內)에서 좌소(座所)를 이전하는 일이 기술되어 있는데, 그에 따르면 명당의 건축은 중앙에 남면 (南面)한 당이 있고 그에 연접(連接)해서 동북(東北)·동 남·서남·서북에 사실(四室)이 있도록 건조된 것 같으나 구조에 대해서도 여러 설(說)이 있어서 일정치 않다.

또한 이 편에는 '명당에 있어서의 제후의 서열'이 수록된

이외에도 '노(魯)는 주공단(周公旦)을 조(祖)로 한 관계에
의해 특별히 허용되어 주나라 조정의 예악(禮樂)을 사용하
고 있다'는 취지의 수록이나 하(夏)·은(殷)·주(周) 3대에
걸친 예악의 변천소사(變遷小史)라고 할 만한 내용이 수록
되어 있다.

  옛날에 주공(周公)이 제후를 명당(明堂)의 [소정된] 위치에 세워
놓고 조회를 시켰다. 먼저 천자는 부의(斧依)를 등지고 남면(南面)해
서 섰다. 삼공(三公)은 [천자 다음이기 때문에] 중계(中階)의 앞에
북면(北面)하여 서는데 그 열(列)에서는 동쪽을 상위(上位)로 한다.
제후는 조계(阼階), 즉 동계(東階)의 동쪽에 서면(西面)하여 서지만
북쪽을 상위로 한다. 제백(諸伯)은 서계(西階)의 서쪽에 동면하여 서
지만 북쪽을 상위로 한다. 자(子)는 문의 동쪽에 북면하여 서지만 동
쪽이 상위가 되고, 남(男)은 문의 서쪽에 북면하여 서지만 동쪽을 상
위로 한다. 동이제국(東夷諸國)의 임금은 동문(東門) 밖에 서면(西
面)해서 서지만 북쪽을 상위로 한다. 남만(南蠻) 제국의 임금은 남문
(南門) 밖에 북면하여 서는데 동쪽을 상위로 하고, 서융제국(西戎諸
國)의 임금은 서문(西門) 밖에 동면하고 서는데 남쪽을 상위로 한다.
북적제국(北狄諸國)의 임금은 북문 밖에 남면하고 서는데 동쪽을 상
위로 한다. 구주(九州)의 [각 주(州)의] 통솔에 임하는 제후는 응문
(應門) 밖에 북면하고 서는데 동쪽을 상위로 한다. 사방(四方) 극원
(極遠)의 변경지방의 임금은 각기 세상이 바뀌었을 때에 [왕도(王都)
에] 내조(來朝)하면 되므로 특별히 명당의 서열은 정해져 있지 않다.
이상이 주공이 정한 명당의 서열이다. 즉 명당이란 제후의 존비(尊卑)
를 밝히는 전당(殿堂)이다.

  原文 昔者에 周公이 朝諸侯于明堂之位하시니, 天子이 負斧依
하사, 南鄉而立하시며, 三公은 中階之前에, 北面東上하고, 諸侯

之位는, 阼階之東에, 西面北上하고, 諸伯之國은, 西階之西에, 東面北上하고, 諸子之國은, 門東에, 北面東上하고, 諸男之國은, 門西에, 北面東上하고, 九夷之國은, 東門之外에, 西面北上하고, 八蠻之國은, 南門之外에, 北面東上하고, 六戎之國은, 西門之外에, 東面南上하고, 五狄之國은, 北門之外에, 南面東上하고, 九采之國은, 應門之外에, 北面東上하고, 四塞은 世告至하니, 此이周公明堂之位也니, 明堂也者는, 明諸侯之尊卑也니라.

(석자 주공 조제후우명당지위 천자 부부의
남향이립 삼공 중계지전 북면동상 제후
지위 조계지동 서면북상 제백지국 서계지서
동면북상 제자지국 문동 북면동상 제남지국
문서 북면동상 구이지국 동문지외 서면북상
팔만지국 남문지외 북면동상 육융지국 서문지외
동면남상 오적지국 북문지외 남면동상 구
채지국 응문지외 북면동상 사새 세고지 차
주공명당지위야 명당야자 명제후지존비야)

註解 ㅇ明堂之位(명당지위)—명당(明堂)은 천자가 제후를 조회받고 그 높고 낮은 서열(序列)을 밝히는 궁전(宮殿)이다. ㅇ斧依(부의)—도끼가 그려져 있는 병풍. ㅇ南鄕而立(남향이립)—천자는 공식 석상에서 반드시 남쪽을 향해서 선다는 말. ㅇ三公(삼공)—천자의 최고 대신(大臣). 즉 태사(太師)·태보(太保)·태부(太傅)를 말한 것. ㅇ中階(중계)—명당에는 아홉 군데의 계단이 있다. 동·서·북 삼면(三面)에 각각 두 계단이 있고, 남쪽에는 중계(中階)·조계(阼階)·빈계(賓階)의 세 계단이 있다. 중계는 남쪽의 중앙에 위치해 있어서 가장 높은 자리이다. ㅇ北面東上(북면동상)—북면하여 천자를 향해서 동쪽을 머리 위로 두는 것. ㅇ諸侯(제후)—여기서는 후작(侯爵)들이란 뜻. 주(周)나라는 봉건제도를 만들어서 중국을 통치했다. 즉 왕족이나 국가의 공로자에게 영지(領地)를 주어 통치하고 세습하게 하였던 것이다. 이들에게 준 각 작위(爵位)는 공(公)·

후(侯)·백(伯)·자(子)·남(男)의 다섯 가지이다. 그리고 작위에 따라서 나라의 크기가 다르고 신분의 차이가 달랐다. 여기에 후작(侯爵)은 지위가 높다고 해서 그 자리를 위(位)라고 했고, 백작·자작·남작은 국(國)이란 말로 표현하고 있다. ○諸伯(제백)·諸子(제자)·諸男(제남)－제백은 여러 백작들을 말하고, 제자는 자작(子爵)들을 뜻한 것이며, 제남은 남작(男爵)들을 말한 것이다. ○門東(문동)－응문(應門)의 동쪽. 즉 정문(正門)의 오른쪽을 말한다. ○應門(응문)－조정으로 출입하는 문으로 남문(南門) 안에 있다. ○九夷(구이)·八蠻(팔만)·六戎(육융)·五狄(오적)－동이(東夷)·남만(南蠻)·서융(西戎)·북적(北狄)의 사족(四族)을 더한층 세분(細分)해서 설정한 호칭으로, 9·8·6·5의 숫자는 종족의 수를 말한다. 과거 중국 사람들은 자기 민족 이외의 사람들을 모두 오랑캐라는 말로 불렀다. 이(夷)는 동쪽 오랑캐, 만(蠻)은 남쪽 오랑캐, 융(戎)은 서쪽 오랑캐, 적(狄)은 북쪽 오랑캐를 뜻한다. ○九采(구채)－구주(九州)의 목(牧)을 말한 것. 〈왕제편(王制篇)〉에 왕기(王畿), 즉 왕령(王領)으로부터 천리 밖을 채복(采服)이라고 하였다. ○四塞(사새)－구주(九州) 밖의 오랑캐를 말한 것. 이들은 주나라 천자가 새로 위(位)에 올랐거나 자기 나라 군주가 바뀌었을 때엔 한번 내조(來朝)하여 인사를 올렸다.

옛날 은(殷)나라의 주(紂)가 천하를 어지럽히더니 귀후(鬼侯)를 죽여 포(脯)를 떠서 이것을 제후의 향연(饗宴)에 내놓아 먹게 하였기 때문에 주공(周公)이 무왕(武王)을 도와 주(紂)를 쳐서 무왕이 천자가 되었다. 그런데 무왕이 붕(崩)하자 성왕(成王)이 너무 어렸기 때문에 주공이 천자의 위(位)에 앉아 천하를 다스렸다. 6년에 제후를 명당(明堂)에 모아 조회케 하여 예악(禮樂)을 제정하고 도량형(度量衡)의 기준을 공포해서 천하가 이를 따르게 하였다. 7년에 정권을 성왕(成王)에게 돌려주자, 왕은 주공을 대공인(大功人)으로서 곡부(曲阜)에 봉하였다. 여기는 7백리사방(七百里四方)의 토지로 병거(兵車) 천승(千乘)의 나라이다. 또한 성왕은 노공(魯公)에게 명하여, 자손 대대로 주공을 제사지내는 데 천자의 예악(禮樂)을 사용토록 했다. 그로 인해서 노(魯)나라의 임금은 맹춘(孟春)에 대로(大路)에 타고 호독(弧韣)을 세우며 기(旂)에 열두 유(旒)를 드리우고 해와 달의 문장(紋章)을 수놓았다. 그리고 천제(天帝)를 교(郊)에서 제사지냈으며, 이 제사에는 [주나라 선조인] 후직(后稷)을 배향(配享)했으니, 이는 [주나라의] 천자의 예(禮)이다.

原文 昔에 殷紂亂天下하여, 脯鬼侯하여 以饗諸侯한대, 是以로 周公이 相武王하사 以伐紂하시니, 武王이 崩커시늘, 成王이 幼弱하사, 周公이 踐天子之位하여 以治天下하시어, 六年에, 朝諸侯於明堂하고, 制禮作樂하며, 頒度量한대, 而天下이 大服이여늘, 七年에, 致政於成王하시니라. 成王이 以周公으로 爲有勳勞於天下러시니, 是以로 封周公於曲阜하신대, 地方이 七百里요, 革車千乘하시고, 命魯公하여 世世에 祀周公以天子之禮樂하시니, 是以로 魯君이 孟春에 乘大路하며, 載弧韣하며, 旂이, 十有二旒에, 日月之章하고, 祀帝于郊하되, 配以后稷하니, 天子之禮也라.

　　(석 은주란천하 포귀후 이향제후 시이
　　주공 상무왕 이벌주 무왕 붕 성왕 유
　　약 주공 천천자지위 이치천하 육년 조제
　　후어명당 제례작악 반도량 이천하 대복
　　칠년 치정어성왕 성왕 이주공 위유훈로어천
　　하 시이 봉주공어곡부 지방 칠백리 혁거
　　천승 명노공 세세 사주공이천자지예악 시
　　이 노군 맹춘 승대로 재호독 기 십유이류
　　일월지장 사제우교 배이후직 천자지례야)

註解 ○鬼侯(귀후)-귀(鬼)는 나라 이름으로 형초(荊楚)의 땅이다. 귀후(鬼侯)는 악후(鄂侯)와 문왕과 함께 주(紂)의 삼공(三公)이었다. 귀후에게 아름다운 딸이 있어서 이를 주(紂)에게 바쳤으나 주는 도리어 추하

다고 생각해서 크게 노하여 귀후를 죽이고 육포(肉脯)를 떴던 것이다. ㅇ度量(도량)ー도(度)는 길이를 재는 자 같은 것을 말한 것이고, 양(量)은 곡식을 되는 그릇으로 말 같은 것을 뜻한다. ㅇ地方七百里(지방칠백리)ー맹자(孟子)가 말하기를, 공작과 후작의 나라는 사방 백리라고 한 것으로 미루어 사방 7백리라고 하는 것은 아마도 사방 백리의 전지(田地)에다 산천(山川)・부용(附庸)까지를 합친 면적일 것이다. ㅇ革車千乘(혁거천승)ー혁거(革車)는 병거(兵車)를 말하고, 천승(千乘)은 천 대를 말한다. 즉 노(魯)나라의 국력(國力)이 병거(兵車) 천 대를 동원할 수 있음을 의미한다. 당시에는 천자의 나라를 만승지국(萬乘之國)이라 하고, 제후의 나라를 천승지국(千乘之國)이라고 했다. ㅇ魯公(노공)ー노나라의 임금은 공작(公爵)이기 때문에 일컫는 말이다. 여기서는 주공(周公)의 아들 백금(伯禽)을 가리킨 말. ㅇ孟春(맹춘)ー초봄. 즉 음력 정월. ㅇ大路(대로)ー옛날 은(殷)나라에서 제천(祭天)할 때 천자가 타던 수레. ㅇ弧韣(호독)ー호(弧)는 정기(旌旗)의 폭을 펴는 것을 말하며, 활 모양으로 되어 있고 대나무로 만들어졌다. 독(韣)은 호(弧)를 넣는 전대. ㅇ旂(기)ー교룡대기를 말한 것. ㅇ旒(유)ー기(旂)의 정폭(正幅)에 붙이고, 해와 달을 그려서 문장(紋章)으로 삼는 것.

노(魯)나라의 임금은 또 계하(季夏) 6월에 체례(禘禮)로써 주공(周公)의 태묘(大廟)에서 제사지낸다. 희생에는 흰 황소를 쓰며 술은 희준(犧樽)・상준(象樽)・산준(山樽)・뇌준(罍樽)에 담고 울창주(鬱鬯酒)는 황목(黃目)에 담아 이를 땅에 부으려면 옥찬(玉瓚)과 대규(大圭)를 사용한다. 요리는 옥두(玉豆)나 조산(彫簋)에 담아서 권하고 술은 장식이 있는 옥 술잔으로 권하며, 다시 벽산(璧散)이나 벽각(璧角)의 술잔으로 권하고 고기는 관(梡)이나 궐(嶡)의 조(俎)에 담아서 바친다.

이 제사에서 악사(樂師)가 묘당(廟堂)으로 올라가 청묘(淸廟)의 시편(詩篇)을 노래하고 이어서 당하(堂下)에서는 상무(象武)의 곡이 연주되며, 무인(舞人)은 곤면(袞冕) 차림으로 손에 주간(朱干)과 옥척

(玉戚)을 잡고 대무(大武)를 춤추고 피변복(皮弁服)에 흰 주름이 있는 것을 입으며 그 위에 석의(裼衣)를 걸치고 대하(大夏)를 춤춘다. 또한 매(眛)는 동이(東夷)의 악(樂), 임(任)은 남만(南蠻)의 악(樂)으로서 이들도 태묘(大廟)에서 연주되는 것인데 이로써 노(魯)나라 예악의 특별함이 세상에 알려지는 것이다.

原文 季夏六月에, 以禘禮로 祀周公於大廟하되, 牲을 用白牡하며, 尊을 用犧象山罍하며, 鬱尊을 用黃目하며, 灌을 用玉瓚大圭하며, 薦을 用玉豆雕篹하며, 爵을 用玉琖仍雕하며, 加以璧散璧角하며, 俎를 用梡嶡하며,

(계하유월 이체례 사주공어태묘 생 용백무
준 용희상산뢰 울준 용황목 관 용옥찬대
규 천 용옥두조산 작 용옥잔잉조 가이벽산
벽각 조 용관궐)

升歌淸廟하고, 下管象하며, 朱干玉戚으로, 冕而舞大武하며, 皮弁素積으로, 裼而舞大夏하며, 眛는, 東夷之樂也요, 任은, 南蠻之樂也니, 納夷蠻之樂於大廟는, 言廣魯於天下也라.

(승가청묘 하관상 주간옥척 면이무대무 피
변소적 석이무대하 매 동이지악야 임 남만지
악야 납이만지악어태묘 언광노어천하야)

註解 ㅇ白牡(백무)-흰 빛깔의 희생을 말한 것. 은(殷)나라에서는 흰 빛을 숭상했으며, 무(牡)는 수짐승을 뜻하는데 여기서는 수소를 말하고 있다. ㅇ尊(준)-준(樽), 즉 술 담는 그릇을 말한다. ㅇ犧尊(희준)-곁에 소 모양을 그린 주기(酒器). ㅇ象尊(상준)-상아로 만든 주기(酒器)라는 설도 있고, 코끼리 모양으로 만들어진 주기라는 설도 있어서 분명치 않다. ㅇ山罍(산뢰)-산과 구름 모양을 그린 주기(酒器). ㅇ鬱尊(울준)-울창주(鬱鬯酒)를 담는 주기. ㅇ黃目(황목)-유뢰(卣罍)의 일종, 황금으로 거죽을 새겨서 눈을 만들었기 때문에 황목이라 부른다. ㅇ灌(관)-붓는 것. 울

창주를 술잔에 부어서 시(尸)에게 드리는 것. ○玉瓚大圭(옥찬대규)―옥찬(玉瓚)은 옥으로 장식한 술 주전자. 대규(大圭)로 옥찬의 자루를 만들었기 때문에 옥찬대규라 하였다. ○玉豆雕篹(옥두조산)―옥두(玉豆)는 옥으로 두(豆)를 장식한 것이고, 산(篹)은 변(籩)을 말한다. 그 자루에 조각을 더했기 때문에 조산(雕篹)이라고 한다. ○爵(작)―술잔. 하(夏)나라 시대에는 잔(琖)이라고 불렀다. ○玉琖仍雕(옥잔잉조)―술잔을 옥으로 장식하고 그 형상에 따라서 조각한 것. ○加(가)―부인이 시(尸)에게 아헌(亞獻)을 하는 것. ○璧散璧角(벽산벽각)―구슬로 주둥이 부분을 장식한 술잔. ○俎用梡嶡(조용관궐)―조(俎)는 제사에 쓰는 도마. 우(虞)나라에서는 관(梡)이라 불렀고, 하(夏)나라에서는 궐(嶡)이라 불렀다. ○升歌淸廟(승가청묘)―악공(樂工)을 태묘의 당상에 오르게 하여 청묘(淸廟)의 시(詩)를 노래하게 하는 것. 청묘는 《시경(詩經)》〈주송(周頌)〉의 편명(篇名)이다. ○下管象(하관상)―관(管)은 피리. 상(象)은 상무(象武)의 시(詩). 즉 당을 내려와서 피리로 상무의 시를 취주(吹奏)하는 것. ○朱干(주간)―붉은 빛의 방패. ○玉戚(옥척)―옥으로 자루를 장식한 도끼. ○冕而舞大武(면이무대무)―면(冕)은 곤룡포와 면류관 차림을 뜻하고, 대무(大武)는 무왕(武王)이 주(紂)를 치는 악장(樂章). ○大夏(대하)―하후씨(夏后氏)의 악(樂). ○昧(매)・任(임)―모두 악(樂)의 이름. ○言廣魯於天下(언광노어천하)―주공(周公)의 공업(功業)이 널리 사이(四夷)에 미치고 있음을 천하에 보여주는 것이란 말.

[노(魯)나라 임금이 주공(周公)을 제사지낼 때에는] 임금은 곤면(袞冕) 차림으로 조계(阼階)에 서고, 부인(夫人)은 부휘(副褘) 차림으로 동방(東房)의 가운데에 선다. [이윽고 울창주를 뜰에 붓는 의식이 끝나고 희생이 들어오면] 임금은 육단(肉袒)하고 문 앞에서 희생을 맞이한다. 그리고 부인은 두(豆)와 변(籩)을 올린다. 경대부(卿大夫)는 임금을 보좌하고 경대부의 아내들은 부인을 보좌하여 각자가 맡은 바 직책을 다해야 하며, 백관(百官)이 직무를 소홀히 하면 대형(大刑)에 처해진다. 이리하여 천하가 치평(治平)되는 것이다.

조묘(祖廟)의 제사에 있어서 여름에는 약제(礿祭)를 지내고, 가을에는 상제(嘗祭)를 지내며 겨울에는 증제(烝祭)를 지내고, 봄에는 사제(社祭)를 지낸다. 또 가을에는 농사의 풍흉을 살펴서 연말의 사제(蜡祭) 준비를 한다. 이러한 제사를 노(魯)나라는 모두 천자의 예로써 거행하였다.

노(魯)나라의 태묘(大廟)는 천자의 명당(明堂)에 준해서 건조되어 있다. 왕궁에는 고문(皐門)·고문(庫門)·치문(雉門)·응문(應門)·노문(路門) 등 오문(五門)이 있고, 제후의 공관(公官)에는 고(庫)·치(雉)·노(路) 삼문(三門)이 있으나 노나라의 고문(庫門)은 왕궁의 고문(皐門)에 준해서 만들어졌으며, 치문(雉門)은 왕궁의 응문(應門)에 준해서 만들어졌다. 그리고 새로운 법령을 공포하는 데에 목탁(木鐸)을 흔들어서 사람들이 모이게 하는 것은 천자의 조정에서 하는 방법이지만 노나라에서는 이를 실행하고 있다.

原文　君이 卷冕으로 立于阼하고, 夫人이 副褘로 立于房中하시며, 君이 肉袒으로 迎牲于門하시고, 夫人이 薦豆籩하시며, 卿大夫이 贊君하고, 命婦이 贊夫人하나니, 各揚其職하되, 百官이 廢職이어든, 服大刑하니, 而天下이 大服하나라.
(군 곤면 입우조 부인 부휘 입우방중
군 육단 영생우문 부인 천두변 경대
부 찬군 명부 찬부인 각양기직 백관 폐
직 복대형 이천하 대복)

是故로 夏礿하며, 秋嘗하며, 冬烝하며, 春社하며, 秋省하고, 而遂大蜡하나니, 天子之祭也니라.
(시고 하약 추상 동증 춘사 추성 이
수대사 천자지제야)

大廟는, 天子明堂이오, 庫門은, 天子皐門이오, 雉門은, 天子應

門이라. 振木鐸於朝는, 天子之政也니라.

(태묘 천자명당 고문 천자고문 치문 천자응
문 진목탁어조 천자지정야)

註解 ㅇ副褘(부휘)─부(副)는 수식(首飾)이고, 휘(褘)는 왕후(王后)의
제복(祭服)이다. ㅇ命婦(명부)─경(卿)·대부(大夫)의 아내. ㅇ礿(약)·嘗
(상)·烝(증)─약(礿)은 여름의 제사이고, 상(嘗)은 가을의 제사이며, 증
(烝)은 겨울의 제사이다. ㅇ秋省(추성) 而遂大蜡(이수대사)─가을에 농사
의 풍흉을 살펴서 사제(蜡祭)를 지낸다는 것. 풍년일 때에는 성대하게 거
행하고, 흉년일 때에는 간소하게 거행한다. ㅇ木鐸(목탁)─나무로 만든
방울. 천자가 교령(敎令)을 내릴 때면 이것을 흔들어서 사람들의 주의를
환기시켰다.

노(魯)나라 태묘(大廟)의 절(節)에 산(山)을 조각하고 절(梲)에 수
초(水草)를 조각했다. 지붕이나 추녀는 이중(二重)으로 하였고, 기둥
은 윤이 나도록 닦았으며, 문이나 창문은 실내를 밝게 하는 방향으로
두었다. 술단지 위치의 외측에 반점(反坫)을 두고 규장(圭璋)을 놓는
단(壇)을 갖추었으며 또 소병(疏屛)을 세운다. 이러한 것들은 모두 천
자의 묘(廟)의 장식인 것이다.

난거(鸞車)는 유우씨(有虞氏)의 수레이고, 구거(鉤車)는 하후씨(夏
后氏)의 수레이고, 대로(大路)는 은(殷)나라의 수레이고, 승로(乘路)
는 주(周)나라의 수레이다. 유우씨의 기(旗)가 있고, 하후씨의 기가
있고, 은나라의 기가 있고, 주나라의 기가 있다. 하후씨는 검은 갈기
털의 백마(白馬)를 존귀하게 여기고, 은나라 사람은 검은 머리털의
백마를 존귀하게 여기며, 주나라 사람들은 붉은 갈기털의 노랑말을
존귀하게 여긴다.

原文 山節藻梲하며, 復廟重檐하며, 刮楹達鄉하며, 反坫出尊하
며, 崇坫康圭하며, 疏屛은, 天子之廟飾也라.

(산절조절 복묘중첨 괄영달향 반점출준

숭점강규 소병 천자지묘식야)

鸞車는, 有虞氏之路也요, 鉤車는, 夏后氏之路也요, 大路는
殷路也요, 乘路는, 周路也요, 有虞氏之旂와, 夏后氏之綏와, 殷
之大白과, 周之大赤이라. 夏后氏는 駱馬黑鬣이오, 殷人은 白馬
黑首요, 周人은 黃馬蕃鬣이라.

(난거 유우씨지로야 구거 하후씨지로야 대로

은로야 승로 주로야 유우씨지기 하후씨지수 은

지대백 주지대적 하후씨 낙마흑렵 은인 백마

흑수 주인 황마번렵)

註解　○山節藻梲(산절조절)－절(節)은 기둥 위에 따 얹는 말[斗] 모양의 둥근 나무토막. 절(梲)은 동자기둥[대들보 위의 짧은 기둥]. 즉 절(節)에 산을 새기고 절(梲)에 수초(水草)를 새기는 것. ○刮楹達鄕(괄영달향)－괄영(刮楹)은 기둥을 닦아서 윤이 나게 만드는 것. 달(達)은 통한다는 뜻이고, 향(鄕)은 창문과 출입문을 뜻한다. 태묘의 건물은 방마다 창이 여덟이고 문이 넷으로 되어 있어서 서로 통하기 때문에 달향(達鄕)이라는 말로 표현했다. ○反坫(반점)－술잔을 올려놓는 대(臺)이다. 흙으로 쌓아올린 것이다. ○尊(준)－준(樽)과 같다. 여기서는 술단지를 놓는 장소로 해석된다. ○崇坫降圭(숭점강규)－숭점은 흙으로 높이 쌓아올린 대(臺). 강규(降圭)는 규를 안전하게 보관하는 것. ○疏屛(소병)－소(疏)는 소통(疏通)한다는 뜻. 즉 병풍에 새겨서 그것을 보고 이치에 통달하게 한 것. ○廟飾(묘식)－태묘에 대한 장식. ○鸞車(난거)－난화(鸞和)가 있는 수레. 난화란 임금의 수레에 다는 황금으로 만든 방울. ○路(노)－천자가 타는 수레. ○鉤車(구거)－앞의 난간이 구부러진 수레. ○大路(대로)－은(殷)나라의 목로(木輅)를 말한 것. ○乘路(승로)－주(周)나라의 옥로(玉輅)를 말한 것. ○旂(기)－쌍룡(雙龍)을 그린 기(旗). 교룡기(交龍旗). ○綏(수)－모우(旄牛), 즉 꼬리가 긴 소의 꼬리를 깃대 위에 달아서 드리운 기(旗). ○大白(대백)－흰 깃발의 기(旗). ○大赤(대적)－붉은 빛

깔의 기(旗). ㅇ駱馬黑鬣(낙마흑렵)-흑렵(黑鬣)은 말갈기가 검다는 뜻.
즉 갈기가 검은 백마(白馬). ㅇ蕃鬣(번렵)-붉은 빛깔의 갈기털.

하후씨(夏后氏)는 희생으로서 검은 소를 숭상했고, 은(殷)나라는
백무(白牡)를 숭상했으며, 주(周)나라에서는 성강(騂剛)을 숭상했다.
태(泰)는 유우씨(有虞氏)의 준(尊)이고 산뢰(山罍)는 하후씨(夏后氏)
의 준(尊)이며, 착(著)은 은(殷)나라의 준이고, 희상(犧象)은 주(周)나
라의 준이다. 술잔으로 하후씨는 잔(琖)을 썼고, 은나라는 가(斝)를
썼으며 주나라는 작(爵)을 썼다. 관준(灌尊)으로 하후씨는 계이(鷄夷)
를 썼고, 은나라는 가(斝)를 썼으며, 주나라에서는 황목(黃目)을 썼다.
또한 작(勺)에 있어서 하후씨는 용작(龍勺)을 썼고, 은나라에서는 소
작(疏勺)을 썼으며, 주나라는 포작(蒲勺)을 썼다.

토고(土鼓)・괴부(蕢桴)・위약(葦籥)은 고대 이기씨(伊耆氏)의 악
기(樂器)이고, 부박(拊搏)・옥경(玉磬)・갈격(揩擊)・대금(大琴)・대
슬(大瑟)・중금(中琴)・소슬(小瑟)은 우(虞)・하(夏)・은(殷)・주(周)
사대(四代)의 악기이다.

노공(魯公)의 묘(廟)는 문왕(文王)의 세실(世室)에 해당하고, 무공
(武公)의 묘(廟)는 무왕(武王)의 세실(世室)에 해당한다. 또 노나라의
미름(米廩)은 유우씨(有虞氏)의 상(庠)이고, 노나라의 서(序)는 하후
씨(夏后氏)의 서(序)이며, 노나라의 고종(瞽宗)은 은나라의 학교(學
校)이고, 노나라의 반궁(頖宮)은 주나라의 학교이다.

原文 夏后氏는 牲尚黑하고, 殷은 白牡요, 周는 騂剛이라. 泰는
有虞氏之尊也요, 山罍는, 夏后氏之尊也요, 著은, 殷尊也요, 犧
象은, 周尊也라. 爵을, 夏后氏는 以琖이오, 殷은 以斝요, 周는
以爵이니라. 灌尊을, 夏后氏는 以鷄夷요, 殷은 以斝요, 周는 以
黃目이니라. 其勺을, 夏后氏는 以龍勺이오, 殷은 以疏勺이오, 周

는 **以蒲勺**이니라.

　(하후씨 생상흑 은 백무 주 성강 태

　유우씨지준야 산뢰 하후씨지준야 착 은준야 희

　상 주준야 작 하후씨 이잔 은 이가 주

　이작 관준 하후씨 이계이 은 이가 주 이

　황목 기작 하후씨 이용작 은 이소작 주 이포작)

　土鼓와 **蕢桴**와 **葦籥**은, **伊耆氏之樂也**라. **拊搏**과 **玉磬**과 **揩擊**과 **大琴大瑟**과 **中琴小瑟**은, **四代之樂器也**라.

　(토고 괴부 위약 이기씨지악야 부박 옥경 갈격

　대금대슬 중금소슬 사대지악기야)

　魯公之廟는, **文世室也**요, **武公之廟**는, **武世室也**라. **米廩**은, **有虞氏之庠也**요, **序**는 **夏后氏之序也**요, **瞽宗**은 **殷學也**요, **頖宮**은 **周學也**라.

　(노공지묘 문세실야 무공지묘 무세실야 미름

　유우씨지상야 서 하후씨지서야 고종 은학야 반궁 주학야)

―――

註解　○白牡(백무)―흰 빛깔의 수짐승. 여기서는 수소를 뜻한다. ○騂剛(성강)―성(騂)은 붉은 빛깔을 뜻하고, 강(剛)은 건장함을 뜻한다. 즉 붉고 건장한 짐승을 뜻한다. ○泰(태)―질그릇으로 만들어진 주기(酒器). ○著(착)―발이 달리지 않은 주기(酒器). ○灌尊(관준)―울창주(鬱鬯酒)를 담는 주기(酒器). ○鷄夷(계이)―위에 닭모양을 새긴 주기(酒器). ○龍勺(용작)―작(勺)의 머리 부분을 조각해서 용의 머리 모양으로 만든 것이다. 작은 한 되의 술을 뜰 수 있는 주기(酒器). ○疏勺(소작)―작의 머리 부분을 조각해서 소통시킨 것. ○蒲勺(포작)―작(勺)의 머리 부분을 물오리의 머리 모양으로 조각해서 입을 작게 만든 것. ○土鼓(토고)―흙으로 만든 북. ○蕢桴(괴부)―흙을 빚어서 만든 북채. ○葦籥(위약)―갈대로 만든 피리. ○拊搏(부박)―작은 북처럼 생긴 악기. ○揩擊(갈격)―두 가지 모두 음악을 조절하는 악기. 즉 축(柷)과 어(敔). ○四代(사대)―우(虞)·하(夏)·은(殷)·주(周)의 네 왕조(王朝). ○魯公(노공)―주공(周公)의 아

들 백금(伯禽). ㅇ武公(무공)－백금(伯禽)의 현손(玄孫), 즉 고손이다. 노공과 무공의 묘(廟)는 계속 남아 있어서 제향(祭享)을 받았다. 그런데 노공을 종주국(宗主國)인 주왕조(周王朝)의 문왕(文王)에 비해서 그의 묘를 문세실(文世室)이라 부르고, 무공(武公)을 무왕(武王)에 비해서 그의 묘를 무세실(武世室)이라 불렀다.

숭(崇)의 정(鼎), 관(貫)의 정(鼎) 및 대황(大璜)과 봉부(封父)의 거북은 천자의 보배이고, 월(越)의 극(棘) 및 대궁(大弓)은 천자의 무기이지만 이들은 노(魯)나라에 있다. 이밖에 하후씨(夏后氏)의 발 달린 북, 은(殷)나라의 영고(楹鼓), 주(周)나라의 현고(縣鼓), 수(垂)의 화종(和鐘), 숙(叔)의 이경(離磬), 여와(女媧)의 생황(笙簧)이 있다. 또 악기를 거는 기구(器具)로서 하후씨(夏后氏)의 용의 장식이 된 것, 은(殷)나라의 숭아(崇牙)라 불리는 것, 주(周)나라의 벽(璧)과 삽(翣)의 장식이 있는 것 등이 있다. 그리고 음식의 기물에는 유우씨(有虞氏)의 양대(兩敦), 하후씨(夏后氏)의 사련(四璉), 은나라의 육호(六瑚), 주나라의 팔궤(八簋) 등이 있고, 조(俎)에는 유우씨가 사용했던 관(梡), 하후씨가 사용했던 궐(嶡), 은나라가 사용했던 구(椇), 주나라가 사용했던 방조(房俎) 등이 있으며, 두(豆)에는 하후씨의 갈두(楬豆), 은나라의 옥두(玉豆), 주나라의 사두(獻豆)가 있다. 또 면복(冕服)의 슬갑(膝甲)에는 유우씨의 불(韍), 하후씨의 산 무늬가 있는 것, 은나라의 화문(火紋)이 있는 것, 주나라의 용무늬가 있는 것 등이 있다. 또한 생우(牲牛)를 바치는 데에 있어서 유우씨는 머리를, 하후씨는 심장을, 은나라는 간(肝)을, 주나라는 폐(肺)를 사용한다.

原文 崇鼎과, 貫鼎과, 大璜과, 封父龜는, 天子之器也라. 越棘과, 大弓은, 天子之戎器也라. 夏后氏之鼓는 足이오, 殷은 楹鼓요, 周는 縣鼓요, 垂之和鐘과, 叔之離磬과, 女媧之笙簧이라. 夏

后氏之龍簨虡와, 殷之崇牙와, 周之璧翣이라. 有虞氏之兩敦와, 夏后氏之四璉과, 殷之六瑚와, 周之八簋니라. 俎를, 有虞氏는 以梡이오, 夏后氏는 以嶡이오, 殷은 以椇요, 周는 以房俎니라. 夏后氏는 以楬豆요, 殷은 玉豆요, 周는 獻豆니라. 有虞氏는 服韍이오, 夏后氏는 山이오, 殷은 火요, 周는 龍章이니라. 有虞氏는 祭首하고, 夏后氏는 祭心하고, 殷은 祭肝하고, 周는 祭肺하니라.

(숭정 관정 대황 봉부귀 천자지기야 월극
대궁 천자지읍기야 하후씨지고 족 은 영고
주 현고 수지화종 숙지이경 여와지생황 하
후씨지용순거 은지숭아 주지벽삽 유우씨지양대
하후씨지사련 은지육호 주지팔궤 조 유우씨
이관 하후씨 이궐 은 이구 주 이방조
하후씨 이갈두 은 옥두 주 사두 유우씨 복
불 하후씨 산 은 화 주 용장 유우씨
제수 하후씨 제심 은 제간 주 제폐)

註解 ○崇(숭)·貫(관)·封父(봉부)—모두 나라 이름 또는 지명(地名). ○大璜(대황)—황(璜)은 벽옥(璧玉) 절반 크기의 것으로 패옥(佩玉)에 사용된다. ○鼎(정)—솥. ○棘(극)—극(戟)과 통하므로 창(槍)을 뜻한 말. ○楹鼓(영고)—몸 한가운데를 기둥으로 꿰어서 세운 북. ○縣鼓(현고)—북틀에 달아놓은 북. ○垂(수)—사람 이름. 순(舜)의 공공(共工) 벼슬에 임명되었던 사람. ○和鐘(화종)—화성(和聲), 즉 협화음(協和音)을 말하는 종. ○叔(숙)—무구(無句)를 말하며, 무구는 숙(叔)의 별명이다. 경(磬)은 무구가 만들었다는 설이 있으나 분명치 않다. ○離磬(이경)—경(磬)은 보통 여러 개를 1조로 하여 사용하지만 때로는 한 개만 단독으로 사용하는 일이 있는데, 이를 이경이라고 한다. ○笙簧(생황)—관악기(管樂器)의 한 종류. 생(笙)은 피리를 뜻하고 황(簧)은 피리의 혀. ○女媧(여와)—여와씨(女媧氏)를 말하며, 중국 상고시대의 여자 성자(聖者)로 이름이 전해지고 있다. ○簨虡(순거)—악기 걸이의 일종. ○崇牙(숭아)—대아(大牙). 악기

를 거는 부분이 숭(崇), 즉 높이 덧니처럼 보인다는 뜻으로 추정된다.
o璧翣(벽삽)－순거(簨虡)의 상부에 그림을 그려서 삽(翣)을 만들고 구슬
로 장식했으며 그 밑에 5색의 깃을 늘인 것. o兩敦(양대)……四璉(사련)
……六瑚(육호)……八簋(팔궤)－대(敦)·연(璉)·호(瑚)·궤(簋)는 모두
서직(黍稷), 즉 기장을 담는 그릇. 양(兩)·4·6·8은 그것들의 1조(組)
의 개수. o俎(조)－제사에 쓰는 도마. o楬豆(갈두)－장식하지 않은 나무
로 만든 제기(祭器). o獻豆(사두)－봉황(鳳凰)의 깃을 새긴 나무로 된
제기(祭器). o夏后氏祭心(하후씨제심)－하(夏)나라는 검은빛을 숭상했다.
검은빛은 붉은빛을 이기기 때문에 심장, 즉 염통을 제사지냈다. 심장은
오행(五行) 중에 화(火)에 속하며 붉은빛이 된다. 오행이란 금·목·수·
화·토이다. o殷祭肝(은제간)－은(殷)나라에서는 흰빛을 숭상했다. 흰빛
은 푸른빛을 이기기 때문에 간을 제사지냈다. 간장은 오행에 있어 목(木)
에 속하므로 푸른빛이 된다. o周祭肺(주제폐)－주나라는 붉은 빛을 숭상
했다. 그래서 폐, 즉 허파를 제사지냈으며, 폐장은 오행의 금(金)에 속하
기 때문 흰빛이 된다.

하후씨는 제례(祭禮)에 명수(明水)를 숭상했고, 은나라는 예주(醴
酒)를 숭상했으며, 주나라는 술[청주]을 숭상했지만, 노(魯)나라는
이 삼대(三代)의 예를 모두 갖추고 있었다.

유우씨에게는 50의 관(官), 하후씨에게는 1백의 관, 은나라에는 2
백의 관, 주나라에는 3백의 관이 있었으나, 노나라에서는 이 4대(代)
의 관(官)을 모두 갖추고 있었다. 또 장례(葬禮)에 있어서 수레의 기
(旗) 장식에 유우씨는 수(綏)를 사용하고, 하후씨는 도련(綢練)을 사
용했고, 은나라는 숭아(崇牙)를 사용했으며, 주나라는 벽삽(璧翣)을
사용했지만, 노나라는 사대(四代)의 예를 모두 갖추고 있었다. 대체
로 4대의 복장·기물(器物) 및 관직(官職) 등을 노나라에서 모두 사
용했으며, 따라서 노나라의 예는 왕자(王者)의 예이고 이 일은 오래
전부터 세상에 알려져 있다. 노나라에 있어서는 군신(君臣)이 일찍이

서로 시(弑)하지 아니했으며, 그 예(禮)·악(樂)·형(刑)·법(法)·정치·습속(習俗) 등을 일찍이 바꾼 일이 없다. 천하는 노나라를 도(道)가 있는 나라로 인정하고 이것을 모범으로 해서 예악을 배웠던 것이다.

原文 夏后氏는 尙明水하고, 殷은 尙醴하고, 周는 尙酒하니라.
(하후씨 상명수 은 상례 주 상주)

有虞氏는 官이 五十이오, 夏后氏는 官이 百이오, 殷은 二百이오, 周는 三百이니라. 有虞氏之綏와, 夏后氏之綢練과, 殷之崇牙와, 周之璧翣이라. 凡四代之服과 器와 官을, 魯는 兼用之하니, 是故로 魯는 王禮也이니라. 天下에 傳之久矣이니, 君臣이 未嘗相弑也하며, 禮樂刑法政俗이, 未嘗相變也라, 天下이 以爲有道之國이라하니, 是故로 天下資禮樂焉하니라.

(유우씨 관 오십 하후씨 관 백 은 이백
주 삼백 유우씨지수 하후씨지주련 은지숭아
주지벽삽 범사대지복 기 관 노 겸용지
시고 노 왕례야 천하 전지구의 군신 미상
상시야 예악형법정속 미상상변야 천하 이위유도
지국 시고 천하자예악언)

註解 ㅇ明水(명수)−현주(玄酒), 즉 맹물. ㅇ醴(예)−단술. 은나라에서 단술을 제사에 썼다고 한다. ㅇ有虞氏官五十(유우씨관오십)−유우씨의 벼슬아치가 50명이란 뜻. 옛날에는 인구가 적어 벼슬아치도 적었으나, 하(夏)·은(殷)·주(周)로 내려오면서 인구가 늘어났고 벼슬아치도 많아지고 있다. ㅇ綏(수)−쇠꼬리를 깃대 끝에 장식한 것. ㅇ綢練(도련)−깃대에 흰 줄을 감아서 장식하는 것. 〈단궁(檀弓) 상편(上篇)〉 참조. ㅇ兼用之(겸용지)−유우씨로부터 주대(周代)까지 사대(四代)의 문물을 노나라가 모두 갖추고 있다는 것.

제15 상복소기(喪服小記)

고주(古注)의 소(疏)에 따르면 정현(鄭玄)은 이 편의 내용은 상복(喪服)의 소의(小義), 즉 상복에 관한 여러 가지 상세한 설명을 수록한 것이므로 상복소기(喪服小記)라는 제목을 붙였다고 한다. 《의례(儀禮)》에 〈상복전(喪服傳)〉이 있는데, 이 소기(小記)와 함께 정현의 주(注)가 수록되어 있으므로, 양자를 아울러 읽는다면 상복에 관해서 이해가 되는 점이 그만큼 많을 것이다. 또한 이 편에는 복상(服喪)에 관련된 묘제(廟制)에 관해서도 언급되어 있는 곳이 있다.

아버지의 상(喪)에는 참최(斬衰)를 입고 머리를 마(麻)로 묶는다. 어머니의 상에도 머리를 마로 묶는다. 또 문(免)하려면 삼베를 사용한다.

부인(婦人)은 재최(齊衰)를 입으면 조잡한 비녀로 머리를 틀고 그 형태를 바꾸지 않고 상을 끝낸다.

일반적으로 남자가 관(冠)을 쓰면 여자는 비녀를 꽂지만, 상(喪)을 당하여 남자가 문(免)하면 여자는 북상투를 쪽진다. 즉 상을 당하면 문(免)과 북상투를 가지고 남녀의 예를 구별하는 것이다.

[참최(斬衰)에는 저장(苴杖)을 사용하고, 재최(齊衰)에는 삭장(削杖) 즉 사각으로 깎은 지팡이를 사용한다] 저장(苴杖)은 대나무로 만들고 삭장(削杖)은 오동나무로 만든다.

原文 斬衰란, 括髮以麻하고, 爲母란 括髮以麻하며, 免而以布니라.

(참최 괄발이마 위모 괄발이마 문이이포)

齊衰에는, **惡笄**로 **以終喪**이니라.

(재최 악계 이종상)

男子는 **冠而婦人**은 **笄**하며, **男子**는 **免而婦人**은 **髽**니라. **其義**
에, **爲男子則免**이오, **爲婦人則髽**니라.

(남자 관이부인 계 남자 문이부인 좌 기의

위남자즉면 위부인즉좌)

苴杖은 **竹也**요, **削杖**은, **桐也**라.

(저장 죽야 삭장 동야)

註解 ㅇ斬衰(참최)−3년의 상복(喪服)으로 외간상(外艱喪)에 입는 복
을 말함. ㅇ括髮(괄발)−머리를 묶는 것. ㅇ免(문)−해(解)와 같은 뜻 〈단
궁편(檀弓篇)〉 참조. ㅇ齊衰(재최)−여기서는 어머니의 상에 복을 입는
것을 말한다. ㅇ惡笄(악계)−개암나무로 만든 비녀. 조잡품이기 때문에
악계라고 했다. ㅇ髽(좌)−부인이 상중에 찌는 북상투. ㅇ苴杖(저장)−상
주가 아버지 상 때 짚는 검은 빛깔의 대나무 지팡이.

[아버지가 없는 적손(適孫)이라면 조부모를 위해서 3년의 복을 입
지만, 만일 조부가 살아 계시고 조모가 돌아갔을 때에는 조모를 위해
서는 3년상을 입지 않는다] 다만 조부가 이미 졸(卒)하고 이제 또 조
모의 상을 당하여 그 후사가 되었을 때에는 조부와 마찬가지로 3년
상을 입는다.

부모나 장남과 같은 근친자(近親者)의 상(喪)에 있어서는 조상을
받을 때 먼저 유체에 절을 하고 나서 객에게 절한다. [근친자가 아니
면 먼저 객에게 절하고 나서 유체에게 절한다] 사(士)의 집안의 상에
대해서 대부가 조상을 왔을 때에는 가령 죽은 자와 근친이 아니라도
먼저 유체에 절하고 나서 객에게 절한다. 또 부인(婦人)은 남편과 장
자의 유체에는 머리를 조아려 절을 하지만 그밖에는 수배(手拜)할 뿐

이다.

상주가 될 후계자가 없는 집에서는 남자 상주(喪主)의 대리로는 〔죽은 자와〕 동성(同姓)인 사람으로 하고, 여자 상주의 대리에는 이성(異姓)인 사람으로 한다.

아버지의 뒤를 이어받는 사람은 이미 이혼한 생모(生母)를 위해서는 복을 입지 않는다.

친연(親緣) 관계를 생각해 보면 먼저 자기와 부모와 자식과의 삼연(三緣)이 있고, 조부모와 손자를 더하여 오연(五緣)이 있으며, 다시 증조부와 고조부 및 증손과 현손(玄孫)을 더하여 구연(九緣)이 있다. 〔3, 5, 9의 순으로 친연(親緣)이 멀어진다〕 아버지로부터 위로, 자식으로부터 아래로, 형제로부터 옆으로 점차 친연이 멀어져 가서 마침내 끊기고 마는 것이다.

왕자(王者)는 먼저 그의 시조가 나온 천제(天帝)를 제사지내고 이어서 시조(始祖)를 제사지내는데 이것이 체(禘)라는 〔제례(祭禮)〕이다. 그리고 〔시조의 묘(廟)에 이어서〕 고조·증조·조부·부 등의 사묘(四廟)를 설치한다. 만일 서자(庶子)가 왕위를 이어받았다 하더라도 위의 예제(禮制)는 같다.

原文 祖父이 卒커든, 而后에 爲祖母後者三年이니라.
　(조부 졸 이후 위조모후자삼년)

爲父母長子하여 稽顙하며, 大夫이 弔之어든, 雖緦나 必稽顙하며, 婦人이 爲夫與長子하여 稽顙하고, 其餘則否니라.
　(위부모장자 계상 대부 조지 수시 필계상
　부인 위부여장자 계상 기여즉부)

男主란 必使同姓하고, 婦主란 必使異姓이니라.
　(남주 필사동성 부주 필사이성)

爲父後者는, 爲出母하여, 無服하니라.

(위부후자 위출모 무복)

親親하되, 以三爲五하며, 以五爲九하나니, 上殺하며 下殺하며 旁殺하여, 而親이 畢矣니라.

(친친 이삼위오 이오위구 상쇄 하쇄

방쇄 이친 필의)

王者이 禘其祖之所自出하되, 以其祖로 配之하여, 而立四廟하시나니 庶子이 王이라도 亦如之니라.

(왕자 체기조지소자출 이기조 배지 이립사묘

서자 왕 역여지)

[註解] ○祖父卒(조부졸) 而后爲祖母後者三年(이후위조모후자삼년)－적손(適孫)으로서 아버지가 없는 자가 이미 조부의 3년복을 입었는데, 이제 조모가 또 죽었다면 역시 3년복을 입어야 한다는 말. ○爲父母長子稽顙(위부모장자계상)－부모와 장자는 복(服)이 중한 것이기 때문에 먼저 계상(稽顙)한다는 말. 계상이란 앉아서 땅에 머리를 대는 절. ○大夫弔之(대부조지)……稽顙(계상)－대부(大夫)의 신분으로 사(士)를 조상하는 경우에는 비록 시복(緦服)의 상(喪)이라 하더라도 반드시 계상하고 나서 객에게 절해야 한다는 말. 시복이란 복(服)이 극히 경한 것. ○婦人(부인)……其餘則否(기여즉부)－부인은 이미 남의 집으로 출가한 몸이기 때문에 남편과 장자의 상에는 먼저 계상(稽顙)하지만 친정 부모의 상에는 먼저 계상하지 않는다는 말. ○男主必(남주필)……使異姓(사이성)－남자 상주가 없으면 반드시 대리를 동성(同姓)인 남자를 시켜야 하고, 여자 상주의 경우에는 반드시 상가(喪家)와 이성(異姓)인 사람에게 시켜야 한다는 말 ○爲父後(위부후)……無服(무복)－적자(適子)로서 아버지의 후사(後嗣)가 된 자는 출모(出母)의 복(服)을 입지 않는다는 말. 출모란 아버지가 이혼하여 내보낸 어머니를 말한다. ○以三爲五(이삼위오)－삼(三)이란 자신과 부모 및 아들을 합친 말이고, 오(五)란 삼에 조부와 손자를 더한 것을 말하며, 당초의 삼이 오로 늘어나게 된 것을 말한다. ○以五爲九(이오위구)－할아버지로 해서 증조와 고조를 친하게 되고, 손자로 해서 증손과

현손을 친하게 되니 오가 구로 늘어나게 된다는 말. ㅇ上殺(상쇄)ㅡ아버지에 대한 복(服)이 가장 무겁고 위로 올라갈수록 줄어드는 것을 말한다. 고조(高祖)는 시마(緦麻)라 해서 석 달에 그치고 고조를 넘으면 복이 없다. ㅇ下殺(하쇄)ㅡ상쇄의 반대. 자식에 대한 복이 가장 무겁고 밑으로 내려갈수록 줄어들어서 현손(玄孫)을 넘으면 복이 없다. ㅇ旁殺(방쇄)ㅡ방친(旁親)에 있어 위로 올라갈수록 복이 줄어들고, 밑으로 내려갈수록 복이 줄어드는 것. 방친이란 형제·숙질(叔姪)·종조손(從祖孫)·종증조손·종고조손에 이르는 방계(旁系)의 친족. ㅇ親畢矣(친필의)ㅡ위로는 고조를 밑으로는 현손(玄孫)을 넘어서면 복이 없기 때문에 친함이 끝난다는 뜻. ㅇ四廟(사묘)ㅡ고조·증조·부(父) 등 사친(四親)의 사당을 말한 것. ㅇ禘(체)ㅡ왕자(王者)의 대제(大祭)이다. 왕자가 시조(始祖)의 묘를 세운 뒤에는 시조를 낳아준 임금을 시조의 묘에 제사지내는 것.

제후의 뒤를 계승하지 못하는 자식들 중에서 임금으로부터 별자(別子)의 명을 받은 자는 [경대부(卿大夫)로서 독립하여] 일가(一家)의 시조가 되며, 이 별자의 뒤를 잇는 대대의 장자는 종(宗), 즉 대종(大宗)이라 불린다. 그리고 별자 외의 다른 공자(公子)들을 예(禰: 父)로서 제사지내는 집안의 대대 장자는 소종(小宗)이라 불린다. [별자의 집안, 즉 대종(大宗)의 계통은 어디까지나 대종으로서 이어가지만] 소종(小宗)의 집안은 각각 시조로부터 5세를 넘기면 종가(宗家)로서의 지위를 잃게 되는 것으로, 이는 어느 소종에 속하는 사람들이 [5세의 조상인] 고조를 제사지내는 것을 한도로 하고 있는 것이다. 이리하여 소종의 집안에서는 위로 거슬러 올라가서는 집안의 시조가 되는 사람이 교체되고, 아래로 내려가서는 종[종주: 종족의 장]이 되는 사람도 교체되지만, [이러한 제도의 근본 정신은] 선조를 존경하기 때문에 그 적계(嫡系)인 종가(宗家)를 존경하는 것이 되고, 종가를 공경하는 것이 선조를 존경하는 표명이 되는 것이다. 또 적자(嫡子) 이외의 자식들이 [스스로 제주(祭主)가 되어] 부조(父祖)를 제사지내는 일이 없는 것은 종가(宗家)의 지위를 명시(明示)하기 때문이다. 또 집안의 후계자가 아닌 자식들이 각자의 장자의 죽음에 대해서 참최(斬衰)를 입지 않는 것은, 이 장자들은 집안의 부조(父祖)의 뒤를 계승하는 자가 아니기 때문이다. 또 후계자가 아닌 자식들은 각자의 자식이 성인이 되기 전에 요사(夭死)한 자와 근친자로 그 뒤를 계승할 사람이 없는 자는 제사지내는 일이 없다. 그러한 자가 죽은 뒤는 종가의 조묘(祖廟)에 합제(合祭)하는 것이다. 후계자가 아닌 자식들이 [자신이 제주가 되어] 아버지를 제사지내지 않는 것은 [부조(父祖)의 제사를 지내기 위한] 종자(宗子)임을 명시(明示)하고 있는 것이다.

복상(服喪)의 규정은 친소(親疏)·존비(尊卑)·장유(長幼) 및 남녀 차등(差等)이나 차이에 응해서 구별이 되도록 하는 것이며, 이들의 차이나 차등은 인간 도덕상 극히 중대한 질서인 것이다.

原文　別子를 爲祖요, 繼別이 爲大宗이오, 繼禰이 爲小宗이라. 有五世而遷之宗하니, 其繼高祖者也라. 是故로 祖遷於上이오, 宗易於下하나니, 尊祖故로 敬宗이니, 敬宗이, 所以尊祖禰也라. 庶子이 不祭祖者는, 明其宗也라. 庶子이 不爲長子斬은, 不繼祖與禰故也라. 庶子이 不祭殤與無後者하나니, 殤與無後는, 從祖祔食이니라. 庶子이 不祭禰者는, 明其宗也니라.

(별자 위조 계별 위대종 계녜 위소종
유오세이천지종 기계고조자야 시고 조천어상
종역어하 존조고 경종 경종 소이존조녜야
서자 부제조자 명기종야 서자 불위장자참 불계조
여녜고야 서자 부제상여무후자 상여무후자 종
조부식 서자 부제녜자 명기종야)

親親과, 尊尊과, 長長과, 男女之有別은, 人道之大者也니라.

(친친 존존 장장 남녀지유별 인도지대자야)

註解 ㅇ別子爲祖(별자위조)-별자(別子)는 자손 제족(諸族)의 시조(始祖)가 된다는 말. 여기서 별자란 주로 제후(諸侯)의 적자(適子)의 아우로서 분가(分家)해 나온 사람을 말한다. ㅇ繼別爲宗(계별위종)-적장자(適長子)가 대대로 별자(別子)를 계승하여 종손(宗孫)이 되는 것. 이를 대종(大宗)이라고 한다. ㅇ繼禰者爲小宗(계녜자위소종)-아버지를 이어받은 자가 소종(小宗)이 된다는 뜻. ㅇ有五世而遷之宗(유오세이천지종)-소종(小宗)의 종족, 즉 소종의 종자(宗子)를 족장(族長)으로 하는 남계(男系) 혈족단체는 그 시조로부터 5세대에 이르기까지가 족원(族員)이 퍼지는 한도이다. 복상(服喪)의 제도에서 말하면 당주(當主)는 자기로부터 5세(五世)의 조상인 고조와 5세의 손(孫)인 고손과 방계(傍系) 5세인 사람들까지도 각종 등급의 복을 입지만, 6세에 이르면 복을 입지 않고 종족(宗族)으로 취급하지 않는다. 이 관계는 종족 내의 족원 상호간에 공통되며, 6세에 이르면 이미 종주(宗主)도 아니고 족원도 아니다. 즉 5세를 한도로 해서 제례나 복상에 있어서 조상과 자손과의 관계가 소멸되고 5세 이내에서의 새로운 종족 관계가 발생한다. ㅇ祖遷於上(조천어상)-5세의 선조, 즉 고조에 해당하는 사람은 당주(當主)의 대(代)가 바뀔 때마다 1세(世)씩 내려간다는 것. ㅇ宗易於下(종역어하)-5세손(五世孫), 즉 고손(高孫)에 해당하는 종자(宗子)는 1세씩 내려가는 것. ㅇ庶子不祭祖(서자부제조)-조상을 제사지내는 것은 후계자의 특권 또는 의무로 차자(次子) 이하는 제사를 보좌함에 지나지 않으며 스스로 제주가 되어 제사지낼 자격이 없다. 분가하면 그 분가의 자손은 부조(父祖)인 서자를 시조로서 제사지내고 서자의 아버지를 제사지내지 못한다. ㅇ庶子不爲長子斬(서자불위장자참)-종가(宗家)의 당주(當主)는 후계자인 자식이 죽으면 참최(斬衰) 3년의 상복을 입는다. 자식이라 할지라도 종가의 제사를 지낼 중요한 사람이므로 1급의 복을 입는 것이다. 그러나 소종(小宗) 이하의 가계내(家系內)에 있어서는 장자의 지위가 비교적 가벼우므로 그 죽음에 대해서 아버지는 참최의 복을 입지 않는 것이다. ㅇ殤(상)-성인이 되기도 전에 죽은 자. ㅇ無後(무후)-성인이 되고도 결혼하기 전에 죽었거나, 이미

결혼을 했어도 자식이 없이 죽은 자를 말한다. ㅇ從祖祔食(종조부식)－할아버지를 따라서 제사를 받아 먹는다는 뜻. ㅇ庶子不祭(서자부제)~宗也(종야)－서자(庶子)는 예묘(禰廟)에 들어설 수 없기 때문에 아버지 제사에도 참예하지 못한다. 이는 종자(宗子)가 제사를 맡는 법도를 밝히려는 것이라는 뜻. ㅇ人道之大者也(인도지대자야)－친친(親親)·존존(尊尊)·장장(長長)·남녀지유별(男女之有別)의 사자(四者)는 인간 도덕을 지지하는 데 중요한 질서이고, 복상의 규정에도 중대한 질서라는 뜻.

어떤 사람에게 종속되어 있는 처지 때문에 거행하는 복상(服喪)의 예는 그 사람이 죽으면 하지 않아도 된다. 그러나 어떤 사람에게 종속되어 있는 처지이기도 하고, 죽은 사람과 어떤 친연(親緣)이 있기 때문이기도 하다면 복상의 예는 그 [종속된] 사람이 죽어도 역시 상복의 예를 거행한다. 임금의 부인에게 종속된 첩은 그 부인이 이혼하고 나갈 때 함께 나가면 그 부인의 아들이 죽어도 복을 입지 않는다.

예의 규정에 왕이 아니면 체(禘)를 제사지내지 못한다.

제후의 세자는 아내의 부모의 죽음에 대해서 자기 복상(服喪)의 예를 가볍게 여기지 않는다. 그 일에 있어서는 대부의 적자(嫡子)의 경우와 마찬가지이다.

아버지는 사(士)의 신분이었지만 자식은 제후 또는 천자가 되었으면 아버지를 제사지낼 때 천자의 예로써 지내는데, 아버지의 시복(尸服)은 사복(士服)으로 한다. 아버지는 천자 또는 제후의 신분이었지만 자식은 사가 되었으면 아버지를 제사지낼 때에는 아들의 신분에 따라 사의 예로써 제사지내며 아버지의 시복은 사복으로 한다.

사람의 아내가 되어서 복상(服喪)중에 이별당하면 제상(除喪)한다. 만일 친정 부모의 상복을 입고 있는데 아직 [1년을 넘기 전에] 연의(練衣)를 입기도 전에 이혼당하면 친정에 돌아와서 계속 3년의 상복을 입는다. 만일 연의를 이미 입고 있는데 이혼당하면 친정에 돌아와서 상(喪)은 그만둔다. 또 만일 연의를 아직 입기도 전에 남편의 부름으로 돌아오면 돌아와서 기(期 : 1년)의 상복을 입으며, 이미 연의를 입고 3년의 상(喪)을 속행(續行)중에 부름을 받고 되돌아오면 돌아와서 그대로 복을 입는다.

原文 從服者는, 所從이 亡則已하고, 屬從者는, 所從이 雖沒也나 服이니라. 妾이 從女君而出이어든, 則不爲女君之子하여 服이니라.

(종복자 소종 무즉이 속종자 소종 수몰야
복 첩 종녀군이출 즉불위녀군지자 복)

禮에, 不王이면 不禘니라.

(예 불왕 불체)

世子는 不降妻之父母하시나니, 其爲妻也에, 與大夫之適子로 同하니라.

(세자 불강처지부모 기위처야 여대부지적자 동)

父爲士로되, 子爲天子諸侯어든, 則祭以天子諸侯하고, 其尸服을 以士服이니라. 父爲天子諸侯로되, 子爲士어든, 祭以士하고, 其尸服을 以士服이니라.

(부위사 자위천자제후 즉제이천자제후 기시복
이사복 부위천자제후 자위사 제이사
기시복 이사복)

婦當喪而出인댄, 則除之니라. 爲父母喪하여, 未練而出인댄, 則三年하고, 旣練而出인댄, 則已하고, 未練而反인댄, 則期하고, 旣練而反인댄, 則遂之니라.

(부당상이출 즉제지 위부모상 미련이출
즉삼년 기련이출 즉이 미련이반 즉기
기련이반 즉수지)

註解 ○從服者(종복자)……亡則已(무즉이)-종복(從服)에 있어서는 좇

는 사람이 죽었을 경우 복을 그만둔다는 말. 종복이란 친족이 아닌 상에
대해서 복을 입는 것. ○屬從(속종)－혈연관계를 가지고 복을 입는 것.
속종에는 세 가지가 있다. 아들은 어머니의 친족을 위해 복을 입고, 아내
는 남편의 친족을 위해서 복을 입고, 남편은 아내의 친족을 위해서 복을
입는 것 등이다. ○妾(첩)－여기에서 첩이란 여군(女君), 즉 정처(正妻)의
친정 조카나 동생으로서 여군(女君)을 따라 시집온 것. 이런 관계로 해서
첩은 여군의 아들에 대해서도 여군과 마찬가지로 복을 입는다. 그러나 여
군이 이혼을 당해서 함께 쫓겨나게 되면 여군은 비록 그 아들의 복을 입
으나 첩은 입지 않는다. ○不王不禘(불왕불체)－왕이 아니면 체(禘)를 행
하지 못한다는 말. 체란 왕자(王者)가 그 시조(始祖)를 낳아 준 임금을
제사지내는 것이다. ○其爲妻(기위처)……適子同(적자동)－아내가 죽으면
재최(齊衰)의 복을 입고 지팡이는 짚지 않는다. 이것은 대부(大夫)가 그
의 적자(適子)에 대한 복과 똑같다는 말. ○父爲士(부위사)……天子諸侯
(천자제후)－아버지는 사(士)였는데 아들은 천자나 제후가 되었으면 마땅
히 천자나 제후의 예로 제사지내야 한다는 말. ○婦當喪而出(부당상이출)
則除之(즉제지)－여기서 상(喪)은 시부모의 상을 말하고, 출(出)은 이혼
해서 쫓겨나는 것을 말하며, 제지(除之)는 복을 벗어버리는 것을 말한다.
○爲父母(위부모)……則三年(즉삼년)－부인은 친정 부모의 상에 기년복
을 입는 것이 예이다. 이미 소상을 지내서 상기(喪期)를 끝낸 뒤에 이혼
을 당했으면 새삼스럽게 복을 더 입을 수 없지만, 소상을 지내기도 전에
이혼을 당했으면 부모를 추모하는 마음이 간절해서 3년복을 입는다는 말.
여기서 부모란 친정 부모를 말하고, 연(練)이란 연제(練祭), 즉 소상을 말
한다. ○未練而(미련이)……則遂之(즉수지)－이혼을 당한 뒤에 부모상을
당하고 아직 소상을 지내지 않아서 시집으로 돌아가게 되었을 경우에는
기년으로 복을 끝낸다는 말. 그러나 소상을 지내고 나서 되돌아가게 되었
다면 계속 복을 입어 3년을 마쳐야 한다.

재기(再期)의 상(喪)은 [참최(斬衰)로] 3년이며 기(期)의 상은 [재
최(齊衰)로] 2년이다. 9개월 혹은 7개월의 상은 [대공(大功)으로 사

계(四季) 중의] 삼시(三時)이고, 5개월의 상은 2시이며, 3개월의 상은
1시이다. 그런 까닭으로 1기(期)를 끝내고 소상(小祥)을 지내며, 2기
를 끝내고 대상(大祥)을 지내는 것은 예도이다. 또 1기 또는 2기를
끝내고 제상(除喪)하는 것은 자연의 도리라 하겠다. 1기 혹은 2기로
제사를 지내는 것은 제상을 하기 위함이 아니다. [제사를 지내는 것
과 제상하는 것은 별개의 것이다] 또 부모가 죽은 후 3년이 지나고
비로소 장사지내는 것이라면 뒤에 소상과 대상의 두 제사를 지낸다.
단 한 번에 합제(合祭)하는 것이 아니라 적당한 간격을 두고 지내
며 [순서에 따라] 제상(除喪)하는 것이다.

　[사정이 있어서] 죽은 자에게 대공(大功)의 상복을 입어야 할 사
람[종형제]이 상주 노릇을 해야 할 경우에는 죽은 자에게 아내와 자
식이 있어서 3년의 복을 입고 있으면 그 사람들을 위해 반드시 소
상·대상의 두 제사를 지내지 않으면 안된다. 만일 친구로서 상주 노
릇을 하는 것이라면 단지 우제(虞祭)와 부제(祔祭)의 두 제사를 지내
는 것만으로 족하다.

　原文　再期之喪은, 三年也요, 期之喪은, 二年也요, 九月七月
之喪은, 三時也요, 五月之喪은, 二時也요, 三月之喪은, 一時也
라. 故로 期而祭는, 禮也요, 期而除喪은, 道也니, 祭는 不爲除喪
也니라. 三年而后葬者는, 必再祭니, 其祭之間은, 不同時而除喪
이니라.
　　(재기지상 삼년야 기지상 이년야 구월칠월
　　지상 삼시야 오월지상 이시야 삼월지상 일시야
　　고 기이제 예야 기이제상 도야 제 불위제상
　　야 삼년이후장자 필재제 기제지간 부동시이제상)

　大功者이 主人之喪은, 有三年者어든, 則必爲之再祭하고, 朋
友는 虞祔而已니라.

(대공자 주인지상 유삼년자 즉필위지재제 붕
우 우부이이)

註解　o再期(재기)-3년의 상(喪)은 2기를 경과하므로 이렇게 말한다. 기(期)는 1년.　o九月七月之喪(구월칠월지상)-대공(大功) 9개월의 상(喪)은 사정에 따라서는 7개월로 끝내도 되므로 구월칠월지상이라 말한 것. 그 7개월이란 '3계절에 걸치면 된다'는 이치에 따른 것으로, 가령 정월에 복을 입으면 7월[가을]까지 복을 입고 7개월로 제상(除喪)해도 된다는 뜻.　o五月之喪(오월지상) 二時也(이시야)-다섯 달은 소공(小功)의 복이다. 두 계절에 걸치기 때문에 이시(二時)라고 한 것이다.　o三月之喪(삼월지상) 一時也(일시야)-석달은 시마(緦麻)의 복으로 한 계절에 해당한다.　o期而祭(기이제) 禮也(예야)-소상(小祥)은 효자가 1주기를 맞이해서 부모를 추모(追慕)하는 예라는 말. 소상은 기년(期年)에 지내는 제사이다.　o期而除喪(기이제상) 道也(도야)-소상 때 남자는 수질(首経)을 벗고 부인은 요질(腰経)을 벗는다. 이것은 때가 멀어짐에 따라서 복을 줄이는 도리이다.　o三年而后(삼년이후)……而除喪(이제상)-사자(嗣子)가 사정이 있어서 제때에 장례를 지내지 못하고 3년이 지난 뒤에 장례를 지냈을 경우에는 반드시 소상과 대상을 지내야 하며, 또 아무리 3년을 지낸 뒤라 하더라도 소상과 대상을 지내는 시기를 달리해야 한다는 말. 예컨대 이 달에 소상을 지내서 남자는 수질(首経), 부인은 요질(腰経)을 벗고 다음달에 대상을 지내어 최복(衰服)을 벗는다.　o必爲之再祭(필위지재제)-재제(再祭)는 소상과 대상의 두 번 제사를 지내는 것.　o朋友虞祔而已(붕우우부이이)-주인 노릇하는 자가 친구일 때는 소상·대상을 지낼 수 없다. 그리고 우제(虞祭)와 부제(祔祭)를 지낼 뿐이라는 말.

사(士)는 첩에게 자식이 있으면 그 첩을 위해 시마(緦麻) 3개월의 복을 입지만 자식이 없으면 복을 입지 않는다.

타국에서 태어나 본국의 조부모나 숙부들을 만난 일이 없는데 그분들이 죽어서 아버지가 복을 입을 경우 본인[자식]은 복을 입지 않는다. 그러나 [본국의 조카나 기타 사람을 위해] 약식(略式)으로 시마나 소공(小功)으로 끝내는 것이라면 뒤늦은 상에도 복을 입는 것이다. 대부는 임금이 친척의 상을 입었다가 제상(祭喪)한 후 그 사실을 알았을 경우에는 뒤늦게 복을 입어도 된다. 임금의 근신(近臣)은 임금이 여행중에 근친자(近親者)의 죽음을 듣고 뒤늦게 상을 입었을 때 임금을 따라 복을 입는다. 근신 이외의 신하는 경우에 따라서는 복을 입고, 경우에 따라서는 복을 입지 않는다. 임금이 여행중에 임금의 근친이 죽었을 때는 임금이 아직 모른다 하더라도 국내의 신하들은 모두 복을 입는다.

原文 士妾이, 有子어든 而爲之緦하고, 無子則已니라.
(사첩 유자 이위지시 무자즉이)

生不及祖父母諸父昆弟어든, 而父는 稅喪하고, 已則否니라. 爲君之父母妻長子하여, 君已除喪而后에야 聞喪이어든, 則不稅니라. 降而在緦小功者어든 則稅之니라. 近臣은, 君이 服이어든 斯服矣요, 其餘는 從而服하고, 不從而稅니라. 君이 雖未知喪이라도, 臣은 服已니라.
(생불급조부모제부곤제 이부 태상 이즉부 위
군지부모처장자 군이제상이후 문상 즉불태
강이재시소공자 즉태지 근신 군 복 사
복의 기여 종이복 부종이태 군 수미지상 신 복이)

註解 ○生而不及(생이불급)……父昆弟(부곤제)－세상에 태어난 뒤에 아직도 조부모나 숙부 및 형제를 만나본 일이 없다는 뜻. ○稅(태)－상(喪)의 소식을 뒤늦게 듣고 추후로 복을 입는 것. 즉 추복(追服)의 뜻이다. ○君已除喪(군이제상)……不稅(불태)－경(卿)이나 대부는 임금의 부모나 처 및 장자를 위해서 복을 입는 것이 원칙인데, 만일 타국에 나가 있어서 임금이 제상(除喪)한 뒤에 이 사실을 알게 되면 추복(追服)하지 않는다는 말. ○降而在(강이재)……則稅之(즉태지)－강(降)이란 복(服)을

낮추는 것이다. 예컨대 숙부나 적손(適孫)에 대한 복은 모두 부장기(不杖期)이지만 하상(下殤)으로 죽었을 때는 소공(小功)의 복을 입는데, 이와 같은 것에 대해서는 반드시 추복해야 한다. 부장기(不杖期)란 재최(齊衰), 1년의 복을 입고 상장(喪杖)을 짚지 않는 것. 하상(下殤)이란 8세에서 13세 사이에 죽는 것을 말한다. ㅇ其餘從(기여종)……從而稅(종이태)—경(卿)이나 대부가 나랏일로 타국에 가 있다가 돌아와서 비로소 임금의 친상을 듣게 되었을 경우, 임금의 복상 기간이 아직 끝나지 않았으면 임금을 따라서 복을 입는다. 그러나 이미 경과되었으면 임금이 추복(追服)하는 중이라 하더라도 따라서 추복하지 않는다는 말이다. 여기서 기여(其餘)란 경·대부를 말한다. ㅇ君雖未知喪(군수미지상) 臣服已(신복이)—임금이 타국에 나가 있기 때문에 본국에 상사(喪事)가 있음을 모르고 있다 하더라도 본국에 남아 있는 신하들은 임금이 돌아오기를 기다리지 않고 예법에 따라 복을 입어야 한다는 말.

상주는, 우제(虞祭)에는 당(堂)에 오를 때 상장(喪杖)을 짚지만 방에 들어갈 때에는 상장을 짚지 않는다. 부제(祔祭)에는 당에 오를 때도 상장을 짚지 않는다.

첩 소생의 아들이 임금이 되고 난 후 자식으로서 정부인(正夫人)을 받들 경우 그 부인이 죽은 후는 부인의 족속을 위하여 복을 입지 않는다.

상복(喪服)의 요질(腰経) 길이는 수질(首経)의 길이에서 그 5분의 1을 뺀 것이고, 상장(喪杖)의 길이는 이와 똑같게 한다.

첩이 임금의 장자를 위해 [참최(斬衰) 3년의] 복을 입는 것은 정부인에 대한 것과 같다.

제상(除喪)하는 데는 복상중에 가장 중요한 것을 먼저 한다. 또 상(喪)이 중복되어 상복을 바꾸어 입을 때에는 정도가 경한 것으로 바꾼다.

묘문(廟門)은 필요가 없으면 열지 않는다. 복상중에 애곡(哀哭)은 누구나 모두 그 상차(喪次)에서 한다.

죽은 자를 불러들이려고 복(復)의 예를 거행할 때에는 부르는 말 또는 그때 흔드는 명기(銘旗)에 기재하는 말은 천자로부터 사(士)에 이르기까지 공통된다. 즉 남자에게는 이름을 사용하고, 여자에게는 성(姓)과 백중(伯仲)을 쓴다. 여자의 성을 알지 못하면 씨(氏)를 사용한다.

참최(斬衰)의 상에서는 먼저 마질(麻絰)을 사용하고 졸곡(卒哭) 후에는 갈질(葛絰)로 바꾸는데 그것은 재최(齊衰)의 상의 최초에 사용하는 마질의 길이이다. 그리고 재최의 졸곡 후에 사용하는 갈질(葛絰)은 대공(大功) 상(喪)의 마질(麻絰) 길이이다. 또 무거운 상(喪)을 입고 있는 동안에 가벼운 상을 당하면 남자 머리에는 아직도 중상(重喪)의 갈질을 사용하지만 허리에는 경상(輕喪)의 마질을 사용해서 마갈(麻葛)을 겸복(兼服)하는 것이다.

사고 등으로 빨리 장사지냈을 경우에는 우제(虞祭)도 빨리 행한다. 그러나 졸곡(卒哭) 제사는 3개월이 지난 뒤에 행한다.

[原文] 虞엔, 杖을 不入於室하고, 祔엔, 杖을 不升於堂이니라.
(우 장 불입어실 부 장 불승어당)

爲君母後者는, 君母卒이어든, 則不爲君母知黨服이니라.
(위군모후자 군모졸 즉불위군모지당복)

絰殺는, 五分而去一하나니, 杖大如絰이니라.
(질쇄 오분이거일 장대여질)

妾이 爲君之長子하여, 與女君으로 同이니라.
(첩 위군지장자 여녀군 동)

除喪者는 先重者하고, 易服者는 易輕者니라.
(제상자 선중자 역복자 역경자)

無事어든 不辟廟門하고, 哭을 皆於其次니라.

(무사 불벽묘문 곡 개어기차)

復與書銘은, 自天子로 達於士에, 其辭一也니, 男子란 稱名하고, 婦人이란 書姓與伯仲하되, 如不知姓이면, 則書氏니라.

(복여서명 자천자 달어사 기사일야 남자 칭명

부인 서성여백중 여부지성 즉서씨)

斬衰之葛은, 與齊衰之麻로 同이오. 齊衰之葛은, 與大功之麻로 同이니, 麻葛을 皆兼服之니라.

(참최지갈 여재최지마 동 재최지갈 여대공지마

동 마갈 개겸복지)

報葬者는 報虞하고, 三月而後卒哭이니라.

(부장자 부우 삼월이후졸곡)

註解 ○虞杖(우장)……升於堂(승어당)-우제(虞祭)는 정침(正寢)에서 행하는데, 우제를 지낸 뒤에는 상장(喪杖)을 짚고 방에 들어가지 않고, 부제(祔祭)는 조묘(祖廟)에서 행하는데, 제사를 지낸 뒤에는 상장을 짚고 마루에 오르지 않는다는 말. ○君母(군모)-서자(庶子)가 아버지인 임금의 부인을 가리켜 한 말. ○爲君母後(위군모후)-부인(夫人)의 자식 지위에 서는 것, 자식으로서 받든다는 말. ○絰殺(질쇄)-질(絰)은 상복에 사용하는 것인데 슬픔을 나타내기 위하여 머리와 허리에 두르는 삼끈을 말한다. 흔히 머리에 두르는 것을 질이라 하고 허리에 두르는 것을 대(帶)라고 하는데 두 가지를 모두 질이라고 표현하기도 한다. 그리고 이 글에 있어서의 질은 주로 요질(腰絰)을 지칭한다. 쇄(殺)는 줄인다는 것. 또는 감(減)한다는 뜻이다. ○五分而去一(오분이거일)-다섯 등분을 하여 그 하나를 줄인다는 뜻. ○杖大如絰(장대여질)-참최(斬衰)의 지팡이는 그 요질(腰絰)의 크기와 같다는 말. 즉 일곱 치 두 푼. ○妾爲君之長子(첩위군지장자) 與女君同(여여군동)-여군(女君)은 장자를 위해서 3년의 복을 입는다. 그런데 첩도 여군과 마찬가지로 3년의 복을 입는다는 말. ○除喪者先重者(제상자선중자)-상복의 질(絰)은 남녀에 따라 그 경중(輕重)이 다르다. 즉 남자는 수질(首絰)을 소중히 여기고 요대(腰帶)는 가볍게 여

기며 부인은 그와 정반대이다. 그리고 졸곡(卒哭)이 지나면 남자는 베옷을 갈의(葛衣)로 바꾸어 입고 부인은 수질을 바꾸되 요질을 바꾸지 않는다. 그리하여 소상 때에 이르러 상을 벗을 때 남자는 소중히 여기는 수질을 벗고 부인은 요대를 벗는다는 것을 말한 것. ○易服者易輕者(역복자역경자)－상에는 경중신구(輕重新舊)의 구별이 있다. 즉 먼저 무거운 상을 당하여 아직 그 상을 벗지 않았는데 다시 가벼운 상을 당하는 따위가 그것이다. 그런 때에는 경상(輕喪)의 신복(新服)으로서 중상(重喪)인 구복(舊服)과 바꾸는 것이다. 그리고 그 바꾸는 데 있어 남녀 각각 질(絰)의 가벼운 것을 취한다는 말. ○無事(무사)－매장하기 전 조석(朝夕)의 곡과 조문을 받을 때의 곡 이외의 아무 일 없을 때를 말한다. ○哭(곡)－여기서는 때없이 하는 곡을 말한다. ○復與書銘(복여서명)－복(復)은 죽은 사람의 영혼을 불러 그 신령이 돌아오기를 축수하는 의식(儀式). 서명(書銘)이란 죽은 사람의 이름을 명정(銘旌)에 쓰는 것. 즉 복의 의식과 명정에 이름을 쓰는 것을 말한다. ○伯仲(백중)－맏형과 그 다음이란 뜻이지만, 여기서는 그 자매의 순위를 말하고 있다. ○斬衰之葛(참최지갈) 與齊衰之麻同(여재최지마동)－참최(斬衰)의 상에 있어서는 처음에는 마질(麻絰)을 두르지만 졸곡(卒哭) 후에는 갈질(葛絰)로 바꾸며, 이 갈질의 크기는 재최의 상에 처음에 두르는 마질의 크기와 같다는 말. ○齊衰之葛(재최지갈) 與大功之麻同(여대공지마동)－재최(齊衰)의 상에 있어서 졸곡 후에 바꾸는 갈질(葛絰)의 크기는 대공(大功)의 상(喪)의 처음에 두르는 마질의 크기와 같다는 말. ○麻葛(마갈) 皆兼服之(개겸복지)－중상(重喪)중인데 또 경상(輕喪)을 당했을 때 남자는 머리에 여전히 중상의 갈질을 두르고 허리에는 경상(輕喪)의 마질을 두르는 것을 말한다. ○報葬(부장)－보(報)는 부(赴)와 같으므로 부라고 발음하며 급하다는 뜻이다. 원래 사(士)는 3개월로써 매장하고 매장한 후에는 곧 우제(虞祭)를 행하고 우제를 끝낸 후 곧 졸곡(卒哭)하는 것이 예이다. 그런데 여기서 부장(報葬)이라고 함은 가난이나 기타 사정으로 3개월 후까지 기다리지 못함을 말한다. ○卒哭(졸곡)－졸곡제(卒哭祭)는 슬픔이 줄어들었을 때 지내는 것이다. 그러므로 이것만은 3개월의 기간을 기다려야 하며 더 빠르게 지낼 수는 없는 것이다.

부모의 상(喪)을 동시에 전후해서 당했을 때에는 먼저 어머니를 장사지내고, 그 우제(虞祭)와 부제(祔祭)는 연기해 두고 이어서 아버지를 장사지내고 아버지의 우제와 부제를 지낸 다음에 어머니를 제사지낸다. 또 먼저 어머니를 장사지낼 때에도 참최(斬衰)를 입는다.

대부(大夫)는 그 서자(庶子)의 〔대부가 되지 않은 자의〕 상(喪)에 대해서는 등급을 내린다. 그러나 서자의 아들은 아버지의 상에 대해서 등급을 내리지 않는다.

대부가 〔근친(近親) 사이라 할지라도〕 사(士)의 상에 있어서 상주 노릇을 하지 않는다.

서자는 그의 자모(慈母)의 부모 상에는 복을 입지 않는다.

남편이 다른 집안의 뒤를 이어받는 경우에 그 처는 남편의 친부모 상에 등급을 내려서 대공(大功)의 복을 입는다.

손자가 사(士)의 신분으로 죽어 대부인 조부의 묘(廟)에 합제(合祭)될 때에는 사(士)의 희생을 쓰지 않고 대부의 희생을 사용한다.

계부(繼父)와는 동거(同居)하고 있지 않은 사람이라 할지라도 지난날 한 번쯤은 동거한 일이 있을 것이다. 그렇다고 보면 복상(服喪)과 관계가 있다. 〔그러나 전연 동거한 일이 없으면 복상과는 아무런 관계가 없다〕 계부도 자식도 모두 근친자가 없었으나 지금 가산(家産)을 공유(共有)하고 있는 부조(父祖)의 제사를 하게 되면 이 두 사람은 동거로 인정된다. 이와 같은 경우는 자식은 계부를 위해 재최(齊衰) 1년의 상복을 입는다. 그러나 이후에 계부 혹은 자식에게 근친자가 나타난다든가 태어난다든가 해서 생활이 따로따로 되었을 경우는, 두 사람은 별거로 인정되어 자식은 계부의 죽음에 대해서 재최(齊衰) 3개월의 복을 입을 뿐이다.

原文　父母之喪偕엔, 先葬者를 不虞祔하고, 待後事니, 其葬에 服斬衰니라.

(부모지상해 선장자 불우부 대후사 기장 복참최)

大夫는 降其庶子하고, 其孫은 不降其父니라.

(대부 강기서자 기손 불강기부)

大夫는 不主士之喪이니라.

(대부 부주사지상)

爲慈母之父母하여는 無服하고, 夫爲人後者는, 其妻爲舅姑하여 大功이니라.

(위자모지부모 무복 부위인후자 기처위구고 대공)

士祔於大夫면, 則易牲이니라.

(사부어대부 즉역생)

繼父不同居也者는, 必嘗同居하고, 皆無主後니라. 同財而祭其祖禰는, 爲同居요, 有主後者는, 爲異居니라.

(계부부동거야자 필상동거 개무주후 동재이제
기조녜 위동거 유주후자 위이거)

註解 ○父母之喪(부모지상)……不虞祔(불우부)－부모의 상을 동시에 당했을 때는 먼저 어머니를 장사지내는 것이 예이다. 그러나 우제(虞祭)와 부제(祔祭)는 행하지 않는다. ○待後事(대후사)－후사(後事)란 어머니의 장례를 치른 다음날 아버지의 장례를 끝내고 또 아버지에 대한 우제와 부제를 지내는 것을 말한다. ○其葬服斬衰(기장복참최)－어머니를 장사지낼 때도 그 중(重)한 것에 따라 아버지의 복인 참최(斬衰)를 입는 것을 말한다. ○大夫降其(대부강기)……降其父(강기부)－대부는 서자의 상에 대공(大功)의 복을 입는 데에 그친다. 이것은 적자에 비해서 복의 등급을 내린 것이다. 그러나 손자, 즉 서자의 아들은 그 아버지를 위해서 참최(斬衰)의 복을 입는다. ○大夫不主士之喪(대부부주사지상)－사(士)가 죽고 상주가 될 사람이 없을 경우, 그 친족에 대부의 지위에 있는 자는 상주가 될 수 없다는 말. 대부는 사(士)보다 신분이 높기 때문이다. ○慈母(자모)－서자의 어머니가 없는 사람이 아버지의 첩을 어머니로 섬기는 것을 말한 것. ○夫爲人(부위인)……舅姑大功(구고대공)－남편이 타인의

후사(後嗣)로 들어갔을 때 그 아내는 남편의 친부모에 대해서 대공(大
功)의 복을 입는다는 말. ○士祔於大夫(사부어대부) 則易牲(즉역생)－사
(士)의 신분으로 죽은 손자를 대부 신분인 조부의 묘(廟)에 합제(合祭)할
때에는 대부의 희생을 사용한다는 말. ○必嘗同居(필상동거) 皆無主後
(개무주후)－반드시 일찍이 동거했을 것이고 모두 주후(主後)가 없었던
것이란 말. ○同財而(동재이)……爲同居(위동거)－계부가 자기 재물을 써
서 [계모를 따라온] 그 아들을 위해 가묘(家廟)를 지어 주어서 그 조상
을 제사지내게 한다면 이는 동거가 된다는 말. ○有主後者(유주후자) 爲
異居(위이거)－계부(繼父)에게 주후(主後)가 있다던가 의붓아들에게 자
식이 있을 때는 별거(別居)가 된다. 이런 경우에 의붓아들은 계부를 위해
서 석 달의 복을 입을 따름이라는 말. 주후(主後)란 상주가 될 아들이란 뜻.

친구의 죽음에 임하여 그 상주가 되어 애곡(哀哭)을 하려면 침문
(寢門) 밖 우측에서 남면(南面)하여 곡하고 사람들의 조문을 받는다.
새로 죽은 자를 부조(父祖)의 묘소(墓所)에 합장하려면 기타의 길
흉을 점치지 않는다.
사(士)나 대부로 죽은 사람을 제후인 부조(父祖)의 묘소(廟所)에
합제(合祭)하는 것이 아니다. 또한 그 첩은 사대부(士大夫)의 첩이었
던 사람에게 합제하지만, 그 사대부에게 첩이 없을 때에는 선조에 사
대부였던 사람의 첩을 찾아 여기에 합제한다. 대체로 합제에 있어서
도 [세대(世代)의] 소목(昭穆)을 지키지 않으면 안된다. 제후는 천자
인 부조(父祖)에 합제할 수 없지만 천자・제후・대부는 사(士)였던
부조에 합제해도 된다.
어머니가 모시던 임금의 부인에 대해서는 어머니가 만일 죽으면 복
을 입지 않는다.
아버지가 살아 있으면 종가(宗家)의 뒤를 잇는 아들은 그의 아내의
상에 등급을 내리고 제상(除喪)의 담제(禪祭)는 지내지 않지만, 아버
지가 죽고 어머니가 있을 경우에는 아내를 위해 정식으로 상복을 입

고 [재최 1년] 제상에 담제를 지낸다.

　자모(慈母)를 정하여 모자(母子)가 되면 아들은 어머니의 상에 복을 입지만 [이 관계에 준해서] 서모(庶母)나 조서모(祖庶母)와 모자의 인연을 맺으면 아들은 어머니의 상에 복을 입어야 하는 것이다.

　原文　哭朋友者는, 於門外之右에 南面이니라.
　（곡붕우자 어문외지우 남면）

　祔葬者는 不筮宅이니라.
　（부장자 불서택）

　士大夫는 不得祔於諸侯하고, 祔於諸祖父之爲士大夫者하며, 其妻는 祔於諸祖姑요, 妾은 祔於妾祖姑니, 亡則中一以上而祔하며, 祔必以其昭穆이니라. 諸侯는 不得祔於天子요, 天子諸侯大夫는 可以祔於士니라.
　（사대부 부득부어제후 부어제조부지위사대부자
　기처 부어제조고 첩 부어첩조고 무즉중일이상이부
　부필이기소목 제후 부득부어천자 천자제후
　대부 가이부어사）

　爲母之君母하여는, 母卒則不服이니라.
　（위모지군모 모졸즉불복）

　宗子는 母在어든, 爲妻禫이니라.
　（종자 모재 위처담）

　爲慈母後者는, 爲庶母도 可也며, 爲祖庶母도 可也니라.
　（위자모후자 위서모 가야 위조서모 가야）

　註解　○門外之右(문외지우)─침문(寢門) 밖의 우측. ○南面(남면)─상주는 남면하여 곡하고, 빈객은 북면하여 조상한다. ○筮(서)─점치는 것. ○宅(택)─무덤의 구덩이, 즉 광중(壙中)을 말한 것. ○諸祖父(제조부)─조부의 형제들. ○諸祖姑(제조고)─여러 조부의 처를 말한 것. ○妾祖姑

(첩조고)-조부의 첩을 말한 것. ㅇ亡則(무즉)-없다면이란 뜻. ㅇ昭穆(소목)-사당에 조상의 신주를 모시는 차례. ㅇ諸侯(제후)-여기서는 천자의 자손으로서 제후가 된 자를 가리킨 말. ㅇ天子(천자)-여기에서는 제후의 선조로서의 천자. ㅇ母之君母(모지군모)-어머니의 친어머니가 아닌 어머니의 적모(適母)를 말한 것. ㅇ禫(담)-담제(禫祭)로써 상복(喪服)을 벗을 때의 제사 이름. ㅇ爲慈母後者(위자모후자)-아버지의 명령으로, 첩의 아들로서 어머니가 없는 자가, 첩으로서 자식이 없는 자의 아들이 되어 그 양육을 받은 자.

부모를 위해, 아내를 위해, 장자를 위해서 담제(禫祭)를 지내고 제상(除喪)을 한다.

자모(慈母)를 위해 또는 아버지의 첩인 어머니를 위해 자식으로서 복을 입는다 하더라도 이것은 손자 아래로는 미치지 않는다.

남자는 관례(冠禮)를 지낸 이상 어려서 죽어도 상(殤)이 아니고, 여자는 계례(笄禮)를 한 이상 어려서 죽어도 상이 아니다. 또 상으로 죽은 자의 아들로서 뒤를 이어받는 사람은 반드시 아버지의 상(喪)으로서 복을 입지 않고 본래의 친연(親緣)에 따라 복을 입는다.

사정에 의해 장례가 늦어졌을 경우에는 상주만은 제상(除喪)하지 않고 다른 사람들은 상복(喪服)에서 정해진 달수를 지낸 다음 제상한다. 〔단지 상복은 보존했다가 장례에 사용한다〕

여자가 아직 출가하기 전에 아버지의 상을 당하면 대나무 비녀를 꽂고 3년상을 마친다. 재최 3월의 상과 대공(大功) 9월의 상과는 존비경중(尊卑輕重)이 거의 비슷하다. 그러므로 모두 함께 미투리를 신는다.

소상(小祥)의 제(祭)에는 미리 유사(有司)에게 명하여 제삿날을 점치고, 시(尸)가 될 사람을 점치고, 제기(祭器) 씻는 것을 살피는 법이다. 이 제(祭)에서는 모두 수질(首絰)을 벗고 요질(腰絰)을 띠며, 또 지팡이도 짚고 미투리를 신는다. 그런데 유사가 명을 받은 세 가지 일을 모두 갖추었다고 알리면 주인은 그때에 지팡이를 짚지 않는다.
시(尸)를 점칠 때에는 객이 오면 유사가 점치는 일이 끝났다고 고하
는데 그때 주인이 다시 지팡이를 짚고 절하며 객을 배웅하는 것이다.
대상(大祥)의 제(祭)에는 길복(吉服)을 입고 시(尸)를 점친다.

原文 爲父母妻長子하여 禪이니라.

(위부모처장자 담)

慈母與妾母는, 不世祭也니라.

(자모여첩모 불세제야)

丈夫는 冠而不爲殤하고, 婦人은 笄而不爲殤이니, 爲殤後者
는, 以其服하고 服之니라.

(장부 관이불위상 부인 계이불위상 위상후자

이기복 복지)

久而不葬者는, 惟主喪者를 不除하고, 其餘에 以麻로 終月數
者는, 除喪則已니라.

(구이부장자 유주상자 부제 기여 이마 종월수

자 제상즉이)

箭笄로 終喪三年하고, 齊衰三月이, 與大功으로 同者는, 繩屨
니라.

(전계 종상삼년 재최삼월 여대공 동자 승구)

練엔, 筮日, 筮尸, 視濯하되, 皆要絰, 杖繩屨니, 有司告具而
后에 去杖하고, 筮日, 筮尸하며, 有司告事畢而后에 杖하며, 拜
送賓하고, 大祥엔, 吉服而筮尸니라.

(연 서일 서시 시탁 개요질 장승구 유사고구이

후 거장 서일 서시 유사고사필이후 장 배

송빈 대상 길복이서시)

註解 ㅇ妾母(첩모)—서자의 어머니. 즉 아버지의 첩. ㅇ殤者(상자)—여

기서는 적령(適令) 이전에 관례(冠禮)를 올린 종자(宗子)로서 일찍 죽은 자를 말함. ㅇ久而(구이)―오래도록이란 뜻. ㅇ麻終月數者(마종월수자)― 기(期 : 1년)보다 이하인 대공(大功 : 9월)·소공(小功 : 5월)·시마(緦麻 : 3월)까지의 상을 입는 자. 삼으로 상복을 짓기 때문에 마(麻)라고 한다. ㅇ前 笄(전계)―대나무로 만든 비녀. 길이는 1척. ㅇ繩屨(승구)―미투리. 삼으로 만듦. ㅇ練(연)―소상(小祥)을 말함. ㅇ濯(탁)―씻는 것. ㅇ要(요)―요(腰) 와 같은 뜻. ㅇ去杖(거장)―지팡이를 놓는 것. ㅇ視濯(시탁)―제기(祭器) 씻는 것을 보살피는 것. ㅇ筮日(서일) 筮尸(서시)―날짜나 시(尸)를 점칠 때에는 빈이 오는 일이 있지만 탁(濯)을 볼 때에는 빈이 오는 일이 없 다. 그래서 이 구절에는 시탁(視濯)이라 하지 않았다. ㅇ大祥(대상)―대 상에는 조복(朝服)을 입는다. 그런고로 질장구(絰杖屨)를 벗는 것이다.

서자(庶子)는 아버지 곁에서 살 때에는 생모(生母)를 위해서 담제 (禫祭)를 지내지 않는다.

서자는 [사자(嗣子)와는 달리] 애곡(哀哭)할 때 상장(喪杖)을 짚고 자리에 서지 않는다. 아버지가 서자를 위해 상주가 되는 것이 아니면 손자[서자의 아들]가 상주가 되어 상장을 짚고 자리에 선다. 아버지 가 살아 있는 동안에도 서자는 아내를 위해 상주가 되어 상장을 짚고 자리에 선다.

제후가 타국의 신하를 조문할 때에는 그 신하의 임금이 상주노릇을 한다. 신하를 조문하는 데는 제후는 반드시 피변(皮弁)을 쓰고 석최 (錫衰)의 상복을 입지만 타국의 신하에 대해서도 마찬가지이다. 그리 고 상가(喪家)에서는 매장을 이미 끝냈어도 제후의 조문이 있으면 상 주는 반드시 문(免)한다. 또 상주가 아직 상복을 입지 않았을 때에는 제후도 또한 석최하지 않는다.

原文 庶子이 在父之室이어든, 則爲其母하여 不禫이니라.
　　　(서자 재부지실 즉위기모 부담)

庶子는 不以杖으로 卽位니라. 父이 不主庶子之喪이어든, 則孫은 以杖으로 卽位可也니라. 父이 在어시든, 庶子이 爲妻하여 以杖으로 卽位可也니라.

(서자 불이장 즉위 부 부주서자지상 즉손

이장 즉위가야 부 재 서자 위처 이

장 즉위가야)

諸侯이 弔於異國之臣이어든, 則其君이 爲主니라. 諸侯이 弔에, 必皮弁錫衰니, 所弔雖已葬이나, 主人이 必免이니 主人이 未喪服이어든, 則君이 亦不錫衰니라.

(제후 조어이국지신 즉기군 위주 제후 조

필피변석최 소조수이장 주인 필문 주인 미상

복 즉군 역불석최)

註解 ○庶子不以杖卽位(서자불이장즉위)―부모의 상을 당하여 적자(適子)는 지팡이를 짚고 제자리에 가서 곡하지만, 차자(次子) 이하는 중문(中門) 밖에 이르렀을 때 상장을 놓아야 한다는 말. ○父不主(부부주)……卽位可也(즉위가야)―아버지가 적자(適子)를 위해서 상주(喪主)가 되어 상장(喪杖)을 짚었을 때에는 적자의 아들은 상장을 짚지 못한다. 다만 아비가 서자의 초상에 상주가 되지 못했을 때에는 서자의 아들이 지팡이를 짚고 제자리에 나간다는 말. ○父在(부재) 庶子爲妻以杖(서자위처이장)―아비는 적자(嫡子)의 아내를 위해서 상주가 될 수 있기 때문에 적자는 상장(喪杖)을 짚고 자리에 나가지 못한다. 그러나 서자의 아내를 위해서는 상주가 될 수 없기 때문에 서자는 아내를 위해서 스스로 상주가 되어 상장을 짚는다는 말. ○皮弁錫衰(피변석최)―피변(皮弁)은 흰빛으로 질(絰)을 더한 것이고, 석최(錫衰)는 가는 베로 만든 상복을 말한다. 모두 제후의 조복(弔服)이다. ○主人必免(주인필문)―주인은 상중(喪中)에 반드시 관(冠)을 벗고 머리를 묶는다는 말. 대체로 문(免)의 절차는 대공(大功) 이상을 중복(重服)으로 여기어 죽었을 때로부터 장사지낼 때까지 한다. 졸곡(卒哭)이 지나면 다시 문(免)을 하지 않는다. 소공(小

功) 이하는 경복(輕服)이라고 하여 죽었을 때로부터 빈(殯)할 때까지 하고, 빈한 뒤에는 문(免)하지 않는다. 여기서는 이미 장사를 지냈어도 임금이 와서 조상하는 것이므로 주인이 반드시 문(免)하는 것이다. 이는 임금을 존중하기 때문이다. ○未喪服(미상복)—예(禮)에 이미 빈(殯)했으면 상복을 입는 것을 예라고 하였다. 그러므로 미상복이란 빈하기 이전을 말한다.

어떤 사람이 복상중(服喪中)에 [하는 수 없어서] 환자를 돌보게 되면 상복을 입지 않는다. 그리고 만일 환자가 죽으면 돌봐준 계제에 상주가 된다. 또 어떤 사람은 복상중이기 때문에 환자를 돌보지 않았으나 만일 그 환자가 죽고 그 사람 [어떤 사람]이 상가(喪家)로 들어가 상주가 된다면 먼저의 상(喪)도 계속한다. 복상중에 사람을 돌보게 되었을 경우 만일 상대방이 손윗사람이면 상복을 입지 않으나, 손아랫사람이면 상복을 입어도 된다.

임금의 첩은 먼저 임금의 첩에게 합제(合祭)하지만 그 묘(廟)가 없으면 임금의 부인에게 합제해도 되며 그 제사에는 희생의 등급을 내린다.

집안 며느리의 제사에는 우제(虞祭)나 졸곡(卒哭)에는 남편 혹은 아들이 제주(祭主)가 되지만, 부인(婦人)의 묘(廟)에 합제하는 제사에는 시아버지가 제주가 된다.

사(士)는 대부를 위해서 상주노릇을 할 수가 없다. 사(士)가 대부의 상주노릇을 해도 되는 것은 그 사(士)가 종자(宗子)일 경우에 한한다.

상주가 제상(除喪)하기도 전에 형제가 외국에서 돌아오면 상주가 서로 절할 때 문(免)하지 않아도 된다.

매장(埋葬)에 사용하는 명기(明器 : 副葬品)를 진열하려면 사람들로부터 기증(寄贈)받은 것은 남김없이 진열하고 매장에는 빼도 된다. 상가(喪家)에서 준비한 것은 진열에서 빼도 되나 남김없이 진열하는 것이 좋다.

原文 養有疾者는 不喪服하고, 遂以主其喪이니, 非養者는, 入
主人之喪이어든, 則不易己之喪服하고, 養尊者는 必易服하고, 養
卑者는 否니라.

(양유질자 불상복 수이주기상 비양자 입

주인지상 즉불역기지상복 양존자 필역복 양비자 부)

妾이 無妾祖姑者는, 易牲而祔於女君이 可也니라.

(첩 무첩조고자 역생이부어여군 가야)

婦之喪에, 虞卒哭을, 其夫若子이 主之하고, 祔則舅主之니라.

(부지상 우졸곡 기부약자 주지 부즉구주지)

士이 不攝大夫니, 士이 攝大夫는 唯宗子니라.

(사 불섭대부 사 섭대부 유종자)

主人이 未除喪에, 有兄弟自他國至어든, 則主人이 不免而爲
主니라.

(주인 미제상 유형제자타국지 즉주인 불문이위주)

陳器之道는, 多陳之하여, 而省納之可也며, 省陳之하여, 而盡
納之可也니라.

(진기지도 다진지 이생납지가야 생진지 이진

납지가야)

註解 ㅇ養有疾者(양유질자)……主其喪(주기상)―친척이나 근친(近親)
없이 병이 난 사람을 돌볼 때 자기가 상복을 입었으면 그것을 벗는다. 그
리고 그 환자가 죽었을 때는 그 초상을 치른다는 말. ㅇ非養者(비양자)……
之服喪(지복상)―친척 중에 환자가 있어도 자기가 복상중이어서 돌보지
않고, 환자가 죽은 뒤에 들어가서 상주가 될 때에는 자기가 입었던 상복
을 바꾸지 않는다는 말. ㅇ養尊者(양존자)……養卑者(양비자)―존자(尊
者)는 부형(父兄)을 말하고, 비자(卑者)는 자제(子弟)를 말한다. ㅇ妾無
妾祖姑者(첩무첩조고자)……女君可也(여군가야)―첩은 마땅히 첩의 조고

(祖姑)에 부(祔)해야 한다. 첩의 조고가 없을 때에는 마땅히 고조(高祖)
의 첩에 부(祔)할 것이다. 고조의 첩도 없을 때에는 첩의 희생으로 바꾸
어 적조고(嫡祖姑)에 부(祔)해도 된다는 말. 부(祔)한다란 합제(合祭)함
을 가리키며 여군(女君)이란 적조고를 말한다. ㅇ虞卒哭(우졸곡)－우졸곡
은 침전(寢殿)에서 부인을 제사지낸다. 그러나 부(祔)했을 때에는 부인의
조고(祖姑)에서 제사지낸다. ㅇ士不攝(사불섭)……唯宗子(유종자)－사
(士)의 초상에 주장할 사람이 없을 때 대부가 이 일을 겸섭(兼攝)할 수는
없으나 다만 사(士)가 종자(宗子)일 때만 가능하다는 말. ㅇ陳器之道(진
기지도)－장사(葬事)에 쓰는 기물(器物)을 진열하는 것. ㅇ多陳之(다진
지) 而省納之(이생납지)－친구 등 여러 사람에게서 보내온 기물은 모두
진열하고 매장에는 빼도 된다는 말. ㅇ省陳之(생진지) 而盡納之(이진납
지)－주인이 준비한 기물(器物)은 진열에는 빠져도 남김없이 모두 매장하
는 것이 좋다는 말.

이미 매장이 끝나고 나서 죽은 자의 형제가 급히 상가(喪家)에 도
착했을 때에는 먼저 묘(墓)로 가야 하며 그런 다음 집에 와서 자리를
잡고 곡(哭)한다. 만일 친구일 경우에는 먼저 집으로 가서 조문과 곡
을 하고 그 다음에 묘(墓)로 간다.

아버지는 차자(次子) 이하의 자식을 위해서는 상주가 된다 하더라
도 중문(中門) 밖에 상차(喪次)를 마련하지 않는다.

제후도 형제라면 그 제후를 위해서 참최(斬衰)의 복을 입는다. [형
제로서라면 재최(齊衰)의 복을 입지만 임금에 대한 신하는 참최의 복
을 입는다]

어려서 죽은 자를 위해 소공(小功)의 복을 입을 때에는 요질(腰絰)
은 뿌리를 끊지 않고 바래게 한 삼으로 만들어, 늘어진 부분은 접어
허리에 닿는 곳에서 끝을 둘로 쪼개어 서로 잡아매둔다.

며느리는 남편의 조모(祖母)에게 합제(合祭)하지만, 조모로 취급되
는 사람이 세 사람이 있을 때에는 가장 근친(近親)인 사람[즉 남편의

아버지의 생모(生母)]에게 합제한다.

남편이 대부일 때 아내가 죽고 뒤에 남편이 대부를 그만두고 죽어서 아내의 묘(廟)에 합제할 경우에는 제사지내는 데에 희생의 등급을 내려 바꿀 필요는 없다. 또 남편이 사(士)일 때에 아내가 죽고 후에 남편이 대부가 되고 난 후에 죽어서 아내에게 합제할 경우에는 희생을 바꾸어서 대부의 것으로 사용한다.

原文 奔兄弟之喪엔, 先之墓, 而後之家하며, 爲位而哭하고, 所知之喪엔, 則哭於宮, 而後之墓니라.
(분형제지상 선지묘 이후지가 위위이곡 소
지지상 즉곡어궁 이후지묘)

父不爲衆子하여 次於外니라.
(부불위중자 차어외)

與諸侯로 爲兄弟者는 服斬이니라.
(여제후 위형제자 복참)

下殤小功은, 帶澡麻하되, 不絶本하고, 詘而反하여 以報之니라.
(하상소공 대조마 부절본 굴이반 이보지)

婦祔於祖姑로되, 祖姑有三人이어든, 則祔於親者니라.
(부부어조고 조고유삼인 즉부어친자)

其妻이, 爲大夫而卒하고, 而后에 其夫不爲大夫하여, 而祔於其妻인댄, 則不易牲하고, 妻이 卒而后에 夫爲大夫하여, 而祔於其妻인댄, 則以大夫牲이니라.
(기처 위대부이졸 이후 기부불위대부 이부어
기처 즉불역생 처 졸이후 부위대부 이부어
기처 즉이대부생)

註解 ㅇ所知之喪(소지지상)—아는 사람의 초상이란 뜻. ㅇ宮(궁)—빈궁(殯宮)을 뜻한 말. ㅇ父不爲衆子次於外(부불위중자차어외)—아버지가

적장자(適長子)를 위해서는 중문(中門) 밖에 상차(喪次)를 마련하지만 서자를 위해서는 하지 않는다는 말. ○與諸侯爲兄弟者服斬(여제후위형제 자복참)-임금의 형제로서 본국에서는 경대부였으나 현재 타국에서 아직 벼슬을 하지 않은 경우일 때 본국의 임금이 죽었으면 아무리 형제간이라 할지라도 옛 임금이기 때문에 형제로서의 복을 입지 않고 참최복(斬衰服) 을 입는다는 말. ○下殤小功(하상소공)-원래는 기복(朞服)을 입어야 할 사이지만 요사(夭死)했기 때문에 한 등급을 내려서 소공(小功)의 복을 입는다는 말. ○澡麻(조마)-삼을 표백하여 띠를 만든 것. ○詘而反以報 之(굴이반이보지)-대체로 상복의 삼[麻]은 아래로 드리워진다. 이것을 다시 위로 구부리고 둘로 쪼개어 아래로 드리운다는 뜻. ○祖姑有三人 (조고유삼인)-한 사람은 시아버지의 생모(生母)이고 두 사람은 시아버 지의 계모를 뜻한 말. ○親者(친자)-시아버지의 생모(生母)를 뜻한 말. ○其夫不爲大夫(기부불위대부) 而祔於其妻(이부어기처)-그 아내가 죽은 뒤에 남편이 낮추어져서 선비가 되어 죽어서 아내에게 부제(祔祭)된다는 말.

아버지의 후계자인 아들은 이별당한 어머니를 위해서 상복을 입지 않는다. 복을 입지 않는 것은 다른 집안의 상복을 입는 사람이 자기 집의 제사를 지낼 수 없기 때문이다.

부인(婦人)이 상주가 아닌데도 상장(喪杖)을 짚는 경우가 있는 것 은, 시어머니만 있고 아들이 상주노릇을 할 때 그 아들의 아내가 남 편을 위해서 상장을 짚는 것이다. 어머니는 장자를 위해서 삭장(削 杖)을 짚는다. 아직 다른 집으로 시집을 가지 않은 딸이 부모의 상을 당하여 남자 형제가 없을 때는 같은 성(姓)의 친족이 상주노릇을 하 지만, 이 상주가 상장을 갖지 않을 경우에는 그 딸 혼자 상장을 짚는 다. 〔상주가 상장을 짚으면 딸은 상장을 짚지 않는다〕

시마(緦麻)와 소공(小功) 등 〔정도가 가벼운〕 상(喪)에서는 우(虞) 와 졸곡(卒哭)에는 문(免)한다. 그리고 이미 장례를 끝냈어도 즉시 우 제(虞祭)를 지내지 않을 때는 상주라도 일단은 관(冠)을 쓴다. 또한 우제를 지낼 때가 되면 모두 문(免)한다. 형제의 죽음에 대해서 상복을 오래도록 입어 아직 매장하지 않았는데 정해진 기한이 되면 제상(除喪)한다. 그러나 매장할 때에는 또다시 상복을 입고 매장한 뒤에 즉시 우제(虞祭)를 지내며 이어서 졸곡을 하는 데 있어서는 문(免)한다. 만일 즉시 우제나 졸곡을 하지 않으면 일단 문(免)을 그만둔다. 묘지(墓地)가 교외(郊外)이기 때문에 매장에 길이 먼 경우에는 집에 돌아와서 반곡(反哭)의 예(禮)를 할 때까지는 일단 모두 관(冠)을 쓴다. 그리고 도읍의 근교에 이르러서 또다시 문(免)하고 돌아오면 반곡(反哭)을 한다. 임금이 신하를 조문할 때에는 문(免)할 때가 되지 않았더라도 상주는 반드시 문하고 또한 요질(腰絰)의 끝을 드리우지 않는다. 또 조문하러 오는 것이 타국의 임금이라 할지라도 집 주인은 문(免)하는 것이므로 친척은 모두 문한다.

상(殤), 즉 요사(夭死)한 사람의 상복을 벗는 제사에는 반드시 현관(玄冠)·현의(玄衣)의 차림을 한다. 성인이 상복을 벗는 데는 그때의 제사에 반드시 조복(朝服)을 입고 호관(縞冠)을 쓴다.

[原文] 爲父後者는, 爲出母하여 無服하니, 無服也者는, 喪者이 不祭故也라.
(위부후자 위출모 무복 무복야자 상자
부제고야)

婦人이 不爲主而杖者는, 姑이 在어시든 爲夫하여 杖하며, 母이 爲長子하여 削杖하며, 女子子이 在室하여는 爲父母하여, 其主喪者이 不杖이어든, 則子一人이 杖이니라.
(부인 불위주이장자 고 재 위부 장 모
위장자 삭장 여자자 재실 위부모 기주상
자 부장 즉자일인 장)

緦, 小功에, 虞卒哭則免이니라. 旣葬而不報虞어든, 則雖主人

이라도 皆冠하고, 及虞則皆免이니라. 爲兄弟하여 旣除喪已하고, 及其葬也하얀, 反服其服이니, 報虞卒哭則免하고, 如不報虞則除之니라. 遠葬者는, 比反哭者하여 皆冠하고, 及郊而後라야 免하고 反哭이니라. 君이 弔어든, 雖不當免時也나, 主人이 必免하고, 不散麻하며, 雖異國之君이라도 免也니, 親者이 皆免이니라.

(시 소공 우졸곡즉문 기장이불부우 즉수주인
개관 급우즉개문 위형제 기제상이
급기장야 반복기복 부우졸곡즉문 여불부우즉제
지 원장자 비반곡자 개관 급교이후 문
반곡 군 조 수부당문시야 주인 필문 불
산마 수이국지군 문야 친자 개문)

除殤之喪者는, 其祭也에 必玄이요. 除成喪者는, 其祭也에 朝服縞冠이니라.

(제상지상자 기제야 필현 제성상자 기제야 조복호관)

註解 ㅇ喪者不祭故也(상자부제고야)—다른 집안의 상복을 입는 사람은 자기 집의 제사를 지낼 수 없기 때문이라는 말. ㅇ姑在爲夫杖(고재위부장)—시어머니가 있어서 그 아들의 상주가 될 때에는 아내가 남편을 위해서 지팡이를 짚는다는 말. ㅇ削杖(삭장)—자식이 어머니를 위해서 짚는 상장(喪杖). 어머니도 역시 장자를 위해서 짚는다. ㅇ女子子(여자자)—미혼의 젊은 여자. ㅇ其主喪者(기주상자)……一人杖(일인장)—남자로서 상주가 될 사람이 없어서, 동성(同姓)의 사람으로 상주를 삼았을 때 그 상주가 지팡이를 짚지 않으면 처녀 혼자서 지팡이를 짚는다는 뜻. ㅇ緦(시) 小功(소공) 虞卒哭則免(우졸곡즉문)—시마(緦麻)나 소공(小功)은 복(服) 중에서 가벼운 것이다. 빈(殯)이 끝난 뒤에는 어떤 일이 있어도 문(免)하지 않고 우제와 졸곡에는 문(免)한다. ㅇ旣葬而不報虞(기장이불보우)—이미 장례를 지냈으면 곧 우제를 지내는 것이 예인데, 다른 사정이 있어서 빨리 우제를 지내지 못했을 때를 말한 것. ㅇ及虞則皆免(급우즉개문)—우제를 지낼 때에는 주인 이하 모든 친척에 이르기까지 모두 문(免)한다는

말. ㅇ報虞卒哭則免(부우졸곡즉문)−주인이 일찍이 우제와 졸곡을 지내지 못할 때에는 형제도 역시 문(免)한다는 말. ㅇ遠葬者(원장자)−장지(葬地)가 교외에 있는 것을 뜻한 말. ㅇ比反哭者(비반곡자)−장례를 끝내고 돌아올 때에는 도중에서 모두 관(冠)을 쓴다는 말. ㅇ免反哭(문반곡)−사당에 반곡(反哭)하는 것. ㅇ不散麻(불산마)−요질(腰絰)을 잡아매어 삼끝을 드리우지 않는 것. ㅇ成喪(성상)−성인의 상복.

아버지의 상에 급히 돌아온 사람은 빈궁(殯宮)의 당상(堂上)에서 머리털을 묶고 윗옷의 어깨를 벗고 섬돌로 내려와서 곡용(哭踊)하고 동서(東序)에서 벗은 어깨를 끼운 다음 요질(腰絰)을 맨다. 또 어머니의 상에 급히 돌아온 사람은 머리털을 묶지 않고 당상에서 윗옷의 어깨를 벗고 〔동계로〕 내려가서 곡용하고 동서에서 어깨를 끼우고 문(免)한다. 이리하여 아버지를 위해 문(免)한 후 동계(東階)에 위치를 정하고 거듭 곡용을 한 다음 빈궁(殯宮)을 나와 상차(喪次)로 들어가서 애곡(哀哭)을 그친다. 이날부터 3일 간에 다섯 번 애곡하고 세 번 어깨를 벗는다. 〔곡용을 한다〕

장자에게 사정이 있어서 아버지를 계승하지 않는 경우에는, 장자의 아내의 상을 당해서 시부모는 소공(小功)의 상복(喪服)을 입는다.

原文 奔父之喪하여는, 括髮於堂上하고, 袒降踊하고, 襲絰于東方하며, 奔母之喪하여는, 不括髮하여, 袒於堂上하고, 降踊하며, 襲免于東方하고, 絰하여, 卽位하며, 成踊하고, 出門哭止하고, 三日而五哭三袒이니라.
(분부지상 괄발어당상 단강용 습질우동
방 분모지상 불괄발 단어당상 강용
습문우동방 질 즉위 성용 출문곡지 삼
일이오곡삼단)
適婦不爲舅後者는, 則姑爲之小功이니라.

(적부불위구후자 즉고위지소공)

註解　ㅇ括髮於(괄발어)……于東方(우동방)－빈궁(殯宮)의　당상(堂上)
에서 삼끈으로 머리털을 묶고 윗옷 한쪽 어깨를 벗은 다음 동계(東階)로
내려가서 곡용(哭踊)한다. 다시 당상으로 올라와 어깨를 끼우고 동서(東
序)의 동쪽에서 요질(腰絰)을 맨다는 말. ㅇ出門而哭(출문이곡)－문을 나
간다는 것은 빈궁(殯宮)을 나가서 상차(喪次)로 간다는 말. ㅇ三日而五
哭(삼일이오곡)－3일 간에 다섯 번 곡한다는 말. 처음 가서 한 번 곡하고,
다음날 아침저녁으로 곡하고 또 다음날 아침저녁으로 곡한다는 것이다.
ㅇ三袒(삼단)－세 번 벗는다는 말. 처음 가서 벗고 다음날 아침, 그리고
또 다음날 아침에 벗는다고 한다. ㅇ不爲舅後者(불위구후자)－다른 사고
가 있어서 시아버지의 뒤를 이을 수가 없거나 또는 죽어서도 그 자식이
없어서 그 뒤를 계승하지 못하는 경우를 말한 것. ㅇ姑爲之小功(고위지
소공)－시부모는 적부(適婦)를 위해서 대공(大功)을 입고, 서부(庶婦)를
위해서는 소공(小功)을 입는 것이 예라는 뜻.

제16 대 전(大傳)

《정현목록(鄭玄目錄)》에는 '이 편(篇)에는 조종인친(祖宗人親)의 대의(大義)를 기술(記述)하므로 대전(大傳)이라 이름한다'라고 나와 있으나, 타당하다고는 생각되지 않는다. 그러나 달리 그럴만한 설도 없고 하여 미상(未詳)이다. 이 편은 위의 〈상복소기(喪服小記)〉에 대동소이한 글도 많으나, 전체적으로는 〈상복소기〉에 이어서 피차가 서로 보완하는 형태로 복상(服喪)에 관한 여러 가지의 마음가짐이 수록된 것이다.

예법에 왕이 아니고는 체제(禘祭)를 지내지 못한다. 왕자(王者)가 선조의 근원인 하늘을 제사지내고 이에 맞추어 선조를 제사지내는 것이 체제이다. 제후는 부조(父祖)를 제사지낼 때 시조[최초의 임금]에게 제사를 미치게 한다. 제후의 분가(分家)의 자손으로 대부나 사(士)인 자가 특별히 큰 제사를 지냄에 있어서 그 제사의 규모를 임금보다 작게 하는 것이 원칙이다. 제사하는 선조는 고조[본인의 5대조] 이하이다. 목야(牧野)의 싸움은 [주(周)나라의] 무왕(武王)에게 있어 매우 중대한 일이었다. 그렇기 때문에 싸움에서 승리한 후 전쟁터를 물러나 나무를 태워 하늘을 제사지내고, 땅의 신에게 기원하며 목야(牧野)의 숙소에 제장(祭場)을 마련하여 많은 물건을 갖추어 부조(父祖)를 제사지냈다. 그리고 제후를 이끌고 신속히 나라로 돌아와 묘(廟)에서 제사를 지내려고 하니 제후들은 모두 제물을 준비하여 이에 따랐다. 무왕은 단보(亶父)에게 대왕(大王)을, 계력(季歷)과 창(昌)에게 왕(王)을 추증(追贈)하여 제사지냈다. 이것은 자손이 높은 자리에 있어서 선조를 내려다보는 형상이 되는 것을 피하기 위함이었다.

原文 禮에, 不王이면 不締니, 王者이 締其祖之所自出하사, 以其祖로 配之하시니라. 諸侯는 及其大祖하고, 大夫士는 有大事어든, 省於其君하여, 干祫이 及其高祖니라. 牧之野는, 武王之大事也라. 旣事而退하사, 柴於上帝하시며, 祈於社하시며, 設奠於牧室하시고, 遂率天下諸侯하사, 執豆籩하여, 逡奔走하며, 追王大王亶父와, 王季歷과, 文王昌하시니, 不以卑로 臨尊也라.

(예 불왕 불체 왕자 체기조지소자출 이
기조 배지 제후 급기태조 대부사 유대사
성어기군 간협 급기고조 목지야 무왕지대사
야 기사이퇴 시어상제 기어사 설전어목실
수솔천하제후 집두변 준분주 추왕대왕단
보 왕계력 문왕창 불이비 임존야)

註解 ㅇ締(체)-왕의 대제(大祭)를 뜻한다. 왕의 시조가 그에게서 나온 제(帝)를 추사(追祀)하는 제례이다. 혹은 이를 간사(間祀)라 부르고, 혹은 추향(追享)이라 부르며, 혹은 대제(大祭)라고 부른다. ㅇ大祖(태조)-한 왕조의 첫 임금. ㅇ大事(대사)-협제(祫祭)를 말한 것. ㅇ省於其君(성어기군)-그 임금에게 어여삐 여김을 받는 것. 즉 칭찬받는 것. ㅇ干祫(간협)-간(干)은 아래로부터 위에 간여한다는 뜻. 협(祫)은 제후의 조상을 합제(合祭)하는 것. 아랫사람으로서 높은 사람의 예를 행하기 때문에 간협이라고 한다. ㅇ武王之大事(무왕지대사)-무왕(武王)이 은(殷)나라 주왕(紂王)을 치기 위하여 목야(牧野)에서 싸웠는데 이것을 가리켜 무왕에 있어서 큰 일이라고 한 말. ㅇ柴於上帝(시어상제)-시(柴)는 나무를 태워 하늘에 고하는 것. ㅇ設奠於牧室(설전어목실)-설전(設奠)은 전물(奠物)을 마련해 놓는 것. 목실(牧室)은 목야(牧野)에 있는 숙박소. ㅇ逡奔走(준분주)-전승(戰勝)을 선조의 신령에게 속히 보고하려고 급히 돌아온다는 말. ㅇ亶父(단보)-무왕(武王)의 증조부(曾祖父). ㅇ季歷(계력)-무

왕의 조부. ○臨尊也(임존야)―왕호(王號)를 추존(追尊)하는 것.

　자기 위에는 부조(父祖)가 있고 아래로는 자손이 있다. 부조의 사
랑을 다스리는 것이나 제사하는 방법을 올바르게 하는 것이 선조를
존경하는 길이다. 또 자손에 대해서는 장유적서(長幼嫡庶)의 구별을
분명히 하고 화합(和合) 협력토록 다스리는 것이 일가상친(一家相親)
하는 길이다. 또 방계(傍系)의 친족으로는 형제나 종형제가 있다. 이
를 잘 다스리는 것이 일족친목(一族親睦)의 길이며 가끔 친족이 모여
서 음식을 먹는데, 그때의 좌석은 조묘(祖廟)의 소목(昭穆)에 응해서
정하며 예의에 따라서 장유존비(長幼尊卑)의 구별을 분명히 한다. 이
리하여 인간의 윤리가 충분히 표명(表明)되는 것이다.

　성왕(聖王)이 남면(南面)하고 천하를 다스림에 임하여 최초로 해야
하는 일이 다섯 가지가 있는데, 그것은 백성에 대한 문제와는 별개의
것이다. 그의 첫째는 친족(親族)을 다스리는 것이고, 둘째는 공로가
있는 자에게 보답하는 것이며, 셋째는 현인(賢人)을 기용하는 것이고,
넷째는 유능한 사람을 등용하는 것이며, 그 다섯째는 애호(愛好)를
밝혀 사람들에게 알리는 것 등이다. 이 다섯 가지 일이 만일 천하에
잘 실행되기만 하면 그 결과로 선정(善政)이 널리 펴져 백성에게 부
족한 일이나 불충분한 일이 없어질 것이다. 만일 또 이 다섯 가지 일
의 하나라도 잘못되면 천하는 문란해지고 백성은 안심하고 죽을 수조
차 없을 것이다. 성인(聖人)이 남면해서 천하를 다스리려면 반드시
인륜(人倫)을 바르게 지키고 행하는 것부터 착수해야 하는 것이다.

　왕자(王者)가 천하를 다스리려면 도량형(度量衡)을 정하고 예법을
설정하며, 역법(曆法)을 고치고 기치(旗幟)의 기호(記號)를 분명히
하며, 여러 기구의 구별이나 의복의 규정을 분명히 한다. 이것들은 왕
이 백성에 대하여 변혁시켜서 생활을 편리하게 해줄 수 있는 사항이
다. 그러나 변혁할 수 없는 사항도 있다. 그것은 친족과 친하고, 존족

(尊族)을 존경하며, 연장자를 공경하고 남녀의 구별을 분명히 하는 것 등인데 이것은 백성에 대하여 변혁할 수 없는 사항이다.

原文 上治祖禰는, 尊尊也요, 下治子孫은, 親親也니, 旁治昆弟하여, 合族以食하며, 序以昭穆하며, 別之以禮義면, 人道竭矣라.
(상치조녜 존존야 하치자손 친친야 방치곤제
합족이식 서이소목 별지이예의 인도갈의)

聖人이 南面而聽天下에, 所且先者五요, 民不與焉하니, 一曰, 治親이오. 二曰, 報功이오. 三曰, 擧賢이오. 四曰, 使能이오. 五曰, 存愛니, 五者이 一得於天下면, 民이 無不足하며, 無不贍者요, 五者에 一物이 紕繆면, 民이 莫得其死니, 聖人이 南面而治天下면, 必自人道始矣니라.
(성인 남면이청천하 소차선자오 민불여언 일왈
치친 이왈 보공 삼왈 거현 사왈 사능 오
왈 존애 오자 일득어천하 민 무부족 무불섬자
오자 일물 비류 민 막득기사 성인 남면이치
천하 필자인도시의)

立權度量하며, 考文章하며, 改正朔하며, 易服色하며, 殊徽號하며, 異器械하며, 別衣服은, 此는 其所得與民變革者也라. 其不可得變革者則有矣니, 親親也와, 尊尊也와, 長長也와 男女有別이니, 此는 其不可得與民變革者也라.
(입권도량 고문장 개정삭 이복색 수휘호
이기계 별의복 차 기소득여민변혁자야 기불
가득변혁자즉유의 친친야 존존야 장장야 남녀유별
차 기불가득여민변혁자야)

註解 ○上治祖禰(상치조녜) 尊尊也(존존야)−조녜(祖禰)의 차서를 바르게 하여 친소(親疏)와 후박(厚薄)을 마땅하게 하는 것은 높은 사람을

섬기는 도리이란 뜻. ㅇ合族以食(합족이식) 序以昭穆(서이소목)－친족들을 단합하게 하려면 음식의 예의를 가지고 하고, 친족들의 차서를 차리는 데는 소목(昭穆)을 가지고 한다는 말. ㅇ聽天下(청천하)－치천하(治天下)와 같은 말. ㅇ民不與焉(민불여언)－민정(民政)의 일은 이 다섯 가지 일에 들어가지 않는다는 말. 즉 이 다섯 가지 일은 민정을 잘 해나가기 위한 전제조건이란 뜻. ㅇ一物(일물)－일사(一事)와 같은 뜻. ㅇ民莫得其死(민막득기사)－국가가 몹시 문란해지는 것을 표현한 말. ㅇ權度量(권도량)－권(權)은 저울, 도(度)는 자[尺], 양(量)은 말[斗]이다. 즉 도량형(度量衡)이란 뜻. ㅇ文章(문장)－전적(典籍). ㅇ徽號(휘호)－정기(旌旗) 따위.

동성(同姓)의 친족은 대종(大宗)이나 소종(小宗)을 중심으로 모여서 종족(宗族)을 형성한다. 이에 대하여 이성(異姓)의 사람들은 어머니라든가 며느리 등의 명칭을 중심으로 해서 친족 혹은 인족(姻族)의 관계를 인정하는 것이다. 그렇기 때문에 이성(異姓)의 사람들 사이에서는 중심이 되는 명칭이 분명하면 그에 의해 남녀[부부]의 지위나 신분 등이 밝혀진다. 예컨대 남편이 그 집에 있어서 아버지의 세대에 속하면 아내는 어머니의 세대에 속한다. 남편이 아들의 세대에 있으면 처는 며느리의 반열에 들어간다. 그러므로 남편 동생의 처도 며느리이므로 형의 처를 어머니의 반열에 놓을 수는 없다. 이와 같은 명칭은 [왕자(王者)가] 백성을 다스리는 데 있어서 중대한 구실을 하므로 소홀히 할 수 없다. 자기부터 [자신을 넣고] 4세대의 선조나 자손에는 시마(緦麻)의 상복(喪服)을 입는 것은 상복이 가장 경(輕)한 것이고, 5세대가 되는 자에게는 윗옷의 어깨를 벗고 문(免)하는 것만으로 동성인 친족인데도 예는 가볍게 되어 있다. 그리고 6세대가 되는 자는 친연(親緣)이 끊어진다.

동족으로 성(姓) [사실은 씨(氏)]을 달리하는 사람들은 먼 선조 세대에 분가(分家)해서 자손인 우리들 세대에 와서는 친족의 인연이 끊어졌다고 해서 결혼해도 좋을런지, 그러나 그건 그렇지가 않다. 본래의 성(姓)으로 모두 결합되어 진실로 갈라진 것이 아니라 때로는 동족이 모두 모여서 회식하니 완전한 타인은 아니다. 가령 갈라져서 백세(百世)가 지나도 서로 결혼하지 않음은 주(周)나라의 예에 그렇게 정해져 있다.

原文 同姓은 從宗하여 合族屬하고, 異姓은 主名하여 治際會니, 名著而男女有別이니라. 其夫이 屬乎父道者면, 妻는 皆母道也요, 其夫이 屬乎子道者면, 妻는 皆婦道也니, 謂弟之妻를 婦者인댄, 是嫂를 亦可謂之母乎아. 名者는, 人治之大者也니, 可無愼乎아. 四世而緦는, 服之窮也요, 五世袒免은, 殺同姓也니, 六世는 親屬이 竭矣라.

(동성 종종 합족속 이성 주명 치제회
명저이남녀유별 기부 속호부도자 처 개모도
야 기부 속호자도자 처 개부도야 위제지처 부
자시수 역가위지모호 명자 인치지대자야 가
무신호 사세이시 복지궁야 오세단문 쇄동성야
육세 친속 갈의)

其庶姓이 別於上하고, 而戚이 單於下라면, 昏姻을 可以通乎아. 繫之以姓而弗別하며, 綴之以食而弗殊라, 雖百世而昏姻을 不通者는, 周道然也라.

(기서성 별어상 이척 단어하 혼인 가이통호
계지이성이불별 철지이식이불수 수백세이혼인
불통자 주도연야)

註解 ○同姓(동성)−아버지 계통의 일가. ○異姓(이성)−어머니 계통의 친족과 처 계통의 친족. ○父道(부도)……母道(모도)−도(道)는 세대의 반열(班列). ○際會(제회)−혼례(婚禮)나 그밖의 서로 만나는 모임을 말

한 것. ㅇ道(도)—소목(昭穆)의 항렬. 소목이란 사당에 조상의 신주를 모시는 차례를 말한다. ㅇ謂(위)—말한다는 것. 일컫는다는 뜻. ㅇ四世而緦(사세이시)—4세의 친족을 위해서는 모두 시마(緦麻)를 입는다는 말. 4세란 위로는 고조에서 아래로는 자기 형제에 이르기까지의 같은 고조의 뒤를 이은 자. ㅇ五世祖免(오세단문)—오세(五世)란 고조의 아버지의 뒤를 이은 자. 즉 구족(九族) 밖으로서 동족(同族)이라고 할 수 없으며 다만 동성(同姓)일 따름이다. 이런 경우에는 복을 입지 않고 단문(袒免)할 뿐이란 말. 단문이란 관(冠)을 벗고 머리털을 묶는 것. ㅇ竭(갈)—진(盡)과 같으므로, 다한다는 뜻. ㅇ庶姓(서성)—고조(高祖) 이상의 본성(本姓)에서 갈라진 성. 씨족(氏族)이란 뜻과 같다. 즉 현손(玄孫)까지는 고조와 그 복속(服屬)까지도 성이 같지만 현손의 아들 대에 이르러서는 이미 5세 이후이므로 복(服)도 없다. ㅇ繫之以姓(계지이성)—종가(宗家)의 계보에 서성(庶姓)의 분파(分派)·족인(族人) 따위를 기재하는 것.

사람의 상(喪)에 복(服)을 입는 데는〔죽은 자의 경우나 죽은 자와 자기와의 관계에 따라〕여러 가지로 차이가 생기지만 거기에는 여섯 가지의 이유가 있다. 그 하나는 친족의 친연(親緣)의 정도에 따른 것, 둘째는 존비(尊卑)의 차등(差等)에 따른 것, 셋째로는 어머니나 처의 친족일 경우 그〔숙모라든가〕명(名)의 차이에 따른 것, 넷째는 여자의 친족으로 아직 집에 있느냐 이미 출가했느냐의 차이에 따른 것, 다섯째는 장유(長幼)의 차등(差等)에 따른 것, 여섯째는 종복(從服)이기 때문에 정식 복장과 틀리기 때문인 것 등이다. 그리고 이 종복(從服)에는 여섯 종류가 있다. 그 첫째는 속종(屬從)〔아들이 어머니를 따라 어머니의 친족의 상복(喪服)을 입는다든가, 남편이 아내를 따라 아내의 친족의 상복을 입는다든가 할 경우〕, 둘째는 도종(徒從)〔신하가 임금을 수행하여 자기와는 직접적인 관계가 없는 사람의 상을 입어야 할 때와 같은 경우〕, 셋째는 아내가 친부모의 상복을 입고 있는데, 남편은 사정이 있어서 복을 입지 못한 경우, 넷째는 예법에 아내는 남편의 형제 상(喪)에는 복을 입지 않게 되어 있는데도 죽은 자의 아내를 따라 복을 입는 경우, 다섯째는 아내가 친정 부모 상에 기(期:1년)의 상복을 입는데 남편은 3개월로 끝나는 경우, 여섯째는 남편은 어머니나 조모의 상(喪)을 가볍게 끝내는 데 아내는 오히려 중한 복을 입는 것 같은 경우이다.

　인애(仁愛)의 도(道)에 따라 아버지를 경애(敬愛)하는 마음을 조부와 증조부에게 미치게 한다고는 하나 세대(世代)를 거슬러 올라감에 따라 친애의 정은 점차 멀어지는 것이 자연의 현상으로 이를 '경(輕)하게 한다'고 칭한다. 또 의리[도리]에서 생각해 보면 집안의 선조는 매우 존엄한 존재로 선조로부터 세대(世代)를 내려와서 조부나 아버지 대(代)에 가까워짐에 따라 그 존경하는 마음은 엷어지는 것으로, 이것을 '원조(遠祖)에 이를수록 중하게 한다'고 칭한다. 이와 같이 한편으로는 [선조로 거슬러 올라갈수록] 경하고 한편으로는 중한 것은 그 도리에 맞는 일인 것이다.

　原文　服術이 有六하니, 一曰, 親親이오, 二曰, 尊尊이오, 三曰, 名이오, 四曰, 出入이오, 五曰, 長幼요, 六曰, 從服이니라. 從服이 有六하니 有屬從하며, 有徒從하며, 有從有服而無服하며, 有從無服而有服하며, 有從重而輕하며, 有從輕而重이니라.

　　(복술 유육 일왈 친친 이왈 존존 삼왈
　　명 사왈 출입 오왈 장유 육왈 종복 종복
　　유육 유속종 유도종 유종유복이무복 유
　　종무복이유복 유종중이경 유종경이중)

　自仁率親하여, 等而上之하여 至于祖를, 名曰輕이오, 自義率祖하여, 順而下之하여 至于禰를, 名曰重이니, 一輕一重이, 其義然也니라.

　　(자인솔친 등이상지 지우조 명왈경 자의솔

조 순이하지 지우녜 명왈중 일경일중 기의연야)

註解 ○服術(복술)-복상(服喪)의 방법, 여기서는 사람의 존비친소(尊卑親疎)에 따른 복상 형식의 차등(差等). ○名(명)-백숙모(伯叔母) 및 자부(子婦)·제부(弟婦)·형수(兄嫂) 등을 말한다. ○出入(출입)-여자가 집안에 있는 것을 입(入)이라 하고, 남에게 시집가거나, 입후(入后)하는 것을 출(出)이라고 한다. ○屬從(속종)-자식이 어머니를 따라서 모당(母黨)의 복(服)을 입고, 아내가 남편을 따라서 부당(夫黨)의 복을 입고, 남편이 아내를 따라서 처당(妻黨)의 복을 입는 것. ○徒從(도종)-친속(親屬)이 아닌데 공연히 거기에 좇아서 그 당(黨)의 복을 입는 것. 도(徒)는 공(空)과 같은 뜻. ○從有服而無服(종유복이무복)-형에게는 복이 있어도 형수에게는 복이 없는 것 따위를 뜻한 말. ○從無服而有服(종무복이유복)-아내는 남편의 형제에게는 복이 없지만 동서들에게는 복이 있는 것 따위를 뜻한 말. ○從重而輕(종중이경)-아내는 그 부모를 위해서 기년복을 입으니 중(重)한 것이고, 남편은 그 아내를 좇아서 한 달 복을 입으니 경(輕)한 것 따위를 뜻한 말. ○率親(솔친)-친(親)은 부모를 뜻한 말.

임금에게는 동족(同族)을 모을 권리가 있다. 그러나 족원(族員)은 가령 임금의 근친이라 할지라도 임금에게 가까이 할 권리가 없다. 그 권리는 임금의 지위에 있어야만 하는 것이다. 서자(庶子)가 제주(祭主)가 되어 제사를 지내지 못하는 것은 별도로 종자(宗子)가 있음을 명시하는 것이다. 또 서자가 장자(長子)의 상(喪)에 3년의 복을 입지 못하는 것은 그 장자가 조상을 계승하지 못하기 때문이다. 만일 임금이 어떤 공자(公子)에게 별자(別子)임을 명하면 이 사람이 조(祖)가 되어 하나의 종가(宗家)를 세우고 장자 장손을 계승하여 종자[종주]가 된다. 또 별자 이외의 아들 또는 종자(宗子) 이외의 아들을 조(祖)로 하는 집이 생기면 그것은 소종(小宗)이다. 그러므로 자손 백대(百代)가 되어도 종자와 종족과의 친연이 끊기지 않고 종족[의 존재]에 변천이 없는 것은 대종(大宗)이다. 그리고 오대말(五代末)에 이르면 종자와 종족의 친연이 끊기고 종족[의 존재]에 변천이 생기는 것은 소종(小宗)이다. 즉 백대가 되어도 변함없는 것은 별자의 가통이고, 별자를 계승하는 자를 종[종자·종주]으로 하는 종족은 백대 후에도 변천이 없으며, 5대 선조인 고조를 계승한 사람을 종의 한도로 하는 종족은 5세로서 [6세부터는] 변천하는 것이다. 사람은 선조를 존경하기 때문에 그 정통의 종자를 존중하는 것이고, 종자를 존중하는 것은 선조를 존경하기 때문이다.

공자(公子)에 따라서는 그에 속하는 소종(小宗)은 있어도 대종은 없는 경우도 있다. 또 대종만 있고 소종은 없는 경우도 있다. 혹은 자기가 속해 있는 종족이 없고 또 자기를 종자로 하는 사람도 없는 경우도 있는데 이는 모두 공자에 따라서 생기는 일이다. 공족(公族)에는 종[종족]이란 문제가 있다. 예컨대 어떤 공자의 [부형되는] 임금이 그 서형제(庶兄弟)로 사(士) 또는 대부인 사람들을 위해서 사(士)가 대부의 적출(嫡出) 공자를 종자로 해서 종족(宗族)을 세우는 수도 있는데, 이와 같이 공족인 자에게는 특수한 친족 관계가 발생하는 것이다.

原文　君이 有合族之道어든, 族人이 不得以其戚으로 戚君이니, 位也라. 庶子이 不祭는, 明其宗也요, 庶子이 不得爲長子三年은, 不繼祖也라. 別子를 爲祖요, 繼別을 爲宗이오, 繼禰者를 爲小宗이니, 有百世不遷之宗하며, 有五世則遷之宗하고, 百世不遷者는, 別者之後也라. 宗其繼別子者는, 百世不遷者也요, 宗其繼高祖者는, 五世則遷者也라. 尊祖故로 敬宗이니, 敬宗이 尊祖之義也니라.

(군 유합족지도 족인 부득이기척 척군
위야 서자 부제 명기종야 서자 부득위장자삼년
불계조야 별자 위조 계별 위종 계녜자 위소종

유백세불천지종 유오세즉천지종 백세불천자
별자지후야 종기계별자자 백세불천자야 종기계고조
자 오세즉천자야 존조고 경종 경종 존조지의야)

有小宗而無大宗者하며, **有大宗而無小宗者**하며, **有無宗亦莫
之宗者**하니, **公子是也**라. **公子有宗道**하니, **公子之公**이, **爲其士
大夫之庶者**하여, **宗其士大夫之適者**하나니, **公子之宗道也**니라.
(유소종이무대종자 유대종이무소종자 유무종역막
지종자 공자시야 공자유종도 공자지공 위기사
대부지서자 종기사대부지적자 공자지종도야)

[註解] ○合族之道(합족지도)ー도(道)는 수단·힘·권리. ○戚君(척군)ー
임금에게 접근하는 것. ○有小宗(유소종)……ー예컨대 적출 공자가 없어
서 임금이 별자(別子)를 명(命)하지 못한 경우. ○有大宗(유대종)……ー
서공자(庶公子)가 없는 경우. ○有無終(유무종)……ー당사자인 공자 이외
로 공자가 없는 경우. ○公子之公(공자지공)ー공자 본인이 공〔임금〕이
된 경우를 가리킨다는 설도 있으나 고주(古注)의 소(疎)에, 공(公)은 임
금으로 한다는 설을 따른다. ○適者(적자)ー임금의 동모(同母)인 아우를
가리킨 말. ○宗道(종도)ー종(宗)이란 특수 친족을 가리킨 말.

친연(親緣)이 끊긴 〔원래의〕 족인(族人)을 위해서는 복상(服喪)하
지 않는다. 그러나 죽은 자와 절친했을 때에는 상당한 복을 입는다.
인애(仁愛)의 정신으로 선조를 대한다 해도 세대(世代)를 거슬
러 올라감에 따라 가벼워지는 것이며, 의리에 의해 선조를 존경할
때는 〔먼 선조일수록 존경하는 마음이 무거워지는 것이며〕 세대를 아
래로 내려감에 따라 가벼워지는 것이다. 그런 관계로 사람의 자연적
인 심정으로서 친연(親緣)이 가까울수록 친하고, 따라서 친연이 발생
하는 원천으로서 조상을 존경하며, 따라서 조상의 직계인 종자를 공
경하고, 따라서 내 친족을 화합(和合)시켜 종자노릇을 하는 것이며,
종자가 존경을 받음으로써 종자가 제사지내는 종묘(宗廟)가 존엄한

것이고, 따라서 종묘의 안태(安泰)를 원하기 때문에 사직(社稷)을 존중하고 국가의 평안을 기원한다. 그런고로 백성을 사랑하여 백성이 충성스럽고 선량하기를 원하고, 그런고로 형벌이 공정하도록 노력하며, 그런고로 백성이 모두 안심하고 산업에 힘쓰고, 그런고로 나라의 재물이 늘어나서 정치의 비용도 충분하며, 그런고로 만인(萬人)이 원하는 것을 성취할 수가 있고, 그런고로 만인이 모두 예(禮)에 따라 풍속이 문란해지지 않음으로써 만인이 모두 마음이 편하고 즐거운 것이다. 《시경(詩經)》에 이르기를, '문왕(文王)은 부조(父祖)의 과업을 받아 성공하기에 이르렀다. 그 큰 덕이 세상에 나타나 사람들은 모두 우러러 이를 싫어하는 자는 없도다'라고 했으니 바로 이것을 말한 것이다.

[原文] 絶族은 無移服하나니, 親者는 屬也니라.
(절족 무이복 친자 속야)

自仁率親하여, 等而上之하여 至于祖하며, 自義率祖하여, 順而下之하여 至于禰니, 是故로 人道는 親親也라. 親親故로 尊祖하고 尊祖故로 敬宗하고, 敬宗故로 收族하고, 收族故로 宗廟嚴하고, 宗廟嚴故로 重社稷하고, 重社稷故로 愛百姓하고, 愛百姓故로 刑罰이 中하고, 刑罰이 中故로 庶民이 安하고, 庶民이 安故로 財用이 足하고, 財用이 足故로 百志成하고, 百志成故로 禮俗이 刑하고, 禮俗이 刑然後에 樂하나니, 詩에 云, 不顯不承이니, 無斁於人斯로다하니, 此之謂也로다.

(자인솔친 등이상지 지우조 자의솔조 순이
하지 지우녜 시고 인도 친친야 친친고 존조
존조고 경종 경종고 수족 수족고 종묘엄
종묘엄고 중사직 중사직고 애백성 애백성고
형벌 중 형벌 중고 서민 안 서민 안고

재용 족 재용 족고 백지성 백지성고 예속
형 예속 형연후 낙 시 운 불현불승 무
역어인사 차지위야)

[註解] ㅇ絶族(절족)－자기와는 인연이 끊어진 원래의 동족(同族). ㅇ移服(이복)－정식 상복(喪服)에 준해서 적당한 형식으로 상복을 입는 것. ㅇ屬也(속야)－친족관계에 따라서 적당히 한다[상복을 입는다]는 말. ㅇ收族(수족)－수(收)는 이산(離散)시키지 않는다는 뜻. ㅇ不顯不承(불현불승)……謂也(위야)－문왕(文王)의 덕이 어찌 빛나고 나타나지 않겠는가. 어찌 사람에게 존봉(尊奉)되지 않겠는가. 사람에게 우러러 싫어하지 않는다는 뜻이다. 역(斁)은 염(厭)과 같음.

제17 소 의(少儀)

  고주(古注)에 '이 편(篇)은 빈주(賓主)가 상견(相見)하
는 예(禮)와 사람들에게 선물을 보낼 때의 마음가짐 등, 비
교적 자질구레한 [중요하지 않은] 위의(威儀)나 의례(儀
禮)에 대해서 수록되어 있기 때문에 소의(少儀 : 小儀)라
이름하였다'라고 해설되어 있다. 〈곡례(曲禮)편〉이나 〈내칙
(內則)편〉 등과 중복되는 것도 적지 않은 잡기(雜記)이다.

  들리는 바에 따르면 처음으로 귀인(貴人)을 뵈오려는 자의 말은,
"아무개는 오래 전부터 안내인을 통해서 이름이 들려지기를 원했습니
다."라고 말하는 것이다. 즉 상대방의 주인에게 직접 이름을 통하는
것을 삼가야 하는 것이다. 대등한 신분인 사람에게 처음으로 만날 때
에는 "아무개는 오래 전부터 뵙기를 원하고 있었습니다."라고 말하는
것이다. 어쩌다 귀인을 방문할 때에는 "이름을 들려지기를 원하옵니
다."라고 말하고, 자주 방문하는 경우라면 "아침 [또는 저녁] 문안을
드리러 왔습니다."라고 말한다. 고자(瞽者)는 사람을 방문하여 "이름
을 들려지기를 원하옵니다."라고 말한다. 거상(居喪)중인 사람을 방문
하려면, "부하를 도와 드리러 왔습니다."라고 말한다. 소년은 "분부를
받으러 왔습니다."라고 말한다. 천자의 대신이 죽은 곳에 가려면 "집
사(執事)께서 일을 명하여 주십시오."라고 말한다. 제후가 곧 외국에
여행을 떠나려고 할 때에 만일 신하가 금은보화를 바칠 경우라면,
"거마(車馬)의 비용을 유사(有司)께 바칩니다."라고 한다. 선물을 보
내는 상대방이 대등한 사람이면 " [여차여차한 물건을] 종자(從者)에
게 보냅니다."라고 말한다.

原文 聞始見君子者辭에, 曰某固願聞名於將命者니, 不得階主하며, 敵者는 曰某固願見이오. 罕見하면, 曰聞名이오. 亟見하면 曰朝夕이라하고, 瞽는 曰聞名이라하나니라. 適有喪者하여는 曰比라하고, 童子는 曰聽事라하고, 適公卿之喪하여는, 則曰聽役於司徒라 하나니라. 君이 將適他할새, 臣이 如致金玉貨貝於君이어든, 則曰致馬資於有司라하고, 適者어든 曰贈從者라 하나니라.

(문시견군자자사 왈모고원문명어장명자 부득계
주 적자 왈모고원견 한견 왈문명 기견
왈조석 고 왈문명 적유상자
왈비 동자 왈청사 적공경지상 즉왈청역
어사도 군 장적타 신 여치금옥화패어군
즉왈치마자어유사 적자 왈증종자)

註解 ○固願(고원)-고(固)는 원래, 전부터, 또는 진실로, 진정이란 뜻. ○將命者(장명자)-객과 주인 사이의 말을 전갈해서 사람의 출입을 맡아보는 사람. ○不得階主(부득계주)-계(階)는 위로 오르는 것. 주(主)는 주인. 즉 직접 위로 올라가서 주인을 만나볼 수 없는 것. ○敵者(적자)-대등한 지위에 있는 사람. 적(敵)은 필적(匹敵). ○罕見(한견)-드물게 보는 것. 여기서는 오랫동안 서로 만나보지 못한 것. ○亟見(기견)-극(亟)은 기로 발음한다. 자주 만나는 것. ○朝夕(조석)-아침 저녁의 인사. ○瞽(고)-눈이 보이지 않는 장님. ○比(비)-똑같이 취급한다는 뜻. 여기서는 '아무개는 집사(執事)에 비(比)하여지기를 원합니다'라는 뜻. ○童子曰聽事(동자왈청사)-동자(童子)는 미성년자, 청사(廳事)는 '아무개는 집사(執事)께서 일을 맡겨 주시기를 원합니다'라고 하는 뜻이 된다. 주인을 만나 뵙겠다는 의사표시. ○司徒(사도)-여기서는 공경(公卿) 집의 집사(執事)나 지배인. ○君將適他(군장적타)-적(適)은 '간다'는 뜻. 임금이 일이 있어서 다른 곳, 혹은 다른 나라로 가려는 것. ○馬資(마자)-거마(車馬)의 비용.

신하가 임금의 유체에 수의(襚衣)를 보내려면 "조잡한 의복이지만 가인(賈人)에게 바칩니다."라고 말한다. 상대방이 대등(對等)하면 "수의(襚衣)를 드립니다."라고 말한다. 친척이나 형제에게 대해서는 수의를 보내는 데 집사(執事)를 통해서 주지 않는다. 신하가 임금의 유체에 재화(財貨)를 바치려면 "하사(下賜)하신 토지의 산물을 유사(有司)에게 바칩니다."라고 말한다. 죽은 자에게 보내지는 말은 묘문(廟門) 안으로 들여보낸다. 상가(喪家)에 보내지는 거마(車馬)와 폐백(幣帛), 또는 대백(大白)의 기(旗), 병거(兵車) 등은 문안으로 들여보내지 않는다. 상가에 보내지는 재화를 가지고 온 사자(使者)는 먼저 주인의 말을 전하고 그것을 끝낸 다음, 무릎을 꿇고 재화를 땅에 놓는다. 그러면 상가의 집사(執事)가 그 보내온 물건을 들어올리고 주인 자신이 절대로 받지 않는다.

서있는 사람으로부터 물건을 받아들일 때나 서 있는 사람에게 건네줄 때 등은 무릎을 꿇을 필요가 없다. 그러나 성품이 곧은 자에게는 그런 경우에도 무릎을 꿇는 자가 있다.

原文　臣이 致襚於君이어든, 則曰致廢衣於賈人이라 하고, 敵者는 曰襚니, 親者兄弟는 不以襚進이니라. 臣이 爲君喪하여, 納貨貝於君이어든, 則曰納甸於有司니라. 賵馬入廟門하고, 賻馬與其幣大白兵車는, 不入廟門이니, 賻者이 旣致命하고, 坐委之어든, 擯者이 擧之하고, 主人이 無親受也니라.
(신 치수어군 즉왈치폐의어가인 적자
왈수 친자형제 불이수진 신 위군상 납화
패어군 즉왈납전어유사 봉마입묘문 부마여기
폐대백병거 불입묘문 부자 기치명 좌위지
빈자 거지 주인 무친수야)

受立授立에 不坐니, 性之直者어든, 則有之矣니라.
(수립수립 부좌 성지직자 즉유지의)

註解 ㅇ襚(수)-수의(襚衣), 죽은 사람에게 입히는 옷. ㅇ廢衣(폐의)-
장차 버리려는 옷이란 뜻. ㅇ賈人(가인)-물건의 시세를 알고 임금의 의
류(衣類)를 맡아보는 사람. ㅇ親者兄弟(친자형제) 不以襚進(불이수진)-
친족이나 형제 사이에는 수의(襚衣)를 곧장 집안으로 가지고 들어간다는
말. ㅇ甸(전)-땅. 전지(田地)란 뜻. ㅇ賵馬(봉마)-죽은 자에게 보내는
말. ㅇ賻馬(부마)-부의(賻儀)로 바치는 말. ㅇ幣帛(폐백)-부의(賻儀)로
바치는 돈이나 비단. ㅇ大白(대백)-대백의 기[大白之旗]를 말한다. 대백
의 기와 병거(兵車)는 장송(葬送)에 쓰이는 기구이기는 하지만 원래 전구
(戰具)이기 때문에 묘문 안으로 들어서지 못한다. ㅇ坐委之(좌위지)-꿇어앉
아서 물건을 땅에 놓는 것. ㅇ擯者(빈자)-손님을 접대하는 사람.

　빈(賓)이 처음으로 문에 들어오려고 할 때에는 주인이 마땅히 사양
하여 빈으로 하여금 먼저 문안에 들어가게 하는 것이 예이다. 그러므
로 주인측의 빈자(擯者)는 그 주인에게 알려 사양하라고 말한다. 그
뒤 주인과 객이 당(堂)에 올라가 각기 그 자리에 앉으려고 할 때 주
객이 서로 사양하지 않도록 빈자는 고하기를, 다 같이 앉아도 가(可)
하다고 말한다. 방문을 열고 두 사람 이상이 들어갈 때에는 그 문안
에 신을 벗어 놓는 것은 [최연장자] 한 사람뿐이고 나머지는 문밖에
서 벗는다. 다만 신분이 높은 사람이 있으면 그 사람이 문안에서 벗
는다.
　음식의 좋고 싫어함을 물을 때에는, "이러이러한 것은 자주 잡수십
니까?"하고 말한다. 기예(技藝)의 능(能), 무능(無能)을 물을 때에는,
"이러이러한 기술을 배웠습니까?"라든가, "이러이러한 일은 잘하십니
까?"하고 말한다. 몸가짐은 항상 남에게 의심받는 일이 없도록 한다.
또 남의 집 기구류를 헤아려본다든가 하는 짓을 삼간다. 부귀한 신분
을 동경하지 않는다. 남이 소중히 하고 있는 중기(重器)를 헐뜯지 않
는다.
　널리 집 안팎을 쓸어내는 것을 소(埽)라 하고, 좌석 주위만 쓸어내

는 것을 분(拚)이라 한다. 좌석을 쓸어내는 데는 비[帚]를 사용하지
않는다. 쓰레받기를 잡는 데는 그 전면이 자기 가슴을 향하게 한다.

점복(占卜)은 동일한 일에 두 번 점치지 않는다. 점복을 부탁받았
을 때에는 그 사건이 덕의(德義)에 합당한 것인지 아니면 〔의뢰자〕
개인의 소망에 의한 것인가를 물어 덕의에 합당하면 점을 치되 아니
면 치지 않는다.

[原文] 始入而辭에, 曰辭矣니라. 卽席에는, 曰可矣니라. 排闥하
여 說屨於户内者이, 一人而已矣니, 有尊長在則否니라.
(시입이사 왈사의 즉석 왈가의 배합
설구어호내자 일인이이의 유존장재즉부)

問品味어든, 曰子亟食於某乎아, 問道藝어든, 曰子習於某乎
아, 子善於某乎니라.
(문품미 왈자기식어모호 문도예 왈자습어모호
자선어모호)

不疑在躬하며, 不度民械하며, 不願於大家하며, 不訾重器니라.
(불의재궁 불탁민계 불원어대가 부자중기)

氾埽曰埽요, 埽席前曰拚이니, 拚席不以鬛하며, 執箕膺擖이니라.
(범소왈소 소석전왈분 분석불이렵 집기응엽)

不貳問이오, 問卜筮어든, 曰義與아 志與아하여, 義則可問이오,
志則否니라.
(불이문 문복서 왈의여 지여 의즉가문 지즉부)

[註解] ○始入而辭(시입이사) 曰辭矣(왈사의)—손님이 처음 문에 들어서
게 되면 주인이 길을 양보하여 객이 앞에서 가도록 하는 것이 예이기 때
문에 빈자(擯者)가 주인에게 사양하라고 말하는 것. ○卽席(즉석) 曰可矣
(왈가의)—객과 주인이 당(堂)에 올라서 각각 자리에 들 때는 빈자(擯者)
가 또 사양할 것을 염려하여 즉시 앉아도 좋다는 뜻을 말한다는 뜻. ○有
尊長在則否(유존장재즉부)—존장이 먼저 당(堂)이나 방안에 있었다면 뒤

에 온 사람은 아무도 문안에서 신을 벗을 수 없다는 말. ㅇ品味(품미)-즐겨
먹는 음식. ㅇ道藝(도예)-그림·글씨 등 예술. ㅇ不疑在躬(불의재궁)-시비
(是非)의 의심스러운 언행(言行)이 몸에 있지 않는 것. ㅇ不度民械(불탁
민계)-계(械)는 기계를 말하고 탁(度)은 헤아린다는 뜻. 기계와 같은 마
음, 즉 교경민속(巧輕敏速)한 마음으로 백성을 헤아리지 않는다는 뜻.
ㅇ不願於大家(불원어대가)-대가(大家)란 부귀한 집을 가리킨 말. 즉 남
의 부귀를 원하거나 부러워하지 않는다는 말. ㅇ不耆重器(부자중기)-남의
가보(家寶)로 여기는 귀중한 기구를 얕보거나 헐뜯지 않는다는 말. ㅇ氾
埽(범소)-범(氾)은 넓다는 뜻, 즉 안팎을 모조리 청소하는 것. ㅇ抌(분)-
털어버린다는 뜻. ㅇ鬣(엽)-땅을 쓰는 비. ㅇ箕(기)-쓰레받기. ㅇ膺擖(응
엽)-응(膺)은 가슴, 자기 가슴 앞으로 향하게 하는 것. 엽(擖)은 쓰레받
기의 혓바닥을 말한 것. ㅇ不貳問(불이문)-점(占)은 두 번 치지 않는다
는 말. 한 번 점쳐서 불길(不吉)하면 그만이란 뜻.

손윗사람이고 더구나 자신과 연배(年輩)가 훨씬 위인 사람이면 감
히 연령을 묻지 않는다. 손윗사람이라 할지라도 친밀하게 만날 때에
는 빈자(擯者)를 통하지 않아도 된다. 길에서 손윗사람을 만났을 때
그 사람이 자기를 보면 이쪽에서 가까이 다가가서 인사를 하지만 감
히 행선지를 묻지 않는다. 〔만일 상대방이 자기를 알아보지 못하면 빨
리 길을 비켜 방해하지 않는다〕

손윗사람의 집으로 조상을 갈 때에는 그 사람의 상사(喪事)에 방해
가 되지 않도록 시간을 택해서 가야 하며 혼자서는 가지 않는다. 존
장(尊長)과 함께 있을 때에는 존장이 시키지 않으면 악기(樂器)를 손
에 잡지 않고, 땅에 그림을 그리지 않으며, 손으로 시늉하지 않고 더
위도 부채질을 하지 않는다.

손윗사람이 잠자고 있을 때에는 무릎을 꿇고 일의 전갈을 말한다.
또 시사(侍射)를 할 때에는 화살을 번갈아 잡지 않고 한 번에 4개를
잡는다. 시투(侍投)를 할 때에는 4개의 화살을 모두 손에 쥐고 한다.

시사나 시투에서 만일 자기가 이기면 술잔을 씻어서 술을 따라 권한다. 이 예법은 주인이 빈객에게 대할 때도 마찬가지이다. 또 손윗사람이나 객에게 벌주(罰酒)를 권할 때에는 뿔 술잔으로 하지 않고 평소의 것을 사용한다. 또 시투를 할 때 자기가 이겨도 상대의 말을 빼앗지 않는다.

原文 尊長이 於己에 踰等어든, 不敢問其年하며, 燕見에 不將命하며, 遇於道하여, 見則面하고, 不請所之하며,
(존장 어기 유등 불감문기년 연현 부장
명 우어도 견즉면 불청소지)

喪에 俟事하고, 不犆弔니라. 侍坐하여, 弗使하여, 不執琴瑟하며, 不畫地하며, 手無容하며, 不翣也하고,
(상 사사 불특조 시좌 불사 부집금슬
불화지 수무용 불삽야)

寢則坐而將命이니라. 侍射則約矢하고, 侍投則擁矢하나니, 勝則洗而以請하고, 客亦如之니, 不角하며, 不擇馬니라.
(침즉좌이장명 시사즉약시 시투즉옹시 승
즉세이이청 객역여지 불각 불탁마)

註解 ○踰等(유등)―자기의 연배를 훨씬 넘어서서 아버지나 할아버지의 연배가 되는 것. ○燕見不將命(연현부장명)―연현(燕見)할 때에는 빈자(擯者)를 시켜 명(命)을 전하지 않는다는 말. 연현은 한가하게 서로 만나보는 것. ○遇於道(우어도) 見則面(견즉면)―길에서 손윗사람을 만났을 때 자기를 보면 다가가서 인사를 드린다는 말. ○不請所之(불청소지)―가는 곳을 묻지 않는다는 말. ○喪俟事(상사사) 不犆弔(불특조)―손윗사람의 상사(喪事)에는 주인이 곡(哭)하는 때를 기다려 가서 조상하고 때없이 혼자서 조상하지 않는다는 말. ○侍射則約矢(시사즉약시)―시사(侍射)는 손윗사람을 모시고 활쏘기를 하는 것. 즉 시사(侍射)할 때에는 감히 번갈아가면서 화살을 뽑지 않고 한 번에 네 개를 들고 한다는 말. ○侍投則擁

矢(시투즉옹시)—시투(侍投)는 손윗사람을 모시고 투호(投壺)를 하는 것.
투호는 주인과 객이 각각 화살 네 개씩을 시험한다. 손윗사람은 네 개의
화살을 땅 위에 놓고 하나씩 집어서 던지지만 비자(卑者)는 감히 그렇게
하지 못하고 화살 네 개를 가슴에 안고서 던져야 한다는 말. ㅇ勝則洗
而以請(승즉세이이청)—승리하면 술잔을 씻어서 술을 따라 권한다는 말.
ㅇ客亦如之(객역여지)—객(客)이 이기지 못해도 주인이 역시 술잔을 씻
어 가지고 앞으로 가서 술을 따라 마시기를 청한다는 말. ㅇ不角(불각)—
손윗사람이나 객에게 술을 권할 때에는 쇠뿔로 만든 술잔을 쓰지 않는다
는 말. ㅇ不擢馬(불탁마)—투호(投壺)에 있어서 한 번 이길 때마다 말 한
필씩을 세워 놓고서 세 필에 이르면 승리하게 된다. 한 조(組) 두 사람
중에서 한 사람은 말 두 필을 얻고 한 사람은 한 필을 얻었다면, 말 두
필 얻은 자가 한 필 얻은 자의 말을 빼앗아다가 세 필을 만들어 승자(勝
者)가 된다. 그러나 손아랫사람이 손윗사람을 모시고 투호했을 때는 비록
두 필 말을 얻었다 하더라도 감히 손윗사람의 한 필 말을 빼앗아다가 자
기의 승리로 만들지 못한다는 말.

임금이 수레에 탈 경우 말고삐를 잡을 때에는 무릎을 꿇는다. 또
임금이 말에 타면 그 우측에 있는 복자(僕者)는 〔임금의 방해가 되지
않도록〕검(劍)을 허리의 좌측에 찬다. 또 임금이 이제부터 타려고 할
때는 복자는 〔임금 전용의〕임금이 수레에 오를 때 잡는 정수(正綏)
를 복자의 등에 지우고 그 끝을 앞쪽으로 펴놓고 그것을 수레의 덮개
위로 끌어당겨 임금이 뒤에서 오르기를 기다린다. 복자가 먼저 수레
에 오를 때에는 임금이 사용하는 정수를 사용하지 않고 산수(散綏)를
붙잡고 올라간다. 그리고 말고삐를 잡아 말을 제지시키고 몇 발짝 가
다 멈추어 임금이 타기를 기다린다.
손윗사람에게는 뵙고 싶다고 청하기는 하지만 물러가겠다고는 하지
않는다. 임금이나 존장자(尊長者) 앞에서 물러가는 것을 조정에서는
퇴(退)라고 말하고, 연회나 유흥에서는 귀(歸)라고 말한다. 또 병역

(兵役)이나 토목의 부역에서 돌아오는 것을 파(罷)라고 말한다.

신분이 높은 사람을 만났을 때 그 사람이 하품을 한다든가 홀(笏)을 움직인다든가 검(劍)의 손잡이 끝을 만지작거린다든가 신발을 돌려 놓는다든가, 또는 해가 기우는 [시각] 모양을 시신(侍臣)에게 묻는다든가 할 때에는 물러가겠다고 말해도 된다.

사람을 섬기려는 자는 그 사람을 잘 헤아려보고 나서 섬겨야 하며 섬기고 나서 헤아리는 것이 아니다. 대체로 사람에게 물건을 부탁한다든가 빌린다든가, 혹은 사람의 부탁으로 일을 한다든가 할 경우에도 그렇게 해야 한다. [사전에 상대방의 인물을 잘 보아야 한다] 이렇게 함으로써 군신주종(君臣主從)간에 윗사람이 아랫사람에게 성을 내는 일이 일어나지 않으며 아랫사람이 벌받는 일도 없다.

손윗사람을 모실 때에는 무언가 비밀을 캐내려는 듯한 언동을 삼가고 버릇없는 행동을 하지 않으며, 경솔하게 [상대방에게 관계되는] 옛일을 말하지 않고 또 상대방을 희롱하는 듯한 얼굴빛을 짓지 않는다.

原文 執君之乘車則坐니, 僕者이 右帶劍하고, 負良綏하여, 申之面하고, 拖諸幭이니, 以散綏로 升하고, 執轡한, 然後에 步니라.
　(집군지승거즉좌 복자이 우대검 부양수 신
　지면 타저멱 이산수 승 집비 연후 보)

請見이오 不請退니, 朝廷曰退요, 燕遊曰歸요, 師役曰罷니라.
　(청견 불청퇴 조정왈퇴 연유왈귀 사역왈파)

侍坐於君子하여, 君子이 欠伸하며, 運笏하며, 澤劍首하며, 還屨하며, 問日之蚤莫하시면, 雖請退라도 可也니라.
　(시좌어군자 군자 흠신 운홀 택검수 환
　구 문일지조모 수청퇴 가야)

事君者는, 量而后入하고, 不入而后量이니, 凡乞假於人하며, 爲人從事者이 亦然하니, 然故로 上無怨하며, 而下遠罪也니라.

(사군자 양이후입 불입이후량 범걸가어인
위인종사자 역연 연고 상무원 이하원죄야)

不窺密하며, **不旁狎**하며, **不道舊故**하며, **不戲色**이니라.
(불규밀 불방압 부도구고 불희색)

[註解] ○僕者(복자)—하인 따위를 말한 것. ○良綏(양수)—임금이 수레에 올라갈 때 붙잡는 끈. 수(綏)는 고삐를 뜻한다. 양수를 군수(君綏) 또는 정수(正綏)라고도 한다. ○申(신)—신(伸)과 같으므로 편다는 뜻. ○拖(타)—끈다는 뜻. ○幦(멱)—수레의 덮개. 복령(覆笭)이라고도 한다. ○散綏(산수)—하인이 잡는 고삐. ○轡(비)—재갈. ○欠伸(흠신)—하품과 기지개를 펴는 것. ○運笏(운홀)—홀(笏)을 움직인다는 뜻. ○日之蚤莫(일지조모)—아침 저녁의 해를 뜻한 말. 조모(蚤莫)는 아침 저녁이란 뜻. ○量而后入(양이후입)—헤아린 다음 들어간다는 뜻. 양(量)은 헤아린다는 뜻. ○乞假(걸가)—걸(乞)은 빈다는 뜻이고, 가(假)는 빌린다는 뜻. ○窺密(규밀)—규(窺)는 엿본다는 뜻이고, 밀(密)은 비밀 혹은 은밀하다는 뜻이다. ○旁狎(방압)—방(旁)은 곁이라는 뜻이고, 압(狎)은 버릇없이 구는 것을 뜻한 말. ○不道舊故(부도구고)—묵은 허물을 말하지 않는다는 뜻. 구고(舊故)는 묵은 허물을 말하는 것. ○不戲色(불희색)—희(戲)는 희롱한다는 것이고, 색(色)은 얼굴빛을 뜻한 말.

남의 신하된 자는 임금의 잘못을 간(諫)해도 결코 비방하지 않으며, 몸을 피하여 도망치되 미워하지 않으며, 덕을 칭찬하되 아첨하지 않으며, 임금의 잘못을 간하되 교만하지 않는다. 또 임금이 정사(政事)를 게을리하면 이를 도와 바로잡고 법률이나 제도상(制度上) 폐해가 생기면 이를 개정하여 폐해를 제거한다. 이상과 같이 해서 임금을 모시는 사람이면 이는 [임금을 잘 받드는 데 그치지 않고] 사직을 받드는 신하라고도 할 수 있다.

사물을 취급하는 데는 차례와 순서를 중히 여기지 않으면 안된다. 예컨대 왕복 여행을 한다 하더라도 중간의 숙역(宿驛)을 거치지 않고 날고 뛰어넘어서 왕복하지 못하는 것 같음을 말하는 것이다. 또 신을 제사지내는 일에 있어서는 제례(祭禮)를 너무 많이 하면 [형식에 흘러서] 신위(神威)를 더럽힐 우려가 있으므로 주의해야 할 것이다. 또 무슨 일에 대해서도 정상적이 아닌 것에 마음을 기울여서는 안된다. 또 사물의 성부(成否)가 확실하지도 않은데 함부로 예측해서는 안된다.

사(士)된 자가 도의를 주지(主旨)로 해서 생활하고 학예를 즐겨하고 전념하는 것은 마치 공인(工人)이 [공예 기술상의] 원리나 법칙에 따라 업무에 힘쓰고, 원리나 법칙에 관한 강설(講說)이나 논의(論議)를 즐겨 [전문적인] 지식을 축적하는 것과 같다.

함부로 선미(善美)한 의복이나 기구를 탐내지 않는다. 의심스러운 이야기를 들으면 자신은 그것을 남에게 고하거나 하지 않는다.

군자의 [조정에서 응대할 때의] 언어는 온화하고 정중하다. 또 조정에 있어서의 동작은 단정하고 예를 지킨다. 그리고 제사에 있어서는 근엄(謹嚴)하고 정중하다. 또 그 마차가 나아가는 상태는 머무는 일 없이 신속하며 난화(鸞和)의 소리는 맑고 조화되어 있다.

原文　爲人臣下者는, 有諫而無訕하며, 有亡而無疾하며, 頌而無諂하며, 諫而無驕하며, 怠則張而相之하고, 廢則埽而更之하나니, 謂之社稷之役이니라.
(위인신하자 유간이무산 유망이무질 송이
무첨 간이무교 태즉장이상지 폐즉소이경지
위지사직지역)

毋拔來하며, 毋報往하며, 毋瀆神하며, 毋循枉하며, 毋測未至니라.
(무발래 무부왕 무독신 무순왕 무측미지)

士는 依於德하고, 游於藝하며, 工은 依於法하고, 游於說이니라.
(사 의어덕 유어예 공 의어법 유어설)

毋訾衣服成器하며, **毋身質言語**니라.

(무자의복성기 무신질언어)

言語之美는, **穆穆皇皇**이오, **朝廷之美**는 **濟濟翔翔**이오, **祭祀之美**는 **齊齊皇皇**이오, **車馬之美**는, **匪匪翼翼**이오, **鸞和之美**는, **肅肅雍雍**이니라.

(언어지미 목목황황 조정지미 제제상상 제사

지미 제제황황 거마지미 비비익익 난화지미

숙숙옹옹)

註解   ○怠(태)-나라의 정사를 게을리하는 것을 뜻한 말. ○張而相之(장이상지)-바로잡아서 돕는 것. ○社稷之役(사직지역)-사직(社稷)을 잘 받드는 신하. 역(役)은 일꾼. 또는 공로란 뜻. ○毋拔來(무발래) 毋報往(무부왕)-급하게 오지도 말고 급하게 가지도 말라는 뜻. ○毋循枉(무순왕)-말이나 행실에 있어서 잘못된 것이 있을 때는 이것을 고쳐서 바로잡아야 한다는 말. ○毋測未至(무측미지)-아직도 닥쳐오지 않은 일을 자기 생각 나름으로 억측해서는 안된다는 말. ○依於德(의어덕)-덕에 의지한다는 말. 즉 덕을 모든 행동의 바탕으로 삼는 것. ○游於藝(유어예)-육예(六藝)를 살려서 세상을 살아나가는 것. 육예란 예(藝)·악(樂)·사(射)·어(御)·서(書)·수(數) 등을 말한다. ○依於法(의어법)-여기서 법(法)이란 공장(工匠), 즉 물건을 만드는 기술자에 대한 것을 말한다. ○游於說(유어설)-공장(工匠)은 설(說)을 활용해서 직업에 종사한다는 말. 설이란 물건을 만드는 데 있어서 변통(變通)하는 방법을 논한 것이다. ○毋身質言語(무신질언어)-타인과의 대화중에 상대의 말에 의심스러운 점이 있을 때 자신이 바로잡지 않고 그대로 넘겨버린다는 뜻. ○穆穆(목목)-공경하면서도 화평한 것. ○皇皇(황황)-바르면서도 아름다운 것. ○濟濟(제제)-출입하는 모습이 정제(整齊)하고 엄숙한 것. ○翔翔(상상)-법도가 있는 동작이란 뜻. ○齊齊(제제)-성경(誠敬)을 다하여 안정된 모습을 말한 것. ○皇皇(황황)-구(求)하는 것이 있어도 이를 얻지 못하는 상태를 뜻한 말. ○匪匪(비비)-운치있게 움직이는 것. ○翼翼(익

익)—움직임이 정중한 모습을 뜻한 말. o鑾和(난화)—방울. o肅肅(숙
숙)—부르는 자의 경건한 모습을 뜻한 말. o雍雍(옹옹)—응(應)하는 자
의 유화(柔和)한 모습을 뜻한 말.

[타국 사람으로부터] 우리 임금의 아들에 대해서 연령을 물어왔을
때에는 성인(成人) 이상이면 사직의 일을 맡을 수가 있습니다라고 답
한다. 성인에 이르지 못했으면, 말을 어(御)할 수 있습니다라든가 아
직 어할 수가 없습니다라고 답한다. 대부의 아들에 대해서 그 연령을
물어왔을 때에는 성인 이상이면 악인(樂人)의 일을 할 수가 있습니다
라고 답하고, 성인에 미달이면 악인의 가르침을 받고 있습니다라든가
아직 악인의 가르침을 받을 수가 없습니다라고 답한다. 사(士)의 아
들에 대해서 그 나이를 물어왔을 때에는 성인 이상이면 경작(耕作)할
수 있습니다라고 답하고 아직 성인에 달하지 못했으면 능히 땔나무를
질 수 있습니다라든가 아직 그렇지 못합니다라고 답한다.

옥(玉)이나 귀책[龜筴]을 바칠 때에는 급히 달려가지 않는다. 당상
(堂上)에서는 발자국이 상접하듯이 종종걸음으로 걷고, 성벽 위도 급
히 달리지 않으며, 병거(兵車) 위에서 식례(式禮)를 하지 않고 무장
한 자는 절을 하지 않는다.

부인(婦人)은 길사(吉事)를 당하여 임금으로부터 물건을 하사받을
때에는 숙배(肅拜)를 한다. 그리고 흉사(凶事)에 있어서도 시(尸)가
되어 앉았을 때는 숙배를 한다. 흉사 때 자기가 상주가 아니면 수배
(手拜)하지만 만일 자기가 상주이면 수배를 하지 않고 숙배를 한다.
부인은 [졸곡(卒哭) 후에는] 머리의 마질(麻絰)을 갈질(葛絰)로 바꾸
고 허리의 마질은 그대로 둔다.

조(俎)에서 물건을 취하고 조에 물건을 올릴 때에는 [조(俎)는 높
으므로] 무릎을 꿇고 하지 않는다.

原文   問國君之子長幼인댄, 長則曰能從社稷之事矣라 하고, 幼

則曰能御하고, 未能御라. 問大夫之子이 長幼인댄, 長則曰能從樂人之事矣라하고 幼則曰能正於樂人이라하며, 未能正於樂人이니라. 問士之子長幼인댄, 長則曰能耕矣라 하고, 幼則曰能負薪이라 하며, 未能負薪이니라.

(문국군지자장유 장즉왈능종사직지사의 유
즉왈능어 미능어 문대부지자 장유 장즉왈능종
악인지사의 유즉왈능정어악인 미능정어악인
문사지자장유 장즉왈능경의 유즉왈능부신
미능부신)

執玉執龜筴하여는 不趨하며, 堂上에 不趨하며, 城上에 不趨하며, 武車에 不式하며, 介者는 不拜니라.

(집옥집귀협 불추 당상 불추 성상 불추
무거 불식 개자 불배)

婦人은 吉事에, 雖有君賜나, 肅拜하며, 爲尸坐, 則不手拜하며, 肅拜하며, 爲喪主, 則不手拜니라. 葛絰에 而麻帶니라.

(부인 길사 수유군사 숙배 위시좌 즉불수배
숙배 위상주 즉불수배 갈질 이마대)

取俎進俎에 不坐니라.

(취조진조 부좌)

註解　ㅇ社稷之事(사직지사)—제사나 군대 등에 관한 일. ㅇ御(어)—수레나 말을 모는 것. 육예(六藝)의 하나. ㅇ樂人之事(악인지사)—주례(周禮)의 악덕(樂德)·악어(樂語)·악무(樂舞) 등을 말한 것. 대사악(大司樂)도 악인(樂人)에 속하며 국자(國子), 즉 대학의 학사(學士)를 가르친다. ㅇ能正於樂人(능정어악인)—악인(樂人)에 의해서 바로잡아지는 것. ㅇ能耕矣(능경의)—능히 밭갈 수 있다는 말. 사(士)의 신분은 낮기 때문에 농사짓는 일로 표현하는 것이다. ㅇ肅拜(숙배)—길사(吉事) 때 부인이 접하는 예법이지만, 상례(喪禮)중에 시(尸)가 되는 경우나 상주가 되는

경우에도 숙배한다. 즉 머리를 늘어뜨리고 손을 내리는 형상의 절. ㅇ手拜(수배)-부인에게는 다소 고통스러운 예법. 즉 무릎꿇어 손을 땅에 대고 머리가 손에 닿을 때까지 숙이는 절. ㅇ取俎進俎(취조진조) 不坐(부좌)-취조(取俎)는 조(俎), 즉 고기를 담는 그릇에 다가가서 그 위의 고기를 거두는 것. 진조(進俎)는 고기를 조 위에 올리는 것. 부좌(不坐)는 꿇어앉지 않는다는 말. 즉 조에는 발이 달려 있어서 고기를 거두고 올리자면 그렇게 하는 것이 편리하기 때문에 꿇어앉지 않는 것이다.

빈 그릇을 잡을 때에도 물건이 가득 찬 것을 잡듯이 신중하게 하고, 사람이 없는 방에 들어갈 때에도 사람이 있는 것같이 예의바르게 행동한다.

대체로 제례(祭禮)에 있어서 실내나 마루 위에서 신을 벗는 일이 없다. 그러나 연례(宴禮)에서는 벗는다.

또 침묘(寢廟)에 천신(薦新)하지 않으면 새 곡식을 먹지 않는다.

신분이 높은 사람을 위해서 마차를 어(御)하려면 그 사람이 수레에 타려고 할 때에 정수(正綏 : 잡는 줄)를 건네주고 그 사람이 탈 때에 식례(式禮)를 하며 또 그 사람이 내려서 걸어간 뒤에는 수레의 방향을 반대로 향하게 하고 정차(停車)한 채 기다린다.

제례(祭禮)나 참조(參朝)할 때 부거(副車)에 타는 사람은 식례를 하지만 병거(兵車)나 수렵의 수레에 타는 사람은 식례를 하지 않는다. 제례나 참조할 때 타는 부거는 제후에게는 일곱 대(臺), 상대부(上大夫)에게는 다섯 대, 하대부에게는 세 대이다. 또 이들 부거를 가진 신분인 사람에 대해서는 말의 노소(老少)나 수레의 신구(新舊) 등 품격(品格)을 논하지 않고, 그 사람의 의복이나 패검(佩劍)이나 말 등을 보고 값을 평하지 않는다.

原文 執虛하되 如執盈하며, 入虛하되 如有人이니라.
(집허 여집영 입허 여유인)

凡祭於室中堂上에 無跣이니 燕則有之니라.

(범제어실중당상 무선 연즉유지)

未嘗이면 不食新이니라.

(미상 불식신)

僕於君子는, 君子이 升下어든 則授綏하며, 始乘則式하고, 君
子이 下行한, 然後에야 還立하나니.

(복어군자 군자 승하 즉수수 시승즉식 군

자 하행 연후 환립)

乘貳車則式하고, 佐車則否니라. 貳車者는, 諸侯는 七乘이오,
上大夫는 五乘이오, 下大夫는 三乘이니, 有貳車者之乘馬服車
를, 不齒하며, 觀君子之衣服服劍乘馬하고, 弗賈니라.

(승이거즉식 좌거즉부 이거자 제후 칠승

상대부 오승 하대부 삼승 유이거자지승마복거

불치 관군자지의복복검승마 불가)

註解 ㅇ執虛如執盈(집허여집영)−빈 그릇을 손에 들기를 마치 가득 찬
그릇을 드는 것처럼 신중히 하는 것. 공경하는 뜻의 표현. ㅇ入虛如有人
(입허여유인)−빈 방에 들어갈 때는 방 안에 사람이 있을 때처럼 예의바
르게 하라는 말. ㅇ凡祭於室中堂上無跣(범제어실중당상무선)−모든 제사
에 있어서 방 안이나 마루 위에서 발을 벗지 않는다는 말. ㅇ燕則有之(연
즉유지)−연(燕)은 향연(饗宴), 지(之)는 선(跣), 즉 맨발을 가리킨 말. 향
연은 화락(和樂)을 위한 것이므로 신을 벗고 편히 해도 좋다는 말. ㅇ未
嘗不食新(미상불식신)−새로운 곡식이나 채소는 사당에 반드시 바치고
난 뒤에 먹는다는 말. ㅇ君子升下(군자승하)−군자가 수레에 오르고 내리
는 것. ㅇ始乘則式(시승즉식)−식(式)은 수레 앞 가로지른 막대를 잡고
경의를 표하는 예. 복자(僕者)가 처음 수레에 탔을 때 군자가 아직도 이
르지 않았으면 식례(式禮)를 하고서 군자가 오르기를 기다리는 것. ㅇ貳
車(이거)−조정에 나가거나 제사지내러 갈 때의 부거(副車)를 뜻한 말.
부거란 여벌로 따라가는 수레. ㅇ佐車(좌거)−전쟁터나 사냥터로 나갈 때

따라가는 부거(副車). ㅇ弗賈(불가)-값을 논하지 않는 것.

만일 임금으로부터 사호(四壺) 1조(一組)의 술, 건육(乾肉) 묶음, 개 한 마리 등을 하사받든가, 혹은 그러한 물건을 존장(尊長)에게 바치든가 할 경우에는 먼저 술을 뜰에 늘어놓고 마른 고기를 손에 들고 인사를 하는데 그 중에서는 술과 말린 고기와 개라고 말한다. 또 잘라낸 날고기를 하사한다든가 바치려면 이를 들고 와서 인사를 한다. 또 새의 경우는 두 마리보다 많으면 두 마리만 들고 인사를 하되 나머지는 뜰에 놓는다. 또 개의 경우는 목줄을 잡는데 번견(番犬)이나 엽견(獵犬)일 때에는 끌고 가서 빈자(擯者)에게 넘겨주며, 빈자는 받은 다음 개의 이름을 묻는다. 또 소일 경우는 쇠고삐를 잡고 말이면 말고삐를 잡고 빈자에게 넘기는데 모두 오른손에 잡는다. 그러나 거마(車馬)를 바치려면 그 거마를 문밖에 놓아두고 수(綏)를 풀어서 이를 잡고 그런 뒤 전갈을 청한다. 또 갑옷을 바칠 때에는 만일 다른 물건으로서 이보다 앞서 바칠 것이 있으면 그 다른 물건을 들고 전갈을 청하는 것이다. 그러나 먼저 바칠 다른 물건이 없으면 고(橐)를 풀어 헤치고 주(冑)를 꺼내서 그 주를 받들고 전갈을 청한다.

原文 其以乘壺酒와 束脩와 一犬으로 賜人하며 若獻人인댄, 則陳酒執脩하여 以將命이니, 亦曰乘壺酒束脩一犬이라하며, 其以鼎肉이어든, 則執以將命하며, 其禽이 加於一雙이어든, 則執一雙以將命이오, 委其餘하며, 犬則執緤이니, 守犬田犬이어든, 則授擯者하여, 旣受이나, 乃問犬名하며, 牛則執紖하고, 馬則執靮하되, 皆右之하며, 臣則左之하며 車則說綏하고, 執以將命하며, 甲若有以前之어든, 則執以將命하고, 無以前之어든, 則袒橐하고, 奉冑니라.
(기이승호주 속수 일견 사인 약헌인
즉진주집수 이장명 역왈승호주속수일견 기

이정육 즉집이장명 기금 가어일쌍 즉집일
쌍이장명 위기여 견즉집설 수견전견 즉수
빈자 기수 내문견명 우즉집진 마즉집적
개우지 신즉좌지 거즉탈수 집이장명 갑약유
이전지 즉집이장명 무이전지 즉단고 봉주)

[註解] ○乘壺酒(승호주)—승(乘)은 4개란 뜻. 즉 승호주란 네 병의 술.
○束脩(속수)—열 조각의 육포[말린 고기]. ○一犬(일견)—개 한 마리.
○鼎肉(정육)—고기를 썰어서 솥에 넣고 삶을 수 있게 만든 것. ○將命
(장명)—빈자(擯者)를 통해서 전갈하는 것. ○執緤(집설)—개의 목줄을
잡는 것. 설(緤)은 개를 끄는 줄. ○守犬(수견)·田犬(전견)—수견(守犬)
은 번견(番犬), 즉 집을 지키는 개. 전견(田犬)은 엽견(獵犬), 즉 사냥개.
○臣則左之(신즉좌지)—민간 포로를 바칠 때는 왼손을 가지고 포로의 오
른 소매를 잡는다는 뜻. 신(臣)은 남의 나라를 치러 가서 잡아온 민간 포
로. ○甲若有(갑약유)……以將命(이장명)—갑옷을 바칠 때 만약 다른 물
건을 먼저 바칠 것이 있다면 갑옷을 손에 들고 전갈을 한다는 말. ○無以
前之(무이전지) 則袒櫜(즉단고) 奉胄(봉주)—먼저 바칠 물건이 없을 경
우에는 갑옷 주머니를 열고 투구를 받들고서 전갈을 한다는 말.

또 용기(容器)를 바칠 때에는 그 뚜껑을 잡고 전갈을 청한다. 활을
바치거나 줄 때에는 왼손으로 활집과 궁파(弓把)를 아울러 잡고서
전갈을 청한다. 검(劍)을 바치는 데는 독(櫝)을 열고 그 뚜껑을 독의
밑에 겹쳐 끼운 다음 검의(劍衣)와 검을 곁들여서 전갈을 청한다.
홀(笏)·서(書)·건육·포저(苞苴)·활·요·방석·베개·걸상·경침
(警枕)·지팡이·금·슬, 그리고 창에 날이 달린 것을 갑(匣)에 넣은
것, 서죽(筮竹), 피리 등 열여섯 가지 물건을 바치는 데는 이것을 잡
을 때 모두 왼손을 위로 하고 오른손을 아래로 하여 전갈을 청한다.
도(刀)를 바칠 때에는 칼날을 반대로 하여 칼자루 끝의 고리를 잡도
록 건네준다. 곡도(曲刀)를 바치는 데는 손잡이 쪽을 잡도록 건네준

다. 대체로 날카로운 칼날이 있는 것을 남에게 줄 때에는 칼날을 정면으로 받는 사람 쪽에 향하지 않도록 한다. 병거(兵車)를 타고 출전할 때에는 칼날을 앞으로 향하게 하고 나아가며, 개선할 때에는 칼날을 뒤로 돌리고서 입성(入城)한다. 또 장수의 행오(行伍)에는 좌측을 소중히 여기고 군졸의 행오에는 우측을 소중히 여긴다.

타국이나 다른 집의 빈객이 되어서 간 사람은 매사에 공손한 마음을 가져야 한다. 제사를 지내는 사람은 공경하는 마음을 가져야 한다. 상(喪)을 당한 사람은 애도의 정이 깊어야 한다. 제후의 회합이나 동맹을 체결할 때에는 [제후나 보좌역인 사람은] 용기가 있어야 하고 기민(機敏)해야 한다. 군대를 동원할 때에는 항상 위험을 생각하여 자기편의 실정을 은밀히 하고 적정(敵情)을 살펴야 한다.

原文 器어든 則執蓋하고, 弓이어든 則以左手로 屈韜하여 執拊하며, 劍이어든 則啓櫝하여 蓋襲之하고, 加夫襓與劍焉하며, 笏과 書와, 脩와, 苞苴와, 弓과, 茵과 席과, 枕과 几와, 穎과 杖과 琴과 瑟과 戈有刃者를 櫝하고 笶과 籥을 其執之하되 皆尚左手하며, 刀卻刃이오 授穎하며, 削授拊하며 凡有刺刃者를, 以授人則辟刃이니라. 乘兵車하며, 出先刃하고, 入後刃하며, 軍尚左하고 卒尚右니라.

(기 즉집개 궁 즉이좌수 굴독 집부
검 즉계독 개습지 가부요여검언 홀
서 수 포저 궁 인 석 침 궤 영 장 금
슬 과유인자 독 협 약 기집지 개상좌수
도각인 수영 삭수부 범유자인자 이수인즉피인
승병거 출선인 입후인 군상좌 졸상우)

賓客은 主恭하고, 祭祀는 主敬하고, 喪事는 主哀하고, 會同은 主詡하며, 軍旅는 思險하여, 隱情以虞니라.

(빈객 주공 제사 주경 상사 주애 회동
주후 군려 사험 은정이우)

[註解] ㅇ蓋(개)-덮개. 또는 뚜껑. ㅇ韣(독)-활을 넣어두는 활집. ㅇ拊(부)-궁파(弓把), 즉 활 몸통의 중간에서 조금 아랫부분, 활을 쏠 때 왼손으로 그곳을 잡는다. ㅇ啓(계)-연다는 뜻. ㅇ櫝(독)-검을 넣어두는 갑. ㅇ蓋襲之(개습지)-갑의 뚜껑을 열어 갑 밑에 끼워두는 것. ㅇ加夫襓與劍焉(가부요여검언)-검(劍)의 전대는 갑 속에 넣고 검을 전대 위에 올려 놓음을 말한 것. 부요(夫襓)는 검의(劍衣), 즉 검의 전대. ㅇ書(서)-책이나 글씨. ㅇ苞苴(포저)-갈대 따위를 엮어서 육류(肉類)를 싼 것. ㅇ茵(인)-잠자리에 쓰는 요. ㅇ几(궤)-걸상. ㅇ穎(영)-경침(警枕)을 말한 것. ㅇ戈(과)-창. ㅇ筴(협)-시초점에 쓰는 풀의 줄기. 서죽(筮竹). ㅇ籥(약)-피리처럼 생긴 것으로 세 구멍과 여섯 구멍짜리가 있다. ㅇ刀(도)-칼날이 한 쪽에만 있는 것. 검(劍)은 칼날이 양쪽에 있는 것. ㅇ卻(각)-반대로 한다는 뜻. 즉 칼날을 반대쪽으로 보내는 것. ㅇ穎(영)-여기서는 칼자루 끝의 고리를 뜻한 말. ㅇ授拊(수부)-손잡이 쪽을 잡도록 드린다는 뜻. 부(拊)는 도(刀)의 손잡이. ㅇ削(삭)-곡도(曲刀). 즉 구부러진 칼. ㅇ辟刃(피인)-칼날 쪽을 피한다는 뜻. 피(辟)는 피(避)와 같다. ㅇ先刃(선인)·後刃(후인)-칼날을 앞으로 향하게 하는 것은 적을 격파함을 상징하는 것이고, 뒤로 돌리는 것은 나라를 편안하게 한다는 뜻임. ㅇ尚左(상좌)·尚右(상우)-상(尚)은 소중히 한다는 뜻. 좌(左)는 양(陽)으로서 생도(生道)이며, 우(右)는 음(陰)으로서 사도(死道)이다. 장군이 행오(行五)에 좌측을 소중히 여김은 패배가 없기를 바라서이고, 군졸(軍卒)의 행오에 우측을 소중히 여김은 필승의 뜻이 있기 때문이다. ㅇ詡(후)-민첩한 것. 말하는 기상이 밝고 성한 것. ㅇ虞(우)-방비하는 것.

예(禮)에 이르기를, 귀인(貴人)의 평상시의 식사에 함께 먹을 때에는 귀인보다 밥을 먼저 먹기 시작하고 귀인보다 먹기를 늦게 끝낸다. 그때 큰 입으로 쩝쩝하고 소리를 내며 먹거나 국물을 훌훌 마시거나 해서는 안된다. 밥은 조금씩 입에 넣고 신속히 삼켜야 하며 언제까지나 씹으며 입을 오물거려서는 안된다.

식사를 끝내고 객이 스스로 밥상을 치우려고 했을 때 주인이 그것을 만류하면 그만둔다. 주인이 객에게 권하는 술잔을 받아서 좌석의 왼쪽에 놓고 자기의 술잔을 오른쪽에 놓는다. 개작(介爵)·작작(酢爵)·준작(僎爵)의 술잔은 모두 오른쪽에 놓는다.

〔조리(調理)된〕 물기가 있는 생선을 내놓을 때는 꼬리를 앞으로 하여 내놓는다. 〔물기가 없는 생선은 머리를 앞으로 하여 내놓는다〕 또 겨울에는 생선의 살찐 아랫배를 오른쪽으로 하여 내놓으며, 여름에는 지느러미를 오른쪽으로 하여 내놓는다. 또 생선은 아랫배 부분으로 제사지낸다.

대체로 소금에다 매실(梅實) 등으로 요리의 맛을 내려고 하면 소금이나 매실 등을 오른손에 잡고 요리를 왼쪽에 놓고 한다.

객이 임금에게 폐백(幣帛)을 바칠 때 임금 대신 이를 받는 자는 왼쪽에서 이를 받는다. 또 임금을 대신하여 명령이나 전갈을 전하는 자는 〔임금의〕 오른쪽에서 한다.

제례(祭禮)에 있어서 시(尸)의 어자에게 술을 권하는 예법은 〔임금의〕 어자(御者)에 대한 것과 동일하게 한다. 즉 어자는 수레 위에 있으면 왼손으로 말고삐를 잡고 오른손으로 술잔을 받으며, 좌우 차륜(車輪)의 축(軸) 머리와 식(軾) 앞에 술을 제사지내고 마신다.

原文 燕侍食於君子어든, 則先飯而後已하며, 毋放飯하며, 毋流歠하며, 小飯而亟之하며, 數噍하고, 毋爲口容하며,

(연시식어군자 즉선반이후이 무방반 무
유철 소반이극지 삭초 무위구용)

客이 自徹하고, 辭焉則止니라.

(객 자철 사언즉지)

客爵이 居左요, 其飮은 居右하며, 介爵과, 酢爵과, 僎爵은, 皆

居右니라.

(객작 거좌 기음 거우 개작 작작 준작 개거우)

羞濡魚者는 進尾하나니, 冬에는 右腴하고, 夏에는 右鰭하며, 祭膴니라.

(수유어자 진미 동 우유 하 우기 제무)

凡齊는, 執之以右하고, 居之於左니라.

(범제 집지이우 거지어좌)

贊幣하되, 自左하고, 詔辭하며 自右니라.

(찬폐 자좌 조사 자우)

酌尸之僕하되, 如君之僕이니, 其在車에는, 則左執轡하며, 右受爵하여, 祭左右軌范이요, 乃飮이니라.

(작시지복 여군지복 기재거 즉좌집비 우

수작 제좌우궤범 내음)

註解 ○先飯而後已(선반이후이)─밥을 먼저 먹기 시작하고 늦게 끝낸다는 뜻. 먼저 먹는 것은 맛보는 예이고, 늦게 끝내는 것은 더 먹으라는 뜻. ○放飯(방반)─밥을 마음껏 먹는 것. ○流歠(유철)─소리를 내며 국물을 들이마시는 것. ○小飯而亟之(소반이극지)─적게 먹고 빨리 먹는 것을 뜻한 말. ○數噍(삭초)─자주자주 음식을 씹는 것. ○口容(구용)─입을 놀려 무슨 시늉을 하는 것. ○介爵(개작)─빈부(賓副)의 술잔. 빈부는 객의 보좌역. 개(介)는 빈부란 뜻. ○酢爵(작작)─객이 술을 따라서 주인에게 답하는 술잔. ○儁(준)─마을 사람이 와서 주인을 돕는 것. ○羞濡魚(수유어)─유어(濡魚)를 제사상에 올리는 것. 유어는 기름에 지진 생선. ○腴(유)─배 아래의 기름진 곳. ○鰭(기)─지느러미. ○膴(무)─물고기 배 아래쪽의 큰 살점이 있는 곳. ○齊(제)─양념으로서 갱식(羹食)을 간맞춘 것. ○贊幣自左(찬폐자좌)─예(禮)를 돕는 자가 임금을 위해서 폐백을 받을 때에는 임금의 왼편에서 한다는 말. ○詔辭自右(조사자우)─임금의 명령이나 분부를 사람에게 전할 때에는 임금의 오른편에서 한다는 말. ○酌尸之僕(작시지복) 如君之僕(여군지복)─시거(尸車)의 복자(僕者)가 술을

부어서 길의 신에게 제사지내는 것은 임금의 복자(僕者)와 같이 한다는 말. ㅇ軌范(궤범)—궤(軌)는 바퀴통. 범(范)은 식(軾)의 전면을 말한다. 식은 수레 앞의 가로막대.

대체로 식사에 내놓는 것 중에서 [두(豆)에 담겨진 것은 두(豆)와 두 사이에 제사지내지만] 조(俎)에 담은 것은 조(俎) 안에서 제사지 내면 된다.

군자(君子)는 개나 돼지의 창자 요리를 먹지 않는다.

소자[소년]는 식사 심부름을 할 때에는 달리되 빠른 걸음으로 걷지 않는다. 또 술잔을 올릴 때에는 꿇어앉아 제사를 지낸 다음 일어서서 마신다.

대체로 술잔을 씻을 때에는 먼저 반드시 손을 씻는다.

소나 양의 폐[肺]는 이를 자를 때 중앙 부분을 자르지 않고 놓아둔다.

대체로 국물이 있는 요리는 먹을 때에 조미(調味)하지 않는다.

군자를 위해서 파나 염교를 선택할 때에는 밑둥과 끝을 자른다. 머리가 붙어 있는 요리는 입 부분을 향해서 권하고 먹을 때에는 귀 부분을 제사지낸다.

술통을 취급하는 자는 술을 푸는 자의 좌측을 상위(上位)로 해서 상준(上樽), 즉 현주(玄酒)를 놓는다. 술통이나 술항아리는 그 코를 상대방을 향해서 놓는다.

술을 마실 때 만일 세발(洗髮)한 뒤나 관례(冠禮)한 뒤면 절조(折 俎)가 있는 동안은 앉지 않고 마신다. 아직 술잔의 수작(酬酢)이 행하여지고 있는 동안은 요리에 손을 대지 않는다.

[原文] 凡羞에, 有俎者는 則於俎內에는 祭니라.
　　(범수 유조자 즉어조내 제)

君子는 不食圂腴니라.

(군자 불식혼유)

小子는 走而不趨하며, 擧爵則坐祭立飮이니라.

(소자 주이불추 거작즉좌제립음)

凡洗에 必盥이니라.

(범세 필관)

牛羊之肺를, 離而不提心이니라.

(우양지폐 이이부제심)

凡羞에, 有涪者는, 不以齊니라.

(범수 유읍자 불이제)

爲君子하여 擇葱薤어든, 則絶其本末하며, 羞首者는, 進喙祭耳니라.

(위군자 택총해 즉절기본말 수수자 진훼제이)

尊者는 以酌者之左로 爲上尊이니라.

(준자 이작자지좌 위상준)

尊壺者는 面其鼻니라.

(준호자 면기비)

飮酒者는 磯者와, 醮者와, 有折俎어든 不坐하며, 未步爵하여는, 不嘗羞니라.

(음주자 기자 초자 유절조 부좌 미보작 불상수)

註解   ○圂腴(혼유)—혼(圂)은 개나 돼지를 말하며, 유(腴)는 창자를 뜻한다. 개나 돼지는 곡식을 먹기 때문에 그 창자가 사람과 비슷하여 군자는 이를 먹지 않는다는 것이다. ○走而不趨(주이불추)—달리되 빨리 걸어가지 않는 것. ○不提心(부제심)—제(提)는 끊는다는 뜻. 심(心)은 중앙. 즉 폐의 중앙 부분을 끊지 않는다는 것. ○涪(읍)—국물이란 뜻. ○齊(제)—간맞춘다는 뜻. ○葱薤(총해)—파와 염교. ○喙(훼)—부리, 즉 주둥이. ○尊者(준자)—준(尊)은 준(樽)을 말한 것. 즉 술통을 취급하는 자. ○酌者(작자)—술을 따르는 사람. ○上尊(상준)—원주(元酒), 물의 술단지.

ㅇ壺(호)—배가 불룩한 병. ㅇ面其鼻(면기비)—술단지나 술병은 벽이나 기둥 옆에 마련한다. 그러므로 그 코가 모두 바깥쪽에 있어 사람을 향하게 되는 것이다. ㅇ禨者(기자)—목욕을 하고 술을 마시는 자. ㅇ醮者(초자)—관례(冠禮)를 치르고 술을 마시는 자. ㅇ折俎(절조)—뼈가 붙은 큰 고기를 꺾어서 조(俎)에 담는다는 뜻. ㅇ步爵(보작)—술잔을 수작(酬酌)하는 것. 보(步)는 돌아다닌다는 뜻.

소나 양 또는 생선의 날고기는 크고 얇게 썰어서 잘게 토막내어 생선회로 한다. 순록(馴鹿)이나 사슴의 고기는 소금에 절이고 멧돼지의 고기는 큼직하게 자르는데 이들은 크고 얇게 썰 뿐 잘게 토막내지 않는다. 노루는 백계(辟雞)〔라는 요리〕로 만들고, 토끼는 완비(宛脾), 이들은 크게 얇게 썰어서 잘게 토막낸다. 또 파나 염교는 썰어서 식초에 넣어 부드럽게 한다.

식사에 뼈가 붙은 고기가 담긴 조(俎)가 나왔을 때에는 이를 가지고 제사를 지내거나, 제사가 끝나고 조에 담을 때에도 앉지 않고 선 채로 한다. 번육(燔肉), 즉 볶은 고기도 그와 동일하게 취급한다. 다만 시(尸)일 경우에는 앉아서 해도 된다.

몸에 의복을 입고 있으면서 그〔의복의 이름〕를 모르는 것은 무지(無知)라고 말할 수밖에 없다.

저녁이 되어 아직도 등불을 켜기 전에 뒤늦게 방에 들어온 사람이 있으면 주인은 방에 있는 사람들의 이름을 알려준다. 맹인(盲人)을 안내할 경우에도 그와 동일하게 한다.

대체로 술을 마시다가 해가 지면 주인은 등불을 들고 객을 만류하며 객은 일어서서 물러갈 것을 청한다. 거기서 주인은 등불을 객에게 넘겨준다. 등불을 잡으면 주객이 서로 양보하지 말고 인사를 되풀이하지 않으며 노래를 하지 않는다.

세숫대야의 물이나 음식물을 존장자에게 받들어 올릴 때에는 숨을

크게 내쉬지 않도록 한다. 만일 무언가를 물어 왔을 때에는 자기의
입을 상대방에게 향하지 않도록 하고 답한다.

原文　牛與羊魚之腥을, 聶而切之爲膾니라. 麋鹿이 爲菹는, 野
豕爲軒이니, 皆聶而不切하고, 麕爲辟雞는, 兎爲宛脾니, 皆聶而
切之하나니, 切葱若薤하여, 實之하고, 醢以柔느니라.
(우여양어지성 섭이절지위회 미록 위저 야
시위헌 개섭이부절 균위백계 토위완비 개섭이
절지 절총약해 실지 혜이유지)

其有折俎者어든, 取祭하며, 反之어든, 不坐하며 燔亦如之니,
尸則坐니라.
(기유절조자 취제 반지 부좌 번역여지 시즉좌)

衣服이 在躬하되, 而不知其名이 爲罔이니라.
(의복 재궁 이부지기명 위망)

其未有燭而後至者면, 則以在者告하며, 道瞽亦然이니라.
(기미유촉이후지자 즉이재자고 도고역연)

凡飮酒에, 爲獻主者이, 執燭抱燋하되, 客作而辭면, 然後에 以
授人하며, 執燭하면 不讓하며, 不辭하며, 不歌이니라.
(범음주 위헌주자 집촉포초 객작이사 연후 이
수인 집촉 불양 불사 불가)

洗盥하여, 執食飮者는 勿氣니, 有問焉이면, 則辟咡而對니라.
(세관 집식음자 물기 유문언 즉피이이대)

註解　ㅇ腥(성)-생육(生肉), 즉 날고기를 뜻한 말. ㅇ菹(저)-초채(酢菜)
를 뜻한 말. ㅇ軒(헌)-크게 끊어서 만든 고깃덩어리. ㅇ辟雞(백계)……
宛脾(완비)-제21〈내칙편(內則篇)〉에 나오는데 무슨 요리인지 분명치
않다. ㅇ燔(번)-불고기 또는 볶은 고기. 제례(祭禮)에서는 흔히 번육(燔
肉)으로 표현한다. ㅇ罔(망)-무지(無知)한 사람이란 뜻. ㅇ獻主執燭抱燋

(헌수집촉포초)-헌주(獻主)는 주인, 초(燋)는 아직도 불붙이지 않은 홰를 말한다. ㅇ執燭不讓(집촉불양) 不辭(불사) 不歌(불가)-이미 촛불을 잡았으면 밤이 된 것이므로 서로 사양하고 인사를 되풀이하며 노래부르는 일 등을 하지 않는다는 말. ㅇ洗盥(세관) 執食飲者(집식음자) 勿氣(물기)-세숫물을 어른에게 드린다든지 음식을 드릴 때에는 숨을 크게 해서 입김이 거기에 닿는 일이 없도록 해야 한다는 말.

남의 대리로 제사를 지냈을 때에는 그 말린 고기를 사람들에게 나누어 주는데, "신령(神靈)의 복을 나눕니다."라고 말한다. 그러나 자신이 마땅히 해야 하는 제사를 지낼 때에는 [그 제례(祭禮)의] 선(膳)을 군자에게 올리는 데에도 "선(膳)을 드립니다."라고 말한다. 또 부제(祔祭)나 연제(練祭)의 말린 고기를 남에게 보내려면 "고(告)합니다."라고 말한다. 대체로 군자에게 선(膳)을 올린다든가 말린 고기를 보내는 취지를 알리든가 할 경우에는 먼저 주인이 보내는 물건의 꾸러미를 열고 조사한다. 그리고 당(堂)의 조계(阼階) 아래 남쪽에서 사자(使者)에게 건네주며 두 번 절하고 머리를 조아리며 사자를 보낸다. 또 사자가 복명(復命)할 때에도 주인은 두 번 절하고 머리를 조아리며 듣는다. 이 말린 고기를 보내는 예법은 대뢰(大牢)에 있어서는 소의 왼쪽 견비노(肩臂臑)를 각각 삼단(三段)으로 끊은 것을 합쳐서 9단을 보내고 또 소뢰(少牢)에 있어서는 양의 왼쪽 어깨를 7단으로 끊은 것을 보내며, 또 특생(特牲)에 있어서는 돼지의 왼쪽 어깨를 5단으로 끊은 것을 보내는 것이다.

국력(國力)이 쇠약해졌을 때에는 수레에 조각이나 옻칠을 하지 않고 갑옷을 매는 데에 조등(組縢)하지 않으며 식기에 무늬를 새기지 않는다. 군자도 비단신을 사용하지 않으며 말의 평소 양식에 곡식을 사용하지 않는다.

原文 爲人祭하고 曰致福이라하고, 爲己祭而致膳於君子曰膳이

라 祔練曰告라. 凡膳告於君子에, 主人이 展之하여, 以授使者于
阼階之南하여, 南面하고 再拜稽首送하며, 反命이어든, 主人이 又
再拜稽首니 其禮, 大牢則以牛左肩臂臑로 折九箇하며, 少牢則
以羊左肩七箇하며, 特豕則以豕左肩五箇니라.

(위인제 왈치복 위기제이치선어군자왈선

부연왈고 범선고어군자 주인 전지 이수사자우

조계지남 남면 재배계수송 반명 주인 우

재배계수 기례 대뢰즉이우좌견비노 절구개 소뢰즉

이양좌견칠개 직시즉이시좌견오개)

國家靡敝어든, 則車不雕幾하며, 甲不組縢하며, 食器에 不刻
鏤하며, 君子이 不履絲屨하며, 馬不常秣이니라.

(국가미폐 즉거부조기 갑부조등 식기 불각

루 군자 불리사구 마불상말)

註解 ㅇ致福(치복)―제사지낸, 말린 고기를 보낼 때에 하는 말. '복을
나눕니다'라고 한 뜻. ㅇ膳(선)―요리. 여기서는 건육(乾肉), 즉 말린 고
기. ㅇ祔(부)―여기서는 졸곡(卒哭) 다음날 죽은 자의 위패(位牌)를 조묘
(祖廟)에 제사지내고 대대로 내려오는, 조령(祖靈)의 대열에 가해지는 것
을 말한다. 제사가 끝나면 당(堂)으로 되돌렸다가 상(喪)을 벗은 다음 사
당에 가한다. 부(祔)란 일반적으로 합장(合葬)・합제(合祭)를 말한 것이
다. 또한 졸곡에 있어서 사(士)는 사후 3개월, 대부는 5개월, 임금은 7개
월이다. 이설(異說)도 있다. ㅇ練(연)―죽은 후 1년째의 제사로 소상(小
祥)이라고도 한다. 상주는 이 제사부터 마관(麻冠)을 연(練 : 흰 명주)의
관으로 바꾼다. ㅇ反命(반명)―여기서는 사자(使者)가 제육(祭肉)을 군자
에게 드리고 돌아와서 복명(復命)하는 것. ㅇ肩臂臑(견비노)―어깨에서
부터 다리에 이르기까지를 세 부분으로 나눈 이름. ㅇ靡敝(미폐)―여기
서는 나라의 재정이 부족하고 민생(民生)이 곤궁한 것. 즉 국력이 쇠약
한 것. ㅇ車不雕幾(거부조기)―조(雕)는 조각의 뜻이며, 기(幾)는 칠해서
장식하는 것. ㅇ甲不組縢(갑부조등)―비단실로 갑옷을 꿰매는 것. ㅇ馬

不常秣(마불상말)－말에게 곡식을 먹이는 것을 말(秣)이라고 한다. 국
력이 피폐하여 양식도 부족한 때이므로 말에게 곡식 주는 것을 적게
한다는 말.

제18 학 기(學記)

　　학문의 목적과 교육방법 및 교사의 책무(責務) 등을 수록하고 또한 존사(尊師)의 위풍을 강화해야 한다는 것에 대해 해설하고 있다. 〈대학편(大學篇)〉과 함께 유교(儒敎)의 학문론(學問論)의 기초를 이루고 있는 작품이다.

　여기에 어떤 임금 혹은 위정자(爲政者)가 있는데, 그의 사려(思慮)가 정당하고 또한 선량한 선비를 구하여 채용한다면 그는 그 미덕(美德)에 의해 상당한 명성(名聲)을 얻을 것이다. 그러나 민중의 마음을 사서 뭇사람의 마음을 자재(自在)로 움직이기에 이르지는 못할 것이다. 다음으로〔한층 높은 능력을 갖춘 위정자가 있어서〕스스로 현자(賢者)에 대해서 공부하고 몸 가까이의 일에 대해서뿐만 아니라 저 멀리에 있는 일에 대해서도 사정을 잘 알고 주도면밀한 정치를 할 수 있다면 그는 이 능력에 의해 민중의 마음을 얻어 자재로 움직일 수가 있을 것이다. 그러나 진정 민중을 감화시키기에 이르지는 못할 것이다. 만일 임금이나 위정자가 진정으로 민중을 감화시키고 선미(善美)의 풍속을 이룩하기를 원한다면 반드시 학문과 교육에 의존하지 않으면 안될 것이리라.

> |原文| 發慮憲하고, 求善良은, 足以諛聞이요, 不足以動衆이며, 就賢體遠은, 足以動衆이요, 未足以化民이며, 君子이 如欲化民成俗이면, 其必由學乎인저.
> 　(발려헌 구선량 족이소문 부족이동중
> 　취현체원 족이동중 미족이화민 군자 여욕화민
> 　성속 기필유학호)

註解 ㅇ發慮憲(발려헌)－생각을 해내는 것이 법칙에 맞는다는 말. ㅇ足以諛聞(족이소문)－조그마한 명성이나 영예를 얻기에 족하다는 뜻. 소(諛)는 작다는 뜻. ㅇ就賢(취현)－예(禮)로써 몸을 낮추어 어진 사람에게 대하는 것. ㅇ體遠(체원)－처지(處地)를 바꾸어서 소원(疏遠)한 신하의 마음을 살피는 것. ㅇ化民成俗(화민성속)－백성을 감화시켜서 아름다운 풍속을 이루는 것. ㅇ其必由學乎(기필유학호)－반드시 학문에 의존하지 않으면 안된다는 말.

옥(玉)도 갈아서 광택을 나게 하지 않으면 보석으로서 통용되지 않는 것처럼 사람도 배워서 사물의 도리를 습득하지 않으면 재능을 발휘할 수 없다. 그러므로 옛날의 성왕(聖王)이 나라를 세우고 백성에게 군림하려면 먼저 학문과 교육에 의존했던 것이다. 열명(兌命)〔이란 문서〕에, '사람은 일생을 통해서 항상 학문에 노력하지 않으면 안된다'라고 한 것은, 이것〔성왕(聖王)이 정치상으로 학문과 교육을 무엇보다도 존중해야 한다는 취지〕을 말한 것일 게다.

아무리 맛있는 요리도 먹어보지 않으면 진짜 맛을 모르는 것처럼 아무리 선미(善美)한 지식이나 법칙이 있어도 사람이 배우고 연구해서 그것을 터득하는 것이 아니면 그 진가(眞價)를 모른다. 또 학문을 해보고 비로소 내 지혜가 부족함을 알며, 가르쳐 보고 비로소 교육의 어려움을 안다. 그리고 부족을 알고서 자신의 능력을 반성하게 되는 것이며 어려움을 알아야 열심히 노력하게 되는 것이다. 그렇기 때문에 예로부터 "가르치는 것과 배우는 것은 상조(相助)한다."라고 말하고 있다. 열명(兌命)에 '가르치는 것의 절반은 배우는 것이 된다'라고 되어 있는 것은 이것〔옛날 말의 취지〕을 말한 것일까.

原文 玉不琢이면, 不成器하고, 人不學이면, 不知道하나니, 是故로 古之王者이, 建國君民하시고, 敎學으로 爲先하시니, 兌命에 曰, 念終始典于學이라하니, 其此之謂乎인저.

(옥불탁 불성기 인불학 부지도 시
고 고지왕자 건국군민 교학 위선 열명
왈 염종시전우학 기차지위호)

雖有嘉肴나, 弗食하면 不知其旨也하며, 雖有至道나, 弗學이면 不知其善也하나니, 是故로 學然後에 知不足하며, 教然後에 知困이니, 知不足, 然後에 能自反也하며, 知困, 然後에 能自強也니, 故로 曰, 教學이 相長也이니, 兌命에 曰, 斆學半이라하니, 其此之謂乎인저.

(수유가효 불식 부지기지야 수유지도 불학
부지기선야 시고 학연후 지부족 교연후 지
곤 지부족 연후 능자반야 지곤 연후 능자강야
고 왈 교학 상장야 열명 왈 효학반 기
차지위호)

註解 ○建國君民(건국군민)−나라를 세우고 백성의 위에 군림(君臨)하는 것. ○教學爲先(교학위선)−교육방침을 세우고 학교를 세우는 것을 선무(先務)로 삼는 것. ○兌命(열명)−은(殷)나라 고종(高宗)이 현인(賢人)의 전설에 대해서 내린 조명(詔命)을 열명(兌命)이라고 한다. 《서경(書經)》 상서(商書) 중에 수록되었던 것이 후세에 망실(亡失)되었다. 지금의 《서경》 속에 있는 열명의 상·중·하 3편은 위작(僞作)이라고 한다. ○念終始典于學(염종시전우학)−항상 학문을 생각하고 노력한다는 뜻. 전(典)은 항상이란 뜻. ○嘉肴(가효)−맛이 좋은 술안주. ○旨(지)−음식의 맛을 뜻한 말. ○至道(지도)−지극히 착한 도리. ○教然後知困(교연후지곤)−남을 가르쳐 본 뒤라야 학문의 어려움을 알게 된다는 말. ○知困(지곤) 然後能自強(연후능자강)−자강(自強)은 자신이 힘쓰는 것을 뜻한 말. 즉 학문의 어려움을 느끼게 되면 자연히 힘써 공부하게 된다는 뜻. ○教學相長(교학상장)−가르치는 것과 배우는 것이 서로 도움이 된다는 것을 뜻한 말. ○斆學半(효학반)−남에게 가르치는 사이에 자연히 자기도 배우게 된다. 가르치는 것의 절반은 배우는 것이 된다는 뜻. 효(斆)는 교(教)

의 고형(古形)의 하나이다.

고대의 교육에 대해서 말하면 25가(家)에 숙(塾)이 있고, 당(黨 : 5
백 가)에 상(庠)이 있으며, 수(術 : 遂＝1만 2천5백 가)에 서(序)가 있
고, 국도(國都)에 학(學 : 대학)이 있다. 대학에는 매년 학생이 들어가
고 그후 2년마다 성적을 고사(考査)한다. 즉 입학하고 1년에서 2년
사이는 경서(經書)의 독송(讀誦)과 해석을 배우게 하여 그 결과를 고
사하고, 제3년에서 2년간은 학생의 학업을 경중(敬重)하며, 붕우(朋
友)와의 화합(和合)에 힘쓰게 하여 그 결과를 고사하고 제5년에서 2
년간은 널리 많은 사물에 대한 지식을 탐구하여 각각 그 길의 교사에
게 배우기를 힘쓰게 하여 그 결과를 고사하며, 제7년에서 2년간은 학
문에 대해서 강론(講論)하고, 벗을 취하는 데에 힘쓰게 하여 고사를
하는데 여기까지를 대학교육의 소성(小成)으로 한다. 그리고 제9년에
서 2년간은 〔직접 모르는 문제에 대해서도〕 유추(類推)하여 해석할
수가 있고, 또 도리에 위반하지 않도록 해서 입장을 쌓아 굳히는 데
에 힘쓰게 하여 그 결과를 고사하는데 이것을 대학 교육의 대성(大
成)이라고 한다. 그런데 이렇게 충분히 단련한 사람이라야 그 힘으로
백성을 교화(敎化)시켜 풍속을 개량할 수가 있고 그 결과 가까이의
사람들은 심복(心服)하고 먼 사람들도 그 덕을 사모하게 되며, 이러
한 정치를 하는 것이 대학의 최종 목적인 것이다. 고서(古書)에 '개미
새끼는 흙을 물고 다니는 것을 배우기에 게을리하지 않는다. 〔그리하
여 끝내는 의총(蟻塚), 즉 개밋둑을 쌓아올린다〕'라고 되어 있는 것은
진정한 대학 교육의 취지를 가르치고 있다.

原文 古之敎者는, 家有塾하며, 黨有庠하며, 術有序하며, 國有
學하니, 比年에 入學하고, 中年에 考校하여, 一年에 視離經辨志
하고, 三年에 視敬業樂羣하고, 五年에 視博習親師하고, 七年에

視論學取友하나니, 謂之小成이오. 九年에 知類通達하여, 强立而
不反이니, 謂之大成이라. 夫然後에야 足以化民易俗하며, 近者説
服하고, 而遠者懷之니, 此는 大學之道也라. 記에 曰, 蛾子이 時
術之라하니 其此之謂乎인저.

　(고지교자 가유숙 당유상 수유서 국유
　학 비년 입학 중년 고교 일년 시리경변지
　삼년 시경업낙군 오년 시박습친사 칠년
　시론학취우 위지소성 구년 지류통달 강립이
　불반 위지대성 부연후 족이화민역속 근자열
　복 이원자회지 차 대학지도야 기 왈 아자 시
　술지 기차지위호)

註解　ㅇ家有塾(가유숙)－《주례(周禮)》에 따르면 25가(家)를 여(閭)라
고 말하며, 여마다에 숙(塾)이 있어서 백성을 교육한다. 이에 따라서 이
글귀의 가(家)란 25가를 가리킨 말이다. ㅇ黨有庠(당유상)－당(黨)은 5백
집을 말하며, 당에는 상(庠)이라는 학교가 있다. 즉 당에는 상이라는 학
교가 있다는 말. 상에서는 여숙(閭塾)에서 뽑힌 사람을 가르쳤다. ㅇ術有
序(수유서)－술(術)은 수(遂)로 읽으며, 수에는 서(序)가 있다는 말. 즉
수에는 1만 2천5백 집이 있으며, 수마다 서(序)라는 학교가 있어서 상
(庠)에서 뽑혀 온 사람을 가르쳤다. ㅇ國有學(국유학)－국학이 있다는 말.
국학이란 천자의 도읍이나 제후의 국도에 있는 학교를 말하며, 여기에 임
금의 원자(元子)·중자(衆子) 및 경(卿)·대부·사의 자제와 서민의 준재
(俊才)가 입학하였다. ㅇ比年(비년)－해마다란 뜻. ㅇ考校(고교)－학업의
진전한 정도를 살피는 것. ㅇ中年(중년)－한 해 건너서란 뜻. ㅇ離經(이
경)－고전(古典)의 원문을 분석하여 구두(句讀)를 나누는 것. ㅇ辨志(변
지)－문의(文意)를 밝혀서 해석할 수 있는 것. 변(辨)은 명(明), 지(志)는
의(意)란 뜻. ㅇ樂羣(낙군)－고립하지 않고 군거(群居)하여 붕우(朋友)와
화락을 함께하는 것을 가르치며, 정치가에게는 백성을 지도하여 백성과
고락을 함께하는 성능이 필요하므로 그의 함양에 힘쓰게 한다는 취지.

ㅇ博習親師(박습친사)-스승의 가르침을 받들어 널리 배운다는 뜻. ㅇ論學(논학)-학문의 깊은 뜻을 강론하는 것. ㅇ取友(취우)-도움이 될 수 있는 친구를 가려 사귀는 것. ㅇ知類通達(지류통달)-사물을 분별할 줄 알고 이치에 통달하는 것. ㅇ說服(열복)-심복(心服), 열(說)은 열(悅), 즉 기뻐한다는 뜻. ㅇ記(기)-옛날의 기록. ㅇ蛾子(아자)-큰 개미를 뜻한 말. ㅇ時術之(시술지)-때때로 배우는 것.

대학에서 교관이 학생에게 처음으로 수업함에 있어서, 먼저 피변(皮弁) 차림으로 선사(先師)를 제사하는데 나물을 바치는 것은 학생에 대하여 학예(學藝)를 존중한다는 뜻을 나타내는 것이다. 그리고 그 제사를 위해 학생들에게 《시경(詩經)》소아(小雅) 3편을 노래해서 익히게 하는 것은 사람이 처음에 벼슬하는 길을 가르치기 위함이다. 또 대학에 들어가면 먼저 시작의 북을 치게 해서 학생을 교실에 모아 놓고 다음으로 상자를 열고 책을 꺼내게 하는데 이는 학업에 유순(柔順)하는 마음을 깨닫게 하기 위함이다. 그리고 교장(敎場)에 가초(夏楚) 2종의 태(笞)를 준비케 하는 것은 나태함을 징계한다는 위력을 나타내는 것이다. 또 천자가 체제(禘祭)의 날을 복(卜)하기 전에는 대학의 시찰을 하지 않는 것은 학생의 마음에 여유를 주어 침착한 마음으로 면학하게 하기 위함이며 교관은 항상 학생의 생활을 보고 있으면서 일일이 세심하게 주의를 주지 않는 것은 학생들로 하여금 한 마음으로 면학하고 다른 일에 마음을 쓰지 않게 하기 위함이며, 수업을 할 때 연소자에게는 청강(聽講)을 시킬 뿐으로 교사가 질문을 하지 않는 것은 학문에는 차례가 있어서 급진(急進)해서는 안된다는 것을 알리기 위함이다. 이상의 칠사(七事)는 대학 교육의 중요 원칙이다. 고서(古書)에 말하기를, '대체로 학문을 하려면 이미 벼슬을 하고 있는 자는 직무에 관계가 깊은 사물에 대해서 배우는 것을 첫째로 하고, 아직 처사(處士)인 자라면 각자의 지망(志望)에 관계가 깊은 사물에 대해서 배우는 것을 첫째로 한다'라고 되어 있는 것은 이상에서 말한 칠사(七事)의 취지를 말한 것일 게다.

原文   大學始敎에, 皮弁祭菜는, 示敬道也요, 宵雅肄三은, 官其始也요, 入學鼓篋은, 孫其業也요, 夏楚二物은, 收其威也요, 未卜禘하여, 不視學은, 游其志也요, 時觀而弗語는, 存其心也요, 幼者聽而弗問은, 學弗躐等也니, 此七者는, 敎之大倫也라. 記에 曰, 凡學은, 官先事요, 士先志라하니, 其此之謂乎인저.

(대학시교 피변제채 시경도야 소아이삼 관
기시야 입학고협 손기업야 가초이물 수기위야
미복체 불시학 유기지야 시관이불어 존기심야
유자청이불문 학불렵등야 차칠자 교지대륜야 기
왈 범학 관선사 사선지 기차지위호)

註解   ○皮弁(피변)—천자의 조정에서 입는 백관(百官)의 조복(朝服). 피변 그 자체는 사슴 가죽으로 된 흰 관(冠)이지만 그에 맞추어 정한 의상이 있다. 그러므로 합쳐서 피변복이라고도 한다. ○宵雅(소아)—소아(小雅)와 같은 말. 소(宵)는 소(小)와 같다. ○肄三(이삼)—삼편(三篇)을 학습한다는 뜻. 이(肄)는 습(習)을 말하고, 삼(三)은 녹명(鹿鳴)·사모(四牡)·황황자화(皇皇者華)의 3편을 말한다. 이 3편이 모두 군신(君臣)이 연락(宴樂)하여 서로 위로하는 것을 내용으로 하고 있다. ○孫其業(손기업)—손(孫)은 손(遜)과 같으므로 유순(柔順)하다는 뜻. ○夏楚二物(가초이물)—가(夏)는 가(榎)로 개오동나무이며 태(笞)의 재료이고, 초(楚)는 싸리나무로 역시 태의 재료이다. ○未卜禘(미복체) 不視學(불시학)—체(禘)는 5년마다 거행하는 천자의 묘제(廟祭)이다. 5년이 되기 전에 천자가 대학을 시찰하지 않는다는 말.

대학의 교육은 다음과 같다. 사시(四時:춘하추동)의 수업에는 일정한 과업이 있고, 학교에서 돌아와 휴식할 때에는 숙제가 있다. 대체

로 학습이란 것은 항상 마음을 기울여 손에 익숙해지게 하는 것이 중
요하다. 예컨대 현(弦)을 배움에 있어서는 그것을 항상 조정해서 음
색(音色)을 고르게 하지 않으면 현을 자유로이 조종할 수 없는 것이
다. 또 《시경(詩經)》을 배움에 있어서는 널리 자연이나 인사(人事)에
비유해서 사물의 표현 방법을 통달하도록 노력하지 않으면 시를 이해
할 지경에 이르지 못하는 것이다. 또 예(禮)를 배움에 있어서는 잡례
(雜禮)까지 습득하지 않으면 예의 본의를 극치에 이르게 할 수 없는
것이다. 이와 같이 실제적인 사물에 대한 지식·기술 혹은 기교 등에
흥미를 품고 그의 해득에 노력하지 않고는 높은 학문이나 원리를 이
해하고 그 연구를 즐길 수 있는 경지에 이를 수 없는 것이다. 그러므
로 군자는 학문에 대해서 문제가 되는 곳을 항상 염두에 두고 기회가
있으면 반드시 그의 연구에 힘쓰며, 휴식이나 유락(遊樂)할 때도 〔학
문상의 의문이나 관심사를〕 마음속에 품고 있는 것이다. 군자는 항상
이러한 마음가짐이 있어야만 학문의 깊은 뜻에 달하고 스승에게 친
(親)하며 친구를 사랑하고 도(道)를 믿을 수가 있으며, 가령 교사나
선배로부터 멀리 떨어져 있어도 그 교훈에 위배되는 일이 없다. 열명
(兌命)에 '나의 몸을 근신하고 스승을 따르며 끊임없이 학문에 힘쓴
다면 반드시 그 성과가 얻어질 것이다'라고 되어 있는 것은 이상의
일〔군자의 마음가짐〕을 말한 것이리라.

原文   大學之敎也는, 時敎에 必有正業하며, 退息에 必有居學
이니, 不學操縵이면, 不能安弦이오, 不學博依면, 不能安詩요, 不
學雜服이면, 不能安禮요, 不興其藝면, 不能樂學이니, 故로 君子
之於學也에, 藏焉하며 脩焉하며, 息焉하며 遊焉이니라. 夫然, 故
로 安其學, 而親其師하며, 樂其友, 而信其道라. 是以로 雖離師
輔라도 而不反也니, 兌命에, 曰敬孫하여, 務時敏하면, 厥脩乃來
라하니, 其此之謂乎인저.

(대학지교야 시교 필유정업 퇴식 필유거학
불학조만 불능안현 불학박의 불능안시 불
학잡복 불능안례 불흥기예 불능낙학 고 군자
지어학야 장언 수언 식언 유언 부언 고
안기학 이친기사 낙기우 이신기도 시이 수리사
보 이불반야 열명 왈경손 무시민 궐수내래
기차지위호)

註解 ㅇ時敎(시교)-계절에 따라 교육을 달리하는 것. 즉 사시(四時)의
가르침. ㅇ正業(정업)-그 계절에 맞는 수업(授業). ㅇ退息(퇴식)-시업
을 끝내고 물러가서 쉬는 것. ㅇ居學(거학)-한가하게 있을 때의 몸가짐.
ㅇ操縵(조만)-금슬(琴瑟)의 현(弦)을 익히는 것. ㅇ博依(박의)-널리 사
물의 이치를 궁구해서 그 실지를 얻는 것. ㅇ雜服(잡복)-가지가지의 예
복(禮服)을 뜻한다. 여러 의식에 착용하는 복장 같은 것을 살펴서 예에
대한 식견을 넓히는 것. ㅇ其藝(기예)-조만(操縵)·박의(博依)·잡복(雜
服) 등을 배우는 것. ㅇ藏焉(장언)-정업(正業)이 있을 때 배운 것을 마
음에 간직하는 것. ㅇ脩焉(수언)-배운 것을 익히고 실천하는 것. ㅇ息焉
(식언)-쉬면서 학예(學藝)를 익히는 것. ㅇ遊焉(유언)-유람 등 여행을
하면서 견문을 넓히는 것. ㅇ不反(불반)-이미 배우고 터득한 스승이나
선배의 교훈에 위배되는 일이 없도록 하는 것. ㅇ厥脩(궐수)-그 수양 진
보가 신속하다는 뜻. 궐(厥)은 기(其)와 같다.

[교육의 정도(正道)는 상술한 바와 같으나 그에 반(反)해서] 지금
의 교육에서는 교사는 오로지 눈앞의 교과서를 읽고 문자나 글귀의
질문으로 학생을 책(責)하고 설명이 산만하며, 학습 범위를 넓히기에
만 급급하여 천천히 연구하도록 가르치지 않고, 사람들이 본심에서
학문이 좋아지도록 인도하지 않으며, 또 사람을 가르치는 데에 그 재
능을 다하도록 노력하지 않고, 가르치는 방법도 잘못되어 있으며, 학
생이 배우는 방법도 바르지 못하다. 그러므로 학생은 학문이 좋아지

지 않고 교사와 친하지 못하며, 학습의 곤란에 괴로움을 느낄 뿐 그 이익을 모르게 되는 것이다. 따라서 모처럼 학업을 끝내어도 마침내 학문을 버리고 말게 된다. 지금의 학교 교육이 성공하지 못하는 이유는 상술한 바와 같을 것이다.

대학의 교육 방법에서는 학생의 과오를 미연에 방지하는 것을 예(豫)라고 한다. 학생의 학습 상황에 응해서 때에 맞게 좋은 시기에 가르치는 것을 시(時)라고 한다. 학생의 〔수용 능력의〕 정도를 초월하지 않도록 하고 수업하는 것을 손(孫:順當)이라고 한다. 학생이 서로 주의해서 언행이 아름답고 착해지도록 지도하는 것을 마(摩:磨)라고 한다. 이들 네 가지 일은 교육의 효과를 크게 하는 선법(善法)이다.

原文   今之敎者는, 呻其佔畢하고, 多其訊하여, 言及于數하며, 進而不顧其安하며, 使人不由其誠하며, 敎人不盡其材라. 其施之也悖하며, 其求也佛하나니, 夫然, 故로 隱其學, 而疾其師하며, 苦其難, 而不知其益也하며, 雖終其業하나, 其去之必速하나니, 敎之不刑이, 其此之由乎인저.
   (금지교자 신기점필 다기신 언급우수
   진이불고기안 사인불유기성 교인부진기재 기시
   지야패 기구야불 부연 고 은기학 이질기사
   고기난 이부지기익야 수종기업 기거지필속
   교지불형 기차지유호)

大學之法은, 禁於未發之謂豫요, 當其可之謂時요, 不陵節而施之謂孫이요, 相觀而善之謂摩니, 此四者는, 敎之所由興也니라.
   (대학지법 금어미발지위예 당기가지위시 불릉절이
   시지위손 상관이선지위마 차사자 교지소유흥야)

註解   ㅇ呻其佔畢(신기점필)─신(呻)은 되풀이해서 말하는 것. 점필(佔

畢)은 눈앞에 있는 서적이나 교과서, 즉 눈앞의 책이나 교과서만을 되뇌이고 깊은 뜻에는 통달하지 못한 것을 뜻한 말. ○多其迅(다기신) 言及于數(언급우수)-수(數)는 잡다(雜多)하다는 뜻. 즉 스승이 제자들에게 설문(設問)을 많이 해서 말이 수다스러운 것을 뜻한 말. ○其施之也悖(기시지야패)-스승의 가르치는 것이 상도(常道)에서 벗어나는 것. ○隱其學(은기학)-배운 것을 발표하기 싫어하는 것. ○敎之不刑(교지불형)-교육이 이루어지지 않는 것을 뜻한 말.

[상술한 것은 교육의 선법(善法)이지만, 다음에 기술하는 것은 악법(惡法)이다] 학생의 과오가 발생하고 나서 이를 책망하여 금지시키면 상대방은 이에 저항하여 감당하기가 어렵다. 또 수수(授受)에 알맞은 때를 잃으면 학습하기가 힘들어 성공하기가 어렵다. 이것저것 잡다(雜多)하게 가르쳐서 무리를 하면 학습이 혼란하여 순서를 잃는다. 또 학생을 고독하게 버려 두어 붕우(朋友)와 교제하도록 지도하지 않으면 학생은 완고하여 편협(偏狹)해진다. 또 지나치게 놀기만 하는 친구와 교제하면 스승의 교훈을 지키지 못하며 노는 버릇이 생겨 학문은 버림을 받고 만다. 이들 여섯 가지 일은 교육을 방해하는 큰 원인이다.

그런데 군자가 이미 [이상 기술한 것 같은] 교육의 선법(善法)과 방해 원인을 안 이상 비로소 사람의 스승이 될 수가 있다. 그러므로 군자가 학생을 교육하려면, 지도하지만 견인(牽引)하지 않으며, 강제적이지만 억압하지 않으며 개발(開發)하지만 [즉시는] 통달시키지 않는다. 즉 견인하지 않으므로 저항하지 않고, 억압하지 않으므로 [학생의] 마음이 편안하고, 통달케 하지 않으므로 스스로가 잘 사고(思考)하는 것이다. 이와 같이 저항하지 않고 편안한 기분으로 잘 사고하도록 지도해야 훌륭한 교육이라고 할 수 있을 것이다.

原文 發然後禁이면, 則扞格而不勝이오. 時過然後學이면, 則

勤苦而難成이오. 雜施而不孫이면, 則壞亂而不脩요, 獨學而無
友면, 則孤陋而寡聞이오. 燕朋은 逆其師요, 燕辟은, 廢其學이니,
此六者는, 敎之所由廢也니라.
　　(발연후금 즉한격이불승 시과연후학 즉
　　근고이난성 잡시이불손 즉괴란이불수 독학이무
　　우 즉고루이과문 연붕 역기사 연벽 폐기학
　　차육자 교지소유폐야)

　　君子이 旣知敎之所由興하고, 又知敎之所由廢니, 然後라야 可
以爲人師也니, 故로 君子之敎喩也는, 道而弗牽하며, 强而弗抑
하며, 開而弗達이니, 道而弗牽則和요, 强而弗抑則易요, 開易弗
達則思니, 和易以思는, 可謂善喩矣니라.
　　(군자 기지교지소유흥 우지교지소유폐 연후 가
　　이위인사야 고 군자지교유야 도이불견 강이불억
　　개이불달 도이불견즉화 강이불억즉이 개이불
　　달즉사 화이이사 가위선유의)

　　註解　ㅇ扞格(한격)-반항하여 다투는 것. 즉 저항. ㅇ燕朋(연붕)-연
(燕)은 안식·안락·유락(遊樂), 즉 놀고 술마셔 쾌락을 즐기는 나쁜 친
구. ㅇ燕辟(연벽)-벽(辟)은 벽(癖), 즉 버릇을 뜻한 말. 즉 놀고 술마셔
쾌락을 취하는 나쁜 버릇. ㅇ强而不抑(강이불억)-강(强)은 배우는 자의
뜻하는 바를 북돋아 주고 이를 억제하지 않는다는 뜻. ㅇ開而弗達(개이불
달)-실마리를 열어주지만 즉시 해답할 수 있도록 가르치지 않고 자력으
로 달성시킨다는 뜻. ㅇ善喩(선유)-잘 가르치는 것.

　　다음으로 배우는 자에게 네 가지의 과오가 있는데, 가르치는 자는
이것을 알아두어야 한다. 즉 사람이 사물을 배움에 있어서는 그 일에
관련해서 지나치게 많은 일에 손을 벌리면 모두 산만한 지식이 되고,
범위를 너무 좁게 하면 지식이 빈약해지며, 눈앞의 변화에 이끌리면

무엇 하나 완전한 지식을 얻을 수 없고, 반대로 좁은 범위로 한정하면 지식은 편협해진다. 이 네 가지의 과오는 각각 서로 틀리는 심리에서 발생하는 것이지만, 가르치는 자는 그 심정을 각각 잘 살려야만 그 과오를 고쳐줄 수가 있는 것이다. 교육은 사람의 장점을 조장(助長)해 주고 단점을 억제하도록 지도하는 것이다.

　노래를 잘하는 사람은 자연히 사람들에게 초청당해서 그 노래가 세상에 전해지는 것이지만, 이와 마찬가지로 사람을 잘 교도하는 사람은 자연히 사람들에게 잘 받아들여져서 그 뜻이 세상에 전해진다. 그러한 사람의 가르치는 방법을 보면 말은 간약(簡約)하지만 뜻은 잘 통하며, 완곡(婉曲)하지만 그 취지는 정당하며, 비유(比喩)를 많이 사용하지 않고 직접 명료하게 해설한다. 그래야만이 교도를 받은 사람들에게 잘 받아들여져 뜻이 이어져가는 것이다. 그러므로 군자는 사람들이 학문의 길로 전진하려면 각각 어렵고 쉽거나 깊고 얕은 차이가 있음을 알고, 그에 의해 성질의 차이를 알며, 그럼으로써 그 차이에 응해 알맞은 교육을 하는 것이므로 그 결과로서 널리 많은 사람을 지도할 수 있는 것이다. 이렇게 해서 많은 사람을 지도할 수 있어야만 참다운 교사라고 할 수가 있으며, 또 이래야만 관장(官長)이나 대신(大臣)이 될 수 있고, 그래야만 임금이 될 수도 있다. 즉 교사가 되는 것은 임금이 되는 근본인 것이다. 따라서 군자는 스승을 구하려면 신중을 기하지 않으면 안된다. 〔훌륭한 스승이 있어야 훌륭한 임금이 되는 길을 배울 수가 있는 것이다〕 고서(古書)에 '사대삼왕(四代三王)은 〔명군(明君)이라고 하기보다는〕 그저 훌륭한 스승이다'라고 되어 있는 것은 이상 기술한 취지를 말한 것일 게다.

　原文　學者에 有四失하니, 教者는 必知之니라. 人之學也에, 或失則多하며, 或失則寡하며, 或失則易하며, 或失則止하나니, 此四者는, 心之莫同也라. 知其心한, 然後에야 能救其失也니, 教也

者는, 長善而救其失者也니라.

　　(학자 유사실 교자 필지지 인지학야 혹

　　실즉다 혹실즉과 혹실즉이 혹실즉지 차사

　　자 심지막동야 지기심 연후 능구기실야 교야

　　자 장선이구기실자야)

　　善歌者는, 使人繼其聲하고, 善敎者는, 使人繼其志하나니, 其
言也는 約而達하고, 微而臧하며, 罕譬而喩이면, 可謂繼志矣라.
君子이 知至學之難易하고, 而知其美惡한, 然後에야 能博喩요,
能博喩한, 然後에야 能爲師요, 能爲師한, 然後에야 能爲長이오.
能爲長한, 然後에야 能爲君이니 故로 師也者는, 所以學爲君也
라. 是故로 擇師는 不可不愼也니, 記에 曰, 三王四代唯其師라
하니, 其此之謂乎인저.

　　(선가자 사인계기성 선교자 사인계기지 기

　　언야 약이달 미이장 한비이유 가위계지의

　　군자 지지학지난이 이지기미악 연후 능박유

　　능박유 연후 능위사 능위사 연후 능위장

　　능위장 연후 능위군 고 사야자 소이학위군야

　　시고 택사 불가불신야 기 왈 삼왕사대유기사

　　기차지위호)

註解　　ㅇ或失則多(혹실즉다)—혹실어다(或失於多)의 잘못. 즉 지식이
너무 많은 나머지 정도(正道)를 잃는 것. ㅇ心之莫同也(심지막동야)—각
인(各人)의 심리는 모두 상이(相異)하다는 것을 뜻한 말. ㅇ約而達(약이
달)—말이 간략하면서도 뜻이 명확한 것. ㅇ罕譬而喩(한비이유)—비유하
는 말이 적으면서도 사람을 감동시키는 뜻이 간절한 것. ㅇ至學之難易
(지학지난이)—학문에 이르는 어려움과 쉬움. 즉 총명한 자는 이르기 쉽
고 노둔(駑鈍)한 자는 이르기 어렵다. ㅇ美惡(미악)—자질이 아름답고 아
름답지 못함을 뜻한 말. ㅇ三王四代(삼왕사대)—사대(四代)는 우(虞:帝
舜의 세대)와 하(夏)·은(殷)·주(周)를 말한다. 삼왕(三王)은 우(禹)·탕

(湯)·문(文)·무(武) 등 사왕(四王)으로 문과 무왕을 하나로 보고 합계 삼왕(三王)이라 하였다. ㅇ唯其師(유기사) - 삼왕(三王)은 성왕(聖王)으로 정치적인 임금이라기보다는 윤리적 의미의 교사. 지도자로서 중요한 존재란 뜻.

　대체로 학문을 하려면 먼저 교사를 존엄하게 생각해야 하며 이것이 이루어져야 비로소 학문을 하는 것이 중대함이 인정되고 그래야만 비로소 사람들이 학문을 존중해야 하는 것임을 알게 되는 것이다. 그러므로 임금이 신하에 대해 신하로서 취급하지 않는 상대가 두 가지 경우가 있다. 즉 그것은 선조의 제사에 시동씨(尸童氏) 노릇을 할 경우와 임금의 교사가 될 경우에는 신하로서 취급하지 않는 것이다. 예컨대 대학에서 의식을 거행할 때 교사는 천자에게 어떤 일을 말씀드릴 때에도 북면(北面)하지 않는 것은 스승을 존엄하게 여기는 취지에서 유래된 것이다.

　학문을 함에 있어 우수한 학생이면 교사는 편안하게 지도할 수가 있고 더구나 효과도 크며 또한 그 학생은 그 효과를 스승의 은혜로 안다. 그러나 학문을 배우는 방법이 서투른 학생이면 교사는 지도하기가 몹시 힘이 들고 효과도 적으며 또한 그 학생은 스승을 원망하는 것이다. 이와 마찬가지로 연구에 우수한 학자는 나무꾼이 단단한 나무를 자르는 방법을 사용하여 처리하기 쉬운 부분부터 먼저 해치우고 힘든 나무의 옹이 부분은 뒤로 남겨두었다가 열심히 연구를 계속하는 동안에 해결하기 어려운 부분도 자연히 풀어 해결하는 것이다. 그러나 연구에 서투른 학자는 이와 반대되는 방법을 취하기 때문에 성공하지 못한다. 또 화답에 뛰어난 교사는 마치 두들기는 종 같아서 작은 것으로 때리면 작은 소리로 울리고, 큰 것으로 때리면 큰 소리로 울리며 때리는 사람이 차분하게 힘을 충분히 주어서 때리면 종은 더욱 크고 아름다운 소리로 답한다. 그러나 묻는 사람도 답하는 사람도 서투르면 이와 같이 순조롭게 되지는 않는다. 이상은 학문을 함에 있어서 알아두어야 할 마음가짐이다.

原文 凡學之道는, 嚴師爲難하니, 師嚴然後에야 道尊하고, 道尊然後에야 民知敬學하나니, 是故로 君之所不臣於其臣者二니, 當其爲尸하면, 則弗臣也하며, 當其爲師하면, 則弗臣也하나니, 大學之禮에, 雖詔於天子라도 無北面은, 所以尊師也라.

(범학지도 엄사위난 사엄연후 도존 도
존연후 민지경학 시고 군지소불신어기신자이
당기위시 즉불신야 당기위사 즉불신야 대
학지례 수조어천자 무북면 소이존사야)

善學者는, 師逸而功倍하고, 又從而庸之하며, 不善學者는, 師勤而功半하고, 又從而怨之하며, 善問者는, 如攻堅木이라, 先其易者요, 後其節目하며, 及其久也하여, 相說以解하나니, 不善問者는 反此니라. 善待問者는, 如撞鐘이라, 叩之以小者則小鳴하고, 叩之以大者則大鳴하여, 待其從容한, 然後에야 盡其聲이니, 不善答問者는 反此니, 此는 皆進學之道也니라.

(선학자 사일이공배 우종이용지 불선학자 사
근이공반 우종이원지 선문자 여공견목 선기
이자 후기절목 급기구야 상설이해 불선문
자 반차 선대문자 여당종 고지이소자즉소명
고지이대자즉대명 대기종용 연후 진기성
불선답문자 반차 차 개진학지도야)

註解 ㅇ學之道(학지도)-학문을 하는 데 있어서 알아두어야 할 마음가짐. ㅇ功倍(공배)·功半(공반)-배(倍)란 다(多)란 뜻이고, 반(半)이란 소(少)란 뜻. ㅇ庸之(용지)-용(庸)은 공(功), 은덕(恩德)을 뜻한 말. ㅇ相說以解(상설이해)-내용이 서로 연관성을 가져서 뜻을 해득하게 되는 것. ㅇ撞鐘(당종)-종을 치는 것. ㅇ盡其聲(진기성)-그 종이 지닌 가장 크고,

가장 아름다운 소리를 낸다는 뜻. ○不善答問(불선답문)─물음에 대해서 잘 대답하지 못하는 것. ○進學(진학)─학문 속으로 들어간다는 말. 즉 학문을 수업(修業)하는 것.

박식(博識)하고 잘 암기(暗記)하고 있다는 것뿐의 학문으로는 남의 스승이 되기에 부족하다. 스승된 자는 반드시 제자의 말을 잘 듣고 적절하게 교시(敎示)하지 않으면 안된다. 만일 제자의 학력이 부족하여 질문하는 말에 고민하는 것 같으면 그런 때에 교사 쪽으로부터 이야기해서 들려주어야 하지만 이야기해도 이해하지 못하면 거기서 중단해도 된다.

우수한 대장간의 아들은 반드시 가죽옷 꿰매는 것을 익히고 뛰어난 궁사(弓師)의 아들은 반드시 키 만드는 것을 익힌다. 또 처음으로 말에게 수레를 끌게 하려고 할 때는 먼저 그 말의 방향을 바꾸어 수레의 뒤로 끌고 가서 어미말에게 끌게 하고 그 뒤를 따라가게 하며 수레에 낯익게 하는 것이다. 군자는 이상 세 가지 예(例)의 뜻을 분명하게 앎으로써 학문에 대한 열의를 높여야 할 것이다.

[原文] 記問之學은, 不足以爲人師니, 必也其聽語乎인저. 力不能問하여, 然後에 語之니, 語之而不知면, 雖舍之라도 可也니라.
(기문지학 부족이위인사 필야기청어호 역불
능문 연후 어지 어지이부지 수사지 가야)

良冶之子는, 必學爲裘하고, 良弓之子는, 必學爲箕하며, 始駕馬者는 反之하여, 車在馬前하나니, 君子이 察於此三者면, 可以有志於學矣니라.
(양야지자 필학위구 양궁지자 필학위기 시가
마자 반지 거재마전 군자 찰어차삼자 가이
유지어학의)

[註解] ○記問之學(기문지학)─옛글을 암기(暗記)하고 있을 뿐인 학문.

○其聽語乎(기청어호)-묻는 말을 듣고 이에 답하는 것. ○良冶之子(양야지자) 必學爲裘(필학위구)-훌륭한 대장장이가 금속을 녹여 접합(接合)해서 기구를 만들거나 수리하거나 하는 것을 아들이 보고 배워 이를 응용해서 가죽을 재료로 이를 발라 맞추어 가죽옷 만드는 것을 익힌다는 뜻. ○良弓之子(양궁지자) 必學爲箕(필학위기)-활을 만드는 훌륭한 궁장(弓匠)의 아들은 아버지가 간각(幹角)을 휘어서 활 만드는 것을 보기 때문에 이것을 응용하여 버들가지를 휘여서 키 만드는 법을 배운다는 뜻. ○反之(반지) 車在馬前(거재마전)-말을 뒤로 향하게 하여 수레 뒤로 데리고 가는 것. ○察於此三者(찰어차삼자)-대장장이나 궁장(弓匠)의 업(業)은 군자의 학문은 아니나, 그러한 집안의 아이도 가업(家業)의 습득에 의욕을 갖는 것이며, 또 말도 잘 인도하여 길들이면 수레를 잘 끌게 되므로, 이상 세 가지 예의 뜻을 이해한다면 군자된 자는 반드시 학문에 대해 열의가 생겨 힘쓰게 될 것이라는 뜻.

옛날의 학자는 여러 가지 일을 비교하고 유(類)를 설치하여 지식 정리에 힘을 기울였다. 예컨대 북[鼓]은 [궁상각치우(宮商角徵羽)의] 오음계(五音階)를 규정하는 것은 아니지만 북소리를 넣지 않으면 악음(樂音)의 조화(調和)가 취해지지 않는 것이고, 물은 오색(五色)의 기본이 되는 것은 아니지만 물의 무색(無色)이 바탕을 이루어야만 오색의 색채가 명료해지는 것이며, 학문은 [조정의] 오관직(五官職)에 필수적인 것은 아니지만 학문에 의존하지 않고 정치를 할 수는 없는 것이다. 그리고 교사는 오복(五服), 즉 친족 속에는 들어가지 않으나, 스승의 교훈을 받지 않고서는 오복과 친할 수 없는 것이다. 이들 네 가지의 예에 대해서 생각하면 '무용(無用)의 용(用)'이라고 할만한 종류의 효과를 볼 수가 있고 학문이나 사도(師道)의 존엄한 이유의 하나를 알 수 있는 것이다.

군자가 말하기를 큰인물에게는 특별한 재능이 없고, 대학자에게는 특별한 지식이나 기술이 없으며, 신의가 두터운 사람은 서약(誓約)을 하지 않으며, 그리고 긴 시간 동안은 한결같지 않고 도리어 짧게 느껴진다. 이상의 네 가지 예(例)의 뜻을 밝힘으로써 군자는 학문의 근본을 굳건히 세우지 않으면 안된다는 각오를 하게 될 것이다. 하(夏)·은(殷)·주(周) 3대의 왕들은 물을 제사지냄에 있어서 먼저 강을 제사지내고 그 뒤에 바다를 제사지냄을 예(例)로 하였으나, 이는 한쪽이 근원(根源)이고 다른 쪽은 집적(集積)이기 때문이며, 이 제사방법이야말로 근본을 소중히 여기는 것이라 하겠다.

原文 古之學者는, 比物醜類하나니, 鼓無當於五聲이나, 五聲이 弗得이면 不和하며, 水無當於五色이나, 五色이 弗得이면 不章하며, 學無當於五官이나, 五官이 弗得이면 不治하며, 師無當於五服이나, 五服이 弗得이면 不親이니라.
(고지학자 비물추류 고무당어오성 오성
불득 불화 수무당어오색 오색 불득 부장
학무당어오관 오관 불득 불치 사무당어오
복 오복 불득 불친)

君子이 曰, 大德은 不官하고, 大道는 不器하고, 大信은 不約하고, 大時는 不齊니, 察於此四者면, 可以有志於本矣니라. 三王之祭川也에, 皆先河而後海하나니, 或源也요, 或委也니, 此之謂務本이니라.
(군자 왈 대덕 불관 대도 불기 대신 불약
대시 부제 찰어차사자 가이유지어본의 삼왕
지제천야 개선하이후해 혹원야 혹위야 차지위무본)

註解 ㅇ比物醜類(비물추류)-사물(事物)을 비교 관찰해서 동류(同類)와 이류(異類)로 나누어 지식을 정리하는 것. ㅇ鼓無當(고무당)……不和(불화)-북이나 큰 북은 본래 단순한 타악기인데 음계(音階)가 나누어진 악성(樂聲)을 내지는 못하지만 다른 여러 악기를 연주할 때 적시(適

時)에 북이 울려 연주 전체의 조화를 이루게 하는 효과를 나타낸다는 뜻. ○弗得(불득)─'불득고(弗得鼓)'란 뜻. ○水(수)─여기서는 무색의 청수(淸水)를 가리킨다. ○五官(오관)─고주(古注)에는 오관은 금목수화토(金木水火土)의 관(官)이라 말하고, 진씨집설(陳氏集說)은 이목모언사(耳目貌言思)의 다섯 가지 능력이라고 말하나, 왕씨금주(王氏今注)의 오관직(五官職), 즉〈곡례하편(曲禮下篇)〉의 사도(司徒)・사마(司馬)・사공(司空)・사사(司士)・사구(司寇)라고 보는 설이 타당하다. ○五服(오복)─다섯 가지의 상복(喪服), 즉 참최(斬衰)・재최(齊衰)・대공(大功)・소공(小功)・시복(緦服). ○五聲弗得不和(오성불득불화) …… 五服弗得不親(오복불득불친)─이들 네 가지 일은 모두 어떤 존재의 무용(無用)한 것 같으면서도 유용(有用)한 성능을 가리키고 있다. 즉 '무용지용(無用之用)'이라는 종류의 효용(效用)을 설명하고 있다. 이는 바로 다음 글에 나오는 대덕(大德)・대도(大道)・대신(大信)・대시(大時) 등에 관한 설명과 의미상으로 공통된다. ○大時不齊(대시부제)─비교적 짧은 시간 동안에서는 현상(現象)의 동일성(同一性)이 유지되지만, 비교적 긴 시간 동안에서는 현상에 많은 변화가 생긴다. 그러므로 인간의 주관(主觀)에 있어서 대시(大時), 즉 장시(長時)는 오히려 짧게 느껴지는 것이다. ○察於此四者(찰어차사자)─네 가지 예(例)가 모두 사물(事物)의 말단(末端)이나 겉보기에 현혹되지 않고 그 근본 혹은 정체(正體)의 선미(善美)를 인식하지 않으면 안된다는 교훈을 가리키고 있다. 그러므로 군자는 학문에 대해서 먼저 근본을 확립시키지 않으면 안된다는 뜻. ○先河以後海(선하이후해)─강은 바다의 근원이 되기 때문에 이것을 먼저 제사지내고 바다는 나중이 되었다. ○委也(위야)─위(委)는 위취(委取), 즉 집적(集積).

제19 악 기(樂記)

여기에는 전국(戰國)시대부터 한대(漢代)에 걸쳐서 성립된 여러 가지의 음악 이론이 수록되어 있다. 중국 고대의 음악에 대한 견해나 이상(理想) 등을 알기 위한 중요한 문헌이다. 그리고《사기(史記)》부(部)에 '팔서(八書)'의 하나로서〈악기(樂書)〉가 있는데 그 내용은 거의가 이《예기(禮記)》의〈악기편(樂記篇)〉과 같으나 다만 문장의 배열(排列)에는 상당한 차이가 있다. 또《순자(荀子)》〈악론편(樂論篇)〉의 내용은《예기》〈악기〉의 일부분이다.《예기》〈악기〉·《사기》의〈악서(樂書)〉및《순자》〈악론편〉의 3자 사이에는 문장 배열의 차이 이외에도 동일 글귀 중에서 글자의 다른 곳이 적지 않다. 또한 유향(劉向)의《별록(別錄)》에 보이는《악기(樂記) 23편》의 제목(題目)은 편말(篇末)의 여설(餘說)에서 소개한다.

대체로 음악(音樂)의 기원을 생각하면 그것은 사람의 마음의 움직임으로써 생기는 것이다. 그리고 마음의 움직임은 주위의 사물(事物)이 원인이 되어 있다. 마음이 사물에 감응해서 움직이기 때문에 그것이 성음(聲音)으로써 표현된다. 그리고 사람의 성음에는 많은 종별이 있으며, 서로 작용하기 때문에 성음이 변화하여 그 변화에 일정한 형(型)이 생기면 이것을 음(音 : 樂音)이라고 한다. 이들 많은 종류의 악음(樂音)을 배열하고〔곡조(曲調)를 만들어서〕이것을 연주하여 간척(干戚)과 우모(羽旄) 등을 가지고 춤출 정도로 진보된 것을 음악이라고 한다.

음악은 음(音)을 근본으로 해서 발생하는 것이다. 그러므로 근본은

사람 마음의 사물(事物)에 대한 감응(感應)에 있는 것이다. 그런 까
닭으로 사물에 대한 슬픈 마음이 느껴질 때에는 그 목소리가 타버리
는 듯 힘이 없고, 즐거운 마음이 느껴질 때에는 명랑하고 여유가 있
으며, 기쁜 마음이 느껴질 때에는 그 소리가 뛰는 듯 높아지고, 분노
의 마음이 느껴질 때에는 거칠고 날카롭다. 공경하는 심정인 때에는
소리가 진지하면서도 분명하고, 자애로운 마음이 느껴질 때에는 그
소리가 화평하고도 유순하다. 이들의 소리가 각각 음악에 반영되는
것이다. 그리고 이상의 여섯 가지 심정과 소리와는 사람 마음의 성질
이나 버릇이 아니고 사람 주위의 사물에 감응해서 비로소 마음속에
생기어 소리로써 나오는 것으로 누구나 이에 해당되는 것이다. 따라
서 고대의 현왕(賢王)들은 근본적으로 주의하고 감응을 일으키는 요
인이 되는 일을 신중히 고려하여 처리했던 것이다. 그리고 현왕들은
예(禮)에 따라 사람의 지망(志望)을 바르게 지도하고 음악에 의해 사
람의 소리를 부드럽게 하고 정치에 의해 사람의 행동을 규제하며 형
벌에 의해 사악(邪惡)을 예방하기에 힘썼다. 예악형정(禮樂刑政)의
사자(四者)는 그 목표를 동일하게 하는 것이며, 또 사자는 민심을 하
나로 화합시켜 태평한 세상을 실현시키는 수단인 것이다.

[原文]   凡音之起는, 由人心으로 生也요, 人心之動은, 物使之然
也라. 感於物而動이라, 故로 形於聲하고, 聲相應이라 故로 生變
하나니, 變成方을, 謂之音이오. 比音而樂之하여, 及干戚羽旄를,
謂之樂이라.
    (범음지기 유인심 생야 인심지동 물사지연
    야 감어물이동 고 형어성 성상응 고 생변
    변성방 위지음 비음이악지 급간척우모 위지악)
    樂者는, 音之所由生也니, 其本은 在人心之感於物也니라. 是
故로 其哀心이 感者는, 其聲이 噍以殺하고, 其樂心이 感者는,

其聲이 嘽以緩하고, 其喜心이 感者는, 其聲이 發以散하고, 其怒心이 感者는, 其聲이 粗以属하고, 其敬心이 感者는, 其聲이 直以廉하고, 其愛心이 感者는, 其聲이 和以柔하나니, 六者는 非性也라, 感於物而后에 動하나니라. 是故로 先王이 愼所以感之者라. 故로 禮以道其志하며 樂以和其聲하며, 政以一其行하며, 刑以防其姦하니, 禮樂刑政이 其極은 一也니, 所以同民心而出治道也니라.

(악자 음지소유생야 기본 재인심지감어물야 시
고 기애심 감자 기성 초이쇄 기락심 감자
기성 천이완 기희심 감자 기성 발이산 기노
심 감자 기성 조이려 기경심 감자 기성 직
이렴 기애심 감자 기성 화이유 육자 비성
야 감어물이후 동 시고 선왕 신소이감지자
고 예이도기지 악이화기성 정이일기행 형
이방기간 예악형정 기극 일야 소이동민심이출치도야)

[註解]   ㅇ聲相應(성상응)－고주(古注)는 《역경(易經)》의 '동성상응(同聲相應)'을 끌어 말하지만 여기서는 다만 동류(同類)의 소리 사이[間]만을 말하는 것이 아니라 일반적으로 소리가 서로 작용해서 변화가 생기는 것을 말한다. ㅇ變成方(변성방)－고주(古注)에 방(方)은 문장(文章)을 뜻한다. 문장은 즉 소리의 표현에 대한 일정한 형(型), 즉 음악적 소리인 악음(樂音)을 말한다. ㅇ比音(비음)－비(比)는 병(並)·배열(排列)을 말한다. ㅇ干戚(간척)－무무(武舞)를 출 때 손에 잡는 것으로 간(干)은 붉은 방패를 말하고, 척(戚)은 옥도끼를 말한다. ㅇ羽旄(우모)－문무(文舞)를 출 때 손에 잡는 것으로 우(羽)는 꿩의 깃을 말하고, 모(旄)는 쇠꼬리를 말한다. ㅇ樂者(악자) 音之所由生也(음지소유생야)－이는 악자음지소생야(樂者音之所生也)의 잘못. 원문(原文)은 소유생야(所由生也)로는 '음악이 원인으로 여기에서 소리가 발생한다'라는 뜻이 되고, 소생야(所生也)의 '마음의 움직임이 소리로 표현되어 소리의 변화가 음악을 발생시킨다'라

는 뜻에 위배되는 것이 된다. 그러므로 소유생(所由生)을 소생(所生)으로 고쳐야 할 것이다. ㅇ噍以殺(초이쇄)―초(噍)는 애끓는다는 뜻이고 쇄(殺)는 소리가 낮고 힘이 없는 것. ㅇ嘽以緩(천이완)―천(嘽)은 명랑한 것, 완(緩)은 여유있는 것. ㅇ其極一也(기극일야)―사자(四者)가 모두 극치에 이르러 종국적인 목적은 하나가 된다는 뜻. ㅇ出治道(출치도)―평탄한 길로 나온다. 평치(平治)된 세상을 만나다. 태평스런 세상을 실현시킨다는 뜻.

대체로 음악은 본래 사람의 심정에서 발생하는 것으로, 감정이 마음 속에서 움직여 소리로 표현되어 소리의 변화가 일정한 형(型)을 이룬 것을 악음(樂音)이라고 하는 것이다. 따라서 평화로운 세상의 음악이 즐거운 기분을 나타내는 것은 정치가 평화롭기 때문이다. 난세(亂世)의 음악이 원한이나 분노의 감정을 나타내는 것은 그 정치가 인심에 어긋나기 때문이다. 망국(亡國)의 음악이 슬프고 시름에 잠기는 것은 백성이 고난을 당하고 있기 때문이다. 이와 같이 소리나 음악의 성질은 정치와 깊은 관련을 갖고 있는 것이다.

原文 凡音者는, 生人心者也니, 情動於中이라, 故로 形於聲하나니, 聲成文을, 謂之音이니라. 是故로 治世之音이, 安以樂은, 其政이 和요, 亂世之音이 怨以怒는, 其政이 乖요, 亡國之音이, 哀以思는, 其民이 困이니, 聲音之道이, 與政通矣니라.
(범음자 생인심자야 정동어중 고 형어성
성성문 위지음 시고 치세지음 안이락
기정 화 난세지음 원이노 기정 괴 망국지음
애이사 기민 곤 성음지도 여정통의)

註解 ㅇ治世(치세)―정치가 밝아서 사람이 살기 좋은 시대. ㅇ聲音之道(성음지도)―소리와 음[음악]과의 성질.

오음(五音) 중 궁(宮)은 예컨대 임금에 해당되고, 상(商)은 신(臣), 각(角)은 민(民), 치(徵)는 사(事), 우(羽)는 물(物)에 해당한다. 5음이 각각 바르게 발출(發出)되면 음악 전체가 잘 조화된다. 만일 궁의 음이 바르게 발생하지 않으면 음악 전체가 거친 감정이 되는데 이는 [실제 사회에 비유해서 말하면] 임금이 교만하고 정치가 난폭하기 때문이다. 상(商)의 음이 바르지 않으면 음악이 평형(平衡)을 잃는 것은 말하자면 신하가 그 소임을 다하지 못하여 민정(民政)이 안정을 잃고 있기 때문이다. 각(角)이 바르지 않으면 음악에 근심이 생기는 것은 세상이 문란해지고 백성이 원망하고 있기 때문이다. 치(徵)가 바르지 못하면 음악에 슬픔이 생기는 것은 노역(勞役)이 많아 백성이 고통을 받고 있기 때문이다. 우(羽)가 바르지 못하면 음악에 위급(危急)한 느낌이 강하게 나타나는 것은 나라에 재정이 궁핍하여 곤란이 절박해 있기 때문이다. 만일 5음이 모두 바르지 못하여 서로 섞인다면 그것은 나라의 상하가 모두 교만하여 정치가 미치지 못한 상태로서 이렇게 되면 며칠 안가서 나라가 멸망할 것이다. 정(鄭)이나 위(衛)의 음악은 난세(亂世)의 것이며 [위에서 말한] 교만으로 치안이 문란한 상태이다. 또 상간복상(桑間濮上)의 음악은 망국(亡國)의 것이다. 멸망이 가까워진 나라에서는 정치가 흩어지고 백성은 안거(安居)하지 못하며 사람들은 모두 윗사람을 속여 사리(私利)를 꾀하는데 그 풍조가 심해지는 것을 방지할 수가 없는 것이다.

原文 宮을 爲君이오, 商을 爲臣이오, 角을 爲民이오, 徵을 爲事요, 羽를 爲物이니, 五者이 不亂이면 則無怗懘之音矣니라. 宮亂則荒은, 其君이 驕요, 商亂則陂는, 其臣이 壞요, 角亂則憂는, 其民이 怨이오, 徵亂則哀는 其事이 勤이오, 羽亂則危는, 其財이 匱니라. 五者이 皆亂迭相陵을 謂之慢이니, 如此면, 則國之滅亡이 無日矣니라. 鄭衛之音은, 亂世之音也니, 比於慢矣니라. 桑閒

濮上之音은, 亡國之音也니라. 其政이 散하여, 其民이 流니, 誣
上行私를 而不可止也니라.

> (궁 위군 상 위신 각 위민 치 위
> 사 우 위물 오자 불란 즉무점체지음의 궁
> 란즉황 기군 교 상란즉피 기신 괴 각란즉우
> 기민 원 치란즉애 기사 근 우란즉위 기재
> 궤 오자 개란질상릉 위지만 여차 즉국지멸망
> 무일의 정위지음 난세지음야 비어만의 상간
> 복상지음 망국지음야 기정 산 기민 유 무
> 상행사 이불가지야)

註解   ○怗懘(점체)－파손되어서 조화를 잃은 상태. 또는 부분이 고장
나서 전체의 완전(完全)을 잃은 상태를 말한다. ○桑間濮上(상간복상)－
복수(濮水) 언저리의 뽕나무 숲 사이의 땅을 가리킨다고 한다. 상간과 복
상의 두 곳이라는 설도 있다. 이 땅은 고대의 위(衛)나라에 속하며 지금
의 하남성(河南省)의 북부에 해당된다. ○其政散(기정산)－산(散)은 고주
(古注)에 황산(荒散)이라 되어 있으나 산만을 뜻하며, 그 입장을 얼버무
리는 불안정한 정치를 말한다.

대체로 음악의 발생을 생각하면 그것은 사람의 마음의 움직임에 의
해서 생기는 것이고, 따라서 음악의 원리는 인정에도, 사물의 도리에
도 상통하는 것이다. 그러므로 보통 소리는 알아도 악음(樂音)을 모
른다면 사람이 아니라 금수인 것이다. 악음은 알아도 음악의 뜻을 모
르면 군자가 아니라 평범한 사람이며, 오로지 군자만이 음악을 이해
할 수 있는 것이다. 그러므로 먼저 음성의 이치를 밝혀서 악음의 이
치를 알고 그에 의해 음악의 이치를 알며 그에 의해 정치의 이치를
알게 되는 것으로 이렇게 해야만 치세(治世)의 길을 충분히 이해하게
되는 것이다. 따라서 성음의 이치를 모르는 자와는 함께 악음의 이야
기를 할 수 없으며 악음의 이치를 모르는 자와는 함께 음악의 이야기

를 할 수 없다. 그리고 음악의 이치를 알면 예(禮)의 이치를 알기 쉽다. 예와 악(樂)을 함께 익힌 자를 유덕(有德)한 사람이라 칭한다. 덕(德)이란 득(得)〔식득(識得)·체득(體得)〕을 뜻한다. 이런 관계로 음악의 최고 목적은 좋은 음(音)의 극치(極致)를 아는 것이 아니며, 그것은 향연의 예의 최고 목적이 아름다운 맛의 극치를 알기 위한 것이 아닌 것과 마찬가지이다. 예컨대 종묘(宗廟)의 제사에 '청묘(淸廟)'의 시(詩)가 연주될 때 그 슬(瑟)의 현(絃)은 주색(朱色)이며 바닥에 실구멍이 있어 기(氣)를 통하며 〔음은 그다지 아름다운 것이 아니고〕 혼자 노래하고 세 사람이 탄상(嘆賞)할 정도의 것이지만, 이는 선왕(先王)의 음악이었던 관계로 존중되는 것이다. 또 종묘(宗廟)의 대례(大禮) 때의 제물로는 현주(玄酒 : 물)를 최상으로 치고 생선을 조(俎)에 올려놓으며 국에 양념을 섞지 않으나, 이것이 선왕의 밥상에 대한 습성이 남아있기 때문에 존중되는 것이다. 선왕이 예악(禮樂)을 마련함에 있어서는 그에 의해 입이나 눈이나 귀 등의 욕망을 만족시키려는 것이 아니라 장차 인민에게 호오(好惡)를 공평하게 하는 일을 가르쳐서 인도(人道)의 바른 데로 돌아오게 하려는 것이었다.

原文 凡音者는, 生於人心者也요, 樂者는 通倫理者也니, 是故로 知聲而不知音者는, 禽獸이 是也요, 知音而不知樂者는, 衆庶是也니, 唯君子이 爲能知樂하나니, 是故로 審聲以知音하고, 審音以知樂하고, 審樂以知政하여, 而治道備矣니라. 是故로 不知聲者는, 不可與言音이오, 不知音者는, 不可與言樂이니, 知樂이면 則幾於禮矣니라. 禮樂은 皆得을, 謂之有德이니, 德者는 得也라. 是故로 樂之隆이, 非極音也며, 食饗之禮는, 非致味也라. 淸廟之瑟은 朱絃而疏越하며, 壹倡而三歎은, 有遺音者矣며, 大饗之禮는, 尙玄酒而俎腥魚하며, 大羹을 不和는, 有遺味者矣니라. 是故로 先王之制禮樂也에, 非以極口腹耳目之欲也라, 將以敎

民平好惡하여, 而反人道之正也니라.

(범음자 생어인심자야 악자 통윤리자야 시고
지성이부지음자 금수 시야 지음이부지악자 중서
시야 유군자 위능지악 시고 심성이지음 심
음이지악 심악이지정 이치도비의 시고 부지
성자 불가여언음 부지음자 불가여언악 지악
즉기어례의 예악 개득 위지유덕 덕자 득야
시고 악지륭 비극음야 식향지례 비치미야 청
묘지슬 주현이소활 일창이삼탄 유유음자의 대향
지례 상현주이조성어 대갱 불화 유유미자의
시고 선왕지제예악야 비이극구복이목지욕야 장이교
민평호오 이반인도지정야)

註解　o樂之隆(악지륭)─음악을 배우는 목적 혹은 이것을 교육이나 정치상 사용하려는 최고 목적. 음악이 사람의 생활에 기여하는 최고점, 융(隆)은 최고를 뜻한 말.　o淸廟(청묘)─《시경(詩經)》 송부(頌部) 청묘편(淸廟篇)에서 엿볼 수 있듯이 고대(古代)의 종묘 제사에 있어서의 선조를 찬미하는 시(詩)나 곡(曲)을 가리킨다.　o朱絃而疏越(주현이소활)─고주(古注)는 '주현(朱絃)이란 붉은 실을 마련해서 현(絃)을 만드는 것으로 연(練)하면 소리가 맑지 못하다. 또 소활(疏越)이란 슬(瑟)의 바닥에 두 구멍을 소통시키는 것으로 구멍이 크면 소리가 늦추어져서 좋지 못하다. 그러나 그러는 것이 선왕(先王)의 음악에 가까운 것이다'란 뜻을 말하고 있다.　o壹倡而三歎(일창이삼탄)─한 사람이 노래를 부르면 세 사람이 감탄하는데 그다지 아름다운 음악이 아니므로 감탄하는 사람이 적다는 뜻이지만, 후세에 와서는 시의 글귀가 아름다우므로 한 번 노래부르고 세 번 감탄한다는 뜻으로 바뀌었다.　o人道(인도)─여기서는 신하(臣下) 인민의 도(道)를 말한다.

사람의 마음은 태어날 때부터 조용하고 침착한 것이며 그것이 천성(天性)인 것이다. 그러나 또 마음은 외물(外物)에 느끼고 움직여 가지가지로 작용하는 것이며 그것은 인욕(人欲)인 것이다. 마음이 외물에 느껴서 움직이면 지력(知力)이 작용해서 그 외물을 알며 그렇게 되면 호오(好惡)의 정(情)이 발생한다. 만일 마음 속에서 호오의 정에 절도(節度)가 없고 몸밖에서 사물이 자꾸만 지력을 현혹시키면 그 결과 호오의 정도 지력이 바르게 작용할 수 없게 되어, 사람의 천리(天理), 즉 이성(理性)은 멸망해 버린다. 그러므로 만일 호오의 정이 절도가 없게 [지력도 바르게 작용하지 않게] 되면 사물(事物)이 밖으로부터 마음을 혼란케 하여 사람은 물건에 지배되는 것이 되며 천리(이성)가 멸하여 인욕(人欲), 즉 욕망이 왕성해진다. 이렇게 되면 부정이나 사기(詐欺)할 마음이 생겨서 무도(無道)한 일이나 난폭한 일을 하게 되며, 그 결과 강자는 약자를 위협하고 다수가 소수를 억압하며 지자(知者)가 우자(愚者)를 속이고 용맹한 자가 겁 많은 자를 괴롭히며 환자는 요양할 수 없게 되고 노인이나 어린이는 안주(安住)할 곳을 얻지 못하게 된다. 이것은 세상이 크게 어지러워지는 길인 것이다.

原文   人生而靜은, 天之性也요, 感於物而動은, 性之欲也니, 物至知知한, 然後에 好惡形焉이니, 好惡無節於內하고, 知誘於外면, 不能反躬하여, 天理滅矣니라. 夫物之感人이 無窮하여, 而人之好惡無節이면, 則是物至而人化物也니, 人化物也者는, 滅天理而窮人欲者也라. 於是에 有悖逆詐僞之心하며, 有淫洪作亂之事하나니, 是故로 強者이 脅弱하며, 衆者이 暴寡하며, 知者이 詐愚하며, 勇者이 苦怯하며, 疾病을 不養하며, 老幼孤獨이 不得其所하나니, 此는 大亂之道也라.

  (인생이정 천지성야 감어물이동 성지욕야
  물지지지 연후 호오형언 호오무절어내 지유어
  외 불능반궁 천리멸의 부물지감인 무궁 이
  인지호오무절 즉시물지이인화물야 인화물야자 멸

천리이궁인욕자야 어시 유패역사위지심 유음일작
난지사 시고 강자 협약 중자 폭과 지자
사우 용자 고겁 질병 불양 노유고독 부
득기소 차 대란지도야)

[註解] ㅇ知知(지지)-지성(知性) 혹은 지력(知力)이 작용해서 외물(外物)을 지각(知覺)한다는 뜻. ㅇ好惡形焉(호오형언)-형(形)은 표출(表出)·발출(發出)·발동·작용을 뜻한 말. ㅇ不能反躬(불능반궁)-여기서는 자제력(自制力)이 들지 않게 되는 것을 뜻한 말.

그러므로 선왕이 예악(禮樂)을 만들었을 때에는 사람이 갖추어야 할 성질이나 능력에 비추어 절도(節度)를 정했다. 예컨대 상복(喪服)이나 곡읍(哭泣)의 규정은 상(喪)에 관한 절도이고 종(鐘)·고(鼓)·간(干)·척(戚)을 사용하는 악곡(樂曲)은 안락(安樂)에 관한 절도이며, 결혼이나 관례(冠禮)의 규정은 남녀를 분별하는 절도이고, 향사(鄕射)나 향음주(鄕飮酒) 등의 의식은 사교(社交)에 관한 절도이다. 즉 예는 민심을 규제하고 악(樂)은 민성(民聲)을 조화시키며, 정치는 도(道)를 행하는 수단이고 형벌은 부정을 방지하는 방법이다. 이리하여 예악형정(禮樂刑政)의 네 가지 일이 바르게 행하여져서 잘못이 없으면 왕자의 치도(治道)가 만족하게 실현되는 것이다.

[原文] 是故로 先王之制禮樂에, 人爲之節하시니, 衰麻哭泣은, 所以節喪紀也요, 鐘鼓干戚은, 所以和安樂也요, 昏姻冠笄는, 所以別男女也요, 射鄕食饗은, 所以正交接也니, 禮는 節民心하며, 樂은 和民聲하며, 政以行之하며, 刑以防之하며, 禮樂刑政이, 四達而不悖면, 則王道備矣니라.
(시고 선왕지제예악 인위지절 최마곡읍
소이절상기야 종고간척 소이화안락야 혼인관계 소

이별남녀야 사향식향 소이정교접야 예 절민심
악 화민성 정이행지 형이방지 예악형정 사
달이불패 즉왕도비의)

註解 o衰麻(최마) - 참최(斬衰) · 재최(齊衰) · 대공(大功) · 소공(小功)
등 여러 가지의 상복에 관한 규정을 말한다. 상복은 모두 마제(麻製)이므
로 최마라고 칭하였다. o別男女(별남녀) - 남녀(男女)의 도(道)에 대해서
그것이 부자연에 빠지지 않고 또 무궤도(無軌道)하게 흐르지 않도록 적
의(適宜) 규제한다는 뜻. o節民心(절민심) - 인심(人心)을 적의(適宜)하게
조절한다는 뜻. o和民聲(화민성) - 민성(民聲)도 또한 민심(民心)이란 뜻.

음악은 사람들[의 마음]을 화합(和合)시키고 예의는 사람들[의 신
분]의 차별을 분명하게 한다. 화합하면 서로 친하고 차별을 분별하면
존경할 줄 안다. 그러나 음악의 감화(感化)가 지나치게 강하면 화합
이 무질서해지고 예의의 효과가 너무 강하면 사람들의 마음이 이반
(離反)한다. 그러므로 적의(適宜)하게 사용해서 인정(人情)을 상통
(相通)시켜 예법을 익히게 하는 것이 예악(禮樂)의 효용이다. 예의가
지켜지면 귀천(貴賤)의 분별이 분명해진다. 음악의 화합의 힘이 작용
하면 상하(上下)가 서로 친한다. 호오(好惡)의 정(情)이 명확하면 사
람의 현우정사(賢愚正邪)가 명확하게 구별된다. 형벌에 의해 난폭을
억제하고 관작(官爵)에 의해 현량(賢良)을 거용(擧用)하면 정치는 공
정하게 행하여진다. 그리고 인(仁)으로써 백성을 사랑하고 의(義)로써
백성을 규제한다. 이상과 같이 하면 백성은 잘 다스려지는 것이다.
음악은 사람의 내면(內面)에서 나오는 것이고 예의는 밖에서부터
일어나는 것이다. 음악은 내면에서 오는 것이기 때문에 [사람의 본성
(本性)을 받아서] 평정(平靜)이 주가 되는 것이고, 예의는 밖으로부터
오는 것이므로 반드시 손발의 움직임이나 복장의 규정 등이 주가 된
다. 그러나 뛰어난 음악은 반드시 [그 곡절(曲節)이] 평이(平易)하고,

중대한 예의는 반드시 〔그 예법이〕 간단하다. 따라서 음악의 감화(感化)가 성공을 거두면 사람들은 원망하는 마음이 없고 예의가 완전히 길들여지면 사람들은 다투는 일이 없다. 고인(古人)의 말에 "읍양(揖讓)하는 것만으로 천하가 다스려진다."라고 하였으나, 그것은 예악(禮樂)의 효용을 가리키는 것이다. 폭민(暴民)이 일어나지 않고, 제후가 심복(心服)하고, 전쟁이 없고, 형벌이 행하여지지 않고, 백성에게 근심이 없고, 천자가 성내는 일이 없는 세상이면, 이것은 음악의 감화가 널리 유통된 세상인 것이다. 부자(父子)의 친(親)함이 잘되고, 장유(長幼)의 차례가 잘 지켜져, 그 결과 천하의 사람이 모두 천자를 공경하고 복종하는 세상이면 그것은 예의가 완전히 길들여진 세상인 것이다.

原文 樂者는 爲同이오, 禮者는 爲異니, 同則相親하고, 異則相敬하나니, 樂勝則流하고, 禮勝則離라. 合情飾貌者는, 禮樂之事也니라. 禮義立하면 則貴賤이 等矣요. 樂文이 同하면, 則上下이 和矣요, 好惡이 著하면, 則賢不肖別矣요, 刑禁暴하고, 爵擧賢하면, 則政均矣니라. 仁以愛之하며, 義以正之하나니, 如此면, 則民治行矣니라.

(악자 위동 예자 위이 동즉상친 이즉상
경 악승즉류 예승즉리 합정식모자 예악지사
야 예의립 즉귀천 등의 악문 동 즉상하
화의 호오 저 즉현불초별의 형금폭 작거현
즉정균의 인이애지 의이정지 여차 즉민치행의)

樂由中出하고, 禮自外作하나니, 樂由中出이라, 故로 靜하고, 禮自外作이라, 故로 文하니, 大樂은 必易하고, 大禮는 必簡하니, 樂至則無怨하고, 禮至則不爭이니라. 揖讓而治天下者는, 禮樂之謂也니라. 暴民이 不作하며, 諸侯이 賓服하여, 兵革을 不試하며, 五刑을 不用하며, 百姓이 無患하며, 天子이 不怒하며, 如此면,

則樂이 達矣요, 合父子之親하며, 明長幼之序하여, 以敬四海之
內니, 天子이 如此면, 則禮行矣니라.

　　(악유중출 예자외작 악유중출 고 정

　　예자외작 고 문 대악 필이 대례 필간

　　악지즉무원 예지즉부쟁 읍양이치천하자 예악지

　　위야 폭민 부작 제후 빈복 병혁 불시

　　오형 불용 백성 무환 천자 불노 여차

　　즉악 달의 합부자지친 명장유지서 이경사해지

　　내 천자 여차 즉례행의)

註解　○爲同(위동)—화합(和合) 작용을 한다는 뜻. ○爲異(위이)—차등
(差等)을 분명히 한다는 뜻. ○樂文同(악문동)—음악의 화합 작용이 잘
작용하면이란 뜻. 악문(樂文)은 악곡(樂曲)·음악이란 말. ○大樂必易(대
악필이) 大禮必簡(대례필간)—우수한 음악은 반드시 쉽고, 중대한 예의는
반드시 간단하다는 뜻. 이는 고대의 예악은 간소하지만 그것이 이상적인
최상의 예악이라는 사상에 따른 것이다. ○揖讓(읍양)—읍(揖)은 경례의
일종으로 두 손을 합쳐 상대방에 정면하는 예법. 양(讓)은 서로 양보하는
예법. ○賓服(빈복)—제후가 천자를 주인으로 하고 스스로 빈객(賓客)으
로서 공경하고 복종하는 것. ○兵革(병혁)—군대 및 전쟁. 병(兵)은 무기
를 뜻하고, 혁(革)은 갑주(甲冑)를 뜻한 말. ○五刑(오형)—묵(墨 : 피부에
글자를 새기는 것)·의(劓 : 코를 베는 것)·비(剕 : 발뒤꿈치를 베는
것)·궁(宮 : 거세하는 것)·대벽(大辟 : 목베어 죽이는 것)의 다섯 가지
형벌. ○樂達矣(악달의)—악(樂)이 천하에 널리 행하여지는 것.

우수한 음악은 천지(天地)와 마찬가지로 화합(和合) 작용을 하고,
중대한 예의는 천지와 마찬가지로 인간을 규제한다. 화합 작용이 이
루어지기 위해 천지간(天地間)의 만물이 각기 그 개성(個性)을 뻗어
성장할 수가 있고 또 규제하기 위해 사람들은 천지의 신들을 공경하
여 이를 제사지내는 것이다. 이리하여 현실의 세계에는 예악이 있고

유계(幽界)에는 귀신이 있다. 이렇게 하면 그것이 천하의 사람 모두가 한결같이 경애(敬愛)하는 바람직한 세계인 것이다.

예는 사물을 차별하고 사람의 마음을 한결같이 존경하게 하는 것이고, 악(樂)은 가지가지의 다른 곡절에 의해 사람의 마음을 한결같이 친애하게 하는 것이지만 양자(兩者) 모두 〔세계에 조화(調和)를 가져오는 것이라는〕 본질(本質)에 있어서 같다. 그러므로 예로부터 현왕(賢王)이 모두 이를 이어받아 예악(禮樂)을 중용(重用)하는 것이며, 그리고 그 왕들의 사업은 시세(時勢)에 적합하며 공적(功績)에 알맞은 이름의 악곡(樂曲)이 만들어지고 있는 것이다.

[原文] 大樂은 與天地로, 同和하고, 大禮는 與天地로 同節하니, 和故로 百物이 不失이오. 節故로 祀天祭地하나니, 明則有禮樂하고, 幽則有鬼神하니, 如此면, 則四海之內이, 合敬同愛矣니라.
  (대악 여천지 동화 대례 여천지 동절
  화고 백물 불실 절고 사천제지 명즉유예악
  유즉유귀신 여차 즉사해지내 합경동애의)

  禮者는, 殊事合敬者也요, 樂者는, 異文合愛者也니, 禮樂之情이 同이라. 故로 明王以相沿也니라. 故로 事與時이 竝하며, 名與功이 偕니라.
  (예자 수사합경자야 악자 이문합애자야 예악지정
  동 고 명왕이상연야 고 사여시 병 명여공 해)

[註解] ㅇ和故百物不失(화고백물불실)―만물이 서로 화합해서 다투지 않으므로 만물은 각자 성장하여 개성을 잃는 일이 없다는 뜻. ㅇ合敬同愛(합경동애)―사람의 마음이 서로 화합하여 호오경애(好惡敬愛)의 정(情)을 공통으로 하는 데 이른다는 뜻. ㅇ禮樂之情(예악지정)―정(情)은 실정(實情)·본질(本質)을 뜻한 말. ㅇ事與時竝(사여시병)―사업이나 정치가 시세(時勢)나 시절(時節)에 적합하다는 것.

애당초 종(鐘)·고(鼓)·관(管)·경(磬)·우(羽)·약(籥)·간(干)·
척(戚) 등은 음악의 표현 수단이고, 신체의 굴신부앙(屈伸俯仰)이나
진퇴(進退)의 예법이나 동작의 완급(緩急) 등은 무악(舞樂)의 표현
방법이며, 보궤조두(簠簋俎豆)나 여러 가지 기물의 규격이나 장식법
(裝飾法) 등은 예의 표현 수단이고, 당실(堂室)의 승강상하(昇降上
下)나 좌석이나 복장 등의 규정 등은 예의의 표현 방법이다. 그리고
예악의 본질을 아는 자만이 예악의 표현 방법을 만들 수 있는 것이고
표현 방법을 완전히 아는 자만이 선현(先賢)이 만든 예악[의 표현 방
법]을 이어 받아 전달할 수가 있는 것이다. 예악을 새로이 만드는 자
를 성(聖)이라 칭하고 이를 잘 말하며 전달하는 자를 명(明)이라고
말한다. 명성(明聖)이란 이를 말하는 사람 혹은 만드는 사람을 가리
켜 하는 말이다. 음악은 천지간(天地間)의 [자연의] 화합 작용을 대
표하는 것이고 예의는 천지간의 질서를 대표하는 것이다. 천지간에
화합 작용이 있기 때문에 만물은 모두 동화(同和)되고, 질서가 있기
때문에 만물 각기의 지위나 기능을 보유할 수 있는 것이다. 또 음악
은 하늘[天][의 양기(陽氣)]에 기반을 두고 만들어졌으며, 예의는 땅
[地][의 음기(陰氣)]에 기반을 두고 정해진 것으로서 만드는 방법이
나 규정하는 방법이 바르지 못하면 그 예악은 조화되지 않고 질서를
파괴하는 것이 되는 것이다. 즉 천지[자연]의 도(道)를 명확하게 아
는 자라야 비로소 예악을 바르게 사용하며 그 효용을 왕성하게 발휘
시킬 수가 있는 것이다.

原文 故로 鐘鼓管磬과, 羽籥干戚은, 樂之器也니라. 屈伸俯仰
과, 綴兆舒疾은, 樂之文也니라. 簠簋俎豆와, 制度文章은, 禮之
器也니라. 升降上下와, 周還裼襲은, 禮之文也니, 故로 知禮樂
知情者는 能作하고, 識禮樂之文者는 能述하나니, 作者之謂聖이
오, 述者之謂明이니, 明聖者는, 述作之謂也니라. 樂者는, 天地

之和也요, 禮者는, 天地之序也니, 和故로 百物이 皆化하고, 序故로 羣物이 皆別하나니라. 樂由天作하고, 禮以地制하니, 過制則亂하고, 過作則暴하나니, 明於天地한, 然後에야 能興禮樂也니라.

(고 종고관경 우약간척 악지기야 굴신부앙
철조서질 악지문야 보궤조두 제도문장 예지
기야 승강상하 주선석습 예지문야 고 지예악
지정자 능작 지예악지문자 능술 작자지위성
술자지위명 명성자 술작지위야 악자 천지
지화야 예자 천지지서야 화고 백물 개화 서
고 군물 개별 악유천작 예이지제 과제
즉란 과작즉폭 명어천지 연후 능흥예악야)

$\boxed{\text{註解}}$ ㅇ羽籥(우약)−무인(舞人)이 갖는 물건으로 우(羽)는 새깃에 손잡이를 붙인 것이고, 약(籥)은 피리의 일종이다. ㅇ綴兆(철조)−무인(舞人)이 선 위치를 철(綴)이라 말하고, 움직여 돌아다니는 범위를 조(兆)라고 말한다. ㅇ舒疾(서질)−완급(緩急)·지속(遲速)·템포를 뜻한 말. ㅇ裼襲(석습)−석(裼)은 어깨를 벗는 것. 습(襲)은 겹쳐 입는 것. ㅇ故知(고지)……能術(능술)−작(作 : 창작)과 술(術 : 전술)을 구별하고 거기에 예악을 만드는 것은 성인현자(聖人賢者)만이 가능하다는 뜻. ㅇ明聖者(명성자)…… −성현(聖賢)이란 엄밀하게 말하면 예악을 만들 수 있는 사람이나 뛰어난 정치가를 말한다는 뜻. ㅇ樂者(악자) 天地之和(천지지화)−음악은 대자연 속에 존재하는 조화(調和)의 원리이고, 예의는 만물에 차등(差等)을 두어 질서가 생기는 원리라는 뜻. ㅇ樂由天作(악유천작)……−음악은 양성(陽性)의 물건이므로 하늘[天]에 속하고, 예의는 음성(陰性)인 물건이므로 땅[地]에 속한다는 음양사상에 기반을 둔 견해로 전국시대(戰國時代) 말엽에서부터 한대(漢代)에 걸쳐 생긴 것으로 생각된다.

사람들을 서로 친하게 하고 근심이나 슬픔을 잊게 하는 것이 음악의 성능이고, 사람을 즐겁게 하는 것이 음악의 작용이다. 또 사람의 마음을 공정선량(公正善良)하게 하는 것이 예(禮)의 성능이고, 태도를 장중(莊重)하게 하고 공손하게 하는 것이 예의 작용이다. 〔이상의 이치는 군자가 아는 바이고 백성은 반드시 안다고 할 수 없다〕 그리고 음악을 금석(金石)〔이나 사죽(絲竹)의〕 악기로 연주하고, 혹은 소리에 실어서 노래하여 예의를 종묘(宗廟)나 사직(社稷)에 행하고, 혹은 산천의 신이나 사람의 영혼에게 바치는 〔예악을 실용하는〕 일에 대해서는 군자는 물론 백성도 보고 들어서 잘 알고 있는 것이다.

천하의 왕자(王者)는 공을 한 가지 세우면 기념의 음악을 만들고, 평화스러운 세상이 되면 예의를 규정한다. 왕자의 공적이 크면 〔기념〕 음악도 우수한 것이 되고, 평화가 방방곡곡에 미치면 규정하는 예의도 풍성(豊盛)한 것이 된다. 다만 간척(干戚)을 쥐고 부산하게 춤추는 것이 우수한 음악이라고 할 수 없으며, 생육(牲肉)을 잘 삶아서 바치는 것이 풍성한 예의가 될 수 없다. 그러므로 고대의 오제(五帝)나 삼왕(三王)은 시대와 세대의 변천에 따라서 예악(禮樂)을 개수(改修)하고 반드시 전대(前代)의 것을 그대로 사용하는 일이 없었던 것이다. 또 음악을 즐겨서 정도가 지나치면 〔실제 생활에 지장을 초래하여〕 우환(憂患)을 만나게 될 것이고, 예의를 소홀히 하면 사람들이 모두 그 호오(好惡)에 따라 편파적(偏頗的)으로 기울어지게 될 것이다. 그러므로 음악을 바르게 즐겨서 우환에 걸리는 일이 없게 하고 예의를 잘 알아서 편파적으로 기울어지게 하지 않으면 그것은 대현(大賢)일 것이다.

原文 論倫無患은, 樂之情也요, 欣喜歡愛는, 樂之官也라. 中正無邪는, 禮之質也요, 莊敬恭順은, 禮之制也라. 若夫禮樂之施於金石하며, 越於聲音하여, 用於宗廟社稷하며, 事乎山川鬼神은, 則此이 所與民으로 同也니라.

(논륜무환 악지정야 흔희환애 악지관야 중

정무사 예지질야 장경공순 예지제야 약부예악지시

어금석 월어성음 용어종묘사직 사호산천귀신

즉차 소여민 동야)

王者이 **功成作樂**하시고, **治定制禮**하시니, **其功**이 **大者**는 **其樂**이 **備**하고, **其治辯者**는 **其禮具**하니, **干戚之舞**는, **非備樂也**며, **孰亨而祀**는, **非達禮也**니라. **五帝殊時**라, **不相沿樂**하시고, **三王**이 **異世**라, **不相襲禮**하시니, **樂極則憂**하고, **禮粗則偏矣**니라. **及夫敦樂而無憂**하고, **禮備而不偏者**는, **其唯大聖乎**인저.

(왕자 공성작악 치정제례 기공 대자 기악

비 기치편자 기례구 간척지무 비비악야

숙형이사 비달례야 오제수시 불상연악 삼왕

이세 불상습례 악극즉우 예조즉편의 급

부돈악이무우 예비이불편자 기유대성호)

註解   o論倫無患(논륜무환)－논(論)은 《시경(詩經)》 아송(雅頌)의 사(辭)이고, 윤(倫)은 율려(律呂)의 음이다. 즉 그 사(辭)가 족히 논할 만하고 음이 조리(條理)가 있어서 악을 해칠 염려가 없는 것. o中正無邪(중정무사)－중용(中庸)의 바른 도리에 맞고 사악(邪惡)함이 없는 것. o所與民同也(소여민동야)－백성과 예악(禮樂)을 함께하는 것이란 뜻. o其治辯者(기치편자)－편(辯)은 고주(古注)에 편(徧), 즉 편(遍)으로 해석되어 있다. o敦樂(돈악)－음악을 정당하게 취급한다는 뜻. 즉 바르게 즐긴다는 말. 돈(敦)은 돈원(敦原)인데, 여기서는 '바르게'라고 해석해 둔다. o大聖(대성)－원래는 총명현지(聰明賢智)인 사람을 가리킨다. 여기서는 그러한 뜻이며 보통 말하는 성인(聖人)이 아니다.

하늘은 위에 있고 땅은 아래에 있으며 그 중간에 인간을 비롯한 만물이 산재(散在)하여 〔특히 인간 세계에는〕 예의가 행하여지고 있다. 그리고 만물은 항상 변동하여 그치지 않고 혹은 화합(和合)하며, 혹은 분화(分化)하지만, 〔그 원리의 한 작용으로서〕 음악이 생긴다. 또 봄의 기후는 생물을 낳고 여름은 그들을 성장시키므로 거기서 인(仁)의 덕(德)이 인정되며 가을은 생물의 열매를 수확하고, 겨울은 그들을 저장하므로 거기에 의(義)의 덕(德)이 인정되는데, 그러한 점에서 말하면 인(仁)은 [양성(陽性)으로] 음악에 가까우며 의(義)는 [음성(陰性)으로] 예의에 가깝다. 음악은 화합하는 힘이 풍부하고 신기(神氣)와 하늘의 덕을 갖추었으며 예의는 질서를 유지하는 힘이 풍부하고 귀기(鬼氣)와 땅의 성능을 갖추고 있다. 그러므로 옛날 성인(聖人)은 음악을 만들어 내어 하늘의 덕을 나타내고 예의를 제정해서 땅의 덕을 나타냈는데, 이렇게 해서 예악의 설비를 분명하게 해서 천지의 기능을 표시했던 것이다. 즉 하늘은 높고 땅은 낮으며 그것이 군신(君臣)의 분별을 정하였고, 산은 높고 계곡은 낮아 그것이 귀천의 지위를 나타냈으며, 또 사물(事物)의 동정(動靜)에 상칙(常則)이 있고, 대소(大小)의 차별이 있으며, 동물은 부류(部類)를 이루고 살며 식물은 무리를 이루어 모이며 만사(萬事) 만물의 성질에 같고 다른 점이 있음을 가리키고 있다. 또 천상(天上)에는 일월성신(日月星辰)이 가지가지의 현상을 보여주며 지상에는 산천의 동식물이 가지가지의 형상을 나타낸다. 이상의 [대자연의] 상황을 보면 천지간에 질서가 있음을 잘 알 수 있지만 예(禮)라는 것은 천지를 분별하고 있는 것이다.

原文 天高地下하며, 萬物이 散殊하여, 而禮制이 行矣니라. 流而不息하며, 合同而化하여, 而樂이 興焉하니, 春作夏長은, 仁也요, 秋斂冬藏은, 義也니, 仁은 近於樂하고, 義는 近於禮하니라. 樂者는 敦和하여 率神而從天하고, 禮者는 別宜하여 居鬼而從地하나니, 故로 聖人은 作樂以應天하고, 制禮以配地하시니, 禮樂이 明備하여, 天地官矣니라. 天尊地卑하니, 君臣이 定矣요, 卑高以陳하니, 貴賤이 位矣요, 動靜이 有常하니, 小大殊矣요, 方以類聚하며, 物以羣分하니, 則性命이 不同矣니라. 在天成象하고, 在

地成形하니, 如此면, 則禮者는 天地之別也니라.

> (천고지하 만물 산수 이예제 행의 유
> 이불식 합동이화 이악 홍언 춘작하장 인야
> 추렴동장 의야 인 근어악 의 근어례
> 악자 돈화 솔신이종천 예자 별의 거귀이종지
> 고 성인 작악이응천 제예이배지 예악
> 명비 천지관의 천존지비 군신 정의 비고이
> 진 귀천 위의 동정 유상 소대수의 방이류
> 취 물이군분 즉성명 부동의 재천성상 재
> 지성형 여차 즉례자 천지지별야)

註解 ○散殊(산수)−분산(分散), 각기의 존재를 유지함. ○流而不息(유이불식)−유(流)는 유동(流動), 즉 변동이란 뜻이고, 식(息)은 멈춘다는 뜻. ○敦和(돈화)−화합(和合)이 두텁다. 화합하는 힘이 풍부하다는 뜻. ○率神(솔신)·居鬼(거귀)−여기서는 신(神)을 양성(陽性), 귀(鬼)를 음성(陰性)으로 하여 대립시키고 있다. ○別宜(별의)−적의(適宜)토록 구별한다. 질서를 잘 유지한다. ○方(방)·物(물)−고주(古注)에 방(方)을 '행충(行蟲)'이라 한다. 주충(走蟲)은 동물을 말한다. 물(物)을 '식생(殖生)'이라 한다. 초목(草木)은 식물을 말한다. ○如此則(여차즉)……−이상과 같으므로 그에 의해 생각하면 예(禮)란 것은 천지 자연의 차별 원리, 즉 질서에 대응되는 인간 세계의 원칙임을 알 수 있다는 뜻.

[예(禮)가 천지(天地)의 별(別)에 대응하는 것임과 동시에 악(樂)은 천지(天地)의 화(和)에 대응한다. 즉] 땅의 기(氣)는 상승(上昇)하고 하늘의 기(氣)는 하강하며, 땅의 음성과 하늘의 양성이 상접(相接)해서 상동(相動)하고 그 결과로써 천둥이 일어나 풍우(風雨)가 발생하며, 사시(四時)의 순환과 일월의 교체 등이 시작되어 마침내 생물이 화생(化生)하기에 이른다. 이상의 상황을 보면 천지간의 화합의 이치를 잘 알 수 있지만 악(樂)이란 것은 그에 대응하고 있는 것이다.

다음으로 생물의 화생(化生)은 만일 시기를 잃으면 잘 이루어지지 않으며 [특히 인간에게 있어서는] 남녀간의 예의를 지키지 않으면 음란(淫亂)에 빠지는 것이 천지의 정리(定理)이다. 이리하여 그 예악이란 것이 그 최고 효용에 있어서 천상(天上)에 퍼지고 땅 끝까지 미쳐 음양의 이치와 함께 귀신의 힘과도 같은 경우를 생각하면 예악의 효용은 실로 높고, 멀고, 깊고, 두터운 것이라 할 수 있는 것이다.

또 음악은 천지의 개시 작용에 비유되고 예의는 천지의 성물(成物) 작용에 비유된다. 그 작용이 명료하고 움직여 멈추지 않는 것은 하늘이고, 그 작용이 명료하고 정지(靜止)하여 움직이지 않는 것은 땅이며 그리고 혹은 움직이고 혹은 정지(靜止)하는 것이 천지 중간의 만물이다. [이와 같은 천지 만물의 성질이나 기능을 모두 반영하고 있는 것이 예악(禮樂)이거니와] 그러므로 성인(聖人)은 '예악'을 입버릇처럼 말하는 것이다.

原文 地氣는 上齊하며, 天氣는 下降하며, 陰陽이 相摩하며, 天地이 相蕩하며, 鼓之以雷霆하며, 奮之以風雨하며, 動之以四時하며, 煖之以日月하여, 而百化興焉하나니, 如此면, 則樂者는 天地之和也니라.
 (지기 상제 천기 하강 음양 상마 천
 지 상탕 고지이뇌정 분지이풍우 동지이사시
 난지이일월 이백화흥언 여차 즉악자 천지지화야)

化이 不時면 則不生하고, 男女이 無辨이면 則亂升하나니, 天地之情也니라. 及夫禮樂之極乎天而蟠乎地하며, 行乎陰陽而通乎鬼神하여는, 窮高極遠而測深厚니라.
 (화 불시 즉불생 남녀 무변 즉란승 천지
 지정야 급부예악지극호천이반호지 행호음양이통호
 귀신 궁고극원이측심후)

樂著大始하고, 而禮居成物하니, 著不息者는, 天也요, 著不動
者는, 地也요, 一動一靜者는, 天地之間也니, 故로 聖人은 曰禮
樂云하시니라.

(악저대시 이예거성물 저불식자 천야 저부동
자 지야 일동일정자 천지지간야 고 성인 왈예악운)

註解　o上齊(상제)−상승(上昇)한다는 뜻. o鼓之以雷霆(고지이뇌정)−
천둥이 울려 퍼진다는 뜻. o百化(백화)−여러 종의 동식물이 화생(化生)
한다는 뜻. 화(化)는 화생으로 만물이 서로 작용해서 변화하고 전화(轉
化)하는 것. o天地之情(천지지정)−정(情)은 정리(情理) 및 이치. o極
乎天而蟠乎地(극호천이반호지)−극(極)과 반(蟠)은 모두 퍼진다는 뜻으
로 사용되고 있다. o曰禮樂(왈예악)−예악을 자주 말한다. 입버릇처럼
한다는 뜻으로 크게 존중되고 있음을 표현하고 있다.

옛날 순(舜)이 오현(五絃)의 금(琴)을 만들고 이것으로 남풍(南風)〔의
시(詩)〕을 노래하였다. 순(舜)의 신하인 기(夔)는 〔순의 명령으로〕 처
음으로 악곡(樂曲)을 만들어 이를 제후의 공(功)에 상으로 주었다. 즉
천자가 음악을 만드는 것은 이것으로 덕이 높은 제후를 상으로 주기
위함인 것이다. 제후의 덕이 왕성하고 백성의 교육이 소중히 여겨지
고 오곡이 잘 익으면 천자는 그 제후를 위해 악곡을 만들어 상찬(賞
讚)한다. 따라서 민치(民治)에 관해서 크게 수고한 제후는 〔마침내
천자로부터 많은 무인(舞人)을 쓰는 무악을 하사받기 위해서〕 그 무
대를 넓히지 않으면 안되며, 그다지 수고가 없는 제후의 무대는 좁아
도 된다. 이와 같이 제후에게 하사하는 무악을 보고 그 제후의 덕을
알며, 또 하사하는 시호(諡號)를 듣고 그 행적을 아는 것이다.

〔요제(堯帝)의 악곡인〕 대장(大章)이란 임금의 덕을 환히 나타낸다
는 뜻이고, 〔황제(黃帝)의〕 함지(咸池)란 유비(有備)되어 결함이 없
다는 뜻이며 〔순제(舜帝)의〕 소(韶)란 계승한다는 뜻이고, 〔우왕(禹

王)의] 하(夏)란 대(大)란 뜻이며, 그후 은주(殷周)의 성왕(聖王)들의 악곡도 〔왕들이 충분히 선행을〕 다한 것을 표명하고 있다.

천지〔자연〕의 이치로서 한서(寒暑)가 시기에 맞지 않으면 질병이 유행하고 비바람이 적당하지 않으면 곡식이 영글지 않는다. 교육은 말하자면 백성에게 있어서 한서(寒暑)이고 이것이 〔백성의 성장〕 시기에 맞도록 시행되지 않으면 백성이 다스려지지 않으며 세상이 문란해지는 것이다. 또 〔임금이 사업을 일으켜서 공(功)을 세우려는 것, 즉〕 사공(事功)은 말하자면 백성에게 있어서 비바람에 해당하고 여기에 절도(節度)가 유지되지 않으면 공을 이루지 못하는 것이다. 이런 관계로 선왕이 음악을 만든 것은 선왕이 천지의 이치에 따라 백성을 다스리려고 했기 때문이며 만일 그 정치가 좋으면 백성이 모두 명군(明君)의 덕을 모범으로 하여 선행(善行)에 힘쓰는 것이다.

原文 昔者에 舜이 作五絃之琴하여, 以歌南風하고, 夔始制樂하여, 以賞諸侯하니, 故로 天子之爲樂也는, 以賞諸侯之有德者也니라. 德盛而敎尊하며, 五穀이 時熟한 然後에 賞之以樂이니라. 故로 其治民이 勞者는, 其舞行綴이 遠하고, 其治民이 逸者는, 其舞行綴이 短하나니라. 故로 觀其舞하고, 知其德하며, 聞其諡하고, 知其行也니라.

(석자 순 작오현지금 이가남풍 기시제악
이상제후 고 천자지위악야 이상제후지유덕자
야 덕성이교존 오곡 시숙 연후 상지이악
고 기치민 노자 기무행철 원 기치민 일자
기무행철 단 고 관기무 지기덕 문기시
지기행야)

大章은 章之也요, 咸池는 備矣요, 韶는 繼也요, 夏는 大也요, 殷周之樂은 盡矣니라.

(대장 장지야 함지 비의 소 계야 하 대야
은주지악 진의)

天地之道는, **寒暑不時則疾**하고, **風雨不節則饑**하나니, **敎者**는 **民之寒暑也**라, **敎不時則傷世**하고, **事者**는 **民之風雨也**라, **事不 節則無功**하나니, **然則先王之爲樂也**는, **以法治也**니, **善則行**이 **象德矣**니라.

(천지지도 한서불시즉질 풍우부절즉기 교자
민지한서야 교불시즉상세 사자 민지풍우야 사부
절즉무공 연즉선왕지위악야 이법치야 선즉행 상덕의)

註解 ㅇ舞行綴遠(무행철원)─행철(行綴)은 무인(舞人)의 행렬이 움직이는 범위. 원(遠)은 넓다, 또는 길다는 뜻. ㅇ咸池(함지)─고주(古注)에는 함(咸)은 모두란 뜻이고, 지(池)는 시행(施行)한다고 되어 있으며, 미덕(美德)이 많이 갖추어져 있음을 가리킨다고 해석되어 있다. ㅇ以法治也(이법치야)─하늘과 땅의 법칙을 본떠서 천하를 다스리는 것. ㅇ善則行象德矣(선즉행상덕의)─정치를 잘하게 되면 백성의 행동이 임금의 덕을 본뜬다.

대저 사람이 돼지를 기르고 술을 만드는 것은, 〔이것을 사용해서 제사나 연례(宴禮)를 거행하기 위해서이고〕 본래 재앙을 불러들이려는 것이 아닌데도 세상에 소송 사태가 점차 많아지는 것은 술의 유폐(流弊)인 경우가 적지 않다. 그래서 선왕은 이를 위해 음주에 관한 예를 설정한 것이다. 즉 한 잔을 주고받는 데도 주객(主客)이 서로 백배(百拜)하기로 하여 〔시간을 끌어서〕 종일토록 마시고 있어도 취하지 않도록 정했다. 이것이 선왕의 술의 재앙을 방지하는 방법이다. 주연(酒宴)은 사람들이 기쁨을 나누기 위한 것이다. 그리고 음악은 임금의 덕을 상징하는 것이고 예의는 사물에 절도(節度)를 갖게 하는 것이다. 따라서 선왕은 큰 일〔불행〕이 있으면 반드시 이에 대한 예가

있어서 슬픔을 적절하게 하였고, 큰 복이 있으면 반드시 이에 대한 예가 있어서 기쁨을 적절하게 하는 등, 애락(哀樂)의 정도는 모두 예에 의해서 마쳤다. 음악은 성인(聖人)이 좋아하는 것이고 또한 이에 의해 민심을 선도(善導)할 수가 있다. 음악이 사람을 감화시키는 힘은 크며 풍속을 개화(改化)하는 효력이 있으므로 거기서 선왕은 음악에 관해서 교훈을 밝힌 것이다.

原文　夫豢豕爲酒이, 非以爲禍也언마는, 而獄訟이 益繁은, 則酒之流이 生禍也니, 是故로 先王이 因爲酒禮하사, 壹獻之禮에, 賓主이 百拜하여, 終日飮酒하되, 而不得醉焉하니, 此이 先王之所以備酒禍也시니라. 故로 酒食者는, 所以合歡也요, 樂者는, 所以象德也요, 禮者는, 所以綴淫也니, 是故로 先王이 有大事면, 必有禮以哀之하고, 有大福이면, 必有禮以樂之하나니, 哀樂之分에, 皆以禮終하니, 樂也者는, 聖人之所樂也니, 而可以善民心이니라. 其感人이 深하여, 其移風易俗이니, 故로 先王이 著其敎焉하시니라.

(부환시위주 비이위화야 이옥송 익번 즉 주지류 생화야 시고 선왕 인위주례 일헌지례 빈주 백배 종일음주 이부득취언 차 선왕지 소이비주화야 고 주식자 소이합환야 악자 소 이상덕야 예자 소이철음야 시고 선왕 유대사 필유례이애지 유대복 필유례이악지 애악지분 개이례종 악야자 성인지소악야 이가이선민심 기감인 심 기이풍역속 고 선왕 저기교언)

註解　○酒之流(주지류)─유(流)는 유폐(流弊) 또는 유해(流害). ○壹獻(일헌) 百拜(백배)─가령 한 번 술잔을 올리는 데에도 절을 백 번이나 나눈다는 정도로 정중히 한다는 뜻으로 실수(實數)를 가리킨 것은 아니다.

○大事(대사)—여기서는 중대한 상사(喪事)를 가리킨다.

　　그런데 사람에게는 혈기(血氣)나 지각(知覺)의 기능이 있어서 때없이 애락희노(哀樂喜怒)의 정(情)이 감각에 응해서 외물(外物)에 접하여 발동하고 그에 의해서 [사람 각자의] 심정이 밝혀진다. 따라서 세상에 음조(音調)가 급속(急速)하고 섬세하며 찍어눌리고 약해진 느낌의 음이 많은 악곡이 연주되는 것은 백성에게 근심이 많음을 나타내고 있다. 음조가 느리고 부드러우며 화려하게 장절(章節)이 긴 느낌이 드는 악곡은 백성이 안락(安樂)하다는 것을 나타내고 있다. 음조가 거칠며 처음에는 격(激)하고 끝에는 솟아오르며 전체로서 웅장한 느낌이 드는 악곡은 백성이 굳세다는 것을 나타낸 것이다. 단조롭고 힘차며 장중한 느낌의 악곡은 백성이 공손하다는 것을 나타내고 있다. 느슨하고 윤기가 있고, 부드럽고, 조용하게 흘러가는 느낌의 악곡은 백성이 자애(慈愛)로움을 나타내고 있다. 음조가 자주 변전(變轉)하고 산만하고 경쾌하고 미친 듯이 춤추는 것 같은 느낌이 드는 악곡은 백성이 방종(放縱)하다는 것을 나타내는 것이다.

原文　夫民이　有血氣心知之性하여,　而無哀樂喜怒之常하고, 應感起物而動한,　然後에　心術이　形焉하나니라. 是故로 急微噍殺之音이　作하여,　而民이　思憂하고,　嘽諧慢易繁文簡節之音이 作하여 而民이　康樂하고,　粗厲猛起奮末廣賁之音이　作하여,　而 民이　剛毅하고,　廉直勁正莊誠之音이　作하여,　而民이　肅敬하고, 寬裕肉好順成和動之音이　作하여,　而民이　慈愛하고,　流辟邪散 狄成滌濫之音이　作하여,　而民이　淫亂이니라.
　　(부민 유혈기심지지성 이무애락희노지상
　　응감기물이동 연후 심술 형언 시고 급미초
　　쇄지음 작 이민 사우 천해만이변문간절지음

작 이민 강락 조려맹기분말광분지음 작 이
민 강의 염직경정장성지음 작 이민 숙경
관유육호순성화동지음 작 이민 자애 유벽사산
적성척람지음 작 이민 음란)

[註解]　ㅇ血氣心知之性(혈기심지지성)ー혈기지성(血氣之性)은 생리적 기능
을 뜻한 말이고, 심지지성(心知之性)은 심리적 기능을 뜻한 말이다. ㅇ心
術形焉(심술형언)ー심술(心術)은 마음씨, 심정. ㅇ急微(급미)ー원본에는
지미(志微)로 되어 있으나 진씨집설(陳氏集說)에 의해 급미로 고쳐졌다.
급속하고 섬세하다는 뜻. ㅇ噍殺(초쇄)ー축소되어 줄어든 상태, 눌리어서
약해진 상태. ㅇ……之音作(지음작) 而民(이민)…… ー'이러이러한 음악이
작곡되어 유행하면 민심이 약차 이만저만하게 된다'라는 형태로 해석하는
사람이 고주(古注) 이래로 많으나 바로 윗글의 '민심이 이러이러하면 그
것이 사물에 응해서 이러이러하게 표현된다'라고 한 취지에 비추어 보면
타당하지 못하다. 진씨집설(陳氏集說)에 따라 '이러이러한 음악이 유행하
면 그에 의해 민심이 이러이러함을 안다'라고 해석하는 것이 좋다. ㅇ嘽
諧(천해)ー느슨하고 온화하다는 뜻. ㅇ慢易(만이)ー태평스럽고 편안하다
는 뜻. ㅇ繁文(번문)ー장식이 많은 것. 화려한 것. ㅇ簡節(간절)ー악곡 중
의 끊긴 곳이 적은 것. ㅇ粗勵(조려)ー거칠고 사나운 것. ㅇ猛起奮末(맹
기분말)ー기(起)는 악곡의 최초 부분. 말(末)은 가장 끝부분. ㅇ廣賁(광
분)ー넓고 높은 상태. ㅇ肉好(육호)ー두께가 있는 것. 또는 윤기가 있는
것. ㅇ順成和動(순성화동)ー조용하고 온화하게 흘러간다는 뜻. ㅇ流辟(유
벽)ー편벽으로 흐르는 것. ㅇ邪散(사산)ー음사(淫邪)로 흐르는 산만(散漫)
한 것. ㅇ狄成(적성)ー음(音)이 길게 끝나는 것. ㅇ滌濫(척람)ー물에 젖는
것처럼 분별이 없는 것.

이리하여 선왕은 음악〔의 조직〕을 만드는데 인간의 성정(性情)에
근거를 두고 정연한 원칙을 세우고 예의에 맞추어서 천지의 화기(和
氣)에 맞추고 오행(五行)의 이치에 따르게 하며 발양(發揚)하는 음은
있어도 산만(散漫)하지 않고 음(陰)이 밀폐되지 않고 강기(剛氣)가

성내지 않고 유기(柔氣)가 두려워하지 않게 하였다. 음양강유(陰陽剛柔)의 이 4기(氣)가 적도(適度)로 악곡 속에 배합되어서 음이 되어 밖으로 발현(發現)하는 것이고 4기가 모두 각각 위치를 차지하고 상침(相侵)하지 않도록 한다. 이상과 같이 음악의 원칙을 세우고 난 다음 이어서 학습의 계정(階程)을 정하고 기본이 되는 소절(小節)[의 종류]을 많게 하고, 악장(樂章)[의 구분]을 명료하게 하며, 그에 의해 [학습의 편리를 도모하고] 음악의 감화가 민덕(民德)을 돈후(敦厚)하게 도모하는 것이며, 또 음악이 사물의 대소선후(大小先後)의 명칭이나 순서의 모범을 보이도록 하고 그에 의해 사물의 도리를 나타내도록 도모하여 친소(親疏)·귀천(貴賤)·장유(長幼)·남녀의 도를 모두 음악으로 표현하게 하는 것이다. 이러한 관계로 예로부터 '음악에는 진실로 깊은 뜻이 있다'라고 말하고 있다.

原文 是故로 先王이 本之情性하며, 稽之度數하며, 制之禮義하며, 合生氣之和하며, 道五常之行하며, 使之陽而不散하며, 陰而不密하며, 剛氣不怒하며, 柔氣不懾하나니, 四暢交於中하여, 而發作於外면, 皆安其位하여, 而不相奪也니라. 然後에 立之學等하여, 廣其節奏하며, 省其文采하여, 以繩德厚하며, 律小大之稱하며, 比終始之序하여, 以象事行하며, 使親疏貴賤長幼男女之理하여, 皆形見於樂이니, 故로 曰, 樂은 觀其深矣니라.

(시고 선왕 본지정성 계지도수 제지예의
합생기지화 도오상지행 사지양이불산 음
이불밀 강기불노 유기불섭 사창교어중 이
발작어외 개안기위 이불상탈야 연후 입지학등
광기절주 성기문채 이승덕후 율소대지칭
비종시지서 이상사행 사친소귀천장유남녀지리
개형견어악 고 왈 악 관기심의)

註解 ○本之(본지)－여기서 지(之)는 음악을 가리킴. ○稽之度數(계지도수)－음악을 원리원칙에 따라 설명하여 배우기 쉽게 한다는 뜻. 음악의 원리화·조직화를 말한다. ○生氣之和(생기지화)－천지(天地)가 사물을 생육(生育)하는 데에 사용하는 조화적(調和的)인 기능, 천지의 화기(和氣). ○道五常之行(도오상지행)－오행(五行 : 수 화 목 금 토)의 원리에 따른다는 뜻. 도(道)는 유(由)와 같은 말. 오상지행(五常之行)은 인의예지신(仁義禮智信)의 오덕(五德)을 가리킨다. 고주(古注)는 오행(五行)으로 해석했다. ○陽而不散(양이불산)－양성(陽性)으로 발양적(發陽的)인 소리가 있었다고도 말하나, 적당(適當)히 묶어서 흩어지는 느낌이 없는 것을 뜻한 말. ○陰而不密(음이불밀)－음성(陰性)으로 내공적(內攻的)인 음은 있어도 적당히 발산해서 울적한 느낌이 없는 것을 뜻한 말. ○四暢(사창)－음양강유(陰陽剛柔)의 네 기능이 사람의 내면에서 알맞게 조화되도록 해주겠다는 것을 뜻한 말. ○學等(학등)－학습(學習)의 등급, 순서·계정(階程). ○廣其節奏(광기절주)－광(廣)은 증가(增加)란 뜻. 절(節)은 음을 멈추는 것, 주(奏)는 음을 내는 것으로, 절주(節奏)는 악곡의 기본이 될만한 소절(小節). 현대에 와서는 절주를 리듬으로 해석한다. ○省其文采(성기문채)－성(省)은 심(審)·명(明)·명료한 것. 문채(文采)는 절주(節奏), 즉 소절(小節)이 모여서 이루는 악장(樂章). ○繩德厚(승덕후)－지도하여 인민의 덕(德)을 돈후(敦厚)하게 한다는 말. 민덕(民德)을 후(厚)하게 도모하는 것. ○以象事行(이상사행)－음악에 의해 사물의 도리를 잘 표현한다는 뜻. ○故曰(고왈)－누가 말한 것인지, 어떤 책에 있는지는 모르나 '고인왈(故人曰)'이라든가 '예로부터 흔히 말하듯'이란 뜻.

흙이 피로해지면 초목(草木)이 자라지 않고 물이 썩으면 물고기나 자라가 크지 않으며 신체의 원기가 쇠약해지면 생물의 목숨이 온전하지 못한 것처럼 사회가 문란해지면 〔인심도 거칠어지고〕 예의가 사악(邪惡)해지고 음악이 음란해진다. 그러한 음악이면 그 음은 슬퍼서 무게를 잃고 들떠서 안정감이 없으며 지나치게 느슨해서 절도가 없고, 환락에 빠져 돌아가는 것을 잊게 되는 상태가 되고 말 것이다. 혹은 음조(音調)가 지나치게 완만하면 사의(邪意)도 스며들고 지나치게 급하면 사욕(私欲)이 마음에 가득 차려고 한다. 이와 같이 음악은 그의 그릇된 용법에 따라서는 천지만물의 신장(伸長)이 손상되고 온화한 사람의 마음을 해치는 것으로 군자는 이러한 종류의 음악을 천하게 아는 것이다.

原文 土敝則草木이 不長하고, 水煩則魚鼈이 不大하고, 氣衰則生物이 不遂하고, 世亂則禮慝而樂淫하나니, 是故로 其聲이 哀而不莊하며, 樂而不安하며, 慢易以犯節하며, 流湎以忘本하며, 廣則容姦하고, 狹則思欲하며, 感條暢之氣하고, 滅平和之德하나니, 是以로 君子이 賤之也니라.

(토폐즉초목 부장 수번즉어별 부대 기쇠
즉생물 불수 세란즉예특이악음 시고 기성
애이부장 악이불안 만이이범절 유면이망본
광즉용간 협즉사욕 감조창지기 멸평화지덕
시이 군자 천지야)

註解 ㅇ水煩(수번)-번(煩)은 잡(雜) 또는 불순(不純)이란 뜻. ㅇ不遂(불수)-수(遂)는 성장(成長)이란 뜻. ㅇ慝(특)-사(邪)·부정(不正)을 뜻한 말. ㅇ流湎(유면)-떠내려가서 물에 빠진다는 뜻. ㅇ廣則(광즉)……狹則(협즉)-광협(廣狹)은 음조(音調)의 완급을 말한다. ㅇ感條暢之氣(감조창지기)-만물을 증대 신장(伸長)시키는 생기(生氣)를 상해(傷害)한다는 뜻. 감(感)은 감상(感傷)·손상. 조창(條暢)은 신장(伸長).

대체로 사악(邪惡)한 음성(音聲)이 가끔 사람을 감동시키면 이에 응해서 [사람의 내면(內面)에 잠입(潛入)하는] 역기(逆氣)가 발동하고 그 현실적인 작용으로 음락(淫樂)을 형성한다. 이와는 반대로 바르고 착한 음성이 사람을 감동시키면 이에 응해서 바르고 순한 기(氣)가 발동하여 그 현실적인 작용으로써 화락(和樂)을 형성한다. 이와 같이 주창(主唱)이 있으면 그 반응으로써 화창(和唱)이 있는 것인데, 화창의 사정곡직(邪正曲直)은 주창(主唱) 여하에 연유하는 것이고 각기 정해진 법칙에 따르는 것으로 만사 만물이 모두 〔이상의 주창과 화창과의 관계처럼〕 그 존재의 이치로서 각기 같은 종류가 상호 작용하고 있는 것이다. 그러므로 군자는 〔백성을 다스림에 있어서〕 충분하게 인정을 관찰해서 민의(民意)를 부드럽게 하고 사람의 성질의 종류에 응해서 〔바른〕 행동을 하도록 하는 것이다. 따라서 부정(不正)한 음성(音聲)이나 색채(色彩)가 사람의 이지(理知)를 흐리게 하는 일이 없고, 부정한 음악이나 접대가 사람의 심정을 문란하게 하는 일이 없고 부정한 기분이 몸에 배는 일이 없이 하여 이목구비(耳目口鼻)에서 내심(內心)에 이르기까지 심신(心身)이 모두 정상적인 기능을 가짐으로써 사람 각자에게 그 정의(正義)를 행하게 하는 것이다.

原文 凡姦聲이 感人하여, 而逆氣應之하고, 逆氣成象하여, 而淫樂이 興焉하며, 正聲이 感人하여, 而順氣이 應之하고, 而和樂이 興焉하나니, 倡和順氣이 成象하여, 有應하고, 回邪曲直이, 各歸其分하여, 而萬物之理이 各以類로 相動也니라. 是故로 君子이 反情하여 以和其志하고, 比類하여 以成其行하며, 姦聲亂色을, 不留聰明하며, 淫樂慝禮를, 不接心術하며, 惰慢邪僻之氣를, 不設於身體하여, 使耳目鼻口와, 心知百體로, 皆由順正하여, 以行其義하나니라.

　(범간성 감인 이역기응지 역기성상 이
　음락 흥언 정성 감인 이순기 응지 이화락
　흥언 창화순기 성상 유응 회사곡직 각
　귀기분 이만물지리 각이류 상동야 시고 군자
　반정 이화기지 비류 이성기행 간성란색
　불류총명 음악특례 부접심술 타만사벽지기 불

설어신체 사이목비구 심지백체 개유순정 이행기의)

註解 ㅇ逆氣(역기)-인간의 내부에 순기(順氣)와 역기(逆氣)가 잠재해 있다는 견해. ㅇ倡和(창화)-창화(唱和)·주창(主唱)과 이에 따르는 합창(合唱). ㅇ反情(반정)-인성(人性)의 실정을 반성 관찰한다는 뜻. ㅇ比類以成其行(비류이성기행)-사람들 각기의 성질 유별(類別)에 맞추어서 [적의(適宜)로 지도하여] 바른 행동을 달성시키는 것. ㅇ姦(간)·亂(난)·淫(음)·慝(특)·惰慢(타만)·邪僻(사벽)-이들 어구는 모두 부정(不正)·불선(不善)을 뜻한 말. ㅇ不畱聰明(불류총명)-사람의 이지(理知)에 달라붙어서 그 기능을 방해하는 것을 뜻한 말.

[앞 구절에서 말한 것처럼 음악을 사용해서 사람의 덕성(德性)을 잘 연마하면] 그 뒤부터는 사람들이 음성(音聲)을 잘 사용해서 [노래 부르는 것으로] 의사를 표현하고 혹은 금슬(琴瑟)을 사용해서 표현을 다시 아름답게 하고 혹은 간척(干戚 : 방패나 도끼)을 손에 들고 춤을 잘 추며 혹은 새의 깃이나 짐승의 털을 사용해서 무도(舞蹈)를 빛내고 혹은 거기에 피리를 가(加)해서 부산하게 한다. 이리하여 인간의 가장 좋은 덕성(德性)을 발휘하고 천지 사시(四時)를 관통하는 순기(順氣)를 작용시켜서 만사 만물의 [존재] 이치를 [음악이나 무악(舞樂)으로서] 표현하는 것이다. 이렇게 해서 음악이나 무악이 만들어지는 것이므로 그들이 표현하는 청명(淸明)한 기분은 하늘에 따르고, 광대(廣大)한 기분은 땅에 따르고, 시종(始終) 호응(呼應)하는 형(形)은 사시(四時)의 변천에 따르고, 주선(周旋)의 형은 비바람의 변화에 따른 것이다. 또 음악에 있어서 오음(五音)이 조화를 이루어 흩어지지 않고 하나의 곡조(曲調)를 이루는 것은 마치 오색(五色)이 화합해서 하나의 능직(綾織) 무늬를 만드는 것과 비슷하며, 또 팔음(八音)이 작곡법(作曲法)이 잘 맞아 그릇됨이 없는 것은 마치 팔방(八方)의 바람이 천지의 이치에 따라 불고 이변(異變)이 발생하지 않는 것과

비슷하다. 또 음악에서 확인되는 가지가지의 성질이나 특징은 확실한 수로 매듭지어져서 일정한 원리원칙이 되어 있고, 또 악곡의 소절(小節)과 대절(大節)은 서로 돕고, 수장(首章)과 종장(終章)은 호응(呼應)하며, 독창과 합창, 청음(淸音)과 탁음(濁音)이 각각 상보(相補)하고 있다. 그러므로 음악이 아름답게 연주되면 사물(事物)의 줄거리가 분명하게 느껴져서 사람의 감각이나 지각(知覺) 작용이 강화(强化)하며 신체의 건강상태가 안정되고, 그 결과 풍속이 더한층 선미(善美)해져 천하는 모두 태평해진다.

原文 然後에야 發以聲音하고, 而文以琴瑟하며, 動以干戚하며, 飾以羽旄하며, 從以簫管하나니라. 奮至德之光하고, 動四氣之和하여, 以著萬物之理하나니라. 是故로 淸明은 象天하고, 廣大는 象地하고, 終始는 象四時하고, 周還은 象風雨하니, 五色이 成文而不亂하며, 八風이 從律而不姦하며, 百度이 得數而有常하나니라. 小大相成하며, 終始相生하며, 倡和淸濁이, 迭相爲經하나니, 故로 樂行而倫淸하며, 耳目이 聰明하여, 血氣이 和平하고, 移風易俗하여, 天下이 皆寧이니라.
    (연후 발이성음 이문이금슬 동이간척
    식이우모 종이소관 분지덕지광 동사기지화
    이저만물지리 시고 청명 상천 광대
    상지 종시 상사시 주선 상풍우 오색 성문
    이불란 팔풍 종율이불간 백도 득수이유상
    소대상성 종시상생 창화청탁 질상위경
    고 악행이윤청 이목 총명 혈기 화평 이풍
    역속 천하 개녕)

註解 ㅇ干戚(간척)―간(干)은 방패이고, 척(戚)은 큰 도끼로, 모두 무무(武舞)를 출 때 손에 들고 추는 물건. ㅇ羽旄(우모)―깃털이나 털로 만

든 기(旗)로, 모두 문무(文舞)를 출 때 손에 드는 물건. ○四氣之和(사기지화)─사계(四季)를 일관(一貫)해서 조화시키는 기(旗). 즉 한서풍우(寒暑風雨) 등의 정도를 알맞게 조절하는 자연의 교묘한 작용을 말한다. ○淸明(청명)─노랫소리가 맑고도 밝음을 말한 것. ○五色(오색)─오음(五音), 궁상각치우(宮商角徵羽)에 비유했다. ○八風(팔풍)─고주(古注)의 소(疏)에 인용한 백호통(白虎通)에 따르면 동(東)을 명서풍(明庶風), 동남(東南)을 청명풍(淸明風), 남(南)을 경풍(景風), 서남을 양풍(凉風), 서를 창합풍(閶闔風), 서북을 부주풍(不周風), 북을 광막풍(廣莫風), 동북을 조풍(條風)이라고 한다. 그리고 여기서의 팔풍(八風)이란 이에 대응하는 팔음(八音)을 표현하고 있다. 팔음이란 팔종(八種)의 음색(音色)으로, 죽목사토금석혁포(竹木絲土金石革匏)의 팔음이고, 이 순으로 동·동남·남·서남·서·서북·북·동북의 팔풍에 대응한다. ○百度得數(백도득수)─음악에 관한 가지가지의 원리나 규정이 모두 헤아려져서, 분류 정돈되어 일정한 체계를 이루고 있는 것을 가리킨 말. ○倡和(창화)─성악(聲樂)에 있어서의 독창과 그에 화합(和合)하는 합창을 말한다.

이리하여 옛사람도 "악(樂)은 낙(樂 : 즐거움)이다."라고 말했다. 즉 군자는 음악에 의해 〔음악이 표현하는〕 선(善)이나 미(美)를 알고 즐기며, 소인(小人)은 음악에 의해 〔감각상(感覺上)의〕 욕구를 채우고 즐긴다. 군자는 선이나 미에 의해 〔감각적인〕 욕구를 맑고 깨끗하게 하므로 음악을 즐겨 문란해지지 않으나, 소인은 욕구에 이끌려 선이나 미를 잊으므로 음악을 즐기지 못하여 이에 빠져버리는 것이다. 즉 군자는 인정(人情)을 잘 고찰(考察)하고 〔음악을 이용해서〕 인심을 온화하게 하고 음악의 애호를 세상에 퍼뜨려 교육의 효과가 커지도록 노력한다. 이리하여 음악이 널리 퍼져 〔그 결과로써〕 민심이 바른 방향으로 나아가면 그 일로 인하여 〔지도자인〕 군자의 덕화(德化)를 잘 알게 되는 것이다.

그런데 인간의 미덕(美德)은 본성(本性)의 〔선미(善美)가 되는〕 단서이고 이 덕(德)의 아름다운 발현(發現)이 음악이다. 또 금석사죽(金石絲竹)은 악기를 만들기 위한 중요한 재질(材質)이다. 그리고 시(詩)는 사람의 지향(志向)의 표현이고, 노래(창가)는 [시의 말인] 음성을 곡조에 실은 것이고, 또 무용은 마음을 동작으로 표현한 것으로 이 3자(시·노래·춤)가 사람의 심정(心情)에서 발출(發出)했을 때에 가지가지의 악기가 그 표현에 쓰이는 것이다. 그러므로 음악의 발출을 위해서는 깊은 정감(情感)이 필요하고, 그것에 의해서 명확한 [그리고 감동적인] 음악이 만들어지며, 거기에는 사람의 마음이나 기분이 생생하게 움직이고 있어서 듣는 자를 감동시키는 힘이 신묘(神妙)하다. 즉 [우수한] 음악은 그 내부에 화합 온순한 정신이 축적되어 그것이 힘차게 외부로 발출해서 아름다운 곡조를 이루는 것이다. [내부에 축적이 없는 정신이, 기교에만 의존하고 표현을 시도해 보아도] 음악만은 허위로는 만들 수가 없는 것이다.

原文 故로 曰, 樂者는 樂也니, 君子는 樂得其道하고, 小人은 樂得其欲하나니, 以道制欲하면, 則樂而不亂하고, 以欲忘道하면, 則惑而不樂이니라. 是故로 君子는 反情하여 以和其志하고, 廣樂하여 以成其教하나니, 樂行而民이 鄕方이면, 可以觀德矣니라.
  (고 왈 악자 낙야 군자 낙득기도 소인
  낙득기욕 이도제욕 즉락이불란 이욕망도
  즉혹이불락 시고 군자 반정 이화기지 광악
  이성기교 악행이민 향방 가이관덕의)

  德者는, 性之端也요, 樂者는 德之華也요, 金石絲竹은, 樂之器也니라. 詩는, 言其志也요, 歌는, 詠其聲也요, 舞는, 動其容也니, 三者이 本於心, 然後에 樂器從之하나니라. 是故로 情深而文明하고, 氣盛而化神이라. 和順이 積中하여, 而英華이 發外하나니, 惟樂은 不可以爲僞니라.

(덕자 성지단야 악자 덕지화야 금석사죽 악지
기야 시 언기지야 가 영기성야 무 동기용야
삼자 본어심 연후 악기종지 시고 정심이문
명 기성이화신 화순 적중 이영화 발외
유악 불가이위위)

註解 ○鄕方(향방)－향(鄕)은 향(嚮), 즉 향(向)한다는 뜻이고 방(方)
은 바른 방향이란 뜻. ○德之華(덕지화)－덕성(德性)의 아름다운 발현(發
現). ○文明(문명)－문(文)이란 음악이 표현하려는 뜻을 말하고, 명(明)이
란 그것이 명시(明示)되어 있다는 것을 뜻한 말. ○化神(화신)－사람을
감동시키는 힘이 신묘(神妙)하다는 뜻. ○不可以爲僞(불가이위위)－음악
에 의해서는 허위의 표현을 할 수 없다는 뜻. 즉 허구나 기교만으로는 진
실하고 아름다운 감동적인 음악을 만들 수가 없다는 뜻.

음악은 사람의 마음의 감동을 일으키게 한다. 감동(感動)이 물건
[악기나 사람의 입]에 의해 표현되는 것이 악음(樂音)이고, 노랫소
리인데 그 음이나 소리에 가해지는 수식(修飾)이 [악곡의] 악장(樂
章)이고, 소절(小節)이다. 그러므로 군자는 [음악을 감상함에 있어
서] 먼저 그 악곡의 근본에 있는 감동을 맛보고, 그 음이나 소리를
즐기며, 다음에 악장이나 소절을 음미한다. 그래서 [연주하는 쪽에서
도] 음악의 연주에는 먼저 북을 울려서 개시(開始)를 알리고, 무도(舞
蹈)의 연기(演技)에는 세 번 발을 움직여서 [무도(舞蹈)의] 방식을
알리며, [음악에서도 무도에서도] 1절을 끝내고 다음 절(節)로 나아
가려면 재차 북을 울리고, 전부 끝나면 [악기로] 종결을 알린다. [이
렇게 해서 감상하는 자의 편의를 도모하는 것이다] 음악의 연주에는
곡조가 빠른 부분은 억제하여 너무 빠르지 않도록 하고, 지극히 유현
(幽玄)하고 음의 희미한 부분이라도 손을 떼어 속이지 아니하며, [가
령 다른 사람에게는 이해되지 않아도] 자기만은 그 음악의 본지(本
旨)를 지극히 즐기고 이 길을 싫어하는 일 없이 [만약 배우고 싶어하

는 자가 있으면〕이 길의 모든 것을 다하여 교수(敎授)하고, 결코 독점하는 것이 아니다. 이러한 마음가짐이면 정의(情意)도 도의도 음악에 의해 아름답게 표현되어, 음악의 완성에는 뛰어난 덕(德 : 인격)이 상반(相伴)된 셈인 것이다. 그래서 음악으로 하여 군자는 더욱 더 선(善)을 좋아하고, 소인도 마음이 씻기어 자기의 잘못을 후회하게 된다. 고(故)로 고인(古人)은 말했다. "백성을 지도해 가기 위한 방법으로써 음악이 중요하다."라고 ──.

악(樂)과 예(禮)를 비교하면, 음악은 주는 것이고, 예의는 되돌려 보답하는 것이다. 즉 음악은 낳아서 주는 기쁨이고〔일방적이지만〕, 예의는 시작한 자나 베푼 자에 대한 보답이다. 또 음악은 그에 의해 사람의 미덕을 명확하게 표현하고 예의는 은정(恩情)이나 동정에 감사하고 시작한 자에게 되돌려 보답하는 것이다.

예컨대 대로(大輅)라는 것은 천자의 수레이다. 또 장식하는 용기(龍旂)나 구류(九旒) 등은 천자의 기(旗)이다. 또 귀복(龜卜)에 사용하는 귀갑(龜甲)의 가장자리를 청(靑)과 흑(黑)으로 채색한 것은 천자가 사용하는 물건이다. 그리고 이들 세 가지의 물건에 소나 양의 무리를 곁들여서 하사하는 것은 천자의 제후에 대한 보수(報酬)인 것이다.

> 原文 樂者는, 心之動也요, 聲者는, 樂之象也요, 文采節奏는, 聲之飾也니, 君子는 動其本하여, 樂其象한, 然後에야 治其飾하나니, 是故로 先鼓以警戒하며, 三步以見方하며, 再始以著往하며, 復亂以飭歸하며, 奮疾而不拔하며, 極幽而不隱하나니, 獨樂其志하여, 不厭其道하며, 備擧其道하여, 不私其欲하나니라. 是故로 情見而義立하며, 樂終而善하고, 德尊하나니라. 君子는 以好小人은 以聽過하나니, 故로 曰, 生民之道는, 樂爲大焉이라 하나니라.

  (악자 심지동야 성자 악지상야 문채절주
  성지식야 군자 동기본 악기상 연후 치기식

시고 선고이경계 삼보이현방 재시이저왕

부란이칙귀 분질이불발 극유이불은 독락기지

불염기도 비거기도 불사기욕 시고

정견이의립 악종이선 덕존 군자 이호소인

이청과 고 왈 생민지도 악위대언)

樂也者는, 施也요, 禮也者는, 報也며, 樂은, 樂其所自生하고,
禮는, 反其所自始하나니, 樂은 章德하고, 禮는 報情하여, 反始也
니라.

(악야자 시야 예야자 보야 악 낙기소자생

예 반기소자시 악 장덕 예 보정 반시야)

所謂大輅者는, 天子之車也요, 龍旂九旒는, 天子之旌也요, 靑
黑緣者는, 天子之寶龜也니, 從之以牛羊之羣은, 則所以贈諸侯
也니라.

(소위대로자 천자지거야 용기구류 천자지정야 청

흑연자 천자지보귀야 종지이우양지군 즉소이증제후야)

註解 ○文采節奏(문채절주)―앞의 글에 '광기절주(廣其節奏), 성기문채
(省其文采)'라고 나와 있다. ○以見方(이현방)―그 무악(舞樂)이 무슨 유
형(類型)이나 방식에 속하는 것인가를 알린다는 뜻. ○復亂以飭歸(부란
이칙귀)―종말에 가서는 일정한 악기의 음(音)으로 그것을 알린다는 뜻.
난(亂)은 종(終)이란 뜻. ○極幽而不隱(극유이불은)―악곡이 아무리 유현
미묘(幽玄微妙)한 부분이라도 손을 떼어 속이지 말고 될 수 있는 한 충
실하게 연주해서 들려준다는 뜻.

음악은 인심(人心)에 공통되는 감정에 의해 성립되고, 예의는 인심
이 모두 인정하는 도리에 의해서 제정된다. 즉 음악은 사람들의 마음
을 공유(共有)함으로써 통일되는 것임에 대해서, 예의는 사람들의 몸
이 다른 것[지위나 신분 등]에 의해 차별되는 것이다. 그러므로 예와
악을 합쳐서 설명하면, 이것[예악]을 가지고 인정의 [공통과 차별

의〕 두 면이 포괄(包括)되는 셈이다. 또 사람들에 대해서 사람의 마음의 본성(本性)을 알리고 더구나 그것이 때나 일에 응해서 어떻게 변화하는 것인가를 알리는 것은 음악의 기능이다. 그리고 사람들로 하여금 허위를 버리고 성실함을 나타내게 하는 것이 예의의 작용이다. 즉 예와 악(樂)은 하늘과 땅의 성능에 따르는 것이고, 천지(天地)의 여러 신과 같은 정도의 공덕(功德)을 이루는 것이다. 그러므로 예악은 천지의 여러 신을 초청하여 제사지내고, 세계의 만물을 바르게 육성하며, 사람들을 지도하고 부자(父子)와 군신(君臣)의 도리(道理)를 지켜나가게 한다. 이러하므로 군자가 예악을 사용해서 천하를 다스릴 때는, 그러기 위해 천지는 그 능력을 더욱 왕성하게 하고 또한 더한층 화합시켜 보려고 하며, 음양 이기(二氣)가 잘 조화되어서 만물을 따뜻하게 지키고 키워, 그 결과 초목은 무성해지고 여러 종류의〔식물의〕새싹이 트며, 새 종류가 날개를 펄럭이고 벌레들이 움직이며, 날개 있는 부류는 알을 품고 털이 있는 부류는 잉태했다가 낳아서 키우며, 잉태하는 부류는 실수없이 낳고 난생(卵生)의 부류는 알을 깨는 일이 없다.〔만물이 모두 편안히 살고 번영한다〕 이러한 상황은 즉 예악의 기능에 의한 정치의 귀결(歸結)인 것이다.

原文 樂也者는, 情之不可變者也요, 禮也者는, 理之不可易者也라. 樂은 統同하고, 禮는 辨異하나니, 禮樂之説이, 管乎人情矣니라. 窮本知變은, 樂之情也요, 著誠去僞는, 禮之經也니, 禮樂은 偵天地之情하며, 達神明之德하며, 降興上下之神하며, 而凝是精粗之體하며, 領父子君臣之節하나니라. 是故로 大人이 舉禮樂이면, 則天地將爲昭焉이니, 天地이 訴合하고, 陰陽이 相得하여, 煦嫗覆育萬物하나니, 然後에야 草木이 茂하며, 區萌이 達하며, 羽翼이 奮하며, 角觡이 生하며, 蟄蟲이 昭蘇하며, 羽者이 嫗伏하며, 毛者이 孕鬻하며, 胎生者이 不殰하여 而卵生者이 不殈

하나니, **則樂之道歸焉耳**니라.

   (악야자 정지불가변자야 예야자 이지불가역자
   야 악 통동 예 변이 예악지설 관호인정의
   궁본지변 악지정야 저성거위 예지경야 예악
   부천지지정 달신명지덕 강흥상하지신 이응
   시정조지체 영부자군신지절 시고 대인 거예
   악 즉천지장위소언 천지 흔합 음양 상득
   후구복육만물 연후 초목 무 구맹 달
   우익 분 각격 생 칩충 소소 우자 구
   부 모자 잉육 태생자 부독 이란생자 불혁
   즉악지도귀언이)

| 註解 | ○情之不可變者也(정지불가변자야)─사람에 따라 변하는 일이 없는 인간의 공통된 감정을 가리킨다. ○理之不可易者也(이지불가역자야)─때와 장소에 따라 다른 일이 없이 사람이 모두 인정하는 도리를 가리킨다. ○禮樂之說(예악지설) 管乎人情矣(관호인정의)─예(禮)의 도(道)와 악의 도를 합쳐서 '예악의 도'라 칭한다면 그 속에 인간의 정의(情意) 전체가 포괄(包括)되는 것이다. 관(管)은 관할·총괄(總括). 인정은 여기서는 오히려 인심(人心)·인성(人性)이라 바꾸어 말해야 할 것이다. ○樂之情也(악지정야)─정(情)은 실정, 기능. ○禮之經也(예지경야)─경(經)은 이(理)·본성의 작용. ○俟天地之情(부천지지정)─부(俟)는 의존한다는 뜻. ○神明(신명)─여기서는 천지의 여러 신을 가리킨 말. ○降興上下(강흥상하)─하늘의 신은 위에 있으므로 불러서 내려오게 하고 땅의 신은 아래에 있으므로 불러서 올라오게 한다는 뜻. 흥(興)은 승(昇)이란 뜻. ○訢合(흔합)─천지의 기가 교합하여 하나가 된다는 뜻, 흔(訢)은 찐다는 뜻. ○煦嫗(후구)─따뜻하게 하여 소중하게 지킨다는 뜻. 후(煦)는 입김으로 따뜻하게 한다는 것. 구(嫗)는 손으로 쓰다듬거나 안거나 해서 따뜻하게 하는 것. ○區萌(구맹)─구(區)는 굽은 것. 맹(萌)은 싹을 뜻한다. 즉 굽게 난 싹이 자라는 것. 예컨대 콩 같은 것을 일컫는 말. ○角觡(각격)─뿔이 있는 짐승이란 뜻. ○昭蘇(소소)─활발하게 움직인다는 뜻. 소(蘇)는

소생, 원기가 난다는 말. ○嫗伏(구부)─어미새가 몸으로 알을 따뜻하게
품는 것, 부화하는 것. ○孕鬻(잉육)─새끼를 배서 낳아 키우는 것. 육
(鬻)은 육(育).

음악이란 황종(黃鐘)이나 대려(大呂) 등의 여율(呂律 : 음정의 기
준)이나 현음(弦音)에 맞춘 노래나, 방패와 도끼를 들고 춤추는 것 등
을 말하는 것은 아니다. 그들은 음악의 가지나 잎에 지나지 않으므로
어린이라도 춤출 수가 있다. 또 연석(筵席)을 펴고 준(樽)이나 밥상을
진설(陳設)하여 요리를 준비하고 당상(堂上)을 오르내리는 예법 등을
예라고 한다면 그들은 예의 가지나 잎에 지나지 않는다. 그러므로 그
러한 일은 관리들, 즉 유사(有司)가 이를 관장하는 것이다. 또 악사
(樂師)는 음성(音聲)이나 시가(詩歌)에 대해서 상세하게 알지만 [이
것도 가지나 잎에 지나지 않으므로] 신하로서 북면(北面)하여 앉아
현(弦)을 연주한다. 종축(宗祝), 즉 관원은 종묘의 예의에 관해서 상
세히 알지만 시동씨(尸童氏) 아래에 자리한다. 상축(商祝)은 상례(喪
禮)에 관하여 상세히 알지만 주인의 아래에 자리한다. 이러한 이치로
학덕(學德)을 수업(修業)하여 군자가 된 자는 상위(上位)에 자리하고,
기예(技藝)를 익혀 전문가가 되면 하위(下位)에 자리하며, 덕행(德行)
이 뛰어난 자는 상위에 자리하고, 사업에 능(能)한 자는 하위에 자리
하는 것이다. 그러므로 고대(古代)의 현왕(賢王)이 상하 선후 등의
한계가 정해져 있음으로써 천하의 통치가 유지되는 것이다.

原文 樂者는, 非謂黃鐘大呂弦歌干揚也라. 樂之末節也니, 故
로 童者이 舞之하고, 鋪筵席하며, 陳尊俎하며, 列籩豆하여, 以升
降爲禮者는, 禮之末節也니, 故로 有司이 掌之하고, 樂師이 辨乎
聲詩라, 故로 北面而弦하고, 宗祝이 辨乎宗廟之禮라, 故로 後
尸하고, 商祝이 辨乎喪禮라, 故로 後主人이니, 是故로 德成而上

하고, 藝成而下하며, 行成而先하고, 事成而後니, 是故로 先王이
有上有下하고, 有先有後하나니, 然後라야 可以有制於天下也니라.

> (악자 비위황종대려현가간양야 악지말절야 고
> 동자 무지 포연석 진준조 열변두 이승
> 강위례자 예지말절야 고 유사 장지 악사 변호
> 성시 고 북면이현 종축 변호종묘지례 고 후
> 시 상축 변호상례 고 후주인 시고 덕성이상
> 예성이하 행성이선 사성이후 시고 선왕
> 유상유하 유선유후 연후 가이유제어천하야)

[註解] ○黃鐘大呂(황종대려)—12율(律), 즉 여율(呂律)의 대표로서 이
두 개를 들었다. ○干揚(간양)—무악(舞樂)의 용구. ○筵(연)—대나무로
엮은 자리. ○席(석)—풀로 엮은 자리. ○宗祝(종축)—종묘(宗廟)의 제관
(祭官)으로 시동씨(尸童氏)에 딸려 있으며, 축사(祝詞)를 관장한다. ○商
祝(상축)—종묘의 제관으로 객이나 주인에게 안내한다. 상(商), 즉 은(殷)
나라의 관직에서 배웠기 때문에 상축이라고 했다. ○行成(행성)……—윗글의
'덕성이상(德成而上)'과 거의 같은 뜻. ○事成(사성)……—윗글의 '예성이
하(藝成而下)'와 거의 같은 뜻.

위(魏)나라의 문후(文侯)가 자하(子夏)에게 물었다. "나는 예장(禮
裝)을 하고 고악(古樂)을 들으면 자꾸만 졸음이 와서 난처하고, [새
로운] 정(鄭)이나 위(衛)의 음악을 들으면 싫증나는 일이 없다. 감히
묻나니, 어찌하여 고악이 그처럼 싫증이 나고 신악이 재미있는 것은
무슨 까닭인가?" 자하가 답하여 말하기를, "이제 고악(古樂)은 앞으로
나가는 것도 무리[衆]로 하고 뒤로 물러가는 것도 무리로 하며, 그
소리가 화(和)하고 바르면서도 넓습니다. 현(弦)・포(匏)・생(笙)・황
(簧) 등 악기를 한데 모으고 부고(拊鼓)를 준비하고서 북을 울려 연
주를 시작하고 징을 울려서 연주를 끝냅니다. 상(相)을 가지고 그릇
된 것을 바로잡고, 빠른 것을 바로잡는 것은 아(雅)로써 합니다. 그러

므로 군자들은 고악의 〔위에서 말한 것 같은〕 그러한 성질에 대해서 말하고 혹은 고대의 학예(學藝)를 설명하며 다시 나아가서 일신(一身)의 수양, 일가의 처리에 대해서 말하고 다시 나아가서 천하를 공평하게 다스리기에 노력합니다. 이상이 고악의 작용입니다.”라고 하였다.

原文 魏文侯이 問於子夏曰, 吾이 端冕而聽古樂하면, 則唯恐臥하고, 聽鄭衛之音하면, 則不知倦하더니라. 敢問하나니, 古樂之如彼는 何也며, 新樂之如此는, 何也오. 子夏이 對曰, 今夫古樂은, 進旅退旅하며, 和正以廣하며, 弦匏笙簧이, 會守拊鼓하며, 始奏以文하고, 復亂以武하며, 治亂以相하며, 訊疾以雅하나니, 君子이 於是에 語하며, 於是에 道古하며, 脩身及家하여, 平均天下하나니, 此이 古樂之發也니라.

(위문후 문어자하왈 오 단면이청고악 즉유공
와 청정위지음 즉부지권 감문 고악지
여피 하야 신악지여차 하야 자하 대왈 금부고악
진려퇴려 화정이광 현포생황 회수부고 시
주이문 부란이무 치란이상 신질이아 군자
어시 어 어시 도고 수신급가 평균천하
차 고악지발야)

註解 ㅇ魏文侯(위문후)-원래 진(晉)나라 대부(大夫)인 위사(魏斯)로 한(韓)·조(趙)와 함께 진(晉)나라로부터 독립한 사람. 기원전 397년에 몰(沒)하였다. ㅇ子夏(자하)-공자(孔子)의 제자로, 자(字)는 복상(卜商). ㅇ端冕(단면)-현면(玄冕)이라고도 말하는 예복 예모(禮帽)의 일종. 단(端)은 현의(玄衣)이고, 면(冕)은 면관(冕冠)을 말한다. ㅇ鄭(정)·衛之音(위지음)-당시 새로운 경향의 음악으로 저속하다고 배척하는 사람도 있었을 것이다. 《논어(論語)》에는 ‘정성(鄭聲)은 음(淫)’이라고 한 공자의 말이 실려 있다. ㅇ進旅退旅(진려퇴려)-앞으로 나아가고 물러가는 데도

무인(舞人)들이 일제히 동작하는 것을 말한다. 여(旅)는 중(衆)이란 뜻. ○守拊鼓(수부고)−부(拊) 혹은 고(鼓)라는 악기의 선도(先導)에 따른다는 뜻. 부(拊)는 고(鼓)의 일종. ○始奏以文(시주이문)−악(樂)을 처음 연주할 때는 먼저 북을 울린다는 말. 문(文)은 북을 뜻한 말. ○復亂以武(부란이무)−난(亂)은 종장(終章)이란 뜻. 즉 연주를 마치고 물러갈 때에는 징을 울린다는 말. 무(武)는 징을 뜻한 말. ○治亂以相(치란이상)−어지러운 것을 바로잡는 데는 부(拊)를 가지고 한다는 말. 상(相)은 부(拊 : 악기)를 말한다. ○訊疾以雅(신질이아)−빠른 것을 바로잡는 데는 아(雅)를 가지고 한다는 말. 신(訊)은 규정・조절. 아(雅)는 박자를 취하기 위한 기구. 이것으로 땅을 두드리면서 박자를 취한다. ○古樂之發也(고악지발야)−발(發)은 발휘(發揮), 작용, 효용.

[자하(子夏)의 말] "다음으로 그 신악(新樂)에 있어서는 그것이 무악(舞樂)이면 춤추는 사람들은 앞으로 나아가고 물러가는 데도 몸을 구부려 흔들므로 전체의 움직임이 맞지 않고, 주악(奏樂)에는 불순한 음(音)이 들어가 있어서 품(品)이 나쁘며 듣는 사람은 관능적인 움직임에 이끌려서 걷잡을 수 없게 됩니다. 또 신악에는 배우(俳優)와 주유(侏儒)가 부인이나 어린이 속에 섞여들어 마침내 부자형제간의 윤리 질서도 알지 못하며, 한 곡이 끝나도 선미(善美)를 논할 곳이 없고 고악에 비해서 논할 것이 못됩니다. 이상이 신악의 작용입니다. 그리고 지금 우리 임금께서 질문하신 것은 악(樂)에 대해서입니다만, 우리 임금께서 애호하시는 것은 음(音)입니다. 악과 음은 서로 가까이에 있어도 같은 것은 아닙니다." 문후(文侯)가 말하였다. "그럼 묻나니, 어떻게 다른가?" 자하가 대답했다. "그 옛날에는 천지의 움직임이 온화하고 사계(四季)의 옮겨가는 것도 질서를 잃지 않았으며, 백성의 성질은 온순하며 오곡이 풍작을 이루고 질병의 유행도 이변(異變)의 발생도 없어 상서로웠습니다. 이러한 상태를 대당(大當 : 태평)이라고 합니다."

原文 今夫新樂은, 進俯退俯하며, 姦聲以濫하여, 溺而不止하며, 及優侏儒獶雜子女하여, 不知父子하며, 樂終에 不可以語며, 不可以道古니, 此이 新樂之發也니라. 今君之所問者는, 樂也요, 所好者는 音也니, 夫樂者는, 與音相近而不同하나니라. 文侯이 曰, 敢問하나니 何如오. 子夏이 對曰, 夫古者에 天地이 順而四時이 當하며, 民이 有德而五穀이 昌하며, 疾疢이 不作而無妖이 祥하니, 此之謂大當이니라.

(금부신악 진부퇴부 간성이람 익이부지
급우주유노잡자녀 부지부자 악종 불가이어
불가이도고 차 신악지발야 금군지소문자 악야
소호자 음야 부악자 여음상근이부동 문후
왈 감문 하여 자하 대왈 부고자 천지 순이사
시 당 민 유덕이오곡 창 질진 부작이무요
상 차지위대당)

註解 ㅇ進俯退俯(진부퇴부)－앞 구절의 '진려퇴려(進旅退旅)' 즉 전원이 일제히 나아가고 물러가는 상태에 대응해서 무인(舞人)들의 동작이 정연(整然)치 못한 상태를 말한다. 부(俯)는 엎드린다는 말이지만 여기서는 '몸을 구부린다'는 뜻이 된다. 고악(古樂)의 무인은 자세가 좋고 진퇴가 정연하지만 신악(新樂)의 무인들은 몸을 구부려서 각자 제멋대로의 자세가 되고 진퇴가 정연치 못하다. ㅇ姦聲(간성)……－기악(器樂)의 음(音)이든 성악의 소리든 모두 간사(姦邪)하고 오로지 관능(官能)에 젖어 사람들의 비애(悲哀)나 환희를 유발해서 제한이 없다. ㅇ優侏儒(우주유)－배우(俳優)와 주유(侏儒), 당시의 배우는 주로 광대역을 연출했다. 주유는 단구(短軀)인 사람으로 배우가 되는 자도 많았다. ㅇ獶雜子女(노잡자녀)－여자나 어린이들 사이에 섞여 희롱하는 상황을 말한 것. ㅇ疾疢(질진)－악역(惡疫), 진(疢)은 열병(熱病). ㅇ妖(요)－이변(異變)의 현상(現象), 즉 뜻하지 않은 재액(災厄)을 말한다. ㅇ祥(상)－여기서는 서상(瑞祥)이 아니라 이상 현상을 가리킨다는 설도 있으나 자하의 전체 말을

분석해 보면 서상의 뜻이 맞다. ㅇ大當(대당)－태평(太平), 당(當)은 순당
(順當), 즉 편안하다는 뜻.

[자하(子夏)의 말] "이러한 대당(大當)의 세상이 됨으로써 성인(聖
人)은 부자 군신의 도리를 만들어 인간의 규율로 하고, 이것이 바르
게 지켜짐으로써 천하가 다스려지고, 다스려짐으로써 성인은 육률(六
律)을 정하여 오성(五聲)을 조화시키며, 이에 의해서 시(詩)나 송(頌)
을 현(絃)에 맞추어 노래하기를 시작했습니다. 이렇게 해서 시작된
음악을 덕음(德音)이라고 하며 이것이 바른 악(樂)입니다.《시경(詩
經)》에 '그 [왕계(王季)의] 덕음은 조용하고 맑으며, 그것에 의해서
성인의 덕이 밝혀지고, 널리 사람들에게 전해져, 사람의 장(長)이 되
고, 임금이 되고, 대국(大國)의 왕이 되어서 사람들이 이에 따르고,
이에 친하고, [그 아들] 문왕(文王)에 이르러 덕이 극에 달하며 아무
후회하는 바 없이 마침내는 하늘의 복을 받아 자손에게 이르렀'라
고 되어 있는데 그것[덕음]을 말한 것입니다. 그러므로 지금 우리 임
금이 좋아하시는 것은 익음(溺音：사람을 유혹하는 음악)일 것입니
다." 문후(文侯)가 말했다. "그럼 묻노라. 그 익음이란 것은 어디로부
터 나온 것인가?"

[原文] 然後에야 聖人이 作爲父子君臣하여, 以爲紀綱하시며, 紀
綱이 旣正하여, 天下이 大定이니, 天下이 大定한, 然後에야 正六
律하여, 和五聲하며, 弦歌詩頌하시니, 此之謂德音이며, 德音을
之謂樂이니, 詩에 云, 莫其德音하시니, 其德克明이로다. 克明克
類하시며, 克長克君하시며, 王此大邦하사, 克順克俾시로다. 俾于
文王하사, 其德靡悔하시니, 旣受帝祉하사, 施于孫子하시니라하니,
此之謂也니라. 今君之所好者는, 其溺音乎인저. 文侯이 曰, 敢問
하나니, 溺音은 何從出也오.

(연후 성인 작위부자군신 이위기강 기
강 기정 천하 대정 천하 대정 연후 정육
률 화오성 현가시송 차지위덕음 덕음
지위악 시 운 막기덕음 기덕극명 극명극
류 극장극군 왕차대방 극순극비 비우
문왕 기덕미회 기수제지 시우손자
차지위야 금군지소호자 기익음호 문후 왈 감문
익음 하종출야)

註解　ㅇ德音之謂樂(덕음지위악)-천하를 치평(治平)한 명군(明君) 밑
에서 만들어진 음악은 명군양민(明君良民)의 미덕(美德)을 반영(反映)하
는 것이므로 덕음(德音)이라 불리어지며, 이것이야말로 진정한 음악이라
는 뜻. ㅇ詩云(시운)-《시경(詩經)》대아(大雅)의 황의편(皇矣篇). ㅇ莫
其德音(막기덕음)-막(莫)을 맥(貊)이라고 한《시경》도 있다. 어느 쪽이
나 묵묵히 조용하다는 뜻. ㅇ克類(극류)-많은 사람을 자기편으로 하는
것. 유(類)는 동류(同類)란 뜻. ㅇ克俾(극비) 俾于文王(비우문왕)-비(俾)
자를 모두 비(比)자로 쓴《시경》도 있다. 위의 비자는 친(親)함을 뜻하고
아래의 비자는 이른다는 뜻. ㅇ溺音(익음)-고주(古注) 공소(孔疏)는 '음
익(淫溺)의 음(音)'이라고 되어 있으나 '유혹적·관능적(官能的)인 음
(音)'이란 뜻.

자하(子夏)가 대답했다. "정(鄭)의 음악은 사람의 마음을 휘저어서
타락시키고, 송(宋)의 음악은 사람의 마음을 유약(柔弱)하게 하여 좋
지 않은 방향으로 유도(誘導)합니다. 위(衛)의 음악은 속도가 지나치
게 빨라서 사람의 마음을 조급하게 하며, 제(齊)의 음악은 오만하고
편벽되니 사람의 마음을 교만하게 합니다. 이 네 가지는 모두 사람을
유혹해서 여색(女色)에 탐닉(耽溺)하게 하여 덕의(德義)를 가벼이 여
기게 하므로 신을 제사지내는 데에는 사용하지 않는 것입니다.《시경
(詩經)》에 '악기의 음이 엄숙하고 고요하게 퍼지니 선조의 신령이 이

를 들으시네'라고 되어 있습니다만, '바른 음악에는' 공경함과 온화한 기분이 있는 것으로, 이 기분이 충만하면 여하한 어려운 일도 이를 해치울 수가 있습니다. 그러므로 임금된 자는 자기의 싫고 좋음을 말하기를 삼가야 하고, 임금이 좋아하는 것은 신하가 이를 행하며, 윗사람이 행하는 것은 백성이 이를 따르게 마련입니다. 《시경》에 이르기를, '백성을 이끌기가 매우 쉽다'라고 했으니, 이것을 두고 한 말입니다. 이러한 연후에 성인은 먼저 도(鞉)·고(鼓)·강(椌)·갈(楬)·훈(壎)·지(篪)를 만들었으니, 이 여섯 가지는 덕음(德音)의 음악입니다. 다음으로 종(鐘)·경(磬)·우(竽)·슬(瑟)을 만들어서 먼저의 여섯 가지에 화합(和合)시켜 무인(舞人)으로 하여금 간(干)·척(戚)·모(旄)·적(狄)〔이라는 기구〕을 손에 들고 춤추게 하였으며, 선왕의 묘제(廟祭)에는 이러한 음악이나 무악을 사용하는 것입니다. 또 향연(饗宴)에 있어서 주객이 술잔을 주고받는 데에도 이러한 음악을 사용하고, 회합에 있어서 사람들의 귀천(貴賤)이나 관등(官等)을 밝혀서 서로 알맞은 예를 행하는 데에도 이러한 음악을 사용하고, 또 자손에 대하여 존비장유(尊卑長幼)의 차별을 나타내려는 데에도 이러한 음악을 사용했던 것입니다."

原文 子夏이 對曰, 鄭音은 好濫淫志하며, 宋音은 燕女溺志하며 衛音은 趨數煩志하며, 齊音은 敖辟喬志하나니라. 此이 四者는, 皆이 淫於色하여, 而害於德하나니, 是以로 祭祀에 弗用也니라. 詩에 云, 肅雝和鳴하니, 先祖이 是聽이라하니, 夫肅은, 肅敬也요, 雝은, 雝和也니, 夫敬以和면, 何事인들 不行이리오. 爲人君者는, 謹其所好惡而已矣니, 君이 好之면, 則臣이 爲之하며 上이 行之면, 則民이 從之하나니, 詩에 云, 誘民孔易라 하니, 此之謂也니라. 然後에 聖人이 作爲鞉鼓椌楬壎篪하시니, 此이 六者는, 德音之音也라. 然後에 鐘磬竽瑟以和之하고, 干戚旄狄以舞之하니, 此

이 所以祭先王之廟也며, 所以獻酬酳酢也며, 所以官序貴賤을
各得其宜也며, 所以示後世에 有尊卑長幼之序也니라.

（자하 대왈 정음 호람음지 송음 연녀익지

위음 촉속번지 제음 오벽교지 차 사자

개 음어색 이해어덕 시이 제사 불용야

시 운 숙옹화명 선조 시청 부숙 숙경야

옹 옹화야 부경이화 하사 불행 위인군자

근기소호오이이의 군 호지 즉신 위지 상 행지

즉민 종지 시 운 유민공이 차지위야

연후 성인 작위도고강갈훈지 차 육자 덕음지

음야 연후 종경우슬이화지 간척모적이무지 차

소이제선왕지묘야 소이헌수윤작야 소이관서귀천

각득기의야 소이시후세 유존비장유지서야）

註解　o燕女(연녀)－유약(柔弱)한 기분에 잠기어 즐긴다는 뜻. 연(燕)
은 안(安), 편안. 여(女)는 여색(女色), 온유(溫柔)·유약(柔弱). o趨數
(촉속)－빠른 상태. 촉(趨)은 주(走). 속(數)은 촉(促). 두 자 모두 독촉한
다, 빨리한다는 뜻. o敖辟(오벽)－오만하고도 편벽된 것. o詩云(시운)
誘民孔易(유민공이)－시(詩)는 《시경(詩經)》〈대아(大雅)〉의　판편(板篇)
을 말하고 유민공이(誘民孔易)는 백성을 유도(誘導)하기가 쉽다는 뜻.
o肅雝(숙옹)－엄숙한 가운데 평화로운 기분이 있는 상태를 뜻한 말. 숙
(肅)은 경신(敬愼). 옹(雝)은 옹(雍), 즉 화(和). o鞀(도)－소고(小鼓). o鼓
(고)－북. o椌(강)－목제(木製)의 타악기(打樂器). 연주를 시작할 때 쓰
는 악기. o楬(갈)－목제로 나무판의 홈을 나무로 마찰시켜 소리를 내는
기구. 연주를 끝낼 때 쓰는 악기. o壎(훈)－토기(土器)로 된 피리의 일
종, 질나팔. o篪(지)－대나무 피리. o旄狄(모적)－모(旄)는 쇠꼬리. 적
(狄)은 꿩의 깃. o酳酢(윤작)－술잔을 주고받는 것. 헌수(獻酬)와 같은
뜻. o所以示後世(소이시후세)……－이러한 덕음(德音)인 음악을 자손에
게 전해서 음악의 감화력(感化力)에 의해 존비장유(尊卑長幼)의 질서를
지키게 한다는 뜻.

종의 소리는 힘차게 느껴지므로 군대의 구령 소리를 떠오르게 하고, 따라서 용기가 충실함을 느끼게 한다. 그러므로 군자는 종소리를 듣고 전쟁터의 무신(武臣)을 생각하게 한다. 경(磬)의 음(音)은 명랑하게 울리므로 사물을 분별함으로 해서 죽음을 두려워하지 않는 마음을 갖게 된다. 그래서 군자는 경 소리를 들으면 국경에서 죽은 무신(武臣)을 생각하게 된다. 현(絃)의 음은 애원(哀怨)의 정을 불러일으키므로 염직(廉直)하여 불행을 당하게 된다. 그리하여 점점 뜻을 굳힐 것을 생각한다. 그래서 군자는 금슬(琴瑟)의 음을 듣고 굳은 절의(節義)를 지키는 충신을 생각하게 된다. 피리 소리는 널리 울려퍼지므로 많은 사람들의 집회(集會)를 촉진하기에 좋으며 집회에 의해 사람들은 점점 많아진다. 그러므로 군자가 우(竽)·생(笙)·소(簫)·관(管) 등〔피리 종류〕의 소리를 들으면 축취(畜聚)의 신하를 생각하게 된다. 고비(鼓鼙)의 소리는 시끄러우므로 사람의 마음을 움직여서 전진(前進)을 촉진하기에 좋으며, 그래서 군자는 고비의 소리를 듣고 군대를 지휘하는 장수(將帥)를 생각한다. 이리하여 군자가 음악을 듣는 것은 그 가지가지의 소리를 듣는 것뿐 아니라 각기의 소리가 내 심정에 맞는 바가 있음을 깨닫고 즐기는 것이다.

原文 鐘聲은 鏗이니, 鏗以立號하고, 號以立橫하고, 橫以立武하나니, 君子이 聽鐘聲하면, 則思武臣하며, 石聲은 磬이니, 磬以立辨하고, 辨以致死하나니, 君子이 聽磬聲하면, 則思死封疆之臣하며, 絲聲은 哀니, 哀以立廉하고, 廉以立志하나니, 君子이 聽琴瑟之聲하면, 則思志義之臣하며, 竹聲은 濫이니, 濫以立會하고, 會以聚衆하나니, 君子이 聽竽笙簫管之聲하면, 則思畜聚之臣하며, 鼓鼙之聲은 讙이니, 讙以立動하고, 動以進衆하나니, 君子이 聽鼓鼙之聲하면, 則思將帥之臣하며, 君子之聽音은, 非聽其鏗鏘而已也니, 彼亦有所合之也니라.

(종성 갱 갱이립호 호이립횡 횡이립무
군자 청종성 즉사무신 석성 경 경이
입변 변이치사 군자 청경성 즉사봉강지신
사성 애 애이립염 염이입지 군자 청금
슬지성 즉사지의지신 죽성 남 남이입회
회이취중 군자 청우생소관지성 즉사축취지신
고비지성 환 환이립동 동이진중 군자
청고비지성 즉사장수지신 군자지청음 비청기갱
창이이야 피역유소합지야)

註解 ○鏗(갱)―금속 악기 소리의 형용. ○橫(횡)―왕씨금주(王氏今註)에는 광(獷)과 같으며 흥분한 상태라고 되어 있다. 원기가 충실하여 흥분하는 것. ○鏗鏘(갱창)―두 자가 모두 금속악기(金屬樂器)의 음(音)을 형용한 것. ○彼亦有所合之也(피역유소합지야)―각 소리가 내 마음에 맞는 바가 있다〔그리고 그 일을 깨닫고 즐긴다〕는 뜻.

빈모가(賓牟賈)가 공자(孔子)를 곁에서 모시고 있는데 공자가 이와 더불어 이야기하다가 음악에 이르렀다. 공자가 말씀했다. "대무(大武)의 무악(舞樂)에서는 최초의 북이 울리고부터 곡이 시작될 때까지의 사이가 매우 긴데 그것은 무슨 까닭인가?" 빈모가가 대답했다. "무왕(武王)이 주(紂)를 칠 때 혹시 자기편을 많이 얻을 수 없는 것이 아닐까 하고 근심한 마음을 표현하고 있습니다." "그럼 대무의 곡은 그 박자가 길고 가늘어져도 끊기지 않고 지속되고 있는 것 같은 느낌이 드는 것은 무슨 까닭인가?" "무왕이 주를 칠 때 달려오는 사람들이 늦어서 싸움에 대지 못하지나 않을까 하고 걱정하는 기분을 묘사하여 지속될 것 같다가는 끊어질 듯하고 끊어질 것 같다가는 또 지속되는 것입니다." "이 무악(舞樂)에서 춤추는 손발의 움직임이 지극히 빠른 것은 무슨 까닭인가?" "무왕이 그때의 기세를 타고 단숨에 주(紂)를 멸망시키려고 한 기분을 표현하고 있습니다." "대무의 곡에서 무인

(舞人)이 무릎을 끓을 때 오른쪽 무릎을 땅에 대고 왼쪽 발을 위로
드는 것은 무슨 까닭인가?" "아닙니다. 〔그것은 무릎 끓는 것이 아닙
니다〕대무의 곡에는 무릎 끓는 일이 없습니다." "그럼 대무의 곡은
그 소리에 사악(邪惡)한 느낌이 있어서 마치 무왕이 상(商:殷)의 천하
를 뺏으려고 하는 기분을 표현하고 있는 것처럼 생각되는 것은 무슨
까닭인가?" "아닙니다. 그것은 대무의 곡 소리가 아닙니다." "만일 대
무의 소리가 아니라고 하면 이러한 인상을 주는 것은 무슨 곡인가?"
"음식을 관장하는 관원이 기록을 분실해서 무슨 곡인지 알 수가 없습
니다. 만일 관원이 기록을 분실하지 않고서 진정 〔선생님의 말씀대
로〕대무의 곡에 그러한 인상이 있다고 하면, 〔이 곡에 표현되고 있
는〕무왕의 심리는 매우 거칠어진 것이라고 〔작곡자에게는〕생각된
것입니다." "음, 내가 이것을 장홍(萇弘)에게 물었을 때 홍(弘)도 또한
자네와 마찬가지로 답하고 있었다. 정말 그것이 옳은 말일 것이다."

原文   賓牟賈이 侍坐於孔子러니, 孔子이 與之言及樂하신대,
曰, 夫武之備戒之已久는, 何也오. 對曰, 病不得其衆也니다. 咏
歎之하고, 淫液之는, 何也오. 對曰, 恐不逮事也니다. 發揚蹈厲
之已蚤는, 何也오. 對曰, 及時事也니다. 武坐에 致右憲左는, 何
也오. 對曰, 非武坐也니다. 聲淫及商은, 何也오. 對曰, 非武音
也니다. 子이 曰, 若非武音이면, 則何音也오. 對曰, 有司이 失其
傳也니다. 若非有司이 失其傳이면, 則武王之志荒矣니다. 子이
曰, 唯라. 丘之聞諸萇弘에, 亦若吾子之言하나니, 是也인저.

　(빈모가 시좌어공자 공자 여지언급악
　왈 부무지비계지이구 하야 대왈 병부득기중야 영
　탄지 음액지 하야 대왈 공불체사야 발양도려
　지이조 하야 대왈 급시사야 무좌 치우헌좌 하
　야 대왈 비무좌야 성음급상 하야 대왈 비무음

야 자 왈 약비무음 즉하음야 대왈 유사 실기
전야 약비유사 실기전 즉무왕지지황의 자
왈 유 구지문저장홍 역약오자지언 시야)

註解 ○賓牟賈(빈모가)－빈모(賓牟)는 성이고 가(賈)는 이름이다. 그
글귀로 보아 음악사(音樂師)로 추정된다. ○夫武(부무)－대무(大武)의 무
악(舞樂). 주(周)나라 무왕(武王)을 주제(主題)로 한 무악. ○咏嘆(영
탄)·陰液(음액)－영탄(咏嘆)은 악곡의 박자가 긴 것. 음액(陰液)은 악장
(樂章)의 노래의 박자가 길게 끄는 느낌이 드는 것. ○不逮事(불체사)－
전쟁에 때맞추지 못하는 것. ○發揚蹈厲(발양도려)－춤추는 손발의 움직
임이 지극히 거칠은 것. ○已蚤(이조)－이(已)는 심(甚)이란 뜻이고, 조
(蚤)는 조(早)란 뜻. ○武坐(무좌)－좌(坐)는 무릎 꿇는다는 말. ○憲左
(헌좌)－왼쪽 발을 올리는 것. ○非武坐也(비무좌야)－대무(大武)의 춤에
무릎 꿇는 일이 없다는 것을 뜻한 말. ○若非(약비)……荒矣(황의)－'선생
님의 질문에 대한 바른 해답이 있겠으나, 관원이 그 기록을 잃었기 때문
에 알 수가 없습니다. 만일 바른 대답을 못하고 대무의 곡이 선생님의 인
상 그대로라면 대무에 표현된 무왕(武王)의 심리는 성현(聖賢)의 것이
아니라, 단순한 야심가의 거친 욕망에 지나지 않겠습니다만……'이란 뜻.
○萇弘(장홍)－주(周)나라 조정의 악관(樂官)으로,《춘추좌씨전(春秋左氏
傳)》소공(昭公) 17, 18년조 기타에 나온다.

그래서 빈모가(賓牟賈)는 일어나 자리를 떠나서〔경의를 표하며〕
물었다. "대무의 악에서 최초의 북이 울리고부터 개시까지 사이의 긴
것에 대해서는 이미 가르침을 받았습니다. 다시 나아가서 춤이 시작
되고부터도 몇 번이고 곡의 속도를 느리게 하고 휴식을 길게 하는 것
은 무슨 까닭입니까?" 공자는 답하였다. "자리에 앉게. 저 대무의 악
(樂)이란 것은 무왕의 성공을 상징하고 있다. 즉 무인(舞人)이 간(干)
을 들고 일어서서 잠시 산처럼 움직이지 않고 있는 것은 무왕이 제후
의 집합을 기다리는 형상이다. 다음으로 손발을 심하게 움직이는 것

은 태공(太公), 즉 여상(呂尙)의 전의(戰意)를 나타내고 있다. 또 이 무악의 최후에 무인(舞人)들이 모두 무릎꿇는 것은 주공(周公)과 소공(召公)이 세상을 다스리는 것을 표현하고 있다. 또한 이 무악에서 무인은 최초에 북쪽으로 나아가고, 제2단계에 있어서 다시 북쪽으로 나아가는 것은 무왕이 북쪽을 정벌하여 주(紂)를 친 것을 상징한다. 그리고 제3단계에 남쪽으로 향하고, 제4단계에 있어서 다시 남쪽으로 나아가는 것은 남방(南方)을 평정한 것을 상징하며, 제5단계에 있어서 무인의 대열이 둘로 갈라지는 것은 주공(周公)이 천자의 왼쪽에 있고 소공(召公)이 오른쪽에서 보좌하여 천하를 다스리게 된 것을 상징하는 것이다. 그리고 제6단계에서 모두 같은 대열로 되돌아오는 것은 천하가 하나로 통일되어 모두 천자를 존경한다는 것을 상징하는 것이다. 또 각 단계에서 어떤 경우에는 무인(舞人)이 두 사람씩 짝을 지어 나아가면서 목탁을 흔들어 적을 치는 시늉을 연출하는 것은 무왕이 중국에 위세를 과시하는 것을 상징하고, 또 어떤 경우에는 전원이 두 열로 되어 행진하는 것은 속히 공을 세우려고 노력하는 것을 상징하고 있다. 또한 최초에 긴 대열을 이루고 움직이지 않는 것은 무왕이 제후의 집합을 기다리고 있는 것을 나타낸다. 또 자네는 목야(牧野)의 이야기란 것을 아직 들은 일이 없는가?"

原文 賓牟賈이 起하여, 免席而請曰, 夫武之備戒之已久는, 則旣聞命矣어니와, 敢問하나이다. 遲之遲而又久는, 何也니이꼬. 子이 曰, 居라, 吾이 語女하리라. 夫樂者는, 象成者也니, 總干而山立은, 武王之事也요, 發揚蹈厲는, 太公之志也요, 武亂皆坐는, 周召之治也니라. 且夫武始而北出하고, 再成而滅商하고, 三成而南하고, 四成而南國을 是疆하고, 五成而分하여, 周公이 左하고, 召公이 右하고, 六成에 復綴은, 以崇天子니라. 夾振之而駟伐은, 盛威於中國也요, 分夾而進은, 事蚤濟也요, 久立於綴은, 以待諸

侯之至也라. 且女獨未聞牧野之語乎아.

> (빈모가 기 면석이청왈 부무지비계지이구 즉
> 기문명의 감문 지지지이우구 하야 자
> 왈 거 오 어녀 부악자 상성자야 총간이산
> 립 무왕지사야 발양도려 태공지지야 무란개좌
> 주소지치야 차부무시이북출 재성이멸상 삼성이
> 남 사성이남국 시강 오성이분 주공 좌
> 소공 우 육성 복철 이숭천자 협진지이사벌
> 성위어중국야 분협이진 사조제야 구립어철 이대제
> 후지지야 차녀독미문목야지어호)

註解   ㅇ總干(총간)－방패를 기다린다는 뜻. 총(總)을 총(摠)으로 쓴 책도 있다.   ㅇ太公(태공)－태공망(太公望)을 말한다. 무왕의 군사(軍師)인 여상(呂尙).   ㅇ武亂(무란)－대무의 악(樂)의 최종장(最終章).   ㅇ始而北出(시이북출)－무악(舞樂)의 최초에 무인(舞人)이 나란히 북쪽을 향해서 나아가는 것을 말한다.   ㅇ再成(재성) 三成(삼성)……六成(육성)－성(成)이란 무악의 1단락을 가리킨다.   ㅇ綴(철)－무악(舞樂)의 무도(舞蹈)에 있어서 무대 위의 몇 군데 위치를 철(綴)이라고 하며 두 사람 이상이 춤출 때는 각철(各綴)에 있어서 열(列)을 나란히 이룬다. 그리고 이 대무의 악에서는 서변남단(西邊南端)에 제일철[최초의 정위치]이 있고 여기서 출발하여 북쪽으로 나아간다. 서변북단이 제2철, 동변북단이 제3철, 동변남단이 제4철, 이 제4철에서 춤이 끝날 때까지에 6단계[六成]를 지난다.   ㅇ復綴(복철)－육성(六成)을 끝냈을 때 제1의 정위치로 되돌아간다.   ㅇ夾振(협진)·分夾(분협)－모두 무인(舞人)이 세로로 두 줄을 이루고 사이에 물건을 끼운 형상으로 나아가는 것을 말한다. 또 협진(夾振)이란 두 줄을 이루고 목탁을 흔드는 것을 말한다.   ㅇ駟伐(사벌)－4필의 마차[兵車]를 달리며 싸우는 것.   ㅇ事蚤濟(사조제)－빨리 공(功)을 세우려고 열심히 노력하는 것. 사(事)는 노(努). 조(蚤)는 조(早).   ㅇ牧野(목야)－무왕(武王)이 주(紂)와 싸운 들판 이름. 지금의 하남성(河南省) 기현(淇縣) 남방이라고 전해진다.

〔공자 말씀의 계속〕"그 이야기는 이러하다. 무왕(武王)은 목야(牧野)에서 주(紂)를 이기고 은(殷)나라 서울에 들어가자 아직 수레를 내리기도 전에 재빨리 황제(黃帝)의 자손을 계(薊) 땅에 봉(封)하고, 제요(帝堯)의 자손을 축(祝)에 봉하고, 제순(帝舜)의 자손을 진(陳)에 봉하였다. 그리고 수레에서 내려 하후씨(夏后氏)의 자손을 기(杞)에 봉하고 은(殷)나라의 자손을 송(宋)에 봉하고 은손(殷孫)을 송에 투입(投入)시킨 다음 은나라의 왕자 비간(比干)의 무덤을 분봉하고 은나라의 왕자 기자(箕子)의 감금을 풀어주고 상용(商容)〔이라는 현자(賢者)〕에게 문안드리게 하여 그 사람을 원래의 지위에 회복시키려고 꾀하였다. 또 서민에게는 세금이나 부역의 부담을 가볍게 하고, 일반사(士)에게는 봉록(俸祿)을 배(倍)로 하였다. 그리고 나서 무왕은 황하(黃河)를 건너 서(西)로 향하여 주(周)나라 서울로 돌아오자, 말은 모두 화산(華山)의 남쪽에 풀어놓아 이제 다시 타지 않기로 하고, 소는 도림(桃林)의 들에 풀어놓아 다시 사용하지 않기로 했으며, 병거(兵車)나 갑옷 등에는 피를 칠하는 예(禮)를 마치고 창고에 간직하여 다시 사용하지 않기로 하고 간(干)이나 과(戈) 등은 수레에 칼날을 뒤로 뒤집어서 실었는데, 그것은 모두 호피(虎皮)로 쌌다. 또한 장군들의 부하였던 사(士)를 상주고 제후(諸侯)로 삼았다. 이상의 처치를 이름하여 사람들은 건고(建櫜)라고 하였다."

原文 武王이 克殷하시고 反商하사, 未及下車하시고 而封黃帝之後於薊하시며, 封帝堯之後於祝하시며, 封帝舜之後於陳하시며, 下車하시고 而封夏后氏之後於杞하시며, 投殷之後於宋하시며, 封王子比干之墓하시며, 釋箕子之囚하사, 使之行商容하시고, 而復其位하시며, 庶民을 弛政하시며, 庶士를 倍祿하시고, 濟河而西하시며, 馬를 散之華山之陽하시고, 而弗復乘하시며, 牛를 散之桃林之野하시고, 而弗復服하시며, 車甲을 衅而藏之府庫하시며, 而

弗復用하시며, **倒載干戈**하시고, **包之以虎皮**하시며, **將帥之士**를, **使爲諸侯**하시고, **名之曰建櫜**라 하니라.

(무왕 극은 반상 미급하거 이봉황제
지후어계 봉제요지후어축 봉제순지후어진
하거 이봉하후씨지후어기 투은지후어송
봉왕자비간지묘 석기자지수 사지행상용 이
복기위 서민 이정 서사 배록 제하이서
마 산지화산지양 이불부승 우 산지도
림지야 이불부복 거갑 흔이장지부고 이
불부용 도재간과 포지이호피 장수지사
사위제후 명지왈건고)

註解 ○薊(계)—지금의 북경(北京) 지방. ○陳(진)—지금의 하남성(河南省) 개봉(開封) 부근. ○杞(기)—지금의 하남성 기현(杞縣) 부근. ○宋(송)—지금의 하남성 상구(商邱) 부근. ○封王子比干之墓(봉왕자비간지묘)—이 봉(封)은 무덤에 흙으로 분봉하는 것을 뜻한다. 비간(比干)은 주(紂)에게 학살되었기 때문에 무왕은 그 무덤을 크게 하고 그 혼령을 위로했다. ○行商容(행상용)—정주(鄭注)에는 행(行)은 시찰이란 뜻이고, 상용(商容)은 상(商), 즉 은(殷)나라 예악의 관원이라고 되어 있다. 즉 무왕은 기자(箕子)를 석방하고 상조(商朝)의 예악을 관장하고 있는 관원들의 생활 상황을 시찰케 하여 원래의 지위로 되돌아가게 하였다는 것이다. 공안국(孔安國)의 주(注)에는 상용이란 은나라의 현자(賢者) 이름이라고 되어 있다. 번역에서는 이 해석을 따랐다. 또한 《서경(書經)》〈무성편(武成篇)〉에는 무왕이 친히 상용이 사는 마을의 문전에 이르러 말 위에서 고개를 숙였다고 수록되어 있다. ○弛政(이정)—이 정(政)은 세금이나 부역 등의 부담을 가리킨다. ○華山(화산)—지금의 섬서성(陝西省) 동변(東邊). ○桃林(도림)—화산(華山) 옆. ○倒載(도재)—평소에는 칼날을 앞으로 향하게 하여 수레 안에 놓으나, 이것을 사용하지 않겠다는 것을 나타내기 위해 칼날의 방향을 반대편으로 하였다. ○建櫜(건고)—건(建)은 자물쇠란 뜻. 고(櫜)는 활집, 칼집 등 무기를 넣어두는 갑. 즉 무기를 창고에 집

어넣고 자물쇠를 채우며 쓰지 않는다는 것을 뜻한 말.

[공자의 말씀 계속] "그런 후에 천하의 사람들은 무왕(武王)이 두 번 다시 용병(用兵)하지 않음을 알았다. 무왕은 군(軍)을 해산하고 궁사(弓射)의 연습에는 교사(郊射)의 예(禮)를 사용하기로 했다. 그리고 좌사(左射 : 동교에서의 궁사)에서는 이수(貍首)의 시(詩)를 노래하고, 우사(右射 : 서교에서의 궁사)에서는 추우(騶虞)를 노래하여 절주(節奏)로 삼았으며 관혁(貫革)의 사(射)는 이를 폐지했다. 그 후에 조신(朝臣)은 비면(裨冕)의 예장(禮裝)으로 띠[帶]에 홀(笏)을 끼우고 용감한 전사(戰士)들도 허리에서 검(劍)을 풀었다. 또 천자가 명당(明堂)에서 하늘을 제사지내고, 이어서 아버지를 문왕(文王)으로서 제사지낸 일로 인해 백성은 효(孝)를 소중히 여기게 되었으며, 또 제후에게 참근(參覲)의 규정이 생기고부터 그들은 천자의 신하됨을 자각하였다. 또 천자가 적전(藉田)의 예(禮)를 시작하고부터 제후는 더한층 천자를 존경하게 되었다. 이상의 오자(五者)는 천하를 교도하기 위한 중요한 제도이다. 또 무왕은 태학에서 삼로(三老)와 오경(五更 : 장로들)을 대접하는 예(禮)를 시작했으나 그때에는 왕이 친히 어깨를 벗고 생(牲)을 요리하고, 객을 위해 장(醬)을 들어 급사(給仕)하고, 술잔을 들고 술을 따랐고, 또 면(冕)을 쓰고 방패를 손에 들고 춤을 추어 보였다. 이것은 제후에 대하여 제(弟 : 연장자를 존경하는)의 길을 가르치기 위함이었다. 이와 같이 가지가지의 노력을 한 결과로서 주(周)의 정치가 사방으로 퍼져 예(禮)도 음악도 천하에 보급됐던 것이다. 그런 관계이므로 저 대무의 무곡은 느리고 느리게 연주되는 것은 극히 당연하지 않겠는가."

原文 然後에 天下이 知武王之不復用兵也니라. 散軍而郊射하되, 左射는 貍首요, 右射는 騶虞니, 而貫革之射息也하며, 裨冕

揖笏하시니, 而虎賁之士이 說劍也하며, 祀乎明堂하시니, 而民이 知孝하며, 朝覲, 然後에 諸侯이 知所以臣하시며, 耕藉, 然後에 諸侯이 知所以敬하시니, 五者는 天下之大敎也라. 食三老五更 於大學하시되, 天子袒而割牲하시며, 執醬而饋하시며, 執爵而酳 하시며, 冕而總干하시니, 所以敎諸侯之弟也니라. 若此則周道이 四達하며, 禮樂이 交通하나니, 則夫武之遲久라도, 不亦宜乎아.

(연후 천하 지무왕지불부용병야 산군이교사
좌사 이수 우사 추우 이관혁지사식야 비면
진홀 이호분지사 탈검야 사호명당 이민
지효 조근 연후 제후 지소이신 경자 연후
제후 지소이경 오자 천하지대교야 식삼로오경
어태학 천자단이할생 집장이궤 집작이윤
면이총간 소이교제후지제야 약차즉주도
사달 예악 교통 즉부무지지구 불역의호)

註解 ㅇ郊射(교사)−동서이교(東西二郊)의 국학(國學)에서 궁사(弓射)를 학습하는 것. ㅇ左射(좌사)·右射(우사)−좌(左)는 동교(東郊)이고 우(右)는 서교(西郊)를 뜻한 말. ㅇ貍首(이수)−일시(逸詩). ㅇ騶虞(추우)−《시경(詩經)》〈소남(召南)〉의 편명(篇名). ㅇ貫革之射(관혁지사)−가죽으로 만들어진 갑옷이나 투구를 표적으로 해서 쏘아 꿰뚫는 것. ㅇ裨冕(비면)−비(裨)에 관해서는 〈증자문편(曾子問篇)〉에서 이미 나왔다. 요는 비(裨)란 부의(副衣)로 웃옷 위에 다시 겹쳐 입는 옷을 말하며, 신분에 따라 곤의(袞衣)라든가 현의(玄衣) 등의 차이가 있고 이에 맞추어서 면관(冕冠)을 쓴다. ㅇ虎賁之士(호분지사)−용사란 뜻. 호랑이처럼 달리는 군사. ㅇ明堂(명당)−천자의 예당(禮堂). 제14 〈명당위편(明堂位篇)〉 참조. ㅇ三老(삼로)−천자의 삼공(三公)을 치사(致仕)한 노인들. 삼공이란 태사(太師)·태부(太傅)·태보(太保). ㅇ五更(오경)−전에 경(卿)이었던 노인에게서 5명을 선출하여 오경(五更)이라 불렀다. ㅇ醬(장)−간장 종류인 액체. 요리에 발라서 먹는다. ㅇ夫武(부무)……乎(호)−무왕(武王)은 주(紂)를 멸한

후 여러 가지로 연구 노력해서 가까스로 태평을 실현시켰다. 그 성공에는 긴 시간이 걸렸다. 그러므로 그 고심 노력을 표현해서 연주나 무도(舞蹈)가 느린 것이다.

군자(君子)가 말했다. "예악(禮樂)은 잠시라도 몸에서 떼어놓아서는 안된다. 음악을 익히고 그에 의해 마음을 편안하게 갖도록 노력하면 정직하고 양순한 기분이 자연히 솟아나오는 것이다. 그런 기분이 되면 즐거운 마음이 속에서 우러나고 그 결과 편안해지고, 그 편안함이 오래 지속되게 되면 마음이 하늘에 미치고, 신(神)에게 통하기에 이른다. 마음이 하늘에 미치는 사람은 아무 말을 하지 않아도 사람들로부터 존경과 신임을 받으며, 신에게 통하는 사람은 노(怒)하지 않아도 위엄이 있다. 이것이 음악을 이수하고 몸을 다스린 사람인 것이다. 또 예를 배우고 그에 의해 몸을 무게있게 행동하기를 노력하면 우선 동작이 침착해져서 빈틈이 없어지고 그 결과로서 항상 무게가 있어 보여 사람들에게 위엄을 느끼게 하는 것이다. 그리고 마음 속에 잠시라도 화락(和樂)한 기분을 잃었을 때에는 금방 천한 욕념(欲念)이나 허위(虛僞)가 침입하게 되며, 몸의 외형이 잠시라도 침착성을 잃어 빈틈이 생길 때는 신중한 마음을 잃고 태만해지는 것이다.

原文 君子이 曰, 禮樂은 不可斯須去身이니, 致樂以治心이면, 則易直子諒之心이 油然生矣요. 易直子諒之心이 生則樂하고, 樂則安하고 安則久하고 久則天이오. 天則神이니, 天則不言而信하고, 神則不怒而威하나니, 致樂以治心者也니라. 致禮以治躬이면, 則莊敬하고, 莊敬則嚴威하나니, 心中이 斯須라도 不和不樂하면, 則鄙詐之心이 入之矣요, 外貌이 斯須라도 不莊不敬하면, 則易慢之心이 入之矣니라.
(군자 왈 예악 불가사수거신 치악이치심

즉이직자량지심 유연생의 이직자량지심 생즉락
낙즉안 안즉구 구즉천 천즉신 천즉불언이신
신즉불노이위 치악이치심자야 치예이치궁
즉장경 장경즉엄위 심중 사수 불화불락
즉비사지심 입지의 외모 사수 부장불경 즉
이만지심 입지의)

註解 ㅇ斯須(사수)－잠시라는 뜻. ㅇ致樂(치악)－치(致)는 지(至). 깊
이 도달하는 것. ㅇ子諒(자량)－양순(良順)한 것을 뜻한 말. 자(子)는 자
(慈)와 같고 친절·온순하다는 것. 양(諒)은 양(良)과 같다. ㅇ油然(유
연)－자연히 솟아나오는 상태. ㅇ鄙詐(비사)－비(鄙)는 천(賤)하다는 뜻
이고, 사(詐)는 허위.

　그런데 음악은 사람의 내면을 움직이는 것이고 예의는 외형〔신체〕
을 움직이는 것이다. 또 음악에는 조화(調和)가 필요하고 예의에는
온순이 필요하다. 그러므로 군자가 내면에서 조화된 기분이 있고 외
형에 온순한 기분이 나타나 있으면 사람들은 군자의 그러한 표정을
보고 싸울 마음을 잊으며 또 그러한 외형을 보고 〔친밀감은 느끼지
만〕 경솔하게 업신여기는 마음이 들지 않는 것이다. 이리하여 내면으
로부터 덕의 광휘(光輝)가 비치면 사람들은 모두 그 군자의 가르침을
받아들이는 것이고 또 그 외면으로 나오는 언행이 이치에 잘 맞는 것
을 보면 모두 그 지도를 받고 따르는 것이다. 거기서 고인(古人)의
말에도, '예와 악(樂)의 도(道)를 충분히 이수하고 그 결과를 정치에
사용하여 천하에 행하면 정치는 용이하'라고 있다. 그리고 음악은
내면에서 움직이는 것이고 예의는 외면에 나타나는 것이다. 따라서
자만심을 누르고 겸양함을 중히 여기며, 음악은 자기의 정의(情意)를
충분히 솟구치게 하여 이를 표현하기를 중히 여긴다. 그리고 자기를
겸양하는 예의 행위에 있어서는 스스로 나아가 열의를 가지고 이를

행하는 것이 필요하며 거기에 예의 행위와 아름다움이 생겨나는 것이다. 또 자기를 충분히 표현하는 음악의 연주나 무도(舞蹈)에 있어서는 그것이 방종에 떨어지지 않도록 억제할 필요가 있고 그곳에 음악의 아름다움이 생기는 것이다. 만일 예를 행하는 열의가 결(缺)할 때에는 예가 형식에 머물러서 정신을 잃고 음악에 억제가 결하면 방종에 떨어져 조화(調和)를 잃는다. 즉 예에는 자진해서 이룰 기력이 따르지 않으면 안되며 악(樂)에는 억제해서 조화를 유지하기 위한 연구가 필요하다. 예에 자진해서 이룩할 수 있는 기력이 따르면 군자는 예를 행하기가 즐거우며 음악에 억제가 작용해야만 그 표현에 안정감이 느껴지는 것이다. 예에 있어서 자진하여 이룬다는 마음씨와 음악에 있어서의 억제와는 어느 것이나 조화 혹은 안정을 얻는 것을 목적으로 하는 점에 있어서 일치되는 것이다.

原文 故로 樂也者는, 動於內者也며, 禮也者는, 動於外者也니라. 樂極和하고, 禮極順하니, 內和而外順하면, 則民이 瞻其顏色하여, 而弗與爭也하며, 望其容貌하여 而民이 不生易慢焉하나니라. 故로 德輝이 動於內하여, 而民이 莫不承聽하며, 理發諸外하여, 而民이 莫不承順하나니라. 故로 曰, 致禮樂之道하여, 擧而錯之天下면 無難矣니라. 樂也者는, 動於內者也니라. 禮也者는, 動於外者也니라. 故로 禮主其減하고, 樂主其盈하니, 禮減而進하여, 以進爲文하고, 樂盈而反하여, 以反爲文이니라. 禮減而不進則銷하고, 樂盈而不反則放하나니, 故로 禮有報而樂有反하니, 禮得其報則樂하고, 樂得其反則安하나니, 禮之報와, 樂之反이, 其義一也니라.

(고 낙야자 동어내자야 예야자 동어외자야
악극화 예극순 내화이외순 즉민이 첨기안색
이불여쟁야 망기용모 이민 불생이만언

고 덕휘 동어내 이민 막불승청 이발저외

이민 막불승순 고 왈 치예악지도 거이조

지천하 무난의 악야자 동어내자야 예야자 동

어외자야 고 예주기감 악주기영 예감이진

이진위문 악영이반 이반위문 예감이부진즉소

악영이불반즉방 고 예유보이악유반 예득기

보즉악 악득기반즉안 예지보 악지반 기의일야)

<u>註解</u> ㅇ德煇(덕휘)―휘(煇)는 휘(輝). ㅇ理發諸外(이발저외)―군자에게는 이성(理性)이 발달되어 있으므로 그 언행(言行)에는 이치가 통하여 사람들을 승복(承服)시키는 힘이 강하다는 것을 가리키고 있다. 저(諸)는 지어(之於) 두 자를 대용한 것. ㅇ禮主其減(예주기감) 減而進(감이진) 以進爲文(이진위문)―예는 자기를 억제하고 겸손을 취지로 해서 행하는 것이므로 오히려 적극적으로 그 예를 행하지 않으면 마치 형식적이고 활기가 없는 행위가 되어버리고 만다. 열의를 가지고 자진해서 행하는 데에 예법의 아름다움이 발생한다는 뜻. ㅇ樂主其盈(악주기영)……―영(盈)은 만(滿)이란 뜻. 자기의 정의(情意)를 내부에 충분히 솟아나게 하여 그것을 밖으로 발휘해서 표현하는 데에 음악이나 무도(舞蹈)의 본질이 있지만, 그러니만큼 객관적으로 규율을 지키고 적당하게 자기 억제를 가하지 않으면 조화적인 아름다움이 생겨나지 않는다는 취지. ㅇ盈而反(영이반)―반(反)은 정주(鄭注)에 '자억지(自抑止)' 즉 스스로 억제하는 것으로 되어 있다. ㅇ不進則銷(부진즉소)―소(銷)는 소(消)·쇠(衰), 즉 활기가 없는 상태를 뜻한 말. ㅇ禮有報(예유보)―정주(鄭注)에 '부(報)는 부(襃)로 읽고 나아간다는 뜻'이라 되어 있다. 그러나 이것은 타당하다고 생각되지 않는다. 보(報)란 반보(返報), 즉 반작용이란 뜻으로 '예는 자기 억제를 주로 하지만 거기에는 반작용으로서 적극적으로 예를 실천할 필요가 있다'란 뜻으로 생각된다.

대저 악(樂 : 음악)이란 낙(樂 : 즐기는 것)으로, 사람의 정의(情意)에 있어서 반드시 원하는 바이다. 그리고 마음이 즐거우면 반드시 소

리나 음(音)으로 나타나 손발이나 얼굴의 표정에 나타나는 것이 사람의 성질이고, 음성이나 표정의 변화에 의해 사람의 성정(性情)이 모두 밝혀진다. 이와 같이 사람은 반드시 즐거움을 구하는 것이고, 즐거우면 반드시 외부에 나타나는 것이지만 그때에 그 표출(表出)을 규제하는 일이 없으면 반드시 방종에 빠지게 될 것이다. 선왕은 그 폐해(弊害)를 근심했기 때문에 아(雅)나 송(頌)의 악곡(樂曲)을 만들어 이것을 기준으로 해서 표출을 규제하고, 노래나 주악은 마음의 즐거움을 충분히 표현하지만 방종에 흐르지 않도록 지도하고, 시(詩)의 글은 마음에 생각하고 있는 바를 충분히 표현하고 있으나 모두 말해서 노골적이 되지 않도록 하고, 그 악곡의 음(音)의 곡직(曲直)·대소(大小)·고저(高低)·완급(緩急) 등은 청중의 선미(善美)한 본심을 감동시키기에 충분하다. 그런데도 너무 자극해서 사람에게 양심을 잊고 정기(正氣)를 잃게 하지는 않는다. 이것이 선왕의 음악을 만드는 방침이었다.

原文 夫樂者는, 樂也니, 人情之所不能免也니라. 樂은 必發於聲音하며, 形於動靜하나니, 人之道也니라. 聲音動靜에, 性術之變이, 盡於此矣니라. 故로 人不耐無樂하며, 樂不耐無形하며, 形而不爲道면, 不耐無亂이니, 先王이 恥其亂이라, 故로 制雅頌之聲하사 以道之하며, 使其聲足樂而不流하며, 使其文足論而不息하며, 使其曲直繁瘠廉肉節奏하여, 足以感動人之善心而已矣요, 不使放心邪氣로 得接焉이니, 是이 先王이 立樂之方也니라.

　　(부악자 낙야 인정지소불능면야 낙 필발어
　　성음 형어동정 인지도야 성음동정 성술지
　　변 진어차의 고 인불내무락 낙불내무형 형
　　이불위도 불내무란 선왕 치기란 고 제아송지
　　성 이도지 사기성족락이불류 사기문족론이불식

사기곡직번척염육절주 족이감동인지선심이이의
불사방심사기 득접언 시 선왕 입악지방야)

註解 ○性術(성술)―사람의 성질, 본성(本性). 술(術)은 도(道)를 말하
며 성질이란 뜻. ○不耐無樂(불내무락)―내(耐)는 능(能)을 뜻한 것. ○繁
瘠(번척)―음(音)이 굵고 가는 것. 대소(大小). ○廉肉(염육)―염(廉)은
박(薄). 육(肉)은 후(厚). 편의상 본 번역에서는 염육을 고저(高低)라 해
석한다. ○不使(불사)……得接(득접)― ……을 사람의 마음에 접착(接着)
시키지 않는다. 사람에게 ……한 마음을 품게 하지 않는다.

이런 까닭으로 음악은 이를 종묘 안에서 군신상하가 함께 들을 때
는 사람들이 모두 화합하고 경애하는 마음이 생기는 것이며, 같은 마
을 사람들이 모여서 〔음악을〕 들을 때는 모두가 화합하여 온순한 기
분이 되는 것이며, 또 가정에서 부모형제들이 들을 때는 모두 화합하
여 친애의 정이 강해지는 것이다. 그러므로 음악은 일정한 기준을 명
시해서 여러 성음(聲音)의 조화를 도모하고 여러 악기를 연주해서 조
화를 생각하여 하나하나의 소절(小節)이 잘 연합해서 하나의 악곡을
만드는 것이다. 그러므로 음악이 부자나 군신을 화합케 하고 만민을
군주와 더불어 친하고 복종케 하는 것으로 이것이 곧 선왕이 음악을
만든 목적인 것이다. 따라서 〔그러한 배려에 의해 만들어진〕 아(雅)
나 송(頌)의 노래나 악곡을 들으면 사람의 마음 속이 활짝 트이고, 또
무인(舞人)의 간척(干戚)을 들고 부앙(俯仰)이나 굴신(屈伸) 등의 몸
놀림을 배울 때는 스스로 얼굴 모습이 긴장되어 엄숙해지며, 또 무인
이 〔무대 위의〕 정해진 몇 군데 위치를 돌 때 반주의 곡절에 맞추어
동작을 하면 행렬이 흩어지는 일 없이 진퇴가 잘 맞는 것이다. 즉 음
악은 천지〔자연〕가 인간에게 가르쳐 주고 있는 조화의 수단이고, 만
물이 화합하는 근본적인 원리이며, 사람의 성정(性情)으로부터 제거
할 수 없는 것이다.

그런데 음악은 고대의 성왕(聖王)들이 기쁜 마음을 표현하는 방법이었으며 군대나 무기는 성난 기분을 발휘하는 방법이었다. 그리고 성왕들의 기쁨이나 성난 데에는 반드시 절도(節度)가 있었으므로 왕이 기쁠 때에는 천하 사람이 모두 친화(親和)하고, 성났을 때에는 난폭한 자들이 공손해졌다. 이와 같이 성왕의 정치에 있어서는 예악이 중요시되고 크게 행하여지고 있다."

原文 是故로 樂은 在宗廟之中하여, 君臣上下이 同聽之면, 則莫不和敬하며, 在族長鄕里之中하여, 長幼이 同聽之면, 則莫不和順하며, 在閨門之內하여, 父子兄弟이 同聽之면, 則莫不和親하나니, 故로 樂者는, 審一以定和하며, 比物以飾節하며, 節奏合以成文하나니, 所以合和父子君臣하며, 附親萬民也니, 是이 先王이 立樂之方也니라. 故로 聽其雅頌之聲하면, 志意이 得廣焉하고, 執其干戚하며, 習其俯仰詘伸하면, 容貌이 得莊焉하고, 行其綴兆하며, 要其節奏하면, 行列이 得正焉하며, 進退이 得齊焉하나니, 故로 樂者는, 天地之命이며, 中和之紀라, 人情之所不能免也라.

(시고 악 재종묘지중 군신상하 동청지 즉
막불화경 재족장향리지중 장유 동청지 즉막불
화순 재규문지내 부자형제 동청지 즉막불화친
고 악자 심일이정화 비물이식절 절주합
이성문 소이합화부자군신 부친만민야 시 선
왕 입악지방야 고 청기아송지성 지의 득광언
집기간척 습기부앙굴신 용모 득장언 행
기철조 요기절주 행렬 득정언 진퇴 득제언
고 악자 천지지명 중화지기 인정지소불능면야)

夫樂者는, 先王之所以飾喜也라, 軍旅鈇鉞者는, 先王之所以

飾怒也니, 故로 先王之喜怒皆得其儕焉하니, 喜則天下이 和之
하고, 怒則暴亂者이 畏之하니, 先王之道에, 禮樂이 可謂盛矣라.
(부악자 선왕지소이식희야 군족부월자 선왕지소이
식노야 고 선왕지희노개득기제언 희즉천하 화지
노즉폭란자 외지 선왕지도 예악 가위성의)

註解 ㅇ族長鄕里(족장향리)─《주례(周禮 : 司徒)》에는 '5가(家)를 비
(比)로 하고 5비(比)를 여(閭)로 하고 4려(閭)를 족(族)으로 한다'고 되어
있고, 《관자(管子 : 乘馬篇)》에는 '5가(家)를 오(伍)로 하고, 10가(家)를
연(連)으로 하며, 5련(連)을 폭(暴)으로 하고, 5폭(暴)을 장(長)으로 한다'
고 되어 있으며, 따라서 여기에 나온 족장(族長)은 어느 큼직한 행정구역
을 가리키며 '족장향리(族長鄕里)'란 '같은 부락이나 마을 사람들의 모임'
을 가리킨다. ㅇ綴兆(철조)─춤출 때 미리 지정되어 있는 위치나 동작하
는 범위를 뜻한 것. 철(綴)은 위치의 표시물이란 뜻이고, 조(兆)는 범역
(範域). ㅇ天地之命(천지지명)─대자연이 인간에게 가르치고 있는 〔화합
의〕 원리. ㅇ飾喜(식희)ㆍ飾怒(식노)─기쁨이나 분노를 미화(美化)하고
혹은 합리화해서 표현하면 그것이 음악이 되고 군비(軍備)가 된다는 뜻.

자공(子貢)이 사을(師乙)을 만나보고 물었다. "내가 듣기로는 '노래
를 부르려면 사람 각자의 성질에 맞는 것을 노래하는 것이 좋다'고
했는데, 우리들은 무엇이 마땅한가?" 사을이 답하였다. "나는 천한 악
인(樂人)입니다. 어찌 당신께 무엇이 좋다고 가르쳐 줄 수 있겠습니
까. 하지만 모처럼의 질문인 까닭으로 내가 들은 바를 그대로 말해
드리겠소이다. 당신 자신이 〔자기에게 마땅한〕 노래를 정하십시오.
그건 이렇습니다. 마음이 넓고, 온화하고, 다투지 않고, 정직한 사람은
송(頌)을 노래함이 좋습니다. 도량이 크고, 온화하고, 어떤 일에 구애
받지 않고, 거기에 신의가 두터운 사람은 대아(大雅)를 노래함이 좋
습니다. 솔직하고 거기에 침착하며, 청렴하고 겸허한 사람은 풍(風)을
노래함이 좋습니다. 기분이 장대(壯大)하고 수식함이 없이 사람들에

게 애정이 깊은 사람은 상(商 : 殷)의 노래를 부름이 좋습니다. 성질이 온량(溫良)하고 거기에 결단력이 강한 사람은 제(齊)의 노래를 부르는 것이 좋습니다. 애당초 노래는 자기의 내심을 솔직하게 표명하고 자신의 덕성(德性)을 충분히 표현하는 것입니다. 노래는 이에 따라 자기를 표현하여 천지가 이에 응대(應待)하고 사계(四季)의 순회(巡廻)가 온화하며 천계(天界)에 이변이 없고 지상의 만물이 잘 자라는 효력을 갖고 있습니다. 그리고 상(商)의 노래는 오제(五帝)가 남긴 소리이며 상(商)나라 사람이 이를 전했기 때문에 상의 노래라고 부르고 있습니다. 또 제(齊)나라의 노래는 〔하은주(夏殷周)〕3대(代)가 남긴 것이고 제나라 사람이 이를 전했기 때문에 제(齊)의 노래라고 부르고 있습니다.

原文 子贛이 見師乙而問焉曰, 賜는 聞컨대 聲歌各有宜也라고, 如賜者는, 宜何歌也오. 師乙이 曰, 乙은, 賤工也라, 何足以問所宜리오. 請誦其所聞이니, 而吾子이 自執焉하라. 寬而靜하며, 柔而正者는, 宜歌頌하고, 廣大而靜하며, 疏達而信者는, 宜歌大雅하고, 恭儉而好禮者는, 宜歌小雅하고, 正直而靜하며, 廉而謙者는, 宜歌風하고, 肆直而慈愛者는, 宜歌商하고, 溫良而能斷者는, 宜歌齊니라. 夫歌者는, 直己而陳德也니, 動己而天地이 應焉하며, 四時이 和焉하며, 星辰이 理焉하며, 萬物이 有焉하나니라. 故로 商者는, 五帝之遺聲也니, 商人이 識之라, 故로 謂之商이오. 齊者는, 三代之遺聲也니, 齊人이 識之라, 故로 謂之齊니라.

　　(자공 견사을이문언왈 사 문 성가각유의야
　　여사자 의하가야 사을 왈 을 천공야 하족이
　　문소의 청송기소문 이오자 자집언 관이정
　　유이정자 의가송 광대이정 소달이신자 의가대
　　아 공검이호예자 의가소아 정직이정 염이겸

자 의가풍 사직이자애자 의가상 온량이능단자
의가제 부가자 직기이진덕야 동기이천지 응
언 사시 화언 성신 이언 만물 유언
고 상자 오제지유성야 상인 지지 고 위지상
제자 삼대지유성야 제인 지지 고 위지제)

[註解]   ㅇ子贛(자공)－자공(子貢)이라고도 쓴다. 공자의 중요한 문인으로 위(衛)나라 사람, 성(姓)은 단목(端木), 이름은 사(賜). 자공(子貢)은 자(字)이다. ㅇ師乙(사을)－악사(樂師)인 을(乙). 기타는 미상. ㅇ頌(송)－지금의 《시경(詩經)》 송부(頌部)에 수록된 것으로 주실(周室)이나 제후의 종묘에 사용된 선조의 찬송가. ㅇ大雅(대아)－지금의 《시경》〈대아(大雅)〉에 있는 것으로 주왕조(周王朝)의 궁정에서 의식이나 향연 등에서 사용되었던 노래. ㅇ小雅(소아)－〈대아(大雅)〉에 속하나 주(周)나라 왕조의 습관으로서 〈대아〉는 〈소아〉에 비하여 한층 중대한 의식이나 향연에 사용되었던 것 같다. ㅇ肆直(사직)－기분이 크고 수식이 없는 것. 사(肆)는 개방적인 것. 혹은 장대(壯大)한 것. ㅇ商者(상자) 五帝之遺聲也(오제지유성야)－상(商), 즉 은(殷)은 주(周)보다도 오래되었기 때문에 그만큼 오제(五帝)의 세대와 가까우며, 그 당시의 영향이 들어 있다는 뜻일 것이다. ㅇ三代之遺聲(삼대지유성)－3대란 하은주(夏殷周)이고 이 글은 공자의 문인 자공의 말을 기록한 것이므로, 3대 중의 주(周)나라에 관해서 유성(遺聲)이라고 한 것은 좀 이상할 것이다. 이유를 붙이면, 당시 주나라는 전성기가 지나 주나라 왕조의 정례(正禮)와 정악(正樂)은 이미 잃어가고 있었으므로, 유성(遺聲)이라 칭하였다는 것이 된다.

상(商)나라의 음악에 밝은 사람은 큰일에 임해서 결단력이 풍부하고 또 제(齊)나라의 음악에 밝은 사람은 이익을 앞에 두고 사람에게 양보하는 마음이 있다. 큰일에 임해서 결단하는 것은 용(勇)이고 이(利)를 보고 양보하는 것은 의(義)이다. 그리고 용에 있어서나 의에 있어서나 노래에 의해 수양하는 것이 아니면 아무도 이를 유지해 나갈 수 없을 것이다. 즉 노래한다는 것은 음조(音調)가 올라갈 때는 하늘에 올라갈 듯 가볍고 내려갈 때는 땅에 떨어질 듯 무거우며, 음조가 굴곡을 이룰 때는 물건이 구부러지듯 느리고 중지할 때는 조용하고 마른 나무가 잠잠히 서 있는 것 같으며, 또 음조가 작게 굴절할 때는 직각(直角)처럼 급하고 크게 굴절할 때는 완만하며, 또 음(音)이 길게 지속하고 거기에 명료(明瞭)할 때는 마치 많은 구슬을 한 줄로 꿰뚫은 것처럼 느껴진다. 그러하기 때문에 노래한다는 것은 길고 길다고 말한 뜻이고 '말한다'는 것은 마음에 기쁜 일이 있어서 그것을 '말한다'는 것이다. 따라서 말한 것만으로 부족하기 때문에 길게 말하는 것이고, 길게 말해도 부족하면 거기서 '아아!'하고 차탄(嗟嘆)하게 되며, 차탄해도 아직 부족하면 손과 발을 춤추면서 자기도 모르게 된다."
　자공이 음악을 물었다.

原文　明乎商之音者는, 臨事而屢斷하고, 明乎齊之音者는, 見利而讓하나니, 臨事而屢斷은, 勇也요, 見利而讓은, 義也니라. 有勇有義라도, 非歌면 孰能保此리오. 故로 歌者는, 上如抗하며, 下如隊하며, 曲如折하며, 止如槀木하며, 倨中矩하며, 句中鉤하여 纍纍乎端如貫珠하니, 故로 歌之爲言也는, 長言之也라. 說之라, 故로 言之하고, 言之不足이라, 故로 長言之하며, 長言之不足이라, 故로 嗟歎之하며, 嗟歎之不足이라, 故로 不知手之舞之하며, 足之蹈之也니라.
　　(명호상지음자 임사이루단 명호제지음자 견
　　리이양 임사이루단 용야 견리이양 의야 유
　　용유의 비가 숙능보차 고 가자 상여항 하
　　여추 곡여절 지여고목 거중구 구중구
　　유류호단여관주 고 가지위언야 장언지야 열지
　　고 언지 언지부족 고 장언지 장언지부족

고 차탄지 차탄지부족 고 부지수지무지
족지도지야)

子貢이 **問樂**이라.

(자공 문악)

|註解|　ㅇ非歌孰能保此(비가숙능보차)—노래하는 것. 음악의 정조(情操) 교육에 의해서만이 이러한 미덕을 기를 수가 있고 유지할 수가 있다는 뜻. ㅇ如抗(여항)—항(抗)은 항(亢), 올라간다는 뜻. ㅇ如隊(여추)—추(隊)는 추(墜), 즉 떨어진다는 뜻. ㅇ鉤(구)—쇠갈고리. 전체가 굴곡형이며 한쪽이 뾰족하게 날카로워서 물건을 끌어당기기 쉽게 되어 있는 것. 여기서는 약간 느슨한 각도의 굴곡을 가리키고 있다. ㅇ倨(거)—거(踞)와 같으며, 작게 급히 구부러지는 것을 가리킨 말. ㅇ矩(구)—직각. ㅇ句(구)—크게 구부러지는 것을 가리킨 말. ㅇ纍纍乎(유류호)—연속 또는 적층(積層)한 형상. ㅇ子貢問樂(자공문악)—이 구절은 '자공이 사을(師乙)에게 음악에 대해 물었다'란 내용이며, 옛 음악 기록의 '자공문악(子貢問樂)'이라는 제목의 1장(章)이었으나, 《예기(禮記)》에 수록할 때 그 제(題)의 글귀가 장말(章末)에 들어간 것이다.

　유향(劉向)의 《별록(別錄)》에 가리킨 〈악기(樂記) 23편〉의 제목은 다음과 같다.

① 악본(樂本)　　② 악론(樂論)　　③ 악시(樂施)　　④ 악언(樂言)
⑤ 악례(惡禮)　　⑥ 악정(樂情)　　⑦ 악화(樂化)　　⑧ 악상(樂象)
⑨ 빈모가(賓牟賈)　⑩ 사을(師乙)　　⑪ 위문후(魏文侯)　⑫ 주악(奏樂)
⑬ 악기(樂器)　　⑭ 악작(樂作)　　⑮ 의시(意始)　　⑯ 악목(樂穆)
⑰ 열률(說律)　　⑱ 계찰(季札)　　⑲ 악도(樂道)　　⑳ 악의(樂義)
㉑ 소본(昭本)　　㉒ 소송(昭頌)　　㉓ 두공(竇公)

제20 잡 기(雜記) 상(上)

〈잡기편(雜記篇)〉의 내용은 〈상복소기(喪服小記)〉·〈상복
대기(喪服大記)〉의 2편과 함께 상장(喪葬)의 예에 관한 것
이지만, 그 속에는 상장 외에도 여러 사항이 포함되어 있
으며, 기록 범위가 잡다(雜多)하기 때문에 잡기(雜記)라는
제목이 붙여졌을 것으로 믿어진다. 상하(上下) 2편으로 나
뉘어져 있다.

제후가 국외(國外)로 여행하여 그곳의 객관(客館)에서 죽으면 그의
복(復), 즉 초혼(招魂)의 예는 자기 나라에서 하는 것과 같은 절차로
한다. 만일 길에서 죽으면 예자(禮者)는 그 타고 있는 수레의 좌편
바퀴 위에 올라가서 그 수레의 수(綏)를 잡고 초혼한다. 그리고 유체
(遺體)를 싣는 수레는 그 수레덮개의 가장자리를 늘어뜨리고 주위의
장막은 검은 천으로 만들고 흰 바탕의 비단으로 유체를 덮는다. 그리
하여 귀국해서 묘문(廟門)에 도착하면 담장을 무너뜨리지 않고 곧장
문으로 들어가 빈소(殯所)로 간다. 다만 수레를 덮은 것만은 묘문 밖
에서 벗기도록 되어 있다.

原文 諸侯이 行而死於館커든, 則其復을 如於其國하며, 如於
道커든, 則升其乘車之左轂하여, 以其綏로 復하며, 其輤엔 有裧
하고, 緇布로 裳帷하고, 素錦으로 以爲屋而行하나니라. 至於廟門
하여, 不毁牆하며, 遂入適所殯하되, 唯輤을 爲说於廟門外니라.
(제후 행이사어관 즉기복 여어기국 여어
도 즉승기승거지좌곡 이기수 복 기천 유첨
치포 상유 소금 이위옥이행 지어묘문

불훼장 수입적소빈 유천 위탈어묘문외)

註解 ○轂(곡)-수레바퀴의 중심 부분. ○綏(수)-수레를 탈 때 잡고
타는 줄. ○輤(천)-영구차(靈柩車)의 뚜껑으로 붉은색. ○裧(첨)-수레덮
개 가장자리의 장식. ○不毁牆(불훼장) 遂入(수입)-죽은 자는 문으로 들
어가지 않고 담장을 무너뜨리고 그곳으로 들어가는 것을 예로 하지만, 여
행중에 죽은 임금은 일단 살아 돌아온 것으로 간주하고 묘문으로 들어간
다. '수(遂)'란 '그대로〔문으로 들어간다〕'란 뜻. ○爲說(위탈)-탈(說)은
탈(脫).

대부나 사(士)가 여행중에 죽으면 예자(禮者)가 그 타고 있는 수레
의 좌측 바퀴에 올라가서 그 수레끈을 잡고 초혼(招魂)의 예를 행한
다. 만일 객관(客館)에서 죽으면 집에서 죽었을 때와 동일하게 한다.
대부는 흰 포목을 가지고 상여 뚜껑을 덮고 가는데 집에 도착하면 그
뚜껑을 벗기며, 유체(遺體)를 천거(輤車)에 싣고 문으로 들어가되 당
(堂)의 동계(東階) 아래에 이르러 수레로부터 내려서 동계로 올린 다
음 당에 올라가 빈소의 위치로 옮긴다. 사(士)의 경우는 수레 덮개는
갈대자리로써 지붕모양으로 만들고 부들자리로써 주위에 포장을 친다.

原文 大夫士이 死於道커든, 則升其乘車之左轂하여, 以其綏로
復하며, 如於館에 死커든, 則其復을 如於家하며, 大夫는 以布로
爲輤而行하여, 至於家而說輤하고, 載以輴車하여, 入自門하되,
至於阼階下而說車하고, 擧自阼階하여, 升適所殯하며, 士輤은
葦席으로 以爲屋하고, 蒲席으로 以爲裳帷하나니라.
(대부사 사어도 즉승기승거지좌곡 이기수
복 여어관 사 즉기복 여어가 대부 이포
위천이행 지어가이탈천 재이천거 입자문
지어조계하이탈거 거자조계 승적소빈 사천
위석 이위옥 포석 이위상유)

註解　○輇(천)－판자로 둥글게 만든 바퀴살이 없는 원시적인 수레바퀴.
○阼階(조계)－당(堂)의 동계(東階)를 뜻하며, 이는 주인용(主人用)이다.

대체로 임금에 대해서 신하는 죽음을 고할 때에는 "군공(君公)의
신하 아무개가 죽었습니다."하고 말한다. 부모, 처 및 장자(長子)에
대해서는 "군공의 신하 모의 모[某之某]가 죽었습니다."라고 말한다.
또 임금의 죽음을 타국의 임금에게 고할 때에는 "우리들의 임금에게
불록(不祿 : 불행)이 있습니다."라고 말한다. 또 임금의 부인에 대해서
는 "우리들의 여군(女君)에게 불록이 발생했습니다."라고 말한다. 태
자에 대해서는 "우리들의 임금의 적자(適子) 모(某)가 죽었습니다."라
고 말한다. 대부(大夫)가 죽어서 동료의 동등자(同等者)에게 고할 때
에는 "모(某)에게 불록이 발생했습니다."라고 말한다. 또 대부의 죽음
을 타국의 임금에게 고할 때에는 "군공(君公)의 외신(外臣)인 대부
모(某)가 죽었습니다."라고 말한다. 타국의 동등한 자에게 고할 때에
는 "귀하와 외국에서 친하게 지내던 대부 모에게 불록이 발생했습니
다. 모를 보내어 알려드립니다."라고 말한다. 또 타국의 사(士)에게
고할 때에도 마찬가지로 "귀하와 외국에서 친하게 지내면 대부 모에
게 불록이 생겼습니다. 모를 보내어 알려드립니다."라고 말한다. 또
사(士)의 죽음을 같은 나라의 대부에게 고할 때에는 "모가 죽었습니
다."라고 말하고 사에게 고할 때에도 마찬가지로 "모가 죽었습니다."
라고 말한다. 외국의 임금에게 고하려면 "임금의 외신(外臣)인 모가
죽었습니다."라고 말한다. 타국의 대부에게 고하려면 "귀하와 외국에
서 친하게 지내던 모가 죽었습니다."라고 말한다. 타국의 사(士)에게
고할 때에도 마찬가지로 "귀하와 외국에서 친하게 지내던 모가 죽었
습니다."라고 말한다.

原文　凡訃於其君엔, 曰君之臣某이 死라하고, 父母妻長子엔,

曰君之臣某之某이 死라하며, 君을 訃於他國之君엔, 曰寡君이 不祿하여, 敢告於執事라하고, 夫人엔, 曰寡小君이 不祿이라하고, 大子之喪엔, 曰寡君之適子某이 死라하나니라. 大夫를 訃於同國適者엔, 曰某이 不祿이라하고, 訃於士에도, 亦曰某이 不祿이라하고, 訃於他國之君엔, 曰君之外臣寡大夫某이 死라하고, 訃於適者엔, 曰吾子之外私寡大夫某이 不祿하여, 使某로 實라하고, 訃於士에도, 亦曰吾子之外私寡大夫某이 不祿하여, 使某로 實라하나니라. 士訃於同國大夫엔, 曰某이 死라하고, 訃於士에도, 亦曰某이 死라 하고, 訃於他國之君엔, 曰君之外臣某이 死라 하고, 訃於大夫엔, 曰吾子之外私某이 死라 하고, 訃於士에도, 亦曰吾子之外私某이 死라 하나니라.

(범부어기군 왈군지신모 사 부모처장자
왈 군지신모지모 사 군 부어타국지군 왈과군
불록 감고어집사 부인 왈과소군 불록
대자지상 왈과군지적자모 사 대부 부어동국
적자 왈모 불록 부어사 역왈모 불록
부어타국지군 왈군지외신과대부모 사 부어적
자 왈오자지외사과대부모 불록 사모 지 부
어사 역왈오자지외사과대부모 불록 사모 지
사부어동국대부 왈모 사 부어사 역왈
모 사 부어타국지군 왈군지외신모 사 부
어대부 왈오자지외사모 사 부어사 역왈오자
지외사모 사)

註解 ○不祿(불록)-불행. 직접적으로 '죽음'이라고 말하지 않는다. 그러나 사(士)의 신분에서는 직접 '죽음[死]'이라고 말한다. ○外私(외사)- 외국인이지만 사적으로 교제하던 바라는 뜻. ○使某實(사모지)-지(實)는 지(至), 즉 이르다.

임금이 죽으면 대부는 공궁(公宮)의 숙사에 묵으며 3년상(喪)을 마친다. 사(士)는 [공궁의 숙사에 묵으면서 복을 입고 1년이 지나] 연제(練祭)를 마치면 집으로 돌아간다. 숙사에 있을 때는 대부는 여막(廬幕)에 거처하고 사(士)는 악실(堊室)에서 묵는다.

대부는 그 부모나 형제로 아직 대부가 되지 못하고 죽은 자에 대해서는 사(士)의 신분인 사람의 상복을 입는다. 또 사는 그의 부모나 형제가 대부의 신분으로 죽은 자에 대해서는 사(士)의 상복을 입는다. 또 대부의 적자(適子)는 부모를 위해 대부의 상복을 입는다. 대부의 서자는 자신도 대부가 되면 부모를 위해 대부의 상복을 입으나 그 서열은 아직 대부가 되지 못한 형제들과 함께 선다. 또 사의 아들이 대부가 되고 죽었을 경우 그의 부모는 상주(喪主)가 되지 못한다. 그 [죽은 자의] 아들을 상주로 하며, 아직 아들이 없으면 그의 후계자를 세우고 상주로 한다.

原文 大夫는 次於公館하여 以終喪하고, 士는 練而歸하며, 士는 次於公館하며, 大夫는 居廬하고, 士는 居堊室하나니라.
(대부 차어공관 이종상 사 연이귀 사
차어공관 대부 거려 사 거악실)

大夫는 爲其父母兄弟之未爲大夫者之喪服을, 如士服하며, 士는 爲其父母兄弟之爲大夫者之喪服을 如士服하며, 大夫之適子는, 服大夫之服이니라. 大夫之庶子이 爲大夫면, 則爲其父母하여 服大夫服하며, 其位는 與未爲大夫者와 齒니라. 士之子이 爲大夫면, 則其父母이 弗能主也니, 使其子로 主之하며, 無子커든, 則爲之置後니라.
(대부 위기부모형제지미위대부자지상복 여사복 사
위기부모형제지위대부자지상복 여사복 대부지적자
복대부지복 대부지서자 위대부 즉위기부모

복대부복 기위 여미위대부자 치 사지자 위대
부 즉기부모 불능주야 사기자 주지 무자
즉위지치후)

註解 ○大夫(대부)……終喪(종상)－대부가 3년상을 공관(公館)에서 지
낸다는 것은 좀 의심스럽다. 상중에 가끔 있는 의례 때에 공관에서 숙박
한 것이 아닐까 한다. 사에 대해서도 같다. ○士次於公館(사차어공관)－
대부나 사가 공관에서 복상(服喪)하는 데는. ○廬(여)－공궁(公宮)의 중
문 밖 동벽(東壁) 옆에 설치한 집. ○堊室(악실)－중문 밖에 흙을 쌓아
만든 집으로 백토(白土)로 칠했으며 아무런 장식도 없다. ○與(여)……齒
(치)－……과 동렬(同列)로 취급한다는 뜻.

대부가 죽어서 그 묘지와 장례 날짜를 택일함에 있어 귀복(龜卜)에
의존할 때, 관계 관원은 마(麻) 심의(深衣)에 마 상장(喪章)을 달고
마 띠를 두르며 상(喪)에 신는 신발을 신고 치포관(緇布冠)을 쓰되
관의 끈은 매지 않는다. 그리고 점복(占卜)을 하는 관원은 피변(皮弁)
을 쓴다. 만일 점을 치려고 할 때에는, 점치는 사인(史人)은 연관(練
冠)을 쓰고, 장의(長衣)를 입고 점치며, 이때 점복(占卜)을 하는 관원
은 조복(朝服)을 입고서 한다.

대부의 초상에 이미 말을 바치는 의식이 거행될 때가 되어서 관계
자가 말을 바치면 상주인 아들이 곡용(哭踊)한다. 또 말이 견거(遣車)
를 끌고 〔묘지로〕 나갈 때에 상주는 생(牲)의 일부를 싸서 수레에 싣
고 또한 제물을 보낸 사람들의 이름을 적은 간찰(簡札)을 읽는다.

대부가 죽었을 때는 조정의 대종인(大宗人)이 와서 행례(行禮)를
돕는다. 소종인(小宗人)은 거북점의 기도를 올리고 복인(卜人)은 거
북을 불사른다.

原文 大夫이 卜宅與葬日이어든, 有司이 麻衣布衰布帶하여, 因
喪屨로, 緇布冠하되 不蕤하며, 占者는 皮弁이니라. 如筮어든, 則

史는 練冠長衣로 以筵하며, 占者는 朝服이니라.

(대부 복택여장일 유사 마의포최포대 인

상구 치포관 불유 점자 피변 여서 즉

사 연관장의 이서 점자 조복)

大夫之喪에, 旣薦馬하며, 薦馬者어든 哭踊하며, 出커든 乃包
奠而讀書니라.

(대부지상 기천마 천마자 곡용 출 내포

전이독서)

大夫之喪엔, 大宗人은 相하고, 小宗人은 命龜하고, 卜人은 作
龜하나니라.

(대부지상 대종인 상 소종인 명귀 복인 작귀)

──────────

註解 ○布衰(포최)─마(麻)의 조포(粗布) 조각을 가슴에 붙인다. 이것
이 상장(喪章)이 된다. ○緇布冠(치포관)─흑포(黑布)의 관(冠). ○蕤
(유)─관의 끈. ○占者(점자)─점복(占卜)을 담당한 관원. 대부네 집의 점
복(占卜)을 위해 조정의 점복관(占卜官)이 입회하러 온 것이다. ○練冠
(연관)─부모가 죽은 후 25개월의 대상(大祥)이 지난 후에 쓰는 관. ○長
衣(장의)─상복의 일종. 흰 바탕에 검은 천으로 가장자리를 두르는 것.
○占者朝服(점자조복)─점을 치는 관원은 대부의 연고자가 아니므로 상복
을 입지 않고 조복 차림으로 입회하러 가는 것이다. ○薦馬(천마)─말을
사용하는 것을 뜻한다. 천(薦)은 진(進)이란 뜻. 이 말은 특히 장례 때 사
용하는 말을 가리킨다. ○哭踊(곡용)─죽은 자가 매장되고 생자(生者)와
의 이별이 명료해진 것을 슬퍼하는 마음의 표현으로 제자리걸음을 하며
곡읍(哭泣)하는 것. ○包奠(포전)─공물(供物)의 일부를 싸서 수레에 싣
는다. ○讀書(독서)─공물(供物)의 품명과 증여자의 이름을 쓴 것을 읽는
것. ○宗人(종인)─천자나 제후의 궁정에서 예를 관장하는 관원. 대종인
(大宗人)은 그의 장(長).

복(復 : 초혼의 예)에는, 제후는 천자가 하사한 복(服)이나 면복(冕

服)이나 작변복(爵弁服)을 사용한다. 부인(夫人)에게는 검은 예복이
나 제복(祭服)을 사용하나, 모두 안은 흰 명주로 되어 있다. 경(卿)의
처(妻)에게는 마(麻) 예복을 사용하나 안은 역시 흰 명주이다. 대부의
처에게는 흰 바탕으로 초록빛이 도는 예복을 사용하나, 그밖에 일반
선비[士]의 아내처럼 검은 예복을 사용한다. 복(復)의 예를 행하려면
서쪽을 상위(上位)로 한다.

대부의 구거(柩車)는 요효(揄絞)를 지(池) 아래에 걸지 못한다.

사(士)의 손(孫)이 대부가 되어 죽었을 때는 조부의 묘(廟)에 합사
(合祀)하지 않는다. 손이 사의 신분으로 죽으면 대부였던 조부에게는
합사하지 않으며, 조부의 형제로 사의 신분이었던 사람에게 합사한다.
이 일은 조부모가 현존하고 있어도 마찬가지이다. 처(妻)는 남편이
합사된 사람의 아내에게 합사하고 그의 아내가 없을 경우에는 그가
속하는 소(昭) 혹은 목(穆)의 누군가의 처에게 합사한다. 첩(妾)은 그
남편 조부의 첩에게 합사하고, 만일 그 첩이 없을 경우에는 그가 속
하는 소 혹은 목의 누군가의 첩에게 합사한다. 남자를 조부에게 합사
할 때는 조모까지 제사지내지만 여자를 조부에게 합사할 때에는 조부
의 제사는 지내지 않는다. 공자(公子)는 조부가 임금이면 여기에 합
사하지 않으며 조부의 형제인 공자에게 합사한다.

임금이 죽으면 태자(太子)는 자[세자]라 불리어 임금과 같이 취급
된다.

原文 復에, 諸侯는 以襃衣冕服爵弁服이오. 夫人은 税衣揄狄
하되, 狄税는 素沙요, 内子는 以鞠衣襃衣나 素沙요. 下大夫는
以襢衣요, 其餘는 如士니, 復은 西上하나니라.
  (복 제후 이포의면복작변복 부인 단의요적
  적단 소사 내자 이국의포의 소사 하대부
  이전의 기여 여사 복 서상)

大夫는 不揄絞를 屬於池下니라.

(대부 불요효 속어지하)

大夫는 附於士하며, 士는 不附於大夫하고, 附於大夫之昆弟하며, 無昆弟어든 則從其昭穆이니, 雖王父母이 在라도 亦然이니라. 婦는 附於其夫之所附之妃니, 無妃어든 則亦從其昭穆之妃하며, 妾은 附於妾祖姑니, 無妾祖姑어든 則亦從其昭穆之妾이니라. 男子를 附於王父어든 則配하며, 女子를 附於王母어든 則不配니라. 公子는 附於公子니라.

(대부 부어사 사 부부어대부 부어대부지곤제
무곤제 즉종기소목 수왕부모 재 역연
부 부어기부지소부지비 무비 즉역종기소목지비
첩 부어첩조고 무첩조고 즉역종기소목지첩 남
자 부어왕부 즉배 여자 부어왕모 즉불배
공자 부어공자)

君이 薨커든, 大子號를 稱子하고, 待猶君也니라.

(군 홍 대자호 칭자 대유군야)

註解 ㅇ褒衣(포의)-제후가 처음 제후가 되었을 때 입는 옷. ㅇ稅衣(단의)-단의(褖衣)라고도 쓴다. 제후 부인의 거실이나 침실에서 사용하는 복장. ㅇ揄狄(요적)-요적(搖翟)과 같다. 색채가 있는 꿩의 깃으로 만든 장신구로, 여기서는 이것을 모양으로 그린 의복을 말한다. ㅇ狄稅(적단)-요적(搖翟)의 의복과 단의(褖衣)를 합쳐 말한 것. ㅇ素沙(소사)-흰 명주를 말한 것. 여기서는 의복의 안감을 말하고 있다. ㅇ內子(내자)-경(卿)의 정실(正室). ㅇ鞠衣褒衣(국의포의)-경(卿)의 처가 결혼에 임해서 임금 부인으로부터 받은 의복. 국의(鞠衣)는 황의(黃衣). ㅇ下大夫(하대부)-하대부의 처란 뜻. ㅇ禮衣(전의)-전의(展衣)와 같다. 흰빛의 단이 있다. ㅇ揄絞(요효)-요적(揄狄)과 청흑색(靑黑色)의 비단옷. ㅇ大夫不揄絞(대부불요효) 屬於池下(속어지하)-대부 본인의 상장(喪葬)에 있어서 요효의 의복을 구거(柩車)의 지(池) 밑에 걸지 않는다는 뜻. 지(池)는 대

나무로 짠 푸른 천을 씌운 바구니로, 구거의 꼭대기에 싣는다. 그 밑에 요효 등을 걸어서 장식하는 것은 임금에 한한다. ○大夫附於士(대부부어사)—부(附)는 부(祔)로 합사(合祀)를 뜻한 것. ○從其昭穆(종기소목)—소(昭)의 열(列)인가 목(穆)의 열인가는 각자에게 정해져 있으므로 만일 자신의 조부에게 형제가 없으면 다시 그의 조부 등 각인의 열을 거슬러 올라가서 찾는다. ○王父母(왕부모)—조부모.

3년상(喪)의 복을 입고 있는데 1년째의 연제(練祭) 때에 별도로 대공상(大功喪)을 당했을 경우에는 대공의 상과 마대(麻帶)를 연관(練冠)과 갈대(葛帶)로 바꾼다. 그러나 지팡이와 신발은 바꾸지 않는다.

부모상의 복을 입고 있는데 연제를 끝내고 공최(功衰)를 입고 있을 때에 재종(再從) 형제가 요사(夭死)하여 그의 조부에게 합사(合祀)되는 의식에는 자신은 연관을 쓰며, 그 죽은 자에 대해서는 '양동(陽童)의 모보(某甫)'라 칭하고 이름을 부르지 않지만 이것은 죽은 자를 신(神)으로 취급하기 때문이다.

대체로 딴 곳에 살면서 형제나 종형제의 죽음을 처음으로 알게 되었을 때는 오직 곡(哭)만으로 [그 부고를 가져온 자를] 응대하면 된다. 그리고 우선 마(麻)의 산대질(散帶絰)을 두른다. 또 [주거지가 가까워서] 이 띠를 두르지 않고 즉시 죽은 자의 집으로 달려가서, 상주도 아직 그 띠를 두르지 않았을 때는 만일 죽은 자와의 사이가 친하지 않으면 상주와 함께 마의 대질(帶絰)을 하고 만일 친하게 지냈을 경우에는 [상주는 두르지 않았어도] 자신은 산대질을 두르고 그 일수(日數)를 지낸다.

[原文] 有三年之練冠이어든, 則以大功之麻로 易之하나니, 唯杖屢를 不易이니라.

(유삼년지연관 즉이대공지마 역지 유장구 불역)

有父母之喪하여 尙功衰하여, 而附兄弟之殤이어든, 則練冠하여 附하고, 於殤엔 稱陽童某甫라 하고, 不名은 神也니라.

(유부모지상 상공최 이부형제지상 즉연관
부 어상 칭양동모보 불명 신야)

凡異居하여, 始聞兄弟之喪하여는, 唯以哭으로 對可也니, 其始에 麻散帶絰이니라. 未服麻而奔喪하여, 及主人之未成絰也어든, 疏者는 與主人으로 皆成之하고, 親者는 終其麻帶絰之日數니라.

(범이거 시문형제지상 유이곡 대가야 기시
마산대질 미복마이분상 급주인지미성질야
소자 여주인 개성지 친자 종기마대질지일수)

註解 ㅇ大功之麻(대공지마)—대공(大功) 복장인 마(麻) 관과 요질(腰絰). ㅇ功衰(공최)—3년상에 있어서 1년이 되어 소상(小祥)이 지나면 그 참최(斬衰)의 마직(麻織) 밀도(密度)가 대공(大功)의 그것과 같아지므로 그 복(服), 즉 참최를 공최(功衰)라 칭한다. ㅇ附(부)—합사(合祀). ㅇ殤(상)—요사(夭死). ㅇ陽童某甫(양동모보)—유소년(幼少年)이기 때문에 동(童)이라 하며, 제사할 때에 서자(庶子)면 단(壇)을 실내의 밝은 곳에 설치하므로 양(陽)이라 칭한다. 그리고 적자(適子)면 어두운 곳에서 제사지내어 음동(陰童)이라 칭하는데 본문에서는 이 일을 생략하고 있다. 또 모보(某甫)란 죽은 자의 자(字)를 사용하여 제사지낸다는 것을 가리킨다. 자(字)를 부르고 본명(本名)은 부르지 않는 것이다. ㅇ神也(신야)—유소년(幼少年)이지만 죽은 자이기 때문에 신령(神靈)으로 존중하는 것이다. ㅇ麻散帶絰(마산대질)—삼을 한 가닥으로 할 뿐 새끼처럼 꼬지 않은 것. 이 띠는 최초의 3일 간만 사용하고 그 뒤는 보통의 요질(腰絰)을 사용한다. ㅇ疏者(소자)·親者(친자)—소(疏)는 종형제를 뜻한 것. 친(親)은 친형제를 말한 것.

생전에 정처(正妻)의 대리를 하고 있던 첩이 죽어서 남편이 친히 상주가 되면 이를 선대(先代) 첩의 묘(廟)에 합사(合祀)하는 제사는 친히 거행한다. 그리고 소상(小祥)이나 대상(大祥)의 제사는 그 첩이 낳은 아들에게 거행케 한다. 첩의 빈제(殯祭)는 묘(廟)의 정실(正室)에서 행하지 않고 묘 밖에 단(壇)을 설치하고 행한다. 임금은 천첩(賤妾)의 시체를 어루만지지 않는다. 정처(正妻)가 죽어도 첩은 정처 친족의 상(喪)에 복을 입으나, 만일 정처의 대리를 하게 되면 정처의 친족 상에 복을 입지 않는다.

형제의 죽음을 알려왔을 때 그것이 대공(大功) 이상의 형제이면 즉시 죽은 자의 고향 쪽을 향하여 애곡(哀哭)을 한다.

형제의 매장에 참가하기 위해 나가서 늦게 되어 길에서 상주를 만나면 그대로 따라서 묘지로 가는 것이 좋다.

대체로 형제를 위해 상주가 되면 그다지 친밀하지 않았다 하더라도 우제(虞祭)를 올릴 때까지는 계속하지 않으면 안된다.

대체로 누군가의 상에 복을 입고 아직 밝지도 않았는데 조문객(弔問客)이 있으면 위치를 정하고 곡하며 배용(拜踊)한다.

대부가 다른 대부의 죽음에 곡하려면 피변(皮弁)을 쓰고 마질(麻絰)을 두른다. 또 대부가 다른 대부의 빈례(殯禮)에 참석할 때에도 피변에 마질을 두른다.

대부가 처자의 상복을 입고 [졸곡(卒哭)을 끝내어] 갈(葛) 상복을 입고 나서 만일 형제의 상을 당하면 그것이 가벼운 상복이라 할지라도 피변에 마질을 두른다.

原文 主妾之喪이어든, 則自祔하며, 至於練祥하여는, 皆使其子로 主之하며, 其殯祭는 不於正室이니라. 君은 不撫僕妾이니라. 女君이 死커든, 則妾은 爲女君之黨하여 服하며, 攝女君이어든, 則不爲先女君之黨하여 服이니라.

(주첩지상 즉자부 지어연상 개사기자

주지 기빈제 불어정실 군 불무복첩

여군 사 즉첩 위여군지당 복 섭여군

즉불위선여군지당 복)

聞兄弟之喪에, **大功以上**은, **見喪者之鄕而哭**이니라.

(문형제지상 대공이상 견상자지향이곡)

適兄弟之送葬者이 **弗及**하여, **遇主人於道**어든, **則遂之於墓**니라.

(적형제지송장자 불급 우주인어도 즉수지어묘)

凡主兄弟之喪이어든, **雖疏**라도 **亦虞之**니라.

(범주형제지상 수소 역우지)

凡喪服을 **未畢**하여는 **有弔者**어든, **則爲位而哭**하며, **拜踊**이니라.

(범상복 미필 유조자 즉위위이곡 배용)

大夫之哭大夫엔 **弁絰**하며, **大夫**이 **與殯**이라도 **亦弁絰**이니라.

(대부지곡대부 변질 대부 여빈 역변질)

大夫이 **有私喪之葛**이어든, **則於其兄弟之輕喪**이라도 **則弁絰**이
니라.

(대부 유사상지갈 즉어기형제지경상 즉변질)

註解 ㅇ不撫僕妾(불무복첩)—첩에게도 계급이 있어서 정처(正妻)의 대
리를 하는 사람도 있으나, 신분이 아주 천한 사람[僕妾]도 있다. 주인은
상급의 첩이 죽으면 그의 몸을 어루만지며 슬퍼하지만, 복첩에게는 손대
지 않는다. ㅇ攝女君(섭여군)……—이 첩은 자신이 높으므로 죽은 정처
(正妻)의 친족 상에 복을 입을 것까지는 없다. 섭(攝)이란 섭행(攝行), 즉
대리한다는 뜻. ㅇ大功以上(대공이상)—형제라 해도 사촌형제이면 대공
(大功), 친형제에게는 재최(齊衰)이고, 재종(再從)형제에게는 소공(小功)
이다. ㅇ虞(우)—매장이 끝나면 곧 우제(虞祭)를 올려 죽은 자의 영혼을
위안하며 시(尸)를 두어 음주케 한다. 이것이 우제이며, 우(虞)란 위안한
다는 뜻이다. ㅇ弁絰(변질)—피변(皮弁)의 관(冠)에 마(麻)의 질(絰)을 잡
아맨 것. ㅇ私喪之葛(사상지갈)—매장 후 일정한 기간이 지난 뒤 졸곡(卒
哭)의 예를 올리는데, 그 뒤는 마복(麻服)을 갈복(葛服)으로 바꾼다. 사
상(私喪)이란 주로 처나 아들 등의 죽음을 가리킨다. ㅇ兄弟之輕喪(형제

지경상)-형제라고 해도 증조부모가 형제끼리라는 정도의 먼 친족인 사람에게는 시마(緦麻) 3개월 정도의 가벼운 상(喪)도 있다. 그렇지만 특별히 변질(弁絰)을 두르고 조문(弔問)한다는 뜻.

장자(長子)의 상(喪)에 아버지가 지팡이를 사용하면 장자의 아들은 그의 위치에 설 때 지팡이를 사용하지 않는다. 또 처(妻)의 상에는 아직 부모가 있으면 지팡이를 사용하지 않고 객에게 머리를 조아리지 않는다. 만일 어머니만 있을 경우에는 보통은 머리를 조아리지 않으나 사람으로부터 죽은 자에게 보내오는 것을 받았을 때는 머리를 조아린다.

본국을 떠나 타국의 대부를 섬기는 사람은 본국의 임금의 상(喪)에 귀국하지 않는다. 본국의 대부를 섬기던 사람이 타국으로 떠나서 임금을 섬길 때에는 원래의 대부 상에 귀국하지 않는다.

3년상의 관(冠)에는 한 가닥의 삼끈을 달아 감아서 무(武)라는 장식으로 하고, 다시 아래로 늘어뜨려서 영(纓)으로 하는데, 이리하여 길(吉)과 흉(凶)을 차별하는 것이다. [길례(吉禮)의 관에서는 무와 영을 따로따로 단다] 또 3년상에 있어서의 연관(練冠)도 같으며, 또한 관(冠)의 꿰맨 솔기는 우측으로 한다. 또 소공(小功) 이하의 관은 꿰맨 솔기를 좌측으로 한다. 시관(緦冠)은 관(冠)과 같은 천을 잿물에 빨아서 만든 영(纓)을 걸친다.

대공(大功) 이상의 상에는 먼저 꼬지 않은 삼끈의 대질(帶絰)을 사용하고 사흘 후부터 꼰 것을 사용한다.

조복(朝服)을 만드는 데는 삼실 15승(升)이 필요하지만 시(緦)의 상복을 만들려면 그 절반[7승 반]을 떼낸다. 그리고 이 천을 잿물로 빠는 것이 석최(錫衰)이다. [이것은 조문복(弔問服)을 만드는 데에 사용한다]

제후가 죽음에 임하여 서로 증정하는 물건에는 부거(副車)와 면복

(冕服)이며, 정거(正車)와 천자로부터 상(賞)으로 하사(下賜)받은 의복은 보내지 않는다.

原文 爲長子杖이어든, 則其子는 不以杖으로 卽位니라. 爲妻에, 父母이 在어시든, 不杖하고, 不稽顙하며, 母이 在시어든, 不稽顙이니, 稽顙者는, 其贈也에 拜니라.
(위장자장 즉기자 불이장 즉위 위처
부모 재 부장 불계상 모 재 불계상
계상자 기증야 배)

違諸侯하여 之大夫면, 不反服하고, 違大夫하여 之諸侯면, 不反服이니라.
(위제후 지대부 불반복 위대부 지제후 불반복)

喪冠은 條屬하여, 以別吉凶하며, 三年之練冠도 亦條屬하고, 右縫하나니, 小功以下는 左니라. 緦冠은 繰纓하나니라.
(상관 조속 이별길흉 삼년지연관 역조속
우봉 소공이하 좌 시관 조영)

大功以上은 散帶니라.
(대공이상 산대)

朝服은 十五升이니, 去其半而緦요. 加灰는 錫也니라.
(조복 십오승 거기반이시 가회 석야)

諸侯이 相襚엔, 以後路與冕服하며, 先路與褒衣는, 不以襚니라.
(제후 상수 이후로여면복 선로여포의 불이수)

註解 ○稽顙(계상)─앉아서 머리를 숙여 땅에 이르게 하는 것, 즉 머리를 조아리는 것으로 복상(服喪)인 사람이 객에 대해서 하는 경례. 계(稽)는 지(至), 상(顙)은 이마. ○條屬(조속)─한 가닥의 끈으로 무(武)도 만들고, 영(纓)으로도 하는 것. 이는 흉례(凶禮)의 관(冠). 길례(吉禮)의 관(冠)에서는 무(武)와 영(纓)을 따로따로 만들고, 조속(條屬)으로 하지

않는다. 무(武)는 관의 하부에 다는 장식 끈의 일종. ㅇ繰纓(조영)—잿물로 빤 천으로 만든 관의 끈. 조(繰)는 조(澡)로 빤다는 말. ㅇ後路(후로)·先路(선로)—선로(先路)는 제후가 승용하는 수레. 후로(後路)는 부거(副車)로서 뒤에 따라간다. 노(路)는 수레.

매장할 때에 공물(供物)을 싣는 소거(小車)의 수는 죽은 자에게 바치는 생뢰(牲牢)의 수에 따른다. 조포(粗布)로 만든 덮개는 사방 둘레에도 막(幕)이 있다. 그리고 곽(槨) 안의 네 구석에 나누어 안치(安置)하는데, 모든 견거(遣車)에는 생(牲) 이외에 서직(黍稷)을 싣는 것도 있다. 그래서 유자(有子)는 말했다. "이것이 예가 아니다. 상례(喪禮)에 있어서 바치는 것은 생뢰(牲牢) 이외로는 포혜(脯醢)류뿐이다."

부모나 조부모의 제사에는 효자모(孝子某), 효손모(孝孫某)라 칭하고 상중(喪中)의 예에서는 애자모(哀子某), 애손모라 칭한다.

상복(喪服)의 상의(上衣)와 상주의 수레는 신분에 구애없이 같으며 등급은 없다.

대백관(大白冠)과 치포관(緇布冠)은 모두 끈을 달지 않는다. 위무(委武)를 한 현관(玄冠)과 호관(縞官)이 되면 끈이 있다.

대부는 면(冕)을 쓰고 공묘(公廟)에 제사지내고 작변(爵弁)으로 가묘(家廟)에 제사지낸다. 사(士)는 작변으로 공묘에 제사지내고 현관(玄冠)으로 가묘에 제사지낸다. 그러나 사는 혼례(婚禮)에 있어서 작변을 쓰고 친영(親迎)하는 것이므로 작변으로 가묘에 제사지내도 되는 것이다.

울창(鬱鬯)이란 풀을 찧는 데는 절구를 측백나무로 만들고 절구대는 오동나무를 사용한다. 또 생(牲)을 삶아서 고기를 건지기 위한 비(枇)는 뽕나무로 만들며 길이는 3자 혹은 5자라고도 한다. 또 생(牲) 전체를 들어올리는 데 사용하는 필(畢)은 뽕나무로 만들며 길이는 3척이고 그 자루와 두부(頭部)는 깎는다.

原文 遺車는 視牢具니, 疏布輤은, 四面有章하며, 置于四隅하
나니, 載粻이니라. 有子이 曰, 非禮也니, 喪奠은 脯醢而已니라.
(견거 시뇌구 소포천 사면유장 치우사우
재장 유자 왈 비례야 상전 포해이이)

祭에는 稱孝子孝孫하고, 喪에는 稱哀子哀孫이라하나니라.
(제 칭효자효손 상 칭애자애손)

端衰喪車는, 皆無等이니라.
(단최상거 개무등)

大白冠과 緇布之冠은, 皆不蕤하나니, 委武玄縞而后에 蕤니라.
(대백관 치포지관 개불유 위무현호이후 유)

大夫는 冕而祭於公하고, 弁而祭於己하며, 士는 弁而祭於公하
고, 冠而祭於己하며, 士는 弁而親迎하나니, 然則士는 弁而祭於
己라도 可也니라.
(대부 면이제어공 변이제어기 사 변이제어공
관이제어기 사 변이친영 연즉사 변이제어기 가야)

暢臼는 以椈이오, 杵는 以梧요, 枇는 以桑이니, 長이 三尺이오,
或曰, 五尺이라. 畢은 用桑하되, 長이 三尺이며, 刊其柄與末하나
니라.
(창구 이국 저 이오 비 이상 장 삼척
혹왈 오척 필 용상 장 삼척 간기병여말)

註解 ㅇ牢具(뇌구)-생(牲)의 공물(供物). 뇌(牢)는 생(牲), 구(具)는
공(供). 천자의 제사에는 태뢰(大牢 : 소·양·돼지)를 쓰고, 생(牲)을 갈
라서 아홉 개의 꾸러미로 하여 아홉 대의 견거(遣車)를 사용한다. 제후
도 태뢰이며 일곱 꾸러미에 일곱 수레. 대부도 태뢰로 다섯 꾸러미에 다
섯 수레. 천자의 상사(上士)는 소뢰(少牢 : 소·양)로 세 꾸러미에 세 수
레이며 제후의 사(士)에게는 견거가 없다. [이상은 정주(鄭注)의 공소(孔
疏)에 따른 것이다] ㅇ輤(천)-수레 윗면의 덮개. ㅇ章(장)-장(障)과 같

다. 가림. 막(幕). ㅇ粻(장)-양식(糧食). 메기장과 쌀·보리 등. ㅇ端衰(단최)-상복(喪服). 단(端)은 현단(玄端)을 가리킨다. ㅇ緌(유)-관모(冠帽)의 끈. ㅇ玄縞(현호)-현관(玄冠)과 호관(縞冠). ㅇ鬯臼(창구)-울창초(鬱鬯草)를 절구로 찧고 검정수수에 섞어 술에 넣어 신주(神酒)로 한다. 창(鬯)이란 그 향초(香草)의 별명.

율대(率帶 : 유체에 사용하는 띠)는 제후와 대부에게 사용하는 것은 오색(五色)이고 사(士)에게 사용하는 것은 이색(二色)이다.

상례(喪禮)에 사용하는 예(醴)는 쌀로 만든 술이다. 그 술을 넣는 옹(甕), 초나 양념을 넣는 무(甒), 서직(黍稷) 등을 넣는 소(筲), 이들의 용기(容器)는 형(衡)에 올려놓아서 곽(槨)과 관의(棺衣)와의 사이에 넣고 곽 위에 절(折)을 놓는다.〔그 위에 흙을 덮는다〕

중(重 : 위패의 종류)은 매장 후에 우제(虞祭)가 끝나면〔정해진 장소에〕묻는다.

대체로 부인(婦人)의 상례(喪禮)는 남편의 작위(爵位 : 신분)에 따른다.

소렴(小斂 : 죽은 뒤 의복을 바꾸어 입는 것), 대렴(大斂 : 納棺) 및 계빈(啓殯 : 관을 빈소로 옮기는 예)의 의식에서는, 상주는〔행례중에는 내빈에게 일일이 절하지 않고 의식을 끝내고 나서 당하(堂下)로 내려가〕한번에 내빈 전체에게 대해서 절한다.

상중(喪中)에 아침저녁으로 곡(哭)하려면 구(柩) 앞의 장막을 올리지만 구가 없어진 뒤에는 장막을 쓰지 않는다.

신하가 죽고 매장하는 날 이미 관(棺)을 수레에 실은 뒤에 임금이 조문하려고 왔으면 상주는 동면(東面)하여 임금에게 절하고 묘문(廟門)의 우측, 즉 서쪽에 서서 북면(北面)하고 뛴다. 그리고 먼저 문을 나와 임금을 기다려 임금의 명령이 있으면 먼저 정해진 상주의 위치로 돌아간 후에 음식을 영전에 바친다.

공문(孔門)의 자고(子羔)가 죽었을 때 그의 소렴(小斂)에 사용한 습(襲 : 겹쳐 입히는 의복)은 다섯 벌이었다. 즉 풀솜을 넣은 바지와 검은 바탕에 붉은 단이 달린 저고리 한 벌, 현단(玄端)의 형상 비슷한 흰 명주옷이 한 벌, 피변복(皮弁服)이 한 벌 및 작변복(爵弁服)이 한 벌, 현면복(玄冕服)이 한 벌이었다. 증자(曾子)는 말했다. "남자는 부인의 옷은 겹치는 것이 아니다."라고 ──.

原文 率帶를, 諸侯大夫는 皆五采요, 士는 二采니라.
(율대 제후대부 개오채 사 이채)

醴者는, 稻醴也라. 甕甒筲衡을 實見間하고, 而后에 折入이니라.
(예자 도례야 옹무소형 실간간 이후 절입)

重은 旣虞而埋之하나니라.
(중 기우이매지)

凡婦人은 從其夫之爵位니라.
(범부인 종기부지작위)

小斂大斂啓에, 皆辯拜니라.
(소렴대렴계 개편배)

朝夕哭은 不帷하며, 無柩者는 不帷니라.
(조석곡 불유 무구자 불유)

君이 若載而后에 弔之어든, 則主人은 東面而拜하고, 門右에 北面而踊하며, 出待하여, 反而后에 奠이니라.
(군 약재이후 조지 즉주인 동면이배 문우
북면이용 출대 반이후 전)

子羔之襲也에, 繭衣裳과 與稅衣纁袡이 爲一이오, 素端이, 一이며, 皮弁이 一이오, 爵弁이 一이오, 玄冕이 一이러니, 曾子이 曰, 不襲婦服이니라.
(자고지습야 견의상 여단의훈염 위일 소단 일

피변 일 작변 일 현면 일 증자
왈 불습부복)

註解　○率帶(율대)－유체(遺體)의 복장에서 가장 외부에 띠는 띠. ○見間(간간)－관의(棺衣)와 곽(椁)과의 사이. 간(見)은 관의(棺衣). 관의 덮개. ○折(절)－곽(椁) 위에 놓은 나무테로 이 위에 자리를 깔고 흙을 덮는다. ○重(중)－죽은 자의 영위(靈位)나 위패(位牌) 종류. ○啓(계)－계빈(啓殯), 즉 빈장(殯葬)을 행하는 것. ○辯拜(편배)－의식 도중에는 일일이 객에게 절하지 않고 식을 끝내고 나서 당하(堂下)로 내려가 빈객 전원에게 절하는 것. 편(辯)은 편(徧)과 통함. ○無柩者(무구자)－이미 매장한 후라는 뜻. ○奠(전)－바친다는 뜻. ○子羔(자고)－공자의 문인. 성은 고(高)이며 이름은 시(柴)로 위(衛)나라 사람으로 노(魯)나라에서 벼슬하였다. ○襲(습)－죽은 후 최초로 갈아입히는 데 대부는 오습(五襲)하는 규정이었다. ○繭衣裳(견의상)－솜을 넣은 옷으로서 직접 몸에 닿는 것. 단의(稅衣)를 겉에 입힌다. 훈(纁)은 분홍빛 옷. 염(袡)은 단을 두르는 것. ○稅衣(단의)－검은 바탕에 붉은 단을 단 옷. ○婦服(부복)－붉은 단을 단 옷은 부인의 옷에 속한다. 단의(稅衣)에는 '부인의 옷'이란 뜻도 있다.

임금을 위해 타국에 사신(使臣)으로 가서 죽은 신하에게는 공관(公館)에서 복(復：초혼)을 행하는 규정으로, 사관(私館)에서는 하지 않는다. 공관이란 임금의 궁내(宮內) 및 조정이 설치한 관(館)을 말하며, 사관(私館)이란 경대부(卿大夫) 이하의 집을 말한다.

죽음에서 대렴(大斂)에 이르는 사이의 곡용(哭踊)은 제후에게는 칠용(七踊), 대부에게는 오용(五踊)이고 부인(婦人)은 남자와 빈객과의 사이에서 한다. 또 사(士)에게는 삼용(三踊)이며, 부인은 남자와 빈객과의 사이에서 행한다.

제후의 습(襲)은 곤의(卷衣) 하나, 현단(玄端) 하나, 조복(朝服) 하나, 소적(素積：피변복) 하나, 훈상(纁裳) 하나, 작변복(爵弁服) 둘, 현면(玄冕) 하나, 포의(褒衣) 하나로 [합계] 아홉 겹이며, 주(朱)와 녹색(綠色)의 장식을 한 흰 비단의 작은 띠를 두르고 그 위에 큰 띠를 두른다.

소렴(小斂)의 환질(環経 : 머리에 매는 삼)은 제후, 대부, 사(士)가 모두 같다.

임금이 신하의 대렴(大斂)에 임할 때는 임금이 와서 당(堂)으로 올라간 다음, 의식의 주관자가 자리를 깔며, 그리고 염(斂)이 시작된다.

노(魯)나라 사람의 〔죽은 자에 대한〕 증여(贈與)는 세 다발의 현색(玄色)의 백(帛)과 두 다발의 연분홍 백이며, 그 백의 폭은 한 자이고, 길이는 폭대로 다한다.

|原文| 爲君使而死어든, 公館엔 復하고, 私館엔 不復이니, 公館者는, 公宮與公所爲也요. 私館者는, 自卿大夫以下之家也라.
(위군사이사 공관 복 사관 불복 공관
자 공궁여공소위야 사관자 자경대부이하지가야)

公은 七踊하고, 大夫는 五踊하고, 婦人은 居間하나니, 士는 三踊하고, 婦人은 皆居間이니라.
(공 칠용 대부 오용 부인 거간 사 삼
용 부인 개거간)

公襲은, 卷衣이 一이오, 玄端이 一이오, 朝服이 一이오, 素積이 一이오, 纁裳이 一이오, 爵弁이 二요, 玄冕이 一이오, 褒衣이 一이오, 朱綠帶하고, 申加大帶於上이니라.
(공습 곤의 일 현단 일 조복 일 소적
일 훈상 일 작변 이 현면 일 포의 일
주록대 신가대대어상)

小斂에 環経은, 公大夫士이 一也라.
(소렴 환질 공대부사 일야)

公이 視大斂하사, 公이 升이어든, 商祝이 鋪席하고, 乃斂하나니라.

(공 시대렴 공 승 상축 포석 내렴)

魯人之贈也는, 三玄二纁이니, 廣이 尺이오, 長이 終幅이니라.

(노인지증야 삼현이훈 광 척 장 종폭)

註解 ○婦人居間(부인거간)—상가(喪家)의 남자가 용(踊)을 행한 후에 부인이 행하고 다음에 빈객이 행한다. ○卷衣(곤의)—곤의(裷衣)와 같다. ○玄冕(현면)—현면(玄冕)의 관(冠)에 현단(玄端)의 의상(衣裳). ○褮衣(포의)—위로부터 사여(賜與)된 의복. ○商祝(상축)—염(斂)의 의식을 관장하는 축인(祝人). 상(商), 즉 은(殷)나라의 예에 따른 것이기 때문에 상축(商祝)이라 칭한 것으로 추정된다. ○長終幅(장종폭)—정주(鄭注)의 공소(孔疏)에는 '길이가 1장 8척도 되지 않는 것은 예(禮)가 아니다'라고 되어 있다. 그러나 이 문장은 오직 노(魯)나라의 풍속을 기술한 것뿐으로 비평할 것까지는 없는 것으로 인정하는 것이 타당하다.

[제후의 죽음에 임하여 타국에서 온] 조문(弔問)의 사신은 우선 국도(國都)의 대문 밖에서 정해진 위치로 가서 동면(東面)하고 그 수행원들은 동남에 서서 북면하지만 서쪽에 선 자를 상개(上介)로 한다. 이들의 위치는 모두 문밖의 서쪽이다. 그리고 상주인 세자는 문 안[의 동계(東階) 아래]에 서서 서면(西面)한다. 그의 상자(相者)가 명령을 받고 사신을 문밖으로 마중 나가서 "고(孤) 모(某)는 모에게 명해서 사신을 접대케 합니다."라고 말한다. 이에 대해서 객은 답한다. "우리의 임금께서 모(某)를 사신으로 보내어 조문케 합니다. 도대체 어찌하여 이러한 불행이 일어났습니까."라고 한다. 이에 상주의 상자(相者)는 들어가서 주인에게 고하고 또다시 나와서 말한다. "고(孤) 모(某)는 사신을 기다리고 계십니다." 거기서 사신은 들어간다. 주인은 당(堂)으로 올라가서 서면(西面)하고 조문의 사신은 서계로 올라와서 동면(東面)하고 주명(主命)을 전하며 말한다. "우리의 임금은 이쪽

임금의 상(喪)을 듣고 모(某)를 보내어 조문합니다. 도대체 어찌하여 불행이 일어났습니까." 상주는 절하여 얼굴이 바닥에 닿게 경례하고, 사신은 당을 내려가 문을 나가서 최초의 위치로 되돌아간다.

[제후의 죽음에 임해서] 함옥(含玉)을 보내려면 그 사신은 옥(玉)을 들고 주명(主命)을 전한다. "우리 임금께서는 모(某)에게 명하여 함옥을 가지고 왔습니다." 그것을 상자(相者)가 상주에게 고하고 다시 나와 사신에게 답한다. "고모(孤某)는 사신을 기다리고 있습니다." 거기에서 사신은 들어가 당(堂)에 올라가서 주명(主命)을 전한다. 상주인 세자는 이마를 바닥에 대며 절하고 사신은 무릎꿇고 구(柩)의 동남쪽에 옥을 놓지만 그곳에는 갈대 자리가 깔려 있다. 이미 장례가 끝난 뒤면 부들자리가 깔려 있다. 그리고 사신은 당을 내려가 문밖의 정위치로 되돌아간다. [상주측에서는] 상경(上卿)이 조복을 입고 신을 신은 채 서계(西階)로 올라가서 서쪽을 향하여 무릎꿇고 앉아 옥을 잡은 다음 서계로 해서 내려온다. 그리고 동쪽으로 나아가서 궁내(宮內)로 들어가는 것이다.

原文 弔者는 卽位于門西하여 東面하고, 其介는 在其東南하여, 北面하되 西上하니, 西於門이라. 主孤이 西面이어든, 相者이 受命曰, 孤某이 使某로 請事라 하니, 客이 曰, 寡君이 使某하나니, 如何不淑고 하나니라. 相者이 入告하고, 出曰, 孤某이 須矣라 하나니, 弔者이 入커든 主人은 升堂西面하고, 弔者는 升自西階하고, 東面하여 致命曰, 寡君이 聞君之喪하고, 寡君이 使某하나니, 如何不淑고하나니라. 子이 拜稽顙커든, 弔者이 降反位하나니라.

(조자 즉위우문서 동면 기개 재기동남
북면 서상 서어문 주고 서면 상자 수
명왈 고모 사모 청사 객 왈 과군 사모
여하불숙 상자 입고 출왈 고모 수의

조자 입 주인 승당서면 조자 승자서계
동면 치명왈 과군 문군지상 과군 사모
여하불숙 자 배계상 조자 강반위)

含者이 **執璧將命曰, 寡君**이 **使某**로 **含**이라하니, **相者**이 **告**하고, **出曰, 孤某**이 **須矣**라 하나니, **含者**이 **入**하여, **升堂**하여 **致命**이어든, **子**이 **拜稽顙**하며, **含者**이 **坐**하여, **委于殯東南**하고, **有葦席**하나니, **既葬**이어든 **蒲席**하고, **降出**하여, **反位**니라. **宰夫**이 **朝服**하고 **卽喪屨**하여, **升自西階**하여 **西面**하고 **坐**하여, **取璧**하고, **降自西階以東**하나니라.

(함자 집벽장명왈 과군 사모 함 상자 고
출왈 고모 수의 함자 입 승당 치명
자 배계상 함자 좌 위우빈동남 유위석
기장 포석 강출 반위 재부 조복
즉상구 승자서계 서면 좌 취벽 강자
서계이동)

註解 ㅇ門西(문서)-국도(國都)의 대문 밖 서쪽을 가리킨 말. ㅇ西上(서상)-정주(鄭注)를 비롯한 제주(諸注)가 많으며 해석이 분명치 않다. 왕씨금주(王氏今註)에 '개(介)는 한 사람이 아니며 서쪽에 위치를 취한 자를 상위(上位)로 한다. 하문(下文)에 상개(上介)……라고 있는 것에 해당한다'고 되어 있는 것에 따른다. ㅇ相者(상자)-상주의 명을 받아 예를 행하는 사람. 상(相)은 돕는다는 뜻. ㅇ如何不淑(여하불숙)-어쩌다 이 불행이 발생했을까란 뜻. ㅇ將命(장명)-사명(使命)을 전달하는 것. ㅇ宰夫(재부)-상경(上卿). ㅇ朝服卽喪屨(조복즉상구)-함옥(含玉)을 수납(受納)하려면 길복(吉服)을 사용하지만, 상중(喪中)이므로 신발은 바꾸어 신지 않는다.

[제후의 죽음에 임해서 이에 의복을 보내는 것을 수(襚)라고 하는데] 수(襚)의 사신은 먼저 상주의 상자(相者)에게 말한다. "우리 임

금께서 모(某)에게 명하여 수(襚)를 가지고 왔습니다." 상자는 들어
가서 주인께 고하고 다시 나와서 말한다. "고모(孤某)는 사신을 기다
리고 있습니다." 거기서 사신은 [죽은 자에게 보내는] 면복(冕服)을
드는데 왼손으로 깃을, 오른손으로 허리 부분을 잡는다. 그리하여 문
으로 들어가 당으로 올라가서 주명(主命)을 전한다. "우리 임금께서
모(某)에게 명하여 수(襚)를 가지고 왔습니다." 세자는 이마를 바닥
에 대며 절하고 복(服)을 받아서 구(柩)의 동쪽에 놓는다. 사신은 당
(堂)으로 내려가 문 안에서 작변복(爵弁服)을 관계자로부터 받아 당
(堂)으로 올라가 주명(主命)을 전하고, 세자는 전과 마찬가지로 절하
고 받는다. 이어서 사신은 피변복(皮弁服)을 뜰에서 받고, 조복(朝服)
을 서계(西階)에서 받으며, 당상(堂上)에서 현단(玄端)을 받아서 각
각 주명(主命)을 전한다. 그리고 세자가 그때마다 절하는 것은 최초[면
복을 줄 때]와 같다. 끝나고 나서 사신은 당(堂)을 내려와 문밖의 위
치로 되돌아간다. [한편 상주쪽에서는] 상경(上卿)의 부하 5명이 오
복(五服)을 가지고 당상을 동쪽으로 가서 서계로 내려가는데 그 의
복을 들어올릴 때는 모두 서면(西面)하고서 행한다.

　　[제후의 죽음에 임해서 이에 거마(車馬)를 보내는 것을 봉(賵)이
라고 하는데] 봉(賵)을 보내려면 상개(上介 : 사신 수행원의 상급자)
가 이를 취급하며 사신의 표시인 규옥(圭玉)을 들고 주명(主命)을
전한다. "우리 임금께서는 모(某)에게 명하시어 봉(賵)을 가지고 왔
습니다." 상주의 상자(相者)는 이를 듣고 들어가 임금께 고하고 답
사를 사신에게 전한다. "고(孤 : 상주)는 기다리고 있습니다." 거기
서 사신은 네 필의 황마(黃馬)와 수레를 뜰 가운데에 진열하는데
그때 수레의 주(輈)를 북쪽으로 향하게 한다. 그리고 상개(上介)는
규(圭)를 받쳐들고 주명(主命)을 전하며, 그 부하가 말을 끌고 수레
의 서쪽으로 간다. 세자는 절하고 상개는 무릎꿇고 규를 구(柩)의
동남쪽 구석에 놓는다. 그러면 상주의 상경(上卿)이 가지고 동쪽으

로 간다.

原文 襯者이 曰, 寡君이 使某로 襯라 하니, 相者이 入告하고, 出曰, 孤某이 須矣라 하나니, 襯者이 執冕服하되, 在執領하고, 右執要하여, 入升堂하여, 致命曰, 寡君이 使某로 襯라 하나니라. 子이 拜稽顙하며, 委衣于殯東커든, 襯者이 降하여, 受爵弁服於門內霤하며, 將命이어든, 子이 拜稽顙如初하고, 受皮弁服於中庭하여, 自西階로 受朝服하며, 自堂으로 受玄端하여, 將命이어든, 子이 拜稽顙皆如初하나니, 襯者이 降出하여, 反位어든, 宰夫이 五人이, 擧以東하여, 降自西階하되, 其擧亦西面이니라.

(수자 왈 과군 사모 수 상자 입고
출왈 고모 수의 수자 집면복 재집령 우
집요 입승당 치명왈 과군 사모 수 자
배계상 위의우빈동 수자 강 수작변복어문
내류 장명 자 배계상여초 수피변복어중정
자서계 수조복 자당 수현단 장명 자
배계상개여초 수자 강출 반위 재부 오
인 거이동 강자서계 기거역서면)

上介賵하되, 執圭하여 將命曰, 寡君이 使某로 賵이라하니, 相者이 入告하고, 反命曰, 孤이 須矣라 하며, 陳乘黃大路於中庭하되, 北輈하고, 執圭將命이어든, 客使自下하여 由路西하고, 子이 拜稽顙이어든, 坐委于殯東南隅하고, 宰이 擧以東하나니라.

(상개봉 집규 장명왈 과군 사모 봉 상
자 입고 반명왈 고 수의 진승황대로어중정
북주 집규장명 객사자하 유로서 자
배계상 좌위우빈동남우 재 거이동)

註解 ㅇ執要(집요)－要(요)는 요(腰). 의복의 허리 부분. ㅇ門內霤(문

내류)―문 안쪽으로 낙숫물받이가 있는 곳. ○爵弁服(작변복)……皮弁服
(피변복)……朝服(조복)……玄端(현단)―최초의 면복(冕服)은 최고의 옷
이므로 사신이 스스로 들고 당상으로 올라갔으나, 피변복(皮弁服) 이하는
순차적으로 당(堂) 가까이까지 부하에게 운반케 한다. 이리하여 차등(差
等)을 명시하는 것이다. 최후의 현단복(玄端服)은 사신이 당상에서 부하
로부터 직접 받는다. ○宰夫(재부)―재상(宰相). ○乘黃(승황)―승(乘)은
네 필의 말이 1조(組). ○輈(주)―수레의 긴 자루. ○自下(자하)―말을 인
솔한다는 뜻. 자(自)는 솔(率). 하(下)는 수레 밑에 있는 것이란 뜻으로
말을 가리킨다.

대체로 사신이 주명(主命)을 상주에게 전하려면 우선 〔당으로 올라
가서〕 구(柩)에 향하고 하는 것이지만, 주명을 전할 때 세자〔상주〕는
절을 한다. 사신은 서면하고 무릎 꿇고서 〔함(含)・수(襚)・봉(賵)
등〕 손에 든 것을 놓는다. 그리고 상주의 상경(上卿)이 벽(璧)이나 규
(圭)를 들며 상경의 부하는 수(襚)를 들고 함께 서계(西階)로부터 올
라가 서면하고 무릎 꿇으며 물건을 든다. 그리고 서계로 해서 내려가
궁내(宮內)로 간다.

봉(賵)을 취급하는 자〔상개(上介)〕가 일을 끝내고 나와 문밖의 정
위치로 되돌아가면 이윽고 정사(正使)는 임곡(臨哭)을 한다. "우리
임금께서는 종묘의 일이 있기 때문에 행차하시지 못합니다. 그래서
일개 노신(老臣)인 모(某)에게 명하시어 구(柩)의 줄을 잡겠습니다."
상주의 상자(相者)는 이를 받아 주인에게 전하고 그 회답을 사신에게
고한다. "고(孤)는 기다리고 있습니다." 거기서 정사(正使)는 문으로
들어가서 우측으로 가고 그의 수행원들도 모두 이에 따르며 정사의
좌측에 늘어서는데 이때 동쪽을 상위(上位)로 한다. 그런데 상주쪽에
서는 종인(宗人)이 사신을 인도하고 뜰로 들어가게 하고 먼저 자기가
당으로 올라가서 군명(君命)을 받고 내려와서 사신에게 전한다. "고
(孤)는 사신의 고마운 마음씨를 사양하나니 청컨대 사신은 제자리로

돌아가 주시오." 이에 대해서 사신은 답한다. "우리 임금께서 모(某)에게 명하시기를, '그쪽에 가서는 모든 것을 삼가고 자신을 객으로 생각해서는 안되오'라고 하셨습니다. 그러므로 객의 자리로 돌아가라는 것을 거두어 주십시오."

原文 凡將命엔, 鄕殯하나니, 將命에, 子이 拜稽顙이어든, 西面而坐하여 委之하며, 宰이 擧璧與圭하고, 宰夫이 擧襚어든, 升自西階하고, 西面하여 坐取之하며, 降自西階하나니라.

　(범장명 향빈 장명 자 배계상 서면
　이좌 위지 재 거벽여규 재부 거수 승자
　서계 서면 좌취지 강자서계)

　賵者이 出하여, 反位于門外니라. 上客이 臨曰, 寡君이 有宗廟之事하여, 不得承事하며, 使一介老某로 相執綍하노라. 相者이 反命曰, 孤이 須矣라 하고, 臨者이 入門右어든, 介者이 皆從之하여, 立于其左하되, 東上하나니, 宗人이 納賓하고, 升受命于君하여, 降曰, 孤이 敢辭吾子之辱하나니, 請吾子之復位하노라. 客이 對曰, 寡君이 命某하사대, 毋敢視賓客이라하여, 敢辭하나니라.

　(봉자 출 반위우문외 상객 임왈 과군 유종묘
　지사 부득승사 사일개로모 상집불 상자
　반명왈 고 수의 임자 입문우 개자 개종지
　입우기좌 동상 종인 납빈 승수명우군
　강왈 고 감사오자지욕 청오자지복위 객
　대왈 과군 명모 무감시빈객 감사)

註解 ㅇ鄕殯(향빈)―향(鄕)은 향(嚮) 및 향(向). ㅇ上客(상객)―정사(正使)를 가리킨 말. ㅇ臨曰(임왈)―임곡(臨哭)을 하려고 그 뜻을 고한다는 뜻. 임(臨), 즉 임곡이란 직접 구(柩)에 대해서 곡하는 예. ㅇ承事(승사)―상사(喪事)를 돕는 것. 승(承)은 상(相)·조(助). ㅇ執綍(집불)―장례에 있

어서 관의 끈을 끄는 의례를 가리킨다. ○孤敢(고감)……復位(복위)—빈객
은 문으로 들어가서 좌측(서쪽)에 서는 것을 정위치로 하는데, 사신은 예
의상 일단 우측(동쪽)에 섰다. 그래서 고(孤 : 상주)는 그것을 거부하고 정
위치로 갈 것을 청한다.

거기서 [상주의 상자(相者)인] 종인(宗人)이 사신의 의향을 주인
께 고하고 그 회답을 받아 사신에게 전한다. "고(孤)는 아무래도 사
신의 고마운 마음씨를 사퇴하지 않으면 안됩니다. 청컨대 사신은 정
위치로 돌아가 주시오." 사신은 답한다. "우리 임금께서 모(某)에게
명하시기를 삼가 자기를 빈객처럼 생각해서는 안된다고 하셨으므로
굳이 사퇴하여 그 위치에 가지 않고 있습니다만 아무리 사퇴해도 이
쪽의 임금께서 허용하시지 않으시니 어찌 삼가 분부에 따르지 않을
수 있겠습니까." 사신은 다시 문 안의 서쪽에 서고 그의 수행원들은
좌측[동쪽]에 서는데 이때 동쪽을 상위(上位)로 한다. 그리고 상주
는 동계(東階)로 내려와서 사신에게 절하고 사신과 함께 당으로 올
라가 구(柩)에 대하여 곡하고 상주와 사신이 번갈아 용(踊)을 세 차
례 행한다. 그것이 끝나고 사신이 물러갈 때에는 주인이 문밖까지 나
가서 절한다.

原文　宗人이 反命曰, 孤이 敢固辭吾子之辱하나니, 請吾子之
復位하노라. 客이 對曰, 寡君이 命某하사대, 毋敢視賓客이라하시
니, 敢固辭하노라. 宗人이 反命曰, 孤이 敢固辭吾子之辱하나니,
請吾子之復位하노라. 客이 對曰, 寡君이 命使臣某하사대, 毋敢
視賓客이라하시니, 是以로 敢固辭하니, 固辭不獲命이라도, 敢不
敬從가. 客이 立于門西하고, 介立于其左하되, 東上이어든, 孤이
降自阼階拜之하여, 升哭하고, 與客으로 拾踊三하고, 客이 出이어
든, 送于門外하여, 拜稽顙하나니라.

(종인 반명왈 고 감고사오자지욕 청오자지
복위 객 대왈 과군 명모 무감시빈객
감고사 종인 반명왈 고 감고사오자지욕
청오자지복위 객 대왈 과군 명사신모 무감
시빈객 시이 감고사 고사불획명 감불
경종 객 입우문서 개립우기좌 동상 고
강자조계배지 승곡 여객 겹용삼 객 출
송우문외 배계상)

[註解] ○升哭(승곡) - 주인은 서계(西階), 즉 동계(東階)에서, 객은 서계로부터 1단씩 번갈아 오르며 당상에 이르러서 임곡(臨哭)하는 것. 승(升)은 승(昇) 또는 등(登). ○拾踊(겹용) - 번갈아 곡하며 뛰는 것.

[신하된 자는] 그 나라에서 임금이 죽어 상중(喪中)에 있으면 내 집의 불행에 대해서 사람들의 조문을 받지 아니한다.

외종(外宗)은 방안에서 남쪽을 향하고 소신(小臣)은 자리를 깔고 상축(商祝)은 그 위에 효(絞)와 금(紟)과 이불을 깔고 선비는 대야 북쪽에서 손을 씻고 시체를 들어 위로 옮긴다. 염(斂)하는 것을 마치면 재(宰)가 상주에게 고한다. 상주는 여기에 의지하여 뛰고 부인은 동쪽을 향해 앉았다가 일어나서 뛴다.

사(士)의 신분인 자의 상례(喪禮)에도 천자와 공통되는 일이 세 가지가 있다. [구(柩)를 조묘(祖廟)로 옮길 때에는] 밤이 새도록 뜰에 불을 피우는 것, 사람들에게 구거(柩車)의 끈을 끌게 하는 것 및 도로를 전용(專用)해도 되는 것 등이다.

[原文] 其國에 有君喪이어든, 不敢受弔니라.
(기국 유군상 불감수조)

外宗은 房中에 南面하고, 小臣은 鋪席하고, 商祝은 鋪絞紟衾

하고, 士는 盥于盤北하고, 擧遷尸于斂上하며, 卒斂하여, 宰이 告
子어든, 馮之踊하고, 夫人이 東面하여 坐之하여, 興踊하나니라.

（외종 방중 남면 소신 포석 상축 포교금금

사 관우반북 거천시우렴상 졸렴 재 고

자 풍지용 부인 동면 좌지 흥용)

士喪에 有與天子로 同者이 三이니, 其終夜燎와, 及乘人과 專
道而行이니라.

（사상 유여천자 동자 삼 기종야료 급승인 전도이행)

註解　○外宗(외종)……興踊(흥용)－이 구절은 제22 〈상대기편(喪大記
篇)〉의 '군장대렴(軍將大斂)……역여지(亦如之)'의 구절과 중복되었다. 주
해는 생략한다. ○乘人(승인)－사람을 시켜 구거(柩車)를 끄는 것. ○專
道而行(전도이행)－널을 운반할 때는 사람들이 모두 길을 피한다는 뜻.
○其終夜(기종야)……行(행)－이것은 매장에 앞서서 구(柩)를 조묘(祖廟)
로 옮길 때나 묘소(墓所)로 갈 때의 일 등을 가리킨다.

제21 잡기(雜記) 하(下)

아버지의 상중(喪中)이 아직 끝나기도 전에 어머니가 죽었을 경우에는 아버지의 상(喪)을 벗을 때에 일단 제상(除喪)의 복(服)을 입고 제상의 제사(대상)를 올리고 그것을 끝낸 다음 어머니를 위한 상복을 입는다. 백숙부(伯叔父)들이나 형제들의 상(喪)도 그러하며, 그들의 상중에 부모의 상이 발생하면 그들의 제상 때에는 일단 제상의 복(服)을 입고 제사를 끝낸 다음 부모를 위한 상복(喪服)으로 되돌아간다. 또한 만일 3년의 상이 겹쳤을 경우에는 우제(虞祭)를 지내고 마질(麻絰)로 바꿀 때 연(練)이나 상(祥)의 제(祭)를 올린다.

조부(祖父)가 죽고 연제(練祭)에 이르기 전에 손자가 죽었을 경우에는 그 제사를 조부에게 부제(祔祭)한다.

原文 有父之喪하여, 如未沒喪而母이 死어든, 其除父之喪也에, 服其除服하고, 卒事하여 反喪服이니라. 雖諸父昆弟之喪이라도, 如當父母之喪이어든, 其除諸父昆弟之喪也에, 皆服其除喪之服하고, 卒事하여 反喪服이니라. 如三年之喪에, 則旣穎이어든, 其練祥을 皆行이니라.

(유부지상 여미몰상이모 사 기제부지상야
복기제복 졸사 반상복 수저부곤제지상
여당부모지상 기제저부곤제지상야 개복기제상지복
졸사 반상복 여삼년지상 즉기경 기
연상 개행)

王父이 死하여, 未練祥, 而孫又死어든, 猶是附於王父也니라.

(왕부 사 미연상 이손우사 유시부어왕부야)

註解 ○穎(경)-모시의 일종으로 졸곡(卒哭) 후에 마질(麻絰)을 갈질(葛絰)로 바꾸지만, 갈(葛) 대신에 경질(穎絰)을 사용하는 수도 있다. 따라서 기경(旣穎)이란 '졸곡(卒哭)에 달한 후'란 뜻이다. 졸곡은 대략, 사(士)가 3개월, 대부가 5개월, 제후가 7개월이다.

집에 아직 구(柩)가 있는 동안에 친척의 상(喪)을 알려왔을 경우는 집안의 다른 방에서 그 친척의 죽은 자에 대하여 곡을 한다. 〔그 다음날 아침에는 먼저〕 구(柩)가 있는 방으로 들어가서 음식을 바치고 끝나면 나와서 〔친척의 죽은 자를 위해〕 상복으로 바꾸어 입고 다른 방에 설정한 위치에서 곡하기를 어제와 같이 한다.

대부나 사(士)가 임금의 제사에 임무를 띠고 있는데, 이미 제기를 깨끗이 씻는 예가 끝났을 무렵 부모가 죽었을 경우는 그대로 임무를 수행키로 하고 숙소만은 다른 사람들과 별도로 한다. 그리고 제사가 끝나면 복을 벗고 공문(公門) 밖으로 나가 애곡(哀哭)하고 집으로 돌아온다. 기타의 예법은 〔출타중에 부모가 죽어서 상(喪)에 달려가는〕 분상(奔喪)의 예와 똑같이 한다. 만일 아직 제기(祭器)를 씻는 예가 끝나기 전에 부모의 죽음을 알았을 경우는 다른 사람에게 맡기고 임금께 고한 다음 그 사람이 돌아오고 나서 애곡(哀哭)한다. 또 만일 백숙부(伯叔父)나 형제 백숙모, 자매들이 죽었을 경우는 이미 제사 전의 숙계(宿戒)가 끝난 후면 그대로 맡은 제사 일을 다한다. 그리하여 제사가 끝나면 공문(公門)을 나와 복(服)을 벗고 돌아간다. 기타는 분상(奔喪)의 예와 똑같이 한다. 죽은 자가 자기와 같은 집에 살던 사람이면 숙계(宿戒)는 숙소를 다른 사람들과 별도로 한다.

증자(曾子)가 여쭈었다. "경대부(卿大夫)의 신분인 사람이 임금의 제에 시(尸)를 하게 되어 숙계가 끝났는데, 집안의 재최(齊衰)의 상이 일어났을 경우는 어떻게 합니까?" 공자는 말씀했다. "숙계 장소를 나와 공궁(公宮) 안에 있으면서 제사를 기다리는 것이 예이다." 공자는 말씀했다. "시(尸)가 변(弁) 혹은 면(冕)의 관(冠)을 쓰고 외출하면 길에서 만난 경대부사(卿大夫士)는 모두 수레에서 내려 경의를 표한다. 이것이 예이다. 이에 대하여 시(尸)는 반드시 식례(式禮)를 한다. 시(尸)의 수레에는 반드시 전구(前驅)가 붙는다."

原文 有殯하여, 聞外喪이어든, 哭之他室하고, 入奠이니, 卒奠 出하여, 改服則位하고, 如始卽位之禮니라.

　(유빈 문외상 곡지타실 입전 졸전
　출 개복즉위 여시즉위지례)

大夫士이 將與祭於公하사, 旣視濯하고, 而父母이 死어든, 則 猶是與祭也하되, 次於異宮이니, 旣祭釋服하고, 出公門外하여, 哭而歸니라. 其他는 如奔喪之禮하며, 如未視濯이어든, 則使人告 하고, 告者이 反而后哭이니라. 如諸父昆弟姑姉妹之喪에는, 則旣 宿이어든 則與祭니, 卒事하고 出公門하여, 釋服而后에 歸하며, 其他는 如奔喪之禮니, 如同宮이어든, 則次于異宮이니라.

　(대부사 장여제어공 기시탁 이부모 사 즉
　유시여제야 차어이궁 기제석복 출공문외
　곡이귀 기타 여분상지례 여미시탁 즉사인고
　고자 반이후곡 여저부곤제고자매지상 즉기
　숙 즉여제 졸사 출공문 석복이후 귀
　기타 여분상지례 여동궁 즉차우이궁)

曾子이 問曰, 卿大夫이 將爲尸於公에, 受宿矣요, 而有齊衰 內喪이어든, 則如之何니이꼬. 孔子이 曰, 出舍乎公宮하여 以待 事니, 禮也라. 孔子이 曰, 尸弁冕而出커든, 卿大夫士이 皆下之 하나니, 尸必式하며, 必有前驅하나니라.

　(증자 문왈 경대부 장위시어공 수숙의 이유재최
　내상 즉여지하 공자 왈 출사호공궁 이대

사 예야 공자 왈 시변면이출 경대부사 개하지
시필식 필유전구)

註解 ㅇ濯(탁)-제기(祭器)를 깨끗하게 씻는 예(禮). ㅇ餼宿(기숙)-제
사 전 3일에 숙계(宿戒)를 받는 것. ㅇ齊衰內喪(재최내상)-백숙부모(伯
叔父母)나 형제자매 등의 상(喪). ㅇ同宮(동궁)……異宮(이궁)-이 궁(宮)
은 일반적인 가옥(家屋)을 가리킨다.

부모의 상중에 소상(小祥) 또는 대상(大祥)의 제사를 올리려고 할
때 형제가 죽었을 경우는 잠시 제사를 연기하고 형제의 빈장(殯葬)이
끝나고 나서 제사지낸다. 만일 주거(住居)를 같이하는 자가 죽었을
경우는 그것이 소신(小臣)의 남녀라 할지라도 장의(葬儀)가 끝나고
나서 제사지낸다. 그리고 제사지낼 때에 상주는 계단을 오르내리는
데 있어서 1단씩 발을 맞대면서 오르내리거나 하지 않는다. 상주뿐만
이 아니라 제사에 임한 사람들도 모두 마찬가지로 한다. 이것은 장례
뒤의 우제(虞祭)나 우제 뒤의 부제(祔祭)의 제사 때에 이르러서 부모
의 소상(小祥)이나 대상(大祥)을 거행할 때에도 같게 한다. 제후로부
터 말단의 사(士)에 이르기까지 소상(小祥)의 제사에 있어서 정제(正
祭) 후에 [주빈(主賓)이] 주인에게 반배(返杯)를 하면 주인은 그것을
입에 대고, 일반 손님이나 형제들은 주인으로부터 받은 술잔을 마셔
도 된다. 대저 [대상이나 소상 등의] 상(喪)에 부수되는 제례(祭禮)에
임무를 담당한 사람은 객들에게 포해(脯醢)를 올리라고 말하고 먹지
는 않는다.

자공(子貢)이 부모상(父母喪)에 대해서 여쭈니 공자가 말씀하기를,
"공경하는 것이 제일이요, 슬퍼하는 것이 그 다음이요, 자기 몸을 해
치는 것이 제일 아래이니 얼굴빛은 그 정(情)에 맞도록 하고 슬픈 모
양은 그 상복(喪服)에 맞도록 해야 한다."라고 하였다. 자공은 이어서
형제의 상에 대하여 여쭈었다. 공자는 답하시기를, "형제의 상에 대해

서는 서적(書籍)에 수록되어 있다."라고 말했다.

군자는 남의 거상(居喪)하는 애정(哀情)을 뺏지 않고 또한 나의 애
정(哀情)도 빼앗기지 않는 법이다.

공자가 말씀하기를, "소련(小連)과 대련(大連)은 거상(居喪)을 잘
했다. 3일을 게을리하지 않고, 3개월 동안 해이하지 않으며, 1년 동안
슬퍼하고 3년 동안을 조상하지 않았으니, 이는 동이(東夷)의 아들이
었다."라고 했다.

原文 父母之喪에, 將祭而昆弟이 死커든, 旣殯而祭니라. 如同
宮이어든, 則雖臣妾이나, 葬而后에 祭니라. 祭에 主人之升降이
散等이어든, 執事者도 亦散等하나니, 雖虞나 祔亦然하니라. 自諸
侯로 達諸士에, 小祥之祭엔, 主人之酳也에 嚌之하고, 衆賓兄弟
엔, 則皆啐之하며, 大祥엔, 主人이 啐之하고, 衆賓兄弟는, 皆飮
之可也니라. 凡侍祭喪者는, 告賓하되 祭薦而不食하나니라.

(부모지상 장제이곤제 사 기빈이제 여동
궁 즉수신첩 장이후 제 제 주인지승강
산등 집사자 역산등 수우 부역연 자제
후 달제사 소상지제 주인지작야 제지 중빈형제
즉개쵀지 대상 주인 쵀지 중빈형제 개음
지가야 범시제상자 고빈 제천이불식)

子貢이 問喪한대, 子이 曰, 敬이 爲上하고 哀이 次之하고 瘠이
爲下니, 顔色을 稱其情하고, 戚容을 稱其服이니라. 請問兄弟之
喪하나이다. 子이 曰, 兄弟之喪은, 則存乎書策矣니라.

(자공 문상 자 왈 경 위상 애 차지 척
위하 안색 칭기정 척용 칭기복 청문형제지
상 자 왈 형제지상 즉존호서책의)

君子는 不奪人之喪하고, 亦不可奪喪也니라.

(군자 불탈인지상 역불가탈상야)

孔子이 **曰, 少連大連**은, **善居喪**하니라. **三日**을 **不怠**하고, **三月**을 **不解**하고, **期**를 **悲哀**하고, **三年**을 **憂**하니, **東夷之子也**니라.

(공자 왈 소련대련 선거상 삼일 불태 삼월

불해 기 비애 삼년 우 동이지자야)

[註解] ㅇ旣殯而祭(기빈이제)—먼저 형제를 빈장(殯葬)하고 그리고 나서 부모의 제사를 올린다는 뜻. ㅇ散等(산등)—한 발에 1단 오르내리고 1단씩 양쪽 발을 대지 않는 것. 다른 상(喪)이 있기 때문에 제례(祭禮)를 다소 생략하는 것이다. ㅇ酢(작)—주빈(主賓)이 주인에게 술잔을 반배(返杯)하는 것. 주인이 이에 반배하는 것을 수(酬)라고 한다. ㅇ嚌(제)……啐(쵀)—모두 맛보는 것. 즉 핥는 것. 정주(鄭注)에는 '제(嚌)는 치(齒)에 이르고, 쵀(啐)는 입에 들어간다'고 되어 있다. ㅇ凡侍祭喪者(범시제상자)—정주(鄭注)에는 '상제(喪祭)……'라고 되어 있으며 제상(祭喪)은 상제(喪祭 : 상례 중의 제례)의 잘못. ㅇ祭薦(제천)—신 앞에 음식을 바치는 것으로 대표적인 것은 포(脯)와 해(醢)이다. ㅇ不食(불식)—보통 제사에서는 밥상에서 요리로 제사지내면 그후 각자가 먹지만, 대소상(大小祥)과 같은 상제(喪祭)에서는 형(型)처럼 제사지낼 뿐 실제로는 먹지 않는다. ㅇ戚容(척용)—비통(悲痛)해하는 태도.

3년상(喪)에 있어서는 자기 혼자 말은 해도 사람과는 말을 하지 않고, 물음에 답은 해도 스스로 묻지는 않는다. 여막(廬幕)이나 악실(堊室) 속에서도 남과 같이 앉지 않고, 악실 속에 있을 때에는 가끔 어머니께 뵙는 일 이외에는 안에 들어가지 않는다. 재최(齊衰)에는 모두 악실(堊室)에 거처하고 여막에 있지 않는다. 여막이란 가장 엄숙한 곳이다.

복상(服喪)에 관한 주의사항에 있어서 처(妻)의 상은 아버지의 형제 및 그의 배우(配偶)의 상(喪)에 준하고, 아버지의 자매 상은 자기 형제의 상에 준하며, 또 상·중·하 각 등급의 요절(夭折)한 사람의 상은 성인의 상에 준한다.

부모의 상에는 이미 기한이 찼어도 슬픔을 계속하며 형제의 상은 기한이 차기 전에 슬픔을 거둔다.

임금의 어머니에 대한 상과 임금의 아내에 대한 상과의 차이는 내형의 상과 아우의 상과의 차이에 비교된다. 그리고 어느 상에 있어서나 먹어서 안색에 나타나는 것은 먹지 않는 것이 좋다.

原文 三年之喪엔, 言而不語하고, 對而不問하며, 廬堊室之中에, 不與人坐焉하고, 在堊室之中하여는, 非時見乎母也어든, 不入門이니라. 疏衰엔 皆居堊室하고, 不廬하나니 廬는 嚴者也니라.

(삼년지상 언이불어 대이불문 여악실지중
불여인좌언 재악실지중 비시현호모야 불
입문 소최 개거악실 불려 여 엄자야)

妻는 視叔父母하고, 姑姊妹는 視兄弟하고, 長中下殤은 視成人이니라.

(처 시숙부모 고자매 시형제 장중하상 시성인)

親喪은 外除하고, 兄弟之喪은 內除니라.

(친상 외제 형제지상 내제)

視君之母와 與君之妻하되, 比之兄弟니, 發諸顔色者는, 亦不飮食也니라.

(시군지모 여군지처 비지형제 발저안색자 역불음식야)

註解 ○言而不語(언이불어)―언(言)은 자기 스스로의 일을 말하고 어(語)는 남을 대하여 하는 것. ○時見乎母(시현호모)―가끔 어머니를 뵈러 가는 것. ○長中下殤(장중하상)―상(殤)은 요절(夭折), 즉 젊어서 죽는 것, 장상(長殤)은 16~19세의 죽음. 중(中)은 12~15세의 죽음. 하(下)는 8~11세의 죽음. 7세 이하의 상(殤)은 복상(服喪)의 규정이 없어 '무복지상(無服之喪)'이라고 한다. ○外除(외제)……內除(내제)―외제(外除)는 시

일이 이미 지났어도 슬픔을 잊지 못하는 것이고, 내제(內除)는 시일이 아직 지나지 않았어도 슬픔이 감소되는 것을 말한다. 외면만 상복(喪服)을 벗고 속으로는 벗지 않은 것을 외제(外除)라고 하며, 외면으로 벗기 전에 내면으로 먼저 상복을 벗는 것을 내제(內除)라고 한다.

부모의 3년상(喪)을 마친 뒤 길을 가다가 죽은 아버지나 어머니와 비슷한 사람을 보면 눈이 번쩍 뜨이며 놀라고 다른 데서 죽은 아버지나 어머니와 같은 이름을 들으면 마음이 섬뜩하고 놀라며, 타인의 부모가 죽어서 그를 조문하고 혹은 남의 부모의 질병에 대해서 물을 때에는 그 얼굴을 보고 비통한 마음이 나타나서 다른 보통 사람과는 다른 곳이 보이는 것이다. 그리고 이와 같은 마음가짐인 사람이라야 부모의 3년상을 완전히 마칠 수가 있는 것으로 이 〔마음가짐〕 이외의 예법은 규정대로 하면 된다.

대상(大祥 : 3년=25개월 상의 최후 제사)에 있어서 상주가 상을 마치려면 먼저 그 전날 밤에, 내일은 대상의 제사를 올리기로 결심한 후 〔경대부(卿大夫)의 상복(常服)인〕 조복(朝服)으로 바꾸어 입는다. 그리고 다음날 제사를 거행할 때도 어젯밤부터의 조복을 입는 것이다. 자유(子游)가 말했다. "부모의 상(喪)과 다른 친족의 상복을 입고 있을 경우, 만일 대상 때가 되어 이미 그 제사를 올리기로 되었으면 다른 쪽을 위해서는 호관(縞冠)을 쓰는 것이 아닐지라도 반드시 호관을 쓰고 상제(祥祭)를 거행하되 끝나고 나면 다른 쪽을 위한 복장으로 되돌아간다.

대렴(大斂)이 끝나고 단(袒) 모습이 되어야 할 때에 대부가 조문하러 오면 자기는 마침 용(踊)을 하고 있을 때라 할지라도 잠시 용을 멈추고 대부에게 절한다. 그리고 본래대로 되돌아가서 용을 끝마치고 옷을 겹쳐 입는다. 만일 도중에 사(士)가 왔다면 정해진 상사(喪事)를 마치고 용(踊)을 끝낸 다음 옷을 겹쳐 입고 나서 사(士)에게 절하는 것으로 잠시 용을 멈추었다가 다시 하지 않아도 된다."

상대부(上大夫)의 우제(虞祭)에는 소뢰(小牢)의 선(膳)을 사용하고, 졸곡성사(卒哭成事)와 부제(祔祭)에는 대뢰(大牢)를 사용한다. 하대부의 우제에는 특생(特牲)을 쓰고 졸곡성사와 부제(祔祭)에는 소뢰(小牢)를 사용한다.

原文 免喪之外에, 行於道路할새, 見似엔 目瞿하고, 聞名엔 心瞿하며, 弔死而問疾할새, 顏色戚容이, 必有以異於人也니, 如此而后에야, 可以服三年之喪이니 其餘則直道而行之是也니라.

(면상지외 행어도로 견사 목구 문명 심
구 조사이문질 안색척용 필유이이어인야 여차
이후 가이복삼년지상 기여즉직도이행지시야)

祥에 主人之除也에, 於夕에 爲期하고, 朝服하며, 祥은 因其故服이니라. 子游이 曰, 旣祥이어든, 雖不當縞者라도, 必縞然後에 反服이니라.

(상 주인지제야 어석 위기 조복 상 인기고
복 자유 왈 기상 수부당호자 필호연후 반복)

當袒에 大夫이 至커든, 雖當踊이라도, 絶踊而拜之하고, 反改成踊하고, 乃襲하며, 於士엔 旣事成踊하고, 襲而后에 拜之하고, 不改成踊이니라.

(당단 대부 지 수당용 절용이배지 반개
성용 내습 어사 기사성용 습이후 배지
불개성용)

上大夫之虞也엔 小牢요, 卒哭成事附엔 皆大牢하고, 下大夫之虞也엔 特牲이오, 卒哭成事附엔 皆少牢니라.

(상대부지우야 소뢰 졸곡성사부 개대뢰 하대부
지우야 특생 졸곡성사부 개소뢰)

註解 ㅇ免喪之外(면상지외)─상을 마친 뒤란 뜻. 외(外)는 후(後). ㅇ瞿(구)─덜컹하는 것. 깜짝 놀라는 것. ㅇ問疾(문질)─스스로 남의 질병을 문병하는 뜻으로 해석되나, 여기서는 환자의 용태를 집안 사람에게 묻는 것으로 해석한다. ㅇ其餘(기여)……─3년상도 또한 근본 조건은 진정한 애통(哀痛)의 정의(情意)임을 말한 것. ㅇ當袒(당단)─대렴(大斂), 즉 염습을 마쳤을 때. ㅇ虞(우)─매장을 끝내고 돌아와서 죽은 자의 영혼을 제사지내는 것. ㅇ卒哭成事(졸곡성사)─졸곡(卒哭)은 '때없이 슬피 곡(哭)하는 것이 끝내고[卒] 아침저녁으로 정해진 때에 곡하는 것'으로서 사(士)는 3개월, 대부는 5개월, 제후는 7개월로서 졸곡을 한다. (달수는 시대에 따라 다르다) 또 졸곡은 흉례(凶禮)가 아니고 길사(吉事)로서 이를 이루기[成] 때문에 졸곡의 예를 졸곡성사라고 말한다.

매장(埋葬)의 택일을 거북점에 물으려고 할 때 이를 행하는 축인(祝人)은 상주가 죽은 자의 아들이나 손자면 애자(哀子)·애손(哀孫)이라 칭하고, 남편이면 내모(乃某)라 칭하며, 형제면 형모(兄某)·제모(弟某)라 칭한다. 예컨대 형의 매장을 점치려면 상주인 아우는[망형(亡兄)을 부르며] 백자모(伯子某)라고 칭한다.

옛날에는 귀하거나 천하거나 모두 상장(喪杖)을 사용했다. 노(魯)나라의 숙손무숙(叔孫武叔)이 어느 날 조정에 들어갈 때 차륜(車輪)의 관원으로 복상(服喪)중인 자가 상장을 차륜의 축(軸) 구멍에 꽂고 바퀴를 돌리고 있는 것을 보고[이러한 실례가 또다시 있어서는 안되겠다고 생각하여] 거기서 관작(官爵)있는 자에 한해서 지팡이를 사용하기로 했던 것이다.

시체의 얼굴을 천으로 덮고 입 부분을 자르고 옥(玉)을 물도록 한 것은 공양가(公羊賈)라는 사람이다.

모(冒)라는 것은 무엇일까? 시체를 덮는 것이다. 습의(襲衣)의 의식에서 소렴(小斂)의 의식에 이르기까지 만일 모(冒)를 사용하지 않으면 시체가 노출되어 보기 흉하므로 습의한 뒤에는 모를 사용하는 것이다.

原文 祝이 稱卜葬虞에, 子孫을 曰哀라하고, 夫에 曰乃라하고, 兄弟를 曰某라하나니, 卜葬其兄이어든, 弟이 曰伯子某라 하나니라.

(축 칭복장우 자손 왈애 부 왈내
형제 왈모 복장기형 제 왈백자모)

古者에 貴賤이 皆杖하니, 叔孫武叔이, 朝에 見輪人이 以其杖으로 關轂而軔輪者하고, 於是에 有爵而后에 杖也니라.

(고자 귀천 개장 숙손무숙 조 견륜인 이기장
관곡이과륜자 어시 유작이후 장야)

鬐巾以飯은, 公羊賈이 爲之也니라.

(착건이반 공양가 위지야)

冒者는 何也오, 所以掩形也니, 自襲으로 以至小斂하되, 不設冒則形也니, 是以로 襲而后設冒也니라.

(모자 하야 소이엄형야 자습 이지소렴 불설
모즉형야 시이 습이후설모야)

註解 ㅇ葬虞(장우)─매장하는 것. 장례식 뒤에는 우제(虞祭)가 거행되기 때문이다. ㅇ夫曰乃(부왈내)─남편이 그 아내를 장사지낼 때에는 자기를 내부(乃父)라고 한다. 내(乃)는 조사(助辭)이다. ㅇ叔孫武叔(숙손무숙)─춘추시대 노(魯)나라의 호족(豪族)으로 공실(公室)의 지족(支族). 숙손(叔孫)은 성이고, 무숙(武叔)은 시호(諡號)이며, 이름은 주구(州仇)이다. ㅇ飯(반)─죽은 자의 입에 옥(玉)을 물리는 것. ㅇ公羊賈(공양가)─노(魯)나라의 사(士)로, 공양(公羊)은 성이다. ㅇ襲(습)─죽은 자의 평소 의복을 벗기고 새옷으로 바꾸어 입히는 것.

어떤 사람이 증자(曾子)에게 물었다. "부모를 장사지낼 때에 이미 생(牲)을 바치고 그 나머지는 거적에 싸서 수레에 싣는 모양은 마치 평상시에 사람들이 이웃에서 식사를 하고 나머지를 싸가지고 가는 모

양과 비슷한 것입니까? 군자도 이미 음식을 먹고서 그 나머지를 싸가
지고 가는 일이 있습니까?” 증자는 답하였다. “당신은 대향(大饗)의
예를 보지 않았습니까, 저 대향에 있어서는 이미 식사가 끝나면 〔소·
양·돼지〕 삼생(三牲)의 먹고 남은 것은 꾸려서 객관(客館)으로 보내
주는 풍습입니다. 부모이지만 죽으면 빈객처럼 대접하는 것이 애통하
는 정을 나타내는 방법인 것입니다. 당신은 대향의 예를 보지 않았습
니까?”

〔이것은〕 남의 초상을 위해 보낸 것이 아닐까, 아니면 손윗사람으
로부터 받은 것일까.

原文 或이 問於曾子曰, 夫旣遣而包其餘는, 猶旣食而裹其餘
與니까. 君子이 旣食, 則裹其餘乎니까. 曾子이 曰, 吾子는 不見
大饗乎아. 夫大饗은, 旣饗하고, 卷三牲之俎하여, 歸于賓館하나
니, 父母而賓客之는, 所以爲哀也니, 子는 不見大饗乎아.
  (혹 문어증자왈 부기견이포기여 유기식이과기여
  여 군자 기식 즉과기여호 증자 왈 오자 불견
  대향호 부대향 기향 권삼생지조 귀우빈관
  부모이빈객지 소이위애야 자 불견대향호)
  非爲人喪에 問與아, 賜與아.
  (비위인상 문여 사여)

註解 ㅇ夫旣遣(부기견)……—견(遣)은 견전(遣奠). 음식을 바치는 것.
ㅇ君子旣食(군자기식)……—어떤 사람에게는 군자가 먹고 남은 것을 싸
가지고 돌아오는 것은 비천한 것으로 생각되었기 때문에 이렇게 질문했
다. ㅇ大饗(대향)—특정한 향연이 아니라 성대한 잔치를 뜻한 말. ㅇ非爲
人喪(비위인상)……—정주(鄭注)에도 ‘이 위에 무언가 글귀가 있었던 것
이 빠진 것이 아닐까’라고 되어 있으며 글의 뜻은 미상, 글 속의 문(問)
자는 사(賜)자에 대한 증여(贈與)란 뜻으로 생각된다.

3년상의 복을 입고 있는 동안은 절할 때에 상배(喪拜)의 예를 사용하고 3년상이 아니면 길배(吉拜)를 사용한다.

3년상의 복을 입고 있는 동안은 만일 술과 고기가 보내오면 받으나 먼저 세 번 사퇴하고 나서 상주가 최질(衰絰) 차림으로 받는다. 또 만일 임금이 하사한 것이면 사퇴하지 않고 받아 먼저 부모의 영전에 바친다. 복상(服喪)중에는 남에게 물건을 보내지 않으며, 남이 보내왔을 때에는 주육(酒肉)이라도 받는다. 또 종형제 이하를 위한 복상이면 이미 졸곡이 지났으면 남에게 물건을 보내도 된다.

[原文] 三年之喪이어든, 以其喪拜요, 非三年之喪이어든, 以吉拜니라.

(삼년지상 이기상배 비삼년지상 이길배)

三年之喪에, 如或遣之酒肉이어든, 則受之하되 必三辭하고, 主人이 衰絰而受之니, 如君命이어든, 則不敢辭하고, 受而薦之하며, 喪者는 不遺人이니, 人이 遣之어든, 雖酒肉이나 受也요. 從父昆弟以下는, 旣卒哭이어든, 遣人이 可也니라.

(삼년지상 여혹견지주육 즉수지 필삼사 주
인 최질이수지 여군명 즉불감사 수이천지
상자 불유인 인 견지 수주육 수야 종부곤
제이하 기졸곡 견인 가야)

[註解] ㅇ喪拜(상배)—먼저 머리를 조아린 뒤에 절하는 것. ㅇ吉拜(길배)—먼저 절하고 다음에 머리를 조아리는 것. ㅇ衰絰而受之(최질이수지)—가끔 상복을 벗고 있을 경우에는 반드시 상복을 입고 나서 주육(酒肉)을 받는다. ㅇ從父昆弟(종부곤제)—종형제, 사촌.

현자(縣子)가 말하기를, "3년상(喪)은 [그 슬픔이] 몸을 베는 것 같고 기(期), 즉 1년상은 몸을 깎는 것 같다."고 하였다. 3년상의 복을 입는 동안은 이미 [소상(小祥)을 마치고] 공최(功衰)의 복이 되어 있어도 타인의 상을 조문하지 않음은 제후로부터 일반 사(士)에 이르기까지 같다. 그러나 근친자(近親者)를 위해 복상(服喪)하게 되어 조곡(弔哭)하러 갈 경우는 잠시 공최를 벗고 [죽은 자에 대해서 적당한] 상복으로 입고 간다.

기(期)의 상(喪)은 11개월이 지나서 소상(小祥)의 제(祭)를 지내고, 13개월이 지나 대상(大祥)의 제를 지내며 15개월이 지나서 담제(禫祭)를 지낸다. 소상을 마친 뒤는 다른 상(喪)에 조문한다. 대공(大功 : 9개월)의 상에 있어서 이미 장사를 지낸 뒤는 다른 사람의 상에 가서 조곡(弔哭)하고 즉시 물러가도 되며 주인의 염습이 끝나도록 기다리지 않는다. 또 이미 장사지내고 공최(功衰)를 입은 뒤면 가서 조상하고 염습하는 것을 기다리지만 그 일을 돕지는 않는다. 그리고 소공(小功)이나 시마(緦麻)의 상에는 [위의 경우에] 염습의 일을 거들지만 제물을 올리는 일에는 참여하지 않는다. 죽은 자와 서로 알던 사이면 영구(靈柩)가 궁문(宮門) 밖에 나갔을 때 물러나오고 서로 읍(揖)할 사이면 영구가 바깥 문을 나갈 때 자기에게 정해진 위치에서 애도(哀悼)하고 물러가며, 서로 안부를 묻던 사이면 묘(墓)에 봉분이 된 뒤에 물러오고, 서로 집지(執贄)하던 사이면 상주가 집에 돌아간 뒤에 물러나오며 또 친구 사이면 우제(虞祭)와 부제(祔祭)가 끝난 뒤에 물러나온다.

모든 조상은 오직 상대방의 상주만 좇는 것이 아니다. [상사(喪事)를 돕기 위한 것이기도 하다] 그래서 40세가 된 자는 영구(靈柩)의 끈을 잡고, 동향(同鄕) 사람으로 50세가 된 자는 상주를 따라서 반곡(反哭)한다. 또 40세가 된 자는 흙이 광중(壙中)에 차는 것을 기다렸다가 물러간다.

原文 縣子이 曰, 三年之喪은 如斬하고, 期之喪은 如剡이니라.

三年之喪엔, 雖功衰나 不弔니, 自諸侯로 達諸士니, 如有服而將往哭之어든, 則服其服而往이니라.

(현자 왈 삼년지상 여참 기지상 여섬
삼년지상 수공최 부조 자제후 달제사 여유복이장
왕곡지 즉복기복이왕)

期之喪은, 十一月而練하고, 十三月而祥하고, 十五月而禫이니, 練則弔니라. 旣葬大功이어든, 弔哭而退하고, 不聽事焉이니라. 期之喪에 未葬이어든, 弔於鄕人하되, 哭而退하고, 不聽事焉이오. 功衰하여 弔어든, 待事하되 不執事니라. 小功緦엔, 執事하되, 不與於禮니라. 相趨也엔, 出宮而退하며, 相揖也엔, 哀次而退하며, 相問也엔, 旣封而退하며, 相見也엔, 反哭而退하며, 朋友엔, 虞附而退니라.

(기지상 십일월이련 십삼월이상 십오월이담
연즉조 기장대공 조곡이퇴 불청사언 기
지상 미장 조어향인 곡이퇴 불청사언
공최 조 대사 부집사 소공시 집사 불
여어례 상추야 출궁이퇴 상읍야 애차이퇴
상문야 기봉이퇴 상견야 반곡이퇴 붕우 우부이퇴)

弔는 非從主人也라. 四十者는 執綍하며, 鄕人이 五十者는 從反哭하고, 四十者는 待盈坎이니라.

(조 비종주인야 사십자 집불 향인 오십자 종
반곡 사십자 대영감)

註解　ㅇ功衰(공최)−3년상의 소상(小祥)이 지난 뒤에 입는 참최(斬衰)를 말하며 이것을 만드는 데에 사용하는 삼의 승수(升數)가 대공복(大功服)과 같기 때문에 이 이름이 있다. ㅇ有服(유복)……−오복(五服)의 어느 것인가에 해당하는 것. 오복이란, 참최(斬衰)·재최(齊衰)·대공(大功)·소공(小功)·시마(緦麻) 등이며, 대체적으로 자기를 중심으로 하여

종횡(縱橫) 4세(世)에 걸친 친족(親族)에 해당된다. ㅇ禫(담)-상(喪)의 최후에 지내는 제사.

상중(喪中)의 음식은 비록 나쁘다 하더라도 반드시 먹어서 굶주림을 채우지 않으면 안된다. 주려서 상사(喪事)에 견딜 수 없게 되는 것은 예가 아니다. 또 배불리 먹어서 슬픔을 잊는 것도 예가 아니다. 쇠약해져서, 보는 것도 밝지 못하고 들어도 총명하지 못하며 걸어도 반듯하지 못하고, 슬픔조차 잊게 될 것을 군자는 근심한다. 그러기 때문에 병이 났을 때에는 술을 마시고 고기를 먹는다. 또 50세가 되면 복상(服喪)으로 몸이 심하게 쇠(衰)하지 않도록 하고 60세가 되면 복상으로 쇠약해지는 일이 없도록 하며, 70세가 되면 복상중에도 술을 마시고 고기를 먹는다. 이들은 모두 복상으로 인해서 쇠약해져 목숨을 잃는 일이 없도록 하기 위해서이다. 복상중에는 남에게 식사의 초대를 받아도 가지 않는다. 그러나 대공(大功) 이하의 상이면 이미 매장을 마쳤을 경우에는 남의 초대에 응한다. 또 복상중에 남에게 초대되어 식사하는 것은 친척에 한한 것으로 친척이 아니면 먹지 않는다. 또 [3년간 기년상에서] 공최(功衰)를 입을 때가 되면 야채나 과일을 먹고 음료수도 먹으나 염락(鹽酪 : 유산 종류)과 같은 짙은 맛이 나는 것은 사용하지 않는다. 그러나 [식욕을 잃고] 죽을 먹을 수 없을 때는 염락을 먹어도 된다. 공자가 말하기를, "몸에 종기가 있을 때는 몸을 씻고, 머리에 부스럼이 있으면 머리를 감으며, 병이 있으면 술을 마시고 고기를 먹는다. 몸이 파리해서 병이 되는 일은 군자가 하지 않는 것이니 파리해서 죽는 것을 군자는 자식된 도리가 아니라고 한다."라고 하였다.

原文 喪食은 雖惡이나 必充饑니, 饑而廢事는, 非禮也며, 飽而忘哀도, 亦非禮也니, 視不明하며, 聽不聰하며, 行不正하며, 不知

哀를, 君子이 病之라, 故로 有疾이어든, 飲酒食肉하나니, 五十이
란 不致毀하고, 六十이란 不毀하고, 七十이란 飲酒食肉이니, 皆
爲疑死니라. 有服이어든, 人이 召之食어든 不往이니, 大功以下는
旣葬하고, 適人하며, 人이 食之라도, 其黨也어든 食之하고, 非其
黨이어든 弗食也니라. 功衰에, 食菜果하며, 飲水漿하고, 無鹽酪
이니, 不能食食어든, 鹽酪도 可也니라. 孔子이 曰, 身有瘍則浴하
고, 首有創則沐하고, 病則飲酒食肉이니, 毀瘠爲病은, 君子이 弗
爲也니, 毀而死는, 君子이 謂之無子니라.

(상식 수악 필충기 기이폐사 비례야 포이
망애 역비례야 시불명 청불총 행부정 부지
애 군자 병지 고 유질 음주식육 오십
불치훼 육십 불훼 칠십 음주식육 개
위의사 유복 인 소지식 불왕 대공이하
기장 적인 인 식지 기당야 식지 비기
당 불식야 공최 식채과 음수장 무염락
불능식사 염락 가야 공자 왈 신유양즉욕
수유창즉목 병즉음주식육 훼척위병 군자 불
위야 훼이사 군자 위지무자)

註解 ○病之(병지)…… -병(病)은 우(憂), 근심. ○其黨(기당)-동족
(同族), 친척. ○鹽酪(염락)-낙(酪)은 유산음료(乳酸飲料), 즉 소금맛이
도는 유산음료를 뜻한 것.

영구(靈柩)를 따라 매장하러 갈 때와, 끝내고 반곡(反哭)하기 위해
돌아갈 때 등, 이 두 가지의 경우 이외는 길에서 [관을 벗고] 문(免)
을 입는 일이 없다. 대체로 복상(服喪)에 있어서 소공(小功) 이상에
서는 우제(虞祭)·부제(祔祭)·연제(練祭)·대상(大祥) 등 4개의 제
사 이외는 머리를 감거나 목욕을 하지 않는다.

재최(齊衰)의 상(喪)에서는 이미 장사(葬事)를 끝낸 뒤 면회를 요구하는 사람이 있으면 만나도 된다. 그러나 이쪽에서 남에게 면회를 요구하지는 않는다. 소공(小功)에서는 남에게 면회를 요구해도 된다. 대공(大功)에서는 [매장 전이라도 면회를 요구해 오면] 남과 만나도 되나 집지(執摯)하지 않는다. 또 부모의 상에 있어서는 남과 만날 때에 울음 섞인 얼굴로 만나도 된다.

原文 非從柩與反哭이어든, 無免於堩이니라. 凡喪에, 小功以上엔, 非虞附練祥이어든, 無沐浴이니라.

(비종구여반곡 무문어긍 범상 소공이상

비우부연상 무목욕)

疏衰之喪엔, 旣葬하고, 人이 請見之則見하고, 不請見人이니, 小功엔 請見人이 可也요, 大功엔 不以執摯니, 唯父母之喪엔, 不辟涕泣而見人이니라.

(소최지상 기장 인 청견지즉견 불청견인 소

공 청견인 가야 대공 불이집지 유부모지상 불피

체읍이견인)

註解 ㅇ堩(긍)―길, 도로. ㅇ無免於堩(무문어긍)―제15〈상복소기편(喪服小記篇)〉에는 '장지(葬地)가 먼 경우는 반곡(反哭)하고 돌아올 때 길에서는 관을 쓰고, 교(郊)에 이르러서부터 문(免)을 입는다'고 되어 있으므로, 본문(本文)은 장지가 가까운 경우를 가리키고 있는 것일 게다. ㅇ不以執摯(불이집지)―평상시의 예에서는 빈주(賓主)의 상견(相見)에는 복상자(服喪者)는 지(摯)를 보내지 않는다. 지(摯)는 지(贄)와 통한다.

3년상의 복을 입는 자는 [25개월에 거행되는] 대상(大祥)의 제사를 마치면 나라의 부역에 나간다. 소공(小功)과 시마(緦麻)의 상에 있어서는 빈장(殯葬)을 마치면 나간다.

증신(曾申)이 [아버지인] 증자(曾子)에게 물었다. "부모의 상(喪)

에 있어서 애곡(哀哭)할 때 그 소리에 규칙이 있습니까?" 증자가 대답하기를, "길에서 유아(幼兒)가 어머니를 잃고 울 때 그 소리에 무슨 규칙이 있겠느냐.〔부모의 죽음에 애곡하는 것도 그와 같다〕"라고 말했다.

부모의 상에 있어서 졸곡(卒哭)의 예를 마치면 부모를 휘(諱)한다. 그리고 아버지의 조부모·형제·숙부·종조·고모·자매들에게 대해서는 아들은 아버지의 휘하는 바와 같이한다. 또 어머니가 휘하는 바는 자식의 집에서 모두가 휘하고, 아내가 휘하는 바는 남편은 아내 곁에서 이에 따른다. 또 어머니 혹은 아내가 휘하는 이름이 〔자기와 증조부모를 같이하는〕 종조(從祖) 형제의 이름과 같을 경우는 자신도 〔집안이나 아내 주위에 한하지 않고〕 항상 휘하는 것이다.

상을 당하여 관(冠)을 쓸 나이가 되었을 경우는 가령 3년상에 있다 하더라도 관례(冠禮)를 올려도 된다. 그 예는 먼저 상례(喪禮)의 위치에서 관을 쓰고, 관을 썼으면 곡용(哭踊) 세 번을 세 차례 하고 위치를 떠나는 것이다.

대공(大功)의 복이 끝날 때에는 아들을 위해 관례를 올려도 되며 딸을 시집보내도 된다. 아버지가 소공(小功)의 복을 입고 그것이 끝날 때에는 자식의 관례를 올리고, 딸을 시집보내며, 혹은 자신이 아내를 맞이해도 된다. 또 자기가 소공의 복을 입고 있어도 이미 졸곡(卒哭)의 제사를 마치면 관례를 올려도 되고 아내를 맞이해도 된다. 다만 하상자(下殤者)를 위한 소공이면 〔그러한 행사는〕 안된다.

原文 三年之喪엔, 祥而從政하고, 期之喪엔, 卒哭而從政하고, 九月之喪엔, 旣葬而從政하고, 小功緦之喪엔, 旣殯而從政이니라.
　(삼년지상 상이종정 기지상 졸곡이종정
　구월지상 기장이종정 소공시지상 기빈이종정)

曾申이 問於曾子曰, 哭父母하되, 有常聲乎니까. 曰, 中路嬰

兒失其母焉에, 何常聲之有리오.

(증신 문어증자왈 곡부모 유상성호 왈 중로영

아실기모언 하상성지유)

卒哭而諱니, 王父母와 兄弟와 世父와 叔父와 姑와 姊妹는, 子與父로 同諱하니라. 母之諱는 宮中에 諱하고, 妻之諱는 不擧 諸其側이니, 與從祖昆弟로 同名이어든 則諱니라.

(졸곡이휘 왕부모 형제 세부 숙부 고 자매

자여부 동휘 모지휘 궁중 휘 처지휘 불거

저기측 여종조곤제 동명 즉휘)

以喪冠者는 雖三年之喪이나 可也니, 旣冠於次하고, 入哭踊하 되 三者三하고, 乃出이니라.

(이상관자 수삼년지상 가야 기관어차 입곡용

삼자삼 내출)

大功之末엔 可以冠子며, 可父小功之末엔 可以冠子며, 以嫁 子요, 可以嫁子며, 可以取婦요, 己이 雖小功이나 旣卒哭이어든, 可以冠取妻니 下殤之小功則不可니라.

(대공지말 가이관자 가부소공지말 가이관자 이가자

가이가자 가이취부 기 수소공 기졸곡

가이관취처 하상지소공즉불가)

註解 ○從政(종정)－부역에 응하는 것. 정(政)이란 정령(政令)에 의한 부역. ○卒哭(졸곡)－정시(定時)의 애곡(哀哭)을 마치고 수시(隨時)의 애 곡으로 바뀌는 것. ○王父母(왕부모)－조부모. ○世父(세부)－큰아버지. 백부(伯父). 세(世)는 대(代)를 잇는다는 뜻. ○宮中(궁중)－가정내(家庭 內). ○冠於次(관어차)－차(次)는 석차(席次). 위치. ○三者三(삼자삼)－ 곡용(哭踊) 3회를 1절(節)로 하고 계속해서 3절을 하는 것. ○下殤之小 功(하상지소공)－상(殤)이란 요절(夭折: 어려서 죽는 것)을 뜻하며, 16세 에서 19세까지의 죽음을 장상(長殤), 12세에서 15세까지를 중상(中殤), 8

세에서 11세까지를 하상(下殤)으로 한다. 이설(異說)도 있다. 그리고 성인(成人)이면 재최(齊衰)의 상에 해당하는 사람이라도(가령 아들이나 형제 등) 하상(下殤)이면 소공(小功)의 복으로 감한다.

대체로 〔조문의 복장으로서〕 머리에 쓰는 변질(弁経)에는 몸에 입는 최복(衰服)의 소매를 크게 한다.

아버지가 상복(喪服)을 입고 있으면 그 집에 있는 아들은 음악을 가까이하지 않고, 어머니가 상복을 입고 있으면 어머니에게 들리는 곳에서는 음악 소리를 내지 않으며, 아내가 상복을 입고 있으면 그 몸 곁에서는 음악을 하지 않는다. 또 대공(大功) 상복을 입은 사람이 찾아올 때는 악기를 멀리하지만 소공(小功)의 복을 입은 사람이 찾아올 때는 음악을 멈추지 않아도 된다.

아버지의 자매(姉妹)가 다른 집으로 시집가서 〔남편이 죽고 자식도 없이〕 죽었는데 남편의 친족으로서 그의 형도 아우도 없을 경우에는 다른 족인(族人)에게 상주를 맡아보게 한다. 아내의 친족은 가령 〔본인과〕 친근했던 사람이라도 상주가 될 수는 없다. 만일 남편이 친족이 없으면 앞뒤 집이나 동서(東西)의 이웃에 부탁해서 상주를 맡아보게 하며, 그것도 없으면 살고 있는 마을의 이장(里長)이 상주가 되는 것이다. 일설에는 〔하는 수 없으면〕 아내의 친척이 상주가 되고 부제(祔祭) 때에 남편의 집안〔의 조령(祖靈)〕에 가입한다고도 한다.

이미 상복을 입고 마질(麻経)을 두르고 있으면 신(紳 : 길복의 큰 띠)은 사용하지 않고 만일 옥(玉)을 잡고 길례(吉禮)를 행한다면 〔그 후 즉시〕 마질은 사용하지 않으며, 또 마질은 빛깔이 있는 옷에는 사용하지 않는다.

原文   凡弁経은, 其衰侈袂니라.
　　（범변질 기최치몌）

父이 有服이어든, 宮中子는 不與於樂하고, 母이 有服이어든,

聲聞焉에, 不擧樂하고, 妻이 有服이어든, 不擧樂於其側하고, 大功이 將至어든, 辟琴瑟하고, 小功이 至어든, 不絶樂이니라.

> (부 유복 궁중자 불여어악 모 유복
> 성문언 불거악 처 유복 불거악어기측 대
> 공장지 피금슬 소공 지 부절악)

姑姊妹이, 其夫死하여, 而夫黨에 無兄弟어든, 使夫之族人으로 主喪하고, 妻之黨은 雖親이나 弗主니, 夫이 若無族矣어든, 則前後家요, 東西家니, 無有어든, 則里尹이 主之니라. 或曰, 主之而附於夫之黨이니라.

> (고자매 기부사 이부당 무형제 사부지족인
> 주상 처지당 수친 불주 부 약무족의 즉전
> 후가 동서가 무유 즉이윤 주지 혹왈 주지이
> 부어부지당)

麻者는 不紳하며, 執玉이어든 不麻하며, 麻는 不加於采니라.
(마자 불신 집옥 불마 마 불가어채)

註解 ○弁絰(변질)−흰 변관(弁冠)에 노란 환질(環絰)을 두른다. 이 관(冠)에 대해서는 소매가 큰 최복(衰服)을 사용하는 것을 예로 한다는 것을 말한다. ○前後家(전후가) 東西家(동서가)−이웃 사람으로 생전의 남편에게 친근했던 자에게 상의 주재(主宰)를 부탁한다는 뜻. ○采(채)−현훈(玄纁)의 옷을 가리킨 말. 현(玄)은 검정. 훈(纁)은 분홍빛.

국가에서 곡(哭)하는 것을 금(禁)하면 상복(喪服)을 입은 사람도 곡을 하지 않는다. 그러나 아침저녁의 음식을 정해진 위치에 놓고 예를 행해도 된다.

동자(童子)는 곡할 때에 너무 부르짖지 않고 용(踊), 즉 뛰지 않으며 지팡이를 사용하지 않고, 짚신을 신지 않으며 또한 여막에서 거처하지 않는다.

공자가 말씀하기를, "〔백부·숙부의 아내인〕 백모·숙모를 위해서
는 재최(齊衰)를 입지만 용(踊)을 행하는 것은 발을 땅에서 떨어지게
하지 않는다. 〔아버지의 자매인〕 고모를 위해서는 대공복(大功服)을
입으나 용(踊)을 행하는 데는 땅에서 떨어지게 한다. 만일 이런 것을
아는 자는 능히 예의 규정을 아는 자일 것이다."라고 하였다.

〔현인(賢人)인〕 설류(泄柳)의 어머니가 죽었을 때 상자(相者)가 좌
측에서 도왔으나 설류가 죽었을 때는 상자가 우측에서 도왔다. 우측
에서 돕는 규정은 설류의 제자들로부터 시작된 것이다.

原文 國이 禁哭이어든, 則止니, 朝夕之奠은, 卽位하여 自因也
니라.
　(국 금곡 즉지 조석지전 즉위 자인야)

童子는 哭不偯하며, 不踊하며, 不杖하며, 不菲하며, 不廬하나니라.
　(동자 곡불애 불용 부장 불비 불려)

孔子이 曰, 伯母叔母엔 疏衰하고, 踊不絶地하며, 姑姊妹之大
功엔, 踊絶於地하나니, 如知此者는, 由文矣哉인저, 由文矣哉인저.
　(공자 왈 백모숙모 소최 용부절지 고자매지대
　공 용절어지 여지차자 유문의재 유문의재)

泄柳之母이 死커늘, 相者이 由左하고, 泄柳이 死커늘, 其徒이
由右相하니, 由右相은, 泄柳之徒이 爲之也니라.
　(설류지모 사 상자 유좌 설류 사 기도
　유우상 유우상 설류지도 위지야)

註解 ㅇ禁哭(금곡)─나라에 중대한 길제(吉祭)가 있어서 임시로 흉례
(凶禮)를 금(禁)하는 것. ㅇ偯(애)─곡(哭)할 때에 비탄(悲嘆)의 소리를
길게 뽑는 것. 애(偯)는 탄(嘆). ㅇ菲(비)─짚신. 상용(喪用)으로 쓰이는
짚으로 삼은 신. ㅇ由文矣哉(유문의재)─예의 규정을 잘 실행하는 것을
되풀이해서 칭찬한 말. 백부나 숙부의 아내에 대해서는 재최복(齊衰服)을

입지만, 진짜 혈연자(血緣者)가 아니며, 고모에게는 대공복(大功服)을 입으나 혈연자이기 때문에 거기에 차등을 두어 곡용(哭踊) 때에 미묘한 차이를 표현한다. 그것은 예의 규정의 선용(善用)이라고 하는 것이다. ○泄柳(설류)－노(魯)나라 목공(穆公) 시대의 현자(賢者). 《맹자(孟子)》〈등문공하편(滕文公下篇)〉기타에서 나온다.

천자의 반(飯 : 죽은 자의 입에 물리는 패)은 아홉 개, 제후는 일곱 개, 대부는 다섯 개, 사(士)는 세 개이다.

사(士)는 3월이 되어 장사지내고 그 달에 졸곡(卒哭)의 예를 올린다. 대부는 3월이 되어 장사지내고 5월에 졸곡을 행한다. 제후는 5월이 되어 장사지내고 7월에 졸곡을 행한다. 또 사(士)는 세 번 우제(虞祭)를 행하고 대부는 다섯 번, 제후는 일곱 번 행한다.

제후가 죽으면 다른 제후는 사신을 보내어 조문케 한다. 그 〔조문하는〕 절차는 먼저 함(含)의 예, 다음으로 수(襚), 다음에 봉(賵), 다음은 임(臨)으로, 모두 같은 날에 마치는 것으로 이와 같이 규정한 것이다.

경대부(卿大夫)가 질병에 걸리면 임금이 문병하기를 수없이 한다. 사(士)가 병에 걸리면 임금은 문병을 한 번 한다. 임금은 경대부의 죽음에 대해서 장의(葬儀)에 이르기까지 고기를 먹지 않고 졸곡(卒哭)의 예에 이르기까지 음악을 하지 않는다. 사(士)에 대해서는 빈장(殯葬)에 이르기까지 음악을 하지 않는다.

原文 天子는 飯을 九貝요, 諸侯는 七이오, 大夫는, 五요 士는 三이니라.
　　(천자 반 구패 제후 칠 대부 오 사 삼)

士는 三月而葬하고, 是月也에 卒哭하며, 大夫는 三月而葬하고, 五月而卒哭하며, 諸侯는 五月而葬하고, 七月而卒哭하며, 士는 三虞하고, 大夫는 五요, 諸侯는 七이니라.

(사 삼월이장 시월야 졸곡 대부 삼월이장

오월이졸곡 제후 오월이장 칠월이졸곡 사

삼우 대부 오 제후 칠)

諸侯이 **使人**으로 **弔**하며, **其次**는 **含襚賵臨**하되, **皆同日而畢
事者也**니, **其次**는 **如此也**니라.

(제후 사인 조 기차 함수봉림 개동일이필

사자야 기차 여차야)

卿大夫이 **疾**이어든, **君**이 **問之**에, **無算**하시고, **士**엔 **壹問之**하시
고, **君**이 **於卿大夫**하여는, **比葬不食肉**하시며, **比卒哭不擧樂**하시
고, **爲士**하여는, **比殯不擧樂**하시나니라.

(경대부 질 군 문지 무산 사 일문지

군 어경대부 비장불식육 비졸곡불거악

위사 비빈불거악)

[註解] o飯(반)－함(含)이라고도 하며 죽은 자의 입에 물린다. 주대(周
代)에는 옥(玉)을 사용했으며 패(貝)는 고대(古代)의 예로, 정주(鄭注)에
는 하제(夏制)라고 되어 있다. o襚賵臨(수봉림)－앞편에 나왔다.

매장에 앞서서 영구(靈柩)를 조묘(祖廟)의 당(堂)에 올려놓고 바르
게 안치하려면 제후의 경우는 영구의 네 가닥의 끈을 잡는 자가 5백
명이고 어느 끈을 잡은 사람이든 모두 입에 함매(銜枚)하여 소리를
내지 않는다. 그리고 사마(司馬)가 탁(鐸)을 잡고 호령을 하는데 영구
의 좌측에 8명, 우측에 8명이다. 또 장인(匠人)이 깃털장식을 단 지팡
이를 들고 영구차를 선도(先導)한다. 그리고 대부의 경우는 영구를
가묘(家廟)에 올려놓고 바르게 안치하려면 끈을 잡은 자가 3백 명이
고 탁을 드는 것은 좌우 네 사람씩이며 영구를 선도하는 자는 갈대로
만든 수기(手旗)를 사용한다.

공자가 말씀했다. "옛날에 관중(管仲)은 [식기인] 궤(簋)에 조각을

한다든가 면관(冕冠)에 분홍빛의 끈을 사용한다든가 문 앞의 길 양쪽을 울타리로 한다든가 주연(酒宴)에 반점(反坫)을 사용한다든가, 기둥 위에 산을 조각한다든가, 대들보에 말[藻]을 새긴다든가 하는 일이 많았다. 이와 같은 인물은 가령 대부로서 아무리 어질다 하더라도 그 위에 있는 임금은 견딜 수 없을 것이다. 또 안평중(晏平仲)은 선조의 제사에 돼지의 견육(肩肉)을 바쳤지만 그것이 작아서 〔그릇인〕두(豆)조차 덮이지 않았다. 〔이와 같이 지나치게 절약하는 인물은〕가령 대부로서 아무리 어질다 하더라도 그 부하된 사람들은 견딜 수 없을 것이다. 군자는 위로 윗사람에게 참람하지 않고 아래로 아랫사람을 핍박하지 않도록 하지 않으면 안된다."

[原文] 升正柩할새, 諸侯는 執綍이 五百人이니, 四綍이 皆銜枚하고, 司馬이 執鐸하되, 左八人, 右八人이오. 匠人이 執羽葆御柩하며, 大夫之喪은, 其升正柩也에, 執引者이 三百人이오, 執鐸者이 左右各四人이오, 御柩以茅하나니라.
  (승정구 제후 집불 오백인 사불 개함매
  사마 집탁 좌팔인 우팔인 장인 집우보어
  구 대부지상 기승정구야 집인자 삼백인 집탁
  자 좌우각사인 어구이모)

孔子이 曰, 管仲이 鏤簋而朱紘하며, 旅樹而反坫하며, 山節而藻梲하니, 賢大夫也나, 而難爲上也로다. 晏平仲은 祀其先人하되, 豚肩이 不揜豆하니, 賢大夫也나, 而難爲下也로다. 君子는 上不僭上하며, 下不偪下니라.
  (공자 왈 관중 누궤이주굉 여수이반점 산절이
  조절 현대부야 이난위상야 안평중 사기선인
  돈견 불엄두 현대부야 이난위하야 군자
  상불참상 하불핍하)

註解   ㅇ升正柩(승정구)—매장에 앞서서 영구(靈柩)를 조묘(祖廟)에 올려 당(堂)의 기둥 사이에 바르게 놓고 조령(祖靈)에게 작별을 고하기 위한 예를 올린다. ㅇ綍(불)—영구의 끈. ㅇ枚(매)—판자의 작은 조각의 양쪽 끝에 끈을 달아 입에 물고 끈으로 목 뒤에서 잡아맨다. ㅇ羽葆(우보)—깃털로 장식한 지휘봉의 일종. ㅇ管仲(관중)·晏平仲(안평중)—이 두 사람에 관한 것은 〈예기(禮器)편〉에 이미 나왔다. 〈예기편〉 참조. ㅇ難爲上(난위상) 難爲下(난위하)—그 인물의 위나 아래에 있어서 임금이 되든 부하가 되든 괴로울 것이라는 말. ㅇ不偪下(불핍하)—안자(晏子) 같아서는 지나치게 겸허 절약적이기 때문에 오히려 부하에게 압박감을 느끼게 하여 안심할 수가 없다. 군자된 자는 그 점에 유의하지 않으면 안된다는 뜻.

부인(婦人)은 3년상(喪)〔친부모의 죽음을 위한〕이 아니면 국경을 넘어 조문하러 가지 않는다. 만일 3년상일 때는 제후의 부인(夫人)도 친가로 돌아온다. 그리고 부인이 돌아오면 제후가 행하는 조상의 예를 사용하며 친가측도 부인의 응대에는 남편인 제후와 동일하게 한다. 부인은 공궁(公宮)에 도착하면 위문(闈門 : 곁문)으로 들어가고 옆 계단으로 해서 당(堂)에 올라간다. 이때에 상주측인 군주(君主)는 조계(阼階) 위에 서서 맞이하고 당을 내려가지 않으나 이것을 빼고는 모두 분상(奔喪)할 때의 예법과 같이한다.

형수는 시동생의 시체를 만지지 않고 시동생은 형수의 시체를 만지지 않는다.

군자에게 세 가지 근심이 있다. 아직 아무것도 얻어 듣지 못했을 때에는 듣기를 얻으려고 근심한다. 이미 들었을 때에는 배울 것을 근심한다. 이미 배웠으면 그것을 행하려고 근심한다. 또 군자에게는 다섯 가지의 부끄러움이 있다. 그 지위에 있으면서 거기에 알맞은 의견을 말하지 못하면 군자는 이를 부끄러워한다. 그 의견을 말했어도 그것을 실행하지 못하는 것을 부끄러워한다. 이미 얻은 지위를 나의 무능으로 인해서 다시 잃게 되는 것을 부끄러워한다. 내가 다스리는 토

지의 넓이에 비해서 모여드는 백성이 적은 것을 부끄러워한다. 그와
내가 사용하는 백성의 수가 균등한데도 그의 공로가 나보다 배나 된
때에는 이를 부끄러워한다.

공자가 말씀하기를, "흉년의 해에는 군자는 수레에 못난 말을 사용
하고 제사에는 하급의 생(牲)을 사용한다."라고 했다.

휼유(恤由)의 초상에 애공(哀公)은 유비(孺悲)를 공자에게 보내어
사(士)[의 신분]의 상례(喪禮)를 묻게 하였다. 이 일에 의해 사의 상
례가 기록되었던 것이다.

原文 婦人은 非三年之喪이어든, 不踰封而弔니, 如三年之喪
엔, 則君夫人이 歸하나니, 夫人이 其歸也에, 以諸侯之弔禮니라.
其待之也에, 若待諸侯然이니, 夫人이 至어든, 入自闈門하며, 升
自側階하고, 君은 在阼하시고, 其他는 如奔喪禮然하니라.
(부인 비삼년지상 불유봉이조 여삼년지상
즉군부인 귀 부인 기귀야 이제후지조례
기대지야 약대제후연 부인 지 입자위문 승
자측계 군 재조 기타 여분상례연)

嫂不撫叔하고, 叔不撫嫂니라.
(수불무숙 숙불무수)

君子에 有三患하니, 未之聞이어든, 患弗得聞也하고, 旣聞之어
든, 患弗得學也하고, 旣學之어든, 患弗能行也니라. 君子에 有五
恥하니, 居其位하여 無其言을, 君子이 恥之하며 有其言하고 無
其行을, 君子이 恥之하며, 旣得之하고 而又失之를, 君子이 恥之
하며, 地有餘하고 而民不足을, 君子이 恥之하며, 衆寡均하고 而
倍焉을, 君子이 恥之하나니라.
(군자 유삼환 미지문 환불득문야 기문지
환불득학야 기학지 환불능행야 군자 유오

치 거기위 무기언 군자 치지 유기언 무
기행 군자 치지 기득지 이우실지 군자 치지
지유여 이민부족 군자 치지 중과균 이
배언 군자 치지)

孔子이 **曰, 凶年則乘駑馬**하고, **祀**에 **以下牲**이니라.
(공자 왈 흉년즉승노마 사 이하생)

恤由之喪에, **哀公**이 **使孺悲**로 **之孔子**하여, **學士喪禮**하시니,
士喪禮를 **於是乎**에 **書**하니라.
(휼유지상 애공 사유비 지공자 학사상례
사상례 어시호 서)

註解 ○入自闈門(입자위문)─위문(闈門)은 통용문(通用門)으로 정문이
아닌데도, 부인(夫人)이 이곳으로 들어오는 것은 겸손하기 때문이다. 제
후 본인이라면 정문으로 들어간다. ○側階(측계)─동방(東房)의 계단으로
정계(正階)가 아니다. ○君在阼(군재조)─상대가 제후 본인이면, 상가(喪
家)의 군주는 당(堂) 아래에서 맞이한다. ○駑(노)─《주례(周禮)》의 교인
직(校人職)에 따르면 말에게 6급(級)이 있다. 종마(種馬)·융마(戎馬)·
제마(齊馬)·도마(道馬)·전마(田馬)·노마(駑馬). ○下牲(하생)─1급 아
래의 생(牲)이란 뜻으로 태뢰(大牢)의 제사에 소뢰(小牢)를 쓰고, 소뢰의
제사에 특생(特牲)을 쓴다. ○恤由(휼유)─정주(鄭注)의 주해에도 나오지
않아 미상. ○孺悲(유비)─유(孺)란 임금 측근의 신하를 가리킨 것으로
생각된다. 비(悲)란 시신(侍臣)의 이름. ○士喪禮(사상례) 於是乎書(어시
호서)─이 기록이 지금의 의례(儀禮) 중의 '사상례(士喪禮)'인지 어쩐지는
의문이지만 여하간에 '사상례'라 칭할 만한 기록이 생겼다는 것이다.

자공(子貢)이 사제(蜡祭)를 보고 왔다. 공자가 물었다. "사(賜)야,
즐거웠느냐?" 자공이 대답했다. "아닙니다. 온 나라 사람들이 제사에
들떠서 미친 것 같았습니다만 저는 무엇이 그다지 즐거운지 알 수가
없었습니다." 그러자 공자가 말씀했다. "사람들이 백 일 동안 일하고

겨우 얻어지는 단 하루뿐인 제사이다. [그 즐거움을] 자네는 알 리가
없지. 민심을 긴장시키고 일만 시킬 뿐, 늦추어 주고 즐거움을 주지
않고서는 문무(文武) 두 왕(王)이라 할지라도 다스려지지 못할 것이
다. 또 긴장을 완화시킨 채 그대로 둘 두 왕도 아니다. 즉 어느 때는
긴장케 하고, 어느 때는 완화시키는 것이 문무 두 왕의 정도(政道)
이다.”

맹헌자(孟獻子)가 말했다. “정월의 동지(冬至)에는 상제(上帝)께
제사지내는 것이 좋고, 7월의 하지(夏至)에는 선조(先祖)께 제사지내
야 한다.” 오늘날 7월에 종묘(宗廟)에 제사지내는 것은 맹헌자로부터
비롯된 것이다.

제후의 부인(夫人)으로 천자의 윤허를 받지 않고 부인이 된 것은
노(魯)나라의 소공(昭公)에서부터 비롯되었다.

국군(國君)의 자매로 경대부(卿大夫)에게 시집간 사람들이나, 부인
(夫人)의 친가에서 경대부에게 시집온 사람들이나 임금 어머니의 자
매들로 이 나라에 있는 사람들은 모두 임금의 부인을 위해 기년의 상
복을 입는 것으로, 이것은 공실(公室)의 친족되는 부인(婦人)들과 같
은 것이다.

原文　子貢이 觀於蜡러니, 孔子이 曰, 賜也는 樂乎아, 對曰,
一國之人이 皆若狂하니, 賜는 未知其樂也로이다. 子이 曰, 百日
之蜡에, 一日之澤은, 非爾所知也니라. 張而不弛면, 文武라도 弗
能也며, 弛而不張이면, 文武라도 弗爲也니, 一張一弛는, 文武之
道也니라.

　　(자공 관어사 공자 왈 사야 낙호 대왈
　　일국지인 개약광 사 미지기락야 자 왈 백일
　　지사 일일지택 비이소지야 장이불이 문무 불
　　능야 이이부장 문무 불위야 일장일이 문무지도야)

孟獻子이 曰, 正月日至에, 可以有事於上帝며, 七月日至에, 可以有事於祖라하니, 七月而禘는, 獻子이 爲之也니라.

(맹헌자 왈 정월일지 가이유사어상제 칠월일지
가이유사어조 칠월이체 헌자 위지야)

夫人之不命於天子는, 自魯昭公으로 始也니라.

(부인지불명어천자 자로소공 시야)

外宗이, 爲君夫人하여는, 猶內宗也니라.

(외종 위군부인 유내종야)

註解 ○蜡(사)─연말(年末)의 만신제(萬神祭)로, 제11 〈교특생(郊特牲) 편〉에 상세히 나왔다. ○百日之蜡(백일지사)…… ─많은 나날을 근로한 뒤에 가까스로 하루의 사제(蜡祭)가 온다는 뜻. ○孟獻子(맹헌자)─노 (魯)나라 선성이공(宣成二公) 시대의 경(卿). 정식 이름은 중손(仲孫). ○正月日至(정월일지)…… ─주(周)나라 왕조의 달력에서는 정월[지금 달 력으로는 12월]에 동지(冬至)가 있고, 7월[지금 달력은 6월]에 하지(夏 至)가 있었다. 정주(鄭注) 공소(孔疏)에 의하면 노(魯)나라는 원래 하(夏) 나라 왕조의 달력에 따라 그의 11월 동짓날에 교제(郊祭 : 천제의 제사) 를 지내고, 6월에 체제(禘祭 : 종묘의 제사)를 지내고 있었으나, 맹헌자는 묘제(廟祭)의 의의를 더한층 중대시하기 위해 체제를 하지(夏至) 날에 지내어 동지의 교제(郊祭)에 대립시키려고 했다. 요는 맹헌자가 노나라의 독자성(獨自性)을 강조하려고 한 것이지만 〔예기(禮記)〕편저자(編著者) 의 입장에서 말하면 비례(非禮)라는 비난을 면치 못하는 것이다. ○不命 (불명)…… ─《논어(論語)》기타에 의하면 소공(昭公)은 오(吳)나라의 공 녀(公女)를 맞이했다. 따라서 그것이 동성(同姓) 결혼이 되기 때문에 천 자께 고하지 않았다고 한다. ○外宗(외종)……內宗(내종)─여기서는 친족 을 내종이라 하였고, 외척이나 출가한 사람을 외종으로 하고 있다.

공자의 집에서 마구간이 불탔다. 공자는 화재에 달려온 향인(鄕人) 에게 절을 하였다. 사(士)에게는 일배(一拜), 대부에게는 재배(再拜)

였다. 이것은 재해에 임해서 서로 조위(弔慰)하는 예이다.

공자가 말씀했다. "관중(管仲)은 도둑을 만나자 그 중에서 두 사람을 선출하여 공신(公臣)으로 천거했다. '그가 교제하던 사람들이 사악했기 때문이고, 근본은 좋은 사람이라'는 것이었다. 관중이 죽었을 때 환공(桓公)은 두 사람에게 상복을 입게 했다. 옛날 대부를 섬긴 자가 그의 옛 주인의 상에 복을 입는 것은 관중에서부터 비롯된 것이며 군공(君公)의 명령에 의해 이루어진 것이다."

原文 廏焚커늘, 孔子이 拜鄕人이 爲火來者러시니, 拜之로되, 士란 壹이오, 大夫란 再하시니, 亦相弔之道也니라.
(구분 공자 배향인 위화래자 배지
사 일 대부 재 역상조지도야)

孔子이 曰, 管仲이 遇盜하여, 取二人焉하여, 上以爲公臣하며, 曰, 其所與遊이 辟也로니, 可人也라. 管仲이 死커늘, 桓公이 使爲之服하니라. 宦於大夫者之爲之服也는, 自管仲으로 始也니, 有君命焉으로 爾也니라.
(공자 왈 관중 우도 취이인언 상이위공신
왈 기소여유 벽야 가인야 관중 사 환공 사
위지복 환어대부자지위지복야 자관중 시야
유군명언 이야)

註解 ㅇ廏焚(구분)—《논어(論語)》〈향당편(鄕黨篇)〉에도 나와 있다. ㅇ管仲遇盜(관중우도)…… —사실인지 아닌지는 의문이다. 도(盜)나 적(賊)은 도둑 외에도 암살자라든가 반역자라든가 하는 뜻이 있다. ㅇ宦於大夫(환어대부)—이 이신(二臣)은 처음에는 관중을 섬겼고, 이어서 공신(公臣)이 되었을 것이다. 그리고 구례(舊禮)에서는 대부의 옛 신하는 그 대부의 상에 복을 반드시 입은 것이 아닐 것이다.

만일 과실로 임금의 휘(諱)를 입에 담았을 경우에는 반드시 일어

선다. 〔사죄(謝罪)하는 마음을 표한다〕 또 만일 신하의 이름이 임금의 휘와 같을 경우는 그 신하는 자신의 일도 자(字)로써 말하는 것이다.

내란(內亂)에는 간여하지 않도록 한다. 그러나 외환(外患)에 임해서는 피하여 도망치지 않는다.

《찬대행(贊大行)》에 이렇게 있다. '규(圭)의 길이는 공(公)이 갖는 것이 아홉 치, 후(侯)와 백(伯)은 일곱 치, 자(子)와 남(男)은 다섯 치, 폭은 모두 세 치, 두께는 모두 반 치. 상단(上端)의 좌우는 깎고 각(角)을 없애기 한 치 반의 구슬로 만든다. 그리고 조(藻)는 모두 세 가지 빛을 칠하지만, 여섯 줄로 한다.'

애공(哀公)이 자고(子羔)에게 물었다. "그대의 집에서 노(魯)나라의 녹을 받기 시작한 것은 어느 때부터인가?" 답하여 말하기를 "네, 우리 선조가 문공(文公)의 하집사(下執事)가 된 것이 최초입니다."라고 했다.

原文 過而擧君之諱則起하며, 與君之諱로 同이면, 則稱字니라.
(과이거군지휘즉기 여군지휘 동 즉칭자)

內亂엔 不與焉하고, 外患엔 弗辟也니라.
(내란 불여언 외환 불피야)

贊大行에 曰, 圭를, 公은 九寸이오, 侯伯은 七寸이오, 子男은 五寸이오, 博은 三寸이니, 厚半寸이오, 剡上左右요, 各寸半이니, 玉也요. 藻는 三采六等이니라.
(찬대행 왈 규 공 구촌 후백 칠촌 자남
오촌 박 삼촌 후반촌 염상좌우 각촌반
옥야 조 삼채육등)

哀公이 問子羔曰, 子之食은 奚當고, 對曰, 文公之下執事也니라.

(애공 문자고왈 자지식 해당 대왈 문공지하집사야)

註解 ㅇ贊大行(찬대행)－고대의 예서(禮書)로 대행(大行)의 예법을 찬명(贊明 : 해설이란 뜻)한다는 말. ㅇ圭(규)－각옥(角玉)으로, 사신의 표시로 사용되었다. ㅇ剡上左右(염상좌우)－각(角)의 부분을 일정한 길이만 깎아내어 뾰족함을 없애는 것. ㅇ藻(조)－바닥에 깐다는 뜻. ㅇ三采六等(삼채육등)－공소(孔疏)에 의하면 삼채(三采)란 주백창(朱白蒼)의 3색으로, 이 3색을 여섯 줄로 칠하여 깔자리의 천을 치장한다. ㅇ子羔(자고)－공자의 문인(門人), 고시(高柴)의 자(字). ㅇ奚當(해당)－어느 세대에 해당하는지라는 뜻. ㅇ文公(문공)－노(魯)나라의 제20대 임금.

종묘(宗廟)가 낙성(落成)하면 짐승의 피로 칠을 한다. 그 예(禮)는 다음과 같다. 먼저 축인(祝人)·종인(宗人)·재부(宰夫)·옹인(雍人)이 모두 작변(爵弁)과 순의(純衣)를 입는다. 옹인(雍人)은 생(牲)인 양(羊)을 깨끗이 씻고, 종인(宗人)이 축사(祝詞)를 읽으며, 재부(宰夫)는 생(牲)을 매어두는 돌의 남쪽에 북면해서 서는데, 여기에는 동쪽을 상위(上位)로 한다. 다음으로 옹인이 생(牲)을 들고 양계(兩階) 사이로 묘(廟)의 옥상에 올라가, 옥상에서 남면한 후 생을 갈라 그 피가 전면으로 흘러 떨어지게 하고 옹인은 옥상에서 내려온다. 또 묘문(廟門)과 협실(夾室)에 대해서는 모두 닭의 피를 사용한다. 이때 문을 먼저 하고 협실을 뒤에 하며, 닭의 이모(耳毛)를 잘라내어 신(神)께 바치는 예는 모두 옥상에서 행하여진다. 협실에 피칠을 할 때 관계되는 관원들은 모두 협실을 향해서 서고, 문에 피칠을 할 때 관원들은 모두 문을 향해서 북면하고 선다. 이윽고 제사가 끝나면 종인(宗人)이 제사가 끝났음을 고하고 그로써 모두 묘(廟)에서 물러나온다. 그리하여 관계 관원이 임금[제후]에게 복명(復命)하기를, "묘에 피칠 하는 예가 끝났습니다."라고 말한다. 임금은 이를 노침(路寢)에서 듣는데, 그때는 조복(朝服)하고 침문(寢門) 안에서 남면하고 선다.

재부(宰夫)는 복명을 마치면 물러간다.

　노침(路寢)이 낙성했을 때는 축하의 예는 거행하지만 피칠은 하지 않는다. 〔건물을 신축하고〕 지붕에 피칠을 하는 것은 여러 신과 사귀려는 것이므로 노침의 경우는 〔피칠이〕 필요하지 않다. 또 모든 종묘의 기구(器具)에 있어서는 이렇다 할 이름이 있는 중요한 물건은 새로이 만들었을 때는 가돈(猳豚)의 생(牲)을 써서 피칠을 하는 것이다.

原文　成廟則釁之하나니, 其禮는, 祝宗人과 宰夫와 雍人이, 皆爵弁純衣니, 雍人이 拭羊하고, 宗人이 祝之하며, 宰夫이 北面于碑南하되, 東上이어든, 雍人이 擧羊하고, 升屋自中하며, 中屋南面하여 刲羊하고, 血流于前이어든, 乃降하며, 門과 夾室에 皆用雞하되, 先門而後夾室하며, 其衈를 皆於屋下니라. 割雞에, 門은 當門하고, 夾室은 中室하며, 有司이 皆鄕室而立하고, 門則有司이 當門北面하며, 旣事하고, 宗人이 告事畢이어든, 乃皆退니라. 反命于君曰, 釁某廟하여 事畢이니라. 反命于寢이어든, 君이 南鄕于門內하시되, 朝服하시나니, 旣反命하고, 乃退니라.
　　(성묘즉흔지 기례 축종인 재부 옹인 개
　　작변순의 옹인 식양 종인 축지 재부 북면우
　　비남 동상 옹인 거양 승옥자중 중옥남
　　면 규양 혈류우전 내강 문 협실 개용
　　계 선문이후협실 기이 개어옥하 할계 문
　　당문 협실 중실 유사 개향실이립 문즉유사
　　당문북면 기사 종인 고사필 내개퇴
　　반명우군왈 흔모묘 사필 반명우침 군 남
　　향우문내 조복 기반명 내퇴)
　路寢이 成이어든, 則考之而不釁하나니, 釁屋者는, 交神明之道也니라. 凡宗廟之器는, 其名者는 成이어든, 則釁之以猳豚하니라.

(노침 성 즉고지이불흔 혼옥자 교신명지도
야 범종묘지기 기명자 성 즉흔지이가돈)

註解 ㅇ釁(흔)-피칠. 새로 건조한 건축물이나 기구 등에 생혈(牲血)을 뿌려 신성화(神聖化)하는 의식. ㅇ祝宗人(축종인)-축인(祝人)과 종인(宗人). 축인은 축사(祝詞)를 읽어서 신과 사람이 사귀게 하는 관원. 종인은 종묘를 관리하는 사람. ㅇ雍人(옹인)-소나 양을 베는 관원. ㅇ碑南(비남)-비(碑)는 가느다란 돌기둥으로 생(牲)인 소나 양을 매어두는 곳. ㅇ夾室(협실)-곁방이란 뜻으로, 당(堂)의 양쪽 방을 가리킨다. ㅇ岬(이)-생(牲)의 귀털을 잘라내어 신에게 바치는 의례(儀禮). ㅇ路寢(노침)-임금의 거처. 노(路)는 대(大), 침(寢)은 안식처란 뜻. ㅇ豭豚(가돈)-가(豭)는 수컷.

제후가 부인(夫人)과 이별하여 나라에서 내보낼 때는〔사신이 수행하는데〕그 나라에 이르기까지는 제후 부인의 예로써 여행하고 도착하면 부인의 예로써 국도(國都)로 들어간다. 사신이 임금의 명령을 전해서 말하기를, "과군(寡君)이 민첩하지 못해서 부인을 따라 사직(社稷)과 종묘를 섬길 수가 없으므로 사신 모(某)를 보내서 감히 집사(執事)에게 고합니다."라고 한다. 그러면 임금의 대리가 답하기를, "과군이 진정으로 전에 가르치지 못한 것을 사과합니다. 과군은 감히 공손하게 명령을 기다립니다."라고 한다. 거기서 사신의 부하 관원이, 〔부인의 지참물이었던〕기물(器物)을 늘어놓으면 그 나라의 관원이 그것을 받는다.

〔경대부(卿大夫) 이하가〕아내를 내보낼 때에는 남편은 사신으로 하여금 아내를 친가까지 보내주고 말하기를, "남편되는 모(某)는 불민(不敏)하여〔아내와〕함께 사직이나 종묘에 제사를 받들지 못하겠기로 이 뜻을 사신 모를 시켜서 감히 시자(侍者)에게 고합니다."라고 한다. 주인이 답하기를, "모의 자식이 어리석은 탓이므로 어떠한 문책

에도 거역하지 않겠습니다. 그러니 어찌 감히 명령에 따르지 않을 수가 있겠습니까?"라고 한다. 이리하여 사신이 돌아가는 것을 주인은 절하여 보낸다. 내보낼 때 만일 시아버지가 살아 있으면 그 이름으로 하고, 이미 죽었으면 형의 이름을 쓰며, 형도 없으면 남편의 이름으로 한다. 또 친가 주인의 대답에는 [그 돌아온 아내가] 자식이면 모(某)의 자식이 어리석어서……라고 말하며, 그것이 아버지의 자매라든가 할 경우는 모(某)의 모모(某某)가 어리석어서……라고 말한다.

原文　諸侯이 出夫人할새, 夫人이 比至于其國에, 以夫人之禮로 行하며, 至하여, 以夫人으로 入하나니, 使者이 將命曰, 寡君이 不敏하사, 不能從而事社稷宗廟하사, 使使臣某로 敢告於執事하나니라. 主人이 對曰, 寡君은 固前에 辭不敎矣하시니, 寡君은 敢不敬須以俟命가. 有司官이 陳器皿이어든, 主人有司이, 亦官受之하나니라.

(제후 출부인 부인 비지우기국 이부인지례
행 지 이부인 입 사자 장명왈 과군
불민 불능종이사사직종묘 사사신모 감고어집사
주인 대왈 과군 고전 사불교의 과군 감
불경수이사명 유사관 진기명 주인유사 역관수지)

妻出에, 夫이 使人으로 致之曰, 某不敏하여, 不能從而共粢盛하여, 使某也로 敢告於侍者하노라. 主人이 對曰, 某之子이 不肖하여, 不敢辟誅니, 敢不敬須以俟命가. 使者이 退커든, 主人이 拜送之하나니, 如舅在則稱舅하고, 舅沒則稱兄하고, 無兄則稱夫하나니라. 主人之辭에, 曰, 某之子이 不肖라 하나니, 如姑姊妹라도 亦皆稱之하나니라.

(처출 부 사인 치지왈 모불민 불능종이공자성
사모야 감고어시자 주인 대왈 모지자 불초

불감피주 감불경수이사명 사자 퇴 주인 배
송지 여구재즉칭구 구몰즉칭형 무형즉칭부
주인지사 왈 모지자 불초 여고자매
역개칭지)

註解 ○將命(장명)-사명(使命), 즉 임금의 명을 전하는 것. ○共粢盛
(공자성)-공(共)은 공(供), 즉 바치는 것. 자성(粢盛)은 서직(黍稷) 등을
담는 것. ○不肖(불초)-어리석다는 뜻.

공자가 말씀하였다. "내가 소시(少施)의 집에서는 배불리 먹을 수
가 있었다. 그 집에서는 나에게 음식을 예의에 맞게 주었다. 내가〔식
사중에〕제사를 지내자 주인은 일어나서 사양해 말하기를 '소사(疏食)
여서 제사지내기에 부족합니다'하고 말했다. 내가 식사를 끝낼 때는
일어나서 사양하며 말하기를, '소사입니다. 당신의 배를 다치게 해서
는 안됩니다'하고 말했다."

혼례의 납폐(納幣)는 한 묶음을 사용한다. 한 묶음은 5냥(兩)이고
폐(幣) 한 냥의 길이는 5심(尋 : 40척)이다.

신부(新婦)가 구고(舅姑)를 뵐 때는 남편의 형제자매는 모두 마루
아래서 서면(西面)해서 서지만 이에는 북방을 상위(上位)로 한다. 그
리고 이 뵙는 것이 끝나면 다음에는 제부(諸父 : 남편의 숙부들)에게
뵙는데 그러려면 각각 그 침소(寢所)로 가는 것이다.

여자는 아직 시집가지 않았어도 나이가 20세 되면 계례(筓禮)를 행
하여 성인으로서 취급한다. 그때의 예는 부인의 손으로 거행한다. 그
렇게 하여 비녀를 꽂는다 해도 집에 편히 있을 때에는 비녀를 뺀다.

필(韠)은 길이가 3척, 하부의 폭은 2척이며 상부는 1척이다. 상부
의 갓은 끝에서 5치 되는 곳에 달고 양쪽의 갓에는 다갈색의 가죽으
로 6치 폭의 것을 사용하는데 아래 끝에서 5치 되는 곳에 단다. 하부
의 갓에는 흰 비단을 사용한다. 그리고 순(紃)은 5색의 실을 꼬아서

만든다.

原文 孔子이 曰, 吾이 食於少施氏而飽하니, 少施氏이 食我以禮하시고, 吾이 祭에, 作而辭曰, 疏食라 不足祭也라. 吾이 飧에, 作而辭曰, 疏食也라, 不敢以傷吾子라 하시니라.
　(공자 왈 오 식어소시씨이포 소시씨 식아이
　례 오 제 작이사왈 소사 부족제야 오 손
　작이사왈 소사야 불감이상오자)

納幣는 一束이니, 束이 五兩이오, 兩이 五尋이니라.
　(납폐 일속 속 오량 양 오심)

婦이 見舅姑할새, 兄弟姑姊妹이 皆立于堂下하여, 西面하되 北上하나니, 是見已어든, 見諸父하되, 各就其寢이니라.
　(부 견구고 형제고자매 개입우당하 서면 북
　상 시견이 견제부 각취기침)

女이 雖未許嫁나, 年二十而笄하여, 禮之하나니, 婦人이 執其禮하며, 燕則鬈首니라.
　(여 수미허가 연이십이계 예지 부인 집기
　례 연즉권수)

韠, 長이 三尺이오, 下廣은 二尺이오 上廣은 一尺이오, 會는 去上이 五寸이오, 紕는, 以爵韋로 六寸하되, 不至下에 五寸이오, 純은 以素하고, 紃은 以五采하나니라.
　(필 장 삼척 하광 이척 상광 일척 회
　거상 오촌 비 이작위 육촌 부지하 오촌
　준 이소 순 이오채)

註解 ○少施氏(소시씨)－노(魯)나라 혜공자(惠公子) 시부(施夫)의 자손의 집. ○飧(손)－국에 만 밥. 국밥. 맛이 있기 때문에 실컷 먹는다는 기분을 나타낸 것으로 식사의 최후에 남은 국을 밥에 부어서 먹는다. 이

것은 예법의 하나이다. ㅇ不敢(불감)······ -많이 먹어주는 것은 좋으나 배탈이 나면 안되므로 '조심하십시오'하고 말하며 객의 호의를 사퇴하는 것. ㅇ尋(심)-1심(尋)은 8척이므로 5심은 40척이 된다. 옛날의 1척은 22.5센티미터였다. ㅇ笄(계)-15, 6세가 되어 시집가면 비녀를 꽂으나, 결혼하지 않아도 20세가 되면 비녀를 꽂는 것이다. ㅇ韠(필)-이미 제13〈옥조(玉藻)편〉에서 나왔으며, 신분에 따라 제법이 다른 것을 가리키고 있다. ㅇ紃(순)-이것으로 필(韠)을 몸에 잡아맨다.

제22 상대기(喪大記)

고주(古注)의 소(疏)에 의하면 정현(鄭玄)의 설에 '상대기(喪大記)란 상장의례(喪葬儀禮) 중 대사(大事)에 관한 기록이란 의미'라고 되어 있다. 또 왕씨금주금역(王氏今註今譯)에는 '이 편(篇)의 글귀에는 위의 잡기(雜記) 상·하편의 기재(記載)에 서로 호응하는 것이 적지않으며, 또한 의례(儀禮)의 사상례(士喪禮)의 기재에 유사(類似)한 것도 많다……'라고 되어 있다. 요는 '상장의례(喪葬儀禮)의 중대기록'이다.

사람이 병들어 위독해지면 먼저 그 방의 안팎을 청소한다. 그리고 그 사람이 임금이나 대부(경대부)이면 실내의 악현(樂懸 : 악기걸이)을 제거하고 그 사람이 사(士)이면 금(琴)과 슬(瑟)을 거두어 둔다. 그리고 환자를 북쪽 창 밑에 동침(東枕)으로 눕힌 다음 침대를 제거하고 입고 있던 것을 벗기고 새옷을 입힌다. 거기에는 손발 하나에 한 사람이 붙어서 남녀에 따라 옷을 갈아입히는 것이다. 그리고 솜을 입과 코 근처에 접근시켜서 숨졌는가를 살핀다. 이리하여 죽어갈 때 상대방이 남자이면 여자의 손은 대지 않으며, 여자이면 남자의 손을 대지 않도록 한다. 또 죽은 자가 임금이거나 부인(夫人)이면 노침(路寢)에서 숨을 거두게 하고, 대부 혹은 그 아내이면 적침(適寢)에서 숨을 거두게 하며, 또 경(卿)의 아내로 아직 임금의 명을 받지 않은 자는 하실(下室)에서 숨을 거두게 하고 유체(遺體)를 정실(正室)로 옮긴다. 또 사(士)와 그 아내는 거실(居室)에서 숨을 거두게 한다.

原文 疾病이어든, 外内를 皆埽하며, 君과 大夫는 徹縣하고, 士

는 去琴瑟하며, 寢엔 東首於北牖下하며, 廢牀하며, 徹褻衣하고, 加新衣하며, 體一人하며, 男女이 改服하고, 屬纊하여 以俟絶氣니, 男子는 不死於婦人之手하고, 婦人은 不死於男子之手하나니라. 君과 夫人은 卒於路寢하고, 大夫와 世婦는, 卒於適寢하고, 內子는 未命이어든, 則死於下室하고, 遷尸於寢하나니, 士之妻는, 皆死于寢이니라.

(질병 외내 개소 군 대부 철현 사
거금슬 침 동수어북용하 폐상 철설의
가신의 체일인 남녀 개복 속광 이사절기
남자 불사어부인지수 부인 불사어남자지수
군 부인 졸어노침 대부 세부 졸어적침
내자 미명 즉사어하실 천시어침 사지처
개사우침)

註解 ○徹縣(철현)—철(徹)은 철(撤)이므로 철거, 즉 제거한다는 뜻이고, 현(縣)은 현(懸)으로 악기를 장치하는 기구를 뜻한 말. 대부 이상은 거실에 이를 비치하고 있으므로, 상(喪)에 임해서는 이를 치운다. ○琴瑟(금슬)—사(士)에게는 현(懸)은 없어도 금슬 종류는 비치하고 있으므로, 이것을 치운다. ○體一人(체일인)—양손 양발에 한 사람씩 붙는다는 뜻. 체(體)는 사지(四肢)를 뜻한 것. ○路寢(노침)—제후의 주거의 정전(正殿). 노(路)는 대(大)·정(正). ○適寢(적침)—경대부(卿大夫)의 정실(正室). 적(適)은 정(正).

사람이 죽어서 그의 복(復), 즉 초혼(招魂)의 예를 하려면, 만일 근처에 산림(山林)이 있으면 [산림의 관원인] 우인(虞人)에게 사다리를 만들게 하고 산림이 없으면 [음악의 관원인] 적인(狄人)에게 만들게 하며 근시(近侍)의 소신(小臣)에게 복[초혼]을 하게 한다. 복을 행하는 자는 조복(朝服)을 입고 죽은 자가 임금이면 곤복(袞服)을 사용하고, 부인(夫人)에게는 굴적(屈狄)의 옷을 사용하며, 대부에게는 현정(玄赬)을, 그 처에게는 전의(禮衣)를, 사(士)에게는 작변(爵弁)을, 그 아내에게는 단의(稅衣)를 사용한다. 어느 경우이든 동헌(東軒)에서 지붕으로 올라가 중앙의 용마루 위에 서서 북면(北面)하고 세 번 혼(魂)을 부르며, 옷을 말아서 앞으로 던지면 사복(司服)이 이를 받는다. 이때 복을 부른 사람은 서북헌(西北軒)에서 내려온다. 또 만일 죽은 사람이 외국에 사신으로 와서 죽었을 것 같으면 그의 숙소가 공관(公館)이면 복을 하지만 사관(私館)이면 복을 하지 않는다. 또 만일 여행중 들판의 수레 속에서 죽었으면 그 수레의 왼쪽 거곡(車轂)에 타고 복을 행한다. 또 복에 사용하는 옷은 후에 유체(遺體)에 입히지 않고 납관(納棺) 때에도 사용하지 않으며 또 부인(婦人)의 복에 시집 갈 때의 의상, 즉 염(袡)을 사용하지 않는다. 또 모든 복을 행할 때는 남자에게는 이름[본명]을 부르고 부인에게는 자(字)를 부른다. 그리고 사람이 죽으면 [근친자가] 즉시 곡하지만 그 후는 가장 먼저 복을 행한다. 복을 하고 난 후 장례에 옮기는 것이다.

> [原文] 復에, 有林麓이어든, 則虞人이 設階하고 無林麓이어든 則 狄人이 設階하나니라. 小臣이 復하되, 復者는 朝服이니, 君은 以 卷하고, 夫人은 以屈狄하고, 大夫는 以玄赬하고, 世婦는 以禮衣 하고, 士는 以爵弁하고, 士妻는 以稅衣하나니, 皆升自東榮하여, 中屋履危하여, 北面三號하고, 卷衣하여 投於前하며, 司服이 受 之어든, 降自西北榮하나니라. 其爲賓이어든, 則公館엔 復하고, 私 館엔 不復하며, 其在野어든, 則升其乘車之左轂而復이니라. 復衣 를 不以衣尸하며, 不以斂하며, 婦人復에 不以袡하며, 凡復에, 男 子는 稱名하고, 婦人은 稱字하며, 唯哭을 先復하고, 復而後에 行 死事니라.
>
> (복 유림록 즉우인 설계 무림록 즉

적인 설계 소신 복 복자 조복 군 이
곤 부인 이굴적 대부 이현정 세부 이전의
사 이작변 사처 이단의 개승자동영
중옥리위 북면삼호 곤의 투어전 사복 수
지 강자서북영 기위빈 즉공관 복 사
관 불복 기재야 즉승기승거지좌곡이복 복의
불이의시 불이렴 부인복 불이염 범복 남
자 칭명 부인 칭자 유곡 선복 복이후 행사사)

註解　ㅇ復(복)-초혼(招魂). 앞에 많이 나왔다. ㅇ有林麓(유림록)…… -
그 사지(死地) 가까이에 산림이 있으면 그곳을 관리하는 우인(虞人)이
있으며, 그 사람들은 직무상 사다리 종류의 취급에 익숙하므로……란 뜻.
ㅇ無林麓(무림록)……-우인(虞人)이 없으면 적인(狄人)에게 명해서 사다
리를 준비시킨다. 정주(鄭注)에 의하면 적인은 '악사(樂師)의 천자(賤者)'
즉 하급의 악인(樂人)으로 악기를 장치하는 기구나 대(臺) 등도 만들므로
사다리 준비도 잘할 테니까……란 것. ㅇ以卷(이곤)-곤(卷)은 곤(袞)과
같으며 곤복(袞服)이란 뜻이고, 이는 천자의 정장(正裝)이다. ㅇ屈狄(굴
적)-제후 부인인 내자와 남작 부인의 정장(正裝). ㅇ玄禎(현정)-현의(玄
衣)와 정상(禎裳), 현(玄)은 검정 종류이고, 정(禎)은 붉은 종류. ㅇ襢衣
(전의)-백의(白衣)로, 공후백(公侯伯)의 신하인 사(士)의 아내와 자남
(子男)의 신하인 대부의 정장(正裝). ㅇ稅衣(단의)-흑의(黑衣)로 자남
(子男)의 신하인 사(士)의 아내의 정장(正裝). ㅇ東榮(동영)-영(榮)은
추녀, 헌(軒). ㅇ履危(이위)-지붕의 높은 뜻. 용마루. 위(危)는 높다〔高〕
는 뜻. ㅇ公館(공관)·私館(사관)-외국의 사신에 대하여 조정에서 설비하
거나 혹은 지정한 숙소, 사신이 스스로 의뢰한 숙소를 사관(私館)이라 한
다. 또한 사신이 여행중이나 체재지에서 죽었을 경우의 복례(復禮)에 대해
서는 제7〈증자문편(曾子問篇)〉·제20〈잡기상편(雜記上篇)〉에 나왔다.
ㅇ神(염)-부인(婦人)의 혼례 때의 의상. 불길한 예에는 사용하지 않는다.

임금이 죽으면 〔복(復)을 행하기 전에〕 먼저 상주가 될 자는 울고

형제는 곡하며 부인(婦人)은 곡용(哭踊)을 한다. 그리고 유체(遺體)를 당상(堂上)에 안치하고부터는 세자[상주]는 동쪽에 앉고, 경(卿)·대부·장로(長老) 및 친족의 자제들은 동쪽에 서며, 관원이나 일반 사(士)들은 당하(堂下)에 북면하고 서서 곡한다. 또 부인(婦人)은 유체의 서쪽에 앉고 [죽은 임금의] 여관(女官)들과 친족인 부인(婦人) 및 그 딸들은 서쪽에 서며, 또 대부의 아내들은 그의 친족 부인(婦人)들을 데리고 당상(堂上)에 북면하고 서서 곡한다. 또 대부가 죽었을 경우에 상주는 동쪽으로, [죽은 사람의] 아내는 서쪽으로 앉고, 또한 친족에 명부(命夫)와 명부(命婦)가 있으면 그 사람들은 앉으며, 다른 사람들은 모두 선다. 또 사(士)가 죽었을 경우에는 상주나 장로(長老)들 및 아들이나 손자들은 모두 동쪽에 앉고, [죽은 사람의] 아내, 고모, 자매들이나 친족의 부인과 그 딸들은 모두 서쪽에 앉는다. 모두 실내에서 유체에 대하여 곡할 때에는 상주는 양손에 홑이불의 끝을 잡고 운다.

[原文] 始卒에, 主人은 啼하고, 兄弟는 哭하고, 婦人은 哭踊이니라. 旣正尸어든, 子坐于東方하고, 卿大夫父兄子姓은 立于東方하고, 有司庶士는 哭于堂下하되, 北面하며, 夫人은 坐于西方하고, 內命婦姑姊妹子姓은 立于西方하고, 外命婦는 率外宗하여 哭于堂上하되, 北面하나니라. 大夫之喪에, 主人은 坐于東方하고, 主婦는 坐于西方하나니, 其有命夫命婦어든 則坐하고, 無어든 則皆立이니라. 士之喪엔, 主人父兄子姓은 皆坐于東方하고, 主婦姑姊妹子姓은 皆坐于西方하나니, 凡哭尸于室者는, 主人이 二手로 承衾而哭하나니라.

(시졸 주인 제 형제 곡 부인 곡용
기정시 자좌우동방 경대부부형자성 입우동방
유사서사 곡우당하 북면 부인 좌우서방

내명부고자매자성 입우서방 외명부 솔외종
곡우당상 북면 대부지상 주인 좌우동방
주부 좌우서방 기유명부명부 즉좌 무 즉
개립 사지상 주인부형자성 개좌우동방 주부
고자매자성 개좌우서방 범곡시우실자 주인 이
수 승금이곡)

註解 ㅇ嗁(제)—지나치게 애통해서 곡을 할 수가 없이 흐느껴 우는 것.
ㅇ子姓(자성)—죽은 군주의 아들이나 손자들. ㅇ內命婦(내명부)—임금의
여관(女官)들.   ㅇ外命婦(외명부)—경대부(卿大夫)의 아내들. 명부(命婦)
란 일반적으로 천자나 제후로부터 지위나 신분을 하사받은 여성을 뜻
한 말. ㅇ命夫命婦(명부명부)—동종(同宗)의 부형·자제 및 고자매(姑姉
妹)·자손들을 말한 것.

임금의 죽음에 임하여 아직 소렴(小斂), 즉 납관(納棺) 전이면 상
주는 기공(寄公)이나 국빈(國賓)의 조문에 대하여 이를 당하(堂下)에
서 맞이한다. 또 대부의 죽음에 임해서는 아직 소렴 전이면 상주는
군명(君命)에 의한 사자(使者)를 침문(寢門) 밖에 나가서 이를 맞이
한다. 또 일반의 사(士)의 경우에는 대부의 조문에 대하여 그것이 소
렴(小斂) 전이면 당상(堂上)에 나와서 함께 곡한다.

대체로 상주가 객을 맞이하려면 아직 상구(喪屨)를 신기 전이면 맨
발로 대님을 풀고 가슴을 치면서 서쪽 계단으로 내려가는 것이다. 그
리고 임금의 죽음이면 상주는 기공(寄公)이나 국빈(國賓)에게 정위치
에서 절하고, 경대부(卿大夫)의 죽음이면 군명(君命)에 의한 사자는
침문 밖에 맞이하고 사자는 당상으로 올라가 절하며 상주는 당하에서
절한다. 사(士)의 죽음이면 대부의 조문에는 자신이 함께 유체에 곡
하고 문밖으로 나가서 맞이하지 아니한다. 또 죽은 임금의 부인은 기
공 부인의 조문에 대하여 이를 당상(堂上)으로 맞이한다. 죽은 대부

의 아내인 명부(命婦)는 임금 부인의 명에 의한 사자(使者)를 당상으로 맞이한다. 죽은 사(士)의 아내는 경대부(卿大夫)의 아내 등 명부의 조문에 대하여 소렴 전이면 당상으로 맞이한다.

原文 君之喪에, 未小斂이어든, 爲寄公國賓하여 出하고, 大夫之喪에, 未小斂이어든, 爲君命하여 出하고, 士之喪에, 於大夫하연 不當斂이어든 則出이니라.

(군지상 미소렴 위기공국빈 출 대부
지상 미소렴 위군명 출 사지상 어대부
부당렴 즉출)

凡主人之出也에, 徒跣扱衽拊心하여, 降自西階하며, 君은 拜寄公國賓于位하고, 大夫는 於君命에, 迎于寢門外니, 使者이 升堂致命이어든, 主人이 拜于下하며, 士는 於大夫에 親弔어든, 則與之哭하고, 不逆於門外니라. 夫人이 爲寄公夫人하여 出하고, 命婦이 爲夫人之命하여 出하고, 士妻이 不當斂이어든, 則爲命婦하여 出이니라.

(범주인지출야 도선삽임부심 강자서계 군 배
기공국빈우위 대부 어군명 영우침문외 사자 승
당치명 주인 배우하 사 어대부 친조 즉
여지곡 불역어문외 부인 위기공부인 출
명부 위부인지명 출 사처 부당렴 즉위명부 출)

註解 ㅇ小斂(소렴)─죽은 자의 옷을 바꾸어 입히고 구(柩)에 안치(安置)하는 예(禮)에 있어서 제1회가 소렴(小斂)이고, 제2회가 대렴(大斂)이다. ㅇ寄公(기공)─제후가 나라를 잃거나 또는 어떤 사정이 있어서 이웃 나라에 기탁(寄託)하고 있는 자. ㅇ國賓(국빈)─남의 나라에서 맞아간 경대부(卿大夫). ㅇ不當斂(부당렴)─소렴(小斂)하기 조금 전이면이란 뜻. 소렴의 예를 거행할 때면 나가지 않으나 조금이라도 여유가 있으면 자신

이 나가서 응접(應接)하는 것이다. ○扱袵(삽임)—의복의 섶 아래 끝을
쳐들어 띠에 끼는 것. 의복이 땅에 끌리지 않도록 하는 것.

소렴(小斂)의 예에 있어서는 상주는 실내의 정위치에서 서면하고
주부(主婦 : 상주의 아내)는 동면하고 염(斂 : 옷을 갈아입히는 것)을
행한다. 이것이 끝나면 상주는 구(柩)를 향해 곡용(哭踊)하고 주부(主
婦)도 이를 따른다. 이어서 상주는 양쪽 어깨를 벗고 머리를 풀고 삼
으로 머리털을 묶는다. 부인(婦人)은 머리장식을 하고 방안에서 요질
(腰絰)을 한다. 그리고 유체(遺體) 주위의 장막을 걷고 친족의 남녀는
모두 시체를 받들어 당상에 안치하고 당하로 내려가서 절한다. 그런데
소렴이 끝난 후 상주가 임금의 후계자이면 임석(臨席)한 기공(寄公)
이나 국빈들에게 〔감사하다는〕 절을 한다. 또 대부나 사(士)일 경우
에는 임석한 경대부에 대해 각 위치로 가서 절하고, 사(士)에 대해서
는 그 위치 쪽을 향해서 세 번 절한다. 또한 상주의 부인(夫人)은 기
공의 부인에게 당상에서 절한다. 경대부의 아내와 사(士)는 임석한 명
부(命婦)에게 각각 절하고 무릇 중빈(衆賓)에게는 당상에서 절한다.
또 소렴한 뒤 상주는 〔동계(東階) 아래의〕 위치에 간 다음 그곳에서
옷을 겹쳐 입고 요대(腰帶)를 한 다음 수질(首絰)을 입고 곡용(哭踊)
을 한다. 어머니의 초상일 경우에는 위치에 가서 〔삼으로 머리를 묶는
것이 아니라〕 머리를 문(免)하고 곡용을 한 다음 소렴의 음식을 올린
다. 그리고 조문자(弔問者)는 갖옷〔裘〕을 껴입고 길관(吉冠)에 요대
와 수질을 하고 요대를 두른 다음 상주와 번갈아가며 곡용을 한다.
임금의 상(喪)에는 우인(虞人)이 땔나무와 축각(畜角)을 공출(供
出)하고, 악인(樂人)이 호(壺)를 공출하며, 요리사가 솥을 공출하고
사마(司馬)가 누각(漏刻)의 호(壺)를 정위치에 걸고 시각을 측정하며
관인(官人)이 번갈아가며 곡한다. 또 대부의 상에는 관인이 번갈아
가며 곡하지만 호를 걸어놓지는 않으며 또 사(士)의 상에는 번갈아

가며 곡하는 데에 관인이 하지를 않는다. 〔가족 친족이 한다〕

임금의 상을 당했을 경우에는 야간에 당상에는 횃불을 두 개, 당하에 두 개를 켜놓으며, 대부의 경우에는 당상에 하나, 당하에 두 개를 준비한다. 사(士)의 경우는 당상에 하나, 당하에 하나를 준비한다.

原文 小斂에, 主人은 卽位於戶內하고, 主婦는 東面하여, 乃斂하나니, 卒斂하고, 主人이 馮之踊이어든, 主婦도 亦如之하며, 主人은 袒하고, 說髦하되, 括髮以麻하며, 婦人은 髽하여, 帶麻于房中하고, 徹帷하며, 男女이 奉尸하여 夷于堂하고, 降拜니라. 君이 拜寄公國賓하나니, 大夫士엔 拜卿大夫於位하고, 於士엔 旁三拜하며, 夫人도 亦拜寄公夫人於堂上하며, 大夫內子士妻엔, 特拜命婦하고, 氾拜衆賓於堂上하나니라. 主人이 卽位하여, 襲帶絰하여, 踊하며, 母之喪엔, 卽位而免하고, 乃奠하나니, 弔者이 襲裘하여, 加武帶絰하여, 與主人으로 拾踊하나니라.

(소렴 주인 즉위어호내 주부 동면 내렴
졸렴 주인 빙지용 주부 역여지 주
인 단 탈모 괄발이마 부인 좌 대마우
방중 철유 남녀 봉시 이우당 강배 군
배기공국빈 대부사 배경대부어위 어사 방삼배
부인 역배기공부인어당상 대부내사사처 특배
명부 범배중빈어당상 주인 즉위 습대질
용 모지상 즉위이문 내전 조자 습구
가무대질 여주인 겹용)

君喪엔, 虞人은 出木角하고, 狄人은 出壺하고, 雍人은 出鼎하고, 司馬는 縣之하고, 乃官이 代哭하나니라. 大夫엔 官이 代哭하되, 不縣壺하고, 士엔 代哭에, 不以官이니라.

(군상 우인 출목각 적인 출호 옹인 출정

사마 현지 내관 대곡 대부 관 대곡

불현호 사 대곡 불이관)

君엔 **堂上**에 **二燭**하고, 下에 **二燭**하며, **大夫**엔 **堂上**에 **一燭**하고, 下에 **二燭**하며, **士**엔 **堂上**에 **一燭**하고, 下에 **一燭**이니라.

(군 당상 이촉 하 이촉 대부 당상 일촉

하 이촉 사 당상 일촉 하 일촉)

註解 ○馮之(빙지)—유체(遺體)를 향해서란 뜻. 지(之)는 시(尸), 구(柩)를 뜻한 말이고 빙(馮)은 향한다는 뜻. ○髦(모)—어릴 때 앞이마에 늘어뜨린 머리의 일부를 성인이 된 뒤에도 남겨놓은 것이 모(髦)이며, 아버지가 죽으면 좌측을 제거하고 어머니가 죽으면 우측을 제거한다. ○夷于堂(이우당)—이(夷)는 진열한다는 뜻. ○旁三拜(방삼배)—객(客) 한 사람 한 사람에게 하지 않고 전원에게 대해서 세 번 절하는 것. ○髽(좌)—초상 때 머리에 꽂는 장식. ○母之喪(모지상)……—어머니의 상(喪)은 아버지의 상보다도 한 단계 가볍게 하기 위해 머리는 '삼으로 묶는 것'이 아니라 문(免)하는 것. 문(免)이란 머리털에 흰 삼베를 일정한 형으로 쓰는 것으로, 제3 〈단궁상편(檀弓上篇)〉 참조. ○襲裘(습구)—구(裘 : 가죽옷) 위에 다시 상의(上衣)를 입는다. ○拾踊(겹용)—주인과 손님이 번갈아 가면서 뛰는 것. ○虞人(우인)……司馬縣之(사마현지)—모두 누각(漏刻)을 설치하고 시각을 측정하기 위해 협력하는 것. ○虞人出木角(우인출목각)—산림(山林)을 관장하는 관원은 땔나무와 물을 담는 그릇으로 짐승의 뿔을 제공한다는 뜻. ○狄人出壺(적인출호)—적인(狄人)은 악인(樂人)을 뜻한 말. 호(壺)란 시간을 측정하기 위한 누수용기(漏水容器). ○司馬(사마)—주례(周禮)의 하관(夏官)의 경(卿). ○雍人出鼎(옹인출정)—요리사는 음식을 익히는 솥을 공출한다는 뜻. 겨울에 물이 얼 때에는 얼음을 솥에 넣고 땔나무를 태워 녹여서 물을 얻는다.

[소렴의 예가 끝나고] 빈객이 물러가면 [임금이나 대부의 상(喪)에서는] 시체 주위의 장막을 걷어치운다.

또 [소렴이 끝난 후] 유체(遺體)를 당상에 안치하고 곡을 하려면 상주는 유체의 동쪽에 자리하고 밖에서 온 사람은 서쪽에 자리하며 부인(婦人)들은 북쪽에서 남면하고 행한다. 또 소렴이 끝난 후 객을 보낼 때에는 부인은 당을 내려가지 않는다. 만일 내려갈 경우에는 그때 [당 아래에서는] 곡을 하지 않는다. 또 사나이는 [임금의 사자는 별도로 하고] 사람을 보내고 맞이하기 위해 침문(寢門)으로 나가지 않으나 나갈 일이 있으면 그곳에서 사람을 만나도 곡은 하지 않는다. 또 [소렴 후에] 여주(女主 : 상주의 아내나 어머니 등)가 없을 경우는 상주 스스로가 여빈(女賓)을 침문 안으로 송영(送迎)하고 절한다. 또 상주가 여자일 경우에는 그 상주 스스로가 남빈(男賓)에게 조계(阼階) 아래에서 절한다. 상주가 어리면 누군가가 그 유아(幼兒)를 상복(喪服)에 싸서 안고 유아 대신 빈객에게 절한다. 또 죽은 사람의 후계자가 출타중이면 그 사람이 유작(有爵)인데 대리인이 무작(無爵)이면 대리인이 빈객에게 절한다. 상주인 자가 출타중이어도 국내에 있으면 그가 돌아오기를 기다려서 빈장(殯葬)하고 만일 국외에 나가 있으면 대리인이 빈장을 해도 된다. 대체로 사람의 죽음에 임해서는 후계자가 없는 일은 있어도 상주를 정하지 않는 일은 없다.

原文 賓出이어든, 徹帷하나니라.
(빈출 철유)

哭尸于堂上이어든, 主人은 在東方하고, 由外來者는 在西方하며, 諸婦는 南鄕하나니라. 婦人은 迎客送客에 不下堂이니, 下堂이어든 不哭하며, 男子이 出寢門外하여, 見人이어든 不哭하나니라. 其無女主어든, 則男主이 拜女賓于寢門內하며, 其無男主어든, 則女主이 拜男賓于阼階下하며, 子幼어든, 則以衰抱之하고, 人爲之拜하며, 爲後者이 不在어든, 則有爵者는 辭하며, 無爵者는 人爲之拜하나니, 在竟內어든 則俟之하며, 在竟外어든 則殯葬이 可也니, 喪에 有無後하되, 無無主하나니라.

(곡시우당상 주인 재동방 유외내자 재서방
제부 남향 부인 영객송객 불하당 하당
불곡 남자 출침문외 견인 불곡
기무여주 즉남주 배녀빈우침문내 기무남주
즉여주 배남빈우조계하 자유 즉이최포지 인
위지배 위후자 부재 즉유작자 사 무작자
인위지배 재경내 즉사지 재경외 즉빈장
가야 상 유무후 무무주)

註解　○女主(여주)－상주는 남녀로 갖추는 것이 원칙이다. 대부분은
상주의 아내 기타 반드시 이성(異姓)의 부인이 이에 임(臨)한다. ○有爵
者(유작자)－여기서는 대부(大夫) 이상의 지위를 가리킨 말. ○竟內(경
내)－경내(境內). 국내.

임금의 초상에는 그 3일째부터 공자(公子)들과 부인(夫人)은 지팡
이를 짚는다. 그 5일째 되는 날 빈장(殯葬)을 끝내면 공자들과 부인
은 대부(大夫)와 세부(世婦)들에게 지팡이를 준다. 공자와 대부는 침
문(寢門) 밖에서 지팡이를 사용하고 문안에서는 지팡이를 짚지 않는
다. 또 부인(夫人)과 세부들은 상중(喪中)의 거소에 있어서 지팡이를
사용하고 당상(堂上)의 정위치에 있을 때는 남에게 맡긴다. 세자는
만일〔천자의 사절로부터〕왕명이 있을 때에는 지팡이를 버리고 명령
을 받으며 다른 제후로부터의 명령이 있으면 그때에는 지팡이를 짚지
않으며, 또 귀복(龜卜)을 점칠 때와 죽은 자에 관한 의례가 행해질 때
에는 지팡이를 거둔다. 또 대부는 임금 곁에서는 지팡이를 짚지 않으
며 대부에 대해서는 지팡이를 짚는다.

原文　君之喪엔, 三日에, 子와 夫人이 杖하고, 五日에, 旣殯하
면, 授大夫와 世婦에 杖하며, 子와 大夫는 寢門之外엔 杖하고
寢門之内엔 輯之하며, 夫人과 世婦는 在其次則杖하고, 卽位則

使人으로 執之하며, 子는 有王命則去杖하고, 國君之命則輯杖하고, 聽卜과 有事於尸則去杖하며, 大夫는 於君所則輯杖하고, 於大夫所則杖이니라.

(군지상 삼일 자 부인 장 오일 기빈
수대부 세부 장 자 대부 침문지외 장
침문지내 집지 부인 세부 재기차즉장 즉위즉
사인 집지 자 유왕명즉거장 국군지명즉집장
청복 유사어시즉거장 대부 어군소즉집장 어
대부소즉장)

註解　ㅇ授大夫世婦杖(수대부세부장)－제5일에 대부와 그 아내들에게 지팡이를 건네주고 그 후 공자(公子)나 부인들은 지팡이를 사용하지 않는다. ㅇ輯杖(집장)－지팡이를 가지고 걸어도 그것을 땅에 짚지 않는 것. ㅇ其次(기차)－차(次)는 거소(居所). 부인(婦人) 상주는 가옥의 방안(실내)에 설치된다.

대부[경대부]가 죽은 경우 제3일 아침에 이미 빈장(殯葬)을 끝내면 상주와 그 아내와 가재(家宰)들이 지팡이를 갖는다. 그리고 임금으로부터의 명령을 받을 때에는 지팡이를 버리고, 다른 대부로부터의 말을 들을 때에는 지팡이를 짚지 않는다. 또 경(卿)의 아내[그리고 대부의 아내]는 임금의 부인으로부터의 전갈을 받을 때에는 지팡이를 거두고 세부(世婦)로부터의 전갈을 받을 때에는 지팡이를 남에게 맡긴다.

사(士)가 죽으면 2일이 지나 제3일에 빈장하며 그 다음날부터 상주는 지팡이를 사용하고 가족인 부인(婦人)들도 지팡이를 사용한다. 임금의 명령이나 부인(夫人)의 전갈을 받을 때에는 대부의 경우와 같으며 대부와 대부의 전갈을 받을 때에는 대부의 경우와 같이한다.

무릇 죽은 자의 아들은 지팡이를 사용하지만 의례(儀禮)의 정위치에 있어서는 지팡이를 사용하지 않는다. 또 대부와 사(士)는 유체(遺體)에 대해서 곡을 할 때에는 지팡이를 짚고 시체에 대해서는 지팡이를 짚지 않는다. 또 상장(喪杖)을 버릴 때에는 이를 분질러서 사람의 눈에 띄지 않는 곳에 버리는 것이다.

原文　大夫之喪엔, 三日之朝에 旣殯하고, 主人과 主婦와 室老이 皆杖하며, 大夫는 有君命則去杖하고, 大夫之命則輯杖하며, 內子는 爲夫人之命하여는 去杖하고, 爲世婦之命하여는 授人杖하나니라.

(대부지상 삼일지조 기빈 주인 주부 실로
개장 대부 유군명즉거장 대부지명즉집장
내자 위부인지명 거장 위세부지명 수인장)

士之喪엔, 二日而殯하고, 三日之朝에, 主人이 杖하며, 婦人이 皆杖하나니, 於君命과 夫人之命엔 如大夫하고, 於大夫와 世婦之命엔 如大夫니라.

(사지상 이일이빈 삼일지조 주인 장 부인
개장 어군명 부인지명 여대부 어대부 세부
지명 여대부)

子는 皆杖하되, 不以卽位하며, 大夫士는 哭殯則杖하고, 哭柩則輯杖하며, 棄杖者는, 斷而棄之於隱者니라.

(자 개장 불이즉위 대부사 곡빈즉장 곡구
즉집장 기장자 단이기지어은자)

註解　ㅇ室老(실로)－경대부(卿大夫)의 가재(家宰) 및 가로(家老)들. ㅇ內子(내자)－경의 아내를 가리킨 말이지만 여기서는 대부의 아내의 경우도 포함된다. ㅇ二日(이일)－여기서는 '2일이 지나서 제3일'이란 뜻. ㅇ殯(빈)……柩(구)－빈(殯)은 구(柩)에 들어있으나 여기서는 매장을 위해 구를 움직일 경우에 대해서 말하고 있다. ㅇ棄杖(기장)…… －대상(大

祥)의 예가 끝난 뒤에는 지팡이를 사용하지 않으나, 그때는 이 지팡이가 다른 사람이 주워다가 전용(轉用)되지 않도록 잘게 분질러서 유처(幽處)에 버리라는 것이다.

　사람이 죽으면 먼저 유해를 〔남쪽 창문 아래의〕 침상(寢床)에 옮기고 홑이불로 덮으면서 입고 있는 의복을 벗긴다. 그리고 소신(小臣)이 죽은 자의 입을 열고 이를 각사(角柶)로 받치고 입안에 물건을 물린다. 또 양쪽 발은 연궤(燕几)를 사용하여 구부러지지 않도록 묶는다. 이러한 예법은 임금이나 대부 및 사(士) 모두 같다.

　〔죽은 자에게 목욕을 시키려면〕 먼저 관인(管人 : 가옥 관리자)이 우물에서 물을 퍼올린 두레박을, 줄이 딸린 채 그것을 감아쥐고 당의 서계(西階)로 올라오고, 그 올라온 곳에서 물을 근시자(近侍者)에게 넘겨준다. 근시자는 물을 가지고 들어와 수욕(水浴)을 시킨다. 〔그 예법은〕 소신(小臣) 네 사람이 홑이불을 잡고 근시자 두 사람이 수욕을 시킨다. 욕수(浴水)는 수분(水盆)에 담고 퍼서 쓰는데 그것은 주(枓) 〔라는 용기〕를 사용하고 씻는 데는 얇은 수건을 사용하고 마른 수건에는 욕의(浴衣)를 사용하거니와 이들은 생전에 하던 것과 같다. 그리고 소신(小臣)이 발톱을 깎고 수욕(水浴)시킨 후의 물은 구덩이를 파고 버린다. 그러나 주인의 어머니가 죽었을 경우에는 홑이불을 부인(婦人)의 시자(侍者)가 잡고 다른 〔부인인〕 시자가 목욕물을 사용하는 것이다. 다음으로 〔두발(頭髮)을 씻는 예법은〕 관인(管人)이 물을 퍼서 나르고 당상(堂上)의 근시자(近侍者)에게 넘겨주며 근시자가 이 물로 〔조나 기장을〕 헹군다. 이때 군주의 경우는 조, 대부의 경우는 기장, 사(士)의 경우는 조를 사용한다. 또 전인(甸人)〔원야(原野)의 관리자〕은 솥을 서쪽 담장 아래에 걸고 도인(陶人)은 솥을 공출하며 관인(管人)은 여기에 〔전술한〕 헹군 물을 받아서 끓인다. 이때 전인은 전부터 사당 뜰 서북쪽에 저장해 있는 장작을 꺼내어 불을 땐다.

물이 끓으면 관인이 근시자에게 넘겨주어 죽은 자의 머리를 감긴다. 감는 데도 도반(陶盤)을 사용하고 수건으로 닦는 것은 생전과 같다. 그후에 소신(小臣)이 죽은 자의 손톱을 깎고 수염을 깎으며 씻은 물은 구덩이를 파고 버린다.

임금의 유체 밑에는 대반(大盤)을 놓고 얼음을 넣으며 대부에게는 중반(中盤)을 놓고 얼음을 넣는다. 사(士)에게는 소반(小盤)을 늘어놓고 [물을 넣으며] 얼음은 사용하지 않는다. 또 침상(寢床)을 설치하는 데에는 자리를 깔고 베개가 있으며 입에 물건을 물릴 때에도 상(牀)이 하나요, 염습(斂襲)하는 데에도 상이 하나요, 시체를 당(堂)으로 옮기는 데도 상이 또 하나요, 모두 베개와 자리가 있다. 이것은 임금이나 대부나 사가 모두 같다.

原文 始死어든, 遷尸于牀하고, 幠하되 用斂衾하고, 去死衣하며, 小臣이 楔齒하되 用角柶하며, 綴足하되 用燕几하나니, 君大夫士이 一也니라.

(시사 천시우상 무 용렴금 거사의
소신 설치 용각사 철족 용연궤 군대부사 일야)

管人이 汲하되 不説繘하고, 屈之하며, 盡階하되 不升堂하고, 授御者하며, 御者이 入浴하나니, 小臣四人이 抗衾하고, 御者이 二人이 浴하나니라. 浴水는 用盆하고, 沃水는 用枓하며, 浴用絺巾하고, 挋用浴衣를, 如它日하며, 小臣이 爪足하며, 浴餘水를 棄于坎이니, 其母之喪엔, 則内御者이 抗衾而浴하나니라. 管人이 汲하여 授御者어든, 御者이 差沐于堂上이니, 君沐엔 梁하고, 大夫沐엔 稷하고, 士沐엔 梁하나니, 甸人이 爲垼于西牆下하고, 陶人이 出重鬲이어든 管人이 受沐하여 乃煮之하며, 甸人이 取所徹廟之西北厞薪하여, 用爨之하며, 管人이 授御者하여 沐이어든, 乃沐하나니, 沐用瓦盤하고, 挋用巾을, 如它日하며, 小臣이 爪手翦

須하며, 濡濯을 棄于坎하나니라.

(관인 급 불탈율 굴지 진계 불승당
수어자 어자 입욕 소신사인 항금 어자
이인 욕 욕수 용분 옥수 용주 욕용치
건 진용욕의 여타일 소신 조족 욕여수 기
우감 기모지상 즉내어자 항금이욕 관인
급 수어자 어자 차목우당상 군목 양 대
부목 직 사목 양 전인 위역우서장하 도
인 출중격 관인 수목 내자지 전인 취소철
묘지서북비신 용찬지 관인 수어자 목 내
목 목용와반 진용건 여타일 소신 조수전
수 난탁 기우감)

君은 設大盤하여, 造冰焉하고, 大夫는 設夷盤하여 造冰焉하며,
士는 倂瓦盤하여 無冰하며, 設牀禩第하며, 有枕하나니, 含一牀이
오, 襲一牀이오, 遷尸于堂에 又一牀이오, 皆有枕席이니, 君大夫
士이 一也니라.

(군 설대반 조빙언 대부 설이반 조빙언
사 병와반 무빙 설상전제 유침 함일상
습일상 천시우당 우일상 개유침석 군대부사 일야)

[註解] ㅇ去死衣(거사의)—먼저 더러운 옷을 벗기고 새옷을 입히고서 죽
게 했다. 그러나 죽은 뒤에는 다시 그 옷을 벗기고 이불을 덮는다. ㅇ角
柶(각사)—사(柶)는 나무로 만든 수저. ㅇ燕几(연궤)—편안히 있을 때 쓰
는 궤(几). 이것으로 발을 잡아매어 발이 굽지 않게 한다. ㅇ枓(주)—표주
박 자루. ㅇ坎(감)—일부러 밭에 판 구덩이. ㅇ堲(역)—땅구덩이. 전인(甸
人)이 미리 서쪽 담 밑에 파놓은 구덩이. ㅇ陶人(도인)—질그릇을 만드는
사람. ㅇ濡濯(난탁)—머리털을 씻은 더러운 물.

임금이 죽으면 세자·대부·서공자(庶公子)·중사(衆士) 모두 3일

간 [밥을] 먹지 않고 죽을 먹는다. 그리고 죽의 원료가 되는 쌀은 [1인분으로서] 아침에 1일(溢), 저녁에 1일이며 그 죽의 분량에 규정은 없다. 또 [4일째부터는] 사(士)는 조반(粗飯)을 먹고 물을 마시지만 그 분량에는 규정이 없다. 또 부인(夫人)·여관(女官)들, 공자(公子)나 대부사(大夫士)의 처첩(妻妾)들은 모두 조반(粗飯)을 취하고 물을 먹으나 그 분량에는 규정이 없다. 경대부(卿大夫)가 죽으면 상주·가로(家老)·아들이나 손자들은 모두 죽을 먹으나 가사(家士)는 조반(粗飯)을 먹고 물을 마시며 부인(婦人)들은 조반을 먹고 물을 마신다. 또 사(士)가 죽었을 경우에는 거의 경대부의 경우와 같다. 이미 매장한 뒤에는 상주는 조반과 물을 먹으나 소채(蔬菜)도 과일도 먹지 않는다. 부인들도 같으며 이 규정은 임금·대부·사(士)와 공통적이다. 그리고 [1년이 지나고서] 연제(練祭)를 끝내면 채과(菜果)를 먹고 [다시 1년이 지나서] 대상(大祥)이 끝나면 육식(肉食)을 한다. 죽을 대접으로 먹을 때에는 손을 씻지 않고, 대그릇에 담아서 먹을 때에는 손을 씻는다. 나물을 먹을 때에는 식초와 간장을 섞어서 먹는다. 처음으로 고기를 먹을 때에는 우선 건육(乾肉)을 먹고, 처음 술을 마실 때에는 우선 단술을 마신다.

原文 君之喪엔, 子大夫公子衆士이 皆三日을 不食하고, 子大夫公子衆士이 食粥하나니, 納財하되, 朝一溢米요, 莫一溢米하되, 食之無算하며, 士는 疏食水飮하되, 食之無算하며 夫人世婦諸妻도, 皆疏食水飮하되, 食之無算이니라. 大夫之喪엔, 主人室老子姓은 皆食粥하며, 衆士는 疏食水飮하며, 妻妾도 疏食水飮하나니, 士도 亦如之니라. 旣葬이어든, 主人이 疏食水飮하고, 不食菜果하며, 婦人도 亦如之하며, 君大夫士이 一也니라. 練而食菜果하고, 祥而食肉하며, 食粥於盛은 不盥하고, 食於簋者는 盥하고, 食菜以醯醬하며, 始食肉者는, 先食乾肉하고, 始飮酒者는, 先飮醴酒

니라.

> (군지상 자대부공자중사 개삼일 불식 자대
> 부공자중사 식죽 납재 조일일미 모일일미
> 식지무산 사 소식수음 식지무산 부인세부제처
> 개소식수음 식지무산 대부지상 주인실노자
> 성 개식죽 중사 소식수음 처첩 소식수음
> 사 역여지 기장 주인 소식수음 불식채과
> 부인 역여지 군대부사 일야 연이식채과
> 상이식육 식죽어성 불관 식어산자 관 식채
> 이혜장 시식육자 선식건육 시음주자 선음예주)

註解　ㅇ納財(납재)－재(財)는 재(材)를 뜻하며 죽을 만드는 재료가 되는 쌀을 가리킨다. ㅇ一溢(일일)－용량(容量)의 단위로 한 되의 24분의 1을 말한다. 요는 극히 적은 분량. ㅇ莫(모)－모(暮)자로 읽는다. ㅇ盛(성)－찻잔의 종류. ㅇ簧(산)－정주(鄭注)에는 '죽거(竹筥)를 말한다'라고 나와 있다. 밥을 담는 그릇. ㅇ醯醬(혜장)－초나 소금으로 절인 야채. ㅇ醴酒(예주)－일야주(一夜酒). 단술 종류.

기(期:1개년)의 상(喪)에 제1일에 3회의 밥을 먹지 않고 제2일부터는 조반(粗飯)과 물을 먹고 소채(蔬菜)나 과일은 먹지 않는 관습으로 되어 있다. 이 관습의 상(喪)에서는 3개월을 거쳐 이미 장례를 끝내고부터는 고기를 먹고 술을 마신다. 또 기(期)의 상에는 원칙적으로 최후까지 생선과 술을 먹지 않는다. 이 예는 사람의 자식이고 남편된 자가 아버지가 생존하고 어머니가 죽었을 경우나 아내가 죽었을 경우이다. 또 9개월의 상에는 음식의 예법이 기(期)의 상과 같으나 〔매장 후에는〕 고기를 먹고 술을 마셔도 좋은데 남과 함께 음식을 먹고 즐겨서는 안된다. 또 5개월의 상에 있어서는 하루에 밥을 2회 먹지 않고, 3개월의 상에는 하루에 밥을 1회 먹지 않는 예를 지켜도 된다. 그리고 매장을 끝내고부터는 고기를 먹고 술을 마시되 남과 함께

먹고 즐겨서는 안된다. 또 숙모[아버지 아우의 아내], 세모(世母 : 아
버지 형의 아내), 옛 주인 및 종자(宗子) 등의 상에는 매장 전에 고기
를 먹고 술을 마셔도 된다. 또 일반적으로 상에 임(臨)해서 죽을 먹을
수 없을 경우에는 조반(粗飯)을 국물에 말아서 먹어도 되지만 국에는
채소를 사용한다. 또 상중이라도 앓고 있으면 고기를 먹고 술을 마셔
도 된다. 또 50세에 이르면 상례(喪禮)는 끝까지 마치지 않아도 되며
70세에 달하면 단지 최마(衰麻 : 상복)복을 입기만 해도 된다. 또 일
반적으로 매장 후에는 만일 임금으로부터 음식의 하사가 있으면 이를
먹고 혹은 대부나 아버지의 친구로부터 음식이 보내져 오면 이를 먹
으며 [어떤 경우에도] 맛있는 쌀이나 고기라도 사양하지 않는다. 그
러나 짙은 술이나 독한 술은 사양한다.

원문 期之喪엔, 三不食이니, 食이어든 疏食水飮하고, 不食菜
果하며, 三月에 旣葬이어든, 食肉飮酒하며, 期엔 終喪히, 不食肉
하며, 不飮酒니라. 父이 在어시든 爲母爲妻하며, 九月之喪엔, 食
飮을 猶期之喪也하여, 食肉飮酒하되, 不與人樂之니라. 五月三
月之喪엔, 壹不食再不食이 可也라, 比葬하연 食肉飮酒하되, 不
與人樂之하나니, 叔母世母故主宗子는, 食肉飮酒하나니라. 不能
食粥이어든, 羹之以菜면 可也며, 有疾이어든, 食肉飮酒라도 可也
니, 五十이어든 不成喪이오, 七十이어든 唯衰麻在身이니라. 旣葬
엔, 若君이 食之어시든 則食之하며, 大夫父之友이 食之어시든
則食之矣니, 不辟粱肉하되, 若有酒醴則辭니라.
(기지상 삼불식 식 소식수음 불식채
과 삼월 기장 식육음주 기 종상 불식육
불음주 부 재 위모위처 구월지상 식
음 유기지상야 식육음주 불여인락지 오월삼
월지상 일불식재불식 가야 비장 식육음주 불

여인락지 숙모세모고주종자 식육음주 불능

식죽 갱지이채 가야 유질 식육음주 가야

오십 불성상 칠십 유최마재신 기장

약군 식지 즉식지 대부부지우 식지

즉식지의 불피양육 약유주례즉사)

註解 ㅇ期之喪(기지상) 三不食(삼불식)—'기지상(期之喪)'은 재최(齊衰) 1개년의 상으로 이 상에서는 원칙적으로 '2일간은 밥을 먹지 않는다'란 뜻이 제37 〈간전(間傳)편〉이나 《백호통(白虎通)》에 나와 있다. 그러나 이 편에서 삼불식(三不食)이라고 한 것은 대체로 '상의 첫날 하루뿐'을 가리키는 것이 되므로 간전편과는 다르다. 그래서 정주(鄭注)의 공소(孔疏)에는 '기상(期喪)의 의복(義服)', 즉 '기의 상에 준한 복상'으로 다소 예를 가볍게 한 것으로 풀이하고 있다. ㅇ菜果(채과)—채(菜)는 소채를 말하며 부식물을 뜻한 것이 아니다. ㅇ世母(세모)—아버지의 형의 아내. 일설로는 '아버지의 형 중에서 조부의 후계자 한 사람을 세부(世父)라 하고 그 아내를 세모(世母)라고 한다'고도 하지만 타당치 못하다. ㅇ酒醴(주례)—윗글에는 '시음주자(始飲酒者) 선음예주(先飲醴酒)'로 되어 있고 이것은 '단술 종류'라고 말했으나, 여기에는 예주(醴酒)로 되어 있기 때문에 '짙은〔강한〕 술'로 풀이하는 것이 좋겠다.

사람이 죽으면 〔먼저 복(復 : 초혼)을 하고 죽은 다음날에〕 실내에서 소렴(小斂)을 하고 잠시 후 동계(東階)에서 대렴(大斂)을 행한다. 대소의 염(斂)에서 임금에게는 댓자리를 깔고 대부에게는 부들자리를 깔며 사(士)에게는 갈대자리를 간다. 그리고 소렴에는 유체를 결속(結束)하기 위해 견포(絹布)가 사용되지만 거기에는 세로로 한 가닥, 가로로 세 가닥이 필요하다. 금(衾 : 침구)은 임금에게는 비단 이불이요, 대부에게는 흰 이불이며, 사(士)에게는 검은 이불로 모두 한 장씩이다. 또 소렴의 의복은 19칭(稱)이고 그 의복은 임금의 경우는 당(堂)의 동쪽에 진열하고 대부와 사(士)의 경우는 실내에 진열하지만 모두 의복의 깃을 서쪽으로 향하게 하고 북쪽을 위로 해서 진열한다. 결속(結束)용의 천은 19칭 속에 들지 않는다.

대렴(大斂)에는 베가 세로로 묶는 것이 세 폭이고 가로로 묶는 것이 다섯 폭이다. 베 홑이불과 이불 둘이 있다. 임금이나 대부나 사(士)가 모두 같다. 임금에게는 옷을 뜰에 벌여놓는 것이 백 가지인데 깃을 북쪽으로 하고 서쪽을 위로 한다. 대부에게는 옷을 벽 동쪽 밑에 벌여놓는 것이 50가지인데 깃을 서쪽으로 하고 남쪽을 위로 한다. 사(士)에게는 옷을 동쪽에 벌여놓는 것이 30가지인데 깃을 서쪽으로 하고 남쪽을 위로 한다. 결속용 베와 베 홑이불은 조복(朝服)과 같이 한다. 묶는 베는 한 폭을 셋으로 쪼개고 가운데는 쪼개지 않는다. 홑이불은 다섯 폭으로 하고 깃에는 아무런 장식도 달지 않는다.

原文 小斂於戶內하고, 大斂於阼하되, 君은 以簟席하고, 大夫는 以蒲席하고, 士는 以葦席하나니라. 小斂에는, 布絞를, 縮者이 一이오, 橫者이 三이니, 君은 錦衾이오, 大夫는 縞衾이오, 士는 緇衾이니, 皆一이오, 衣는 十有九稱이니라. 君은 陳衣于序東하고, 大夫士는 陳衣于房中하되, 皆西領北上하나니, 絞紟은 不在列하나니라.

(소렴어호내 대렴어조 군 이점석 대부
이포석 사 이위석 소렴 포효 축자
일 횡자 삼 군 금금 대부 호금 사
치금 개일 의 십유구칭 군 진의우서동
대부사 진의우방중 개서영북상 효금 부재열)

大斂엔, 布絞를, 縮者이 三이오, 橫者이 五요. 布紟과, 二衾이며, 君大夫士이 一也니라. 君은 陳衣于庭이, 百稱이니, 北領西上하며, 大夫는 陳衣于序東이, 五十稱이니, 西領南上하며, 士는 陳衣于序東이, 三十稱이니, 西領南上이니라. 絞紟은 如朝服하나

니, 絞는 一幅을 爲三하되, 不辟하고, 紟은 五幅하되 無紞이니라.

(대렴 포효 축자 삼 횡자 오 포금 이금

군대부사 일야 군 진의우정 백칭 북영서

상 대부 진의우서동 오십칭 서영남상 사

진의우서동 삼십칭 서영남상 효금 여조복

효 일폭 위삼 불백 금 오폭 무담)

註解 ○簟席(점석)－대나무로 만든 자리. ○絞(효)－염(斂)을 할 때에 시체를 묶는 것. ○縮(축)－세로[縱]. ○十有九稱(십유구칭)－천수(天數)는 구(九)에서 끝나고 지수(地數)는 십(十)에서 끝난다. 십유구(十有九)는 천지(天地)의 끝 숫자이다. 그러므로 사람이 죽으면 천지의 끝 숫자로 염(斂)을 한다. ○序東(서동)－당(堂)의 동쪽. ○絞紟(효금)－홑이불. ○二衾(이금)－하나는 깔고 하나는 위에서 덮는다. ○如朝服(여조복)－조복(朝服)과 같이 15승(升)의 베를 쓴다는 뜻. ○一幅爲三(일폭위삼)－효(絞)는 1폭(幅)의 천으로 그것을 세 개로 갈라서 유체에 두껍게 의복을 입힌 위에 결속(結束)하는 데 사용한다. ○不辟(불백)－이미 세 개로 갈랐으므로 그것보다 잘게 쪼갤 수가 없다. 백(辟)은 쪼갠다는 뜻. ○紞(담)－끈 장식. 생전에는 의복의 깃에 끈 장식을 달지만 죽은 자의 옷에는 달지 않는다.

소렴(小斂)에 사용하는 의복은 [유체(遺體)에 대해서 거꾸로 입히는 것도 있지만] 제복(祭服)만은 거꾸로 입히지 않는다. 또 임금의 경우는 수의(襚衣)는 진열하지 않으며 대부나 사(士)의 경우는 우선 당사자의 제복(祭服)을 전부 사용한 다음 [십구칭(十九稱)에 부족한 분만큼] 보내온 의복을 사용한다. 또 친척으로부터 보내온 의복은 이를 받지만 진열하지는 않는다. 또한 소렴에는 임금이나 대부 및 사(士)도 솜을 넣은 의복이나 이불을 사용한다. 또 대렴(大斂)에는 임금이나 대부 및 사(士)가 사용하는 제복(祭服)의 수에 제한이 없으며 또한 임금에게는 겹옷과 겹이불을 사용하지만 대부나 사(士)는 소렴

과 같다. [솜 넣은 것을 사용한다]

포(袍)[라는 의복]에는 반드시 겉에 입는 다른 옷이 있어야 하며 포만을 홑겹으로 입지는 않는다. 또 [상반신에 입는] 상의가 있으면 반드시 이에 맞추어 입는 옷이 있으며 이를 합쳐서 일칭(一稱)이라고 한다. 대체로 옷을 진열하려면 각각 상자에 넣어두고 그것을 꺼내어 진열하는 것이며 의복을 들 때에도 상자에 넣어서 든다. 그리고 진열할 때에는 당(堂)을 오르내리는 것은 서계(西階)로 하고, 의복은 개키지 않고 [펴서] 진열하며 정색(正色)이 아니면 진열하지 않고 세갈(細葛)이나 추갈(麤葛)·저의(紵衣) 등은 [모두 여름의 엷은 것] 진열하지 않는다. 또 염(斂)하는 자는 양쪽 어깨를 벗고 유체(遺體)를 옮기는 사람은 어깨를 벗지 않는다. 또 임금의 상에 있어서는 대축(大祝)이 이를 염(斂)하고 중축(衆祝)이 이를 돕는다. 대부의 초상에는 대축이 임석(臨席)하고 그 부하들, 즉 중축(衆祝)이 이를 염(斂)한다. 사(士)의 초상에는 대축들은 임석하지 않고 사(士)되는 사람들이 염한다.

原文 小斂之衣에, 祭服은 不倒하나니, 君은 無襚하고, 大夫士는 畢主人之祭服하며, 親戚之衣는, 受之不以卽陳하나니라. 小斂엔, 君大夫士이 皆用複衣複衾이오, 大斂엔, 君大夫士는 祭服을 無算이니, 君은 褶衣褶衾이오, 大夫士는 猶小斂也니라.
  (소렴지의 제복 부도 군 무수 대부사
  필주인지제복 친척지의 수지불이즉진 소렴
  군대부사 개용복의복금 대렴 군대부사 제복
  무산 군 첩의첩금 대부사 유소렴야)

袍必有表하고, 不禪하며, 衣必有裳이니, 謂之一稱이라. 凡陳衣者는 實之篋하고, 取衣도 者亦以篋하며, 升降者는 自西階하며, 凡陳衣엔 不詘하며, 非列采어든 不入하며, 絺綌紵를 不入하

나니라. 凡斂者는 袒하고, 遷尸者는 襲하나니라. 君之喪엔, 大胥
이 是斂이어든, 衆胥佐之하고 大夫之喪엔, 大胥이 侍之어든, 衆
胥이 是斂하고, 士之喪엔, 胥이 爲侍어든, 士이 是斂하나니라.

(포필유표 부단 의필유상 위지일칭 범진
의자 실지협 취의 자역이협 승강자 자서계
범진의 불굴 비열채 불입 치격저 불입
범렴자 단 천시자 습 군지상 대서
시렴 중서좌지 대부지상 대서 시지 중
서 시렴 사지상 서 위시 사 시렴)

註解 ○不倒(부도)─의복을 많이 겹치기 때문에 개중에는 거꾸로 되는
것도 있으나 제복(祭服)에는 주의해서 거꾸로 하지 않는다. ○襚(수)─죽
은 자에게 부의(賻儀)로 주는 옷. ○複衣複衾(복의복금)─솜을 둔 옷과
겹이불. ○褶衣(첩의)─솜을 넣지 않은 겹옷. ○袍(포)─속옷. ○絺綌紵
(치격저)─치(絺)는 세갈(細葛)로 짠 얇은 옷. 격(綌)은 눈이 거친 갈포
(葛布). 저(紵)는 마포(麻布). 이상은 모두 여름에 사용하는 것이다. ○大
胥(대서)─서(胥)는 악인(樂人)으로서 초상에 관한 일을 맡지 않는다. 대
서(大胥)는 대축(大祝)의 잘못이다.

소렴과 대렴에 있어서 [유체(遺體)에 의복을 입힐 때] 제복(祭服)
은 거꾸로 입히지 않고 또 옷섶은 모두 왼편으로 여미고 마지막에는
천으로 묶고 끈을 사용하지 않는다. 또 염을 하는 사람들은 염을 끝
낸 후 반드시 곡한다. 또 사(士)의 초상에 있어서는 생전에 함께 근무
하던 동료 선비는 염하는 의식에 참례하지만 이를 행할 때 한 번은
밥을 먹지 않는다. 대체로 염(斂)은 6명이 이를 행한다. 그런데 임금
의 초상에서는 소렴(小斂)까지 유체(遺體)를 싸는 데에 비단 모(冒)
와 무늬있는 쇄(殺)에 철방(綴旁)이 일곱이다. 대부에게는 검은 모와
무늬있는 쇄에 철방이 다섯이다. 사(士)는 검은 모와 붉은 쇄에 철방

이 셋이다. 대체로 모의 질(質 : 상반신)의 길이는 유체 손의 길이와
같으며 쇄(鎖 : 하반신)의 길이는 3척이다. 그리고 소렴을 끝낸 후 시
금(尸衾)을 쓰는데 시금 상하의 크기는 모(冒)의 제법과 같다. 또 임
금의 초상에 있어서는 대렴을 하려고 할 때 상주인 세자(世子)는 소
변(素弁)의 관(冠)에 환질(環絰)을 하고 그의 자리인 동서(東序) 끝
으로 나간다. 경대부(卿大夫)는 당 위의 남쪽 굵은 기둥 서쪽의 정위
치로 가는데 이 사람들은 북면하고 동쪽을 상좌(上座)로 한다. 또 죽
은 임금의 부형[선배되는 친족]은 당 아래에서 북면하고 부인(夫人)
이나 여관(女官)들은 시체 서쪽에서 동면하고 친족의 부인(婦人)들은
[당상(堂上)의] 방안에서 남면(南面)한다. 또 소신(小臣)들은 자리를
동계(東階) 위에 깔고 대렴(大斂)의 준비를 하고 그 자리의 위에 상
축(商祝)[이란 관원]들이 효(絞), 금(紟)과 이불과 옷을 깔아 진열한
다. 그리고 상축의 부하인 여러 선비가 유체(遺體)를 옮기기 위해 먼
저 반상(盤上)에서 손을 씻고 그리고 유체를 들어올려 염하는 위치로
옮긴다. 이윽고 염이 끝나면 태재(大宰)가 그 취지를 상주에게 고하
고 상주는 시체에 매달려서 곡용(哭踊)한다. 부인은 동면해서 시체에
향하여 상주와 마찬가지로 곡용을 한다.

原文 小斂大斂엔, 祭服을 不倒하며, 皆左衽하며, 結絞하되 不
紐하나니라. 斂者이, 旣斂이어든 必哭하며, 士이 與其執事則斂하
고, 斂焉則爲之壹不食하나니, 凡斂者이 六人이니라. 君은 錦冒
黼殺에, 綴旁이 七이오, 大夫는 玄冒黼殺에, 綴旁이 五요, 士는
緇冒頳殺에, 綴旁이 三이니, 凡冒質은 長與手齊하고, 殺는 三尺
이니, 自小斂으로 以往엔 用夷衾하나니, 夷衾質殺之裁는, 猶冒
也하나니라. 君은 將大斂이어든, 子는 弁絰하여, 卽位于序端하고,
卿大夫는 卽位于堂廉楹西하되, 北面東上하고, 父兄은 堂下에
北面하고, 夫人命婦는 尸西에 東面하고, 外宗은 房中에 南面하

고 小臣은 鋪席하고, 商祝은 鋪絞紟衾衣하고, 士는 盥于盤上하고, 士이 擧遷尸于斂上하고, 卒斂하여, 宰이 告어든, 子이 馮之踊하고, 夫人도 東面하여 亦如之니라.

(소렴대렴 제복 부도 개좌임 결교 불
뉴 염자 기렴 필곡 사 여기집사즉렴
염언즉위지일불식 범염자 육인 군 금모
보쇄 철방 칠 대부 현모보쇄 철방 오 사
치모정쇄 철방 삼 범모질 장여수제 쇄 삼척
자소렴 이왕 용이금 이금질쇄지재 유모
야 군 장대렴 자 변질 즉위우서단
경대부 즉위우당렴영서 북면동상 부형 당하
북면 부인명부 시서 동면 외종 방중 남면
소신 포석 상축 포효금금의 사 관우반상
사 거천시우렴상 졸렴 재 고 자 풍지용
부인 동면 역여지)

註解 o左袒(좌임)-섶을 왼쪽 앞으로 여미는 것. 생시에는 우측으로 여미고 죽은 자에게는 왼쪽으로 여민다. o冒(모)-유체(遺體)를 싸는 주머니로 상반신과 하반신으로 나뉘어진다. 상반신을 질(質)이라 하고, 하반신을 쇄(殺)라고 칭하며, 각각 철방(綴旁 : 묶어 매는 끈)을 달아서 아래 위를 매듭을 짓게 되어 있다. o黼(보)-도끼의 등을 맞대어 놓은 형상의 무늬가 있는 의류. o緇(치)-검은빛. o頳(정)-붉은빛. o弁経(변질)-소변(素弁 : 흰 관)에 상(喪)의 표시인 환질(環経 : 마 리본)을 붙인 것. o堂廉(당렴)-남서쪽 끝부분. o外宗(외종)-공소(孔疏)에 죽은 임금의 고자매(姑姉妹)의 딸들과 죽은 임금 어머니쪽의 외숙과 외숙모의 딸들을 뜻한다고 나와 있다. 이들의 신분은 가볍기 때문에 방안에 남는다. o商祝(상축)-상사(喪事)를 돌보는 축인(祝人). 제20 〈잡기상편(雜記上篇)〉 참조.

대부가 죽어서 대렴(大斂)을 할 때가 되어 이미 유체(遺體)에 입히

는 효금(絞紟)과 금의(衾衣)를 모두 깔았는데 임금이 도착하면 상주
는 마중나가서 임금보다도 먼저 문으로 들어와 우측에 북면하고 선다.
임금을 따라온 무인(巫人)은 문밖에서 멈추고 들어오지 않으며 임금
은 문신(門神)에게 채(荣)를 바친다. 그리고 축인(祝人)이 앞장서서
당(堂)에 오르고 임금이 이어서 당상의 동서(東序) 끝 가까운 위치로
간다. 또 경대부(卿大夫)들은 당상 남쪽의 태주(太柱) 서쪽의 위치에
동쪽을 상(上)으로 하여 북면하고 선다. 그리고 상주는 당상(堂上)의
동방(東房) 밖에 남면(南面)하고 서며 부인(婦人)의 상주는 시체의
서쪽에 동면하고 선다. 이리하여 유체(遺體)를 준비된 의류 위로 옮
겨서 염(斂)을 끝내면 그 취지를 가재(家宰)가 고하고 상주는 내려가
서 당하(堂下)에 북면하고 서며 임금은 유체를 어루만져 고별(告別)
하고 상주는 절하여 머리를 조아리며 사은(謝恩)한다. 그러면 임금은
내려가서 상주에게 명하여 당으로 올라가 유체 가까이 가게 한다. 또
사(士)의 초상에 있어서는 대렴(大斂)을 할 때가 되어 임금이 임석
(臨席)하지 않으면 〔그에 관한 예를 제외하고는〕 다른 예는 위에서
말한 대부의 경우와 같다.

原文 大夫之喪에, 將大斂할새, 旣鋪絞紟衾衣하고, 君이 至커
든, 主人이 迎하여, 先入門右하며, 巫는 止于門外하고, 君은 釋
菜하며, 祝이 先入升堂하며, 君이 卽位于序端하며, 卿大夫이 卽
位于堂廉楹西하여, 北面東上하며, 主人이 房外에 南面하며, 主
婦이 尸西에 東面하며, 遷尸하여, 卒斂에, 宰이 告하며, 主人이
降하여, 北面于堂下하며, 君이 撫之하며, 主人이 拜稽顙하며, 君
이 降하여, 升主人하여 馮之하시고, 命主婦하여 馮之하시니라. 士
之喪에, 將大斂할새 君이 不在어시든, 其餘禮는 猶大夫也니라.
  (대부지상 장대렴 기포효금금의 군 지
  주인 영 선입문우 무 지우문외 군 석

채 축 선입승당 군 즉위우서단 경대부 즉
위우당렴영서 북면동상 주인 방외 남면 주
부 시서 동면 천시 졸렴 재 고 주인
강북면우당하 군 무지 주인 배계상 군
강 승주인 빙지 명주부 빙지 사
지상 장대렴 군 부재 기여례 유대부야)

註解 ○入門右(입문우)─원칙적으로 문은 남면하고 있으므로, 문안의
우측은 동쪽이고, 동쪽은 주인의 방위(方位)이므로 상주는 문 우측에 북
면하고 선다. ○巫止于門外(무지우문외)─무인(巫人)은 임금을 뫼시고 사
기(邪氣)를 쫓는 직분이므로, 죽은 자의 집에 들어가는 것은 상주의 마음
을 자극할까봐 배려(配慮)하고 문안에 들어가지 않는다. ○撫之(무지)─유체
(遺體)의 가슴에 손을 대고 어루만지는 예법. ○馮之(빙지)─유체에 몸을
기대는 예법.

대렴(大斂)을 하려면 먼저 효금(絞紟)을 깔 때 상주는 애용(哀踊)
한다. 그리고 의류를 모두 깔고 그 위에 유체를 옮길 때에도 애용하
며 다음에 의복을 입힐 때에도 애용하고 다음에 이불을 덮을 때에도
애용하며 끝으로 효금을 여밀 때에도 애용한다. 그리고 임금은 대부
와 세부(世婦)의 시체를 어루만지며 이별을 아쉬워하며 대부는 가로
(家老)와 귀첩(貴妾)들의 시체를 어루만진다. 또 임금과 대부는 부모
와 아내와 장자(長子)의 유체에 매달리지만 서자(庶子)에게는 매달리
지 않는다. 그리고 사(士)는 부모·아내·장자 및 서자에 매달리지만
만일 그 서자에게 아들이 있으면 〔그 서자의〕 부모는 매달리지 않는
다. 일반적으로 유체에 매달리는 것에 대해서는 죽은 자의 부모를 우
선적으로 하고 처자(妻子)는 뒤에 하는 것이다. 또 임금은 신하의 유
체에 대해서 이를 어루만질 뿐이고 부모는 자식의 유체에 대해서 그
옷을 부여잡는 데에 그치지만 자식은 부모에게 매달린다. 또 며느리

는 시부모의 유체에 대해서 그 옷을 받들어 잡으나 시부모는 며느리를 어루만진다. 아내는 남편의 옷을 잡고 끌며 남편은 아내에 대하여 또 형제에 대하여 그 옷을 잡는다. 그리고 유체에 매달릴 경우에는 그 전에 임금이 어루만진 곳에는 접촉하지 않는다. 또 매달리려면 먼저 반드시 서서 애용(哀踊)하도록 되어 있다.

原文 鋪絞紟에 踊하며, 鋪衾에도 踊하며, 鋪衣에도 踊하며, 遷尸에도 踊하며, 斂衣에도 踊하며, 斂衾에도 踊하며, 斂絞紟에도 踊하나니라. 君은 撫大夫하시며, 撫內命婦니라. 大夫는 撫室老하며 撫姪娣하나니라. 君大夫는 馮父母妻長子하되, 不馮庶子하며, 士는 馮父母妻長子庶子하되, 庶子이 有子어든, 則父母이 不馮其尸하며, 凡馮尸者는, 父母를 先하고, 妻子를 後니라. 君은 於臣에 撫之하며, 父母는 於子에 執之하며, 子는 於父母에 馮之하며, 婦는 於舅姑에 奉之하며, 舅姑는 於婦에 撫之하며, 妻는 於夫에 拘之하며, 夫는 於妻에 於昆弟에 執之하나니, 馮尸하되, 不當君所하며, 凡馮尸엔, 興必踊이니라.

(포효금 용 포금 용 포의 용 천
시 용 염의 용 염금 용 염효금
용 군 무대부 무내명부 대부 무실로
무질제 군대부 빙부모처장자 불빙서자
사 빙부모처장자서자 서자 유자 즉부모 불빙
기시 범빙시자 부모 선 처자 후 군 어
신 무지 부모 어자 집지 자 어부모 빙지
부 어구고 봉지 구고 어부 무지 처 어
부 구지 부 어처 어곤제 집지 빙시 부
당군소 범빙시 흥필용)

註解 ㅇ姪娣(질제)—부인(夫人)의 조카딸이나 여동생이 부인을 따라와

서 마침내 귀첩(貴妾)이 된 것. ○庶子有子(서자유자)…… -서자(庶子)
에게 처자가 없으면 이 유체에 빙(馮)할 사람이 없으므로 부모가 하는 것
이고 처자가 있으면 부모는 하지 않는다. ○不當君所(부당군소) -임금의
손이 닿은 자리는 공경하여 피한다는 뜻.

부모가 죽어서 장사지내기까지의 사이는 상주인 아들은 의려(倚廬)
에 있으나 그곳에는 벽(壁)이 없으며 거적 위에서 흙덩어리를 베개로
하여 잠자고 상사(喪事) 이외는 말을 하지 않는다. 그리고 임금의 신
분이면 의려를 만드는 방법도 장막을 쳐서 궁(宮)의 담장으로 대신하
지만 대부나 사(士)의 신분에서는 장막을 사용하지 않는다. 그리고
이미 장사가 끝난 다음에는 의려에 기둥을 세우고 벽을 쳐서 비바람
을 막는다. 또 사람의 눈에 띄는 곳만은 벽을 치지 않는다. 임금이나
대부 및 사(士)는 모두 이곳을 집으로 삼는다. 대체로 적자(適子)가
아닌 자는 장사지내기 전부터 숨겨진 곳에 의려를 만든다. 또 이미
장사를 지내고 남과 같이 있을 때에는 임금은 왕사(王事)는 말해도
국사(國事)는 말하지 않는다. 그리고 대부와 사(士)는 공사(公事)는
말해도 집안의 사사로운 일은 말하지 않는다. 임금이 이미 장사를 지
내고 왕정(王政)이 그 나라로 들어온다면 졸곡(卒哭)을 지낸 뒤에 왕
사(王事)에 간여한다. 대부와 사(士)는 이미 장사지내고 공정(公政)이
집에 들어오면 졸곡을 지내고 즉시 소변(素弁)에 환질(環絰)을 두르
고 일에 따르는 것으로서 병사(兵事)라 할지라도 피하지 않는다.

原文 父母之喪엔, 居倚廬하되, 不塗하고, 寢苫枕凷하며, 非喪
事어든 不言하나니, 君은 爲廬하되, 宮之하고, 大夫士는 襢之하나
니라. 旣葬이어든, 柱楣하고, 塗廬하되, 不於顯者니, 君大夫士이
皆宮之하나니라. 凡非適子者어든, 自未葬으로 以於隱者에 爲廬
니라. 旣葬하고, 與人立에, 君은 言王事하되, 不言國事하며, 大夫

士는 言公事하되, 不言家事니라. 君은 旣葬하고 王政이 入於國
이어든, 旣卒哭而服王事하며, 大夫士는 旣葬하고, 公政이 入於
家어든, 旣卒哭하고, 弁絰帶하며, 金革之事라도 無辟也니라.

(부모지상 거의려 부도 침점침괴 비상

사 불언 군 위려 궁지 대부사 전지

기장 주미 도려 불어현자 군대부사

개궁지 범비적자자 자미장 이어은자 위려

기장 여인립 군 언왕사 불언국사 대부

사 언공사 불언가사 군 기장 왕정 입어국

기졸곡이복왕사 대부사 기장 공정 입어

가 기졸곡 변질대 금혁지사 무피야)

註解   ○倚廬(의려)－집의 중문(中門) 밖 동쪽 담장에 판자로 여(廬)를
만든다. 그러므로 의려라고 하며, 초가지붕으로 옆벽을 치지 않는다. ○凷
(괴)－흙덩어리. ○禮之(전지)－노출(露出)시키는 것. ○柱楣(주미)－기둥
을 세우고 추녀를 만드는 것. ○於隱者(어은자)－사람의 눈에 띄지 않는
곳. 그늘과 같은 곳. ○卒哭(졸곡)－대체로 임금은 7개월, 대부는 5개월,
사(士)는 3개월로, 정시(定時)의 애곡(哀哭)을 끝내고 수시로 하는 것.
○金革(금혁)－무기와 무구(武具)를 뜻하므로 병사(兵事)를 말한 것.

이미 〔1년이 지나서〕 연제(練祭)를 끝내고 악실(堊室)에 거처하게
되면 남과 교제하지 않으며, 임금은 국정(國政)을 계획하고 대부나
사(士)는 집안일을 의논한다. 이윽고 〔죽은 후 2년이 지나〕 대상(大
祥)을 끝내고 악실(堊室) 바닥을 검은빛으로 칠하면 중문(中門) 밖에
서 애곡(哀哭)하지 않고 다시 〔25개월의〕 담제(禫祭)가 끝나면 중문
안에서도 애곡을 하지 않는다. 음악을 연주해도 되기 때문이다. 또 담
제(禫祭) 후에는 부인(婦人)을 어거하며 길제(吉祭)를 지내고서는 평
소의 거실로 되돌아간다.

1년상에 있어서는 의려에 있으며 악실로 옮기지 않는다. 또 평소의

거실로 되돌아가서도 초상이 끝날 때까지 부인에게 접하지 않는 것은 아버지가 생존하고 어머니의 복을 입거나 아내의 복을 입었을 경우이다. 그리고 재최(齊衰) 1년상의 복을 입은 사람과 대공포최(大功布衰) 9개월인 사람과는 모두 3개월은 부인(婦人)과 접하지 않는다. 또 부인은 거적에서 잠자지 않고 친정 부모의 초상에 있어서는 〔1년의〕 연제(練祭)를 끝내고 남편의 집으로 돌아간다. 또 임금의 초상에 복을 입으면 대부는 〔1년 후의〕 연제(練祭)까지 공관(公館)에 있다가 집에 돌아가고 사(士)는 〔3개월 후의〕 졸곡(卒哭)까지 있다가 돌아간다. 또 대부나 사는 부모의 초상에 있어서 〔잠시 종가(宗家)에 있으면서 복상(服喪)하지만〕 이미 연제가 끝났으면 집으로 돌아간다. 그리고 매월의 삭일(朔日)과 기일(忌日)에는 종가(宗家)에 가서 곡읍(哭泣)한다. 또 친족 중의 숙부들의 초상에는 졸곡이 지나면 집으로 돌아간다. 또 일반적으로 아버지의 후계자 이외의 자식들을 위해서는 빈궁(殯宮)에 머물지 않고 형은 아우를 위해 머물지 않는 것이다.

原文 旣練이어든, 居堊室하고, 不與人居하며, 君은 謀國政하고, 大夫士는 謀家事하며, 旣祥이어든, 黝堊하며, 祥而外無哭者하고, 禫而內無哭者니, 樂作矣故也니라. 禫而從御하고, 吉祭而復寢이니라.

(기연 거악실 불여인거 군 모국정
대부사 모가사 기상 유악 상이외무곡자
담이내무곡자 악작의고야 담이종어 길제이복침)

期에 居廬하며, 終喪이 不御於內者는, 父이 在어시든 爲母爲妻하며, 齊衰期者와, 大功布衰九月者는, 皆三月을 不御於內하고, 婦人은 不居廬하며, 不寢苫하고, 喪父母엔, 旣練而歸하고, 期九月者는, 旣葬而歸하나니라. 公之喪에, 大夫는 俟練하고, 士는 卒哭而歸하나니라. 大夫士이 父母之喪엔, 旣練而歸하고, 朔

日忌日이어든, 則歸哭于宗室하고, 諸父兄弟之喪엔, 旣卒哭而歸
하나니라. 父는 不次於子하고, 兄은 不次於弟니라.

> (기 거려 종상 불어어내자 부 재 위모위
> 처 재최기자 대공포최구월자 개삼월 불어어내
> 부인 불거려 불침점 상부모 기련이귀
> 기구월자 기장이귀 공지상 대부 사련 사
> 졸곡이귀 대부사 부모지상 기련이귀 삭
> 일기일 즉귀곡우종실 제부형제지상 기졸곡이귀
> 부 불차어자 형 불차어제)

[註解] ○堊室(악실)—중문(中門) 밖의 추녀 밑에 백토(白土)를 쌓아서
축조한 상막(喪幕)으로, 흰 채로 아무 장식도 없다. ○黝堊(유악)—악실
(堊室)의 바닥만을 검게 칠하는 것. ○禫(담)—부모의 상인 25개월의 제
사로, 제상(除喪)의 의례(儀禮). ○大功布衰(대공포최)—대공(大功)의 상
복(喪服). 포(布)는 마포(麻布). 최(衰)는 상복(喪服).

임금은 대부나 그의 정처(正妻)의 시체에 대해서는 그의 대렴(大
斂)에 임석(臨席)한다. 또 특히 은혜를 베풀 경우에는 소렴(小斂)에
도 임석한다. 그리고 대부의 측실(側室)에 대해서는 그의 대렴 때에
이미 납관(納棺)을 끝내고 뚜껑을 닫을 때쯤 해서 임금이 도래(到來)
한다. 또 사(士)에 대해서는 임금은 빈장(殯葬)이 끝난 다음에 조문
(弔問)한다. 또 부인(夫人)은 대부의 정처(正妻)에 대해서는 대렴에
임석하고 특히 은혜를 베풀 경우에는 소렴에도 임석한다. 또한 [부인
은] 임금의 측첩(側妾)들에 대해서는 특히 은혜를 베풀 경우에는 대
렴에 임석하고 대부와 그의 측실에 대해서는 빈장이 끝난 뒤에 조문
한다.

대부나 사(士)가 죽어서 빈장(殯葬)이 끝난 뒤에 조문할 때에는 먼
저 사자(使者)를 보내서 준비케 한다. 그러면 상주는 [죽은 자에 대

해서] 최상의 음식을 바치고 친히 문밖에 나가서 기다린다. 그리고 임금의 말머리가 보이면 먼저 문안으로 들어와서 그의 우측[서쪽]에 선다. 임금을 따라온 무자(巫者)는 문밖에 멈추고 이를 대신하여 축인(祝人)이 임금의 앞에 서서 걷고 문안에 들어오면 임금을 도와 문신(門神)에게 소채(蔬菜)를 바친다. 이어서 축인(祝人)이 인도하여 조계(阼階)로부터 당(堂)에 오르고 동벽(東壁)을 뒤로 남면하고 서며 임금은 조계 위의 위치로 가지만 이때 소신(小臣) 2인이 과(戈)를 들고 임금 앞에 서고 다른 소신 2인이 과를 들고 임금 뒤에 선다. 그리고 [상주의 예를 보좌한다] 빈(擯)은 동숙(東塾) 앞으로 나와 [주인에게 임금의 조문을 받도록] 권고하면 주인은 임금 앞에서 절하고 머리를 조아린다. 임금이 조사(弔辭)를 하면 축(祝)이 애용(哀踊)하고 임금도 용(踊)하고 주인도 용한다.

原文 君이 於大夫世婦에는, 大斂焉이니, 爲之賜어든, 則小斂焉이오. 於外命婦에는, 旣加蓋어든 而君이 至하고, 於士에는 旣殯而往하나니, 爲之賜어든, 大斂焉이니라. 夫人이 於世婦에는, 大斂焉이니, 爲之賜어든, 小斂焉이오. 於諸妻에는, 爲之賜어든, 大斂焉이오. 於大夫外命婦에는, 旣殯而往하나니라.
　　(군 어대부세부 대렴언 위지사 즉소렴
　　언 어외명부 기가개 이군 지 어사 기
　　빈이왕 위지사 대렴언 부인 어세부
　　대렴언 위지사 소렴언 어제처 위지사
　　대렴언 어대부외명부 기빈이왕)

大夫士이 旣殯하고, 而君이 往焉이어든, 使人으로 戒之니, 主人이 具殷奠之禮하고, 俟于門外라가. 見馬首하고, 先入門右어든, 巫止于門外하고, 祝이 代之先君하며, 釋菜于門内에, 祝이 先升自阼階하여, 負墉南面이니라. 君이 卽位于阼어든, 小臣二人이

執戈하여 立于前하고, 二人은 立于後하고, 擯者이 進이어든, 主人이 拜稽顙하며, 君이 稱言하고, 視祝而踊이어든, 主人이 踊이니라.

(대부사 기빈 이군 왕언 사인 계지 주
인 구은전지례 사우문외 견마수 선입문우
무지우문외 축 대지선군 석채우문내 축 선승
자조계 부용남면 군 즉위우조 소신이인
집과 입우전 이인 입우후 빈자 진 주
인 배계상 군 칭언 시축이용 주인 용)

註解 ○大夫世婦(대부세부)—대부(大夫)와 그 정처(正妻)들. 세부(世婦)는 관위(官位)가 있는 부인. 여기서는 대부 집의 부인들을 말하므로 명부(命婦 : 대부의 정처)가 된다. ○外命婦(외명부)—신하의 아내. 여기서는 대부의 아내들을 가리킨 말. ○加蓋(가개)—관(棺)에 넣고 뚜껑을 덮는 것. ○殷奠(은전)—최상급의 성찬(盛饌). 은(殷)은 성(盛)이란 뜻. ○擯者(빈자)—주인의 예법을 돕는 사람.

신하가 임금의 조문(弔問)을 받을 경우 대부 같으면 임금 앞에서 시체에 음식을 올려도 좋다. 사(士)일 경우는 〔임금의 조문을 받은 후〕 앞장서서 문밖에서 기다리며 임금을 보내려고 하지만 임금은 당(堂)으로 돌아가서 음식을 바치라고 명하면 비로소 상주는 이에 따른다. 그리고 음식 바치는 것이 끝나면 먼저 문밖에서 기다렸다가 임금이 물러가면 배송(拜送)하고 머리를 조아린다. 그런데 임금은 대부가 병에 걸리면 세 번 문병을 가고 죽어서 빈장(殯葬)되고 있는 동안에도 세 번 조문을 한다. 또 사(士)에 대해서는 병으로 앓게 되면 한 번 문병을 가고 죽어서 빈장할 동안에도 한 번 조문한다. 만일 빈장한 뒤에 임금이 조문을 오면 상주는 빈복(殯服)으로 되돌아가서 예(禮)를 행한다. 또 임금의 부인(夫人)이 대부나 사(士)를 조문할 때에는 상주는 문밖에 나가서 맞이하다가, 마차의 말머리가 보이면 먼저 문으로 들어와 우측[서쪽]에 선다. 부인은 문을 들어와 당에 올라가서 정해진 위치로 가지만 주부(主婦 : 상주의 아내 혹은 어머니)는 서계(西階)로 내려와 당 아래에서 절하고 머리를 조아린다. 또한 부인(夫人)의 조문에는 그 세자가 선존(先尊)하여 오게 되어 있으며 부인은 세자가 유체(遺體) 앞에서 애용(哀踊)함에 따라 자신도 애용한다. 또 상주가 음식을 바치는 데에 대해서는 임금이 조문할 경우와 같다. 그리고 부인이 예를 끝내고 돌아갈 때에는 주부는 문안에서 보내면서 절하고 머리를 조아린다. 이때 상주는 집 대문 밖까지 나가서 보내지만 절은 하지 않는다.

原文 大夫則奠이 可也라, 士則出俟于門外하며, 命之反奠이어든, 乃反奠이니 卒奠하고, 主人이 先俟于門外라가, 君이 退어든, 主人이 送于門外하여, 拜稽顙하니라. 君은 於大夫에, 疾이어든 三問之하시며, 在殯이어든, 三往焉하시고, 士이 疾이어든, 壹問之하시며, 在殯이어든, 壹往焉이시니, 君이 弔어든 則復殯服이니라. 夫人이 弔於大夫士어든, 主人이 出迎于門外라가, 見馬首하고, 先入門右어든, 夫人이 入하여, 升堂卽位하나니라. 主婦이 降自西階하여, 拜稽顙于下하고, 夫人이 視世子而踊하나니, 奠은 如君至之禮하며, 夫人이 退어든, 主婦는 送于門內하되, 拜稽顙하고, 主人은 送于大門之外하되, 不拜니라.

(대부즉전 가야 사즉출사우문외 명지반전
내반전 졸전 주인 선사우문외 군 퇴
주인 송우문외 배계상 군 어대부 질
삼문지 재빈 삼왕언 사 질 일문지
재빈 일왕언 군 조 즉복빈복
부인 조어대부사 주인 출영우문외 견마수

선입문우 부인 입 승당즉위 주부 강자서
계 배계상우하 부인 시세자이용 전 여군
지지례 부인 퇴 주부 송우문내 배계상
주인 송우대문지외 불배)

註解 ○先俟于門外(선사우문외) — 감히 임금을 머무르게 하고 음식 올리기를 기다리게 할 수가 없으므로 먼저 나가서 기다린다는 뜻. ○三往焉(삼왕언) — 세 번 가서 조상하는 것을 말한 것. ○主人(주인)……不拜(불배) — 초상에 상주가 둘이 있을 수 없으므로 주부(主婦)가 이미 절을 했으면 상주는 절하지 않는다는 말.

대부의 신하는 그의 주군(主君)의 조문을 문밖에서 맞이하지 않으며, 또 그 [주군되는] 대부는 상가(喪家)에 들어가 당에 오르지 않고 당 아래에서 정해진 위치로 가며, 거기서 상주는 북면하고, 상주의 형제들은 남면하며, 부인(夫人)들은 실내에서 정해진 위치에 선다. 또 만일 [대부의 임석(臨席)중에] 임금의 명이나 대부 및 대부의 아내로부터의 조사(弔辭)나 외국의 빈객으로부터의 조문이 있을 때는 주군인 대부가 상주에 앞서서 답배(答拜)를 한다. 또 임금이 조문했을 때는 시체를 본 후에 애용(哀踊)한다. 또 대부나 사(士)의 상에 만일 임금이 사전 연락도 없이 조문했을 때는 은전(殷奠)을 준비하지 않는다. 그리고 임금이 물러가면 반드시 은전을 바친다.

原文 大夫君을 不迎于門外하며, 入卽位于堂下어든, 主人은 北面하고, 衆主人은 南面하며 婦人은 卽位于房中하나니, 若有君命과, 命夫命婦之命과, 四鄰賓客이어든, 其君이 後主人而拜니라. 君이 弔어든, 見尸柩而后에 踊이니라. 大夫士이, 若君이 不戒而往이어든, 不具殷奠하고, 君이 退어든 必奠이니라.
(대부군 불영우문외 입즉위우당하 주인
북면 중주인 남면 부인 즉위우방중 약유군

명 명부명부지명 사린빈객 기군 후주인이배
군 조 견시구이후 용 대부사 약군 불
계이왕 불구은전 군 퇴 필전)

註解　ㅇ大夫君(대부군)－대부를 섬기는 자의 주인에 대한 경칭(敬稱).
ㅇ衆主人(중주인)－상주 이외의 주요 복상자(服喪者)들. 상주의 형제들.
ㅇ後主人而拜(후주인이배)－고주(古註)에는 대부군(大夫君)이 상주에 앞
서서 답배(答拜)하고 이어서 상주가 답배한다는 뜻. 대부군이 상주를 뒤
에 따르게 하고 2인이 동시에 답배한다고 해석하는 사람도 있다. ㅇ不戒
(불계)－계(戒)는 경(警)으로 예고(豫告)란 뜻.

임금의 관(棺)은 삼중(三重)으로 대관(大棺)이 8촌(寸)이고 촉(屬)
이 6촌이며 벽(椑)이 4촌이다. 상대부(上大夫)는 2중으로 8촌과 6촌,
하대부는 2중으로 6촌과 4촌이다. 그리고 사(士)의 관은 두께가 6촌
이다. 또 임금은 관의 내부에 붉은색과 초록색의 비단을 바르지만 잡
색(雜色)의 금으로 된 못을 사용한다. 또 대부는 관의 내부에 검은색
과 초록색의 비단을 바르지만 여기에는 쇠뼈로 만든 못을 사용한다.
사(士)의 관의 내부에는 검은색의 비단을 바르고 초록색은 사용하지
않는다. 〔바를 때는 쇠뼈로 된 못을 사용한다〕 또 임금을 위해서는
관의 뚜껑〔의 판자의 이음매〕에 옻칠을 하고 임속(衽束 : 연결하는
기구)을 3개 사용한다. 대부를 위해서는 옻칠을 하고 임속을 2개 사
용한다. 그리고 사(士)를 위해서는 옻칠을 하지 않고 임속을 2개 사
용한다. 또 임금과 대부를 위해서는 그 두발(頭髮)과 손발톱을 관의
네 귀퉁이에 넣으나 사(士)〔의 머리카락과 손발톱〕는 파묻는다. 또
임금의 빈장(殯葬)에는 춘(輴)이란 구거(柩車)를 사용하는 데 그의
사방에 나무를 쌓아올려 관보다 높게 하고 모두 흙으로 맥질한다. 또
빈장에는 관을 관의(棺衣)로 덮고 서벽(西壁)에 바짝 당겨놓고 나머
지 세 군데에 나무를 쌓아 관보다 낮게 하고 흙으로 맥질한다. 사(士)

의 빈장에는 관을 흙속에 넣고 뚜껑의 임(衽)을 뚜껑 위로 나오게 하
며 그 위에 나무를 쌓고 흙을 바른 다음 그것을 장막으로 덮는다. 또
빈장을 할 때 찐 쌀을 놓는 습관이 있는데 임금에게는 서직도량(黍稷
稻粱)의 네 종류를 두 그릇씩, 대부에게는 서직량(黍稷粱) 세 가지를
두 그릇씩, 사(士)에게는 서직(黍稷) 두 종류를 두 그릇씩으로 규정되
어 있고 모두 말린 생선이나 고기를 곁들인다.

原文 君은 大棺이 八寸이오, 屬이 六寸이오, 椑이 四寸이오,
上大夫는 大棺이 八寸이오, 屬이 六寸이오, 下大夫는 大棺이 六
寸이오, 屬이 四寸이오, 士는 棺이 六寸이니라. 君은 裏棺에 用朱
綠하고, 用雜金鐕하며, 大夫는 裏棺에 用玄綠하고, 用牛骨鐕하
며, 士는 不綠이니라. 君蓋엔 用漆하고, 三衽三束하며, 大夫蓋엔
用漆하고, 二衽二束하며, 士蓋엔 不用漆하고, 二衽二束이니라.
君大夫는 鬐爪를 實于綠中하고, 士는 埋之니라. 君殯엔 用輴하
고, 攢至于上하여, 畢塗屋하며, 大夫殯엔 以幬하고, 攢至于西序
하여, 塗不曁于棺하며, 士殯엔 見衽하고, 塗上하여, 帷之니라.
　　(군 대관 팔촌 촉 육촌 벽 사촌
　　상대부 대관 팔촌 촉 육촌 하대부 대관 육
　　촌 촉 사촌 사 관 육촌 군 이관 용주
　　록 용잡금잠 대부 이관 용현록 용우골잠
　　사 불록 군개 용칠 삼임삼속 대부개
　　용칠 이임이속 사개 불용칠 이임이속
　　군대부 순조 실우녹중 사 매지 군빈 용춘
　　찬지우상 필도옥 대부빈 이도 찬지우서서
　　도불기우관 사빈 견임 도상 유지)
　　敖는, 君엔 四種八筐이오, 大夫엔 三種六筐이오, 士엔 二種四
筐이니, 加魚腊焉이니라.

(오 군 사종팔광 대부 삼종육광 사 이종사
광 가어석언)

註解 ㅇ君大棺(군대관)……士棺六寸(사관육촌) - 〈단궁(檀弓)〉상편에
'천자지관사중(天子之棺四重)……'이라고 되어 있다. 이에 대해서 임금은
3중, 대부는 2중, 사(士)는 단일(單一)이란 뜻이다. 다만 '사(士)의 관은 6
촌이다'에 대해 정주(鄭注)에 의하면 '서인(庶人)의 관은 4촌'으로 되어
있어 거기에 차등(差等)이 있다. ㅇ雜金鐕(잡금잠) - 관(棺)의 안쪽에 비
단 천을 바르는데 그러기 위해 금속제 못을 사용한다. 그 금속의 색이
황·백·청 등으로 단색(單色)이 아니란 뜻. ㅇ鬠(순) - 난발(亂髮). 두발
(頭髮). ㅇ輴(춘) - 영구거(靈柩車). ㅇ攢(찬) - 모은다는 말로, 여기서는
나뭇조각을 쌓아올린다는 뜻. ㅇ幬(도) - 관의(棺衣). ㅇ熬(오) - 향기로운
곡류(穀類)로 관(棺) 옆에 넣어두면 개미 등 벌레가 관 내부까지 가지 않
는다. 즉 제충(除蟲)의 역할을 하는 것이다. ㅇ魚腊(어석) - 건어(乾魚)와
건육(乾肉).

장례를 거행할 때 관(棺)을 장식하려면 임금의 경우는 다음과 같이
한다. 먼저 관을 실은 수레 주위에 용유(龍帷)를 둘러치고 수레덮개
의 하변(下邊) 세 군데에 지(池)라고 하는 대바구니를 걸고 그 밑에
는 진용(振容)이란 가느다란 띠[帶]를 늘어뜨린다. 또한 이 수레덮개
에는 보문(黼紋)이 있어서 화염(火炎) 세 줄과 불문(黻紋) 세 줄을
그리고 흰 비단 지붕으로 덮는다. 그리고 덮개와 용유를 여섯 줄의
훈대(纁帶)란 끈으로 잡아매고 덮개의 정상에는 오색(五色)의 명주와
다섯 줄의 조개 장식을 붙인다. 또한 장렬(葬列)에 게양하는 삽(翣)에
는 보삽(黼翣)이 두 개요 불삽(黻翣)이 두 개요 화삽(畫翣)이 두 개
가 사용되며 모두 머리에 규옥(圭玉)을 장식한다. 또 지(池) 밑에는
[금속으로 만들어진] 물고기가 매달려서 춤춘다. 또한 임금의 경우
는 훈대(纁帶 : 붉은 띠) 여섯 가닥과 훈뉴(纁紐 : 붉은 끈) 여섯 가닥
을 사용해서 관을 수레에 잡아매고 그것이 수레 좌우로 나오게 하여

수레의 진퇴(進退)를 돕는 손잡이 끈으로 한다. 그리고 대부의 경우
는 다음과 같이 한다. 먼저 수레 주위에 구름을 그린 장막을 두르고
지(池)는 두 군데에 걸며 진용(振容)은 사용하지 않는다. 수레덮개에
는 운기(雲氣)가 있고 화염 3렬, 불문(黻紋) 3열을 그리고 흰 비단
지붕을 걸친다. 그리고 덮개와 장막을 서로 잡아매는 데에는 붉은 끈
두 개와 검정 끈 두 개를 사용하며 덮개의 정상에는 3색의 명주와 세
줄기의 조개 장식을 붙인다. 또 삽(翣)은 불(黻) 두 개와 그림 두 개
가 사용되며 모두 5색의 날개 장식을 한다. 지(池) 밑에는 물고기가
매달려서 춤춘다. 또한 대부의 경우, 관을 수레에 잡아매려면 앞에 붉
은 띠, 뒤에 검은 띠를 사용하며 손잡이 줄로 하는 끈의 색도 똑같게
한다. 사(士)의 경우는 다음과 같이 한다. 먼저 수레에는 베의 장막과
덮개를 사용하고 무늬는 그리지 않는다. 지(池)는 1개소뿐이고 여기
에 꿩을 그린 비단을 붙인다. 그리고 덮개와 휘장을 잡아매는 데는
붉은 끈 두 개와 검정 끈 두 개를 사용하고 덮개의 정상에는 3색의
비단과 한 줄기의 조개 장식을 한다. 또한 화삽(畫翣) 두 개를 게양
하고 그 머리에는 5색의 날개 장식을 붙인다. 관을 수레에 잡아매려
면 전방에 붉은 띠, 뒤에 검은 띠를 사용하고 손잡이 줄로는 두 가닥
의 붉은 것을 사용한다.

原文 飾棺하되, 君은 龍帷하며, 三池하며, 振容하며, 黼荒하며,
火三列하고, 黻三列하며, 素錦褚에, 加偽荒하며, 纁紐이 六이며,
齊에, 五采五貝하며, 黼翣이 二요, 黻翣이 二에, 畫翣이 二니,
皆이 戴圭하며, 魚躍拂池니라. 君은 纁戴이 六이오, 纁披이 六이
며, 大夫는 畫帷하며, 二池하며, 不振容하며, 畫荒이니라. 火는 三
列하고, 黻은 三列하며, 素錦褚하나니라. 纁紐이 二요, 玄紐이 二
하며, 齊에, 三采三貝하며, 黻翣이 二요, 畫翣이 二니, 皆이 戴綏
하며, 魚躍拂池니라. 大夫는 戴를, 前纁後玄하나니, 披亦如之니

라. 士는 布帷하며 布荒하며, 一池하며, 揄絞하며, 纁紐이 二요,
緇紐이 二하며, 齊에, 三采一貝하며, 畫翣이 二니, 皆이 戴綏니라.
士는 戴를 前纁後緇하나니, 二披用纁하나니라.

　(식관 군 용유 삼지 진용 보황
　화삼렬 불삼렬 소금저 가위황 훈뉴 육
　제 오채오패 보삽 이 불삽 이 화삽 이
　개 대규 어약불지 균 훈대 육 훈피 육
　대부 화유 이지 부진용 화황 화 삼
　렬 불 삼렬 소금저 훈뉴 이 현뉴 이
　제 삼채삼패 불삽 이 화삽 이 개 대수
　어약불지 대부 대 전훈후현 피역여지
　사 포유 포황 일지 요효 훈뉴 이
　치뉴 이 제 삼채일패 화삽 이 개 대수
　사 대 전훈후치 이피용훈)

[註解]　ㅇ龍帷(용유)－용을 그려넣은 휘장. ㅇ池(지)－덮개에 화염을 그
려 넣기 때문에 관(棺)에 물을 준비한다는 뜻으로 생각된다. 지(池)는 대
바구니에 푸른 천을 올려놓아서 덮개의 하변(下邊)에 매달아 보통의 궁
실 지붕의 빗물받이처럼 한다. 천자는 사지(四池)이고 제후는 삼지(三池)
이다. ㅇ振容(진용)－움직일 때 흔들리는 장식. ㅇ黼(보)－도끼의 무늬.
ㅇ荒(황)－여기서는 수레의 덮개를 말한다. ㅇ韍(불)－활의 모양. ㅇ褚
(저)－여기서는 지붕이란 뜻. 비단으로 만든 작은 지붕 모양. ㅇ僞荒(위
황)－옆에 치는 휘장. 정주(鄭注)에 위(僞)는 유(帷：휘장)의 잘못이라고
되어 있다. ㅇ纁(훈)－연분홍빛. ㅇ齊(제)－위의 황(荒)과 관련해서 해설
함. 제(臍：배꼽)와 같으므로 중앙 부위를 뜻한다. ㅇ五貝(오패)－패(貝)
는 끈에 꿴 조개. ㅇ翣(삽)－〈단궁〉 상편에 이미 나왔다. 장례 행렬에 들
고 가는 일종의 기(旗). ㅇ戴(대)·披(피)－대(戴)는 관을 수레에 잡아매
기 위한 띠[帶]. 피(披)는 끈을 말하며 그 한쪽을 대(戴)에 잡아매고 다
른 쪽의 끝은 관의 좌우에 길게 내놓아 구거(柩車)가 진퇴할 때에 좌우

에서 협력하기 위한 손잡이 끈. ㅇ畫荒(화황)-화(畫)란 구름을 그리는 것. ㅇ玄(현)-검붉은빛. ㅇ綏(수)-다채로운 날개 장식. ㅇ揄絞(요효)-요(揄)는 꿩. 효(絞)는 견직물의 세포(細布). ㅇ緇(치)-검은빛.

임금의 장례에는 춘(輴)을 사용해서 관을 운반하지만 춘은 네 개의 불(綍)[이라고 하는 줄]과 두 개의 비(碑)[라고 하는 나무 테]를 갖춘다. 그리고 관을 움직일 때 [지휘자는] 머리끝에 새의 깃을 꽂은 장대를 사용해서 지휘한다. 또 대부의 장례에는 춘(輴)을 사용하지만 여기에는 두 개의 불과 두 개의 비를 갖춘다. 그리고 관을 움직이는 데는 모(茅)[라고 하는] 기(旗)로 지휘한다. 또 사(士)의 장례에는 국거(國車)를 사용하고 두 개의 불을 사용하며 비는 사용하지 않는다. 그리고 집안에서 관을 내보낼 때에는 대공(大功)의 마포(麻布)를 붙인 장대로 지휘하는데 이후에는 사용하지 않는다. 대체로 관을 구덩이에 내리는 데는 불(綍)을 사용하는데 사람들은 비(碑)의 바깥쪽으로 손잡이 끈을 짊어지고 당기며 선다. 또 임금의 경우에는 형(衡 : 가로막대)을 사용하여 [여기에 관을 매달아] 매장한다. 대부와 사(士)에게는 함(緘)[관에 감은 띠]에 줄을 걸어서 매장한다. 임금의 관을 내릴 때에는 사람들의 시끄러움이 없게 하고 북소리에 맞추어서 작업하게 한다. 대부의 경우는 사람들에게 곡하지 말라고 하고 사(士)의 경우는 곡(哭)하는 자가 서로 곡하지 못하게 한다.

임금을 위해서는 소나무 곽(椁)을 쓰고 대부는 측백나무 곽, 사(士)에게는 잡목 곽을 쓴다. 관(棺)과 곽 사이에는 임금에게는 축(柷 : 악기)을 넣고 대부에게는 호(壺 : 술그릇)를 넣고 사에게는 무(甒 : 술그릇)를 넣는다.

임금의 곽에는 안[裏]이 있고 또 상자류를 넣는다. 대부의 곽에는 안은 없으나 상자 종류를 넣는다. 사(士)에게는 안이 없으며 상자 종류도 넣지 않는다.

原文 君葬엔 用輴하며, 四綍二碑하며, 御棺에 用羽葆하며, 大夫葬엔 用輴하며, 二綍二碑하며, 御棺에 用茅하며, 士葬엔 用國車하며, 二綍無碑하며, 比出宮엔, 御棺에 用功布니라. 凡封엔, 用綍去碑하여, 負引하나니, 君封엔 以衡하고, 大夫士는 以咸하며, 君은 命毋譁하고, 以鼓로 封하며 大夫는 命毋哭하며, 士는 哭者이 相止也니라.

(군장 용춘 사불이비 어관 용우보 대
부장 용춘 이불이비 어관 용모 사장 용국
거 이불무비 비출궁 어관 용공포 범폄
용불거비 부인 군폄 이형 대부사 이함
군 명무화 이고 폄 대부 명무곡 사 곡자 상지야)

君은 松椁이오, 大夫는 柏椁이오, 士는 雜木椁이니라. 棺椁之間을, 君은 容柷이오, 大夫는 容壺요, 士는 容甒니라.

(군 송곽 대부 백곽 사 잡목곽 관곽지
간 군 용축 대부 용호 사 용무)

君은 裏椁虞筐하며, 大夫는 不裏椁하며, 士는 不虞筐하나니라.

(군 이곽우광 대부 불이곽 사 불우광)

註解 ○輴(춘)—임금에는 춘이라 읽고 대부에는 순이라 읽는다는 설도 있으나 취할 근거가 없다. ○綍(불)—수레를 끄는 줄로 매장할 때는 관을 내리는 줄이 된다. ○碑(비)—나무테로, 묘혈(墓穴)의 양쪽 가에 세우고 줄을 이 테의 구멍에 꿰어서 서서히 관을 내리는 데에 사용한다. ○羽葆(우보)—머리끝에 새의 깃을 붙인 장대. ○大夫葬用輴(대부장용춘)—정주(鄭注)는 이 춘(輴)을 춘(輇)의 잘못이라고 한다. ○國車(국거)—정주(鄭注)는 국(國)이란 단(團)의 잘못이고 단(團)은 춘(輇)과 같은 뜻이라고 한다. 즉 대부와 사(士)는 똑같은 춘거(輇車)를 사용한다고 해석한다. 또 국거에 대해서는 계호촌(桂湖村)의 《예기국자해(禮記國字解)》에 '춘거(輴車)나 춘거(輇車) 등은 사륜(四輪)이지만 국거(國車)는 2륜으로 나라 사

람이 모두 똑같이 사용하는 수레이기 때문에 국거라고 한다'라고 되어 있다. ㅇ封(폄)-정주(鄭注)에 '《주례(周禮)》에서는 구멍을 만든다. 관을 땅 속에 내린다는 뜻'이라고 되어 있다. ㅇ咸(함)-함(緘)과 같으며 관을 묶은 띠를 말한다. ㅇ柷(축)-타악기(打樂器)의 일종. 제5 〈왕제(王制)편〉에 나왔다. ㅇ壺(호)-술그릇의 일종으로 한 섬들이. 제10 〈예기(禮器)편〉에 나왔다. ㅇ甒(무)-와무(瓦甒)라고도 한다. 술그릇의 일종으로 5두(斗)들이. 〈예기편〉 참조. ㅇ虞筐(우광)-정주(鄭注)에 '미상(未詳)이라'고 되어 있으나, 바구니나 상자로 추정된다. 왕씨금주(王氏今註)는 '우(虞)는 안(安)으로 안치(安置)·놓는다·넣는다는 뜻일 것이다'라고 했다. 이에 따르기로 한다.

제23 제 법(祭法)

천신(天神)과 지기(地祇) 및 인귀(人鬼) 등 모든 신(神)을 제사지내는 일에 대해서 제사지내는 방법이나 마음가짐을 기록한 것으로 머리 장(章)과 끝 장(章)은 노(魯)나라의 전금(展禽)이란 현인(賢人)의 말로서 《국어(國語)》〈노어(魯語)〉의 부(部)에도 보인다.

고대의 제법(祭法)을 알아본다. 먼저 유우씨(有虞氏)는 체례(禘禮)에서 황제(黃帝)를 제사지내고, 교례(郊禮)에서 제곡(帝嚳)을 제사지내며 전욱(顓頊)과 제요(帝堯)를 조종(祖宗)으로 모셨다. 또 하후씨(夏后氏)도 체례에서 황제를 제사지내고 교례에서 곤(鯀)을 제사지내며 전욱과 우(禹)를 조종으로 모셨다. 또 은(殷)나라 사람은 체례에서 곡(嚳)을 제사지내고 교례에서 명(冥)을 제사지내며 설(契)과 탕(湯)을 조종으로 모셨다. 또 주(周)나라 사람은 체례에서 곡을 제사지내고 교례에서 직(稷)을 제사지내며 문왕(文王)과 무왕(武王)을 조종으로 모셨다.

原文 祭法에, 有虞氏는 禘黃帝而郊嚳하시고, 祖顓頊而宗堯하시며, 夏后氏는 亦禘黃帝而郊鯀하시고, 祖顓頊而宗禹하시며, 殷人은 禘嚳而郊冥하시고, 祖契而宗湯하시며, 周人은 禘嚳而郊稷하시고, 祖文王而宗武王하시니라.
(제법 유우씨 체황제이교곡 조전욱이종요
하후씨 역체황제이교곤 조전욱이종우 은
인 체곡이교명 조설이종탕 주인 체곡이교직

조문왕이종무왕)

註解   ○이 구절은 《국어(國語)》 속의 〈노어(魯語)〉 상(上)에 나타나 있으며, 어구에 다소의 차이가 있다. ○有虞氏(유우씨)-제순(帝舜) 일족(一族) 및 그의 지배사회(支配社會)를 가리킨 말. ○禘黃帝(체황제)-체(禘)는 원래 '상제(上帝)=하늘을 제사하는 것'이지만 뒤에 '상제(上帝)의 제사에 있어서 선조 신(神) 여기에 제사지낸다'란 뜻이 된다. ○郊嚳(교곡)-교(郊)는 원래 '상제(上帝)를 제사지내는 것'이지만, 뒤에 '교제(郊祭)에서 선조의 신을 제사지내는 것'도 뜻하게 되었다. ○祖宗(조종)-조(祖)는 종족(宗族)·씨족(氏族)의 원조(遠祖). 종(宗)은 종족(宗族)·씨족의 시조(始祖).

태단(泰壇)〔이라 칭하는 제단(祭壇)〕에 땔나무를 쌓고 희생물을 불태워서 하늘에 제사지낸다. 또 태절(泰折)〔이라 칭하는 제사 터〕에 제물을 파묻어서 땅을 제사지내지만 여기에는 희생으로 붉은 송아지를 사용한다. 또 태소(泰昭)〔제사 터〕에 소뢰(小牢 : 양과 돼지)를 묻어서 사시(四時)를 제사지낸다. 또 감단(坎壇 : 제단)을 설치하여 송영(送迎)하는 것은 한서(寒暑)를 제사지내는 것이다. 또 왕궁(王宮 : 제단)에서 일신(日神)을 제사지내고, 야명(夜明 : 제단)에서 월신(月神)을 제사지내고, 유영(幽禜 : 제단)에서 성신(星神)을 제사지내고, 우영(雩禜)에서 물이나 가뭄의 신을 제사지내고, 사감단(四坎壇)에서 사방의 신을 제사지낸다. 원래가 산림(山林)·천곡(川谷)·구릉(丘陵) 등에 있어서 구름을 내고 바람이나 비를 일으키며 여러 가지의 괴상한 일을 하는 것을 모두 신(神)이라고 하며, 천하(天下)를 보유하는 자는 이상의 백신(百神)을 제사지내지 않으면 안된다. 또 제후는 그 봉지(封地)에 있으면 땅을 제사지내고 봉지를 잃으면 제사지내지 않는다.
무릇 천지(天地) 사이에 태어나는 자는 모두 목숨이 있다고 하며 이들 만물(萬物)이 죽은 것을 절(折)이라고 말하며 또 사람이 죽으면 이를 귀(鬼)라고 하지만 이 호칭은 [당우하은주(唐虞夏殷周)의] 오대(五代)에 걸쳐 변함이 없다. 그리고 [제전욱(帝顓頊)·제곡(帝嚳)·오대(五代)의] 7대에 걸쳐 차례차례로 체교조종(禘郊祖宗)의 제신(祭神)만은 변했지만 [제사에 대해서] 그밖에는 변경된 것이 없다.

原文 燔柴於泰壇하여, 祭天也며, 瘞埋於泰折하여, 祭地也니, 用騂犢하나니라. 埋少牢於泰昭하여, 祭時也요, 相近於坎壇은, 祭寒暑也요, 王宮에, 祭日也요, 夜明에, 祭月也요, 幽禜에, 祭星也요, 雩禜에 祭水旱也요, 四坎壇에, 祭四方也라. 山林川谷丘陵이, 能出雲爲風雨하여 見怪物을 皆曰神이라하나니, 有天下者는 祭百神하며, 諸侯는 在其地則祭之하고, 亡其地則不祭하나니라.

(번시어태단 제천야 예매어태절 제지야
용성독 매소뢰어태소 제시야 상근어감단
제한서야 왕궁 제일야 야명 제월야 유영 제성
야 우영 제수한야 사감단 제사방야 산림천곡구
릉 능출운위풍우 견괴물 개왈신 유천하자
제백신 제후 재기지즉제지 망기지즉부제)

大凡生於天地之閒者를 皆曰命이오, 其萬物死는 皆曰折이오, 人死는 曰鬼니, 此는 五代之所不變也라. 七代之所更立者는, 禘郊祖宗이오, 其餘는 不變也니라.

(대범생어천지지간자 개왈명 기만물사 개왈절
인사 왈귀 차 오대지소불변야 칠대지소경입자 체
교조종 기여 불변야)

註解 ○泰壇(태단)……泰折(태절)……泰昭(태소)-태(泰)는 모두 고대(高大)·광대(廣大)·장대(壯大) 등의 뜻을 표현하지만, 여기서는 세 가지 모두 제사터 혹은 제단(祭壇)의 명칭이다. ○瘞(예)-파묻는다는

뜻. ㅇ騂(성)-붉은빛의 희생물. ㅇ坎壇(감단)-제단(祭壇)의 명칭. 감(坎)의 원래의 뜻은 혈(穴)이다. ㅇ相近(상근)-여러 설(說)이 있으나 공소(孔疏)에 따르면 조영(祖迎)이라 읽는 것이 옳다. 조(祖)는 송(送)이므로 송영(送迎), 즉 '더위와 추위의 여러 신을 보내고 맞아들이면서 제사하는 것'을 뜻한다. ㅇ幽禜(유영)……雩禜(우영)-영(禜)을 종(宗)으로 쓴 책도 있으나 영이 옳다. 제장(祭場)이란 뜻. 유영과 우영은 제신(祭神)에 연유된 명칭. ㅇ大凡(대범)……皆曰命(개왈명)-정확하게 말하면 '개왈유명(皆曰有命)'일 것이다. ㅇ曰折(왈절)-절(折)은 죽는다는 뜻, 혹은 멸(滅)한다는 뜻.

천하에 왕이 있고 왕은 땅을 나누어서 나라를 세운다. 그리고 [중앙이나 지방에] 도읍(都邑)이 축조되어 [왕후(王侯)의 궁(宮)에는] 묘조단선(廟祧壇墠)이 설치되고 귀신을 제사지낸다. 이 제사에 대해서는 [제사를 받은 자와 제사를 지내는 자와의 사이의] 친소(親疏)의 차이에 따라 예(禮)의 대소가 정해진다. 즉 왕은 칠묘(七廟)를 세우고 이밖에도 일단일선(一壇一墠)을 만든다. 칠묘 중 고(考)·왕고(王考)·황고(皇考)·현고(顯考)·조고(祖考)의 오묘(五廟)는 모두 매월 제사를 지내지만 원묘(遠廟)인 이조(二祧)는 사시(四時)에 한 번 제사지내는 데 그친다. 또 조(祧)[에 제사지내는 선조]보다도 더 먼 선조를 제사지내는 데는 단(壇)을 사용하고 그것보다도 더욱 먼 선조를 제사지내는 데는 선(墠)을 사용한다. 즉 단(壇)과 선(墠)은 [어떤 선조에 대해서] 특별히 기원(祈願)할 일이 있으면 [임시로 그 선조를] 제사하는 것이고 기도를 드릴 필요가 없으면 [단선(壇墠)의 제사는] 지내지 않는다. 또한 선(墠)[에 제사지내는 선조]보다도 더 먼 선조는 이를 귀(鬼)라고 부르는 것이다. 다음으로 제후는 오묘(五廟)이며 이밖에도 일단일선(一壇一墠)을 갖춘다. 오묘 중에서 고(考)·왕고(王考)·황고(皇考)의 삼묘(三廟)는 모두 매월 제사지내지만 현고(顯考)와 조고(祖考)의 이묘(二廟)는 사시(四時)에 한 차례 제사지내는

데 그친다. 또 조고(祖考)보다도 먼 선조를 제사지내는 데는 단(壇)을 사용하고 더욱 먼 선조를 제사지내는 데는 선(墠)을 사용한다. 단과 선은 기원할 일이 있으면 제사지내고 그럴 필요가 없으면 제사를 지내지 않는다. 또한 선(墠)보다도 더욱 먼 선조는 이를 귀(鬼)라고 부르는 것이다.

> 原文　天下에 有王하사, 分地建國하사, 置都立邑하시고, 設廟祧壇墠而祭之하시되, 乃爲親疏多少之數하시니, 是故로 王은 立七廟와, 一壇一墠하시나니, 曰, 考廟와, 曰, 王考廟와, 曰, 皇考廟와, 曰, 顯考廟와, 曰, 祖考廟니, 皆月祭之하시고, 遠廟爲祧니, 有二祧하며, 享嘗乃止하시고, 去祧爲壇이오, 去壇爲墠이니라. 壇墠은 有禱焉이어든 祭之하고, 無禱어든 乃止하시나니, 去墠曰鬼니라. 諸侯는 立五廟와, 一壇一墠하나니, 曰, 考廟와, 曰, 王考廟와, 曰, 皇考廟는, 皆月祭之하고, 顯考廟와, 祖考廟는, 享嘗乃止하고, 去祖爲壇이오, 去壇爲墠이니, 壇墠은 有禱焉이어든 祭之하고, 無禱어든 乃止하나니, 去墠이 爲鬼니라.
>
> (천하 유왕 분지건국 치도입읍 설묘
> 조단선이제지 내위친소다소지수 시고 왕 입
> 칠묘 일단일선 왈 고묘 왈 왕고묘 왈 황고
> 묘 왈 현고묘 왈 조고묘 개월제지 원묘위조
> 유이조 향상내지 거조위단 거단위선 단
> 선 유도언 제지 무도 내지 거선왈귀
> 제후 입오묘 일단일선 왈 고묘 왈 왕고묘
> 왈 황고묘 개월제지 현고묘 조고묘 향상내지
> 거조위단 거단위선 단선 유도언 제지
> 무도 내지 거선 위귀)

> 註解　○壇(단)-흙을 쌓아올려서 만든다. ○墠(선)-흙을 깎아서 조금

낮게 한 제사터. ㅇ多少之數(다소지수)-예(禮)의 상하 대소 등의 분별이나 규정을 가리킨 말. ㅇ考廟(고묘)-고(考)는 부(父). ㅇ顯考(현고)-당주(當主)를 포함하여 5세(世) 전의 조상. ㅇ祖考(조고)-태조(太祖)와 같다. 왕조(王朝)의 창립자(創立者). ㅇ遠廟爲祧(원묘위조)-현고(顯考 : 5세 전의 선조)와 조고(祖考) 사이에 있는 선조들은 그 위치의 소목(昭穆)에 응해서 이조(二祧) 중의 어느 쪽인가에 합사(合祀)된다. 태조묘(太祖廟)에 향해서 좌측 열을 소(昭)라 하고 우측 열을 목(穆)이라고 한다. 당주(當主) 직전의 임금(2세 전), 4세 전, 6세 전은 소(昭)이다. 당주의 조부(3세 전), 5세 전, 7세 전은 목(穆)이다. 이상은 제5 〈왕제(王制)편〉의 설(說)과는 다르다. ㅇ享嘗(향상)-사시(四時)의 제사란 〈왕제편〉에 따르면 봄은 약(礿), 여름은 체(禘), 가을은 상(嘗), 겨울은 증(烝)으로, 향상(享嘗)이란 가을의 제사를 가리키지만 여기서는 상(嘗)을 가지고 사시의 제사의 대표로 하였다. 또한 향(享)이란 향(饗)과 같으므로, 제사를 지낸다는 뜻이다. ㅇ去祧(거조)……去墠(거선)……去祖(거조)-거(去)란 '그 이상의 더욱 먼'이란 뜻. ㅇ去墠爲鬼(거선위기)-선조도 너무 멀어지면 보통의 '인귀(人鬼)'와 큰 차이가 없다는 말.

대부는 삼묘(三廟)를 세우고 그밖에 이단(二壇)을 설치한다. 삼묘란 고(考)·왕고(王考)·황고(皇考)의 묘(廟)로 사시(四時)에 한 번 제사지내는 것으로 그친다. 현고(顯考)·조고(祖考)의 묘(廟)는 없으며〔현고(顯考) 이전의 선조에게〕 기원할 일이 있으면 단(壇)을 설치하고 그 선조를 제사지낸다. 그리고 단(壇)에 제사지내는 선조보다 더욱 먼 선조는 귀(鬼)라고 부른다. 다음으로 적사(適士)는 이묘(二廟)를 세우고 일단(一壇)을 설치한다. 이묘는 고묘(考廟)와 왕고묘(王考廟)이며 사시(四時)에 한 번 제사지내는 데 그친다. 황고(皇考)〔당주(當主)를 포함하여 4세의 선조〕의 묘(廟)는 없으며〔황고 이전의 선조에게〕 기원할 일이 있으면 단(壇)을 사용해서 제사지낸다. 단에 제사지내는 선조보다 더욱 먼 선조는 귀(鬼)라고 부르는 것이다. 또 관사(官師)〔즉 중사(中士)·하사(下士)〕는 일묘(一廟)를 세울 뿐으로 고묘(考廟)라고 부른다. 왕고(王考)〔이전의 선조〕에게는 묘가 없으며 기원할 일이 있으면 제사지내는 것이다. 그보다도 더욱 먼 선조는 귀(鬼)라고 부르는 것이다. 또한 서사(庶士)와 서인(庶人)에게는 묘가 없으며 죽으면 똑같이 귀(鬼)라고 불린다.

原文 大夫는 立三廟와, 二壇하나니, 曰, 考廟와, 曰, 王考廟와, 曰, 皇考廟니, 享嘗乃止하며, 顯考와 祖考는 無廟나, 有禱焉이면, 爲壇祭之하나니, 去壇을 爲鬼니라. 適士는 二廟와, 一壇이니, 曰, 考廟와, 曰, 王考廟니, 享嘗乃止하며, 皇考는 無廟나, 有禱焉이면, 爲壇祭之하나니, 去壇을 爲鬼니라. 官師는 一廟로, 曰考廟라하며 王考는 無廟而祭之하나니, 去王考를 爲鬼니라. 庶士庶人은 無廟하고, 死曰鬼라 하나니라.
  (대부 입삼묘 이단 왈 고묘 왈 왕고묘
  왈 황고묘 향상내지 현고 조고 무묘 유도언
  위단제지 거단 위귀 적사 이묘 일단
  왈 고묘 왈 왕고묘 향상내지 황고 무묘 유도
  언 위단제지 거단 위귀 관사 일묘 왈고
  묘 왕고 무묘이제지 거왕고 위귀 서사서
  인 무묘 사왈귀)

註解 ○適士(적사)-정주(鄭注)는 '상사(上士)'라고 한다. 소(疏)는 천자의 상사·중사·하사와 제후의 상사를 가리킨다고 한다. ○官師(관사)-제후의 중사·하사를 말하며 여러 관직의 사장(師長)이란 뜻.

왕이 백관(百官)이나 서민을 위해서 사(社:대지의 신의 사당)를 세우는 것을 대사(大社)라고 하며 자가(自家) 자신을 위해 세우는 것을 왕사(王社)라고 말한다. 제후가 서민을 위해 사를 세우는 것을 국

사(國社)라고 말하며 자가 자신을 위해 세우는 것을 후사(侯社)라고
한다. 대부 이하의 사람들이 공동으로 사를 세우는 것을 치사(置社)
라고 한다. 또 왕은 백관(百官)이나 서민을 위해서 칠사(七祀)를 세
우는데 그것은 사명(司命)·중류(中霤)·국문(國門)·국행(國行)·태
려(泰厲)·호(戶)·조(竈)이다. 왕은 또 자가(自家) 자신을 위해서도
이들의 칠사(七祀)를 세운다. 제후는 나라를 위해서 오사(五祀)를 세
우지만 그것은 사명(司命)·중류·국문·국행·공려(公厲)이다. 제후
는 또 자가 자신을 위해서도 이들의 오사(五祀)를 세운다. 대부는 삼
사(三祀)를 세우는데 그것은 족려(族厲)·문(門)·행(行)이다. 적사
(適士)는 이사(二祀)를 세우는데 그것은 문과 행이다. 서사(庶士)와
서인(庶人)은 일사(一祀)를 세우는데 그것은 호(戶) 혹은 조(竈)이다.

왕은 손아래의 혈족에 대해서 요절(夭折)한 사람 5명을 제사지내
는데 그것은 적자(適子)·적손(適孫)·적증손(適曾孫)·적현손(適玄
孫)·적내손(適來孫)이다. 제후는 손아래 혈족에 대해서 요절을 한
사람 세 명을 제사지내고 대부는 두 사람을 제사지내고 적사(適士)와
서인은 아들을 제사지내는 데 그친다.

原文 王이 爲羣姓하사 立社하시나니 曰, 大社라하며, 王이 自爲
立社하시나니 曰, 王社라 하며, 諸侯이 爲百姓하사 立社하시나니
曰, 國社라 하며, 諸侯이 自爲立社하시나니 曰, 侯社라하며, 大夫
以下는 成羣立社하나니 曰, 置社하나니라. 王이 爲羣姓하여 立七
祀하시나니, 曰, 司命과, 曰, 中霤와, 曰, 國門과, 曰, 國行과, 曰,
泰厲와, 曰, 戶와, 曰, 竈요. 王이 自爲立七祀하시며, 諸侯이 爲
國하사 立五祀하시나니, 曰, 司命과, 曰, 中霤와, 曰, 國門과, 曰,
國行과, 曰, 公厲요. 諸侯自爲立五祀하시며, 大夫이 立三祀하나
니, 曰, 族厲와, 曰, 門과, 曰, 行이오. 適士이 立二祀하나니, 曰,
門과, 曰, 行이오. 庶士庶人이 立一祀하나니, 或立戶하며, 或立竈

하나니라.

　(왕 위군성 입사 왈 대사 왕 자위
　입사 왈 왕사 제후 위백성 입사
　왈 국사 제후 자위입사 왈 후사 대부
　이하 성군립사 왈 치사 왕 위군성 입칠
　사 왈 사명 왈 중류 왈 국문 왈 국행 왈
　태려 왈 호 왈 조 왕 자위립칠사 제후 위
　국 입오사 왈 사명 왈 중류 왈 국문 왈
　국행 왈 공려 제후자위입오사 대부 입삼사
　왈 족려 왈 문 왈 행 적사 입이사 왈
　문 왈 행 서사서인 입일사 혹입호 혹입조)

王은 下祭殤이 五이시니, 適子와, 適孫과, 適曾孫과, 適玄孫
과, 適來孫이오. 諸侯는 下祭三이오, 大夫는 下祭二요, 適士及
庶人은 祭子而止하나니라.

　(왕 하제상 오 적자 적손 적증손 적현손
　적내손 제후 하제삼 대부 하제이 적사급
　서인 제자이지)

[註解]　ㅇ司命(사명)…… ─정주(鄭注)에 칠사(七祀)의 신(神)들은 인간
을 감독해서 작은 화(禍)를 문책하는 소신(小神)이란 뜻을 말한다. 그러
므로 사명(司命)이란 '인간의 운명의 관리자'라고 할 정도의 신은 아니지
만 일상 기거진퇴(起居進退)의 감시자란 관점에서 공소(孔疏)에 '궁중의
소신(小神)'이라고 말한다. ㅇ中霤(중류)·門(문)·行(행)·戶(호)·竈(조)─
제6〈월령(月令)편〉에 나왔다. 중류(中霤)란 '집안의 가운데 방에 있는
신. 즉 택신(宅神)'을 말한다. ㅇ泰厲(태려)─고대 제왕(帝王) 중의 자손
이 없는 신령. ㅇ公厲(공려)─고대 제후 중에 자손이 없는 신령. ㅇ族厲
(족려)─고대의 대부 중에 자손이 없는 신령.

대체로 성왕(聖王)이 어떤 신령의 제사를 제정하는 데 있어서 그 원칙은 다음과 같다. 먼저 생전에 선정양법(善政良法)을 백성에게 베푼 자를 제사지낸다. 또 죽음을 무릅쓰고 나랏일에 힘쓴 자를 제사지낸다. 노고를 아끼지 않고 국가를 안정시킨 자를 제사지낸다. 큰 재해(災害)를 예방하고 구출한 자를 제사지낸다. 큰 국난(國難)을 예방하고 물리친 자를 제사지낸다. 그러기 때문에 여산씨(厲山氏)[즉 염제(炎帝) 신농(神農)]가 천하를 다스릴 때 그 아들을 농(農)이라고 했는데 능히 백곡(百穀)을 번식시켰다. 하(夏)가 쇠해지자 주(周)나라의 기(棄)가 이를 계승했기 때문에 제사지내어 직(稷)[즉 곡신(穀神)]으로 삼았다. 또 공공(共工)씨가 구주(九州)에 임금노릇을 할 때 그 아들을 후토(后土)라고 했다. 능히 구주를 평정했기 때문에 제사지내어 이를 토신(土神)이라고 했다. 제곡(帝嚳)은 능히 성신(星辰)을 차서(次序)있게 하여 만물에게 비쳐 주었다. 요(堯)는 능히 상(賞)을 주고 형법을 고르게 하여 의리로써 마쳤다. 순(舜)은 모든 일에 부지런하다가 순수(巡狩)길에 죽었다. 곤(鯀)은 홍수(洪水)를 막다가 갑자기 죽었는데 우(禹)가 곤의 공로를 잘 수습했다. 황제(黃帝)는 백 가지 물건을 바르게 이름지어서 백성들에게 분명히 하고 재물을 함께했다. 전욱(顓頊)은 능히 이것을 닦았고 또 설(契)은 사도(司徒)[즉 모든 교관들의 우두머리]가 되어 민중을 지도해서 선량하게 하였고 명(冥)은 치수(治水)의 벼슬에 부지런하다가 물에서 죽었고, 탕(湯)은 너그러움을 가지고 백성을 다스려 그 사나움을 없앴다. 문왕(文王)은 문덕(文德)을 가지고 다스렸으며 무왕(武王)은 무공(武功)으로 백성들의 재앙을 없앴다. 이들은 모두 백성에게 있어서 공덕(功德)이 큰 사람들이다. 또한 그 일월(日月)을 비롯한 여러 별은 백성이 존중하는 대상이고 산림·천곡(川谷)·구릉(丘陵)은 백성이 생활하는 물자를 얻는 근원이므로 제사지내는 것으로써 이러한 종류의 것이 아니면 제사(祭祀)의 일을 기록하는 전적(典籍)에 실리지 않는 것이다.

原文 夫聖王之制祭祀也에, 法施於民則祀之하시나니라. 以死
勤事則祀之하며, 以勞定國則祀之하며, 能禦大菑則祀之하며, 能
捍大患則祀之니라. 是故로 厲山氏之有天下也에, 其子曰農이라
하고, 能殖百穀하시며, 夏之衰也에, 周棄이 繼之할새, 故로 祀以
爲稷하고, 共工氏之霸九州也에, 其子曰后土라하고, 能平九州할
새, 故로 祀以爲社하고, 帝嚳이 能序星辰하여 以著衆하시며, 堯이
能賞하시고, 均刑法하시고, 以義終하사, 舜이 勤衆事而野死하시
며, 鯀이 鄣鴻水而殛死어늘, 禹이 能脩鯀之功하시며, 黃帝이 正
名百物하사 以明民共財하여는, 顓頊이 能脩之하며, 契이 爲司徒
而民成하며, 冥이 勤其官而水死하며, 湯이 以寬治民而除其虐하
시며, 文王이 以文治하시며, 武王이 以武功으로, 去民之菑하시니,
此皆有功烈於民者也라, 及夫日月星辰은, 民所瞻仰也요, 山林
川谷丘陵은, 民所取財用也니, 非此族也면, 不在祀典하니라.
(부성왕지제제사야 법시어민즉사지 이사
근사즉사지 이노정국즉사지 능어대재즉사지 능
한대환즉사지 시고 여산씨지유천하야 기자왈농
능식백곡 하지쇠야 주기 계지 고 사이
위직 공공씨지패구주야 기자왈후토 능평구주
고 사이위사 제곡 능서성신 이저중 요
능상 균형법 이의종 순 근중사이야사
곤 장홍수이극사 우 능수곤지공 황제 정
명백물 이명민공재 전욱 능수지 설 위사도
이민성 명 근기관이수사 탕 이관치민이제기학
문왕 이문치 무왕 이무공 거민지재
차개유공열어민자야 급부일월성신 민소첨앙야 산림
천곡구릉 민소취재용야 비차족야 부재사전)

註解 ㅇ大菑(대재)-재(菑)자의 본뜻은 '황무지(荒無地)'이지만 또한 재난과도 통한다. ㅇ序星辰(서성신)-천체(天體)의 법칙을 설정하는 것. 서(序)는 조직화한다는 뜻. 성(星)은 보통 별. 신(辰)은 성좌(星座)·성수(星宿). ㅇ鴻水(홍수)-홍수(洪水)와 같다. ㅇ黃帝正名(황제정명)…… - 황제(黃帝)가 문명의 창시자란 것을 가리킨 것. ㅇ共財(공재)-백성이 협동해서 재화(財貨)를 생산하기에 이르렀다는 뜻. ㅇ冥(명)-《사기(史記)》에 의하면 명(冥)은 제곡(帝嚳)의 아들인 설(契)로부터 6대손(孫). 탕(湯)은 명의 8대손이다.

제24 제 의(祭義)

제사(祭祀)와 제례(祭禮)의 의의(意義)를 해설한다. 그리고 제사의 중요한 것은 선조를 대상으로 한 것이므로 이를 받드는 마음가짐의 근본으로서 효도(孝道)를 언급하고 있다.

어떤 제사든지 자주 지낼 것이 못된다. 자주 지내면 번잡하고 번잡하면 공경하는 마음이 가벼워진다. 그러나 또 제사는 너무 오랫동안 지내지 않아도 안된다. 오랫동안 지내지 않으면 [이따끔 하는 것조차] 태만해지기 쉽고, 태만해지면 결국 잊어버리기 쉬울 것이다. 그러므로 군자는 제사를 천체(天體)의 법칙에 맞추어 봄에는 체(禘), 가을에는 상(嘗)이란 제사를 지낸다. 가을 제사 때 이미 이슬이나 서리가 내리는데 군자가 그것을 발로 밟으면 반드시 슬픈 마음이 생길 것이지만 그것은 기후가 추워서 그런 것이 아니다. 또 봄의 제사 때 이미 비·이슬이 내려 땅이 축축해지면 군자가 이를 밟고 반드시 섬뜩 느껴지는 것이 마치 죽은 부모를 만나는 것과도 같을 것이다. [그것은 기후가 따뜻해졌기 때문이 아니다] 이와 같이 봄에는 즐겁게 선조의 영혼이 내려오는 것을 맞이하여 제사를 지내고 가을에는 슬퍼하며 영혼이 돌아가는 제사를 지낸다. 따라서 봄의 제사인 체제(禘祭)에는 음악을 사용하지만 가을의 상제(嘗祭)에는 사용하지 않는다.

原文 祭는 不欲數이니, 數則煩하고, 煩則不敬하며, 祭는 不欲疏니, 疏則怠하고, 怠則忘이니라. 是故로 君子는 合諸天道하여, 春禘秋嘗하나니, 霜露이 旣降이어든, 君子이 履之하고, 必有悽愴

之心하나니, **非其寒之謂也**라. 春에, 雨露이 旣濡어든, 君子이 履
之하고, 必有怵惕之心하여, 如將見之며, 樂以迎來하고, 哀以送
往이라, 故로 禘엔 有樂하고 而嘗엔 無樂하니라.

> (제 불욕삭 삭즉번 번즉불경 제 불욕
> 소 소즉태 태즉망 시고 군자 합저천도
> 춘체추상 상로 기강 군자 이지 필유처창
> 지심 비기한지위야 춘 우로 기유 군자 이
> 지 필유출척지심 여장견지 낙이영래 애이송
> 왕 고 체 유악 이상 무악)

註解 ○不欲數(불욕삭)-삭(數)은 '자주 한다'는 뜻. ○疏(소)-삭(數)
과는 반대말로, '어쩌다 오랜만에 한다'는 뜻. ○春禘(춘체)-〈왕제(王制)
편〉에 의하면 '봄에는 약제(礿祭), 여름에는 체제(禘祭)'로 되어 있다.
○如將見之(여장견지)-지(之)는 조상의 영혼, 특히 부모의 영혼을 가리
킨 말. ○故禘(고체)…… -봄의 제사는 조상의 신령을 즐거이 맞이하므
로 음악을 사용하지만 가을은 그 반대라는 뜻.

제사에 앞서서 재계(齊戒)가 행하여지지만 이것에는 마음속에서 하
는 치재(致齊)와 외물(外物)에 대한 산재(散齊)가 있다. 재계하는 동
안에는 항상 〔제사지내려는 고인(故人)의〕 생전에 기거하던 모습이나
담소(談笑)·지망(志望)·호오(好惡)·취미 등의 추억에 젖어 있기
때문에 재계가 3일만 계속되면 드디어 고인의 모습이 끊임없이 눈앞
에 떠오르게 된다. 이리하여 마침내 제삿날이 되어서 묘(廟)의 방안
으로 들어서면 반드시 고인의 영혼이 그 자리에 있는 것처럼 느껴지
게 되며, 제례가 끝나고 문을 나가려고 할 때면 반드시 엄숙한 기분
에 젖어 고인의 음성을 듣는 느낌이 들며, 그리고 문밖에 나가 들으
면 반드시 방안에서 뚜렷하게 고인의 탄식 소리가 들려오는 것 같은
것이다. 이러하므로 고대의 현왕(賢王)들의 효심이란 것은 부모의 안

색이 내 눈에서 잊혀지는 일이 없고 부모의 음성은 내 귀에서 잊혀지는 일이 없으며 부모의 마음이나 희망 등을 항상 내 마음에 간직하고 있었으므로 [재계나 제사에 있어서] 내 효애(孝愛)의 마음이 골몰하면 부모의 영혼이 눈앞에 떠오르고, 효경(孝敬)의 정성을 다하면 영혼이 그에 감응한다. 또 그러한 [감응의] 경험을 소중히 마음속에 간직하고 있으면 어찌 죽은 부모를 경애(敬愛)하지 않으리요. 원래 군자된 자는 부모의 생존중에는 경중(敬重)하게 봉양하고, 사후에는 공경하여 제사지낸다. 내 일생동안 부모의 이름을 욕되게 하지 않도록 한다.

'군자는 한평생 상(喪)이 있다'고 하는데, 그것은 기일(忌日)을 가리키는 것이다. 즉 기일에는 평소의 업무를 하지 않는 관습이지만, 그것은 불길한 날이기 때문에 그런다는 것이 아니다. 그 기일이란 날에는 내 마음이 한 곳으로만 쏠리기 때문에, 도저히 다른 사사로운 일에 마음을 기울일 수가 없다는 것이다.

原文 致齊於内하고, 散齊於外하여, 齊之日에, 思其居處하며, 思其笑語하며, 思其志意하며, 思其所樂하며, 思其所嗜하여, 齊三日에, 乃見其所爲齊者니라. 祭之日에, 入室하여, 僾然必有見乎其位하며, 周還出戶에, 肅然必有聞乎其容聲하며, 出戶而聽에, 愾然必有聞乎其歎息之聲이니라. 是故로 先王之孝也는, 色不忘乎目하며, 聲不絶乎耳하며, 心志嗜欲을 不忘乎心하시니, 致愛則存하고, 致慤則著라. 著存을 不忘乎心이어니, 夫安得不敬乎리오. 君子이 生則敬養하고, 死則敬享하나니, 思終身弗辱也니라.
　　(치재어내 산재어외 재지일 사기거처
　　사기소어 사기지의 사기소락 사기소기 재
　　삼일 내견기소위재자 제지일 입실 애연필유견
　　호기위 주선출호 숙연필유문호기용성 출호이청

개연필유문호기탄식지성 시고 선왕지효야 색불망
호목 성부절호이 심지기욕 불망호심 치애즉
존 치각즉저 저존 불망호심 부안득불경호
군자 생즉경양 사즉경향 사종신불욕야)

君子이 **有終身之喪**은, **忌日之謂也**니라. **忌日**을 **不用**은, **非不
祥也**니, **言夫日**에 **志有所至**하여, **而不敢盡其私也**니라.

(군자 유종신지상 기일지위야 기일 불용 비불
상야 언부일 지유소지 이불감진기사야)

註解 ㅇ致齊(치재)……散齊(산재)－치(致)는 내면으로, 집결하는 것으
로 내면적(內面的) 재계(齊戒). 산(散)은 외면으로 방산(放散)하는 것으
로, 대외적(對外的) 재계. ㅇ優然(애연)－방불(彷彿)한 것. ㅇ周還(주선)－
주선(周旋)과 같으며, 신변을 둘러싸고 가지가지의 의례(儀禮)를 행하는
것. ㅇ愾然(개연)－탄식하는 소리를 형용한 것. ㅇ愨(각)－진심. ㅇ忌日
(기일)－명일(命日)에 속한다. 명일은 후세의 불교용어.

성인(聖人)이 아니면 상제(上帝)를 제사지낼 수 없고 효자가 아니
면 부모를 제사지낼 수가 없다. 향(饗)이란 향(嚮 : 향하는 것)을 말한
다. 먼저 상대방을 향한 다음 향(饗)을 할 수가 있는 것이다. 그러므
로 효자는 제례에 있어서의 시체에 대해서 조금도 부끄러워하는 기색
없이 예를 행하는 것이다. 또 임금은 스스로 희생을 끌고 부인(夫人)
은 술을 바치며, 임금은 시체에 술을 바치고 부인은 안주를 전하며,
대신들은 임금을 돕고 대신의 아내들은 부인을 도우며, 모두가 한 치
의 게으름도 없이 경의(敬意)를 바쳐 기꺼이 예를 행하되 성의를 다
하며, 부지런히 움직여서 고인(故人)의 영혼이 이 향(饗)을 받으시도
록 기원하는 것이다.

原文 唯聖人이사 爲能饗帝하며, 孝子이사 爲能饗親하나니, 饗
者는, 鄕也라. 鄕之然後에 能饗焉하나니, 是故로 孝子는 臨尸而

不怍이니라. 君이 牽牲이어든, 夫人이 奠盎하며, 君이 獻尸어든, 夫人이 薦豆하며, 卿大夫이 相君이어든, 命婦이 相夫人하며, 齊齊乎其敬也하며, 愉愉乎其忠也하며, 勿勿諸하여 其欲其饗之也니라.

（유성인 위능향제 효자 위능향친 향
자 향야 향지연후 능향언 시고 효자 임시이
부작 군 견생 부인 전앙 군 헌시
부인 천두 경대부 상군 명부 상부인 제
제호기경야 유유호기충야 물물저 기욕기향지야）

註解 ○饗者鄉也(향자향야)－두 자가 같은 음(音)이므로 뜻의 공통성을 지적한 것. 향(鄉)을 향(嚮)으로 생각하면 더한층 알기 쉽다. ○奠盎(전앙)－술을 바치는 것. 앙(盎)은 술그릇. ○齊齊乎(제제호)－경건한 상태. ○勿勿諸(물물저)－근면한 상태. 저(諸)는 호(乎)와 같은 뜻.

주(周)나라의 문왕(文王)이 선조를 제사지낼 때는 죽은 자를 받드는 것이 산 사람에게 하듯, 죽은 자를 사모한 나머지 자신도 죽어버리고 싶다고 할 정도였다. 기일(忌日)에는 반드시 고인(故人)의 죽음을 슬퍼하고 제례(祭禮)에 있어서 고인의 이름을 입에 담을 때에는 마치 그 사람을 눈앞에 보는 듯하였다. 이래야만이 제사에 있어서 정성이라고 할 수 있는 것이다. '부모가 좋아하던 물건을 자기도 보고 싶다고 원하는 것은 마치 좋아하는 부인(婦人)을 대하는 것과 같다'라고 한 말은 이야말로 문왕(文王)을 두고 한 말일 것이다.《시경(詩經)》에 '밤이 새도록 자지 않고 오로지 양친을 사모한다'라고 있으나 이는 문왕을 노래한 것이다. 즉 제삿날 밤에 부모를 생각한 나머지 새벽까지 잠이 오질 않아 거기서 부모의 영혼께 제물을 바치고 또다시 부모를 사모했다는 것이다. 제사에는 즐거움과 슬픔이 반반이다. 제물을 바쳐 부모를 섬기는 것은 즐거우나 신령(神靈)이 강림(降臨)

하면 〔곧 사라질 때가 가까워지기 때문에〕슬퍼하지 않을 수가 없는 것이다.

原文 文王之祭也에, 饗死者하시되 如事生하시며, 思死者하시되 如不欲生하시며, 忌日에 必哀하시며, 稱諱에 如見親하시며, 祀之忠也라. 如見親之所愛에, 如欲色然은, 其文王與인저. 詩에 云, 明發不寐하며, 有懷二人이라하니, 文王之詩也라. 祭之明日에, 明發不寐하며, 饗而致之하시고, 又從而思之하시니, 祭之日에, 樂與哀半하사, 饗之必樂하시고, 已至必哀하시니라.

(문왕지제야 향사자 여사생 사사자
여불욕생 기일 필애 칭휘 여견친
사지충야 여견친지소애 여욕색연 기문왕여 시
운 명발불매 유회이인 문왕지시야 제지명일
명발불매 향이치지 우종이사지 제지일
낙여애반 향지필락 이지필애)

註解 ㅇ稱諱(칭휘)-부모의 이름은 항상 꺼려 입밖에 내지 않으나, 제사의 예에서는 그 이름을 칭(稱)할 수가 있다. ㅇ詩云(시운)-〈소아(小雅)〉 소완편(小宛篇). 이것은 선왕(宣王)이 문무(文武) 두 왕을 사모하는 시(詩)이지만 여기서는 이를 인용하여 문왕이 부모를 제사지내는 경우로 하였다. ㅇ祭之明日(제지명일)-정식 제사의 다음날에 역제(繹祭)를 지낸다.

중니(仲尼 : 공자)가 상제(嘗祭)를 지냈을 때 제물을 스스로 받들어 올림에 임하여 정성을 다한 것 같아도 예법이 고르지 못하고 보행(步行) 때는 종종걸음으로 다니는 것이 경솔해 보였다. 그래서 자공(子貢)이 물었다. "전에 선생님의 말씀이 '제사에는 무게가 있어야 하고 그 모양이 보기 좋아야 하느니라'고 하셨습니다. 지금 선생님께서 친히 지내신 제사에서는 무게도 모양도 없어 보이는 것은 무슨 까닭입니까?" 그러자 공자가 답하시기를, "무게있게 한다 함은 내 몸의 겉면을 갖추는 것이고 [상대방에 대해서는] 서먹서먹하게 하는 것이다. 또 모양이 보기 좋아야 한다 함은 내 몸의 겉보기에 마음이 쏠려 빈틈이 없도록 힘쓰는 것이다. 서먹서먹하거나 내 몸에 대해서만 정신을 쏟고 있거나 하면 신명(神明)이 어찌 여기에 가까이 오겠느냐, 어찌 제사를 무게있게 지내고 겉보기를 좋게 할 필요가 있겠느냐. 또 [천자나 제후의 제례(祭禮)에 있어서] 묘당(廟堂)에서 방으로 돌아가 음식을 바치고 음악을 연주하는 가운데 다시 제주(祭主)인 천자나 제후가 친히 조두(俎豆)를 바치고 차례차례로 의례가 행하여져서 음악이 연주되고 많은 조신(朝臣)이 움직이는 [큰 제례] 때에는 그곳에서 움직이는 군자들이 각기 자신의 겉모양을 내고 무게있게 움직여 타인의 눈에 모양 좋게 비치도록 주의할 필요가 있을 따름인데 어찌 신령을 맞이하는 자리에서 꿈꾸는 듯한 기분에 사로잡혀 있을 수 있겠느냐. 도대체 말이란 그가 가리키는 바를 한 가지로만 생각할 것이 아니라 그에 맞는 경우를 여러모로 생각하지 않으면 안되느니라."

原文 仲尼嘗하실새, 奉薦而進하시되, 其親也에 慤하며, 其行也에 趨趨以數하시니라. 已祭에, 子贛이 問曰, 子之言에, 祭는 濟濟漆漆然이러시더니, 今子之祭에, 無濟濟漆漆은, 何也니이까. 子이 曰, 濟濟者는, 容也며, 遠也요, 漆漆者는, 容也며, 自反也니, 容以遠하며, 若容하여, 以自反也면, 夫何神明之及交리오. 夫何濟濟漆漆之有乎리오. 反饋하여, 樂成이어든, 薦其薦俎하며, 序其禮樂하며, 備其百官하여, 君子이 致其濟濟漆漆하나니, 夫何慌惚之有乎리오. 夫言은 豈一端而已리오. 夫各有所當也니라.

(중니상 봉천이진 기친야 각 기행야
촉촉이삭 이제 자공 문왈 자지언 제 제
제절절연 금자지제 무제제절절 하야 자

왈 제제자 용야 원야 절절자 용야 자반야
용이원 약용 이자반야 부하신명지급교 부하
제제절절지유호 반궤 악성 천기천조 서기
예악 비기백관 군자 치기제제절절 부하황홀
지유호 부언 기일단이이 부각유소당야)

註解 ㅇ趨趨(촉촉)−급속한 상태. ㅇ數(삭)−신속함을 뜻한 말. ㅇ濟濟(제제)−정연(整然). 무게가 있다는 뜻. ㅇ漆漆(절절)−정주(鄭注)에 《논어(論語)》의 '붕우절절(朋友切切)'의 절절(切切)로 해석되고 있다. 그 어의(語義)는 열심히 하는 상태로 자기의 용의나 예법을 훌륭하게 잘 보이도록 열심히 노력하는 상태일 것이다. 해석에는 문장을 분명히 하기 위해서 '모양이 좋게 보인다'로 해석하였다. ㅇ容(용)−용의를 훌륭하게 한다. 즉 훌륭하게 행동한다는 뜻. ㅇ自反(자반)−제사지내는 사람이 자기 자신을 위해 마음을 쓴다는 뜻. 반(反)은 반성(反省). ㅇ慌惚(황홀)−신령에 접하여 기쁨으로 가득 차있는 심리상태. ㅇ夫言(부언)−예컨대 '제사에는 제제절절(濟濟漆漆)하라'는 말에 대해서도 그것을 '군자가 자신이 부조(父祖)를 제사할 때'의 교훈으로만 해석해서는 안된다. '천자 제후의 제사의 제례에 함께 봉사하는 사람들'의 교훈으로 해석하지 않으면 안된다는 말이다. 일단(一端)은 일사(一事), 즉 한 가지 일을 뜻한다.

효자가 부모의 제사를 올리려고 하면 먼저 그 일에 대해서 준비를 잘 하지 않으면 안된다. 또 그때가 되어서도 필요한 물건을 충분하게 갖추어야 한다. [이러한 준비에 임해서는] 잡념을 버리고 마음을 청허(淸虛)하게 하고 일을 처리하지 않으면 안된다. 이제 종묘(宗廟)의 방도 지붕도 울타리도 만들어지고 물건도 갖추어지면 제주부처(祭主夫妻)는 목욕재계하고 제사를 거행하여 제물을 받들어 시동씨에게 올린다. 동동촉촉(洞洞屬屬)하여 이기지 못하는 것과 같고 장차 이것을 잃지나 않을까 하나니 그 효도하고 공경하는 마음이 지극함인가. 그 천조(薦俎)를 올리고 그 예악(禮樂)을 차서(次序)있게 하고 그 백관

(百官)을 갖추어 받들어 이것을 올린다. 차례차례로 의례(儀禮)가 진행되어 음악이 연주되고 백관이 움직여 제주(祭主)를 도우며 신령을 접대하는 것으로 여기서 축인(祝人)이 효자가 생각하고 원하는 바를 신전(神前)에 주상(奏上)하고 효자는 황홀한 마음이 되어 조령(祖靈)을 맞이하며 부디 이 제사를 받아 즐기시도록 기원한다. 그와 같이 기원하는 것이 효자의 마음인 것이다.

효자가 부조(父祖)를 제사할 때에는 정성을 바쳐 이를 다하고 믿음을 다하매 공경함을 바쳐 이를 다하고 예를 바쳐 이를 다하여 조금의 소홀함이 없이 일진일퇴(一進一退)에 삼가고 그 태도는 마치 직접 부모의 말씀을 듣고 그에 따라 움직이고 있는 것같이 하는 것이다.

原文 孝子이 將祭할새, 慮事不可以不豫하며, 比時具物하되, 不可以不備니, 虛中以治之하나니라. 宮室이 旣脩하며, 牆屋이 旣設하며, 百物이 旣備어든, 夫婦이 齊戒沐浴하여, 奉承而進之하되, 洞洞乎하며, 屬屬乎하여, 如弗勝하며, 如將失之하나니, 其孝敬之心이 至也與인저. 薦其薦俎하며, 序其禮樂하며, 備其百官하여, 奉承而進之하며, 於是에 諭其志意하여, 以其慌惚로, 以與神明交하며, 庶或饗之하나니, 庶或饗之는, 孝子之志也니라.

(효자 장제 여사불가이불예 비시구물
불가이불비 허중이치지 궁실 기수 장옥
기설 백물 기비 부부 재계목욕 봉승이진지
동동호 촉촉호 여불승 여장실지 기
효경지심 지야여 천기천조 서기예악 비기백
관 봉승이진지 어시 유기지의 이기황홀 이
여신명교 서혹향지 서혹향지 효자지지야)

孝子之祭也에, 盡其慤而慤焉하며, 盡其信而信焉하며, 盡其敬而敬焉하며, 盡其禮而不過失焉하며, 進退必敬하며, 如親聽命

하여, **則或使之也**니라.

　(효자지제야 진기각이각언 진기신이신언 진기
　경이경언 진기예이불과실언 진퇴필경 여친청명
　즉혹사지야)

註解　○比時(비시)－비(比)는 급(及).　○虛中(허중)－마음에 잡념이 없
이 청허(淸虛)한 것.　○洞洞乎(동동호) 屬屬乎(촉촉호)－엄숙하고 공경하
는 모양.　○論其志意(논기지의)－제주(祭主)인 효자의 심중(心中)을 축관
(祝官)이 신 앞에서 고한다는 말.　○如親(여친)……或使之也(혹사지야)－
제사를 받는 선조나 부모의 영혼으로부터 직접 명령을 듣고 그대로 움직
이고 있는 것 같다는 뜻.

　자식이 부모의 제사를 지내는 것을 보면 그것이 효자인지 아닌지를
즉시 알 수가 있다. 그 위치에 서있을 때는 공경하는 마음을 유지하
여 몸을 구부리고 앞으로 나아가려면 공경하는 마음으로 얼굴을 상냥
하게 하며 제물을 바칠 때에는 공경하는 마음으로 부모의 영혼이 기
꺼이 제사를 받아주시기를 일념으로 바라는 것이다. 물러나서 자기
위치로 되돌아가서 서있을 때는 〔항상 방심(放心)함이 없이〕 지금 곧
어떤 명령이 내려지지나 않을까하고 기다리는 것 같으며 이미 제물을
거두고 신 앞에서 물러나도 경건한 얼굴 표정이 사라지지 않는다. 이
것이 효자의 제사인 것이다. 이와는 반대로 만일 서있으면서 몸을 숙
이지 않음은 무례한 것이며 스스로 제물을 바칠 때에 상냥하지 않음
은 선조나 부모에 대해서 친하지 못함을 가리키고 제물을 올릴 때에
신령이 이 제사를 기뻐하시도록 기원하는 기미가 보이지 않는 것은
경애하는 마음이 깊지 않은 것이다. 그리고 그 위치에 서있을 때에
명령을 기다리는 것 같지 않은 것은 오만이라는 것이고 이미 신 앞에
서 물러가면서 경건한 표정이 없는 것은 내 몸의 근본을 잊고 있음을
가리킨다. 이러한 태도로 제사를 지내는 것은 그릇된 것이다.

부모를 생각하여 깊이 사랑하는 사람에게는 반드시 화기(和氣)가 있고 화기가 있는 사람에게는 반드시 즐거운 표정이 있으며 그러한 사람에게는 반드시 부드러운 태도가 엿보인다. 이러한 인품인 사람인 효자가 부모의 제사를 지낼 때는 〔그 진퇴의 신중하고 공경함은〕 마치 손에 보석을 받들고 있는 것 같으며 혹은 액체를 가득 담은 그릇을 받쳐 들고 있는 것 같으며 어디까지나 공경하고 이렇게 받들고 있다가는 장차 손에서 없어지지나 않을까하고 걱정을 하는 것처럼 보인다. 즉 위엄을 가지고 엄격한 태도로 접하는 것은 부모를 섬겨 이를 제사지낼 때의 도리(道理)가 아니고 성인(成人)을 상대로 할 때의 도리인 것이다.

原文 孝子之祭를 可知也니, 其立之也에 敬以詘하며, 其進之也에 敬以愉하며, 其薦之也에 敬以欲하며, 退而立이면, 如將受命하며, 已徹而退에, 敬齊之色이 不絶於面하나니, 孝子之祭也니라. 立而不詘은, 固也요, 進而不愉는, 疏也요, 薦而不欲은, 不愛也요, 退立而不如受命은, 敖也요, 已徹而退하여, 無敬齊之色은, 而忘本也니, 如是而祭는, 失之矣니라.

(효자지제 가지야 기립지야 경이굴 기진지
야 경이유 기천지야 경이욕 퇴이립 여장수
명 이철이퇴 경제지색 부절어면 효자지제야
입이불굴 고야 진이불유 소야 천이불욕 불애
야 퇴립이불여수명 오야 이철이퇴 무경제지색
이망본야 여시이제 실지의)

孝子之有深愛者는, 必有和氣하고, 有和氣者는, 必有愉色하고, 有愉色者는, 必有婉容이니, 孝子는 如執玉하며, 如奉盈하여, 洞洞屬屬然하여 如弗勝하며, 如將失之니, 嚴威儼恪이 非所以事親也라, 成人之道也니라.

(효자지유심애자 필유화기 유화기자 필유유색
유유색자 필유완용 효자 여집옥 여봉영 동
동촉촉연 여불승 여장실지 엄위엄각 비소이사
친야 성인지도야)

> 註解 ○孝子(효자)……可知也(가지야)-효자인지 …… 알고 있다. 당
> 연히 이렇고 저래야 할 것이다란 뜻. ○詘(굴)-굴(屈)과 같은 뜻. ○敬齊
> (경제)-제(齊)는 삼간다는 뜻. ○固(고)-고루(固陋). 무례(無禮).

고대의 현왕(賢王)들이 천하를 다스렸을 때의 마음가짐은 다섯 가
지였다. 덕이 있는 사람을 귀하게 여기고, 신분이 고귀한 사람을 귀하
게 여기고, 노인을 귀하게 여기고, 연장자를 공경하고, 유소(幼少)를
자애롭게 대하는 것이다. 이 다섯 가지가 고대 현왕들이 정치를 할
때의 마음가짐이었다. 덕이 있는 사람을 어째서 귀하게 여기느냐 하
면, 덕이 있는 사람은 [인간의] 정도(正道)를 터득한 사람에 가깝기
때문이다. 신분이 고귀한 사람을 귀하게 여기는 것은 그것이 임금에
가깝기 때문이다. 노인을 귀하게 여기는 것은 부모에 가깝기 때문이
다. 연장자를 귀하게 여기는 것은 형(兄)에 가깝기 때문이다. 유소(幼
少)자에게 자애로움은 내 자식에 가깝기 때문이다. 그러므로 [효성
이] 지극한 효자는 천하의 왕에 가깝고 [우애가] 지극한 현제(賢弟)
는 패자(覇者)에 가깝다. 그것이 어째서 그러냐 하면 천자라 할지라
도 사람에게는 부모가 있고 이를 섬기어 경애를 다하여 효자의 모범
이 됨으로써 만인이 따르게 되어 천하의 왕이 될 수가 있는 것이다.
또 제후에게도 반드시 형이 있으며 이를 섬기기를 공경을 다하여 아
우의 도리를 행함으로써 다른 제후가 따르고 패자가 될 수가 있는 것
이다. 따라서 고대 현왕의 도(道)는 그대로 이어받아 개정할 필요가
없으며 이를 행하면 천하의 국가를 다스릴 수가 있는 것이다.

공자는 [다음과 같이] 말씀하고 있다. "사람을 사랑하는 것을 설교

하려면 먼저 부모를 사랑하는 것부터 시작하는데 그것은 사람에게 상호 친목의 도(道)를 가르치기 위함이다. 사람을 공경함을 설교하려면 먼저 연장자를 공경하는 것부터 시작하는데 그것은 사람에게 순종의 도를 가르치기 위함이다. 임금이 자애로움과 화목함을 백성에게 가르침으로써 백성은 부모를 봉양하는 것을 중히 여기고, 연장자를 공경하는 것을 가르침으로써 백성은 장상(長上)의 명령을 지키는 것을 중히 여기는 것이다. 그러므로 효도와 공경하는 마음으로 부모를 섬기는 일과 유순한 마음씨로 명령을 지키는 일, 이 두 가지의 도를 천하에 보급시키면 다른 여하한 정교(政敎)도 천하에 행할 수가 있는 것이다."

原文 先王之所以治天下者이 五니, 貴有德하며, 貴貴하며, 貴老하며, 敬長하며, 慈幼하나니, 此五者는, 先王之所以定天下也라. 貴有德은, 何爲也오, 爲其近於道也요, 貴貴는 爲其近於君也요, 貴老는, 爲其近於親也요, 敬長은, 爲其近於兄也요, 慈幼는, 爲其近於子也니, 是故로 至孝는 近乎王하고, 至弟는 近乎霸하나니, 至孝이 近乎王은, 雖天子라도 必有父하시고, 至弟이 近乎霸는, 雖諸侯라도 必有兄하시고, 先王之敎를, 因而弗改는, 所以領天下國家也니라.

(선왕지소이치천하자 오 귀유덕 귀귀 귀
노 경장 자유 차오자 선왕지소이정천하야
귀유덕 하위야 위기근어도야 귀귀 위기근어군
야 귀노 위기근어친야 경장 위기근어형야 자유
위기근어자야 시고 지효 근호왕 지제 근호
패 지효 근호왕 수천자 필유부 지제
근호패 수제후 필유형 선왕지교 인이불개
소이령천하국가야)

子이 曰, 立愛에 自親始는, 教民睦也요, 立敬에 自長始는, 教
民順也니, 教以慈睦하여, 而民이 貴有親하고, 教以敬長하여, 而
民이 貴用命하나니, 孝以事親하며, 順以聽命하며, 錯諸天下면,
無所不行이니라.

(자 왈 입애 자친시 교민목야 입경 자장시 교

민순야 교이자목 이민 귀유친 교이경장 이

민 귀용명 효이사친 순이청명 조저천하

무소불행)

註解   ㅇ貴有德(귀유덕)……道也(도야)－유덕자(有德者)는 유도자(有道
者)에게 가깝다는 뜻. 유덕자란 도의를 지키고 자애로우며 인망이 있는
인물. 유도자란 유덕자인 데다가 다시 지혜롭고 인류 생활의 정도(正道)
를 알고 있는 인물. ㅇ立愛(입애)－사랑의 가르침을 세운다. 즉 설교한다
는 뜻. ㅇ錯諸天下(조저천하)－'조지호천하(錯之乎天下)'와 같다. 저(諸)
는 '지호(之乎)'의 합자(合字).

하지(夏至)와 동지(冬至)의 교제(郊祭)에 임해서는 복상(服喪)한
사람도 곡(哭)을 하지 않고 복상을 한 사람은 나라의 문을 들어오지
못한다. 이것은 교제에 대한 공경하는 마음의 지극함을 나타낸 것이다.
종묘(宗廟)의 제일(祭日)에 임금은 생우(牲牛)를 끌고 세자는 이를
도우며 경대부(卿大夫)나 사(士)들은 순서대로 임금을 따른다. 그리
고 이미 묘문(廟門)으로 들어서면 돌기둥에 생(牲)을 잡아매고 경대
부가 상반신을 벗고 생(牲)의 털을 베어 바치는데 거기에는 귀의 털
을 먼저 한다. 다음으로 난도(鸞刀)를 가지고 생을 갈라 장(腸) 근처
의 일부분을 잘라 바치고 물러가며 이어서 삶은 고기와 날고기를 조
(俎)에 담아 바치고서 물러나는데 이는 묘제(廟祭)에 대하여 공경하
는 마음의 지극함이다.
교제는 하늘의 은덕(恩德)에 보답하는 제사로서 해[日]를 주신(主

神)으로 하고 달[月]을 짝짓는다. 하후씨(夏后氏)는 일모(日暮)에 제사를 지내고 은(殷)나라 사람은 낮에 지내며 주(周)나라 사람은 제삿날에는 아침부터 밤까지 제사를 지낸다.

춘분(春分)에는 해를 단상(壇上)에서 제사지내고 추분(秋分)에는 달을 구덩이에서 제사지냄으로써 유(幽)와 명(明)의 구별을 나타내고 이에 의해 사람들에게 위(位)의 상하를 분별케 한다. 또 해는 동교(東郊)에서 제사지내고 달은 서교(西郊)에서 제사를 지내어 안과 밖의 구별을 나타내며 이에 의해 사람들에게 위(位)의 정윤(正潤)을 분별케 한다. 해는 동쪽에서 나오고 달은 서쪽에서 뜨는 것, 주야(晝夜)와 여름 겨울의 순환이나 일월(日月)의 교체 등, 이들을 모범으로 해서 정치를 하고 그에 의해 천하를 평화롭게 하는 것이다.

[原文] 郊之祭也에, 喪者이 不敢哭하며, 凶服者이 不敢入國門은, 敬之至也니라.
(교지제야 상자 불감곡 흉복자 불감입국문
경지지야)

祭之日에, 君이 牽牲이어든, 穆이 答君하며, 卿大夫이 序從하고, 旣入廟門하여, 麗于碑어든, 卿大夫이 袒而毛牛하여 尙耳하고, 鸞刀로 以刲하여, 取膟膋하고, 乃退하며, 爓祭하고, 祭腥하여, 而退하나니, 敬之至也니라.
(제지일 군 견생 목 답군 경대부 서종
기입묘문 여우비 경대부 단이모우 상이
난도 이규 취율료 내퇴 섬제 제성
이퇴 경지지야)

郊之祭는, 大報天而主日하여, 配以月하나니, 夏后氏는 祭其闇하고, 殷人은 祭其陽하고, 周人은 祭日에 以朝及闇하니라.
(교지제 대보천이주일 배이월 하후씨 제기

암 은인 제기양 주인 제일 이조급암)

祭日於壇하고, **祭月於坎**하여, **以別幽名**하여, **以制上下**하니라. **祭日於東**하고, **祭月於西**하여, **以別外內**하여, **以端其位**하니라. **日出於東**하고, **月生於西**하며, **陰陽長短**이, **終始相巡**하여, **以致天下之和**니라.

(제일어단 제월어감 이별유명 이제상하
제일어동 제월어서 이별외내 이단기위 일
출어동 월생어서 음양장단 종시상순 이치천하지화)

註解 ○穆(목)—여기서는 세자(世子), 후계자가 될 아들을 가리킨 말. 묘제(廟制)에 부공(父公)을 소(昭)라 하고 세자를 목(穆)이라 한 데서 기인되었다. 그러나 실제에 있어서 부(父)는 반드시 소(昭)라 할 수 없고 자(子)를 반드시 목이라 할 수는 없으나, 습관상 자를 목(穆)이라고 한다. ○麗于碑(여우비)—여(麗)는 잡아맨다는 뜻. 비(碑)는 돌기둥, 돌말뚝. ○毛牛(모우) 尙耳(상이)—모(毛)는 소의 털을 깎는다는 뜻. 상이(尙耳)는 귀 위의 털을 귀중하게 여겨 먼저 이것을 신전에 바친다는 뜻. ○膟膋(율료)—정주(鄭注)에 따르면 율(膟)은 혈(血), 료(膋)는 장(腸) 사이의 지방(脂肪). ○爓祭(섬제)—데친 고기를 바치는 것. 다음의 제성(祭腥)에 비추어 보아서 제섬(祭爓)으로 고치는 것이 타당할 것이다. ○祭腥(제성)—성(腥)은 생육(生肉). ○祭日於壇(제일어단)……以制上下(이제상하)—태양은 높은 곳에서 제사를 지내고 달은 낮은 곳에서 제사를 지낸다는 차별을 가리키는 것은 정치상·사회상의 지위와 신분의 차별을 사람들에게 분별하는 한 방법이란 뜻. ○端其位(단기위)—단(端)은 정(正)이란 뜻.

대체로 천하의 예(禮)에는 다섯 가지의 목적이 있다. 첫째는 [예를 행함으로써] 사물의 시초를 되돌아보도록 사람을 지도하는 것이다. 둘째는 사람의 마음을 귀신과 통하게 하는 것이다. 셋째는 친화(親和)를 증대하고 재물의 이용을 촉진하는 것이다. 넷째는 도의(道義)를

크게 흥하도록 하는 것이다. 다섯째는 겸양의 미풍을 조장하는 것이다. 그리고 시초를 되돌아본다면 사물의 기본이 존중될 것이고, 귀신에게 통하게 되면 그 마음은 모두 손위를 존경할 것이며, 친화(親和)가 증대(增大)되어 재물의 이용이 촉진되면 서민의 생활 원칙이 확립될 것이고 도의가 크게 흥하면 상하의 충돌이 생기지 않으며, 겸양의 미풍이 왕성하면 투쟁은 사라질 것이다. 임금이 이상의 다섯 가지 일을 종합해서 그 실현을 목적으로 예를 행하고 정치에 노력한다면 천하는 잘 다스려질 것인즉 가령 다스리기 어려운 편기사악(偏奇邪惡)한 백성이 있다손 치더라도 그것은 근소(僅少)한 것이다.

原文 天下之禮는, 致反始也니, 致鬼神也하며, 致和用也하며, 致義也하며, 致讓也니라. 致反始는, 以厚其本也며, 致鬼神은, 以尊上也며, 致物用은, 以立民紀也며, 致義면, 則上下不悖逆矣니, 致讓以去爭也니라. 合此五者하여 以治天下之禮也에, 雖有奇邪而不治者라도, 則微矣니라.
    (천하지례 치반시야 치귀신야 치화용야
    치의야 치양야 치반시 이후기본야 치귀신
    이존상야 치물용 이립민기야 치의 즉상하불패역의
    치양이거쟁야 합차오자 이치천하지례야 수유
    기사이불치자 즉미의)

註解 ㅇ致反始(치반시)－치(致)는 초치(招致), 인치(引致)란 뜻으로, '이러이러한 결과를 기대한다'는 뜻. ㅇ和用(화용)－친화(親和)와 재용(財用). 백성이 서로 친화하면 따라서 재물의 교역, 상호이용, 즉 '재용(財用)'도 증대된다. ㅇ民紀(민기)－기(紀)는 규칙·원칙. ㅇ奇邪(기사)－기(奇)는 편기(偏奇)·편굴자(偏屈者). ㅇ微(미)－근소(僅少)하다는 뜻.

공자의 문하인 재아(宰我)가 말했다. "저는 귀신(鬼神)이란 말을 듣기는 했습니다만 그것이 무엇을 가리키는 말인지 알 수가 없습니다." 그러자 공자가 가르쳐 말씀하였다. "사람의 몸에는 기(氣)와 백(魄)[물심(物心)양면]이 있으나 기(氣：기운)란 신(神)의 신기한 작용이요, 백(魄)이란 귀(鬼)의 신기한 작용이다. 그러므로 귀(鬼)와 신(神)을 합하여 설교해야만 인간에 대한 교훈이 완전한 것이다. 살아 있는 사람들은 반드시 죽으나 죽으면 또한 반드시 흙으로 돌아간다. 그와 같이 죽은 인간 그것을 귀(鬼)라고 말한다. 사람이 죽으면 뼈와 살은 땅속에서 썩어 묻힌 채 야토(野土)가 되고 기(氣)는 하늘로 떠 올라가서 영험한 신령의 무리 속에 들어간다. 모든 사람이나 물건이 죽으면 그 정기(精氣)가 뭉쳐서 강한 향기를 뿜어, 느끼는 사람들의 마음을 슬프게 하는 것인데 그것이야말로 신령의 신기한 작용인 것이다. 그래서 고대의 성왕(聖王)은 사람이나 물건이 정기를 가리켜 그것이 [사람이나 물건에 갖추어지는] 가장 존귀한 성질임을 가르치고 또한 [위에서 말한 것처럼] 귀(鬼)와 신과의 이름을 사용하는 방법을 가르쳐 사람들의 [죽은 뒤의 존재에 관한] 마음가짐을 만들었던 것이다. 사람들은 삼가 그것을 받아들여 모두 그것을 따랐던 것이다."

原文　宰我이 曰, 吾이 聞鬼神之名이나, 不知其所謂니이다. 子이 曰, 氣也者는, 神之盛也요, 魄也者는, 鬼之盛也니, 合鬼與神이라야, 敎之至也니라. 衆生이 必死하고, 死必歸土하나니, 此之謂鬼라, 骨肉이 斃于下하여, 陰爲野土하고, 其氣이 發揚于上하여, 爲昭明하나니, 焄蒿悽愴은, 此百物之精也로, 神之著也니라. 因物之精하여, 制爲之極하사, 明命鬼神하여, 以爲黔首則하시니, 百衆이 以畏하며, 萬民이 以服하니라.

(재아 왈 오 문귀신지명 부지기소위 자
왈 기야자 신지성야 백야자 귀지성야 합귀여신
교지지야 중생 필사 사필귀토 차지

위귀 골육 폐우하 음위야토 기기 발양우상
위소명 훈호처창 차백물지정야 신지저야
인물지정 제위지극 명명귀신 이위금수즉
백중 이외 만민 이복)

註解 ㅇ宰我(재아)―이름은 여(予), '공문십철(孔門十哲)'의 한 사람으로 공자가 그의 변론(辯論)을 인정하고 있었다고 전해진다. ㅇ氣也者(기야자)……―귀신에 대해서는 고래(古來)로부터 인간이 죽은 뒤의 존재를 귀(鬼)라 하고 천제(天帝)를 비롯한 만신(萬神)을 신(神)으로 하는 것이 일반적인 해설이지만, 여기서는 특히 진한시대(秦漢時代) 이후의 합리적인 귀신관(鬼神觀)이 공자의 이름을 빌어 명시되고 있는 것이다. ㅇ焄蒿(훈호)―강한 향기 혹은 냄새를 형용한 것. ㅇ悽愴(처창)―오싹오싹하는 느낌. 비장(悲壯)한 느낌. ㅇ黔首(금수)―일반 백성. 백성은 관(冠)이 없고 금수(黔首 : 흑두건을 쓴 머리) 차림으로 있기 때문에 이러한 이름이 있다고 고주(古注)의 소(疏)에서 말하고 있다.

성인(聖人)은 〔위에서 말한 것처럼 귀신의 성질을 사람들에게 교시(敎示)하는 것만으로는〕 아직 충분치 못하다고 생각하여 다시 귀신을 위해 궁전을 만들고 종묘(宗廟)를 만들어 이에 의해 제사지내는 자와 제사를 받는 자 사이의 친소원근(親疎遠近)의 차등(差等)을 명시하고 만민(萬民)에 대해서 사람이 항상 옛날 일이나 선조의 일을 돌이켜봄으로써 자신들이 존재하는 근원(根元)이란 것을 잊지 않도록 지도한 것이다. 지금 만민이 성인의 가르침에 따라 귀신을 믿고 존경하는 것은 이상과 같은 철저한 지도방법이 있었기 때문이며 그러한 방법에 따랐기 때문에 사람들이 신속하게 받아들였던 것이다. 그런데 이미 귀(鬼)와 신(神)의 성질이 이해되었으면 거기서 이를 대접하는 두 가지의 의례(儀禮)를 설정한다. 먼저 아침의 제례(祭禮)를 정하여 생(牲)의 피와 지방을 쑥과 함께 불태워 불빛과 향기를 상천(上天)시키는 것은 신기(神氣)를 대접하는 의례이고 이것은 사람들에게 선조의 일을 돌이켜 보게 하는 것이다. 다음으로 신 앞에 서직(黍稷)을 올리고 생(牲)의 간·폐·머리·심장을 삶아서 바치며 여기에 술병을 준비하여 울창주를 바치는 것은 이에 의해 귀백(鬼魄)을 대접하는 의식으로 사람들에게 서로 경애(敬愛)하고 상하가 친화하는 도리를 가리키는 것이다. 이러한 이치로 상술한 두 가지의 의식은 〔정치상·교육상〕 가장 중요한 예법인 것이다.

原文 聖人이 以是로 爲未足也하사, 築爲宮室하시며, 設爲宗祧하사, 以別親疏遠邇하시며, 敎民反古復始하사, 不忘其所由生也하시니, 衆之服이 自此라, 故로 聽且速也니라. 二端이 旣立이어든, 報以二禮하나니, 建設朝事하고, 燔燎羶薌하고, 見以蕭光하며, 以報氣也니, 此는 敎衆反始也니라. 薦黍稷하고, 羞肝肺首心하고, 見間以俠甒하고, 加以鬱鬯하며, 以報魄也니, 敎民相愛하여, 上下이 用情하니, 禮之至也니라.

(성인 이시 위미족야 축위궁실 설위종
조 이별친소원이 교민반고복시 불망기소유생
야 중지복 자차 고 청차속야 이단 기립
보이이례 건설조사 번료전향 견이소광
이보기야 차 교중반시야 천서직 수간폐수심
간간이협무 가이울창 이보백야 교민상애
상하 용정 예지지야)

註解 ○二端(이단)—귀(鬼)의 일과 신(神)의 일. ○朝事(조사)—아침의 제례(祭禮)로, 이것이 이례(二禮) 중의 하나로서 피나 지방 등 날것을 바치는 제사이다. ○燔燎羶薌(번료전향)—전향(羶薌)은 위에 나온 율료(膟膋). 이것을 불에 태워 그 기운이 위로 올라가게 한다. ○見間以俠甒(간간이협무)—간(見)은 간(覸)의 잘못. 협무(俠甒)는 양무(兩甒). 두 병의

술을 섞어 쓴다는 뜻.

군자가 옛날 일이나 선조의 일을 돌보는 것은 자신이 태어난 근원을 잊지 않으려고 하기 때문이다. 그래서 군자는 부조(父祖)에 대하여 경중(敬重)한 뜻을 바쳐 경애(敬愛)의 정을 나타내고 정성껏 제사를 올리며 그렇게 함으로써 부조의 은혜에 보답하려고 노력하지 않을 수가 없었던 것이다. 그러므로 옛날에 천자는 천묘(千畝)의 밭을 경작하여 제사지내기 위한 곡식을 수확했지만, 그때에는 면복(冕服) 차림으로 관에 붉은 끈을 달고 친히 쟁기를 잡았다. 제후는 백묘(百畝)의 밭을 경작했지만 그때에는 면복 차림으로 관(冠)에는 푸른 끈을 달고 친히 쟁기를 잡았다. 이리하여 천자와 제후는 천지산천(天地山川), 사직선조(社稷先祖)를 섬기고 예주(醴酒)나 제물을 만들기 위한 재료를 자신들의 그러한 경작에 의해 얻었던 것으로 이는 신령에 대해 깊이 공경하는 마음을 표현한 것이다. 또 옛날에는 천자나 제후 아래에 반드시 양수(養獸)라는 벼슬이 있었다. 해마다 제례 때에 생(牲)을 선택하는 시기가 되면 임금은 재계목욕하여 양수의 관원을 불러 임금쪽에서 여기에 절을 하였다.〔희(犧)·전(牷)·생(牲) 3종의〕생(牲)은 반드시 이렇게 해서 선택했던 것으로 이것도 깊이 공경하는 마음을 나타낸 것이다. 그런데 임금은 소〔또는 양이나 돼지〕를 불러 들여 이것을 보고 그 털을 선택하여 거북점을 쳐서 길(吉)하다는 말을 들은 후에 이것을 사육했는데, 그 동안에 임금은 매월 삭(朔)과 보름〔15일〕에 백색 테두리의 피변복(皮弁服)을 입고 생(牲)의 외양간을 순시하는 규정이었다. 이것이 신령의 제사에 있어서 천자나 제후가 크게 노력하는 실정이어서 깊은 효심(孝心)의 발로인 것이다.

原文 君子이 反古復始는, 不忘其所由生也라, 是以로 致其敬하고, 發其情하며, 竭力從事하여, 以報其親하나니라. 不敢弗盡也

니, 是故로 昔者에 天子는 爲藉千畝하고, 冕而朱紘하고, 躬秉末니라. 諸侯는 爲藉百畝하고, 冕而青紘하고, 躬秉末니라. 以事天地山川社稷先古하고, 以爲醴酪齊盛에, 於是乎取之니, 敬之至也라. 古者에 天子諸侯는, 必有養獸之官이며, 及歲時하여, 齊戒沐浴而躬朝之하고, 犧牲祭牲을, 必於是取之니, 敬之至也라. 君이 召牛하고, 納而視之하며, 擇其毛하고 而卜之하여, 吉이라야, 然後에 養之하고, 君이 皮弁素積하며, 朔月月半에, 君이 巡牲하나니라. 所以致力으로, 孝之至也니라.

(군자 반고복시 불망기소유생야 시이 치기경
발기정 갈력종사 이보기친 불감불진야
시고 석자 천자 위적천묘 면이주굉 궁병뢰
제후 위적백묘 면이청굉 궁병뢰 이사천
지산천사직선고 이위예락제성 어시호취지 경지지
야 고자 천자제후 필유양수지관 급세시 재계
목욕이궁조지 희전제생 필어시취지 경지지야 군
소우 납이시지 택기모 이복지 길
연후 양지 군 피변소적 삭월월반 군 순생
소이치력 효지지야)

註解 ○藉千畝(적천묘)−적(藉)은 경작(耕作)이란 뜻. 춘추(春秋)시대부터 전한(前漢)시대에 걸쳐 1묘(畝)는 1·82아르이다. 또 백묘(百畝)를 1경(頃)으로 하였다. ○朱紘(주굉)−굉(紘)은 관(冠)의 끈. ○醴酪(예락)−두 자 합쳐서 주류(酒類)를 뜻한 것. 낙(酪)의 본뜻은 '유제(乳製) 음료'. ○素積(소적)−백색의 가장자리를 다는 것.

옛날에 천자나 제후의 궁정에는 반드시 뽕밭과 잠실(蠶室)이 냇가에 부설(付設)되었다. 그 지역의 주위에는 높이가 1인(仞)하고 3척(尺)인 울타리가 둘러쳐지고 울타리 위에는 가시나무가 심어져 있고 문은 밖에서 굳게 닫혀 있었다. 그리고 3월 삭일(朔日) 아침에 임금은 흰빛 테두리를 한 피변복(皮弁服)을 입고 삼부인(三夫人) 혹은 상급의여관(女官)에 대해서 거북점을 친 다음 길하다는 점괘가 나온 사람을 잠실 안에 들여보내어 양잠(養蠶)토록 했던 것이다. 그 부인은 누에알을 받쳐들고 냇물을 끼얹어서 깨끗하게 한다. 그리고 뽕잎을 따서 바람에 말렸다가 먹여서 기른다. 이윽고 기한이 다하여 [초여름쯤] 부인(婦人)은 양잠을 끝내고 누에고치를 받쳐들고 임금에게 보인 다음 왕비[또는 제후의 부인]에게 헌납(獻納)한다. 왕후는 '이것은 우리 임금님의 제복(祭服)을 만들기 위한 것'이라고 말하고 즉시 예복으로 바꾸어 입고 그 누에고치를 받는다. 그리고 소뢰(小牢)의 요리로 그 부인을 대접한다. [고대에 누에고치를 헌납하는 예에는 소뢰의 향응(饗應)을 베푸는 습관이었던 것 같다] 그런데 길일(吉日)을 기다려 왕후는 그 누에고치에서 실을 뽑는데 거기에는 왕후가 친히 물 쟁반에 손을 세 차례 담갔다가 실을 매만지는 것이며 이어서 삼궁(三宮)의 부인(夫人)이나 여관(女官) 중에서 선출된 사람들에게 명하여 천을 짜게 한다. 그리고 빨강·검정·초록·노랑빛으로 물들여 보불(黼黻) 무늬를 놓아서 제복(祭服)을 만든다. 이윽고 완성되면 임금은 이를 입고 선조의 왕공(王公)을 제사지낸다. 이러한 습관이야말로 [신령이나 선조에 대하여] 깊이 공경하는 마음을 나타낸 것이다.

原文　古者에 天子諸侯는 必有公桑蠶室하되, 近川而爲之하며, 築宮하되, 仞有三尺하여, 棘牆而外閉之니라. 及大昕之朝에, 君이 皮弁素積하고, 卜三宮之夫人世婦之吉者하여, 使入蠶于蠶室하나니라. 奉種浴于川하고, 桑于公桑하여, 風戾以食之하며, 歲旣單矣면, 世婦이 卒蠶하고, 奉繭하여 以示于君하고, 遂獻繭于夫人하나니라. 夫人이 曰, 此이 所以爲君服與인저. 遂副褘而受之하고, 因少牢以禮之하며, 古之獻繭者이, 其率用此與니꼬. 及良日

에, 夫人이 繅하니라. 三盆手하고, 遂布于三宮夫人世婦之吉者하여, 使繅하나니라. 遂朱綠之하고, 玄黃之하여, 以爲黼黻文章하며, 服旣成이면, 君이 服하고 以祀先王先公하나니, 敬之至也니라.

(고자 천자제후 필유공상잠실 근천이위지
축궁 인유삼척 극장이외폐지 급대흔지조 군
피변소적 복삼궁지부인세부지길자 사입잠우잠실
봉종욕우천 상우공상 풍려이식지 세기
단의 세부 졸잠 봉견 이시우군 수헌견우부
인 부인 왈 차 소이위군복여 수부휘이수지
인소뢰이예지 고지헌견자 기술용차여 급량일
부인 소 삼분수 수포우삼궁부인세부지길자
사소 수주록지 현황지 이위보불문장
복기성 군 복 이사선왕선공 경지지야)

註解 ㅇ公桑(공상)—천자 혹은 제후의 조정에 속해 있는 뽕나무밭. ㅇ近川(근천)—다음 글귀에 있듯이 누에알을 냇물로 씻기에 편리. ㅇ仞(인)—7척, 인유3척(仞有三尺)은 1장(丈)으로 약 2.25미터. ㅇ大昕(대흔)—계춘(季春 : 3월)의 삭(朔). ㅇ三宮(삼궁)—천자의 〔황후(皇后) 이외의〕 삼부인(三夫人). ㅇ世婦(세부)—상급 여관(女官)으로 제후의 측실(側室)을 가리킨다. ㅇ風戾(풍려)—바람으로 말린다는 말. ㅇ食之(식지)—식(食)은 사양(飼養). ㅇ副褘(부휘)—부(副)는 머리를 장식하는 천. 휘(褘)는 부인의 예복. ㅇ繅(소)—실을 뽑아내는 것. ㅇ三盆手(삼분수)—누에고치를 담은 그릇에 손을 세 번 넣는 것.

군자(君子)가 말했다. "예악(禮樂)은 잠시라도 몸에서 떼어놓아서는 안된다. 음악을 익히고 그에 의해 마음을 편안하게 갖도록 노력하면 정직하고 양순한 기분이 자연히 솟아나오는 것이다. 그런 기분이 되면 즐거운 마음이 속에서 우러나고 그 결과 편안해지는데 그 편안함이 오래 지속되게 되면 마음이 하늘에 미치고 신(神)에게 통하기에 이른다. 마음이 하늘에 미치는 사람은 아무 말을 하지 않아도 사람들로부터 존경과 신임을 받으며 신에게 통하는 사람은 노(怒)하지 않아도 위엄이 있다. 이것이 음악을 이수하고 몸을 다스린 사람인 것이다. 또 예를 배우고 그에 의해 몸을 무게있게 행동하기를 노력하면 우선 동작이 침착해져서 빈틈이 없어지고 그 결과로서 항상 무게가 있어 보여, 사람들에게 위엄을 느끼게 하는 것이다. 그리고 마음속에 잠시라도 화락(和樂)한 기분을 잃었을 때에는 금방 천한 욕념(欲念)이나 허위(虛僞)가 침입하게 되며, 몸의 외형이 잠시라도 침착성을 잃어 빈틈이 생길 때는 신중한 마음을 잃고 태만해지는 것이다. 그러므로 음악은 사람의 내면을 움직이는 것이고 예의는 외형[신체]을 움직이는 것이다. 또 음악에는 온순이 필요하다. 그러므로 군자가 내면에서 조화된 기분이 있고 외형에 온순한 기분이 나타나 있으면 사람들은 군자의 그러한 외형을 보고 [친밀감은 느끼지만] 경솔하게 업신여기는 마음이 들지 않는 것이다. 이리하여 내면으로부터 덕의 광휘(光輝)가 비치면 사람들은 모두 군자의 가르침을 받아들이는 것이고 또 그 외면으로 나오는 언행이 이치에 잘 맞는 것을 보면 모두 그 지도를 받고 따르는 것이다. 거기서 고인(古人)의 말에도, '예와 악(樂)의 도(道)를 충분히 이수하고 그 결과를 정치에 사용하여 천하에 행하면 정치는 용이하다'라고 했다. 그리고 음악은 내면에서 움직이는 것이고 예의는 외면에 나타나는 것이다. 따라서 자만심을 누르고 겸양함을 중히 여기며 음악은 자기의 정의(情意)를 충분히 솟구치게 하여 이를 표현하기를 중히 여긴다. 그리고 자기를 겸양하는 예의 행위에 있어서는 스스로 나아가 열의를 가지고 이를 행하는 것이 필요하며 거기에 예의 행위의 아름다움이 생겨나는 것이다. 또 자기를 충분히 표현하는 음악의 연주나 무도(舞蹈)에 있어서는 그것이 방종에 떨어지지 않도록 억제할 필요가 있고 그곳에 음악의 아름다움이 생기는 것이다. 만일 예를 행하는 열의가 결(缺)할 때에는 예가 형식에 머물러서 정신을 잃고 음악에 억제가 결하면 방종에 떨어져 조화(調和)를 잃는다.
즉 예에는 자진해서 이룰 기력이 따르지 않으면 안되며 악(樂)에는
억제해서 조화를 유지하기 위한 연구가 필요하다. 예에 자진해서 이
룩할 수 있는 기력이 따르면 군자는 예를 행하기가 즐거우며 음악에
억제가 작용해야만 그 표현에 안정감이 느껴지는 것이다. 예에 있어
서 자진하여 이룬다는 마음씨와 음악에 있어서의 억제는 어느 것이나
조화 혹은 안정을 얻는 것을 목적으로 하는 점에 있어서 일치되는 것
이다."

原文 君子이 曰, 禮樂은 不可斯須去身이니, 致樂以治心이면,
則易直子諒之心이 油然生矣요. 易直子諒之心이 生則樂하고,
樂則安하고, 安則久하고, 久則天이오. 天則神이니, 天則不言而
信하고, 神則不怒而威하나니, 致樂以治心者也니라. 致禮以治躬
이면, 則莊敬하고, 莊敬則嚴威하나니, 心中이 斯須라도 不和不樂
하면, 而鄙詐之心이 入之矣요, 外貌이 斯須라도 不莊不敬하면,
而慢易之心이 入之矣니라. 故로 樂也者는, 動於內者也며, 禮也
者는, 動於外者也니라. 樂極和하고, 禮極順하며, 內和而外順하
면, 則民瞻其顔色而不與爭也하며, 望其容貌而衆不生慢易焉하
나니라. 故로 德煇動乎內하여, 而民莫不承聽하며, 理發乎外하여,
而衆莫不承順하나니라. 故로 曰, 致禮樂之道면, 而天下塞焉하
여, 擧而措之無難矣니라. 樂也者는, 動於內者也니라. 禮也者는,
動於外者也니라. 故로 禮는 主其減하고, 樂은 主其盈하니, 禮는
減而進하여, 以進爲文하고, 樂은 盈而反하여, 以反爲文이니라.
禮減而不進則銷하고, 樂盈而不反則放하나니, 故로 禮有報而樂
有反하니, 禮得其報則樂하고, 樂得其反則安하나니, 禮之報와,
樂之反이, 其義一也니라.

(군자 왈 예악 불가사수거신 치악이치심

즉이직자량지심 유연생의 이직자량지심 생즉락
낙즉안 안즉구 구즉천 천즉신 천즉불언이
신 신즉불노이위 치악이치심자야 치예이치궁
즉장경 장경즉엄위 심중 사수 불화불락
이비사지심 입지의 외모 사수 부장불경
이만역지심 입지의 고 악야자 동어내자야 예야
자 동어외자야 악극화 예극순 내화이외순
즉민담기안색이불여쟁야 망기용모이중불생만이언
고 덕휘동호내 이민막불승청 이발호외
이중막불승순 고 왈 치예악지도 이천하색언
거이조지무난의 악야자 동어내자야 예야자
동어외자야 고 예 주기감 악 주기영 예
감이진 이진위문 악 영이반 이반위문
예감이부진즉소 악영이불반즉방 고 예유보이악
유반 예득기보즉악 악득기반즉안 예지보
악지반 기의일야)

[이 글은 그 전부가 제19 〈악기편(樂記篇)〉의 종말(終末) 부분에 나와 있으므로 주해를 생략한다]

증자(曾子)가 말하기를, "효(孝)에 세 가지가 있다. 대효(大孝)는 어버이를 존경하는 것이고, 중(中)은 어버이를 욕되게 하지 않는 것이며, 하(下)는 어버이를 봉양(奉養)할 수 있는 사람이다."라고 했다. 그러자 공명의(公明儀)가 물었다. "선생님을 효자라고 말씀드려도 좋습니까?" 이에 증자가 말하기를, "너는 무슨 말을 하고 있느냐, 너는 무슨 말을 하고 있느냐, 군자가 효(孝)라고 부르는 것은 어버이의 뜻에 앞서서 그것을 이루어 드리도록 하고 부모에 대한 도리에 그릇됨이 없도록 노력할 수 있는 사람이 효자이다. 나 같은 사람은 그저 어버이의 몸을 봉양하는 데 지나지 않는다. 그러니 어찌 효자라 부를 수가 있겠느냐."라고 말했다.

[原文] 曾子이 曰, 孝有三이니, 大孝는 尊親하며, 其次는 弗辱이
오, 其下는 能養이니라. 公明儀이 問於曾子曰, 夫子는 可以爲孝
乎니이까. 曾子이 曰, 是何言與아. 是何言與아, 君子之所謂孝者
는, 先意承志하여, 諭父母於道니, 參은 直養者也인저, 安能爲孝
乎리오.

(증자 왈 효유삼 대효 존친 기차 불욕
기하 능양 공명의 문어증자왈 부자 가이위효
호 증자 왈 시하언여 시하언여 군자지소위효자
선의승지 유부모어도 삼 직양자야 안능위효호)

[註解] ㅇ公明儀(공명의)—증자(曾子)의 제자. 〈단궁상편(檀弓上篇)〉, 《맹
자(孟子)》 〈등문공(滕文公)〉 상·하편 등에도 그 이름이 나온다. ㅇ直養
(직양)—직(直)은 다만, 오직.

증자(曾子)가 〔다음과 같이〕 말했다. 사람의 몸은 부모가 남겨주신
몸이다. 부모가 남겨주신 몸을 취급함에 있어서 어찌 신중히 하지 않
을 수 있겠는가. 언제나 기거(起居)를 장중(莊重)하게 하지 않음은
효(孝)가 아니고 임금을 섬김에 있어 충실하지 않음은 효가 아니며,
관직에 임해서 언행을 삼가지 않음은 효가 아니고, 우교(友交)관계에
있어서 신의를 중히 여기지 않음은 효가 아니며, 전쟁에 임해서 용감
하지 않음은 효가 아니다. 이들 다섯 가지 일에 있어서 바르게 실행
할 수가 없으면 그 결과로서 죄나 재난이 부모에게까지 미치게 될 것
이다. 어찌 신중을 기하지 않을 수가 있겠는가. 그러므로 잘 익은 고
기나 곡식 또는 생피나 지방(脂肪) 등을 스스로 맛본 다음 영전(靈
前)에 바치는 것만이 효(孝)가 아니다. 그저 음식을 바친다고 하는데
지나지 않는다. 군자의 효라고 칭하는 것은 나라 사람들이 모두 칭찬

과 부러워하는 가운데 효자라고 인정하며, "그 부모는 정말 행복할 거야. 그와 같은 좋은 아들을 가졌으니."하고 말할 정도가 되어야 효라고 칭할 수가 있는 것이다. 이런 관계로 모든 사람에게 있어서 교훈의 근본이 되는 것이 효(孝)이고 그의 [눈에 보이는] 실행이 봉양인 것이다. 그저 봉양만을 할 수 있어도 마음속으로 [부모를] 깊이 공경하면서 봉양하기는 어렵다. 또한 공경할 수는 있어도 충분히 안심하시게 하기는 어렵다. 그리고 안심하시게 할 수는 있어도 [부모가 죽은 뒤까지] 종말을 다하기는 어렵다. 즉 부모가 이미 죽은 뒤에도 몸가짐을 삼가고 부모의 이름을 조금도 욕되게 하는 일이 없이 일생을 마칠 수가 있어야만이 [효도의] 종말을 잘 거두었다고 할 수 있는 것이다. 본래 인(仁)이란 우선 부모를 사랑하는 것이고, 그 예(禮)란 우선 효(孝)를 실행하는 것이며, 의(義)란 우선 효(孝)를 올바르게 분별할 줄 알아야 하는 것이고, 신(信)이란 우선 부모에게 성의를 다하는 것이며, 강(强)이란 효에 힘쓰는 것이다. 그리고 사람 몸의 안락(安樂)은 효도를 잘 따르는 데서 생겨나며 또 죄를 범하고 형(刑)을 받는 것도 효도에 위배되는 데서부터 비롯되는 것이다.

原文 曾子이 曰, 身也者는, 父母之遺體也니, 行父母之遺體에, 敢不敬乎아. 居處이 不莊이면, 非孝也며, 事君이 不忠이면, 非孝也며, 涖官이 不敬이면, 非孝也며, 朋友이 不信이면, 非孝也며, 戰陳에 無勇이면 非孝也니 五者를 不遂면, 烖及於親하나니, 敢不敬乎아. 亨孰饘薌을, 嘗而薦之는, 非孝也며, 養也라. 君子之所謂孝也者란, 國人이 稱願하여 然曰, 幸哉아 有子如此인저라야, 所謂孝也已니라. 衆之本敎曰孝라하며, 其行曰養이라하나니라. 養은 可能也나, 敬謂難이오, 敬은 可能也나, 安爲難이오, 安은 可能也나, 卒爲難이니라. 父母이 旣沒이어시든, 愼行其身하여, 不遺父母惡名하며, 可謂能終矣니라. 仁者는, 仁此者也요, 禮者

는, 履此者也며, 義者는, 宜此者也요, 信者는, 信此者也며, 强者
는, 强此者也니라. 樂은 自順此生이오, 刑은 自反此作이니라.

(증자 왈 신야자 부모지유체야 행부모지유체
감불경호 거처 부장 비효야 사군 불충
비효야 이관 불경 비효야 붕우 불신 비효야
전진 무용 비효야 오자 불수 재급어친
감불경호 팽숙전향 상이천지 비효야 양야 군자
지소위효야자 국인 칭원 연왈 행재 유자여차
소위효야이 중지본교왈효 기행왈양
양 가능야 경위난 경 가능야 안위난 안
가능야 졸위난 부모 기몰 신행기신
불유부모오명 가위능종의 인자 인차자야 예자
이차자야 의자 의차자야 신자 신차자야 강자
강차자야 낙 자순차생 형 자반차작)

註解 ㅇ涖官(이관)—이(涖)는 임(臨)한다는 뜻. ㅇ戰陳(전진)—진(陳)
은 진(陣)이란 뜻. ㅇ烖(재)—재(災)의 본자(本字). ㅇ亨孰(팽숙)—팽숙
(烹熟). 숙식(熟食)의 헌찬(獻饌). ㅇ羶薌(전향)—본편의 앞에서 이미 나
왔다. 생식(生食)의 헌찬(獻饌). ㅇ稱願(칭원)—칭(稱)은 선망(羨望), 부
러워하는 것. ㅇ卒爲難(졸위난)—부모의 생존중뿐만 아니라 자식이 한평
생 효도를 지켜 그 종말을 다한다는 뜻. ㅇ仁(인)……强此者也(강차자
야)—위에 '효(孝)는 교훈(教訓)의 근본, 백행(百行)의 표본'이란 취지의
구절이 있기 때문에 효를 해설한 후에 인예의신강(仁禮義信强)의 오덕
(五德)에 미친 것. 강(强)은 용(勇)과 같다. ㅇ仁此(인차)—이하 다섯 구
절 중의 차(此)는 부모 또는 효(孝)를 가리킨 것이다.

증자(曾子)가 [다음과 같이] 말했다. 그 효(孝)의 덕(德)은 일단 여
기에 세우면 마침내 하늘과 땅 사이에 가득 차고 좌우로 벌리면 마침
내 사해(四海) 안의 전체에 퍼지며 또 이것을 후세에 전하면 가령 하

루 아침이나 하루 저녁도 이것이 쓰여지지 않는 때가 없다고 할 정도로 소중한 [일상생활의] 도리(道理)가 될 것이다. 그러므로 이것을 동해에 미치게 하든 서해·남해·북해에 미치게 하든 모두 각 지방에서 [정도(正道)로서] 따르고 사용하게 될 것이다. 《시경(詩經)》에 '서쪽에서도 동쪽에서도 남쪽에서도 북쪽에서도 사모하여 복종하지 않는 자가 없다'라고 한 것은 진정 이 일[효(孝)]이니라.

증자가 또 말했다. 수목(樹木)은 정해진 시기에 베고 조수(鳥獸)는 정해진 시기에 죽인다. 공자(孔子)의 말씀에 "일수(一樹)를 벌(伐)하고 일수(一獸)를 죽이는 데에도 정해진 시기에 따르지 않으면 효도에 맞지 않느니라."라고 하셨다.

[증자는 또 말했다] 효(孝)에는 삼등(三等)이 있다. 소효(小孝)는 노력을 필요로 하고 중효(中孝)는 심로(心勞)를 필요로 하지만 대효(大孝)는 풍족하고 즐거운 심경(心境)이다. 소효는 부모의 자애(慈愛)를 잊지 않고 이에 보답하려고 수고를 무릅쓰는 것이므로 노력을 요하는 효라고 할 수 있는 것이다. 중효는 [단순히 부모에게 대한 것뿐 아니라] 일반 세상에 있어서 인(仁)을 존중하고 의(義)에 만족한다는 신조(信條)를 지켜 이에 의해 부모를 기쁘게 하려고 하는 것이므로 크게 심로(心勞)를 필요로 하는 효라고 해야 할 것이다. 그리고 대효(大孝)는 자신의 은덕(恩德)을 사람들에게 널리 베풀고 많은 물건을 갖추어 살아서 부모를 봉양하며 죽은 부모의 혼령을 제사지낼 수 있는 효행(孝行)이므로 풍족하고 즐거운 심경이라고 말하는 것이다. 또한 부모가 자식을 사랑해 주면 이를 기뻐하여 잊지 않고 가령 미움을 받아도 이를 경계는 해도 한(恨)을 품지 않으며, 부모에게 과오가 있으면 간(諫)하기는 하나 반항하지는 않는다. 그리고 부모가 이미 돌아가고부터는 반드시 선인(善人)에게서 얻은 곡식을 사용하여 부모를 제사지낸다. 이것을 효에 대한 예의 종말을 완수한다고 말하는 것이다.

原文 曾子이 曰, 夫孝는 置之而塞乎天地하고, 溥之而橫乎四海하며, 施諸後世而無朝夕하며, 推而放諸東海而準하며, 推而放諸西海而準하며, 推而放諸南海而準하며, 推而放諸北海而準하나니라. 詩에 云, 自西自東과, 自南自北이, 無思不服이니, 此之謂也니라.

(증자 왈 부효 치지이색호천지 부이지횡호사
해 시저후세이무조석 추이방저동해이준 추이방
저서해이준 추이방저남해이준 추이방저북해이준
시 운 자서자동 자남자북 무사불복 차지위야)

曾子이 曰, 樹木을 以時로 伐焉하며, 禽獸를 以時로 殺焉이니, 夫子이 曰, 斷一樹하고, 殺一獸를, 不以其時면, 非孝也라 하시니라.

(증자 왈 수목 이시 벌언 금수 이시 살언
부자 왈 단일수 살일수 불이기시 비효야)

孝有三이니, 小孝는 用力하고, 中孝는 用勞하고, 大孝는 不匱하나니, 思慈愛忘勞면, 可謂用力矣요, 尊仁安義면, 可謂用勞矣요, 博施備物이면, 可謂不匱矣니라. 父母이 愛之어시든, 喜而弗忘하며, 父母이 惡之어시든, 懼而無怨하며, 父母이 有過어시든, 諫而不逆하며, 父母이 旣沒이어시든, 必求仁者之粟하여 以祀之니, 此之謂禮終이니라.

(효유삼 소효 용력 중효 용로 대효 불궤
사자애망로 가위용력의 존인안의 가위용로의
박시비물 가위불궤의 부모 애지 희이불
망 부모 오지 구이무원 부모 유과
간이불역 부모 기몰 필구인자지속 이사지
차지위예종)

註解 ㅇ溥之(부지)—퍼뜨린다, 보급한다, 넓힌다는 뜻. ㅇ無朝夕(무조석)—아침에는 사용했으나 저녁에는 사용하지 않는다든가 어제 저녁에는

사용했으나 오늘 아침에는 사용하지 않는다든가 하는 일이 없는 항상 사
용하여 손에서 떠나는 일이 없다는 것을 뜻한 말. ○詩云(시운)－《시경》
대아(大雅)의 문왕유성편(文王有聲篇). ○大孝不匱(대효불궤)－내 부모에
대한 효뿐 아니라 넓고 풍족하게 사회 일반에 대해서 인의도덕(仁義道
德)을 실천한다는 뜻으로 대인물의 효를 가리킨다. 《시경》대아(大雅) 기
취편(旣醉篇)의 '효자불궤(孝子不匱)'란 구절과도 관련이 있다. ○仁者之
粟(인자지속)－어진 임금으로부터 받는 봉록(俸祿)이라든가 선량한 사람
으로부터 얻은 재화(財貨) 등을 가리킨 말.

　악정자춘(樂正子春)이 당(堂)에서 내려올 때 발에 상처를 입었다.
수개월이나 외출도 안하고 언제까지나 근심스러운 표정을 짓고 있었
다. 그래서 문인(門人)이 말하기를, "선생님의 상처는 이미 나았는데
도 수개월 동안 외출도 하시지 않고 언제까지나 근심스러운 얼굴을
하고 계신 것은 무슨 까닭입니까?"하고 물었다. 악정자춘이 답하여
말하기를, "그것 참 좋은 질문이다. 내가 증자(曾子)로부터 그렇게 듣
고 증자는 그것을 공부인(孔夫人)으로부터 들은 일에 '하늘에서 생긴
것, 땅이 기른 것, 그 중에서 사람만큼 소중한 것은 없다. 그러므로
부모가 완전한 형상으로 낳아주신 몸을 자식은 언젠가 완전한 형상으
로 〔땅에〕 되돌려 줌으로써 효라고 할 수가 있다. 오체(五體)를 손상
하는 일이 없고 몸을 더럽히는 일이 없는 것이 완전한 형상으로 되돌
려 준다고 말할 수 있는 것이다. 그러므로 군자는 반보(半步)를 걷는
데도 절대로 효(孝)를 잊지 않는 것이다'라고 들었다. 지금 나는 효의
법도를 잊고 발에 상처를 입었다. 그래서 오랫동안 근심이 사라지지
않는 것이다. 즉 자식된 자는 한쪽 발을 쳐들거나 한마디 말을 하는
데도 부모를 잊지 않아야 한다. 그러므로 보행하는 데에도 큰길을 가
되 지름길을 택하지 않으며 물을 건너는 데는 배를 사용하되 헤엄치
지 않으며 삼가 부모가 남기신 몸에 위험을 범하지 않는다. 한마디
말을 함에 있어서도 부모를 잊지 않으므로 타인을 욕하는 일이 없고

그러므로 타인에게서 원망하는 말이 내 몸에 돌아오는 일이 없으며 내 몸에 치욕(恥辱)이 미치는 일이 없으므로 어버이의 이름을 더럽히는 일이 없다. 이래야만이 효자라고 말할 수가 있다."라고 하였다.

原文 樂正子春이 下堂而傷其足하고, 數月을 不出하여, 猶有憂色하더니 門弟子이 曰, 夫子之足이 瘳矣로되, 數月을 不出하사, 猶有憂色은, 何也니꼬. 樂正子春이 曰, 善如로다, 爾之問也여, 善如로다, 爾之問也여. 吾는 聞諸曾子하고, 曾子는 聞諸夫子하시니, 曰, 天之所生과, 地之所養에, 無人爲大하니, 父母이 全而生之하시니, 子이 全而歸之라야, 可謂孝矣니, 不虧其體하며, 不辱其身이, 可謂全矣라 하시니 故로 君子는 頃步而弗敢忘孝也하나니, 今予이 忘孝之道라, 予이 是以로 有憂色也로다. 壹擧足而不敢忘父母하며 壹出言而不敢忘父母니, 壹擧足而不敢忘父母라. 是故로 道而不徑하며, 舟而不游하여, 不敢以先父母之遺體로 行殆하며, 壹出言而不敢忘父母라, 是故로 惡言이 不出於口하며, 忿言이 不反於身하나니, 不辱其身하며, 不羞其親이면, 可謂孝矣니라.

(악정자춘 하당이상기족 수월 불출 유유
우색 문제자 왈 부자지족 추의 수월 불출
유유우색 하야 악정자춘 왈 선여 이지문
야 선여 이지문야 오 문저증자 증자 문저
부자 왈 천지소생 지지소양 무인위대 부모
전이생지 자 전이귀지 가위효의 불휴기체
불욕기신 가위전의 고 군자 경보이불감망효
야 금여 망효지도 여 시이 유우색야 일거
족이불감망부모 일출언이불감망부모 일거족이불감망
부모 시고 도이불경 주이불유 불감이선부모지

유체 행태 일출언이불감망부모 시고 악언 불출
어구 분언 불반어신 불욕기신 불수기친
가위효의)

註解 o樂正子春(악정자춘)-증자(曾子)의 문인. 악정(樂正)은 성(姓)
이고 자춘(子春)은 자(字)이다. o頃步(경보)-경(頃)은 반보(半步)를 뜻
한 말. 양쪽 발로 걷는 것이 1보(步)이고 한쪽 발로 걷는 것은 1경(頃 :
반보)이다. o道(도)・徑(경)-도(道)는 큰길. 바른 길. 경(徑)은 사잇길.
지름길.

옛날 유우씨(有虞氏)〔제순(帝舜)〕는 덕(德)과 연령을 존중했고, 하
후씨(夏后氏)는 작위(爵位)와 연령을 존중했으며, 은(殷)나라 사람은
재부(財富)와 연령을 존중했고, 주(周)나라 사람은 어버이와 연령을
존중했다. 우(虞)・하(夏)・은(殷)・주(周)의 4조(朝)에는 많은 성왕
(聖王)이 나와서 천하를 다스렸으나 그 중에 연령을 존중하지 않은
왕은 없었다. 연령의 존중은 천하에 오래된 관습이고 부모에게 효를
다하는 것 다음으로 오래된 것이다. 그러한 관계로 조정에 있어서는
작위(爵位)가 같지 않으면 연장자(年長者)를 위로하는 규정이다. 또
70세가 되면 궁중(宮中)에서 지팡이 짚기를 허용되고 임금이 불러서
말을 물을 때에는 자리를 주어 앉게 하고, 80세가 되면 임금은 이를
참조(參朝)시키지 않으며 질문할 것이 있으면 자신이 직접 방문한다.
이렇게 제(弟 : 연장자에 순종)의 도(道)는 조정 안에서 잘 행하여졌
던 것이다. 사람들은 걸을 때에 연장자와는, 혹은 어깨를 나란히하지
않고, 혹은 어깨를 다소 숙이며, 혹은 뒤에 따라간다. 또 길에서 노인
을 만나면 수레도 보행자도 길을 양보하고 반백(斑白), 즉 초로(初老)
인 사람은 짐을 지고 길을 걷는 일이 없다. 이렇게 되면 제(弟)의 도
(道)가 일반 도로상에서 잘 행하여지고 있다는 것이 된다. 그리고 또
향촌(鄕村)에 있어서 사람은 연령에 따라서 존중되고 늙어서 곤궁한

자가 있어도 버림받는 일이 없으며, 강한 자가 약한 자를 범하는 일도 없고 다수가 소수를 괴롭히는 일도 없다. 이렇게 되면 제(弟)의 도(道)가 마을 구석구석까지 잘 지켜지고 있는 것이 된다.

옛날의 법률에서는 50세가 되면 몰이꾼으로 사용되지 않고 수렵의 포획물은 연장자에게 많이 나누어 주었다. 이렇게 되면 제의 도는 수렵에서도 잘 행하여지고 있는 것이 된다. 또 군대에 있어서는 대소(大小)의 부대에 있어서 계급이 같으면 연장자를 위로 한다. 이렇게 되면 제의 도가 군대에서도 잘 행하여지고 있는 것이 된다. 이리하여 효제(孝弟)의 도리가 먼저 조정에서 시작되고 일반 도로에서 행하여져서 마을 구석구석까지 미치고 수렵이나 군대에까지 지켜질 정도가 되면 사람들은 효제의 정도(正道)를 위해서는 죽음을 불사하고 절대로 이에 위배되는 일이 없는 것이다.

原文 昔者에 有虞氏는 貴德而尚齒하시고, 夏后氏는 貴爵而尚齒하시고, 殷人은 貴富而尚齒하고, 周人은 貴親而尚齒하니, 虞夏殷周는, 天下之盛王也로되, 未有遺年者하니, 年之貴乎天下久矣니, 次乎事親也니라. 是故로 朝廷에 同爵則尚齒하며, 七十에 杖於朝하고, 君이 問則席하며, 八十에 不俟朝하고, 君이 問則就之하나니, 而弟達乎朝廷矣니라. 行에 肩而不併하고, 不錯則隨하며, 見老者어든 則車徒辟하며, 斑白者는 不以其任으로, 行乎道路하나니, 而弟達乎道路矣니라. 居鄕에 以齒며, 而老窮이 不遺하며, 强不犯弱하며, 衆不暴寡하나니, 而弟達乎州巷矣니라.

(석자 유우씨 귀덕이상치 하후씨 귀작이
상치 은인 귀부이상치 주인 귀친이상치
우하은주 천하지성왕야 미유유년자 연지귀호천
하구의 차호사친야 시고 조정 동작즉상치 칠
십 장어조 군 문즉석 팔십 불사조 군 문

즉취지 이제달호조정의 행 견이불병 불착즉
수 견로자 즉거도피 반백자 불이기임 행
호도로 이제달호도로의 거향 이치 이노궁
불유 강불범약 중불폭과 이제달호주항의)

古之道는, 五十에 **不爲甸徒**하며, **頒禽**하되, **隆諸長者**하나니, 而
弟達乎獀狩矣니라. **軍旅什伍**에, **同爵則尚齒**하나니, 而**弟達乎軍
旅矣**니라. **孝弟發弟朝廷**하여, **行乎道路**하며, **至乎州巷**하며, **放乎
獀狩**하며, **脩乎軍旅**라, **衆**이 **以義死之**하여, 而**弗敢犯也**니라.

(고지도 오십 불위전도 반금 융저장자 이
제달호수수의 군려십오 동작즉상치 이제달호군
려의 효제발제조정 행호도로 지호주항 방호
수수 수호군려 중 이의사지 이불감범야)

註解 ○有虞氏(유우씨)─제순(帝舜)의 성. 유(有)는 접두사(接頭辭).
○盛王(성왕)─성덕(盛德)의 왕. 성왕(聖王). ○就之(취지)─임금이 친히
그 노신(老臣)에게로 가는 것. ○肩而不倂(견이불병)─어깨를 나란히하고
걷지 않는다는 뜻. ○不錯則隨(불착즉수)─착(錯)이나 수(隨) 어느 한쪽
이란 뜻. 착(錯)은 형의 연배(年輩)인 사람에 대해서는 옆으로 약간 뒤
떨어져서 가는 것이고, 수(隨)는 뒤따르는 것. ○車徒(거도)─승차한 사람
도 보행자란 뜻. ○甸徒(전도)─수렵에 임해서 임시로 징용되어 몰이꾼
등이 되는 서민. 전(甸)은 전(田)으로 전렵(田獵). 수렵. ○獀狩(수수)─
수렵. 자세하게 말하면 봄의 수렵은 수(獀), 여름은 묘(苗), 가을은 미
(獼), 겨울은 수(狩)이다. 〔정주공소(鄭注孔疏)〕. ○軍旅什伍(군려십오)─ 오
(伍)는 5명으로 최소의 부대, 십(什)은 10명, 여(旅)는 5백명, 〔사(師)는
2천5백명〕, 군(軍)은 1만 2천5백명.

〔주(周)나라의〕 천자가 명당(明堂)에서 문왕(文王)을 제사지내는
것은 제후에게 효도를 교시(敎示)하는 것이다. 또 태학(大學)에서 삼
로오경(三老五更)인 사람들을 향응(饗應)하는 것은 제후에게 제(弟)

의 도(道)를 교시하는 것이다. 서학(西學)에서 선현(先賢)을 제사지내는 것은 제후에게 몸의 덕(德)을 닦아야 함을 교시하는 것이다. 천자가 친히 적전(藉田)을 경작하는 것은 제후에게 신령(神靈)의 봉양을 교시하는 것이다. 그리고 제후에게 조근(朝覲)케 하는 것은〔천자가〕제후의 신하에 대해서 신하로서의 도리를 교시하는 것이다. 이상의 다섯 가지 일은 천하의 정교상(政敎上) 극히 중요한 것이다.

또 무왕(武王)은 태학(大學)에서 삼로(三老)와 오경(五更)〔장로(長老)들〕을 대우하는 예를 시작했으나, 그때에는 왕이 친히 어깨를 벗고 희생을 요리하고, 객(客)을 위하여 장(醬)을 들어 급사(給仕)하고, 술잔을 들고 술을 따랐고, 또 면(冕)을 쓰고 방패를 손에 들고 춤을 추어 보였다. 이것은 제후에게 제(弟)의 도리를 교시하기 위한 것이다. 그러므로 향리(鄕里)에 나이먹은 이를 공경하는 풍습이 있어, 노궁(老窮)한 이를 잊지 않으며, 강한 사람은 약한 사람을 침범치 않으며, 많은 것이 적은 것을 모질게 하지 않는다. 이것은 태학으로부터 나온 것이다.

原文 祀乎明堂은, 所以敎諸侯之孝也요. 食三老五更於大學은, 所以敎諸侯之弟也요. 祀先賢於西學은, 所以敎諸侯之德也요, 耕藉은, 所以敎諸侯之養也요, 朝覲은, 所以敎諸侯之臣也니, 五者는 天下之大敎也라.

(사호명당 소이교제후지효야 식삼로오경어태학
소이교제후지제야 사선현어서학 소이교제후지덕야
경적 소이교제후지양야 조근 소이교제후지신야
오자 천하지대교야)

食三老五更於大學할새, 天子이 袒而割牲하시며, 執醬而饋하시며, 執爵而酳하시며, 冕而總干하시나니, 所以敎諸侯之弟也라. 是故로 鄕里有齒하여, 而老窮不遺하며, 强不犯弱하며, 衆不暴

寰하나니, 此는 由大學來者也니라.

　(식삼로오경어태학 천자 단이할생 집장이궤
　집작이윤 면이총간 소이교제후지제야
　시고 향리유치 이노궁불유 강불범약 중불폭
　과 차 유태학내자야)

註解　ㅇ明堂(명당)－제14〈명당위편(明堂位篇)〉참조.　ㅇ三老五更(삼
로오경)－천자의　고문(顧問)인　장로(長老).　제8〈문왕세자편(文王世子
篇)〉참조.　ㅇ西學(서학)－천자의 '사학(四學)'의 하나로 국도(國都)의 서
교(西郊)에 설치한다.

　천자는 사학(四學)을 설립하지만 태자(太子)가 그 중 하나에 들어
갈 때는 학교에 있어서 연령을 존중해야 한다는 것을 알고 있다.
　천자가 제국(諸國)을 순찰할 때에 제후는 국경으로 마중을 나온다.
천자는 한 나라에 들어가면 먼저 백세의 노인을 알현한다. 80, 90세
인 자에 대해서는, 그들이 동쪽으로 가고 천자 일행이 서쪽으로 가는
것이면 그대로 지나쳐 버리거나 하지 않고 만나며, 그들이 서쪽으로
가고 천자 일행이 동쪽으로 가는 경우도 같다. 그리고 가는 나라의
노인 중에 천자에게 정치상의 의견을 상신하고 싶은 자가 있으면 천
자 쪽에서 서슴없이 방문한다.
　일명(一命)의 관직에 있는 자는 향촌(鄕村)에 있어서 사람들과 교
제하는 데는 연령의 상하를 중히 여긴다. 재명(再命)의 관직에 있으
면〔향촌에서는 연령에 따르지 않으나〕친족(親族) 중에서는 연령의
상하를 중히 여기고, 삼명(三命)인 자는 친족 중에서도 연령에 따르
지 않으나 만일 70세 이상의 족인(族人)이 있을 때에는 상석(上席)에
앉지 않는다. 또한 70세 이상인 사람은 중대한 일이 아니면 참조(參
朝)하지 않으며 만일 참조했을 경우에는 임금은 반드시 그 노신(老
臣)에게 인사를 한 후 다른 신하들과 인사를 하는 것이다.

천자는 무언가 착한 일을 하면 그 공(功)을 하늘에 양보하고 제후는 공을 천자에게 양보하며 경대부(卿大夫)는 공을 제후에게 양보하고 사(士)와 서인(庶人)은 공을 부모를 비롯하여 친족의 노인들의 덕분이라고 말한다. 또 임금이 신하에게 녹작(祿爵)이나 상여(賞與)를 내리는 데에도 이를 종묘(宗廟)에서 행하여 선조(先祖)께서 염려해 주셨음을 암시한다. 모두 부모나 선조에 대한 효순(孝順)의 뜻을 나타내는 것이다.

原文 天子이 設四學하시나니, 當入學하사 而大子齒하시니라.
(천자 설사학 당입학 이태자치)

天子이 巡守어든, 諸侯이 待于竟하나니, 天子이 先見百年者하시며, 八十九十者이 東行이어든, 西行者이 弗敢過하고, 西行이어든, 東行者이 弗敢過하며, 欲言政者어든, 君이 就之可也니라.
(천자 순수 제후 대우경 천자 선현백년자
팔십구십자 동행 서행자 불감과 서행
동행자 불감과 욕언정자 군 취지가야)

壹命은 齒于鄕里하고, 再命은 齒于族하고, 三命은 不齒族이니라. 有七十者어든 弗敢先하며, 七十者이 不有大故어든 不入朝하며, 若有大故而入이어든, 君이 必與之揖讓하신, 而后에사 及爵者니라.
(일명 치우향리 재명 치우족 삼명 불치족
유칠십자 불감선 칠십자 불유대고 불입조
약유대고이입 군 필여지읍양 이후 급작자)

天子이 有善이어든, 讓德於天하시고, 諸侯이 有善이어든, 歸諸天子하시고, 卿大夫이 有善이어든, 薦於諸侯하고 士庶人이 有善이어든, 本諸父母하여, 存諸長老하고, 祿爵慶賞을, 成諸宗廟니, 所以示順也니라.

(천자 유선 양덕어천 제후 유선 귀저
천자 경대부 유선 천어제후 사서인 유선
본저부모 존저장로 녹작경상 성저종묘
소이시순야)

註解   ○四學(사학)－고주소(古注疏)〔정주공소(鄭注孔疏)〕는 '주조(周朝)는 우하상주(虞夏商周) 4대의 소학교(小學校) 제도를 병존(倂存)하고 그 중 서학(西學)은 주제(周制)의 소학이다'라고 말하지만 상세한 해설은 없다. ○巡守(순수)－순수(巡狩)라고도 쓴다. 천자가 제후의 나라를 순회 시찰하는 것. ○就之可也(취지가야)－천자 쪽에서 방문해도 된다. 방문을 사양치 않는다고 규정되어 있었다는 뜻.

옛날 성인(聖人)은 음양(陰陽)이라든가 천지(天地)라든가의 〔이원(二元)의〕 원리를 세우고 그것에 의해 역(易)이란 법칙을 설정하였다. 그후 조정에서 대사(大事)를 계획할 때 역관(易官)이 거북을 받들어 남면(南面)하고 천자는 예복을 입고 북면(北面)하는 관습이 되었다. 천자에게 명지(明知)의 마음이 있어도 최후에는 반드시 점을 쳐서 그 것에 의해 의사를 결정했던 것이다. 이 일은 천자가 자신이 전단(專斷)하는 것을 삼가고 하늘의 뜻을 존중한다는 것을 가리키고 있다. 또한 천자는 자신의 착한 일에 대해서는 다른 사람들의 공으로 말하고 과실에 대해서는 오로지 자신의 죄로 말한다. 이리하여 공(功)을 과시하지 않고 현인(賢人)을 존경함을 교시하는 것이다.

原文   昔者에 聖人이 建陰陽天地之情하사, 立以爲易하시니, 易이 抱龜南面이어든, 天子이 卷冕하사 北面하시며, 雖有明知之心하시나, 必進하사 斷其志焉하시며, 示不敢專하사, 以尊天也시니라. 善則稱人하시고, 過則稱己하시며, 敎不伐하사, 以尊賢也시니라.
(석자 성인 건음양천지지정 입이위역 역
포귀남면 천자 곤면 북면 수유명지지심

필진 단기지언 시불감전 이존천야
선즉칭인 과즉칭기 교불벌 이존현야)

註解   ○陰陽天地之情(음양천지지정)-천(天)=양(陽)과   지(地)=음(陰)
과의 이원원리(二元原理). 정(情)이란 진정(眞情)·진리·원리. ○易抱龜
(역포귀)-역(易)은 점역(占易)의 관(官). 점(占)을 담당한 사람으로 역점
(易占)과 귀복(龜卜)을 겸하고 있는 것으로 되어 있다.

효자는 제사를 거행하기 전에는 반드시 마음을 근신하고 엄숙한 기
분이 되어 그 마음으로 제사에 관한 일을 생각하고 복장이나 제물을
갖추며, 종묘를 수리하고 여러 가지 일을 정비한다. 그리고 당일(當
日)이 되면 안색은 반드시 온화하게 하고 보행을 신중히 하며 죽은
부모에 대한 경애(敬愛)가 부족함을 걱정하고 있는 것처럼 보인다.
그리고 영전(靈前)에 제물을 바치려면 안색은 어디까지나 온화하게
하고 깊이 몸을 구부려 부모에게 말을 걸듯 말듯하게 보인다. 그런데
제사가 끝나고 객들이 모두 제사장에서 나가고 나서 제주(祭主)인 본
인이 일어설 때 그의 자세는 낮고 동작은 조용하면서도 법도에 맞으
며 마치 부모가 떠나가는 것을 전송하는 것 같다. 그리고제사가 끝나
고도 부모를 더욱 사모하여 부모가 다시 한 번 되돌아오는 것을 맞이
하는 것처럼 보인다. 그러한 이치이므로 효자는 성실하고 선량한 마
음을 몸에서 잃는 일이 없고 귀나 눈이 바른 마음에서 떠나는 일이
없으며 무슨 일을 하든 부모를 생각하지 않는 일이란 없다. 효자는
항상 부모를 생각하고 그것이 얼굴에 나타나며 또 매사에 부모를 추
억한다. 그러한 것이 효자의 마음이란 것이다.
  제후가 나라의 신령을 제사지내는 위치를 정하려면 사직(社稷)은
공궁(公宮)의 우측(右側)으로 하고 종묘(宗廟)를 좌측으로 한다.

原文   孝子이 將祭祀할새, 必有齊莊之心하여 以慮事하고, 以

具服物하고, 以脩宮室하고, 以治百事하며, 及祭之日에, 顔色을 必溫하고, 行을 必恐하고, 如懼不及愛然하며, 其奠之也에, 容貌를 必溫하고, 身을 必詘하고, 如語焉而未之然하며, 宿者이 皆出이어든, 其立을 卑靜以正하고, 如將弗見然하며, 及祭之後에, 陶陶遂遂하고, 如將復入然하나니, 是故로 愨善이 不違身하며, 耳目이 不違心하며, 思慮이 不違親하여, 結諸心하며, 形諸色하여, 而術省之하나니, 孝子之志也니라.

(효자 장제사 필유제장지심 이여사 이
구복물 이수궁실 이치백사 급제지일 안색
필온 행 필공 여구불급애연 기전지야 용모
필온 신 필굴 여어언이미지연 숙자 개출
기립 비정이정 여장불견연 급제지후 도
도수수 여장부입연 시고 각선 불위신 이
목 불위심 사려 불위친 결저심 형저색
이술성지 효자지지야)

建國之神位하되, 右社稷而左宗廟니라.

(건국지신위 우사직이좌종묘)

註解   ○齊莊(제장)−제(齊)는 숙(肅), 삼간다. 장(莊)은 엄(嚴). ○陶陶遂遂(도도수수)−도도(陶陶)는 생각이 속에서 맺어지는 모습. 수수(遂遂)는 생각이 밖에서 맺어지는 모습. ○結諸心(결저심) 形諸色(형저색)−저(諸)는 지호(之乎)로 지(之)란 효경(孝敬)의 정의(情意)를 가리킨다. ○術省(술성)−정주(鄭注)는 술(術)을 술(述)이란 뜻이라고 하였다. 술(述)의 원의(元意)는 '뒤쫓는다'는 것이므로 술성이란 '부모를 그리워하며 회상한다, 추억'이라고 해석해도 된다. ○左(좌)·右(우)−공궁(公宮)은 남면(南面)하므로 그 우측은 서남(西南)이고 좌측은 동남(東南)에 해당한다. 그리고 정주(鄭注)는 '주(周)나라 사람은 좌측을 상위(上位)로 하였다'고 말한다. 즉 종묘(宗廟)를 사직(社稷)보다도 존중했다는 것이리라.

新完譯　禮 記 (中)

개정 증보판 발행 – 2003년 10월 31일
개정 증보판 2쇄 발행 – 2014년 3월 10일
개정 증보판 3쇄 발행 – 2022년 2월 22일

역저자 – 李 相 玉

발행인 – 金 東 求

발행처 – 명 문 당(창립 1923년 10월 1일)
　　　　서울시 종로구 윤보선길 61(안국동)
　　　　우체국 010579-01-000682
　　　　전 화 (02) 733-3039, 734-4798
　　　　FAX (02) 734-9209
　　　　Homepage　www.myungmundang.net
　　　　E-mail　mmdbook1@hanmail.net
　　　　등록 1977.11.19. 제1-148호

ISBN　89-7270-742-2　94140
ISBN　89-7270-052-5　(세트)

東洋古典文化叢書

原文對譯 **史記列傳精解**
司馬遷 著 成元慶 編譯 값 5,000원

論語新講義
金星元 譯著 신국판 양장 값 10,000원

老莊의 哲學思想
金星元 編著 신국판 값 6000원

中國의 茶道
金明培 譯著 신국판 값 8000원

戰國策
김전원 編著 신국판 값 3900원

中國歷代 **后宮秘話**(전3권)
成元慶 編著 신국판 각 3900원

宋名臣言行錄
鄭鉉祐 編著 값 3900원

人間孔子
李長之 著 김전원 譯 값 3800원

白樂天詩研究
金在乘 著 신국판 값 5000원

中國現代詩研究
許世旭 著 신국판 양장 값 9000원

中國人이 쓴 文學槪論
王夢鷗 著 李章佑 譯 값 7000원

中國詩學
劉若愚 著 李章佑 譯 신국판 양장 값 7000원

中國의 文學理論
劉若愚 著 李章佑 譯 값 7000원

東洋古典41選
安吉煥 編著 신국판 값 10000원

東洋古典解說
李民樹 著 신국판 양장 값 10,000원

노자와 장자의 철학사상
金星元 安吉煥 編著 신국판 값 10,000원

21세기 손자병법 경영학
安吉煥 編著 신국판 값 10,000원

유교사상과 도덕정치
張基權 著 신국판 값 12,000원

공자의 생애와 사상
金學主 著 신국판 값 12,000원

공자와 맹자의 철학사상
安吉煥 編著 신국판 값 10000원

老子와 道家思想
金學主 著 신국판 값 6000원

自然의 흐름에 거역하지 말라 **莊子**
安吉煥 編譯 신국판 값 5000원

仁과 中庸이 멀리에만 있는 것이드냐 **孔子傳**
김전원 編著 값 3500원

백성을 섬기기가 그토록 어렵더냐 **孟子傳**
安吉煥 編著 값 4500원

영원한 신선들의 이야기 **神仙傳**
葛洪稚川 著 李民樹 譯 값 5000원

梁啓超
毛以亨 著 宋恒龍 譯 신국판 값 4000원

동양인의 哲學的 思考와 그 삶의 세계
宋恒龍 著 값 4500원

東西洋의 사상과 종교를 찾아서
林語堂 著·金學主 譯 값 7,500원

東洋古典文化叢書

● 개정증보판 **中國 古代의 歌舞戲**
金學主 著 신국판 양장 값 17,000원

● 중국고전희곡선 **元雜劇選**
金學主 編譯 신국판 양장 값 20,000원

● **漢代의 文學과 賦**
金學主 著 신국판 양장 값 15,000원

● 修訂新版 **漢代의 文人과 詩**
金學主 著 신국판 양장 값 15,000원

● 修訂增補 **樂府詩選**
金學主 著 신국판 양장 값 15,000원

● 改訂增補 新譯 **陶淵明**
金學主 譯 신국판 양장 값 12,000원

● 修訂增補 **墨子, 그 생애·사상과 墨家**
金學主 著 신국판 양장 값 20,000원

● **중국의 희곡과 민간연예**
金學主 著 신국판 양장 값 20,000원

● 新譯 **唐詩選**
金學主 譯著 신국판 양장 값 25,000원

● 新譯 **宋詩選**
金學主 譯著 신국판 양장 값 25,000원

● 新譯 **詩經選**
金學主 譯著 신국판 양장 값 20,000원

● **중국의 경전과 유학**
金學主 著 신국판 양장 값 20,000원

● **中國古代文學史**
金學主 譯 신국판 양장 값 20,000원

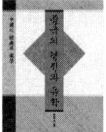

韓國古典文學思想名著大系

● 經世濟民의 혼신 **茶山의 詩文** (상·하)
金智勇 著 신국판 양장 값 각 25,000원

● **雷川 金富軾과 그의 詩文**
金智勇 著 신국판 양장 값 20,000원

● **소래 김중건 선생 전기**
金智勇 編著 신국판 양장 값 각 20,000원

● **石北詩集·紫霞詩集**
申光洙·申緯 著 申石艸 譯 신국판 양장 값 35,000원

● **西遊見聞**
俞吉濬 著 蔡壎 譯 신국판 양장 값 30,000원

● **徐花潭文集**
金學主 譯 신국판 양장 값 25,000원

● 新譯 **천예록**
任堕 編著 金東旭, 崔相殷 共譯 신국판 양장 값 20,000원

● **국역 사례편람**(四禮便覽)
국역 우봉이씨 대종회 값 20,000원